V&R Academic

Poetik, Exegese und Narrative
Studien zur jüdischen Literatur und Kunst

Poetics, Exegesis and Narrative
Studies in Jewish Literature and Art

Band 10 / Volume 10

Herausgegeben von / edited by

Gerhard Langer, Carol Bakhos, Klaus Davidowicz,

Constanza Cordoni

Die Bände dieser Reihe sind peer-reviewed.

Bettina Bannasch / Hans-Joachim Hahn (Hg.)

Darstellen, Vermitteln, Aneignen

Gegenwärtige Reflexionen des Holocaust

Mit 55 Abbildungen

V&R unipress

Vienna University Press

universität
wien

MIX
Papier aus verantwortungsvollen Quellen
FSC www.fsc.org FSC® C083411

Bibliografische Information der Deutschen Nationalbibliothek

Die Deutsche Nationalbibliothek verzeichnet diese Publikation in der Deutschen Nationalbibliografie; detaillierte bibliografische Daten sind im Internet über http://dnb.d-nb.de abrufbar.

ISSN 2198-5200
ISBN 978-3-8471-0834-4

Weitere Ausgaben und Online-Angebote sind erhältlich unter: www.v-r.de

Veröffentlichungen der Vienna University Press erscheinen im Verlag V&R unipress GmbH.

Printed in Germany.
Titelbild: Blue Sunday. © Hazel Karr, Tochter der Malerin Lola Fuchs-Carr und des Journalisten und Schriftstellers Maurice Carr (Pseudonym von Maurice Kreitman); Enkelin der bekannten jiddischen Schriftstellerin Hinde-Esther Singer-Kreitman (Schwester von Israel Joshua Singer und Nobelpreisträger Isaac Bashevis Singer) und von Abraham Mosche Fuchs.
Druck und Bindung: CPI books GmbH, Birkstraße 10, D-25917 Leck

Gedruckt auf alterungsbeständigem Papier.

Inhalt

II. Sichtbarkeit und Evidenz – Der Holocaust im Bild

III. Bildungsangebote, pluralisierte Gedächtnisse und individuelle Aneignungen – Gedenkstätten und Erinnerungsorte

Hans-Joachim Hahn / Bettina Bannasch

Einleitung: Multimediale und multidirektionale Erinnerung an den Holocaust

Durch das Sterben der letzten Überlebenden der Lager, aber auch der Täter und Zuschauer[1] vollzieht sich allmählich eine Zäsur im Erinnerungsdiskurs, die nicht mehr zu leugnen ist. Dass damit keineswegs einfach ein Verschwinden der Erinnerung einhergeht, darauf hat Wolfgang Benz schon vor einigen Jahren hingewiesen und von einer »monotone[n] Klage« gesprochen.[2] Navid Kermani resümiert in seiner Rede »Auschwitz morgen«[3] einige der Debatten, die von Anfang an die Auseinandersetzung mit dem Genozid an den Juden Europas in Deutschland bestimmt hatten. Dabei ist seine präzise Beobachtung, dass eine »Dialektik von Gedenkkultur und Gedenkkritik« in Form häufig wiederkehrender und immer ähnlich verlaufender Debatten die Geschichte der Bundesrepublik und später des vereinten Deutschlands durchzieht.[4] Mit Kermanis Beobachtungen korrespondieren Besorgnisse, wie sie zunehmend auch in fachwissenschaftlichen Kreisen formuliert werden, etwa anlässlich einer Tagung zum zehnten Todestag Raul Hilbergs, einem der Gründungsväter der Holocaustforschung.[5] Die historische Holocaustforschung, so die dort geäußerte Befürch-

1 Die drei Kategorien Täter, Opfer und Zuschauer greifen Raul Hilbergs Buchtitel auf, der im englischen Original *Perpetrators, Victims, Bystanders* noch einmal etwas anders akzentuiert. Vgl. Raul Hilberg: Täter, Opfer, Zuschauer: die Vernichtung der Juden 1933–1945. Frankfurt a. M. 1992.

2 Wolfgang Benz: Wenn die Zeugen schweigen. Anmerkungen zu einem seit langem aktuellen Problem. In: Dachauer Hefte 25 (2009), S. 3–16.

3 Navid Kermani: Auschwitz morgen. Wer sich in Deutschland einbürgern lässt, wird auch die Last tragen müssen, Deutscher zu sein. Spätestens in Auschwitz wird er spüren, was das bedeutet. In: Frankfurter Allgemeine Zeitung, 07.07.2017, unter: http://www.faz.net/aktuell/feuilleton/debatten/auschwitz-morgen-navid-kermani-ueber-die-zukunft-der-erinnerung-15094667.html [abgerufen: 21.12.2017].

4 Kermani: Auschwitz morgen (s. Anm. 3).

5 Raul Hilberg und die Holocaust-Historiografie. Eine Tagung aus Anlass seines zehnten Todestages 18.10.–20.10.2017 in Berlin, veranstaltet von René Schlott. Die impulsgebende und zentrale Rolle, die Hilbergs Werk, insbesondere seiner großen Studie über *Die Vernichtung der europäischen Juden* für die Holocaustforschung zukommt, ist unbestritten, erfährt in jüngerer Zeit jedoch auch eine kritische Würdigung, die seine Fokussierung auf die Zeugnisse der Täter

tung, zerfalle – nachdem sie zunächst lange Jahre gebraucht hatte, um sich im akademischen Kontext überhaupt zu etablieren – zunehmend in hochspezialisierte Einzelstudien. Dabei gerate das Zentrum dieser Forschungen, der Gegenstand selbst, aus dem Blick. Mit der Forderung, sich wieder stärker diesem Zentrum zuzuwenden, verband sich dabei keineswegs ein naives Verständnis von Geschichte als ›Realgeschichte‹.[6] Gefordert wurde eine gesteigerte Aufmerksamkeit für Vermittlungen und Perzeptionen des Holocaust.

Für den deutschen Erinnerungsdiskurs ergibt sich daraus eine besondere Herausforderung, auch und gerade angesichts des Umstands, dass die neuere Holocaustforschung zunehmend die europäische und transnationale Dimension des Holocaust in den Blick nimmt. Navid Kermani formuliert diese Aufgabe so:

> Je häufiger der Paulskirchenseufzer erklingt, die Deutschen seien jetzt ›ein normales Volk, eine gewöhnliche Gesellschaft‹, desto mehr wird es auf die Konkretion ankommen, die der Literatur, der Kunst überhaupt und natürlich der historischen Forschung aufgetragen ist. Auch wenn es unmöglich ist, muss jede Generation von neuem versuchen, ins Schwarze zu sehen.[7]

Aufgabe der Vermittlung wird es sein, so Kermani, »Auschwitz nicht nur als Menschheitsverbrechen, sondern als eigene Geschichte zu begreifen, nicht nur als Vergangenheit, sondern als Verantwortung Deutschlands«.[8] Das Menschheitsverbrechen zur eigenen Geschichte zu machen, zum Stoff, aus dem kulturelle Identitätskonstruktionen geschöpft werden, mit dieser Forderung formuliert Kermani gewissermaßen eine grundsätzliche Vermittlungs- und Aneignungsaufgabe für die gegenwärtige pluralistische Bevölkerung Deutschlands.

problematisiert (vgl. einige der Beiträge, etwa von Wulf Kansteiner, Christoph Dieckmann u. a.). Diese Kontroverse zeichnet sich in ihren Grundzügen seit längerem ab, vgl. hierzu etwa Stefanie Schüler-Springorum in einem Aufsatz aus dem Jahr 2012 unter Berufung auf eine den Forschungen von Emanuel Ringelblum und Philip Friedman verpflichteten *integrativen* Forschung, wie sie Saul Friedländer verfolgt: Stefanie Schüler-Springorum: Welche Quellen für welches Wissen? Zum Umgang mit jüdischen Selbstzeugnissen und Täterdokumenten. In: Wer zeugt für den Zeugen? Positionen jüdischen Erinnerns im 20. Jahrhundert. Hg. v. Dorothee Gelhard und Irmela von der Lühe. Frankfurt a. M. u. a. 2012, S. 175–192. Zur lange vernachlässigten Bedeutung der frühen Holocaustgeschichtsschreibung durch die Verfolgten, die bereits während des Genozids Dokumente für dessen spätere historische Beschreibung festhielten, s. die grundlegende Studie von Laura Jockusch: Collect and record! Jewish Holocaust documentation in early postwar Europe. Oxford u. a. 2012.

6 Im Juni 2011 fand eine vom Jena Center Geschichte des 20. Jahrhunderts veranstaltete Tagung statt, die noch einmal Hayden White und Saul Friedländer zusammenbrachte. Sie knüpfte an den einschlägigen Band *Probing the Limits of Representation* aus dem Jahr 1992 an und führte den Dialog zwischen Literatur- und Geschichtswissenschaft in der Holocaustforschung weiter. S. Norbert Frei und Wulf Kansteiner (Hg.): Den Holocaust erzählen. Historiographie zwischen wissenschaftlicher Empirie und narrativer Kreativität. Göttingen 2013.

7 Kermani: Auschwitz morgen (s. Anm. 3).

8 Kermani: Auschwitz morgen (s. Anm. 3).

Nationale Überlegenheitsgefühle, wie sie in der Regel im Zusammenhang mit der Berufung auf eine »deutsche Leitkultur« geäußert werden, weist der Autor zurück:

> Wenn etwas spezifisch wäre an der deutschen Leitkultur, die dieser Tage wieder eingefordert wird, wären es nicht Menschenrechte, Gleichberechtigung, Säkularismus und so weiter, denn diese Werte sind durchweg europäisch, wenn nicht universal; es wäre das Bewusstsein seiner Schuld, das Deutschland nach und nach gelernt und auch rituell eingeübt hat – aber just diese eine Errungenschaft, die nicht Frankreich oder die Vereinigten Staaten, sondern die Bundesrepublik für sich reklamieren darf neben guten Autos und Mülltrennung, möchte das nationale Denken abschaffen.[9]

Was Kermani »als mahnende deutsche Zukunftsvision«[10] entwirft, läßt sich als die reale Ausgangssituation vieler Unterrichtseinheiten und Seminare beschreiben, in denen junge Leute heute sitzen, »die je nach Herkunft keine persönliche historische Verbindung zum Holocaust (mehr) sehen« können und gleichsam »vom Nullpunkt aus«[11] zur Beschäftigung mit dem Thema motiviert werden müssen. Zu recht weist Jan Süselbeck in seinem durch Kermanis Rede angeregten Vergleich zwischen dem Umgang mit dem Holocaust in Nordamerika und in Deutschland darauf hin, dass hierzulande kaum bekannt sei, »auf welcher Höhe didaktischen Verantwortungsbewusstseins man sich im anglophonen Raum seit vielen Jahren« Gedanken darüber mache, »was bei der historischen und der literarischen Vermittlung der Geschichte der Shoah an der Universität alles schiefgehen könnte«.[12] Zum Gegenstand *Teaching the Holocaust* – mit Marianne Hirsch lässt sich präziser noch von »Teaching the Representation of the Holocaust«[13] sprechen, denn es geht dabei um die didaktische Auseinandersetzung mit den uns immer nur medial vermittelt zugänglichen Ereignissen des NS-Genozids – gab es im anglophonen Raum im Vergleich zum deutschsprachigen Kontext wohl aus diesem Grund sehr viel mehr »Bücher mit bedenkenswerten didaktischen und ethischen Reflexionen zur Rolle des Lehrenden und seiner eigenen Herkunft, zur Vermittlung historischer Kontexte und zur Auswahl von kanonischen Werken aus der Literatur- und Filmgeschichte nach 1945«.[14]

---

9 Kermani: Auschwitz morgen (s. Anm. 3).

10 Kermani: Auschwitz morgen (s. Anm. 3).

11 Jan Süselbeck: Zwiespältige Formen des Mitgefühls. Was deutschsprachige Germanisten, die sich mit dem Holocaust auseinandersetzen, von der nordamerikanischen Empathieforschung lernen können. In: literaturkritik.de, August 2017, unter: http://literaturkritik.de/zwiespaeltige-formen-des-mitgefuehls,23541.html [abgerufen: 26.9.2017].

12 Süselbeck: Zwiespältige Formen des Mitgefühls (s. Anm. 11).

13 Der von Marianne Hirsch mitedierte, gleichnamige Sammelband kann als grundlegendes Handbuch für Fragen der Vermittlung von ›Holocausterinnerung‹ gelten. Marianne Hirsch und Irene Kacandes (Hg.): Teaching the Representation of the Holocaust. New York 2004.

14 Süselbeck: Zwiespältige Formen des Mitgefühls (s. Anm. 11).

Diese Verschiebung des Holocaustdiskurses, die inzwischen auch in Deutschland zu beobachten ist, läßt sich nicht als ein prinzipieller Bruch, wohl aber als eine gesellschaftspolitisch relevante Akzentverschiebung beschreiben. Während sich viele Debatten seit den 1960er Jahren mit Adornos ›Diktum‹ »Nach Auschwitz ein Gedicht zu schreiben ist barbarisch« verbanden und damit um *prinzipielle Fragen der Darstellbarkeit und Undarstellbarkeit* des Holocaust kreisten, verschoben sie sich seither immer mehr vom *ob* (überhaupt) zu den konkreten Formen des *wie* der Darstellung.[15] Stefan Krankenhagen etwa fügte dem 2001 hinzu, dass nicht mehr die Frage nach der Möglichkeit von Darstellungen des Holocaust im Zentrum stünde, sondern jetzt das massenhafte Vorhandensein einer Darstellung von Auschwitz den Ausgangspunkt einer Reflexion gegenwärtiger Darstellungsformen des Holocaust bilden müsse.[16] Wenige Jahre zuvor sprach Dietrich Schwanitz u. a. mit Blick auf die problematische Skandalisierung von Philipp Jenningers Rede[17] zum 9. November 1988 pointiert von »Verboten«, durch die der öffentliche Diskurs über den Holocaust geregelt und etwa massen- oder populärkulturelle Darstellungen vom akzeptierten Gedenken ausgeschlossen würden:

> Solche Verbote lauten: Du sollst dir kein Bildnis machen; du sollst nicht historisieren; du sollst nicht relativieren; du sollst nicht vergleichen; du sollst nicht aufrechnen; du sollst nicht erzählen; du sollst nicht die Formensprache der Massenmedien benutzen; du sollst keine Filmerzählung wie *Holocaust* oder *Schindlers Liste* mit Einzelschicksalen anfertigen; du sollst den Namen des Holocaust nicht entweihen.[18]

So leicht sich die Nebeneinanderstellung etwa von »vergleichen« und »aufrechnen« kritisieren lässt, so sehr muss Schwanitz' grundsätzliche Beobachtung einer mit der Abwertung massenkultureller Darstellungen verschiedentlich zu beobachtenden ›Sakralisierung‹ des Holocaust ernstgenommen werden.[19] Umso

---

15 Die »Infragestellung der Aussagbarkeit«, so schreiben 1996 etwa Berg, Joachimsen und Stiegler in ihrem einschlägigen Band *Shoah – Formen der Erinnerung: Geschichte, Philosophie, Literatur, Kunst*, »wird abgelöst durch eine Reflexion über die Darstellungsformen und ihre Voraussetzungsformen und Konsequenzen«. Vgl. Nicolas Berg, Jess Joachimsen und Bernd Stiegler (Hg.): Shoah – Formen der Erinnerung: Geschichte, Philosophie, Literatur, Kunst. München 1996, S. 7.

16 Stefan Krankenhagen: Auschwitz darstellen. Ästhetische Positionen zwischen Adorno, Spielberg und Walser. Köln, Weimar, Wien 2001, S. 6.

17 Eine diskursanalytische Untersuchung der Jenninger-Rede bietet Jan C. L. König: Über die Wirkungsmacht der Rede. Strategien politischer Eloquenz in Literatur und Alltag. Göttingen 2011, S. 152–220.

18 Dietrich Schwanitz: Das Shylock-Syndrom oder Die Dramaturgie der Barbarei. Frankfurt a. M. 1997, S. 275.

19 Freilich klingt auch bei Schwanitz bereits der Vorwurf des Kultischen an: »In dem endlosen Meer der Entwertungen und Relativierungen steht Auschwitz als Signum eines unverrückbaren Absoluten für den Beginn eines Kultes. Vor ihm dankt die Wissenschaft ab.« Vgl. Schwanitz: Das Shylock-Syndrom (s. Anm. 18), S. 278.

mehr, als es zu den wiederkehrenden Angriffen neu- und altrechter Provenienz gehört, mit der Behauptung eines »Schuldkults« vorgeblicher *political correctness* gegen die transgenerationell weitergetragene Auseinandersetzung mit der deutschen Schuld vorzugehen.[20]

Zehn Jahre später erscheint Georges Didi-Hubermans Studie *Images malgré tout* (dt.: Bilder trotz allem), die eine ausführliche Analyse der vier Fotografien unternimmt, die von anonymen Mitgliedern des Sonderkommandos in Auschwitz-Birkenau von der Verbrennung der Leichen gemacht wurden.[21] Damit wendet der Kunsthistoriker dezidiert gegen den Topos von der Undarstellbarkeit ein, dass zum Wissen über den Genozid die Bilder gehören: »Um zu wissen, muß man sich ein Bild machen. Wir müssen versuchen, uns ein Bild zu machen, was im Sommer 1944 die Hölle von Auschwitz gewesen ist. Berufen wir uns nicht auf das Unvorstellbare (*l'inimaginable*).«[22] Diese Passage geht mit den folgenden Sätzen weiter:

> Schützen wir uns nicht durch den Hinweis darauf, daß wir uns diese Hölle ohnehin nie vollständig werden vorstellen können – auch wenn es sich tatsächlich so verhält. Aber wir *müssen* es, wir *schulden* es diesem schwer Vorstellbaren: als eine Antwort, die wir zu geben haben, als eine Schuld, die wir den Worten und Bildern gegenüber eingegangen sind, die einige Deportierte der schrecklichen Wirklichkeit ihrer Erfahrung für uns entrissen haben.[23]

Didi-Hubermans Plädoyer für die Aufgabe, ›sich ein Bild zu machen‹, bezeichnet einen der aktuelleren Versuche, die im kritischen Diskurs über den Holocaust lange vorherrschende Diskreditierung oder zumindest doch Vernachlässigung bildlicher Überlieferungen zu rehabilitieren. Zugleich bleibt es dem ethischen Impuls verpflichtet, sich dem Geschehenen zu stellen und nach Antworten zu suchen. Sein Essay reiht sich ein in die Reihe von Arbeiten, die gegen den Topos von der Undarstellbarkeit an die Bedeutung unterschiedlicher Bilder als komplexen historischen Dokumenten erinnern.[24]

Auch der vorliegende Band ist der transmedialen Überlieferung über den

20 Die Beispiele hierfür sind inzwischen Legion und Teil jenes Geschichtsrevisionismus, der unmittelbar nach 1945 beginnt und aktuell innerhalb der Neuen Rechten gängige Münze ist.

21 Georges Didi-Huberman: Bilder trotz allem. Aus dem Franz. v. Peter Geimer. Paderborn 2007.

22 Didi-Huberman: Bilder trotz allem (s. Anm. 21), S. 15.

23 Didi-Huberman: Bilder trotz allem (s. Anm. 21), S. 15.

24 Exemplarisch für den deutschsprachigen Kontext in Dezennien u. a. Manuel Köppen und Klaus R. Scherpe (Hg.): Bilder des Holocaust. Literatur – Film – Bildende Kunst. Köln, Weimar, Wien 1997. Bettina Bannasch und Almuth Hammer (Hg.): Verbot der Bilder – Gebot der Erinnerung. Mediale Repräsentationen der Schoah. Frankfurt a. M., New York 2004. Inge Stephan und Alexandra Tacke (Hg.): NachBilder des Holocaust. Köln, Weimar, Wien 2007. Jörn Wendland: Das Lager von Bild zu Bild: narrative Bildserien von Häftlingen aus NS-Zwangslagern. Köln, Weimar, Wien 2017.

Holocaust und ihren differenzierten Aktualisierungen verpflichtet. Dabei kann die Erkenntnis einer umfassenden Sinnlosigkeit des ›realen Geschehens‹ der Vernichtung, wie sie aus geschichtswissenschaftlicher Perspektive nach veränderten Modi und Formen des Erzählens fragen lässt, durchaus als Bevorzugung *künstlerischer Gestaltungsweisen* und ihres ›Mehrwerts‹ gegenüber geschichtswissenschaftlichen Studien gedeutet werden.[25] Gegenwärtige Debatten wenden sich darüber hinaus stärker als zuvor den Möglichkeiten und Grenzen einer gelingenden *pädagogischen Vermittlung* zu – und das heißt immer auch, den konkreten Subjekten und ihren jeweiligen Aneignungen, einschließlich Formen der Erinnerungsabwehr.

›Erinnerungshandeln‹ zwischen Abwehr und Aneignung

Während die größeren vergangenheitspolitischen Debatten der 1990er Jahre über das Denkmal zur Erinnerung an die Ermordung der Juden Europas, um Botho Strauß' radikale Streitschrift *Anschwellender Bocksgesang* oder Walsers Friedenspreisrede von 1998 zeigten,[26] wie umkämpft die Erinnerung an den Holocaust in der politischen Mitte der deutschen Gesellschaft weiterhin geblieben war und vor dem Hintergrund der deutschen Einigung nach 1989 erneut zu großen Diskussionen führte, scheint die zwei Jahrzehnte später geführte Kontroverse um einen als Gegenwartsdiagnose ausgegebenen, geschichtsrevisionistischen und in Teilen antisemitischen Text in eine andere Richtung zu weisen. So könnte die fast einhellige Ablehnung des Anfang 2017 im neurechten Antaios Verlag publizierten Pamphlets *Finis Germania* von Rolf Peter Sieferle (1949–2016) durch die meinungsbildenden Medien als Bestätigung für eine weitergehende Anerkennung des Holocaust als des zentralen Verbrechens des Nationalsozialismus in der Mitte der Gesellschaft verstanden werden. Jacob S.

25 So argumentiert Rüsen in einem Aufsatz aus dem Jahr 1999: »Wenn man sich wirklich darauf einläßt, was der Holocaust als reales Geschehen war – und zwar gerade im Hinblick auf seine subjektive Innenseite sowohl hinsichtlich der Opfer wie der Täter –, dann liegt in beiden Fällen eine dezidierte Negation von Sinn vor (einmal im Ausmaß des Leidens und das andere Mal im Ausmaß der Dehumanisierung), die sich gegen kohärente Konfigurationen, gegen imaginative Geschlossenheit und gegen die Integration in übergreifende historische Entwicklungen sperrt. Diese Sperrigkeit kann und muß negativ zum Ausdruck gebracht werden, und *damit ändert sich der Modus des Erzählens.*« Vgl. Jörn Rüsen: Die Logik der Historisierung. Metahistorische Überlegungen zur Debatte zwischen Friedländer und Brozat. In: Bruchlinien. Tendenzen der Holocaustforschung. Hg. v. Gertrud Koch. Köln, Weimar, Wien 1999, S. 19–60; hier: S. 47.

26 Vgl. dazu: Die Walser-Bubis-Debatte. Eine Dokumentation. Hg. v. Frank Schirrmacher. Frankfurt a. M. 1999. Außerdem Joanna Jablkowska: ›Gewissen ist nicht delegierbar‹. Die Friedenspreisrede. In: Zwischen Heimat und Nation. Das deutsche Paradigma? Zu Martin Walser. Tübingen 2001, S. 163–204.

Eder begreift Sieferles Pamphlet in diesem Sinne als ein Indiz dafür, »dass sich der Diskurs über den Holocaust in den letzten 20 Jahren fundamental gewandelt« habe[27] und eine Veränderung vergangenheitspolitischer Einstellungen in der politischen Mitte markiere. In der 2016 erschienenen und auf seiner Dissertation beruhenden Studie *Holocaust Angst. The Federal Republic of Germany and American Holocaust Memory since the 1970s* zeichnet Eder den Wandel nach, der sich im Laufe der 1980er und 1990er Jahre im Hinblick auf den Umgang mit der US-amerikanischen Holocausterinnerung innerhalb der deutschen Regierung und weiterer einflussreicher Kreise vollzogen habe. Die deutsche Konfrontation mit der US-amerikanischen Memorialkultur hinsichtlich des Holocaust habe konsequent »to a more open engagement with this memory on the part of the German government in unified Germany« beigetragen und »eventually rendered it a ›positive resource‹ for German self-representation abroad, epitomized by the Berlin memorial«.[28]

Ungeachtet dieser offensichtlichen Transformation im deutschen staatstragenden Diskurs über den Holocaust, bleiben die tatsächlichen Verdienste deutscher Erinnerungskultur umstritten, nicht zuletzt im Hinblick auf die Vermittlung in den Schulen.[29] Der Kritik an der Erinnerungskultur stehen neuere Studien zur Seite, die grundsätzlich auf die Veränderungen des lange Zeit besonders einflussreichen »Gedächtnisparadigmas« aufmerksam machen. Kirstin Friedens *Neuverhandlungen des Holocaust*[30] nutzt statt des Gedächtnisbegriffs den Begriff der ›Erinnerungshandlung(en)‹, um die Tatsache auszudrücken, dass heutige Jugendliche oder junge Erwachsene lediglich auf die von ihren Eltern, eher noch Großeltern oder Urgroßeltern, vermittelteten Erinnerungen zugreifen könnten.[31] Ebenso wie Frieden diskutieren auch eine ganze Reihe weiterer, in

27 Jacob S. Eder: Rechte Mythen im Buch »Finis Germania«: Zurück in die Diskursvergangenheit. In: Die taz, 07.09.2017, unter: http://www.taz.de/!5441743/ [abgerufen: 12.12.2017].

28 Jacob S. Eder: Holocaust Angst. The Federal Republic of Germany and American Holocaust Memory since the 1970s. New York 2016, S. 208.

29 Zugespitzt Silke Mertins: Lasst die Rituale bleiben. Die deutsche Erinnerungskultur hat versagt. Antisemitismus wird immer verbreiteter. Solange der Staat jüdische Schulkinder nicht schützt, sollte er Privatschulen für sie bezahlen. In: Die taz, 27.–28.1.2018, S. 10. Mertins Bewertung bezieht sich primär auf die These, dass die NS-Vergangenheit an Schulen weiterhin so unterrichtet würde, als würde die Heterogenität der Klassen nicht wahrgenommen. Dabei sei offensichtlich, dass für Schülerinnen und Schüler aus muslimischen Ländern, ebenso aber etwa auch für Kinder aus russlanddeutschen Aussiedlerfamilien, durchaus »andere Konzepte und Anknüpfungspunkte« nötig seien.

30 Kirstin Frieden: Neuverhandlungen des Holocaust. Mediale Transformationen des Gedächtnisparadigmas. Bielefeld 2014.

31 »In der jungen Generation und allen nachkommenden Generationen werden Rückbezüge, Reflexionen, Partizipationen (an) der Vergangenheit nur unter ›bewussten Anstrengungen‹ möglich, so dass der Begriff des Erinnerungshandelns besonders den aktiven, dynamischen Prozess und die damit einhergehenden mehr oder weniger starken Anstrengungen sowie die

jüngster Zeit erschienener Veröffentlichungen die durch die neuen Medien veränderten Darstellungs- und Rezeptionsbedingungen.[32] Häufig kommt in diesen Neuverhandlungen die explizite Abkehr von Sprachregelungen des vorausgegangenen Erinnerungsdiskurses zum Ausdruck. Wie diese neueren Studien belegen, verändern und vervielfältigen der zunehmende zeitliche, auch generationelle Abstand zum Holocaust ebenso wie auch die größere herkunftsbezogene Heterogenität der Bevölkerung im Zusammenspiel mit den Neuen Medien offensichtlich die Formen der Aneignung der NS-Erinnerung.

Den Konfliktlagen unterschiedlicher Gedächtnisse sowie vergleichender Aktualisierungen von Erinnerungen an Massenverbrechen begegnet Michael Rothberg mit dem Konzept der »multidirektionalen Erinnerung«.[33] Sein Blick auf die Verschränkung von Holocausterinnerung im Zeitalter globaler Dekolonisierung, die nach dem Zweiten Weltkrieg einsetzte, orientiert sich an einer Vorstellung, die die Konkurrenz unterschiedlicher Opfergruppen um Wahrnehmung im öffentlichen Raum zurückweist: »When the productive, intercultural dynamic of multidirectional memory is explicitely claimed [...], it has the potential to create new forms of solidarity and new visions of justice.«[34]

Der vorliegende Band stellt sich in den Kontext des Nachdenkens über die multifaktoriellen Verschiebungen des aktuellen Holocaustdiskurses und die damit einhergehenden Herausforderungen für die pädagogische Arbeit. Angesichts der jährlichen Neuerscheinungen auf dem Feld der Holocauststudien fokussiert er sich auf Fragen der Darstellung, Vermittlung und Aneignung des Holocaust. Dieser thematischen Schwerpunktsetzung des Bandes ist es zu verdanken, dass viele der Beiträge bei Adornos Bemerkungen zu einer Erziehung nach Auschwitz ihren Ausgang nehmen. Adornos in diesem Zusammenhang formuliertes und bis heute vielfach zitiertes ›Diktum‹, nach Auschwitz ein Gedicht zu schreiben sei barbarisch, stieß bereits zu seiner Zeit eine vielstimmige Debatte an. Diese nahm zum Teil verkürzend und verzerrend die Überlegungen Adornos auf. Es folgten, nicht zuletzt von Seiten Adornos, Präzisierungen, Ausdifferenzierungen und Korrekturen; die Debatte in ihren Ausfaltungen und Auswirkungen ist materialreich und zuverlässig dokumentiert.[35] Grundlegende Parameter der Debatte bleiben im aktuellen Nachdenken über Möglichkeiten

---

grundsätzliche Unabgeschlossenheit dieses mitunter konflikthaften Prozesses bezeichnet.« Frieden: Neuverhandlungen des Holocaust (s. Anm. 30), S. 19f.

32 Z. B. Nina Heindl und Véronique Sina (Hg.): Notwendige Unzulänglichkeit. Künstlerische und mediale Repräsentationen des Holocaust. Münster 2017.

33 Michael Rothberg: Multidirectional Memory. Remembering the Holocaust in the Age of Decolonisation. Stanford 2009.

34 Rothberg: Multidirectional Memory (s. Anm. 33), S. 5.

35 Petra Kiedaisch (Hg.): Lyrik nach Auschwitz? Adorno und die Dichter. Stuttgart 1995.

und Grenzen der Darstellung und Vermittlung des Holocaust aufgehoben.[36] Die Frage nach Formen der Aneignung lenkt den Blick noch einmal auf die neuen und anderen Funktionen, die der Erinnerung an den Holocaust in aktuellen pädagogischen und politischen Diskursen zugewiesen werden.

Es ist ein zentrales Anliegen des Bandes, die bis heute nicht verstummte Vielstimmigkeit des Diskurses in den unterschiedlichen Zugangsweisen der Beiträge abzubilden, auch in den unterschiedlichen Tonlagen, die sie anschlagen. Dabei blieb es der Entscheidung der Beiträgerinnen und Beiträger überlassen, ob und in welcher Weise gendergerechte Schreibweisen umgesetzt wurden. Die Beiträge des vorliegenden Bandes sollen so einen Eindruck von den unterschiedlichen Formationen des Holocaustdiskurses in ihren Gattungsspezifika, ihren medialen Bedingungen und ihren historischen, pädagogischen und politischen Kontexten vermitteln. Bei aller Unterschiedlichkeit teilen die Beiträge des vorliegenden Bandes jedoch die ethische Grundannahme, dass der Holocaust kein ›Lehrstück‹ ist, das uns von der Geschichte aufgegeben wäre. Zugleich sind sich die Beiträger und Beiträgerinnen der Tatsache eingedenk, dass es ein Paradoxon darstellt, keine Schlüsse und Lehren zu ziehen. Dass tatsächlich immerzu Handlungen im Hinblick auf den Holocaust begründet werden, darum kreisen nicht zuletzt die erinnerungspolitischen Konflikte der Gegenwart. Die Auseinandersetzung mit der Erinnerung an den Holocaust bedarf daher jeweils neuer, individuell und gesellschaftlich fruchtbar zu machender Aushandlungsprozesse. Zu ihnen möchten die Aufsätze des vorliegenden Bandes Beiträge leisten und Anregungen geben. Er versteht sich als eine Bestandsaufnahme von Positionsbestimmungen, die sich im Kontext der aktuellen Verschiebungen des Holocaustdiskurses von Formen der Darstellung zu Formen der Vermittlung beobachten lassen. In mancher Hinsicht möchte er Orientierungen bieten, in mancher Hinsicht aber auch ein Forum für den Austausch kontroverser Positionen eröffnen.

Zur Gliederung des Bands

Der Band ist in drei Sektionen unterteilt, zwischen denen die Grenzen fließend sind. Die Sektion I: *Gattungen und Genres – Literarische Formen der Darstellung und Vermittlung* versammelt Beiträge zu gattungsspezifischen Gegebenheiten und Besonderheiten literarischer Formen der Darstellung und Vermittlung des

36 Eine kritische ›Revision‹ von Adornos pädagogischen Überlegungen zu einer »Erziehung nach Auschwitz«, u. a. aus der Perspektive der Gedenkstättenpädagogik bietet Klaus Ahlheim und Matthias Heyl (Hg.): Adorno revisited. Erziehung nach Auschwitz und Erziehung zur Mündigkeit heute. Hannover 2010.

Holocaust. Den Einstieg in diese Thematik und, da in vielfacher Hinsicht grundlegend, in die Thematik des gesamten Bandes bietet der Beitrag von *Mona Körte*, der sich mit früher Prosa über den Genozid befasst. Die Texte dieser Autorinnen und Autoren, Überlebende der Konzentrationslager wie Primo Levi, Robert Antelme, Charlotte Delbo, beschreiben das Problem der Unintegrierbarkeit der Holocausterfahrung. Der Beitrag zeigt, dass und inwiefern diese Bezeugungen von Un*integrierbarkeit* nicht in späteren Debatten um Un*darstellbarkeit* aufgehen, die lange Zeit das Gespräch über künstlerische Darstellungen des Holocaust dominieren. Für spätere, ebenfalls autobiografisch geprägte Erlebnisberichte – wie die von Jean Améry, Elie Wiesel und anderen – kann der Beitrag zeigen, dass auch hier noch der Zeugnischarakter in Anschlag zu bringen ist. Doch wird nun die Reflexion der Rezeptionsgeschichte zu einem wesentlichen Bestandteil der Texte. Eine paradigmatische Wende, so zeigt Körte, markiert der Beginn der 1990er Jahre, in denen sich das Interesse vom Zeugnischarakter der Texte zu Fragen der künstlerischen Gestaltung, vom *Was* zum *Wie* des Erzählens, verschiebt.

Mit dem Zeugnischarakter von Erlebnisberichten über den Holocaust befasst sich auch der Beitrag von *Jan Süselbeck*. Sein Interesse richtet sich dabei auf die Frage, welcher Stellenwert autobiografischen Erinnerungstexten – aus der Perspektive der literarischen Autobiografieforschung: fiktionalen Texten – von Seiten der Geschichtswissenschaft zugewiesen wird. Die Beispiele, von denen seine Überlegungen ausgehen, sind Texte, die in den Jahren 1992 und 2013 veröffentlicht werden: die Autobiografien Ruth Klügers und Otto Dov Kulkas, die als Kinder den Holocaust überlebten. Die Zeugen, die sich in diesen Texten zu Wort melden, sind Grenzgänger zwischen Literatur und Geschichtswissenschaft, ihre Werke stehen im Spannungsfeld von Exemplarität und höchster Individualität. Sie stellen die Frage nach der Legitimität der Vergleichbarkeit der Shoah und mit ihr die Frage nach der politischen Relevanz und Funktion, die diesen Vergleichen zugewiesen werden. Die Schwierigkeiten einer eindeutigen Zuordnung von Überlebendenberichten zu einer Gattung oder einer Disziplin identifiziert Süselbeck in seinem Beitrag als das Kennzeichen einer prinzipiellen Gattungsproblematik nach Auschwitz.

Die Einsicht, dass eine Beschränkung auf die seit der Aufklärung gebräuchlichen Gattungsbestimmungen den Aufzeichnungen über die Erfahrung des Holocaust nicht angemessen sein kann, artikuliert sich bereits in der sogenannten Adorno-Debatte. Der Beitrag von *Martin A. Hainz*, der mit Anmerkungen zu Celans *Todesfuge* einsetzt, einem der frühesten Gedichte über die Shoah, rekapituliert in aller Kürze noch einmal diese Debatte. Dabei wird deutlich, dass es sich bei den scheinbar grundlegenden Differenzen zwischen Adorno und Celan in der Frage der Legitimität von Gedichten nach Auschwitz vor allem um ein Formulierungsproblem handelt. In der Sache besteht Übereinstimmung: Der Forderung Celans, dass jedem Gedicht nach Auschwitz sein ›Datum‹ einzuschreiben sei – die Ermordung der Juden in Auschwitz –, teilt Adorno mit seinem Einspruch gegen die ›schöne‹ Literatur nach Auschwitz. Die Frage nach der Legitimität der ›Schönheit‹ von Literatur, von künstlerischen Darstellungen der Shoah überhaupt – eine der zentralen Fragen des Holocaustdiskurses –, rückt damit ins Zentrum; der Beitrag vollzieht sie entlang der unterschiedlichen Positionsbestimungen von Celan und Heidegger nach. Es ist, wie Hainz argumentiert, das Kreisen um das zentrale Problem der ›Schönheit‹ des Gedichts und der Gegenwärtigkeit von Auschwitz, das bei aller Heterogenität lyrische Arbeiten über den Holocaust verbindet. Exemplarisch zeigt dies der Beitrag an Gedichten u. a. von Nelly Sachs, Hilde Domin, Rose Ausländer, Ilse Achinger und Robert Schindel.

Nach den Konsequenzen der Gattungseinteilungen für den Holocaustdiskurs fragt auch der Beitrag zum Drama von *Hans-Joachim Hahn*. Seit der Aufklärung verbindet sich mit dieser Gattung der Gedanke der »Erziehung des Menschengeschlechts«. Nach 1945 legt es die Gattungskonvention nahe, die »reeducation« des deutschen Tätervolks von der Bühne herab zu erreichen. Exemplarisch stellt der Beitrag vier Dramen vor, die nicht nur beispielhaft für ihre Zeit stehen, sondern zugleich einen Eindruck von der thematischen und gestalterischen Spannbreite der Möglichkeiten bieten, den Holocaust für die Bühne dramatisch zu bearbeiten: Max Zweigs frühes Drama *Ghetto Warschau*, Erwin Sylvanus' *Korczak und die Kinder*; aus unterschiedlichen Gründen, die der Beitrag diskutiert, werden beide Dramen kaum zur Kenntnis genommen. Breit rezipiert werden erst zwei Dramen, die durch die Auschwitzprozesse auf gesellschaftliches Interesse rechnen dürfen: Peter Weiss' Dokumentardrama *Die Ermittlung* und, in der Form der Darstellung als Groteske deutlich von diesem unterschieden, George Taboris *Die Kannibalen*. Spätestens mit den erregten öffentlichen Debatten um die Anfang 1979 in (West)Deutschland ausgestrahlte US-amerikanische TV-Serie *Holocaust*, so die Beobachtung Hahns, tritt der Film an die Stelle des Theaters als ›moralischer Anstalt‹.

Mit der Form der Groteske in Holocaustdarstellungen befasst sich der Beitrag von *Anna Zachmann*. Sie führt ihre Überlegungen am Beispiel Edgar Hilsenraths aus. Sein Werk erlebt, ebenso wie das George Taboris, eine Renaissance zu Beginn der 1990er Jahre. Autorinnen und Autoren wie Maxim Biller, Doron Rabinovici, Robert Menasse, Eva Menasse und andere setzen zunehmend komisierende und groteske Verfahren der Darstellung in ihren Texten ein. Der Beitrag vollzieht diese überaus heterogene Fortschreibung der frühen Holocaust-Grotesken in den Texten der sogenannten Zweiten Generation nicht nach. Sondern er setzt einen Kontrast zu einem autobiografischen Erlebnisbericht, der sich ausschließlich als ein Zeugnis des inneren Erlebens des Holocaust und seiner Nachwirkungen versteht. Binjamin Wilkomirskis alias Bruno Dössekkers

Bruchstücke erscheint 1995 und wird schnell als Fälschung entlarvt; das Buch ruft einen Skandal hervor. Dieser Skandal aber ist, so versucht der Beitrag zu zeigen, von einer prinzipiell anderen Qualität als die grotesken Irritationen des Erinnerungsdiskurses, wie sie Jurek Becker, Edgar Hilsenrath, George Tabori und die Autorinnen und Autoren der Zweiten Generation provozieren.

Ebenfalls Skandalfälle, wenn auch von ganz anderer Art, verhandelt der Beitrag von *Dominique Hipp*. Er befasst sich mit Romanen, die nationalsozialistische Täterschaft aus der Perspektive der Täter behandeln. An ausgewählten Texten von einer Autorin und zwei Autoren – Jonathan Littell, Martin Amis und Elfriede Jelinek –, die breit rezipiert und erregt diskutiert wurden, lotet der Beitrag beispielhaft literarische Formen und Verfahren der Darstellung von Täterschaft aus. Auf der Grundlage einer umfassenden Darstellung sozial-, politik- und geschichtswissenschaftlicher Ansätze zur nationalsozialistischen Moral und unter Einbeziehung der Studien von Klaus Theweleit gelangt Hipp zu der Auffassung, dass die von ihr untersuchten literarischen Darstellungen über die vereinfachende Dichotomie von normal vs. pathologisch hinausweisen und einen komplexeren Blick auf Täter erlauben.

Der Beitrag von *Holger Zimmermann* zur Kinder- und Jugendliteratur beschließt die erste Sektion, die sich mit Gattungsfragen befasst. In besonderer Weise steht in diesem Beitrag der Erziehungsanspruch Adornos im Zentrum. Zugleich aber wirft sich hier, möglicherweise noch einmal schärfer als im Blick auf die Erwachsenenliteratur, die Frage auf, ob und in welcher Weise der Holocaust für welche ›Lehre‹ aufbereitet werden kann, soll und darf. Der Beitrag bietet einen literarhistorischen Durchgang durch einschlägige Texte der Kinder- und Jugendliteratur über den Holocaust. Er setzt mit Clara Asscher-Pinkhofs *Sternkinder* aus dem Jahr 1946 ein, ein Buch, das in Deutschland jedoch spät und recht zurückhaltend rezipiert wird. Deutlich größere Prominenz erreicht Hans Peter Richters Roman *Damals war es Friedrich*, der Anfang der 1960er Jahre erscheint und bis heute noch auf vielen Lehrplänen zu finden ist. Dieser Roman blendet, wie auch viele andere Romane der Kinder- und Jugendliteratur, die bis Ende der 1980er Jahre veröffentlicht werden, das Sterben im Holocaust aus. Spätere Werke der Kinder- und Jugendliteratur über den Holocaust, so zeigt der Beitrag, weisen eine deutlich größere Komplexität auf. Das gilt nicht für alle Texte, die das Sterben der Opfer thematisieren; der Beitrag vollzieht beispielhaft die kontroverse Diskussion um John Boynes *Der Junge im gestreiften Pyjama* nach, der mit dem Tod der beiden kindlichen Protagonisten endet. Der Beitrag stellt eine Reihe von (Alternativ)Angeboten für den Deutschunterricht vor, von Miriam Presslers *Malka Mai* bis zu Art Spiegelmans *MAUS*.

Die Beiträge in der zweiten Sektion des Bandes befassen sich mit Darstellungsfragen unter der Überschrift *Sichtbarkeit und Evidenz – Der Holocaust im Bild*. Die Sektion umfasst sechs Beiträge, die sich mit bildlichen Reflexionen des

Genozids in den Medien Comic, Fotografie, Film und in der bildenden Kunst beschäftigen. Am Beispiel von Art Spiegelmans Comic *MAUS* – dem Holocaust-Comic, der über das Genre des Holocaust-Comics hinaus dem Comic Eintritt in die Welt der ›großen‹ Literatur verschafft – geht *Hans Kruschwitz* der medialen Besonderheit des Comics und seiner besonderen Leistungsfähigkeit nach. Die Spezifik des Bild-Text-Verhältnisses in *MAUS* nimmt der Beitrag zum Anlass, um über Sprach- und Bildreflexionen nachzudenken. Dabei wird eine eng aufeinander bezogene Korrespondenz zwischen den Ebenen der Bild- und Textreflexion herausgearbeitet, zwischen dem komplizierten Vater-Sohn-Verhältnis, von dem *MAUS* erzählt, und von der Suche des Sohnes nach den Textzeugnissen der Mutter, die diese dem Sohn vor ihrem Selbstmord hinterlassen hatte und die ihm vom Vater vorenthalten wurden. Der Verlust der Mutter und ihrer Aufzeichnungen ist ein zentrales Thema in diesem Comic. Die Komplexität des Verhältnisses von Bild- und Textreflexion, die im Medium des Comics in besonderer Weise geleistet werden kann, so lautet das Fazit, kann als eine Chance begriffen werden, komplexe Darstellungen des Holocaust für pädagogische Vermittlungsprozesse zugänglich zu machen.

Der Beitrag von *Ole Frahm* nimmt die Geschichte des Holocaust-Comics in den Blick. Er behandelt ihn als ein eigenes Genre mit eigener Bild- und Motivtradition. Ausgangspunkt der Überlegungen sind dabei Comics, die sich bereits vor *MAUS* dem Holocaust widmen. Der Beitrag kann eine Bildtradition aufzeigen, die bisher wenig Beachtung fand. Es handelt sich dabei um Comics, in denen die legendarische Figur des Golem aufgerufen wird. Mit den spezifischen Möglichkeiten des Comics wird in ihnen der Versuch unternommen, auf die Monströsität des Holocaust mit einer bildlichen Inszenierung von Monströsität zu antworten, und dabei Bezug zu nehmen auf eine spezifisch jüdische Bild- und Erzähltradition.

Mit Fotografien und deren spezifischem Anspruch auf Evidenz befasst sich der Beitrag von *Hildegard Frübis* über fotografische Erzählweisen des Judenmords. Er vollzieht die Rezeptionsgeschichte von Gerhard Schoenberners Bildband *Der gelbe Stern*, der Anfang der 1960er Jahre erscheint. Dieser Band versammelt Fotografien mit dem Anspruch des Dokumentarischen. Dabei wird jedoch nicht reflektiert, dass Bilder nicht nur dokumentieren, sondern immer auch deuten, dass bereits die Anordnung der Bilder und Bildkommentare eine Erzählung herstellt. Und obgleich die Täterperspektive in den kommentierenden Texten dieses Fotobandes explizit reflektiert wird, findet der Umstand, dass die Fotografien von Tätern gemacht wurden, keine adäquate Berücksichtigung. Eine Wende im Umgang mit fotografischen Bildern markiert der Beitrag erst um das Jahr 2000 herum. Sie wird beispielhaft aufgezeigt an der Edition des Lili Jacob-Albums. In ihm werden die Fotografien kritisch in die jeweiligen Kontexte eingebettet. Anstatt ein Masternarrativ zu verfolgen wird Komplexität sichtbar: Die einzelnen Gesichter und Geschichten, dies ist die ethische Implikation dieser Präsentation, können in ihrer individuellen Besonderheit und in ihrer Vielfalt wahrgenommen werden.

Keinem dominanten Masternarrativ verpflichtet sind die Darstellungen der Judenverfolgung im frühen Nachkriegsfilm. Der Beitrag von *Manuel Köppen* stellt die Heterogenität, zum Teil auch die innere Widersprüchlichkeit der Erinnerungsansätze dar, die in diesen frühen Filmen zum Ausdruck kommen. Er geht der Frage nach, wie sie miteinander kommunizieren oder auch zueinander in Konkurrenz treten. Der Beitrag verzeichnet eine große Spannbreite an Variationen in der Darstellung des Holocaust, kann jedoch auch Tendenzen ausmachen. In beiden deutschen Teilstaaten, so zeigt Köppen, wird die Erzählung von der Verfolgung und Ermordung der Juden domestiziert. Wird sie in der DDR zunächst ausgeblendet, um schließlich durch die antifaschistische Basiserzählung vereinnahmt zu werden, rufen in der BRD die frühen Filme zur Judenverfolgung zunächst zur Selbstbespiegelung des eigenen Opferstatus auf. Auch hier lässt sich erst in den 1960er Jahren eine erinnerungspolitische Wende beobachten.

Mit Filmen über den Holocaust, die bereits in erinnerungspolitische Vorgaben eingespannt sind und breite öffentliche Debatten auslösen, befasst sich der Beitrag von *Bettina Bannasch.* Ein zentraler Moment in den öffentlichen Erinnerungs- und Erziehungsdebatten ist dabei die 1979 im deutschen Fernsehen ausgestrahlte Miniserie *Holocaust.* Der Film als ein breitenwirksames Massenmedium ist, so argumentiert der Beitrag, für die durch Adorno angeregten Überlegungen zu einer Erziehung nach Auschwitz von größtem Interesse. Die Frage nach der ›Konsumierbarkeit‹ von Auschwitz stellt sich im Zusammenhang mit dem Film mit besonderem Nachdruck – eine Frage, die sich bereits in den Auseinandersetzungen um die Legitimität von ›schönen‹ Holocaust-Gedichten stellte. Auch und gerade für den Film, so lautet das Fazit des Beitrags, muss es eine ethische Forderung bleiben, an einem Anspruch auf ›Wahrheit‹ festzuhalten.

Neue Perspektiven auf ein bisher weitgehend unerschlossenes Feld von Holocaust-Darstellungen bietet der Beitrag von *Kathrin Hoffmann-Curtius* über die bildende Kunst. Für künstlerische Darstellungen aus den ersten zwanzig Jahren nach Kriegsende zeigt der Beitrag, dass sich Zugangsweisen und Themen, die von den ehemaligen KZ-Häftlingen aufgegriffen werden, von anderen Darstellungen unterscheiden. Sie wählen Themen wie Hunger und Folter, wie Quälereien, den Selbstmord im elektrisch geladenen Stacheldraht oder im Abort. Seit den späten 1940er Jahren orientieren sich die Werke der bildenden Kunst, die den Judenmord zur Darstellung bringen, häufig an Bildern aus Filmen, Zeitschriften, Tageszeitungen, Broschüren, Büchern und Plakaten. Gegenwärtig schließlich, so argumentiert der Beitrag am Beispiel der Arbeiten von Gerhard

Richter, ist die Rezeption des NS und seiner Verbrechen so in der Geschichtsschreibung verankert, dass auch ohne Abbildungen an ihn erinnert wird. Einen Bezug zwischen der Ermordung der Juden im Holocaust und der jahrhundertlangen Geschichte des Judenhasses stellen nur wenige Arbeiten her. Dabei handelt es sich ausschließlich um Arbeiten jüdischer Künstler. Ihnen wird eine Skizze Werner Tübkes gegenübergestellt, in der die Leidensgeschichte Christi mit der jüdischen Leidensgeschichte konfrontiert wird; die Skizze bleibt ein Entwurf, der nicht ausgeführt wird.

Die dritte Sektion *Bildungsangebote, pluralisierte Gedächtnisse und individuelle Aneignungen – Gedenkstätten und Erinnerungsorte* umfasst Analysen zur Gedenkstättenpädagogik, zu didaktischen Konzepten für die Arbeit an ›authentischen Orten‹ und zu Anne Frank als einem *lieux de memoire* des Holocaust sowie zu gescheiterten Gedenkinitiativen.

Olaf Kistenmacher thematisiert den Wandel der deutschen Erinnerungskultur, der sich etwa seit 1990 vollzieht und sich u. a. in einer Integration des Genozids in das Selbstverständnis des deutschen Staats ausdrückt. Zuvor war von staatlicher Seite, ungeachtet von Willy Brandts Kniefall im Jahr 1972 vor dem Warschauer Denkmal zur Erinnerung an den Ghettoaufstand, ein offizielles Erinnern an den Holocaust vermieden worden. Als staatlich geförderte Einrichtungen sind Gedenkstätten keine neutralen Orte der Erinnerung, sondern stehen in einem Verhältnis zu den jeweils offiziellen ›Lehren‹ aus Auschwitz. Kistenmacher rückt die Konflikte, die sich daraus für die Erinnerungsarbeit an Gedenkstätten ergeben, ins Zentrum seiner Betrachtung. Insbesondere illustriert er die Spannung, die sich aus der früh von Opferverbänden geprägten Formel »Nie wieder Krieg! Nie wieder Faschismus!« im Hinblick auf gegenwärtige Auslandseinsätze der Bundeswehr ergeben. Exemplarisch steht dafür ein Konflikt an der Gedenkstätte Neuengamme.

In ihrem Beitrag zu Anne Frank als einem geschichtskulturellen Phänomen geht *Christine Gundermann* der Frage nach dem ungebrochenen Erfolg dieses Erinnerungsorts des Holocaust angesichts von dessen zunehmender Historisierung nach. Woher rührt das Bedürfnis, Anne Frank »nahe« sein zu wollen, was macht diese Erinnerung bis heute offenbar so attraktiv? Gundermann zeigt, wie durch die von Anne Franks Vater Otto, dem einzigen Überlebenden der Familie, in Absprache mit dem Verlag vorgenommenen Auslassungen früh »ein spezifisches Sinnbildungsmuster« entstand, ein infantilisiertes Bild der Unschuld, das bereits in den 1950er Jahren zum populären Narrativ über den Holocaust avancierte. Anne Franks Tagebuch in dieser von Männern zensierten Form erfüllte vielerlei Bedürfnisse: In den Niederlanden passte es zu den erinnerungspolitischen Vorgaben von Königin Wilhelmina, die die Nation nach dem Zweiten Weltkrieg als eine von Widerständlern und christlichen Beschützern charakterisierte. In Deutschland dagegen erfüllte die wiederum um Otto Franks kritische

Bemerkungen über die Deutschen bereinigte Fassung des Tagebuchs die Funktion einer Projektionsfigur für den Nachkriegstopos, dass die deutsche Öffentlichkeit von den Verbrechen an den europäischen Juden nichts gewusst habe. Als Erinnerungsort bot Anne Frank weniger eine Geschichte der Shoah als den einer Erlösung.

Edith Raim erinnert in ihrem Beitrag daran, dass der Westen des geteilten Deutschland nach 1945 keineswegs von Beginn an als »Musterland« einer »Aufarbeitung der Vergangenheit« habe gelten können, weil die Erinnerung an »deutsches Leid« lange im Vordergrund stand, an die auch gegenwärtige Denkmalskonzeptionen teilweise wieder anknüpften. Die Stätten ehemaliger Zwangsarbeitslager, Konzentrationslager sowie sonstige Hinterlassenschaften des NS-Unterdrückungsapparats wurden zum Teil bereits von den Besatzungsmächten zerstört, vernachlässigt oder einer anderen Nutzung zugeführt, was die Deutschen so fortführten. Die ersten Gedenkstätten entstanden auf Initiative von Überlebenden jenseits des wissenschaftlichen Diskurses und der Öffentlichkeit. Während Raim generell konzediert, dass das Gedenken der NS-Verbrechen heute in der deutschen Gesellschaft breit verankert sei, konstatiert sie gleichwohl bedeutende Defizite, die sie am Beispiel der gescheiterten Gedenkinitiativen in Landsberg am Lech und dem benachbarten Kaufering vorführt. In diesem besonderen Fall verhinderte eine Bürgervereinigung drei Jahrzehnte lang den Erhalt der baulichen Überreste, die an ein Zwangsarbeitslager erinnerten, und verwehrte Überlebenden und anderen den Zutritt zum Gelände.

Christina Ulbricht präsentiert einen konkreten Unterrichtsentwurf aus dem akademischen Zusammenhang der Fachdidaktik Deutsch. Sie folgt dabei der vor allem in der Geschichtsdidaktik und der Gedenkstättenpädagogik entwickelten Vorstellung von Gedenkstätten als bedeutsamen außerschulischen Lernorten. Damit vertritt Ulbricht einen anderen Ansatz als Olaf Kistenmacher in seiner Problematisierung von Gedenkstätten, gerade wegen deren Verbundenheit zum staatlichen Bildungsauftrag. Mit Blick auf die multimediale Ausstellung in der KZ-Gedenkstätte Dachau deutet Ulbricht diese explizit als einen Erfahrungs- und Lernort, an den ihre didaktische Konzeption anknüpft. Jugendliche werden dazu ermutigt, sich in der Gedenkstätte durch die Lektüre von Zeitzeugentexten in eine intensive Auseinandersetzung mit der Geschichte des Ortes zu begeben und ihre Gedanken dazu schriftlich zu protokollieren.

Im abschließenden Beitrag des Bandes öffnet *Tobias von Borcke* noch einmal den Blick, wenn er danach fragt, »vor welchem historischen und gesellschaftlichen Hintergrund die Auseinandersetzung mit der NS-Verfolgung von Sinti_zze und Rom_nja stattfindet, welche Schlussfolgerungen für eine Bildungsarbeit gegen Antiziganismus daraus gezogen werden müssen« sowie schließlich auch, »wie sich diese zu einer Gedenkstättenpädagogik verhalten, die die Verfolgung und massenhafte Ermordung von Sinti_zze und Rom_nja während des Nationalsozialismus zum Thema macht.« Nach jahrzehntelanger Ingnoranz der Mehrheitsgesellschaft gegenüber diesem Völkermord ist dessen Anerkennung im öffentlichen Diskurs inzwischen weitgehend verankert. Obwohl in zahlreichen Einrichtungen Bildungsangebote zum Umgang mit der NS-Verfolgung von Sinti_zze und Rom_nja anzutreffen sind, die von thematischen Rundgängen über Tagesseminare bis hin zu mehrtägigen Veranstaltungen reichen, steht die Debatte über Voraussetzungen, Möglichkeiten, Ziele und Beschränkungen, so argumentiert von Borcke, einer solchen pädagogischen Arbeit aber erst am Anfang.[37]

Erste Pläne für diesen Band gingen aus einer Ringvorlesung hervor, die im Wintersemester 2014/15 an der Universität Augsburg gehalten wurde. Den Vortragenden dieser Ringvorlesung, die ihre Beiträge für den Band zur Verfügung gestellt haben, sei herzlich gedankt – nicht zuletzt für ihren Langmut – ebenso wie den Beiträgerinnen und Beiträgern, die neu hinzugewonnen werden konnten. Sie alle erlauben es uns, das Thema der Darstellung und der Vermittlung des Holocaust in seiner Vielstimmigkeit zu präsentieren. Die Durchsicht der Beiträge, die Erstellung des Namensregisters und des Literaturverzeichnisses übernahmen mit Elan und Engagement Frederike Burger, Corinna Dewor, Stefan Schmid und Ann-Marie Struck. Das Endlektorat besorgte mit wachem Geist und scharfem Auge Inge Lev. Für die großzügige Unterstützung durch die Bereitstellung von Druckvorlagen und/oder die freundliche Abdruckerlaubnis für einzelne Abbildungen in diesem Band danken wir Prof. em. Bazon Brock, Prof. Dr. Georges Didi-Huberman, Susanne Dietel und der Universitätsbibliothek Leipzig, Dr. Peter Kruska von der Heinrich-Ehmsen-Stiftung in der Stadtgalerie Kiel, Dr. Wojciech Płosa vom Państwowe Muzeum Auschwitz-Birkenau Oświęcim, Prof. em. Gerhard Richter, Dr. Erik Riedel vom Ludwig-Meidner-Archiv des Jüdischen Museums Frankfurt a. M., Gerhard Schneider und dem Zentrum für verfolgte Künste im Solinger Kunstmuseum, Anita Schulze von der VG BildKunst sowie Brigitte Tübke-Schellenberger. Georg Haindl unterstützte den Druck des Bandes mit einer großzügigen Spende. Unsere Ansprechpartnerin beim Verlag, Marie Vondracek, stand uns mit Freundlichkeit und Kooperationsbereitschaft bei der Bewältigung von Klippen zur Seite, mit denen niemand gerechnet hatte. Die Herausgeber der Reihe *Poetik, Exegese, Narrative* haben dem Band schließlich einen guten Ort gegeben. Ihnen allen sei an dieser Stelle sehr herzlich gedankt.

37 Von Borcke folgt in seinem Aufsatz einer mehrfach subjektorientierten Gedenkstättenpädagogik, wie sie etwa der pädagogische Leiter der Internationalen Jugendbegegnungsstätte Ravensbrück, Matthias Heyl, unter Beziehung auf Adornos »Wendung aufs Subjekt« vertritt. Matthias Heyl: Erziehung nach Auschwitz – Bildung nach Ravensbrück. Historisch-politische Bildung zur Geschichte des Nationalsozialismus und seiner Verbrechen. In: Adorno revisited. Erziehung nach Auschwitz und Erziehung zur Mündigkeit heute. Hg. v. Klaus Ahlheim und Matthias Heyl. Hannover 2010, S. 89–125; hier: S. 118–122.

I. Gattungen und Genres – Literarische Formen der Darstellung und Vermittlung

Mona Körte

Literarische Zeugenschaft der Shoah – Frühe Prosa über den Genozid

> Hätten die Lager länger bestanden, wäre eine neue, harte Sprache geboren worden …
> Primo Levi: *Ist das ein Mensch?*

Einführung

Ist das ein Mensch? (ital. *Se questo è un uomo)* heißt der von Primo Levi 1947 in einem kleinen Turiner Verlag veröffentlichte autobiografische Bericht über seine Inhaftierung im Konzentrationslager Buna-Monowitz, einem Außenlager von Auschwitz. Dem Überlebensbericht des aus einer liberalen jüdischen Familie aus Turin stammenden Chemikers Levi (1919–1987) folgen weitere Bücher, darunter *Die Atempause* (*La tregua,* 1963), in dem er über seine schwierige Heimkehr von Auschwitz nach Turin in den Monaten von Januar bis Oktober 1945 erzählt und schließlich *Die Untergegangenen und die Geretteten* (*I sommersi e i salvati,* 1986). In seinem letzten Buch konturiert er einige Schlüsselstellen des ersten Buchs neu und verdichtet diese, nunmehr »gestützt durch eine umfangreiche Literatur, die zum Thema des untergegangenen (oder des ›geretteten‹) Menschen entstanden ist […]«.[1] Vor allem sein erstes Buch kann als das über die Grenzen Italiens hinaus meistzitierte Zeugnis gelten, auch wenn seine Rezeption mit einer durchaus symptomatischen Verspätung einsetzte.[2]

Der deutschen Ausgabe hat Levi einen Auszug aus einem Brief an seinen Übersetzer vorangestellt. Dort heißt es:

> Vielleicht haben Sie gemerkt, daß für mich das Lager und vom Lager geschrieben zu haben ein bedeutendes Ereignis gewesen ist, das mich zutiefst verändert, mir Reife und ein Lebensziel gegeben hat. Mag es Anmaßung sein: aber jetzt kann ich, Nummer

1 Primo Levi: Die Untergegangenen und die Geretteten. München 1993, S. 32.

2 Levis Manuskript *Se questo è un uomo* wurde zunächst von den wichtigen italienischen Verlagen abgelehnt und erschien 1947 in einem kleinen Verlag, dem Turiner Verlagshaus De Silva. Zur Publikationsgeschichte vgl. das Nachwort von Cesare Segre in: Primo Levi: Se questo è un uomo. Turin 2005, S. 179–199; hier S. 181f.

> 174 517, durch Sie zu den Deutschen sprechen, kann sie an das erinnern, was sie getan haben, und ihnen sagen: ›Ich bin am Leben, und ich möchte euch verstehen, um euch beurteilen zu können‹.
> Ich glaube nicht, daß das Leben des Menschen notwendigerweise ein bestimmtes Ziel hat; aber wenn ich an mein Leben denke und an die verschiedenen Ziele, die ich mir bisher gesetzt habe, so erkenne ich nur eines als festumrissen und bewußt an, und es ist gerade dieses, Zeugnis abzulegen, das deutsche Volk meine Stimme hören zu lassen und dem Kapo, der sich die Hand an meiner Schulter säuberte, dem Doktor Pannwitz, denjenigen, die den Letzten erhängten, und ihren Erben zu ›antworten‹.[3]

Nicht nur, dass sich Levi nun, gleichsam vermittelt – in der Übersetzung – an die Deutschen wenden kann, um sie an ihre Verbrechen zu erinnern, in der Betonung eines festumrissenen Ziels, das darin besteht, »Zeugnis abzulegen«, formuliert er einen Imperativ, der die Berichte der ersten Generation sowie die gesamte Literatur der Überlebenden durchzieht. Dabei schreiben die Autorinnen und Autoren aus der Position derjenigen, deren Erfahrung durch die Unmittelbarkeit zum Geschehen der »Endlösung« einen singulären Ort in der Geschichte markiert.[4] Neben diesem Imperativ des Bezeugens rücken mit den Worten des »Erben« und des »Antwortens« mögliche Adressaten in den Blick und mit ihnen ein spezifischer Gestus der Mitteilung. Das bedeutet, dass gerade für jene Bücher, die als Zeugnis im Sinne einer Erinnerungsrede angelegt sind, ein Adressat für die Artikulation von Erinnerung konstitutiv ist. Denn das Genre des Zeugnisses manifestiert sich über seine Form der Mitteilung, die auf ein Gegenüber, einen Hörer oder Leser angewiesen bleibt und damit einerseits das kommunikative Modell des Bezeugens, andererseits aber auch sein Dilemma angesichts der Katastrophe, umreißt. Primo Levi und mit ihm Autorinnen und Autoren wie Jean Améry (1912–1978), Charlotte Delbo (1913–1985) und Robert Antelme (1917–1990) »antworten« mit ihren Büchern kurz nach 1945 nämlich auf etwas, das zunächst gar nicht erfragt bzw. gewusst sein wollte. Ihr Zeugnis markiert damit einen Erzählrahmen, den sie in ihren schlimmsten Lagerträumen bereits vorweggenommen hatten: die Situation, dass ihr Erzählen bei ihrem Gegenüber nicht verfängt, keinen Halt findet und entsprechend unerhört bleibt.[5] Vielleicht wendet sich Levis Ich-Erzähler deshalb so häufig fragend an seine (impliziten) Leser, indem er sich rückversichert und an gesellschaftliche Rege-

3 Primo Levi: Ist das ein Mensch? [1961]. München u. a. 1992, S. 7.

4 Sigrid Weigel: Zeugnis und Zeugenschaft, Klage und Anklage. Die Geste des Bezeugens in der Differenz von »identity politics«, juristischem und historiographischem Diskurs. In: Zeugnis und Zeugenschaft. Jahrbuch des Einstein-Forums 1999. Berlin 2000, S. 111–135; insbes. S. 117.

5 In Levi: Ist das ein Mensch? (s. Anm. 3), S. 72 f. spricht Levi von dem obsessiv wiederkehrenden, offenbar mit anderen Häftlingen geteilten »Tantalustraum« und dem »Erzählertraum«. Letzterer setzt sich im Wesentlichen daraus zusammen, dass der Träumer vom Lager erzählt, seine Hörer aber nicht folgen können oder wollen und sich entfernen.

lungen appelliert, um aus einer – wie auch immer fiktiv – geteilten Position heraus den kategorialen Bruch mit allem bis dato Denkbaren vor Augen zu führen.[6] Levis »Antwort« besteht also im Grunde über die konkrete Beschreibung des Lagers hinaus aus einem Bündel fundamentaler Fragen – nach der Gattung Mensch, ihrem *status quo* und ihrem Zustand während und nach der »riesige[n] biologische[n] und soziale[n] Erfahrung«,[7] die das Lager darstellte.

In den ersten Büchern nach 1945 formieren sich Fragen wie diese bereits im Titel, so etwa bei Robert Antelme, der seinen ebenfalls 1947 erschienenen Erinnerungsbericht *Das Menschengeschlecht* (frz. *L'Espèce humaine*) nennt. Das Buch des in Buchenwald, Gandersheim und in Dachau als Widerstandskämpfer internierten Antelme analysiert den Versuch der SS, auf ihrem Terrain nach Art eines »außer sich geratenen deutschen Planeten« »die Einheit dieser Gattung in Frage zu stellen«. Dabei bezeichnet er den Glauben der SS, dass es »unsere historische Mission sei [...], zu einer anderen Gattung zu werden«, als einen misslingenden SS-Traum, da es am Ende nur eine Gattung Mensch gäbe, auch wenn »es so erscheint, als ob die Zugehörigkeit zur Gattung Mensch nicht sicher sei, als könne man da ein- und ausgehen, nur halb dazugehören oder ganz dazugehören [...]«.[8] Im häufigen Gebrauch von Wörtern wie »Exemplare des Menschengeschlechts«, »Bedingung des Menschen« (»campione di umanità«, »condizione umana« bei Levi), »l'espèce humaine« (bei Antelme) oder im Aufrufen von »Gespenstern« und »Gliederpuppen« (»larve«, »pupazzi miserabili« bei Levi, »mannequins« oder »poupées« bei Delbo),[9] um die spezifische Qualität der unumkehrbaren Metamorphose anzuzeigen, werden die Grenzen des Humanen, werden das nicht mehr Menschliche in seinen semantischen Ableitungen und Komposita zur Disposition gestellt. Diese Worte verraten darüber hinaus eine für die ersten Zeugnisse charakteristische »Spannung zwischen einem Willen zum Verstehen und der Sinnlosigkeit des Geschehens«,[10] die eine enorme

6 So bereits im ersten mit »Die Fahrt« überschriebenen Kapitel, wo er Beschreibungen mit Sätzen wie »Tätet ihr's nicht ebenso?« oder »Wie kann man einen Menschen ohne Zorn schlagen?« Levi: Ist das ein Mensch? (s. Anm. 3), S. 14–15.

7 Levi: Ist das ein Mensch? (s. Anm. 3), S. 104, ital. S. 79: »una gigantesca esperienza biologica e sociale«. In *Die Untergegangenen und die Geretteten* spricht er von Auschwitz als einem »Laboratorium« (s. Anm. 1).

8 Robert Antelme: Das Menschengeschlecht. Als Deportierter in Deutschland. München 1990, S. 357 u. 308. Frz. Robert Antelme: L'Espèce humaine. Paris 1957, S. 229: »C'est une rêve SS de croire que nous avons pour mission de changer espèce, et comme cette mutation se fait trop lentement, ils tuent.«

9 Levi: Ist das ein Mensch? (s. Anm. 3), S. 32. Charlotte Delbo: Keine von uns wird zurückkehren. In: Dies.: Auschwitz und danach. Frankfurt a. M. 1990, S. 24 u. 129.

10 Vgl. Günter Butzer: Höllenfahrt ohne Auferstehung. Die Unterweltsreise als Narrativ katastrophischen Erinnerns. In: Katastrophe und Gedächtnis. Hg. v. Thomas Klinkert und Günter Oesterle. Berlin 2014, S. 167–190; insbes. S. 180. Was Günter Butzer hier am Beispiel Primo Levis konstatiert, lässt sich auch auf Robert Antelme und Charlotte Delbo beziehen.

Herausforderung für die Erinnerung an das vergangene Ich darstellt. Denn dieses vergangene Ich erscheint als ein außerhalb der Welt und der Zeit stehendes Ich, das von der Erinnerung und in der sprachlichen Übertragung zwar touchiert werden kann, in diese aber nicht wirklich zu integrieren ist. Erinnerung steht hier der Konstruktion und dem Erhalt von Identität als einer Technik der Sorge um sich radikal entgegen, weshalb manche Zeugnisse wie das von Ruth Klüger (*weiter leben*) und Jean Améry konsequent den Tod und nicht das Leben an den Anfang ihrer Berichte und Erwägungen setzen. An eben dieser Disposition zur Unintegrierbarkeit des von der Lagerlogik affizierten Ich setzt die Poetologie des Zeugnisses an oder ein. Da das Gesehene und Erlebte gleichsam ohne Beispiel ist und daher nicht zu antizipieren war, lässt es sich nicht eingemeinden, befrieden oder gar verstehen. Dieser Schmerzpunkt der Unintegrierbarkeit sollte nicht mit dem insbesondere die erste Generation Schreibender umgebenden Unsagbarkeits- bzw. Undarstellbarkeitstheorem verwechselt werden,[11] sind die Zeugnisse doch gerade Texte, die, wenn auch in sich paradox, auf eine genaue, mitunter gar bilanzierende Weise Auskunft vom Sterben und Überleben geben. Die Behauptung einer Unsagbarkeit und Undarstellbarkeit mystifiziert nicht nur eine Einsicht in das Ausmaß des Verbrechens, sie ignoriert und negiert auch die – relativ gesehen – zahlreichen unveröffentlichten Zeugnisse, die in Archiven rund um die Welt verwahrt werden.[12] Paradox sind die Texte vor allem deshalb, weil die Erzähler/innen-Instanz mitunter zu der Einsicht gelangt, das Lager niemals wirklich verlassen zu haben, eine Einsicht, die in die Poetik der Texte hineinreicht bzw. auf eine Lösung wartet. Denn die Ich-Erzähler/innen charakterisieren sich nicht einfach als Rückkehrer/innen, sondern als *Revenants* (Wiedergänger), indem sie »sich als gestorben bzw. nicht zurückgekehrt« qualifizieren, wodurch »das Subjekt der Aussage und die Informationen, die es über die außerhalb des Textes liegende Realität gibt, in Frage gestellt« wird.[13] Dieser differenzierte Blick auf die anthropologischen, ethischen und radikal politischen Dimensionen der Vernichtung, der sich auch als Zäsur innerhalb des Bildes vom Menschen zu

11 Eine fällige Re-Lektüre dieser ersten Zeugnisse müsste dazu führen, die Begrifflichkeiten zu sondieren, um zwischen den Theoremen eines Bruchs mit dem Vorstellbaren und den (Un-)Möglichkeiten des Sagbaren bzw. dem Undarstellbaren zu differenzieren. Einen Ansatz hierzu macht Irene Heidelberger-Leonard: Text als Gedächtnis: Jean Améry (1912–1978). In: Schriftgedächtnis – Schriftkulturen. Hg. v. Vittoria Borsò, Gertrude Cepl-Kaufman, Tanja Reinlein, Sibylle Schönborn und Vera Viehöver. Stuttgart u. a. 2002, S. 59–72.

12 Körte, Mona: Flaschenpost. Vom »Eigenleben« jüdischer Erinnerungsarchive. In: Jüdische Intellektuelle im 20. Jahrhundert. Literatur- und kulturgeschichtliche Studien. Hg. v. Ariane Huml und Monika Rappenecker. Würzburg 2003, S. 275–296.

13 Silke Segler-Meßner: Une connaissance inutile: Zum Paradox literarischer Zeugenschaft. In: Vom Zeugnis zur Fiktion. Repräsentation von Lagerwirklichkeit und Shoah in der französischen Literatur nach 1945. Hg. v. Silke Segler-Meßner, Monika Neuhofer und Peter Kuon: KZ – memoria scripta, Bd. 2. Frankfurt a. M. 2006, S. 25f.

erkennen gibt und die Erzähler-Instanz gleichsam spaltet, findet sich Jahre vor der Deutung des Nationalsozialismus und der Massenvernichtung als »Zivilisationsbruch« durch Dan Diner,[14] wobei man nicht historische oder philosophische Positionen gegen die des Bezeugens ausspielen muss, um deutlich zu machen, dass die frühen Zeugnisse selbst Bausteine zu einer Anthropologie des »Lagermenschen« und zu einer Theorie des Zeugnisses beinhalten. Der italienische Philosoph Giorgio Agamben macht keinen Hehl daraus, dass einige seiner Prämissen vorformuliert wurden, wenn er sein Buch *Was von Auschwitz bleibt* wie folgt beginnt: »Der Leser wird vielleicht enttäuscht sein, in diesem Buch ziemlich wenig zu finden, das nicht schon in den Zeugnissen der Überlebenden steht«.[15] Dabei bezieht er sich insbesondere auf eine den Modus der Zeugenschaft stark einschränkende Erkenntnis: Hatte Levi in erinnerungskritischem Gestus davon gesprochen, dass Wissen und Erinnerung durch den unterschiedlichen Status der Häftlinge in den Lagern und die moralische Belastung durch eben diesen Status begrenzt wird,[16] so folgert Levi für sich daraus,

> daß die Geschichte der Lager fast ausschließlich von denen geschrieben wurde, die wie ich, nicht den tiefsten Punkt des Abgrunds berührt haben. Wer ihn berührt, ist nicht mehr wiedergekommen, oder seine Beobachtungsgabe war durch das Leid und das Nichtbegreifen gelähmt.[17]

Um das Ausmaß des hier angedeuteten Dilemmas einer Unsicherheit des Zeugen und einer Verunsicherung über das zu Bezeugende zu verstehen, rücken im nächsten Abschnitt der Begriff und die Übereinkunft des Zeugen und der Zeugnisliteratur in den Blick, bevor in einem zweiten und dritten Kapitel zwei entscheidende Dispositive, das des Überlebenden als eines Wiedergängers und das des Lagers als Sprachenwirrwarr, zur Sprache kommen.

I. Der Imperativ des Bezeugens als Schubkraft des Schreibens

Zunächst einmal hat der Begriff des »Zeugen« (und damit des »Zeugnisses«) eine sprachlich und kulturell unterschiedliche Geschichte, die anders gelagerte Konzepte offenbaren. Ihm liegt eine Vielfalt der Ursprünge zugrunde, deren Uneindeutigkeit auch die Auffassung von »Zeugnisliteratur« tangiert.[18] Zu

14 Dan Diner: Zivilisationsbruch. Denken nach Auschwitz. Frankfurt a. M. 1988, S. 7–13.

15 Giorgio Agamben: Was von Auschwitz bleibt. Das Archiv und sein Zeuge. Frankfurt a. M. 2003, S. 8.

16 Mit Blick auf Überlebensberichte hat Langer eine Typologie der Erinnerung entwickelt. Vgl. Lawrence L. Langer: Holocaust Testimonies. The Ruins of Memory. New Haven u. a. 1991.

17 Levi: Die Untergegangenen (s. Anm. 1), S. 13f.

18 Zur genaueren Exegese dieser Vielschichtigkeit des Zeugnisses als Phänomen und Konzept vgl. Aurélia Kalisky: Jenseits der Typologien. Die Vielschichtigkeit der Zeugenschaft. In:

allererst ist das Zeugnis eine Erinnerungsrede, bei der es weder um Evidenz noch um Betroffenheit geht, sondern um die spezifische Konstellation zwischen dem Schreibenden und dem Lesenden, die vor allem durch die Ungleichheit und Ungleichzeitigkeit ihrer Erfahrungen geprägt ist.[19] Diese Lücke ist für das Zeugnis charakteristisch; »der Zeuge kann uns nicht sehen lassen, was er sah und er kann uns nicht hören lassen, was er gehört hat«,[20] seine Erfahrung muss durch den Filter der (gesprochenen oder geschriebenen) Worte hindurch. James E. Youngs Deutung zufolge versucht Zeugnisliteratur einen authentischen, empirischen Zusammenhang zwischen Text, Autor und Erfahrung herzustellen.[21] Entwickelte Young den Begriff des Zeugnisses aus der jüdischen Tradition von Tora und Talmud als Ergebnis einer verbindlichen Berichterstattung über oder auch Erinnerungsverantwortung für Erfahrenes,[22] so sorgt Giorgio Agamben in seinem Buch mit dem sprechenden Titel *Was von Auschwitz bleibt* für eine schärfere begriffliche Fassung des Zeugen, indem er eine Ausdifferenzierung des Begriffs aus dem Lateinischen übernimmt: Dort bezeichnen zwei Wörter den Zeugen, nämlich das Wort »testis«, das sich etymologisch zurückführen lässt auf jemanden, der sich als Dritter zwischen zwei Parteien stellt, und das Wort »superstes«, ein Begriff, der denjenigen bezeichnet, der ein Ereignis bis zuletzt durchgemacht hat und deswegen davon Zeugnis ablegen kann.[23] Der Überlebende der Shoah, der seine Erfahrung bezeugt, ist also in jedem Sinne des Wortes superstes (Überlebender, Überstehender), wodurch sein Zeugnis den verschiedenen Formen der Funktionalisierung etwa im juristischen Diskurs oder zur Anreicherung und Stabilisierung eines positivistischen Wissens um Geschichte entzogen bleiben muss.

Unabhängig von ihrer Bezeichnung jedoch ist ein von Text zu Text je anders akzentuierter »widersprüchlicher Imperativ von Erinnern und Vergessen« konstitutiv.[24] Denn zum früh formulierten und mittlerweile festen Bestand der Wissenschaft über den Holocaust gehört die Auffassung, dass der Massenmord an den Juden als Versuch eines umfassenden *Memorizids* zu werten ist, da neben

Zeugenschaft. Perspektiven auf ein kulturelles Phänomen. Hg. v. Claudia Nickel und Alexandra Ortiz Wallner. Heidelberg 2014, S. 193–211; insbes. S. 193–195.

19 Weigel: Zeugnis und Zeugenschaft (s. Anm. 4), S. 116.

20 Vgl. hierzu Sibylle Schmidts Ausführungen zu Zeugniswissen als Erfahrungswissen und dem Begriff der »epistemologischen Lücke« in Sibylle Schmidt: Was bezeugt Literatur? Zum Verhältnis von Zeugnis und Fiktion. In: Zeugenschaft. Perspektiven auf ein kulturelles Phänomen (s. Anm. 18), S. 181–192; insbes. S. 186–188.

21 James E. Young: Beschreiben des Holocaust. Darstellung und Folgen der Interpretation. Frankfurt a. M. 1992, S. 47.

22 Young: Beschreiben des Holocaust (s. Anm. 21), S. 38f.

23 Agamben: Was von Auschwitz bleibt (s. Anm. 15), S. 14.

24 Geoffrey H. Hartman: Die Wunde lesen. Holocaust-Zeugenschaft, Kunst und Trauma. In: Zeugnis und Zeugenschaft (s. Anm. 4), S. 83–108; insbes. S. 86.

der Drohung der SS, dass kein Beweisstück und kein Zeuge übrigbleiben würde, den Opfern das unvorstellbare Ausmaß und das Dilemma einer daraus folgenden Unglaubhaftigkeit all dessen, was in den Lagern geschah, allgegenwärtig war.[25] Damit fügt sich die Shoah ein in ein für das 20. Jahrhundert spezifisches Muster genozidaler Gewalt, bei der die Urheber mit der Gewalt auch die Auslöschung der Spuren von Gewalt betreiben und es sich somit, wie Aurélia Kalisky formuliert, um sich selbst negierende Verbrechen handelt.[26] Dieser Krieg gegen die Sichtbarkeit monströser Verbrechen und die Erinnerung an diese wirkt gleichsam weiter, entscheidet über und determiniert Wortwahl und Syntax sowie Entscheidungen wie den Umgang mit Mehrsprachigkeit zum Zweck der Markierung des Lagerjargons oder auch von Sprachen der Freundschaft (vgl. hierzu Kapitel 3). Dieses Verständnis eines versuchten umfassenden Memorizids hat die wenigen überlebenden Zeugen in vergleichsweise großer Zahl dazu veranlasst, ihren eigenen Kampf mit der Erinnerung zu führen und die belastende »Zeugnis- und Erinnerungsverantwortung«[27] auf sich zu nehmen und in Texten auszutragen. Dies geschieht allerdings nicht erst nach 1945, sondern bereits in den Lagern und Ghettos. Dort parierten Häftlinge diesen Großangriff auf das Erinnern, indem sie ihre Zeugnisse Zetteln anvertrauten, sie versteckten, vergruben oder hinausschmuggelten.[28] In der Regel wird die der Anlage nach offene, also sowohl nüchtern-berichtende als auch ambitioniert literarisch zu konzipierende, Prosa zum Ausdrucksmittel für Menschen, die erst durch ihr Überleben zu Autoren und Autorinnen werden und durch deren Veröffentlichungen die Nachkriegsgesellschaft erste Informationen und – wo sie wollte – erstes Wissen über das Ausmaß des organisierten Völkermords beziehen konnte.[29] Dabei ist der oben beschriebene Kampf mit der Erinnerung ein sowohl persönlicher wie überpersönlicher, als es sich beim Holocaust um ein »Ereignis ohne Zeugen« handelt. »Denn«, so hält der Psychoanalytiker Dori Laub fest,

> die Nationalsozialisten haben in der Tat nicht nur die physischen Zeugen ihres Verbrechens auszurotten versucht; die innerlich unverständliche und täuschende psy-

25 Levi: Die Untergegangenen (s. Anm. 1), S. 28 u. 8.

26 Aurélia Kalisky: D'une catastrophe épistémologique. La catastrophe comme négation de la mémoire. In: Katastrophe und Gedächtnis (s. Anm. 10), S. 18–74.

27 Weigel: Zeugnis und Zeugenschaft (s. Anm. 4), S. 118.

28 So haben mit Salmen Lewental weitere Mitglieder der Sonderkommandos ihre Zeugnisse über die letzte Phase der Vernichtung in Auschwitz auf dem Gelände der Krematorien vergraben. Siehe dazu v. a. Tullia Santin: Der Holocaust in den Zeugnissen griechischer Jüdinnen und Juden. Berlin 2003, S. 38f. Vgl. dazu auch Jzchak Katzenelson, der sein Gedicht in Vittel unter Bäumen versteckt hatte oder auch das Untergrundarchiv des im Warschauer Ghetto internierten Ringelblum, das neben offiziellen Dokumenten wie Plakaten und Zeitungsberichten auch Tagebücher und Familienfotos aufbewahrte.

29 Dabei wurde vergleichsweise wenigen Manuskripten ein Überleben in Buchform und damit ein öffentliches Publikum zuteil. Vgl. dazu Körte: Flaschenpost (s. Anm. 12), S. 281–283

> chologische Struktur des Ereignisses schloß auch seine eigene Zeugenschaft aus, selbst durch seine eigenen Opfer. [...] Der »Holocaust« schuf auf diese Weise eine Welt, in der man für sich selbst kein Zeugnis ablegen konnte. Das Nazi-System erwies sich daher als narrensicher, nicht nur in dem Sinn, daß es theoretisch keine Zeugen von außerhalb gab, sondern auch in dem, daß es die Opfer, die potentiellen Zeugen aus dem Innern des Systems, davon überzeugte, daß das, was über ihre »Andersheit« und ihre Nicht-Menschlichkeit behauptet wurde, richtig sei und daß ihre Erfahrungen nicht mitteilbar waren – nicht einmal sich selbst gegenüber – und deshalb vielleicht nie stattgefunden haben.[30]

Damit steht die Erinnerung unabhängig von der Distanz zum Ereignis im Bann des Katastrophischen, sie ist eben keine »mnemotechnische Registratur oder ein neutrales Archiv«; als in »die Katastrophe verwickelte Erinnerung ist [sie, M.K.] selbst katastrophisch infiziert [...]«.[31] Die den Zeugnissen eigene Fragilität verdankt sich dieser fortgesetzten Intervention des Katastrophischen, in dessen Folge die Erinnerung eben keine verlässliche Registratur, sondern eine in Teilen misslingende Verantwortungsleistung darstellt. Levis Ich-Erzähler in *Ist das ein Mensch?* macht in einem sehr spezifischen Moment der Erzählung einen nicht minder spezifischen Vorschlag, der in einem solchen Zusammenhang katastrophaler Erinnerung gelesen werden kann: Er schlägt vor, die Lebensläufe der Mithäftlinge als »Geschichten aus einer neuen Bibel«[32] zu lesen. Hier versetzt Levi diese Geschichten nicht einfach in einen kanonischen Stand mit vorgegebenen Auslegungsregeln, sondern beklagt die fehlende Voraussetzung hierzu: die Erinnerung an die im Lager gehörten, »grausame[n], bewegende[n]« Biografien seiner Mithäftlinge, die einen exemplarischen Status durch deren vollständiges Erinnern gerade angesichts des gleichartigen Sterbens in der Masse, des uniformen Todes durch Gas hätten erreichen können. Anstelle einer Auratisierung wird hier das Spannungsverhältnis zwischen den sehr individuellen Lebensdaten und -läufen und dem anonymen und gleichförmigen Tod gestaltet.

Zweifellos handelt es sich beim Zeugnis, der *témoignage*, des *testimony*, um Texte mit besonderer Deutungsautorität, die Form ihrer Autorität ist jedoch nicht leicht zu benennen und abhängig von ihrer sprachlich-kulturellen Herkunft und Ausdifferenzierung. Einerseits sind Zeugnisse, wie vielfach geschehen, leicht zu instrumentalisieren, jedoch in einem positivistischen Sinne schwer zu ›verwerten‹.[33] »Lagerliteratur«[34], »Literatur des Genozids«[35], »Überlebens-

30 Dori Laub: An event without a Witness. Truth, Testimony, and Survival. In: Testimony: Crisis of Witnessing in Literature, Psychoanalysis, and History. Hg. v. Shoshana Felman und Dori Laub. New York 1992, S. 75–92; insbes. S. 80f. Dt. zit. n. Weigel: Zeugnis und Zeugenschaft (s. Anm. 4), S. 120–121.

31 Thomas Klinkert und Günter Oesterle: Einleitung. In: Katastrophe und Gedächtnis (s. Anm. 10), S. 1–17; insbes. S. 3.

32 Levi: Ist das ein Mensch? (s. Anm. 3), S. 77.

33 Vgl. hierzu den Umgang mit Zeugen und Zeugenschaft in den sog. Frankfurter Auschwitz-

memoiren«[36] oder schlicht »Holocaustliteratur«[37] sind die Begriffe, denen das in sich heterogene Ensemble an Texten in Ermangelung eines präziseren Begriffs subsumiert werden und die, weil sie eine je unterschiedliche Deutungsreferenz beinhalten, einerseits als Resultat einer bestimmten Rezeption gelten können, andererseits dessen Verlaufsgeschichte auch weiterhin bestimmen.[38] Die Wahl eines Begriffs ist Ausdruck einer Entscheidung, die den Text auf eine außerliterarische Referenz, einer genozidalen oder konzentrationären Gewalt (Shoah, Lager), auf den Status seines Verfassers (Überlebender) hin liest oder an einem textkonstitutiven movens (Erinnerung) bemisst.

Insgesamt steht Zeugnisliteratur in einem Spannungsverhältnis zu den großen Erzählungen der Historiografie, was seinen Grund zum einen darin hat, dass diese Textform in einer mehr oder minder offensiven Weise und in je unterschiedlichem Grad »Authentizität« herstellt, sie »literarisch erzeugt«,[39] ein Vorgang, den die Historiographie für ihre Weisen der Darstellung in der Regel zurückweist. Eine zweite Schwierigkeit liegt in dem, was Giorgio Agamben die »Aporie von Auschwitz« nennt, das Dilemma nämlich, dass »das Unvergessliche der Lager nicht auf die sie konstituierenden Wirklichkeitselemente reduzierbar ist«.[40] Begrifflich unscharf siedelt Geoffrey H. Hartman vor allem die Überlebensberichte der »ersten Generation« Schreibender wie Primo Levi und Jean Améry im Grenzfeld von Geschichte und Literatur an.[41] Offensiver nennt Jan Philipp Reemtsma die Zeugnisse eine »Literaturgattung des 20. Jahrhunderts«, deren Exemplaren ein Bündel von Merkmalen zugrunde liegt: zunächst ist es die augenfällige Tatsache, dass diese Literatur gerade als Resultat deutscher Geschichte in allen Sprachen, die auch in den Lagern gesprochen wurde, geschrieben worden ist.[42]

Wie an Primo Levi, aber auch an Jean Améry und Elie Wiesel deutlich wird,

---

prozessen: Fritz Bauer Institut (Hg.): »Gerichtstag halten über uns selbst…«. Geschichte und Wirkung des ersten Frankfurter Auschwitzprozesses. Frankfurt a. M. u. a. 2001.

34 Thomas Taterka: Dante Deutsch. Studien zur Lagerliteratur. Berlin 1999.

35 Judith Klein: Literatur und Genozid. Darstellungen der nationalsozialistischen Massenvernichtung in der französischen Literatur. Wien 1992.

36 Jan Philipp Reemtsma: Die Memoiren Überlebender. Eine Literaturgattung des 20. Jahrhunderts. In: Mittelweg 36/4 (1997), S. 20–39.

37 Young: Beschreiben des Holocaust (s. Anm. 21).

38 Aurèlia Kalisky: Das literarische Zeugnis. Das literarische Zeugnis zwischen *Gestus des Bezeugens* und literarischer Gattung. In: Vom Zeugnis zur Fiktion (s. Anm. 13), S. 37–55.

39 Manuela Günter: Writing Ghosts. Von den (Un-)Möglichkeiten autobiographischen Schreibens nach dem Überleben. In: Dies. (Hg.): Überleben schreiben. Zur Autobiographik der Shoah. Würzburg 2002, S. 21–50; insbes. S. 22.

40 Agamben: Was von Auschwitz bleibt (s. Anm. 15), S. 8.

41 Geoffrey Hartman: Der längste Schatten. Erinnern und Vergessen nach dem Holocaust. Berlin 1999, S. 91.

42 Reemtsma: Die Memoiren Überlebender (s. Anm. 36), S. 20f.

sind es die Überlebenden der Lager selbst, die ihre eigene Rezeptionsgeschichte mit bedenken und beeinflussen. Enthalten frühe Überlebensberichte wie der von Robert Antelme (*L'Espèce humaine*, 1946) und von Charlotte Delbo (*Auschwitz et aprés*, 1966) Gedanken zum Verhältnis der Erfahrung des Grauens und der Literatur, so knüpfen sich daran im Reflex auf den sich bildenden Korpus an Überlebenszeugnissen grundsätzliche Überlegungen zum Bruch mit den Mechanismen der Macht im Denken, Reden und Schreiben nach Auschwitz. In *Jenseits von Schuld und Sühne. Bewältigungsversuche eines Überwältigten* (1966) umgeht Améry eine ästhetische Gestaltung seiner Erfahrungen, um stattdessen das Wesen der Opfer-Existenz zu erkunden. Elie Wiesel, der Auschwitz und Buchenwald überlebte, verbindet in seinem auf Jiddisch verfassten, autobiografischen Text *Un di Velt Hot Geschvign* (1958) die Erfahrungen des Lagers mit Vorstellungen des Chassidismus und der Kabbala. Zugleich ist er ein früher Vertreter der These von der (literarischen) Undarstellbarkeit der Shoah, genauer von der Ausweglosigkeit, Undarstellbares zur Darstellung zu bringen. Obwohl sein Werk der beste Beweis der Möglichkeit einer Literatur über die Shoah ist, behauptet Wiesel in seinem Erzählband *Un Juif, Aujourd'hui* (1977) mit aller Entschiedenheit das Gegenteil: »Die Literatur des Holocaust? Der Ausdruck stellt an sich eine Sinnwidrigkeit dar [...]. Ein Roman über Auschwitz ist entweder kein Roman oder er handelt nicht von Auschwitz.«[43] Die literarisch ambitionierten Überlebenszeugnisse bewegen sich zwischen den traditionsbildenden Polen ungebrochenen Vertrauens in die Möglichkeiten und regenerativen Fähigkeiten der Sprache sowie einem tiefen Zweifel an ihr als adäquatem Medium von Ereignis und Erfahrung.

Nicht zuletzt durch die offenkundige Diskrepanz – die Zweifel an der Darstellbarkeit der Shoah auf der einen Seite und die Fülle an literarischen und dokumentarischen Aufzeichnungen auf der anderen Seite – wird die Debatte über die Unsagbarkeit und Undarstellbarkeit von Auschwitz Anfang der 90er Jahre des letzten Jahrhunderts allmählich abgelöst von einer Reflexion auf die Darstellungsweisen der Shoah, auf deren Voraussetzungen und Konsequenzen. »Man kann also immer alles sagen. Das Unsagbare, mit dem man uns ständig in den Ohren liegt, ist nur ein Alibi«,[44] benennt der Überlebende Jorge Semprun 1994 den Wandel innerhalb der Auseinandersetzung. In *Schreiben oder Leben* verschiebt Semprun das für ihn ohnehin inexistente Dilemma des Schreibens über Auschwitz wie bereits andere Überlebende vor ihm auf das Problem des Hörens über Auschwitz, wenn er im Anschluss daran formuliert: »Aber kann man auch alles hören, sich alles vorstellen? Wird man es können? Werden sie die

43 Elie Wiesel: Plaidoyer pour les survivants. In: Ders.: Un Juif, Aujourd'hui. Récits, Essais, Dialogues. Paris 1977, S. 191.

44 Jorge Semprun: Schreiben oder Leben. Frankfurt a. M. 1995, S. 23.

Geduld, die Leidenschaft, das Mitgefühl und die Strenge aufbringen, die dazu nötig sind?«[45] Damit stützt sich Semprun auf die Erinnerung an das immense Erzählbedürfnis der Befreiten, die sich »als Überbringer schlechter Nachrichten« fühlen mussten.[46]

»Weil die autobiographische Zeugnisliteratur nur in den Jahren unmittelbar nach dem Krieg den Status eines archivalischen Dokuments besaß« und »zuvörderst der Vermehrung von Wissen dienen« sollte, heute dagegen »eher ein Mittel der Überlieferung [ist], das uns die Ereignisse gegenwärtig hält«,[47] findet eine Verschiebung der Aufmerksamkeit von dem »Was« zum »Wie« der Erinnerung statt, wodurch die ästhetische Qualität der Texte, die je spezifische literarische »Überformung« des Ereignisses, seit den 1990er Jahren an Bedeutung gewinnt.[48]

Die folgenden beiden Abschnitte führen exemplarisch zwei symptomatische und in sich zusammenhängende Momente der frühen Zeugnisse zusammen; zum einen ist es die Reflexion auf eine Grenze, an der sich Leben und Tod nicht mehr als einander ausschließende Zustände begegnen und der Häftling als Gliederpuppe, sprachloser Muselmann oder Gespenst imaginiert wird. An diese radikale Verunsicherung im Lager knüpft sich das insbesondere bei Charlotte Delbo erstmals formulierte Bewusstsein der Überlebenden, als eine Art Wiedergänger posthum zu leben, dem Tod nicht entgangen zu sein. Es ist ein sporadisch wiederkehrendes Element von Zeugnisliteratur: »Ich bin nicht mehr unter den Lebenden. Ich bin in Auschwitz gestorben – und niemand sieht das.«[49] Zum anderen ist es das Moment unfreiwilliger Mehrsprachigkeit im Lager, das einen Reflex oder gar eine Systematisierung im Aufbau der Zeugnisse erhält.

II. Figuren ohne Wiederkehr – »Menschen in Auflösung«

Wo das Bezeugen zur Triebfeder des Schreibens nach der Shoah wird, erhält es, weil es nicht um erinnertes Leben, sondern um das Bezeugen des Todes geht, auch einen epitaphischen Charakter im Sinne einer Inschrift, und dies nicht nur für einen, sondern für viele Ermordete. Dabei geht es insbesondere darum, derer

45 Semprun: Schreiben oder Leben (s. Anm. 44), S. 24

46 Hartman: Der längste Schatten (s. Anm. 41), S. 66.

47 Hartman: Der längste Schatten (s. Anm. 41), S. 71.

48 Vgl. Nicholas Berg, Jess Jochimsen und Bernd Stiegler: Vorwort. In: Dies. (Hg.): SHOAH – Formen der Erinnerung. Geschichte, Philosophie, Literatur, Kunst. München 1997, S. 7–11; insbes. S. 7–8.

49 Delbo: Keine von uns wird zurückkehren (s. Anm. 9), S. 373. Zum Wiedergänger vgl. auch Semprun: Schreiben oder Leben (s. Anm. 44), S. 24f.

zu gedenken, die im Lager als »Menschen in Auflösung«,[50] als weder lebend noch tot wahrgenommen wurden. Dabei wirken sie, als würden sie aus einem Zustand völliger Entkräftung heraus menschliche Regungen und Funktionen nurmehr nachahmen, und auch in der Erinnerung finden sie keine rechte Form oder werden aus ihr wie bei Améry systematisch ausgeschlossen. Damit kehren wir an den Beginn des Essays und zu dem für die erste Generation Schreibender fundamentalen Thema der Beschaffenheit des »Lagermenschen« in dieser »mondo di negazione« / »Welt der Verneinung«[51] zurück. Das oben bereits angesprochene, wiederkehrende Wort des Menschengeschlechts zielt dabei auf eine Verstörung oder gar eine Zäsur in der Genealogie des Bildes vom Menschen. Von jenen zu berichten, deren Tod schon vor der Vernichtung ihres Körpers begonnen hat, ist Teil einer nahezu unmöglichen Aufgabe. Weil man nicht weiß, was sie noch am Leben hält, mit welcher Kraft sie sich in die Masse der Häftlinge reihen, bieten sie »aufgrund ihres passiven kampflosen Verhaltens keinen tauglichen Stoff für die Erzählung« dar.[52] Sie sind keine für die Erzählung tauglichen Figuren, weshalb die Erzählung wie um einen blinden Fleck um sie herumgeführt wird. Um diesen Zustand allmählicher Auslöschung zumindest zu konturieren, rufen Levi und Robert Antelme Figuren des Untoten, darunter »Schlafwandler«[53], »Automaten«[54] und Gliederpuppen oder wie bei Charlotte Delbo die dem Menschen nachgebaute Schaufensterpuppe auf.

Die Französin Delbo, die 1942 in Paris als Mitglied der Résistance verhaftet und im Januar 1943 mit dem letzten Transport von Französinnen nach Auschwitz deportiert wurde, verfasst bereits 1946 einen ersten Band mit dem Titel *Aucun de nous ne reviendra* (dt. *Keine von uns wird zurückkehren*). Er wird Teil einer Trilogie, die sie unter den Titel *Auschwitz et après* (1971) zusammenfasst. Delbo ist eine Zeugin im Doppelsinn: Selbst Überlebende von Auschwitz, gedenkt sie zunächst der Deportation der Juden, betrachtet deren Schicksal als ein von ihrem getrenntes. Vor allem in ihrem ersten Buch sträubt sich die Sprache gegen ihre Lesbarkeit, indem ein Schock durch Analogien produziert wird bzw. eben diese Unintegrierbarkeit der Erinnerung an Auschwitz in narrative Muster eingepflegt wird: »Manche sind zum ersten Mal auf Reisen«,[55] beginnt sie ihre euphemistische Beschreibung der Deportation nach Auschwitz. Der dem Leser

50 Levi: Ist das ein Mensch? (s. Anm. 3), S. 106, ital. S. 148: »uomini in dissolvimento«
51 Levi: Ist das ein Mensch? (s. Anm. 3), S. 147, ital. S. 109.
52 Lisa Regazzoni: Überleben in der Rezeption – Untergehen in der Geschichte. Problematisierung des Überlebensparadigmas anhand einer Zusammenführung der Reflexionen von Hans Blumenberg und Primo Levi. In: Überleben. Historische und aktuelle Konstellationen. Hg. v. Falko Schmieder. München 2011, S. 281–293; insbes. S. 292.
53 Antelme: Das Menschengeschlecht (s. Anm. 8), S. 359.
54 Levi: Ist das ein Mensch? (s. Anm. 3), S. 58.
55 Delbo: Keine von uns wird zurückkehren (s. Anm. 9), S. 10.

bekannte Bestimmungsort ist mit einer solchen Beschreibung so wenig vereinbar wie der Anblick des mit einem Stock geschundenen Mannes, hier wird an das »Geräusch eines Teppichs« erinnert, »den man klopft«. Insgesamt beschreitet Delbo in ihrer Prosa den Weg einer radikalen Entwöhnung, indem sie in der Evokation des Bekannten das ihm Nicht-Subsumierbare herausarbeitet. Denn Auschwitz ist bei ihr »ein Ort noch vor jeder Geographie«, entsprechend kehren Delbos Protagonisten aus einem »jenseits der Erkenntnis« zurück.[56] »Dass wir da sind, um zu berichten, dementiert das, was wir berichten«, heißt es in *Keine von uns wird zurückkehren.* Dabei wird das im Titel der Trilogie *Auschwitz et après* liegende temporale Verhältnis genutzt, um gerade vorzuführen, dass es ein »danach« nicht gibt, gar nicht geben kann, da Auschwitz ewige Gegenwart ist: »Was mich betrifft, bin ich noch dort und sterbe noch dort«,[57] heißt es von der Ich-Erzählerin, die überdies ihr Wissen als ein nutzloses klassifiziert. Damit blitzt bei ihr die Vorstellung des Überlebenden als Zeugen ohne Zeugnis auf. An anderer Stelle heißt es gar, sie seien Zeugen »ohne Beweiskraft«, ein Begriff, der implizit den verzweigten Diskurs über das Konzept der Zeugenschaft und den Gestus des Bezeugens aufruft. Denn, so stellt die Erzählerin fest: »Es bleibt, dass ich von den Menschen mehr weiß, als man braucht, um an ihrer Stelle zu leben, dass es zwischen ihnen und mir immer dieses nutzlose Wissen geben wird«.[58] Durch diesen »nutzlosen« Überschuss an Wissen sind sie von dem radikalen Zweifel an ihrer Lebendigkeit befallen. Wollen sie ihr Dasein als »Gespenster« aufgeben, so müssen sie ihre durch das Lager geprägte Beschäftigung mit dem Tod wieder »verlernen«, müssen aufhören die Toten zu zählen (»Wir haben die Zeit mit dem Zählen der Toten verbracht«), sich dem Tod um so vieles näher als dem Leben zu fühlen. Mit »Les Mannequins«/»Die Schaufensterpuppen« ist ein Kapitel überschrieben, und ein weiteres führt Mannequin in der Einzahl; auch hier, wie schon im Euphemismus der Reise, finden wir das Verfahren Delbos, über die Konfrontation mit einem alltäglichen Gegenstand anstelle einer Explikation den Effekt der Unvereinbarkeit zu erreichen. Von nackten und barhäuptigen Toten im Schnee leitet sie unvermittelt über zu der als Kind beobachteten Anlieferung nackter Schaufensterpuppen für die Auslage eines Warenhauses am Boulevard de Courtais in Montluçon. Die Erzählerin erinnert ihre Verstörung darüber, dass Puppen auch ein unangezogenes Dasein jenseits des Schaufensters führen können.[59] Elisabeth Scheiber nennt die Metapher des Mannequins bzw. der Schaufensterpuppe in Delbos Werk

56 Delbo.: Eine nutzlose Bekanntschaft. In: Dies.: Auschwitz und danach (s. Anm. 9), S. 237; Delbo: Maß unserer Tage. In: Dies.: Auschwitz und danach (s. Anm. 9), S. 323.

57 Delbo: Maß unserer Tage (s. Anm. 56), S. 316.

58 Delbo: Maß unserer Tage (s. Anm. 56), S. 355.

59 Delbo: Keine von uns wird zurückkehren (s. Anm. 9), S. 25–26.

> not a gratuitous (that is, merely ›literary‹) gesture, empty of any significance beyond its effectiveness as descriptor. Instead, it is an example of how metaphors can reach across the chasm of incomprehension to communicate to a group that did not directly experience the event and in so doing establish a community between writer and readers.[60]

Am Ende ihres ersten Buchs nimmt Delbo den Titel wieder auf, modifiziert diesen jedoch zu »Keine von uns hätte zurückkehren dürfen«. Und in eben dieser grammatikalischen Verschiebung vom Futur in den Konjunktiv der Vergangenheit wird die Scheidung zwischen einer physischen und mentalen Verfassung sichtbar: Es ist nichts mehr als der Körper der Ich-Erzählerin, der aus einem »jenseits der Erkenntnis« in ein Leben zurückgekehrt ist. Auch für Levi stellt sich die Frage, wie ein Mensch, der aus der Welt ausgeschlossen worden ist, überhaupt in die Welt zurückkehren kann. Nahezu wörtlich findet sich in seinem Zeugnis, hier allerdings im Modus der todsicheren Gewissheit, die Aussage des Verbleibs in Auschwitz ohne Aussicht auf Rückkehr: »Wir werden nicht zurückkehren. Von hier darf keiner fort, denn er könnte mit dem ins Fleisch geprägten Mal auch die böse Kunde in die Welt tragen, was in Auschwitz Menschen aus Menschen zu machen gewagt haben.«[61] Levis Erzähler beobachtet zunächst eine allmähliche Metamorphose, die seine Mithäftlinge in »pupazzi miserabili e sordidi«, in »elende und schmierige Gliederpuppen« verwandelt und die noch dazu seine Ebenbilder sind,[62] bald aber in der Figur des Muselmanns die wechselseitige Durchdringung des Zustands vom Leben und Tod, die – und das ist die eigentliche »Leistung« der Lager – den Unterschied, die Grenze aufhebt. Das Lager ist keine »gran macchina per ridurci a bestie« / kein »großer Mechanismus, der uns zu Tieren herabwürdigen soll«,[63] sondern ein System, das lebende Tote und tote Lebende produziert. Das Lager als Laboratorium zur Auflösung von Gegensätzen und Polarisierungen, ein Gedanke, den Levi radikal anlegt, ohne dabei selbst auf Paarbildungen bzw. eine Logik der Unterscheidung zu verzichten: So heißt es bei ihm: »Es erweist sich, daß es zwei ganz besonders klar voneinander geschiedene Kategorien von Menschen gibt, Gerettete und Verlorene. Andere gegensätzliche Arten (Gute und Böse, Weise und Törichte, Feige und Tapfere, Unglückliche und Glückliche) sind bei weitem nicht so klar voneinander geschieden …«.[64]

---

60 Elizabeth Scheiber: Figurative Language in Delbo's Auschwitz et après. In: Comparative Literature and Culture 11/1 (2009), S. 1–8, unter: http://docs.lib.purdue.edu/clcweb/vol11/iss1/3.

61 Levi: Ist das ein Mensch? (s. Anm. 3), S. 64, ital. S. 49: »Noi non ritorneremo. Nessuno deve uscire di qui, che potrebbe portare al mondo, insieme col segno impresso nella carne, la mala novella di quanto, ad Auschwitz, è bastato animo all'uomo di fare dell'uomo.«

62 Levi: Ist das ein Mensch? (s. Anm. 3), S. 27–28, ital. S. 23.

63 Levi: Ist das ein Mensch? (s. Anm. 3), S. 46, ital. S. 35.

64 Levi: Ist das ein Mensch? (s. Anm. 3), S. 105, ital. S. 79: »viene in luce che esistono fra gli

Delbo, Antelme und Levi wählen für diesen Zustand einer Durchdringung von Leben und Tod Metaphern, deren gemeinsamer Nenner die Simulation des Lebendigen ist. Dem klinischen Tod geht der sprachliche und der gesellschaftliche voraus, das Mensch-sein verflüchtigt sich.[65] Dabei initiiert der Zustand des Gesichts, wie bei Antelme beschrieben, das Aussetzen der Funktion des Augenlids und die Stellung des Unterkiefers der Mithäftlinge sowie der Verlust ihrer Stimme die verschiedenen Stadien des Sterbens.[66] Selbstähnlichkeit und Wiedererkennung gehen also sukzessive verloren, doch bleiben die Beschreibungen dort nicht stehen, sondern geben diesem Fehlen selbst eine Physiognomie, die des *Muselmanns.*[67] Dabei ist der Übertragungsweg und die Aneignung des Worts *Muselmann* zur Beschreibung derjenigen, die »die Schwelle des Todes bereits zu Lebzeiten überschritten«[68] haben, rätselhaft.[69] Zdziław Ryn und Stanisław Kłodziński konstatieren in ihrer grundlegenden Studie, es sei paradox, dass ausgerechnet dieses »fremd klingende, etwas exotische und dazu noch entstellte Wort« hier seine Anwendung fand.[70] Die Autoren, die zahlreiche Zeugnisse über Auschwitz sammelten und in Teilen kommentierten, charakterisieren den *Muselmann* als jemanden, der eine selektive Empfänglichkeit für Reize ausgebildet hat, die mit Essbarem zusammenhängen; auch verfügt er über ein idiosynkratisches, also heftig auf Reize reagierendes Sprechen, auf das das Verstummen folgt, zudem hat er seine ureigenen Bewegungen. Vor allem seine (aufgerissenen) Augen werden als lebendig-tot, als funkelnd und zugleich erloschen beschrieben. In Überlebensberichten taucht er in verschiedenen grammatikalischen Wen-

uomini due categorie particolarmente ben distinte: i salvati e i sommersi. Altre coppie di contrari (i buoni e i cattivi, i savi e gli stolti, i vili e i coraggiosi, i disgraziati e i fortunati) sono assai meno nette, sembrano meno congenite, e soprattutto ammettono gradazioni intermedie più numerose e complesse«.

65 Vgl. Mona Körte: Stummer Zeuge. Der »Muselmann« in Erinnerung und Erzählung. In: Vom Zeugnis zur Fiktion (s. Anm. 13), S. 97–110.

66 Antelme: Das Menschengeschlecht (s. Anm. 8), S. 377: »Die Kameraden rings um ihn sind ebenso mager und grau wie er, doch er trägt das Zeichen: das Augenlid, das sich nicht mehr schließen läßt, der Unterkiefer, der anfängt, herunterzuhängen«.

67 Emil L. Fackenheim: To Mend the World. Foundations of Future Jewish Thought. New York 1982, S. 215, nennt den Muselmann a »original contribution of the Third Reich to civilization. He is the true *novum* of the New Order«.

68 Zdziław Ryn und Stanisław Kłodziński: An der Grenze zwischen Leben und Tod. Eine Studie über die Erscheinung des »Muselmanns« im Konzentrationslager [1983]. Aus dem Polnischen übers. v. Olaf Kuhl. In: Die Auschwitz-Hefte. Bd 1. Texte der polnischen Zeitschrift »Przegląd Lekarski« über historische, psychische und medizinische Aspekte des Lebens und Sterbens in Auschwitz. Hg. v. Hamburger Institut für Sozialforschung. Weinheim, Basel 1987, S. 89–154; insbes. S. 89.

69 Vgl. hierzu Wittlers konzise Ausführungen zur historischen Semantik und Gebrauchsgeschichte des Wortes Muselmann. Kathrin Wittler: ›Muselmann‹. Anmerkungen zur Geschichte einer Bezeichnung. In: Zeitschrift für Geschichtswissenschaft 61/12 (2013), S. 1045–1056.

70 Ryn und Kłodziński: An der Grenze zwischen Leben und Tod (s. Anm. 68), S. 89.

dungen auf: Häftlinge konnten zum Muselmann werden, aktiver oder passiver Muselmann sein oder »immer nur Anwärter auf den Muselmann sein«.[71] Levis Erzähler bezeichnet die Muselmänner als »Kern des Lagers: sie, die anonyme, die stets erneuerte und immer identische Masse schweigend marschierender und sich abschuftender Nichtmenschen, in denen der göttliche Funke erloschen ist [...]. Man zögert, sie als Lebende zu bezeichnen«.[72]

Schloss Jean Améry den Muselmann, weil er kein Bewusstsein mehr habe, aus seinen Erwägungen noch kategorisch aus,[73] führen andere Vertreter der »ersten Generation« Schreibender eine Art Binnengespräch über den Muselmann. Oft wird über die symptomatische, unklare begriffliche Herkunft des Wortes und/oder über seinen Zustand in Auflösung spekuliert,[74] bei Levi ist der Überlebende nur ein stellvertretender Zeuge, weil der *Muselmann* nicht mehr über die an ihm vollzogene Vernichtung sprechen kann. Der wohl am häufigsten zitierte Passus aus Levis späterem Buch *Die Untergegangenen und die Geretteten* hierzu lautet, dass diejenigen, die den tiefsten Punkt des Abgrunds berührt haben, die »wirklichen«, die eigentlichen »Zeugen« darstellen. Und weiter heißt es:

> Über die zu Ende geführte Vernichtung, über das abgeschlossene Werk, hat niemand jemals berichtet, so wie noch nie jemand zurückgekommen ist, um über seinen Tod zu berichten. Die Untergegangenen hätten, auch wenn sie Papier und Bleistift gehabt hätten, niemals Zeugnis abgelegt, weil ihr Tod schon vor der Vernichtung ihres Körpers begonnen hatte. Wochen und Monate vor ihrem Ableben hatten sie bereits die Fähigkeit der Beobachtung, der Erinnerung, des Abwägens und des Ausdrucks verloren. Jetzt sprechen wir, als Bevollmächtigte, an ihrer Stelle.[75]

Damit bezeugt der Überlebende eine Erfahrung, die notwendig unvollständig bleiben muss. Auf welche Weise nun die Sprache und die Sprachen des Lagers, die Sprachfertigkeit des Einzelnen und sein damit verbundenes ökonomisch-

71 Ryn und Kłodziński: An der Grenze zwischen Leben und Tod (s. Anm. 68), S. 89.

72 Levi: Ist das ein Mensch? (s. Anm. 3), S. 86–87.

73 »Der sogenannte ›Muselmann‹, wie die Lagersprache den sich aufgebenden und von den Kameraden aufgegebenen Häftling nannte, hatte keinen Bewußtseinsraum mehr [...]. Er war ein wankender Leichnam, ein Bündel physischer Funktionen in den letzten Zuckungen. Er muß, so schwer es uns fallen möge, aus unseren Erwägungen ausgeschlossen werden.« Jean Améry: Jenseits von Schuld und Sühne. Bewältigungsversuche eines Überwältigten. München 1966, S. 21.

74 Jorge Semprun: Der Tote mit meinem Namen. Frankfurt a. M. 2002, S. 37. Semprun reflektiert über das angemessene Personalpronomen, ob »er« oder »es« in der Beschreibung »seines« Muselmanns.

75 Levi: Die Untergegangenen (s. Anm. 1), S. 83–84. Nur die Aussage der Untergegangenen hätte, da sie die Regel, die Überlebenden jedoch eine Ausnahme sind, eine »allgemeine Bedeutung« haben können. Vgl. dazu die kritischen Anmerkungen zu Agamben von Carlo Ginzburg: »Beweis, Gedächtnis, Vergessen«. In: Werkstatt Geschichte 30 (2001). Themenheft: Memory, S. 50–60.

pragmatisches Geschick als wesentliches Überlebensmittel fungieren, behandelt das nächste Kapitel.

III. Der »internationale Jargon« des Lagers

»Die Sprachverwirrung gehört zu den Hauptbestandteilen der Lebensweise hier unten; man ist von einem fortwährenden Babel umgeben, wo sie alle in niemals zuvor gehörten Sprachen Befehle und Drohungen schreien, und wehe dem, der nicht im Flug begreift!«[76] Und an anderer, den Zusammenhang von Mehrsprachigkeit und Überleben vertiefender, Stelle heißt es:

> Wer es nicht fertigbringt, Organisator, Kombinator, Prominenter zu werden (welch grauenvolle Beredsamkeit der Ausdrücke!), der endet bald als Muselmann. [...] Alle Muselmänner, die im Gas enden, haben die gleiche Geschichte, besser gesagt, sie haben gar keine Geschichte; sie sind dem Gefälle gefolgt bis in die Tiefe [...]. Im Lager kamen sie auf Grund der ihnen eigenen Untüchtigkeit oder durch Unglück oder durch irgendeinen banalen Umstand zu Fall, noch bevor sie sich hätten anpassen können; sie konnten mit der Zeit nicht Schritt halten, und sie fangen erst dann an, Deutsch zu lernen und sich ein wenig in dem infernalischen Durcheinander von Geboten und Verboten zurechtzufinden, wenn ihr Körper schon in Auflösung begriffen ist und sie nichts mehr von der Selektion oder dem Erschöpfungszustand bewahren könnte. Ihr Leben ist kurz, doch ihre Zahl unendlich.[77]

Im Lager, das Primo Levi in der italienischen Fassung nicht durchgängig, aber doch vorrangig als »il Lager« bezeichnet, ist der Einsatz und das Verständnis mehrerer Sprachen und insbesondere der deutschen Sprache, eine dem passenden Schuh quasi gleichgeordnete Überlebenshilfe. Sie verleiht einem eine ›Anwartschaft aufs Überleben‹: Denn so wie der »Tod [...] bei den Schuhen«[78] beginnt, lässt er sich durch die schnelle Gewöhnung an den ›internationalen Jargon‹ des Lagers und das Aufsammeln von Gesprächsfetzen umgehen oder aufschieben. Der »Jargon« ist ein äußert mobiles, den Möglichkeiten des Überlebens stets angepasstes Gebilde, dessen Sätze, um verstanden zu werden, nicht entziffert und übersetzt werden müssen. Der Jargon bildet ein sprachliches Netz an Verweisen, das durch Redundanz eingeübt wird und für den Neuling des Lagers zunächst und für manche auf immer intransparent bleibt. Wer nicht versteht, bekommt es zu spüren: in Die *Untergangenen und die Geretteten* integriert Levi einen Stellenverweis auf Hans Maršáleks Buch *Mauthausen mahnt*, der davon handelt, dass im dortigen Lager der »Gummiknüppel ›*der Dolmet-*

76 Levi: Ist das ein Mensch? (s. Anm. 3), S. 42.
77 Levi: Ist das ein Mensch? (s. Anm. 3), S. 107–108.
78 Levi: Ist das ein Mensch? (s. Anm. 3), S. 38.

scher‹ genannt wurde: der, den alle verstanden«.[79] Entsprechend nimmt Levi nicht nur das Sprachengemisch des Lagers in sein Zeugnis auf, sondern rekapituliert deren Zuständigkeitsbereiche. Sie lassen sich nämlich gerade nicht ineinander überführen; nach einer in sich komplizierten Logik regeln, verbinden und trennen sie Gruppen, weshalb auch Übersetzerfiguren und Sprachenunterricht eine nicht zu überschätzende Funktion im Lager haben. Levi behandelt das Wort Lager im Übrigen in der Zusammenstellung mit dem italienischen Artikel (»il Lager«) als eine Art Eigennamen, der Bedeutungen absorbiert und verabsolutiert: »Das Lager ist der Hunger«,[80] heißt es elliptisch an einer Stelle. Auch trägt ein einzelnes Kapitel in der italienischen Fassung den deutschen Titel »Die drei Leute vom Labor«, worin Levi auf das Privileg seiner Ausbildung und seines Arbeitseinsatzes als Chemiker rekurriert. Die Möglichkeiten und Grenzen seines eigenen deutschen Wortschatzes beschreibt uns der Ich-Erzähler im Angesicht seines »Vorgesetzten« wie folgt: »Auf deutsch kann ich essen, arbeiten, stehlen und sterben sagen; ich kann auch Schwefelsäure, Luftdruck und Kurzwellensender sagen, aber ich habe keine Ahnung, wie man sich von einer Respektperson verabschiedet«.[81] Zudem gibt Levi »Reinheitsgebote« über der Latrine und den Spruch über dem Tor auf Deutsch wieder. Wie Levi überschreibt auch Charlotte Delbo in ihrem französischen Text ein Kapitel auf Deutsch mit »Weiter«,[82] das vom Arbeitskommando auf einer Baustelle handelt. Das vom SS-Mann mehrmals befohlene und eigentlich unmissverständlich die Mittagspause beendigende Wort »weiter« führt hier eine junge Polin dazu, die erlaubte Grenze der Baustelle in Richtung eines Baches zu überschreiten, um ihren Napf zu spülen, woraufhin sie erschossen wird. Das Deutsche findet entsprechend der Praxis des Lagers dort seinen Einsatz, wo Abläufe geschildert, auf ökonomische Tauschbeziehungen verwiesen oder Zustände auf abolutierende Weise zusammengefasst werden: »Du Jude kaputt. Du

---

79 Levi: Die Untergegangenen (s. Anm. 1), S. 94. Das in der deutschen Übersetzung kursivierte Wort zeigt an, dass das Wort Dolmetscher im italienischen Original auf Deutsch steht. Dies betrifft auch andere Wörter, darunter Geheimnisträger, Einsatzkommando, Zugang, Mitmenschen, gründlich. Maršáleks Buch *Mauthausen mahnt! Kampf hinter Stacheldraht. Tatsachen, Dokumente und Berichte über das größte Hitler'sche Vernichtungslager in Österreich* erschien 1950; Levi hat seinen ersten Bericht für weitere Auflagen überarbeitet, das erklärt den Anachronismus hier.

80 Levi: Ist das ein Mensch? (s. Anm. 3), S. 77.

81 Levi: Ist das ein Mensch? (s. Anm. 3), S. 130. Zu seinen chemie-bezogenen Deutschkenntnissen vgl. Levi: Die Untergegangenen (s. Anm. 1), S. 87. Auch hat er in einem Interview geäußert, im Lager Deutschstunden genommen zu haben.

82 Charlotte Delbo: Aucun de nous ne reviendra. Auschwitz et après I. Paris 1970, S. 111–113. Delbos und Levis Texte weisen auch eine Ähnlichkeit in der zurückhaltenden, fast archaischen Vergabe der Kapitelüberschriften auf. Levi: »Die Fahrt«, »Unsere Nächte«, »Die Arbeit«, »Ein guter Tag« etc., Delbo: »Der Appell«, »Ein Tag«, »Die Nacht«, »Das Haus« etc.

schnell Krematorium fertig«,[83] erklärt der polnische Pfleger dem Ich-Erzähler nach dessen körperlicher Begutachtung im Krankenbau.

Dabei rückt die Fähigkeit zu Sprachen in ein Verhältnis zu den »Strategien« und »Theorien« des Überlebens, die einzelne Protagonisten des Lagers entwickeln oder gar verkörpern. In der Rückerinnerung beurteilt Levi diese Häftlinge zwiespältig, da sprachliche Eleganz und Beredtheit dazu ermächtigt, »mit jedem in der ihm zugeschnitten Redeweise«[84] zu sprechen und sich mithin der Lagerhierarchie anzudienen. Erst auf der Folie dieser Art der Beredtsamkeit gewinnt das unadressierte Murmeln und das schließliche Verstummen des Muselmanns seine Kontur. Denn er hat die sich im schnellen Erwerb von Sprachbrocken und in der sphärischen Zuordnung der Sprachen abbildende Ökonomie lebensverlängernder Maßnahmen gar nicht erst erkannt.

Das Wirrwarr der Nationalitäten und Sprachen manifestiert sich überdies im geschilderten Bau des Karbidturms der Buna-Werke, der von den Arbeitskräften »aus allen europäischen Nationen« errichtet wird: »Seine Bausteine werden Ziegel, mattoni, briques, tegula, cegli, kamenny, bricks, téglak genannt, Haß hat sie gefügt, Haß und Zwietracht, wie den Turm zu Babel; und so nennen wir ihn auch: Babelturm, Bobelturm«.[85] In der Imagination hat die Sprache, haben anderslautende Signifikanten der gleichen Sache einen nutzlosen Turm errichtet, der als Teil der zweckfreien Fabrik von Buna über die Jahre nicht »ein einziges Kilogramm synthetischen Gummis hergab«.[86] Levi überschreibt den Strafmythos, indem die vielen Sprachen, einst göttliche Antwort auf die Vermessenheit eines Turmbaus zu Babel, hier gewissermaßen genuin am Bau des zweiten Turms beteiligt werden. Dabei ist das Bauwerk nach Art eines Menetekels Levi zufolge nicht Ausdruck eines transzendenten und göttlichen Fluchs, sondern eines immanenten und historischen Fluchs. Das Lager absorbiert Sprachen, die gewissermaßen durch die Hierarchie kontaminiert erscheinen. In sich paradox ergeben sie ein geregeltes Wirrwarr, das eine unter den Häftlingen ausgeprägte Hierarchie mit abbildet. Auch darauf bezieht sich das dem Essay vorangestellte Motto Levis, dass in den Lagern, hätten sie länger bestanden, eine neue, harte Sprache geboren worden wäre.

83 Levi: Ist das ein Mensch? (s. Anm. 3), S. 56.
84 Levi: Ist das ein Mensch? (s. Anm. 3), S. 120.
85 Levi: Ist das ein Mensch? (s. Anm. 3), S. 86.
86 Levi: Ist das ein Mensch? (s. Anm. 3), S. 86.

IV. Ende

Vor allem die frühen Zeugnisse der Shoah sind in ihrer Anlage heterogen und in ihren Textfunktionen hybrid, Primo Levi etwa neigt zu einer präzisen, auch topografisch genauen Beschreibung des Lagers wie des dort geltenden Alltags, weil eine übergeordnete oder von außen gesteuerte Kenntnis über das Ausmaß der Vernichtung im Moment der Aufzeichnung fehlt. Das Ausmaß der Vernichtung des europäischen Judentums ist in der Vermessung, der Dimensionierung der Lager konkretisiert. Hier geht eine Beschreibungsgenauigkeit mit anderen Textfunktionen wie dem Ritual der textuellen Bestattung einher;[87] letzteres findet man ebenso bei Charlotte Delbo, die hierfür dichte und in sich eingekapselte Formen der Beschreibung durch Metonymien, Litotes und Aufzählungen wählt. Beide Zeugnisse bleiben der Tatsache eingedenk, dass Versprachlichung und Verschriftlichung zwei selbstverständlich nicht voneinander unabhängige Prozesse sind, weshalb ihr Schreiben mit autoreflexiven Signalen, also mit Reflexionen über ihre Schreibgegenwart und über ihren Erzählerstandpunkt, durchsetzt ist. Diese Signale korrelieren mit der Figur des Überlebenden als einem Wiedergänger, der im französischen Wort des »revenir«, oder wie es bei Charlotte Delbo heißt, des »ne reviendra« mit angelegt ist. Denn ihr Erzählerstandpunkt ist selbst nicht frei von der im Lager beobachteten Auflösung, woran der Gedanke einer misslingenden Erinnerungsverantwortung und -leistung mit Blick auf das Bezeugen der vielfachen ›Auflösung des Menschen‹ und des Mords an Unzähligen anschließt. Dabei finden Autorinnen und Autoren wie Primo Levi, aber auch Robert Antelme und Charlotte Delbo für die Darlegung einer Unintegrierbarkeit ihrer Erfahrung ein Bezugsfeld in der Simulation des Lebenden, im Gespenst, in der Gliederpuppe oder dem »Mannequin«. Dies ist der auch in manchem Titel oder in der wiederkehrenden Formulierung der menschlichen Gattung angezeigte Versuch, die Grenzen des Humanen im Modus ihrer Überschreitung sichtbar werden zu lassen. Die erste Generation Schreibender bzw. Bezeugender hat, weil sie sich auf keine außerhalb ihrer Anschauung liegende Quellen stützt, ein äußerst radikales Verhältnis zum Unverständlichen, das die Versprachlichung und die Verschriftlichung prägt. Dabei ist Mehrsprachigkeit, genauer das Vermögen, einzelne Sprachbrocken zu verstehen und im Lager anzuwenden, zumindest bei Levi ein Distinktionsmittel mit der Macht, den Tod aufzuschieben und damit unabdingbare Überlebenshilfe. Äußerst reduktiv in ihrem utilitären Einsatz kehrt das Konglomerat an Sprachen, und mit ihnen ihr Moment des Einschlusses und des Ausschlusses, im Aufbau und in den Dialogen seines Zeugnisses, aber auch in Delbos Erinnerungen wieder. Für die Leserschaft werden die fremdsprachigen Einschübe im Original nicht übersetzt,

87 Butzer: Höllenfahrt ohne Auferstehung (s. Anm. 10), S. 189.

wodurch der Zugang zu ihnen eingeschränkt, ihr Verstehen gefährdet ist. Diese Entscheidung ist ein Hinweis darauf, dass Zeugnisse nicht zur identifikatorischen Lektüre freigegeben sind. Vielmehr gibt ihre mitunter mehrsprachige Anlage zu erkennen, dass das in sie eingefaltete Erfahrungswissen durch den Filter der Sprachen hindurch muss, um das für die Lager symptomatische Aussetzen von Verstehen begreifbar zu machen.

Jan Süselbeck

Jugend in Auschwitz. Traumatischer Realismus und Audioliteralität bei Ruth Klüger und Otto Dov Kulka

Alles war auf einmal wieder da, wurde lebendig und stieg in mir hoch, all die seltsamen Stimmungen, all die winzigen Erinnerungen überfielen, durchzitterten mich.
Imre Kertész, *Roman eines Schicksallosen*

I. Auf dem Weg zu einer Neudefinition autobiographischen Schreibens

Sind Autobiographien Fiktion? Die Psychologen und die Neurobiologen[1] meinen: ja. Demnach besteht autobiographisches Erinnern in der »Neuordnung und Interpretation der vergangenen Ereignisse, die an den Deutungsanspruch der Gegenwart angepasst werden und so permanenten Veränderungen unterliegen«.[2] Mit anderen Worten: Das menschliche Gehirn kann gar nicht anders, als unser Bild der Vergangenheit und unseres eigenen Lebens immer wieder neu zu konstruieren und dazu Erfahrungen und Informationen aus der Gegenwart zu verwenden.

Sind Memoiren also schon erdichtet, bevor sie überhaupt aufgeschrieben werden? Was sagt die Germanistik dazu? *Im Reallexikon der deutschen Literaturwissenschaft* steht folgende Definition:

> Eine Autobiographie ist ein nichtfiktionaler, narrativ organisierter Text im Umfang eines Buches, dessen Gegenstand innere und äußere Erlebnisse sowie selbst vollzogene Handlungen aus der Vergangenheit des Autors sind. […] Die Grenzen zwischen Fiktion und Wirklichkeitsdarstellung sind dort nicht immer eindeutig, wo sich die Autoren bei der für die Gattung notwendigen Strukturierung lebensgeschichtlicher Zusammenhänge und der Synthese entsprechender Fakten partiell literarischer Darstellungsmittel

1 Auch wenn im Folgenden in solchen Fällen das generische Maskulinum verwendet wird, wird die weibliche Form stets mitgedacht.

2 Karolin Machtans: Zwischen Wissenschaft und autobiographischem Projekt: Saul Friedländer und Ruth Klüger. Tübingen 2009, S. 4.

bedienen (Goethe, ›Dichtung und Wahrheit‹, Jean Paul, ›Selberlebensbeschreibung‹ u. a.).[3]

Der Artikel ist offensichtlich nicht mehr auf dem Forschungsstand. Zunächst einmal wird darin der Extremfall der Niederschrift persönlicher Erinnerungen an die Shoah nicht berücksichtigt, obwohl es gerade diese nach Auschwitz aufgetauchte Variante der Autobiographie ist, welche die Frage nach dem Verhältnis von Fakten und Fiktionen zu einem echten ethischen – und nicht nur poetologischen – Problem gemacht hat. Nicht zuletzt fragt sich angesichts der zitierten Definition, wie es überhaupt möglich sein soll, eine Autobiographie ohne Nutzung »literarischer Darstellungsmittel« zu verfassen – und wo in dem Fall der Unterschied zwischen Literarizität, Fiktionalität, Faktualität und Historiographie genau liegen soll.

Längst ist klar, dass es schwierig ist, hier eindeutige Trennlinien zu ziehen. Spätestens seit 1945 begannen jene Definitionen von Dichtung und Geschichtsschreibung drastisch zu verschwimmen, die im 19. Jahrhundert noch für selbstverständlich gehalten wurden. Nach Hayden White hat nichts die Hierarchieverschiebungen zwischen Wissenschaft und Kunst in der Moderne so sehr verändert wie die Vernichtung der europäischen Juden – »nothing has been more radically disturbing of these changes to inherited ideas of both (social) science and art, than the event known by the different names of Holocaust, *Shoah*, the Destruction, the Extermination.«[4]

Um zur Ausgangsfrage zurückzukehren: Sind alle publizierten Erinnerungen an die Shoah bloße Fiktionen? Nein. Die Vernichtung der europäischen Juden mit diesem Argument in Zweifel zu ziehen, wäre Antisemitismus. Allerdings sind sich neuere Autobiographien Shoah-Überlebender des Problems der rekonstruierenden Funktionsweise des menschlichen Gedächtnisses in hohem Maße bewusst und versuchen diesen Unsicherheits- und Verfremdungsfaktor offensiv für ihre selbstreflexive Form literarischen und zugleich historischen Erinnerns nutzbar zu machen. Die radikale Offenlegung der Subjektivität und der gebrochenen Ästhetik dieser Texte erzeugt eine besondere selbstkritische Wahrhaftigkeit. Diese Werke erheben einen stets sich selbst hinterfragenden Referenzanspruch, der diese Literatur als Geschichtswissenschaft mit anderen Mitteln erscheinen lässt.[5]

Im Folgenden sollen zwei der wichtigsten Urheber dieser späten Shoah-Au-

---

3 Jürgen Lehmann: Autobiographie. In: Reallexikon der deutschen Literaturwissenschaft, Bd. 1. Hg. v. Harald Fricke u. a. Berlin, New York 2007, S. 169–173; hier: S. 169.

4 Hayden White: The History Fiction Divide. In: Holocaust Studies 20/1,2 (2014), S. 17–34; hier: S. 32.

5 Vgl. dazu auch Machtans: Zwischen Wissenschaft und autobiographischem Projekt: Saul Friedländer und Ruth Klüger (s. Anm. 2), S. 7.

tobiographik nach 1990 verglichen und ihre Texte analysiert werden. Beide haben eine lange akademische Karriere hinter sich. Die Autorin Ruth Klüger ist Literaturwissenschaftlerin, während der Zeitzeuge Otto Dov Kulka als professioneller Historiker über die Shoah arbeitet. Beide waren zur gleichen Zeit als Kinder in Theresienstadt interniert, wurden etwa im selben Alter – Kulka mit zehn bzw. elf Jahren, Klüger mit zwölf – ins sogenannte Familienlager B II b in Auschwitz deportiert. Dass sie zur gleichen Zeit an den gleichen Orten waren, lässt einen Vergleich beider Fälle umso naheliegender erscheinen.

Einleitend sollen dazu zunächst grundsätzliche Dilemmata autobiographischen Schreibens über die Shoah am Beispiel radikaler poetologischer Überlegungen Elie Wiesels skizziert werden, um sowohl Kontinuitäten als auch Wandlungen des Genres seit 1945 greifbar zu machen.

II. Aporien der Shoah-Erinnerung: *Art and Culture after the Holocaust* von Elie Wiesel (1977) als ein paradigmatischer Text

In einer der polemischsten und kompromisslosesten Reden über die Ethik und die Poetologie autobiographischer Shoah-Texte, die jemals geschrieben worden sind, meint Elie Wiesel, dass Auschwitz alle Denksysteme negiere und unmöglich mache, die den Holocaust zu erklären versuchen. Er erwähnt die Philosophie, die Theologie und die Psychologie. »Holocaust-Literatur« sei deshalb nichts weiter als ein Widerspruch in sich, eine *contradiction in terms:*

> Auschwitz negates all systems, opposes all doctrines. They cannot but diminish the experience which lies beyond our reach. Ask any survivor, he will tell you; he who has not lived the event will never know it. And he who went through it, will not reveal it – not really, not entirely. Between his memory and its reflection there is a wall – and it cannot be pierced. The past belongs to the dead, and the survivor does not recognize himself in the words linking him to them. A novel about Treblinka is either not a novel or not about Treblinka; a novel about Treblinka is about blasphemy – is blasphemy. For Treblinka means death – absolute death – death of language and of the imagination. Its mystery is doomed to remain intact.[6]

Wiesel beschreibt damit sein eigenes Werk und die Versuche aller anderen Überlebenden, über ihre Erlebnisse Zeugnis abzulegen, als gigantisches Paradox. Dessen Unauflösbarkeit wird durch die Existenz von Wiesels fiktionalisiertem Debüt über seine Deportation und sein Überleben von Auschwitz und Buchenwald, *La nuit* (1958) [dt. *Die Nacht*], zugleich in Frage gestellt und be-

6 Elie Wiesel: Art and Culture after the Holocaust. In: Auschwitz. Beginning of a new Era? Reflections on the Holocaust. Hg. v. Eva Fleischer. New York 1977, S. 403–415; hier: S. 405

stätigt. Schließlich mussten Bücher wie *La nuit* geschrieben werden, auch wenn ihre Autoren Zweifel daran haben konnten, ob sie ihren Lesern damit in angemessener Weise zu vermitteln vermochten, was sie durchmachen mussten.

Die gesamte Literatur über Auschwitz, inklusive der Literatur über diese Literatur, hatte und hat sich mit dem Dilemma auseinanderzusetzen, ihren Gegenstand authentisch darstellen zu müssen, um glaubwürdig zu bleiben und die Erinnerung an das Geschehene wachzuhalten. Zugleich aber läuft sie dabei Gefahr, die Shoah auf irgendeine Weise zu verharmlosen, zu banalisieren oder sich für fragwürdige literarische oder methodische Mittel zu entscheiden, die dem Thema nicht gerecht werden. Das gleiche Problem gilt für Filme über den Holocaust, von Alain Resnais' *Nuit et brouillard* (1955) über Claude Lanzmanns *Shoah* (1985), Steven Spielbergs *Schindler's List* (1993) bis hin zu László Nemes' *Saul Fia* (2015).[7]

Axel Dunker hat in seiner Habilitation weitere Beispiele paradoxer poetologischer Grundsatzerklärungen zu diesem Problem gesammelt, angefangen bei Theodor W. Adornos berühmten Diktum über die Barbarei, nach Auschwitz noch Gedichte zu schreiben.[8] Zu nennen wäre hier etwa auch die Bemerkung der französischen Philosophin Sarah Kofmann (1934–1994), deren Vater in Auschwitz ermordet wurde und die sich nach der Verfassung autobiographischer Erinnerungen an ihre Kindheit während der Judenverfolgung im Frankreich der 1940er Jahre das Leben nahm: »Sur Auschwitz, et après Auschwitz, pas de récit possible, si par récit l'on entend: raconter une histoire d'événements, faisants sens.« (»Über Auschwitz und nach Auschwitz ist keine Erzählung möglich, wenn man unter Erzählung versteht: eine Geschichte von Ereignissen erzählen, die Sinn ergeben.«)[9]

Die Kluft zwischen denen, die im Holocaust ermordet wurden, und denen, die überlebten und Zeugnis ablegten, erscheint für Letztere unüberwindbar. Sie führte nicht nur zu Darstellungsproblemen, sondern bei den betroffenen Autoren auch zu massiven Selbstzweifeln, Schuldgefühlen und Depressionen. Wiesel etwa beschwört die Toten der Shoah als Geister, deren Geschichte unerzählt bleiben müsse: »After the war, every survivor was asked the same question by the dead: Will you be able to tell *our* tale? Now we know the answer: no. Their tale cannot be told – and never will be.«[10]

7 Siehe zu letzterem Beispiel Jan Süselbeck: Im Sonderkommando. László Nemes wagt es in seinem Auschwitz-Film *Saul fia*, die industrielle Judenvernichtung aus nächster Nähe zu zeigen. In: literaturkritik.de 3 (2016), unter: http://literaturkritik.de/public/rezension.php?rez_id=21609 [abgerufen: 20.10.2017].

8 Axel Dunker: Die anwesende Abwesenheit. Literatur im Schatten von Auschwitz. München 2003, S. 9–11.

9 Dunker: Die abwesende Abwesenheit (s. Anm. 8), S. 17.

10 Wiesel: Art and Culture after the Holocaust (s. Anm. 6), S. 404.

Doch auch die Erinnerungen der Überlebenden selbst müssen im Kern unzulänglich bleiben, da die Frage nach der adäquaten Form der Überlieferung ihrer Traumata an die Nachwelt ohne klare Antwort bleibt. »No imagination«, zitiert Wiesel zustimmend den Treblinka-Überlebenden Yankel Wiernik, einen schriftlich Zeugnis ablegenden Tischler ohne jede literarische Erfahrung, »no matter how daring, could possibly conceive of anything like that which I have seen and lived through. Nor could any pen, no matter how facile, describe it properly.«[11]

Trotzdem musste der Versuch einer solchen Erzählung wieder und wieder unternommen werden, und wohl niemand betonte die verpflichtende Ethik dieser Aufgabe so harsch wie Wiesel. Einerseits sei es den Überlebenden aufgegeben, die Überlieferung des Unaussprechlichen zu versuchen, um den Tätern nicht das letzte Wort zu lassen: »As long as their words are being transmitted, the killer cannot claim victory.«[12] Mehr noch: »Hence we may state our deep conviction that anyone who does not commit himself to active remembering is an accomplice of the executioner, for he betrays the dead by forgetting them and their testimony.«[13]

Wie genau nun diese »aktive Erinnerung« verstanden werden soll, bleibt bei Wiesel allerdings offen: Sollen demnach Überlebende, die keine Memoiren verfasst haben, als Komplizen ihrer eigenen Peiniger gelten? Andererseits kommt Wiesel der von ihm postulierten Pflicht, Zeugnis abzulegen, auch nur im Wissen nach, dass er damit etwas Unmögliches versucht. Denn was der Überlebende zu sagen hat, kann seinen Worten nach »never be told; what he hopes to transmit can never be transmitted. All he could possibly achieve was to communicate the impossibility of communication.«[14]

Die Aufgabe, die Wiesel skizziert, läuft also auf eine Aporie hinaus: »It was simply too much for the survivor to try and fulfill his mission. He had to invent a new language, compose a new rhythm, a new texture to express the ineffable and uncover arts of the secret so jealously guarded by so many dead.« Diese schwierige Aufgabe sei dennoch gedacht als ein »powerful protest against society, man, and God.«[15] Die religiöse Überhöhung dieser Zielsetzung ist größer kaum noch denkbar[16] und soll, so Wiesel, zugleich nur von einem einfachen

11 Zit. n. Wiesel: Art and Culture after the Holocaust (s. Anm. 6), S. 409.

12 Wiesel: Art and Culture after the Holocaust (s. Anm. 6), S. 409.

13 Wiesel: Art and Culture after the Holocaust (s. Anm. 6), S. 409.

14 Wiesel: Art and Culture after the Holocaust (s. Anm. 6), S. 410.

15 Wiesel: Art and Culture after the Holocaust (s. Anm. 6), S. 411.

16 Zur Problematik der fragwürdigen christlichen Rezeption von Wiesels religiös konnotierter Holocaust-Zeugenschaft, wie sie durch den katholischen Nobelpreisträger François Mauriac in seinem berühmten Vorwort zu *La nuit* bzw. *Night* folgenreich vorgeschlagen wurde, siehe die grundlegende kritische Interpretation von Naomi Seidmann: Elie Wiesel and the Scandal of Jewish Rage. In: Jewish Social Studies 3/1 (1996), S. 1–19.

Zimmermann wie Wiernik optimal zu bewältigen sein, da jede literarische Stilisierung per se an Auschwitz scheitern müsse: »It is simple: one cannot write about the Holocaust – not if you are a writer.«[17]

Wiesels hochfahrend formulierte Theodizee und sein biblischer Ton widersprechen diesem Grundsatz allerdings schon in dem zitierten Vortrag selbst, den er 1974 auf einem internationalen Symposium über den Holocaust in der Cathedral of Saint John the Divine in New York hielt. Handelt es sich doch bei dieser Rede um einen literarisch sorgfältig geformten und in seiner Rhythmisierung teils an eine Liturgie erinnernden Text. Hinzu kommt das Stilmittel der Polemik, das Wiesel zwecks Selbstpositionierung im literarischen Feld sehr gezielt einsetzt. Als konkurrierender Schriftsteller geht er mit Kollegen alles andere als zimperlich um. So rückt er Peter Weiss sogar in die Nähe des Holocaustleugners Robert Faurisson, indem er Weiss vorwirft, Auschwitz in seinem Drama *Die Ermittlung*, so wörtlich, judenrein gemacht zu haben, weil das Wort »Jude« in dem berühmten dokumentarischen Theaterstück von 1965, das den Auschwitz-Prozess darstellen sollte, nicht vorkomme.[18]

Letztlich bestätigt jedoch auch schon Wiesels Gesamtwerk, was Hayden White in einem 2014 erschienenen Essay anhand von Beispielen aus dem Werk Primo Levis und Otto Dov Kulkas zu zeigen versucht hat. Was White hier bemerkt, gilt nicht zuletzt auch für Ruth Klügers Literatur. Er schreibt:

> I argue that modernist conceptions of literature as writing provide ways of seeing how art can complement, rather than undermine, science. This is especially important when it is a matter of ›coming to terms with‹ real historical events like the Holocaust, which resist encodation by traditional humanistic disciplines such as historiography, law and philosophy.[19]

Kurz: Bei aller Komplexität und Widersprüchlichkeit der Debatten um die literarische Holocaust-Erinnerung seit 1945 haben alle Werke, die Überlebende über ihre Erfahrungen verfasst haben, einen wichtigen Anteil an der geschichtswissenschaftlichen Aufarbeitung der Shoah, auch wenn die Historiographie diesen Verdienst lange ignorierte. Selbst wenn Wiesel apodiktisch formuliert, Auschwitz zerstöre alle Denksysteme, so ließe sich diese Behauptung im Sinne Adornos als dialektischer Auftrag zu einer selbstreflexiven Beharrung auf dem Darstellungsgebot des Holocaust trotz allem lesen: »Kunst nach dem und Kunst über den Holocaust ist eine Kunst, die ihre eigene Undarstellbarkeit darstellt«, formulierte Stefan Krankenhagen 2016 im *Merkur*.[20] Man könnte das

17 Wiesel: Art and Culture after the Holocaust (s. Anm. 6), S. 412.

18 Wiesel: Art and Culrure after the Holocaust (s. Anm. 6), S. 404. Zu Peter Weiss' *Die Ermittlung* siehe den Beitrag von Hans-Joachim Hahn im Band.

19 White: The History Fiction Divide (s. Anm. 4), S. 18.

20 Stefan Krankenhagen: Von der Kunst, Auschwitz darzustellen. In: Merkur. Deutsche Zeit-

für die akademische Seite getrost so umformulieren: Auch die Geschichtsschreibung nach der und über die Shoah ist eine Wissenschaft, die lernen muss, ihre eigenen Darstellungsprobleme in ihre Aufklärungsversuche mit einzubeziehen.

III. Shoah-Erinnerungen der Gegenwartsliteratur: Ruth Klügers autobiographische Texte

Das alles soll jedoch nicht heißen, dass Wiesels Zuspitzungen im literarischen Feld unwidersprochen blieben. Ruth Klüger opponiert Wiesels widersprüchlicher Literaturskepsis in ihren autobiographischen Schriften über ihre Überlebensgeschichte in Theresienstadt, Auschwitz und dem Groß-Rosen-Außenlager Christianstadt an vielen Stellen implizit. Sie verteidigt die literarische Form sogar dezidiert als pragmatisches Überlebensmittel. So etwa in Erinnerung an jene Gedichte, die sie sich als Jugendliche in Auschwitz ausdachte und im Kopf behielt. Gerade das poetische Schreiben über Auschwitz, wie es Adorno problematisierte, ist damit für sie nicht nur nachträglich legitim, sondern es war bereits während der Shoah ein ganz konkreter Grund, um am Leben zu bleiben: »Ich hab den Verstand nicht verloren, ich hab Reime gemacht.«[21]

Programmatisch ist hier Klügers Text »Lanzmanns *Shoah* in New York«, der erstmals 1986 auf Englisch erschien.[22] Darin bezeichnet Klüger diejenigen, die den Holocaust wie Wiesel als etwas »Unsagbares« einstufen, als »Ablenker und Mystifikatoren«.[23] Die Shoah ist für Klüger allein schon deshalb kein unbeschreibliches Geheimnis, weil die Autorin in *weiter leben* das Tabu bricht, die Judenvernichtung anderen Massenmorden in der Geschichte vergleichend zur Seite zu stellen: Die Shoah ist für sie nicht undarstellbar, sondern nur zu verstehen, wenn man diese radikale Prämisse aufhebt und beginnt, den Zivilisationsbruch des Holocaust mit Blick auf partiell ähnliche Ereignisse in der Geschichte beschreibbar zu machen. Ganz pragmatisch spricht sie dabei aus, was ohnehin nicht zu vermeiden ist und die Genese jeder historiographischen Er-

---

schrift für europäisches Denken. 01. Dezember 2016, unter: https://www.merkur-zeitschrift.de/2016/12/01/von-der-kunst-auschwitz-darzustellen/ [abgerufen: 20.10.2017].

21 Ruth Klüger: weiter leben. Eine Jugend. Göttingen 1993, S. 127.

22 Ruth K. Angress: Lanzmann's Shoah and Its Audience. In: Simon Wiesenthal Annual Bd. 3, 1986, unter: http://motlc.wiesenthal.com/site/pp.asp?c=gvKVLcMVIuG&b=395045 [abgerufen: 20.10.2017].

23 Ruth Klüger: Lanzmanns *Shoah* in New York. In: Dies.: Gelesene Wirklichkeit. Fakten und Fiktionen in der Literatur. Göttingen 2006, S. 9–28; hier: S. 17.

zählung prägt. Klüger fragt sich, »wie man anders an die Sache herankommen soll als durch Vergleiche«.[24]

> Dasselbe geschieht sowieso nicht zweimal, insofern ist alles Geschehen, wie jeder Mensch und sogar jeder Hund, einmalig. Abgekapselte Monaden wären wir, gäbe es nicht den Vergleich und die Unterscheidung, Brücken von Einmaligkeit zu Einmaligkeit. Im Grunde wissen wir alle, Juden wie Christen: Teile dessen, was in den KZs geschah, wiederholt sich vielerorts, heute und gestern, und die KZs waren selbst Nachahmungen (freilich einmalige Nachahmungen) von Vorgestrigem.[25]

Die Autorin stellt sogar das größte Darstellungsproblem überhaupt in Frage – die so häufig tabuisierte Repräsentation des Todes in den Gaskammern der Vernichtungslager, wenn auch nicht ohne Selbstzweifel. Erlebnisse von Platzangst wie ihre eigene Erfahrung der Deportation in einem der berüchtigten Viehwaggons, aber auch beklemmende Erlebnisse wie sie die Deutschen während des Bombenkrieges in den Luftschutzkellern gehabt haben mögen, versucht Klüger dabei mit derjenigen des kollektiven Erstickungstodes durch Einsatz des Insektenvertilgungsmittels Zyklon B zu vergleichen. Das Provokante daran ist, dass Klüger damit sogar offensiv Gleichsetzungen unterschiedlicher Leidensgeschichten und Traumatisierungen aufruft, wie sie seit 1945 im Sinne der Täter-Opfer-Umkehr zur deutschen Schuldabwehr und zur Relativierung der Shoah eingesetzt worden sind:

> Menschen, die in engen Räumen Todesangst erlebt haben, besitzen von daher eine Brücke zum Verständnis für so einen Transport, wie ich ihn beschreibe. So wie ich von meinem Transport her eine Art Verständnis für den Tod in den Gaskammern habe. Oder doch meine, ein solches Verständnis zu haben. Ist denn das Nachdenken über menschliche Zustände jemals etwas anderes als ein Ableiten von dem, was man kennt, zu dem, was man erkennen, als verwandt erkennen kann. Ohne Vergleiche kommt man nicht aus.[26]

So einleuchtend das Argument auch klingen mag, so sollte man es vielleicht im Sinne Klügers wie folgt ergänzen: Im Idealfall können solche Versuche, das Verbrechen der Shoah zu verstehen, zu einem Verständnis der tatsächlichen Inkommensurabilität dessen zurückführen, was man durch den Vergleich zu erfassen versucht.[27] Klüger plädiert schließlich selbst dafür, stets genauer hin-

24 Klüger: weiter leben (s. Anm. 21), S. 76.
25 Klüger: weiter leben (s. Anm. 21), S. 70.
26 Klüger: weiter leben (s. Anm. 21), S. 110.
27 So auch die anspruchsvolle emotionswissenschaftliche Interpretation von Anne N. Rider: The Perils of Empathy. Holocaust Narratives, Cognitive Studies and the Politics of Sentiment. In: Holocaust Studies 19/3 (2013), S. 43–72; hier: S. 61. Rider arbeitet heraus, dass Klügers Autobiographie die Aktivierung von *trace memories*, also persönlicher Erinnerungen der Leser, die diese zur (historisch unmöglichen) persönlichen Identifikation und Empathie mit der Erzählerin heranziehen zu können glauben, stets zu durchkreuzen versucht. Dazu zählt

zusehen und zu untersuchen, wie die Überlebensgeschichte jedes einzelnen Opfers der Shoah aussah, da es auch hier sehr unterschiedliche Erfahrungen gab, die nicht ohne weiteres parallelisiert werden sollten: »Hinter dem Stacheldraht-Vorhang sind nicht alle gleich, KZ ist nicht gleich KZ. In Wirklichkeit war auch diese Wirklichkeit für jeden anders.«[28]

In der Tat ist ein solcher Ansatz erhöhter Präzision in der Rekonstruktion subjektiver Erfahrungen der Shoah jedoch nur schwer zu realisieren, wenn der Holocaust in den Nebel einer generellen »Undarstellbarkeit« gehüllt wird. Damit drohen die Differenzen konkreter einzelner Überlebensgeschichten hinter Phrasen, Manierismen, Auslassungen, abstrakten Symbolismen oder auch subtextuellen Andeutungen als einer Form beredten poetischen Schweigens zu verschwimmen oder ganz zu verschwinden. Um hier keine Missverständnisse aufkommen zu lassen: Einige dieser Stilmittel sind für die Shoah-Literatur nach 1945 zu zentralen Merkmalen geworden[29] und haben – wie etwa bei Paul Celan – ihre eigene ästhetische Berechtigung. Nur sind sie eben nicht diejenigen Ruth Klügers.[30]

Zugleich greift allerdings auch sie das alte Motiv der anklagenden Gespenster der Ermordeten auf. In ihrem Fall sind es vor allem die Geister ihres Bruders und ihres Vaters, die beide von den Deutschen ermordet wurden. Wie in der frühen Shoah-Autobiographik bei Primo Levi oder Elie Wiesel thematisiert auch Klüger die Unmöglichkeit, jemals genau herauszufinden, wie ihre Angehörigen starben, während die Autorin selbst zusammen mit ihrer Mutter durch eine Verkettung glücklicher Umstände überlebte und so von der Erfahrung der Toten getrennt wurde. Dahinter verbirgt sich nicht nur eine Klage über den Verlust der Verwandten und das unaufhebbare Unwissen über etwas, das in der Tat unergründlich bleiben muss, sondern auch die Vermutung eines Schuldvorwurfs von Seiten der Ermordeten: »Unübersteigbarer Stacheldraht zwischen uns und den Toten. […] Wie sie uns hassen müssen. Wir gehen ihnen entgegen, sie ziehen sich zurück.«[31]

Klüger hinterfragt mit solchen Formulierungen ihre Methoden, das Geschehene zu verstehen. Der Versuch, ihr Überleben und die Realität von Auschwitz zu beschreiben, wird von ihr nicht zuletzt im Blick auf die kommende Rezeption

letztlich sogar Klügers eigener Versuch, eine Erinnerungs-Brücke zur Erfahrung der Vergasungsopfer zu konstruieren, da der Text die Vergeblichkeit dieses Bestrebens sogleich mit einräumt: »But paradoxically her search for meaning reveals that the ›bridges‹ she so fervently wishes for simply do not exist. Readers are thereby prompted to recognize that their trace memories cannot compare to the horror of the camps. And ultimately, that is as it should be. Understanding, then, is aporetic: it requires both comparison and uniqueness.«

28 Klüger: weiter leben (s. Anm. 21), S. 82.

29 Siehe hierzu vor allem Dunker: Die anwesende Abwesenheit (s. Anm. 8).

30 Vgl. dazu auch die Celan-Kritik in Klüger: weiter leben (s. Anm. 21), S. 126f.

31 Klüger: weiter leben (s. Anm. 21), S. 97.

ihrer Texte oder auch ihre Alltagsgespräche mit Nachgeborenen selbstreflexiv in seiner voraussichtlichen Vergeblichkeit gespiegelt. Dazu dienen die vielen haarsträubenden Kommentare und Holocaust-Relativierungen ihrer Bekannten, Leser und Studierenden, die Klüger in *weiter leben* und das Sequel *unterwegs verloren* eingebaut hat.[32] Eklatante Kommunikationsprobleme sind hier an der Tagesordnung und das mutwillige Missverständnis oder die öffentliche Ablehnung der von Klüger publizierten Autobiographien wird vorausgesehen bzw. bewahrheitet sich schließlich mehrfach, auch wenn *weiter leben* – vielleicht gerade aus jenen falschen Gründen inadequater Identifikation, die im Buch selbst thematisiert werden – ein Bestseller wurde:

> Ich habe damals immer gedacht, ich würde nach dem Krieg etwas Interessantes und Wichtiges zu erzählen haben. Aber die Leute wollten es nicht hören, oder nur in einer gewissen Pose, Attitüde, nicht als Gesprächspartner, sondern als solche, die sich einer unangenehmen Aufgabe unterziehen, in einer Art Ehrfurcht, die leicht in Ekel umschlägt, zwei Empfindungen, die sich sowieso ergänzen. Denn die Objekte der Ehrfurcht, wie die des Ekels, hält man sich vom Leib.[33]

Die Autorin befürchtet, dass ihre Darstellungen als erleichternde »*Escape Story*« rezipiert werden könnten, weil die Protagonistin überlebte und ihre Autobiographie zwangsläufig von diesem »guten Ende« her gelesen werden kann, wie auch alle früheren Memoiren dieses Typs: »Wie kann ich euch, meine Leser, davon abhalten, euch mit mir zu freuen, wenn ich doch jetzt, wo mir die Gaskammern nicht mehr drohen, auf das *Happy-End* einer Nachkriegswelt zusteuere, die ich mit euch teile?« Den Toten, so Klüger weiter, sei damit jedenfalls »nicht geholfen«.[34] Es sei nicht möglich, die Aufrechnung einiger spektakulärer Überlebensgeschichten wie der ihren gegenüber den Millionen industriell ermordeter Juden durch einen »Trick emotionaler Algebra« aufgehen zu lassen, um sich der Belastung der tatsächlich geschehenen Verbrechen durch die Lektüre zu entledigen. Daher der Appell:

> Ihr müßt euch nicht mit mir identifizieren, es ist mir sogar lieber, wenn ihr es nicht tut […]. Aber lasst euch doch mindestens reizen, verschanzt euch nicht, sagt nicht von

32 Vgl. etwa die Verharmlosung Theresienstadts und von Auschwitz durch die Figur Gisela in Klüger: weiter leben (s. Anm. 21), S. 84f. u. S. 92 oder auch das Kapitel über Klügers Auschwitz-Tätowierung »Geschichte einer Nummer«, in Ruth Klüger: Unterwegs verloren. Erinnerungen. Wien 2008, S. 11–29. Auf Giselas Behauptung, »Theresienstadt sei ja nicht so schlimm gewesen«, ließe sich mit Theodor W. Adornos Bemerkung antworten: »Wer heute noch sagt, es sei nicht so oder nicht ganz so schlimm gewesen, der verteidigt bereits, was geschah, und wäre fraglos bereit zuzusehen oder mitzutun, wenn es wieder geschieht.« Siehe Theodor W. Adorno: Erziehung nach Auschwitz. In: Kulturkritik und Gesellschaft II. Eingriffe. Stichworte. Gesammelte Schriften 10.2. Hg. v. Rolf Tiedemann. Frankfurt a. M. 1997, S. 674–690; hier: S. 689.

33 Klüger: weiter leben (s. Anm. 21), S. 110.

34 Klüger: weiter leben (s. Anm. 21), S. 139.

> vorneherein, das gehe euch nichts an oder es gehe euch nur innerhalb eines festgelegten, von euch im voraus mit Zirkel und Lineal säuberlich abgegrenzten Rahmens an, ihr hättet ja schon die Photographien mit den Leichenhaufen ausgestanden und euer Pensum an Mitschuld und Mitleid absolviert. Werdet streitsüchtig, sucht die Auseinandersetzung.[35]

Michael Rothberg definiert Klügers autobiographischen Ansatz als »traumatischen Realismus«. Dabei handelt es sich um eine komplexe Denkfigur, die ziemlich genau das beschreibt, was *weiter leben*, der Titel von Klügers erstem Shoah-Erinnerungstext, andeutet. Im Wissen um die Unmöglichkeit einer »wirklichen« Wiederbelebung des Geschehenen und der Toten wird deren anwesende Abwesenheit im Alltag der Überlebenden zu einer literarisch immer wieder neu zu konfigurierenden Realität, die in kreisenden, zweifelnden Bewegungen des Weiterlebens umschrieben wird. Gerade weil der traumatische Realismus vom Skeptizismus gegenüber seinem eigenen Projekt geprägt ist, beharrt er auf dem Ziel, das Vergangene durch diesen Zweifel hindurch begreifbar zu machen:

> If traumatic realism shares a distrust of representation with modernist formal experimentation and postmodern pastiche, it nevertheless cannot free itself from the claims of mimesis, and it remains committed to a project of historical cognition through the mediation of culture. The abyss at the heart of trauma entails not only the exile of the real but also its insistence. Traumatic realism is marked by the survival of extremity into the everyday world and is dedicated to mapping the complex temporal and spatial patterns by which the absence of the real, a real absence, makes itself felt in the familiar plenitude of reality. In the wake of modern and postmodern skepticism, traumatic realism revives the project of realism – but only because it knows it cannot revive the dead.[36]

Klügers Autobiographien bewegen sich demnach in einem ästhetischen Zwischenraum, der gerade in seinen selbstreflexiven Momenten auf konkrete Erkenntniseffekte beim Leser zielt und mögliche problematische emotionale Reaktionen durch die herausfordernde Kommunikation mit dem Rezipienten zu erschweren sucht. Darin liegt wohl einer der wesentlichen Verdienste Klügers für eine verantwortungsvolle Erziehung nach Auschwitz – die regressive Neigung des Publikums zur selbstbezogenen Sentimentalität pädagogisch in kognitive Empathie zu verwandeln. Damit ist eine Form des Mitleids gemeint, die nicht auf egoistischen Affekten oder *trace memories* beruht, sondern auf dem differen-

35 Klüger: weiter leben (s. Anm. 21), S. 141.

36 Michael Rothberg: Traumatic Realism: The Demands of Holocaust Representation. Minneapolis 2000, S. 140.

zierten, historisch kontextualisierten Verständnis dessen, was den »Anderen« angetan wurde.[37]

Im Wissen um die Schwierigkeit, extreme Ereignisse wie den Tod in der Gaskammer als Überlebende mimetisch zu erfassen, verweigert Klügers traumatischer Realismus dennoch die postmoderne Flucht in unverbindliche Allgemeinplätze wie den der generellen »Undarstellbarkeit«. Rothberg betont die politische Relevanz dieser Poetologie: »Because it seeks both to construct access to a previously unknowable object and to instruct an audience in how to approach that object, the stakes of traumatic realism are at once epistemological and pedagogical, or, in other words, political.«[38]

IV. Die »Traumfigur« Fredy Hirsch und das Lager B II b bei Ruth Klüger und Otto Dov Kulka

Kaum jemand hat so viel über die möglichen emotionalen Reaktionen der eigenen Leser nachgedacht wie Ruth Klüger. Ihre Auschwitz-Erinnerungen behalten zudem die Gefahren einer institutionalisierten und inhaltsleeren »Vergangenheitsbewältigung« im Blick, wie sie etwa in der Gedenkstätten- und Museumskultur zur folgenlosen Routine werden kann, aber auch in den Medien oftmals alles andere als kognitive Empathie erzeugt.[39] Klüger kritisiert den »Aberglauben«, dass die »Gespenster« der Shoah an bestimmten Orten wie der Gedenkstätte in Auschwitz zu fassen seien:

> Wer fragt nach der Qualität der Empfindungen, wo man stolz ist, überhaupt zu empfinden? Ich meine, verleiten diese renovierten Überbleibsel alter Schrecken nicht zur Sentimentalität, das heißt, führen sie nicht weg von dem Gegenstand, auf den sie die Aufmerksamkeit nur scheinbar gelenkt haben, und hin zur Selbstbespiegelung der Gefühle?[40]

37 Vgl. dazu auch Rider: The Perils of Empathy (s. Anm. 27), S. 43–72; hier: S. 62: »Thus, Klüger's critical voice provides pedagogical insight and explores the path that leads away from a culturally determined propensity for sentimentality, and toward a productive cognitive empathy.«

38 Rothberg: Traumatic Realism (s. Anm. 36), S. 141.

39 Zur Kritik problematischer Emotionalisierungstechniken gegenwärtiger Repräsentationen des Holocaust in Literatur und Film siehe Jan Süselbeck: Im Angesicht der Grausamkeit. Emotionale Effekte literarischer und audiovisueller Kriegsdarstellungen vom 19. bis zum 21. Jahrhundert. Göttingen 2013, S. 404–467.

40 Klüger: weiter leben (s. Anm. 21), S. 76. Vgl. dazu auch Renata Schmidtkunz: Im Gespräch. Ruth Klüger. Wien 2008, S. 42f.; hier: S. 42: »Das Problem an den Gedenkstätten ist, dass man dort die falschen Gefühle haben kann. Also einerseits, dass man dort hingeht und sentimental wird – mit sentimental meine ich, dass man nicht sosehr [sic] an die Opfer denkt, sondern die eigenen Gefühle im Spiegel der eigenen Selbstachtung sieht. Also dass man sich denkt: Hier habe ich jetzt gerade eine Träne vergossen – das bedeutet doch, dass ich ein guter

Während der Bestseller-Autor Bernhard Schlink genau von diesen kritischen Überlegungen in *weiter leben* inspiriert worden zu sein scheint, wenn er den Protagonisten in seinem Roman *Der Vorleser* (1995) an dem empfundenen Zwang scheitern lässt, in einer KZ-Gedenkstätte das »Richtige« zu fühlen, verfolgt Klüger mit ihrer zitierten Frage diametral entgegengesetzte Ziele: Wo ihr traumatischer Realismus den grassierenden Holocaust-Kitsch und die aus ihm resultierende, die Shoah verniedlichende Instant-Sentimentalität deutscher Museumsbesucher vermeiden helfen soll, da hat Schlink eine generelle Entsorgung vermeintlich quälender, »oktroyierter« Bußrituale seiner Leser für die (angesichts der Protagonistin Hanna Schmitz angeblich sogar anzweifelbare) Schuld der NS-Elterngeneration an der Judenvernichtung im Sinn. Schlink pervertiert die Kritik Klügers an folgenlos konsumierbaren Gedenkritualen zu einer buchstäblichen Vergangenheitsbewältigung, indem er seinen Lesern nahelegt, aus Empörung über die konvulsivischen Betroffenheits-Neurosen ihrer eigenen, unschuldigen Nachkriegs-Generation endlich einen Schlussstrich unter die endlos fortgesetzte Schuld-Zerknirschung der Deutschen zu ziehen.[41]

Hierzu lohnt sich ein erneuter Blick auf den Aufsatz »Lanzmanns *Shoah* in New York«. Bei aller Skepsis gegenüber Claude Lanzmanns Konzept, den wenigen verbliebenen Relikten an den Orten der Vernichtung große Bedeutung beizumessen,[42] beschreibt Klügers kreative Besprechung von *Shoah* die emotionalen und somatischen Effekte des Films auf seine Zuschauer und vor allem auf die Autorin selbst präzise. Klüger erwähnt zunächst die besondere Sorte der »Langeweile« des fast zehnstündigen Werks,[43] die allerdings relativ zu sein scheint: Die »Leute reagieren, bevor die Untertitel erscheinen. Sie lachen, zischen, streiten flüsternd miteinander: Kurzum, sie nehmen an den Interviews

Mensch bin. Das ist das eine. Das andere, was ich in dem Buch nicht sage, weil es ein bisschen zu krass ist, ist, dass ich den Verdacht habe, man könnte dort hingehen und sich mit den Tätern identifizieren. Denn es ist leichter, sich mit Tätern zu identifizieren als mit Opfern. Die Täter sind interessanter…«.

41 Vgl. dazu Jan Süselbeck: Die Kraft der Tränen – Über die Melodramatisierung des Täterinnenschicksals in Bernhard Schlinks Roman *Der Vorleser* und in Stephen Daldrys Verfilmung *The Reader.* In: Zwischen Erinnerung und Fremdheit. Entwicklungen in der deutschen und polnischen Literatur nach 1989. Hg. v. Carsten Gansel, Markus Joch und Monika Wolting. Göttingen 2015, S. 195–207; hier: insbes. S. 203 f., Fußnote 32.

42 Klüger: Lanzmanns *Shoah* in New York (s. Anm. 23), S. 10: »Ich glaube nicht, daß zurückkehren hilft. Lanzmann glaubt's. Mir fehlt der Sinn für den *spiritus loci*, der die Grundlage der Museumskultur bildet, die im Umkreis der alten Konzentrationslager entstanden ist. Was dort verübt wurde, kann anderswo wiederholt werden, da es in menschlichen Gehirnen ausgebrütet und von Menschenhänden ausgeführt wurde, egal wo. Warum also die Orte aufsuchen, die heute wie irgendwelche aussehen? Ich gehe nicht dorthin, wo ich einmal war. Lanzmann kehrt dorthin zurück, wo er nie gewesen ist. Keine Landschaft, habe ich immer geglaubt, bewahrt die Erinnerung daran, was auf ihrem Boden geschah, denn die Steine reden nicht. Lanzmann glaubt, daß sie reden.«

43 Klüger: Lanzmanns *Shoah* in New York (s. Anm. 23), S. 11.

teil.« Ein stiller Zuschauer dagegen, heißt es an dieser Stelle weiter, erträgt das »Gewicht dieser kollektiven Erinnerung« im Kinosaal nicht und verlässt den Raum, während andere dem Film gerade deshalb weiter folgen können, weil sie untereinander darüber diskutieren und so dem Druck der repräsentierten Depression standzuhalten vermögen.[44]

Offensichtlich erzeugt Lanzmanns *Shoah* eine Beklemmung, die das Publikum buchstäblich frösteln lässt und der sich auch Klüger bei aller Skepsis als Zeitzeugin, die selbst in Auschwitz war und die Interview-Aussagen im Film mit ihren eigenen Erinnerungen abzugleichen versucht, nicht entziehen kann: »Während der Pause beklagt sich eine Frau beim Manager, im Kino sei es so kalt. Das stimmt nicht: Der Film hat alle Wärme aus ihr gesaugt. Nach der Pause fange auch ich zu frieren an und rede auf die Leinwand ein, um mich aufzuwärmen.«[45]

Klügers an dieser Stelle folgende Korrektur der Aussagen des Auschwitz-Überlebenden Rudolf Vrba, der in *Shoah* das Schicksal der deportierten Theresienstädter Juden im »Familienlager« B II b skizziert, kann als typisches Beispiel für jenen traumatischen Realismus dienen, wie ihn Klüger in ihren Zeugnissen verfolgt. Die hier geschilderte spontane Reaktion der Autorin wird im Kinosaal durch die Erwähnung des seinerzeit im genannten Lager prominenten Aachener Sportlers und Kinderbetreuers Fredy Hirsch hervorgerufen, den auch Otto Dov Kulka kennenlernte und in seinem Text *Landschaften der Metropole des Todes* erwähnt. Kulka kam damals, als zehnjähriger Junge und noch mit dem Nachnamen Deutelbaum, sogar im gleichen Transport aus Theresienstadt in Auschwitz an, in dem auch Hirsch deportiert wurde. Kulka schreibt:

> Am Anfang steht die Erinnerung an die ersten Tage, als in dem entsetzlichen Durcheinander der Häftlinge in den Baracken auf dem gestampften Lehm ein Mann erschien, den wir gut aus dem Ghetto Theresienstadt kannten; Freddy [sic] Hirsch – ein angesehener junger Mann, der bei den Jugendlichen Autorität besaß, ein *madrich* [Jugendleiter, Lehrer, Erzieher, J.S.], ein Athlet, an dessen Taten wir uns aus der gemeinsamen Zeit in Theresienstadt noch erinnerten.[46]

Dazu in aller Kürze der geschichtliche Kontext: Das Lager B II b, in das auch Ruth Klüger mit ihrer Mutter deportiert wurde, gab den Historikern lange Rätsel auf. Die dorthin verschleppten Juden wurden zur Überraschung der Opfer und der seinerzeit agierenden Häftlings-Widerstandskreise in Auschwitz zunächst nicht mit Zyklon B ermordet, ihre Haare wurden nicht geschoren, die Eltern wurden nicht von ihren Kindern getrennt, und alle Deportierten durften sogar ihr Gepäck behalten. In den Papieren der Lagerleitung, in die der Konspirateur

44 Klüger: Lanzmanns *Shoah* in New York (s. Anm. 23), S. 12.
45 Klüger: Lanzmanns *Shoah* in New York (s. Anm. 23), S. 12f.
46 Otto Dov Kulka (Hg.): Landschaften der Metropole des Todes. Auschwitz und die Grenzen der Erinnerung und der Vorstellungskraft. München 2013, S. 35.

der jüdischen Lager-Résistance Rudolf Vrba in unbeobachteten Momenten Einblick zu erhalten vermochte, war für die erstaunliche Ausnahme allerdings lediglich eine Dauer von sechs Monaten vorgesehen. Die Insassen erhielten während dieser Zeit etwas mehr Essen als andere Arbeitssklaven in Auschwitz. Wieso, fragten sich deshalb die hoffenden Deportierten trotz aller Warnungen, sollten sie von den Tätern ein ganzes halbes Jahr lang besser behandelt werden, nur um am Ende genauso ermordet zu werden wie alle anderen Juden? Wurden sie nicht weiterhin als Arbeitskräfte benötigt, so wie es ihnen auch die SS bis zuletzt versicherte?

Der professionelle Historiker Otto Dov Kulka entwickelte dazu die Theorie, dass die SS das Lager B II b zur propagandistischen Vorgaukelung eines möglichen weiteren »Muster-Gettos« neben Theresienstadt in der Hinterhand behalten wollten.[47] Das »Theresienstädter Familienlager« in Auschwitz hätten die Organisatoren der Shoah für den Fall gebraucht, dass die Visite des Internationalen Roten Kreuzes in dem Durchgangslager Theresienstadt, die am 23. Juni 1944 stattfand, zu kritischen Nachfragen über den Verbleib der weiter nach Osten deportierten Juden geführt hätte. Das Rote Kreuz kaufte der SS ihr grausames Theresienstädter Schmierentheater jedoch umstandlos ab. Hatte die SS die mörderische Deportations-Relais-Station bei Prag doch kurzzeitig zu einer Vorzeigesiedlung mit fruchtbaren Schrebergärten, Cafés, einer Bank, einem Reisebüro, Kinderspielplätzen und Konzertpavillons umgebaut.[48] Das Rote Kreuz stellte nach der Besichtigung des scheinbaren ›Wellness-Lagers‹ keine weiteren Fragen mehr.

Danach schickten die Täter nicht nur alle jüdischen Statisten der morbiden und sadistischen Theateraufführung in Theresienstadt ins Gas, sondern sie brauchten auch das Lager B II b in Auschwitz nicht mehr, so dass bald darauf alle dort verbliebenen Insassen wie geplant ermordet werden konnten.[49] Zuvor, und das berichtet auch Vrba in Lanzmanns *Shoah*, mussten die Theresienstädter Juden in Auschwitz jedoch noch umdatierte Postkarten an ihre Angehörigen schreiben, um bei diesen den Eindruck zu erwecken, bei Auschwitz handele es sich um ein bloßes Arbeitslager mit »relativ guten« Überlebensbedingungen.[50]

47 Siehe Otto Dov Kulka: Ghetto im Vernichtungslager. Jüdische Sozialgeschichte zur Zeit des Holocaust und ihre Grenzen. In: Ders.: Landschaften der Metropole des Todes (s. Anm. 45), S. 153–169. Vgl. dazu auch Dirk Kämper: Fredy Hirsch und die Kinder des Holocaust. Die Geschichte eines vergessenen Helden aus Deutschland. Zürich 2015, S. 249.

48 Vgl. den Artikel »Theresienstadt.« In: Israel Gutmann (Hg.): Enzyklopädie des Holocaust. Die Verfolgung und Ermordung der europäischen Juden. München, Zürich 1998, S. 1403–1407; hier: S. 1406.

49 Siehe dazu die für den Frankfurter Auschwitz-Prozess gemachten historischen Aufnahmen von Zeugenaussagen Otto Dov Kulkas aus dem Jahr 1964, unter: https://www.youtube.com/watch?v=0loJbgs8LTg [abgerufen: 06.10.2017].

50 Siehe dazu auch Otto Dov Kulkas Darstellung aus dem Jahr 1964, unter: https://www.youtu

Wie gingen die Opfer mit der Erkenntnis um, noch kurz vor ihrer wahrscheinlichen Ermordung als Propagandainstrumente für den reibungslosen Ablauf der Vernichtung der europäischen Juden missbraucht zu werden, falls sie dies realisierten? Vrba erzählt in *Shoah*, Fredy Hirsch habe kurz vor der Liquidation des Lagers B II b Suizid begangen,[51] nachdem er ihn mit der Nachricht konfrontierte, sein und der Tod aller Insassen des Lagers, inklusive der mehreren hundert Kinder, die Hirsch betreute, stünde unmittelbar bevor. Nun sei der Zeitpunkt, loszuschlagen, einen letzten verzweifelten Aufstand zu versuchen. Vrba erinnert Hirsch in seinem »Shoah«-Interview als wichtigen Mann, aber auch als Zauderer, der sich in dem dramatischen Moment eine Stunde Bedenkzeit erbat, während dieser Zeit Gift einnahm und vom herbeigerufenen Lagerarzt nicht mehr zu retten gewesen sei.[52]

Fredy Hirsch starb den vorliegenden historischen Quellen nach am 8. März 1944. Also kurz bevor die vom Septembertransport des Vorjahres noch übriggebliebenen 3.790 Menschen, die mit Hirsch als erste in das »Theresienstädter Familienlager« in Auschwitz deportiert worden waren, noch in derselben März-Nacht in den Gaskammern von Auschwitz-Birkenau ermordet wurden. Laut Dirk Kämpers auf der Basis zahlloser Dokumente und Zeugenaussagen konstruierter und 2015 erschienener Nacherzählung der Ereignisse ist Hirschs Suizid allerdings in Zweifel zu ziehen, da dieser selbst eine Lager-Revolte geplant und dann unwissentlich eine Kanne Tee getrunken habe, die mit dem Schlafmittel Luminal versetzt worden sei.[53]

---

be.com/watch?v=R0uXywp4TTM [aberufen: 26.10.2017]. Das Typoskript des Transkripts ist abrufbar unter: http://ohd.huji.ac.il/holocaust/project34/project34pdf/34-25.pdf [abgerufen: 26.10.2017].

51 So auch die knappe Information bei Kulka: Die Landschaften der Metropole des Todes (s. Anm. 46), S. 162.

52 Claude Lanzmann: Shoah. arte Edition. 4 DVDs. Berlin 2007. Die betreffenden Interviewpassagen finden sich auf DVD 4. Das United States Holocaust Memorial Museum (USHMM), das die gesamten Filmaufnahmen von Lanzmann zu Shoah archiviert, hat zudem die gesamten Interviews mit Vrba online gestellt, also auch diejenigen Gespräche, die Lanzmann nicht in die publizierte Fassung seines Werks mit aufnahm, unter: https://www.ushmm.org/online/film/display/detail.php?file_num=5009 [abgerufen: 26.10.2017]. In Lanzmanns Original-Transkript der Interviews, das auf dieser Website ebenfalls abrufbar ist, findet sich die hier analysierte Passage auf S. 47–49, unter: http://data.ushmm.org/intermedia/film_video/spielberg_archive/transcript/RG60_5016/CF17545B-B694-4F11-91F6-0BE0452000 14.pdf [abgerufen: 26.10.2017].

53 Vgl. dazu Kämper: Fredy Hirsch und die Kinder des Holocaust (s. Anm. 47), S. 211. Siehe dazu auch die Rekapitulation verschiedener Zeitzeugen-Varianten des Ablaufs dieses Tages auf S. 250–252, Fußnote 284. Zur problematischen und oftmals in den Darstellungen zum »Theresienstädter Familienlager« zitierten Quelle der Aussagen Rudolf Vrbas in *Shoah* siehe S. 252f. Zur Theorie, dass die jüdischen Lagerärzte und der Lagerapotheker Ludwig Sand Fredy Hirsch mit dem Schlaftabletten-Tee ausschalten wollten, um ihn daran zu hindern, den geplanten Aufstand anzuführen, von dem sie selbst fürchteten, er könne ihren Tod bedeuten, da sie durch Mengele die Zusicherung erhalten hatten, als medizinisches Personal von der

Ruth Klüger schreibt nun über ihre spontane Reaktion auf diese Geschichte, während sie die Vrba-Passagen in Lanzmanns *Shoah* auf der Kinoleinwand sieht:

> Das war die Stelle, wo Rudolf Vrba, der im Jahre 1944 aus Auschwitz floh, vom Tod eines Mannes redete, den ich kannte. Fredy Hirsch war das Idol der Kinder in Theresienstadt, die in gleichaltrigen Gruppen in »Kinderheimen« wohnten. Fredy war dreißig Jahre alt (ich mische mich ein, weil er doch viel jünger aussah) und er hatte, sagt Vrba, ›eine sehr enge Beziehung zu den Kindern.‹ Diesmal wende ich mich gleich an Lanzmann und erkläre ihm, warum und wie Fredy eine Ausstrahlung für Kinder, aber nicht für Erwachsene hatte. Vrba erinnert sich, daß Fredy einen Aufstand plante und daß er versagte, weil er sich zu sehr um die Kinder sorgte und am Ende Selbstmord beging. [...] Aber Fredy war anders, er war kein starker Charakter, die Erwachsenen trauten ihm nicht, nur die Kinder verehrten ihn. Vrba weiß das nicht, und so muß ich diese zwei Männer, die da oben auf der Leinwand miteinander reden, darüber aufklären, als gäbe es keine Grenze mehr zwischen Darsteller und Zuschauer. Die Erinnerungsarbeit ist so gründlich, daß ich mich um den geplanten, geplatzten Aufstand kränke und um die verlorene Gelegenheit meiner kleinen Gemeinschaft, dem Fredy Hirsch zu zeigen, wie sehr wir hinter ihm standen und wie er einen Kinderkreuzzug hätte führen können, und alle Kinder von sechs Jahren an wären seinen Anordnungen gefolgt. Und ich will's ihm sagen und möchte, daß er's weiß.[54]

Dieses Bruchstück der Autobiographie Ruth Klügers ist aus verschiedenen Gründen bemerkenswert. Zunächst einmal aus der Gender-Perspektive, die *weiter leben* als dezidiert feministischen Text ausweist:[55] Klüger setzt hier dem Gespräch zweier Männer – und die meisten in Lanzmanns *Shoah* gezeigten Interviews sind bekanntlich solche mit Männern[56] – dezidiert ihre eigenen, weiblichen Erinnerungen entgegen. Marianne Hirsch hat die Wichtigkeit einer solchen kritischen Gender-Perspektive betont. Sie schreibt, dass Gender,

---

Liquidation ausgenommen zu werden, siehe Kämper: Fredy Hirsch und die Kinder des Holocaust (s. Anm. 47), S. 254, Fußnote 286. Nach Kämpers quellenkritischen Schlussfolgerungen ist Vrbas Behauptung, dass er Hirsch in Auschwitz persönlich getroffen habe, um ihn zu dem Aufstand zu überreden und dass Hirsch ihm gegenüber Skrupel wegen der Kinder äußerte, um danach umgehend den Selbstmordversuch zu unternehmen, wonach Vrba vergeblich ärztliche Hilfe herbeigerufen habe, »schlicht hinfällig bzw. erfunden«. Kämper: Fredy Hirsch und die Kinder des Holocaust (s. Anm. 47), S. 253.

54 Klüger: Lanzmanns *Shoah* in New York (s. Anm. 23), S. 13.

55 Siehe dazu Irene Heidelberger-Leonard: »Der Jude als Frau.« Überlegungen zu Ruth Klügers Schriften. In: Gender im Gedächtnis. Geschlechtsspezifische Erinnerungsdiskurse in der deutschsprachigen Gegenwartsliteratur. Beiträge zum Ehrenkolloquium für Mireille Tabah. Hg. v. Christian Poetini. Bielefeld 2015, S. 35–44.

56 »Of the nine and a half hours of film, it seemed that only a tiny fraction had women's faces on the screen. Why were women relegated to the role of translators and mediators? Why were they allowed to sing in the film and not to talk about their experiences as the men were invited to do? And how did the absence of women shape the story told in this remarkable document?« Vgl. Marianne Hirsch: The Generation of Postmemory. Writing and Visual Culture After the Holocaust. New York 2012, S. 8.

a sexual difference, can fulfill a number of functions in the work of memory. It can serve as a figure that can mediate the ways in which certain images and certain narratives have been able to circulate in the culture of the postgeneration. […] It can offer a lens through which to read the domestic and the public scenes of memorial acts. And even when gender seems to be erased or invisible, feminist and queer readings can nevertheless illuminate not just what stories are told or forgotton, or what images are seen or supressed, but how those stories are told and how those images are constructed. In its awareness of power as a central factor in the construction of the archive, moreover, feminist analysis can shift the frames of intelligibility so as to allow new experiences to emerge, experiences that have therefore remained unspoken, or even unthought.[57]

Auf der anderen Seite erinnert Klüger den Inhalt der betreffenden Passage aus *Shoah* in ihrem Text selbst nicht korrekt. Vrba erzählt Lanzmann wie gesagt keineswegs von einem Aufstandsplan Hirschs, wie Klüger oben angibt, sondern ganz im Gegenteil davon, dass Hirsch als Leiter der Kinderbaracke im Lager B II b wegen einer solchen Revolte im Blick auf die ihm anvertrauten jungen Menschen Skrupel gehabt habe, weil er nicht wahrhaben wollte, dass diese ohnehin würden sterben müssen.

Zudem fällt bei einem Abgleich der historischen Daten auf, dass Ruth Klüger den von ihr so emphatisch erinnerten Fredy Hirsch zumindest in Auschwitz nie getroffen haben kann. Zwar war auch Klüger zusammen mit ihrer Mutter unter den ins »Theresienstädter Familienlager« transportierten Opfern, die dort zwischen dem 6. September 1943 und der endgültigen Auflösung des Lagers am 7. Juli 1944 in mehren Deportationen ankamen.[58] Allerdings wurden Klüger und ihre Mutter erst am 16. Mai 1944 aus Theresienstadt nach Auschwitz deportiert,[59] also mehr als zwei Monate nach dem Tod Hirschs und der Ermordung des Großteils des ersten Theresienstädter B II b-Transports nach Auschwitz vom September 1943. Wie geplant hatte die SS-Lagerleitung diese Ermordung der ersten B II b-Opfer nach genau sechs Monaten veranlasst.

Klüger verdankt ihr Überleben einer glücklichen Fügung, die hier nicht ausführlich wiederholt werden kann: Da die zwölfjährige Ruth ihr Alter bei einer Selektion mit 15 angab, wurde sie als arbeitsfähig eingestuft und gehörte zusammen mit ihrer Mutter zu den wenigen Theresienstädter Juden, die am

57 Hirsch: The Generation of Postmemory (s. Anm. 56), S. 18.

58 Klüger erzählt die genauere Geschichte ihrer Deportationen in *weiter leben* nach, allerdings ohne die Erwähnung Fredy Hirschs. Siehe Klüger: weiter leben (s. Anm. 21), S. 69–138. Auch in der englischen Übersetzung des Textes, der an vielen Stellen umgeschrieben, gekürzt oder ergänzt wurde und deshalb als eigenes Werk gelten kann, finden sich in den Passagen über Theresienstadt und Auschwitz keinerlei Hinweise auf Hirsch. Vgl. Ruth Kluger [sic]: Still Alive. A Holocaust Girlhood Remembered. Foreword by Lore Segal. New York 2003, S. 61–112.

59 Vgl. Sascha Feuchert: Erläuterungen und Dokumente. Ruth Klüger. weiter leben. Eine Jugend. Stuttgart 2004, S. 11.

14. Juni 1944, also kurz vor der endgültigen Liquidierung des Lagers B II b, in andere KZs verbracht wurden.[60] Was ihren Leidensgenossen danach in Auschwitz geschah, kann auch Klüger nur noch geschichtswissenschaftlicher Literatur entnehmen. Was ihr dazu bleibt, sind nichts als trockene Daten. Am Ende des Auschwitz-Kapitels in *weiter leben* notiert die Überlebende lakonisch: »Am 7. Juli 1944 wurden die noch vorhandenen Häftlinge des Theresienstädter Familienlagers in Birkenau vergast. Das steht in Büchern, ich hab's nachgeschlagen.«[61]

Ruth Klüger kann Fredy Hirsch also nur vor ihrem Aufenthalt in Auschwitz in Theresienstadt erlebt haben. Dort kam sie mit ihrer Mutter am 25. September 1942 an.[62] Hirsch hielt sich zu dem Zeitpunkt nach wie vor dort auf, bis er als Strafe für eine verbotene Kontaktaufnahme mit einer Gruppe von Kindern aus Białystok, die bereits die Wahrheit über die Vergasungen in Auschwitz zu wissen schienen und auch in *weiter leben* Erwähnung finden,[63] am 6. September 1943 zusammen mit ca. 5.000 Juden nach Auschwitz deportiert wurde.[64]

---

60 Feuchert: Erläuterungen und Dokumente (s. Anm. 59). Kulkas Überlebensgeschichte sieht ähnlich aus, wenn er auch erst noch einige drastische Rückschläge überstehen musste, bevor er im Januar 1945, ähnlich wie Ruth Klüger mit ihrer Mutter, mit seinem Vater während eines Todesmarsches fliehen konnte. So glaubte ihm der SS-Mann Buntrock die Behauptung, 15 Jahre alt zu sein – und nicht elfeinhalb, was den Tatsachen entsprochen hätte – anders als im Fall Klügers nicht. Er ließ ihn aber trotzdem zu einem temporären rettenden Arbeitseinsatz mitgehen, was dem Jungen vorerst das Leben rettete, siehe Kulka: Landschaften der Metropole des Todes (s. Anm. 46), S. 61 f. Die Liquidation des Lagers B II b überlebte Kulka schließlich, weil er sich zur Zeit der Liquidation des Lagers B II b mit seiner Mutter und einer lebensbedrohlichen Diphterie-Erkrankung im Krankenbau befand. Kulka: Landschaften der Metropole des Todes (s. Anm. 46), S. 22, S. 50 u. S. 76. Bei einer weiteren großen Selektion während einer Evakuierungswelle in Auschwitz im Herbst 1944 wurde Kulka jedoch zurück ins Lager geschickt: Sein Versuch, sich bei dieser Deportation erneut unter die zum Arbeitseinsatz eingeteilten Männern zu schmuggeln, scheiterte: »Meine Zeit, darüber war ich mir im Klaren, war gekommen. Meine Versuche, zu entkommen, waren vorüber; die vormals kleinen Anstrengungen wichen, und ich ergab mich der Resignation, dem unabänderlichen Gesetz des großen Todes, dem unausweichlichen Ende.« Kulka: Landschaften der Metropole des Todes (s. Anm. 46), S. 62.

61 Klüger: weiter leben (s. Anm. 21), S. 138.

62 Feuchert: Erläuterungen und Dokumente (s. Anm. 59), S. 108.

63 Klüger: weiter leben (s. Anm. 21), S. 101. »Nach Theresienstadt kam im August 1943 eine Gruppe Kinder, die ich nicht gesehen habe, und fast niemand dort hat sie gesehen. Sie sollten in einem Spezialtransport ins Ausland, in die Schweiz, wurde behauptet. Sie wurden streng gesondert gehalten, und nur wenige Betreuer durften während der kurzen Zeit, die sie bei uns waren, an sie heran. […] Ich lese, daß sie aus Polen, von Białystock kamen, wo man über Vergasungen informiert war, und daß sie im Oktober mit 53 jüdischen ›Pflegern‹ weitergeschickt wurden, die alle dachten, es ginge ins Ausland. Es ging aber nach Auschwitz in den Tod.«

64 Vgl. dazu u. a. Matěj Stránský: Alfred (Fredy) Hirsch (11.2.1916 Aachen – 8.3.1944 Auschwitz). In: holocaust.cz, unter: http://www.holocaust.cz/en/history/people/alfred-fredy-hirsch-2/ [abgerufen: 26.10.2017].

Diese Details mitzuteilen, ist Klüger in ihrer Reaktion auf den Zeitzeugenbericht Rudolf Vrbas aber offensichtlich nicht wichtig. Sie hält der Interviewszene in *Shoah* eine dezidiert persönliche Erinnerung entgegen, die deshalb nicht weniger »wahr« sein muss. Der traumatische Realismus Klügers geht mit diesen unvermeidlichen Brüchen in der Erinnerung offensiv um, und er versucht ein Abbild ihres stets neu zur Geschichtsrekonstruktion ansetzenden Gedächtnisses und der Gefühle zu zeichnen, die mit solchen Erinnerungsprozessen generell bei Überlebenden verbunden sein können.[65] Das bestätigt nicht zuletzt eine Email-Korrespondenz, die Klüger mit dem Autor des vorliegenden Beitrags über die Geschichte Fredy Hirschs geführt hat. Sie habe Hirsch »nicht persönlich« gekannt, räumte Klüger dabei ein. Sie glaube allerdings,

> mit wenig Sicherheit ihn ein- oder zweimal in einer Gruppe gesehen und bestaunt zu haben. Das Wichtige ist, dass er für uns Kinder eine Art Widerstandsheld war, einer, dem man gern in einer Rebellion gegen Ungerechtigkeit und Gefangenschaft gefolgt wäre. Also eine Art Traumfigur. Ich glaube, ich habe erst in Auschwitz von seinem Selbstmord erfahren, und es war eine der vielen Unglaublichkeiten, die dort auf uns einstürzten. Anders gesagt, Fredy Hirsch war für mich immer ›nur‹ eine Idee, nicht Wirklichkeit.[66]

V. Otto Dov Kulkas Erinnerungen an die »Metropole des Todes«

Klügers zitierte Kino-Szene aus New York erinnert an einen Traum. Zumal unklar bleibt, ob die Autorin laut mit den Männern auf der Leinwand redete, oder ob all dies nur in ihrem Kopf stattfand. Auch Otto Dov Kulkas fragmentarisches Buch *Landschaften der Metropole des Todes. Auschwitz und die Grenzen der Erinnerung und der Vorstellungskraft*, zunächst in Teilen auf Hebräisch erschienen und dann in viele europäische Sprachen übersetzt, ist ein (post-)moderner Text, der u. a. eine Reihe von (Alp-)Traum-Protokollen collagiert.[67]

---

65 Vgl. Hirsch: The Generation of Postmemory (s. Anm. 56), S. 9. Hirsch beschreibt, wie bei einem Familientreffen im Jahr 1987 plötzlich mehrere verwandte Frauen und Freunde, die den Holocaust überlebten, von selbst und wie niemals zuvor offen über ihre Erfahrungen in den Konzentrationslagern zu sprechen begannen, weil sie alle kurz zuvor *Shoah* im TV gesehen hatten: »*Shoah* authorized their acts of witness, we quickly understood; it made them feel that they had a story to tell and listeners who might be willing to acknowledge and receive it from them.«

66 Ruth Klüger: Email an den Autor, 25. Juni 2015.

67 Kulka: Landschaften der Metropole des Todes (s. Anm. 46). Kulka erzählt in einem online zu findenden Gespräch bei der *Jewish Book Week* in London 2014 über sein Projekt, dass er den Entschluss zur Transkription seiner ca. 4.000 Seiten umfassenden Audio-Erinnerungen und zur Kondensierung dieses Konvolutes zu einem Erinnerungsbuch Ende der 1990er Jahre nach einer Krebs-Operation traf, als der Arzt ihm eröffnet hatte, dass er nur noch zwei oder drei Jahre zu leben habe, unter: https://vimeo.com/88658799 [abgerufen: 26.10.2017].

Bereits im zitierten Untertitel und in seinem Vorwort betont der Autor, dass es sich bei seinem Text lediglich um Gedächtnisfragmente handle. Kulka nennt seine Erinnerungen, die er von 1991 bis 2001 zunächst auf Tonbänder aufsprach, »Bilder«, die aus seinem »Gedächtnis aufstiegen« und die er in diesen Aufzeichnungen als »Kindheitslandschaften aus Auschwitz« zu beschreiben versuchte:

> Es handelt sich bei den Aufnahmen weder um ein historisches Zeugnis noch um autobiographische Erinnerungen, sondern um die Betrachtungen eines Menschen in seinen späten Fünfzigern und Sechzigern, der jene Fragmente der Erinnerung und der Vorstellungskraft in seinen Gedanken hin und her wendet, die aus der Welt des staunenden Kindes von zehn bis elf Jahren, das ich damals war, geblieben sind.[68]

Wie auch schon bei Klüger wird in Kulkas Buch die Unzuverlässigkeit des Gedächtnisses, die dabei deutlich wird, nie geleugnet. So ist es dem Autor etwa nicht möglich, sich zu erinnern, ob es in dem Kinder-Block von B II b, in dem u. a. Schulunterricht und Theateraufführungen stattfanden, Bänke gab oder ob man einfach auf dem nackten Boden saß.[69]

Dass Kulka seine komplexe Vorkriegs-Familiengeschichte in diesem Buch nicht lückenlos nacherzählt und weibliche Mitglieder bzw. Teile seiner Verwandtschaft, die in Treblinka ermordet wurden, überhaupt nicht erwähnt, ist vom erwähnten Gender-Aspekt autobiographischer Schriften von Männern her betrachtet gewiss bemerkenswert.[70] Die Beobachtung kann jedoch aufgrund der von Seiten des Autors im Text stets klargestellten Genese des Textes, die u. a. auf einem zehn Jahre währenden Prozess zunächst nur für den Autor selbst bestimmter Kassettenaufnahmen im Gespräch mit einer ungenannten Partnerin[71] basierte, die Bedeutsamkeit und die Einzigartigkeit des Dokuments nicht schmälern. Besonders an Kulkas Text ist vor allem letzterer Aspekt des Schreibprozesses:

> However, as I explained in the introduction to the book and in some of the interviews I gave after its publication, *Landscapes* was not conceived as a book. It originates in my diaries, and somewhat later in tape-recorded monologues, which were written or

68 Kulka: Landschaften der Metropole des Todes (s. Anm. 46), S. 9.

69 Kulka: Landschaften der Metropole des Todes (s. Anm. 46), S. 36. »Dieses Detail konnte ich unter keinen Umständen aus meiner Erinnerung heraufholen.«

70 Siehe dazu die scharfe und auf akribischen Recherchen beruhende, bislang singuläre Kritik von Anna Hájková: Israeli Historian Otto Dov Kulka Tells Auschwitz Story of a Czech Family that Never Existed. Why Holocaust Accounts – and Their Fictions or Omissions – Can Be a Threat to the History of a Complicated, Tragic Human Reality. In: Tablet, October 30, 2014, unter: http://www.tabletmag.com/jewish-arts-and-culture/books/186462/otto-dov-kulka [abgerufen: 26.10.2017].

71 Siehe Kulka: Landschaften der Metropole des Todes (s. Anm. 46), S. 10. Den Danksagungen im hinteren Teil des Buchs nach könnte es sich dabei um Chaia Befeki gehandelt haben. Kulka: Landschaften der Metropole des Todes (s. Anm. 46), S. 171.

> spoken for my self-understanding. Both the diary entries and the recordings were kept strictly private, so as not to interfere with my wholly impersonal scholarly work. For many years I didn't believe that my ›monologues‹ or diary texts could speak to anyone but me. It was only much later that I decided – or, more accurately, was persuaded by colleagues and friends to whom I sent excerpts from those ›unwritten writings‹ – to make a selection available to the wider public.[72]

Wie in Art Spiegelmans Comic-Klassiker *MAUS* bezieht auch Kulka die besondere Sprache seiner *Landschaften des Todes* aus der – weiter unten noch genauer zu definierenden – Audioliteralität seines Schreibprozesses. Zeichnete doch auch Art Spiegelman in den 1970er Jahren Gespräche mit seinem Vater auf Kassetten auf, um daraus ein – so könnte man es vielleicht in diesem Fall genauer nennen – einzigartiges audiographisches Kunstwerk zu schaffen, das die besondere Diktion von Spiegelmans Vater Vladek (1906–1982) realitätsnah darzustellen versucht.[73] Zudem ermöglicht das Medium Comic Spiegelman, die Effekte der von Marianne Hirsch definierten *Postmemory*-Tradierung des Holocaust-Traumas auf die zweite Generation in den Familien Shoah-Überlebender in einer Art und Weise darzustellen, welche die eigenen Empfindungen des davon betroffenen Autors besonders gut wiederzugeben vermag.[74] Der Begriff der Audioliteralität kann jedenfalls helfen, neues Licht auf die multimediale Genese der jüngeren (Post-)Holocaust-Autobiographik bei Spiegelman und bei Kulka zu werfen.

Kulka betont, dass er versuchte, den Rhythmus der Sprache seiner Tape-Recordings möglichst genau so zu belassen, wie er sie spontan aufgenommen und formuliert hatte. Diese genuine Verknüpfung der Erinnerung mit der persönlichen Form der Artikulation in einer bestimmten Sprache gibt es wiederum auch bei Ruth Klüger, deren Wiener Dialekt ihre Autobiographie von Kindheit an auffällig prägt,[75] etwa in umgangssprachlichen Formulierungen wie: »ich komm nicht von Auschwitz her, ich stamm aus Wien«.[76]

---

72 Otto Dov Kulka: Some Reflections on ›History and Fiction‹ in my Landscapes of the Metropolis of Death. Comments on Hayden White's ›The History Fiction Divide.‹ In: Holocaust Studies 20/1-2 (2014), S. 35–44; hier: S. 37.

73 Art Spiegelman: MAUS. A Survivor's Tale. My Father Bleeds History. And Here My Troubles Began. New York 1997. Siehe zum Beispiel das amerikanisierte Jiddisch-Bruchstück auf S. 98, als Vladek in einem Gespräch mit seinem Sohn über seine zweite Frau ins Telefon brüllt: »I'm telling you, Mala makes me meshuggah!«

74 Vgl. Hirsch: The Generation of Postmemory (s. Anm. 56), S. 5. »›Postmemory‹ describes the relationship that the ›generation after‹ bears to the personal, collective, and cultural trauma of those who came before – to experiences they ›remember‹ only by means of the stories, images, and behaviors among which they grew up. But these experiences were transmitted to them so deeply and affectively as to seem to constitute memories in their own right. Postmemory's connection to the past is thus actually mediated not by recall but by imaginative investment, projection, and creation.«

75 Vgl. Klügers Bemerkung in Schmidtkunz: Im Gespräch. Ruth Klüger (s. Anm. 40), S. 23f.,

Zugleich ist Kulka in seiner Ablehnung der Museumskultur und künstlerischen Repräsentationen des Holocaust sogar noch konsequenter als Klüger oder Wiesel, jedenfalls berichtet er, dass er selbst niemals Filme wie Lanzmanns *Shoah* oder Museumsausstellungen wie die von Yad Vashem angesehen habe, und dass er bei einem singulären Versuch, einen literarischen Text über Auschwitz zu lesen, das Gefühl äußerster Entfremdung gehabt habe, weil sich das Beschriebene nicht im Geringsten mit seinen eigenen Erinnerungen vereinbaren ließ.[77] Es ist exakt dieses private, für den Autor nicht mit dem Diskurs der Literatur nach Auschwitz vereinbare Gedächtnis, dem Kulka in seinen Kassettenaufnahmen, den Tagebucheintragungen und deren Transkription in den *Landschaften der Metropole des Todes* genauer nachzugehen versucht. Er sei ausgezogen, dieses »Gedächtnis zu erforschen«, betont der Historiker, er schreibe jedoch »keine Erinnerungen«.[78] Was Kulka dabei findet, vermag er sich paradoxerweise eher mit Kafkas Parabel *Vor dem Gesetz* (1915) zu erklären als mit geschichtswissenschaftlichen Mitteln. Wie in Kafkas Türhüter-Legende gebe es auch ein Tor zu seiner privaten Mythologie, das nur für Kulka selbst bestimmt gewesen sei und durch das ihm bei seiner Schließung ein neues Licht zuleuchte – so zumindest die vorsichtige Vermutung des Autors am Ende seines Tape-Transkripts.[79]

Schon von Primo Levi kann man lernen, dass sich in solchen Fällen der Shoah-Erinnerung gleich mehrere Übersetzungs-, Transkriptions- und Restaurationsprozesse überschneiden können. In seinem späten Text *Die Untergegangenen und die Geretteten* (auf Italienisch zuerst 1986 erschienen, 1990 ins Deutsche übersetzt) betont Levi, wie wichtig es ihm war, dass in der 1961 erschienenen deutschen Übersetzung seines Hauptwerks *Se questo è un uomo* (1947) die Gewaltsamkeit des historischen Lagerjargons bewahrt wurde. Idealerweise, so schreibt er, hätte sein Text eher ein Tonband denn ein Buch sein sollen.[80] An anderer Stelle betont Levi die Wichtigkeit der mündlichen Form für

die andeutet, dass die Sprache der Autorin eine Form des Redens konserviert zu haben scheint, die mit dem Wiener Judentum untergangen ist: »Wien ist die einzige Stadt in der Welt, der einzige Ort in der Welt, wo die Leute so reden wie ich, obwohl man mir sagt: Wie ich spreche, ist ein Schönbrunner Deutsch oder etwas ganz Altmodisches.«

76 Klüger: weiter leben (s. Anm. 21), S. 138.

77 Kulka: Landschaften der Metropole des Todes (s. Anm. 46), S. 116–118.

78 Kulka: Landschaften der Metropole des Todes (s. Anm. 46), S. 66.

79 Kulka: Landschaften der Metropole des Todes (s. Anm. 46), S. 119–124.

80 Ich paraphrasiere hier die englische Ausgabe von Primo Levi : The Drowned and the Saved. Translated by Raymond Rosenthal. Introduction by Paul Bailey. London 2013, S. 196. Levi schreibt über die vertrackte Aufgabe des Übersetzers von *Ist das ein Mensch?*, der die italienische Imitation der deutschen Lagersprache ins Deutsche zurückzuübersetzen hatte: »In a certain way, it was not a matter of a translation but rather of a restoration: this was, or wanted to be, a *restitutio in prisinum*, a retroversion to the language in which things had taken place and to which they belonged. More than a book it should be a magnetic tape.«

die spätere Niederschrift seiner Erinnerungen: »Zumeist entstehen meine Erzählungen wie mündliche Erzählungen.«[81]

In seiner korrigierenden Auseinandersetzung mit einer Interpretation seines Buchs durch Hayden White beschreibt Kulka seinen spezifischen Schreibprozess wie folgt:

> Another point that should be clarified here concerns White's assumption that the text underwent careful editing, revision and rewriting. In my diaries, I once described the miracle of how this ›text‹ had come into being by evoking another classical myth: the birth of Athena from Zeus's forehead, fully armed. Meaning that there have been (almost) no changes, editing etc., and that none would have been possible for me. In transforming the original spoken word into a printed text I have tried to retain its authentic nature: the immediacy and the rhythm of the spoken word with all its irregularities and distinctive inflections and tonalities. As a matter of fact, had I intended to write this text as a book I never would have been able to create anything similar, if at all.[82]

Genau diese Form protokollartiger Dokumentarliteratur ist es, die der Begriff der Audioliteralität meint. Mit dem Linguisten Ludwig Jäger, der Grundlagen der Schreibprozessforschung mit denen der ethnomethodologischen Gesprächsanalyse verbindet und so Ansätze zu einer anthropologischen Perspektive auf Formen medialer Transkriptivität entwickelt, ließen sich dazu abschließend einige theoretische Thesen formulieren. So kann die intermediale »Übersetzung«, die »Logik des Transkriptiven« in Kulkas Schreibprozess mit Jäger als ein »rekursives Verfahren der *autohermeneutischen* Transkription« verstanden werden.[83] Dieses phonographische Verfahren folgt einer Praxis, die Jäger – ursprünglich mit Blick auf das Medium des Hörbuchs – als audioliterales Schreiben bezeichnet und das in seinen Augen »durchaus in Analogie zum literarischen Schreiben verstanden werden darf«.[84] Jäger definiert diese Schreibweise wie folgt:

> Audioliteral sollen allgemein solche Hervorbringungen von sprachlichem Sinn genannt werden, in denen skripturale und vokal-auditive Anteile der Kommunikation in verschiedenen Hinsichten miteinander verwoben oder aufeinander bezogen sind,

81 Primo Levi: Gespräche und Interviews. Hg. v. Marco Belpoliti. Übers. v. Joachim Meinert. München, Wien 1999, S. 163.

82 Kulka: Some Reflections on ›History and Fiction‹ in my Landscapes of the Metropolis of Death (s. Anm. 72), S. 42.

83 Ludwig Jäger: Störung und Transparenz. Skizze zur performativen Logik des Medialen. In: Performativität und Medialität. Hg. v. Sybille Krämer. München 2004, S. 37–73; hier: S. 47.

84 Ludwig Jäger: Audioliteralität. Eine Skizze zur Transkriptivität des Hörbuchs. In: Das Hörbuch. Praktiken audioliteralen Schreibens und Verstehens. Hg. v. Natalie Binczek und Cornelia Epping-Jäger. München 2014, S. 231–253; hier: S. 232.

derart dass sich der Sinnkonstituierungsprozess als das genuine Ergebnis der intermedialen Bewegungen verstehen lässt.[85]

Kulka selbst bestätigt diesen vertrackten Selbsthör- und Selbstlesevorgang schon in seinen eigenen, oben zitierten Angaben zum Prozess der Textgenese. Betont er doch, er habe die Kassettenaufnahmen für sein »self-understanding« gemacht.[86] Sprechen und Schreiben werden von Jäger als generell verwandte und ineinandergreifende Prozesse gedacht, die den Redner oder den Autor zur »Selbstlektüre« oder auch »Selbsttranskription« nötigen, um seine Botschaften durch dieses »Monitoring« nachträglich zu ratifizieren und dadurch einen jeweils neuen »Raum virtueller Lesbarkeit« zu eröffnen.[87] In den hier vorliegenden Fällen spielt nun auch noch der vertrackte autobiographische Gedächtnisprozess und die traumatische Erinnerung an die Shoah in diese Textgenese mit hinein, deren Komplexität mit Jägers poststrukturalistischer Terminologie paradoxerweise gut zu erfassen ist. Mit Jacques Derrida und Ferdinand de Saussure begreift Jäger jedwede Zeichenverwendung als mögliche Zitation und Dekontextualisierung, die in unabschließbarer Weise in »andere Ketten« von Zeichen eingeschrieben werden könne. Dabei handele es sich um eine »Logik der *différance*«, welche die »Identität des Zeichens mit sich selbst zugleich verbirgt und ständig verschiebt«.[88]

Daher also etwa die Verwirrung bei Hayden White, den Kulkas literarische Zitations- und Verfremdungstechniken in den *Landschaften des Todes* an den Rand des Nicht-Verstehens bringen, wenn er als Historiker versucht, Kulkas interpretationsoffene Traumprotokolle, seine Kafka- und Kleist-Zitate oder auch seine Verwendung von – in diesem Kontext automatisch mehrfach codierten – fotographischen Illustrationen auf einen Nenner zu bringen. Eine der verwendeten Abbildungen in Kulkas Text stammt etwa aus W. G. Sebalds 2001 erschienenem Roman *Austerlitz*,[89] also aus einem fiktionalen Text eines deutschen Autors, der die Geschichte eines tschechisch-jüdischen Jungen aus Prag erzählt, welcher durch seine rettende Verschickung auf einem der letzten Kindertransporte nach England überlebte, als erwachsener Mann seine verlorenen Erinnerungen an seine Jugend wiederzufinden versucht und auf den Spuren seiner ermordeten Mutter nach Theresienstadt fährt.[90] Allein schon die komplexen intertextuellen Verknüpfungen, die sich durch die Verwendung des besagten Bildes, das eine verschwommene historische Ansicht einer Londoner Metro-

85 Jäger: Audioliteralität (s. Anm. 84) S. 245.
86 Kulka: Some Reflections on ›History and Fiction‹ in my Landscapes of the Metropolis of Death (s. Anm. 72), S. 37.
87 Jäger: Audioliteralität (s. Anm. 84), S. 45.
88 Jäger: Störung und Transparenz (s. Anm. 83), S. 38f.
89 Vgl. Jäger: Störung und Transparenz (s. Anm. 83), S. 53.
90 W. G. Sebald: Austerlitz. Roman. München 2001.

station zeigt, zwischen Sebalds Text und dem Kulkas ergeben, könnten eine eigene Studie füllen.

Nicht ohne Erstaunen hebt White die Tatsache hervor, dass Kulka als ein Historiker bereits ganz am Anfang seines Werks mittels eines Kafka-Mottos insinuiert, seine Geschichte der *Metropole des Todes* kreise um ihre eigene Undeutbarkeit.[91] Das Motto stammt aus dem kurzen Prosatext *Prometheus* (1917) und lautet in der von Kulka modifizierten Version, die im Buch auf seine eigenen Fotografien der Reste des Lagers B II b aus dem Jahr 1978 zu verweisen scheint: »*Es blieb die unerklärliche Ruinenlandschaft. – Die Geschichte versucht, das Unerklärliche zu erklären. Da sie aus einem Wahrheitsgrund kommt, muss sie wieder im Unerklärlichen enden.* Nach einer Parabel von Franz Kafka«.[92]

Liest man die wenigen Zeilen der für Kafka typischen Parabel noch einmal komplett nach, so wird deutlich, dass man das Motto, das Kulka bemerkenswerterweise auch schon für seine Doktorarbeit über die »Jüdische Frage« im »Dritten Reich« (1975) wählte,[93] als pessimistischen Verweis auf das wahrscheinliche, zukünftige Vergessen der Shoah verstehen kann. Heißt es doch bei Kafka zu den vier antiken griechischen Sagen über Prometheus, der die Götter an die Menschen verriet, deshalb von ihnen an einen Fels geschmiedet wurde und stets aufs Neue erleiden musste, wie ein Geier seine regelmäßig nachwachsende Leber auffraß: »Nach der dritten [Sage] wurde in den Jahrtausenden sein Verrat vergessen, die Götter vergaßen, die Adler, er selbst. Nach der vierten wurde man

91 White: The History Fiction Divide (s. Anm. 4), S. 27. »I confess that after having studied (and even researched) this epigraph, I both do not know and know exactly what it means – in the way that I both do not know and know precisely what any Kafka parable is getting at. Yet it is puzzling that a professional historian, well-known for the objectivity and impersonality of his accounts of modern German history, should introduce his book with an epigraph that speaks of the ›inexplicability‹ of history and, indeed, of history's inexplicability arising from its ›ground‹ in ›truth‹«.

92 Kulka: Landschaften der Metropole des Todes (s. Anm. 46), S. 5. Kulka hat dieses Motto und seine leichte Abwandlung bereits ausführlich kommentiert, siehe Kulka: Some Reflections on ›History and Fiction‹ in my Landscapes of the Metropolis of Death (s. Anm. 72), S. 38–40. Kafkas originale Formulierung lautet demnach: »There remained the inexplicable mass of rock. The legend tries to explain the inexplicable. As it comes out of a truth-ground it must end in the inexplicable.« Vgl. die Erstausgabe von Franz Kafka: Prometheus. In: Franz Kafka: Beim Bau der chinesischen Mauer. Hg. v. Max Brod und Hans-Joachim Schoeps. Berlin 1931, S. 42: »Blieb das unerklärliche Felsgebirge. – Die Sage versucht das Unerklärliche zu erklären. Da sie aus einem Wahrheitsgrund kommt, muß sie wieder im Unerklärlichen enden.« Ein weiteres Beispiel für Kulkas Umgang mit der Intertextualität ist sein nach Kafkas gleichnamiger Erzählung benanntes Kapitel über eine öffentliche Folter und Hinrichtung in Auschwitz, »In der Strafkolonie«, siehe Kulka: Landschaften der Metropole des Todes (s. Anm. 46), S. 67–69. Auf Kleists Erzählungen *Michael Kohlhaas* und *Das Erdbeben von Chili* spielt Kulka auf S. 63 an.

93 Siehe Kulka: Some Reflections on ›History and Fiction‹ in my Landscapes of the Metropolis of Death (s. Anm. 72), S. 38.

des grundlos Gewordenen müde. Die Götter wurden müde, die Adler wurden müde, die Wunde schloß sich müde.«[94]

Mit anderen Worten: Am Ende will und kann sich keiner mehr an die furchtbaren Schmerzen des Prometheus erinnern – nicht einmal das Opfer selbst. Kulka vergleicht die Aufgabe des Historikers deshalb mit der vergeblichen Mühsal des Sisyphos: »As I perceive it, the historian's task is anchored in the truth-ground of his research object but condemned to remain Sisyphically inexplicable.«[95]

White denkt weiter über die Gattung von Kulkas Text nach, der durch solche intertextuellen Manöver an Literarizität gewinnt und eine geradezu postmoderne Komplexität erreicht:

> Although it is narrated and contains a number of different narratives, the text as a whole resists anything like narrativistic or plot-like coherence. Indeed, the text as a whole approaches closer to the structure of a collage, pastiche, satura or, not to put too fine a point on it, a dream-like rebus of the kind Freud posits as the object of his Interpretation of Dreams.[96]

Um an dieser Stelle noch einen Schritt weiter zu gehen und die intermediale Textgenese der *Landschaften* genauer ins Auge zu fassen, bietet es sich an, Kulkas komplex strukturiertes Gedächtnis- und Traumprotokoll mit Ludwig Jäger als einen paradigmatischen Fall einer »symbolische[n] Welterzeugungsmaschine«[97] zu fassen, die auf einer neuartigen semantischen Aushandlungsbühne arbeitet,[98] welche erst durch die vorherige Nutzung der Audio-Aufnahmetechnik möglich wurde. Nach der Transkription zunächst auf Kassetten aufgezeichneter Selbstgespräche, also im Versuch, »hinter die Grenzen der Repräsentation zu gelangen und das Reale selbst zu erreichen«, wie es Jäger mit den Medienwissenschaftlern Jay David Bolter und Richard Grusin fasst, fällt Kulkas Erinnerung an die *Metropole des Todes* letztlich wieder in jene literarische *Undurchsichtigkeit* (*opacity*) zurück,[99] die Hayden White in seinem zitierten Beitrag dennoch als besondere Form historischen Erinnerns ernst nimmt.

Im Sinne Whites ist Kulka sogar zu widersprechen: Selbst wenn er sein Buch nicht als Autobiographie und nicht als historisches Zeugnis verstanden wissen will, so ist es das in gewisser Weise eben doch, und zwar trotz der offensichtli-

94 Kafka: Prometheus (s. Anm. 92), S. 42 und auch das Zitat der englischen Übersetzung bei Kulka: Some Reflections on ›History and Fiction‹ in my Landscapes of the Metropolis of Death (s. Anm. 72), S. 38.
95 Kulka: Some Reflections on ›History and Fiction‹ in my Landscapes of the Metropolis of Death (s. Anm. 72), S. 9.
96 White: The History Fiction Divide (s. Anm. 4), S. 27.
97 Jäger: Audioliteralität (s. Anm. 84), S. 41.
98 Vgl. Jäger: Audioliteralität (s. Anm. 84), S. 48.
99 Jäger: Audioliteralität (s. Anm. 84), S. 66f.

chen Lücken der Darstellung. Immerhin räumt Kulka ein, dass er sein Buch ohne sein reflexives Denken als professioneller Historiker nicht hätte schreiben können, genauso wie es ohne die Kassettenaufnahmen undenkbar gewesen sei.[100] Nicht zuletzt betont er, dass Geschichte und Privatmythologie in seinem Text unauflösbar verflochten seien.[101] Fast schon unheimlich mutet es dabei an, dass selbst Kulkas Kafka-Referenzen bei einem Blick in die weitere Familienbiografie des modernen Schriftstellers mit dem so ähnlich klingenden Namen wieder zurück zur konkreten Geschichte Kulkas, Klügers und der Shoah in Theresienstadt bzw. im Lager B II b führen. Kam doch Kafkas Schwester Ottla David-Kafka mit dem gleichen Septembertransport nach Auschwitz, in dem auch Kulka und Fredy Hirsch ins Todeslager transportiert wurden, und wurde dort kurz darauf vergast – eine historische Koinzidenz, die Kulka in seinem Buch seltsamerweise gar nicht erwähnt.[102] Insgesamt wurden drei Schwestern Kafkas Opfer der Judenvernichtung, und viele seiner Freunde und Bekannten starben im Holocaust.

VI. Eine neue Form der Geschichtsschreibung des Holocaust

Sowohl für Ruth Klüger als auch für Otto Dov Kulka gilt, dass ihre Konzentration auf die intuitive Kindheitserinnerung als eine Form von traumatischem Realismus, eine *private mythology*[103] oder ein Teil einer »ganz persönlichen Mythologie«,[104] den Schwerpunkt zugleich auf die Darstellung des Zweifels, also der Schwierigkeit der Erinnerung legt. Dadurch wird es möglich, einen Teil der Nachgeschichte des Holocaust »realistisch« darzustellen, der nach wie vor der genaueren Untersuchung harrt: den komplexen Prozess der Erinnerung selbst. Eng damit verbunden ist in beiden Fällen die schwierige Auseinandersetzung

100 Kulka: Some Reflections on ›History and Fiction‹ in my Landscapes of the Metropolis of Death (s. Anm. 72), S. 37, S. 40 u. S. 42.

101 Kulka: Some Reflections on ›History and Fiction‹ in my Landscapes of the Metropolis of Death (s. Anm. 72), S. 41.

102 Näheren Aufschluss gibt das Online-Lexikon: Theresienstadt 1941–1945. Ein Nachschlagewerk: »Ottla arbeitete im Ghetto als Kinderpflegerin. Im Sommer 1943 war sie eine der Pflegerinnen der 1.200 Kinder aus Białystok, die plötzlich von der SS nach Theresienstadt transportiert und außerhalb der Ghettomauern in Holzbaracken untergebracht waren. Sechs Wochen nach ihrer Ankunft, am 3. Oktober, wurden diese Kinder und das ihnen zugeteilte Pflegepersonal nach Auschwitz deportiert und in den Gaskammern ermordet, auch Ottla David-Kafka.« Siehe den Artikel: David-Kafka, Ottla (1892–1943). In: Theresienstadt 1941–1945. Ein Nachschlagewerk, unter: http://www.ghetto-theresienstadt.info/pages/d/davidkafkao.htm. [abgerufen: 26.10.2017].

103 Otto Dov Kulka: Landscapes of the Metropolis of Death. Reflections on Memory and Imagination. Translated by Ralph Mandel. London, New York 2013, S. 28.

104 Kulka: Landschaften der Metropole des Todes (s. Anm. 46), S. 43.

mit der Erinnerung an Opfer wie Fredy Hirsch sowie an überlebende oder umgekommene Familienmitglieder.

Bei Kulka und Klüger ist es jeweils die Mutter, die als begleitende Bezugsperson im Lager B II b zu einer unauflösbaren Rätselfigur wird. Kulkas Mutter Elly lässt den elfjährigen Sohn mit einer seltsamen »Hartherzigkeit« in Auschwitz zurück, als sie ins KZ Stutthof deportiert werden soll. Sie muss zu dem Zeitpunkt davon ausgehen, dass ihr Sohn Otto zur baldigen Vergasung bestimmt ist. Nach einer hastigen Verabschiedung läuft sie davon und verschwindet ohne sichtbare Regung für immer aus dem Leben ihres Kindes:

> Sie trug ein dünnes Kleid, das in der seichten Brise flatterte, und ich sah, wie sie ging und in die Ferne entschwand. Ich wartete, dass sie sich umdrehen würde, erwartete irgendein Zeichen. Mutter drehte sich nicht um, sondern ging weiter, ging, bis sie nur noch ein winziger Punkt am anderen Ende war, der Punkt, das wusste ich, war das leichte Sommerkleid – und dann verschwand sie.[105]

Klügers Mutter Alma dagegen schlägt zum Entsetzen ihrer Tochter unmittelbar nach der Ankunft in Auschwitz vor, gemeinsam in den elektrischen Zaun zu laufen und sich so umzubringen. Der Tochter bleibt unklar, wie dieser Vorschlag nach der Ankunft im Vernichtungslager genau einzuschätzen gewesen sein mag:

> Ich kenne meine Mutter so schlecht, wie alle Kinder ihre Eltern schlecht kennen, und vielleicht war tatsächlich eine gewisse selbstmörderische, destruktive Lust im Spiel gewesen. Aber wahrscheinlich war ihr gar nicht nach Späßen zumute und sie wollte mir nicht nur Angst machen. Ich frage mich, ob ich ihr diesen schlimmsten Abend meines Lebens je verziehen habe. Wir haben nie wieder darüber gesprochen.[106]

Das Verhältnis von Mutter und Tochter bleibt zeitlebens schwierig und damit ein Hauptthema von Ruth Klügers autobiographischen Schriften – ähnlich wie im Fall von Art Spiegelmans gestörtem Verhältnis zu seinem Vater, das in *MAUS* mindestens genauso sehr im Zentrum steht wie dessen Erinnerung an die Überlebensgeschichte der beiden Eltern im nationalsozialistisch besetzten Polen und in Auschwitz.

Während die historischen Fakten in all diesen Texten und Comics nicht immer zweifelsfrei wiedergegeben werden können, werden also private Kommunikationsprozesse, krisenhafte Gespräche, offene Konflikte und emotionale Beschädigungen innerhalb der Familien der Überlebenden nach 1945 in geradezu dokumentarischer Detailliertheit fokussiert und selbstkritisch rekapituliert.

---

105 Kulka: Landschaften der Metropole des Todes (s. Anm. 46), S. 90. Online gibt es eine zweiminütige, filmisch verdichtete Inszenierung dieses beklemmenden Schlüsselbilds aus Kulkas Autobiographie, siehe Kulkas *Kobi & Itay project Testimony*, auf hebräisch verfügbar unter: https://www.youtube.com/watch?v=0aQsn_sCfo4 [abgerufen: 30.10.2017].

106 Klüger: weiter leben (s. Anm. 21), S. 114.

Um es abschließend mittels einer Paraphrase der Überlegungen Hayden Whites[107] zusammenzufassen: Die traditionelle Trennung zwischen historischen Fakten und literarischen Fiktionen wird durch das hier analysierte ästhetische Spektrum erinnernden Schreibens in Frage gestellt. Es verhält sich zu der althergebrachten Opposition wie die Schnittmenge in einem Mengenlehre-Diagramm. Dieser dritte Weg – oder vielleicht auch *third space* – der Autobiographie trägt zentralen Problemen der literarischen Gattung nach Auschwitz Rechnung. Die Shoah als Ereignis von immenser historischer Tragweite hat die Erinnerung und das Vergessen, die Vergangenheit und die Gegenwart sowie die Geschichte und die Fiktion in ein gänzlich verändertes Verhältnis gesetzt, das progressive Formen autobiographischen Schreibens nicht nur erlaubt, sondern geradezu verlangt. Die Darstellung des Holocaust wird damit keineswegs verfehlt. Sie sprengt lediglich die (medialen) Grenzen früherer ästhetischer Ordnungen.

107 White: The History Fiction Divide (s. Anm. 4), S. 32.

Martin A. Hainz

Drehbuchkomplikation? – *Lyrik nach Auschwitz*

I.

Wer befasst sich heute mit Auschwitz? Politiker, wenn sie es denn müssen – als inszenatorisch einigermaßen reflektierte Reaktion auf die »psychodynamische Drehbuchkomplikation«[1], wie das heißt, wenn Peter Sloterdijk es irgendwo zwischen Dadaismus, absurder Reflexionsdistanz und womöglich schon verantwortungsloser Verharmlosung benennt –; dazu Hinterbliebene, Opfer, Zeugen, auch jene, die Geoffrey Hartman *intellektuelle Zeugen*[2] geheißen hat, also jene, die quasi entgegen Sloterdijk *post-Auschwitz* nicht als kaum mehr denn »eine Wortmetapher, nichtssagend und bedeutungslos«[3] auffassend auch nicht *Drehbuchkomplikation* genannt wissen wollen; dazu Historikerinnen und Historiker, hier vielleicht eher *cum* denn *sine ira et studio*; und, wobei sich diese Kreise je überschneiden: auch Lehrer_innen.

Während dabei eine (auch mit Sloterdijks Vokabular nicht zu kaschierende) Diskontinuität sich abzeichnet, aus der wesentlich *ex negativo* Imperative sich ergeben könnten, etwa: »Denken und Handeln so einzurichten, daß Auschwitz nicht sich wiederhole«[4], zielt Pädagogik aber meist auf ein Positives der Kultur – und noch in sich in ihrer betonten *Lernkultur*.[5]

Dies sind ungünstige Vorzeichen für den Unterricht, worin die Lehrkraft also Unvereinbares ineinander zu moderieren hätte, zumal besagte Positivität sich nicht im Umstand des gründlichen Tradierens erschöpft, was Kritik als Inte-

1 Peter Sloterdijk: Vis-à-vis. Gespräch mit Frank A. Meyer, 3sat, unter: www.youtube.com/watch?v=bYx0akIA7_E, 13.3.2016 [abgerufen: 02.10.2016], 40:30–40:35.

2 cf. Geoffrey Hartman: Intellektuelle Zeugenschaft und die Shoah. Trans. Andrea Dortmann. In: »Niemand zeugt für den Zeugen«. Erinnerungskultur nach der Shoah. Hg. v. Ulrich Baer. Frankfurt a. M. 2000, S. 35–52; hier S. 36.

3 Julius Schoeps: Begegnungen. Menschen, die meinen Lebensweg kreuzten. Berlin 2016, S. 196.

4 Theodor W. Adorno: Gesammelte Schriften. Hg. v. Rolf Tiedemann et al., Bd. 6: Negative Dialektik. Jargon der Eigentlichkeit. Frankfurt a. M. 2003, S. 358.

5 Vgl. hierzu kritisch Alfred Schirlbauer: Ultimatives Wörterbuch der Pädagogik. Diabolische Betrachtungen. Wien 2015 (2. Aufl.), S. 65.

grales des Tradierten nicht ausschlösse, sondern das Positive fast wichtiger als der Inhalt wurde: Kompetenz und ihre Umsetzung meint, man achte auf den Jargon, worin man womöglich *kompetente Pflichterfüller* hervorbringt, Gleichschaltung betreibt, *wieder*, noch im Behandeln der in Schulbüchern auf Stichworte verkürzten Lyrik nach Auschwitz, die offenbar rühren, aber nicht irritieren darf. Dies passt zur Lebenswelt, der sich Schule gegenwärtig wieder problematisch anzugleichen scheint: »In jedem einzelnen wird immer weniger Unerfaßtes, von der sozialen Kontrolle Unabhängiges geduldet, und es ist fraglich, wie weit es noch überhaupt sich zu bilden vermag.«[6]

Es mag mit anderen Worten in der Tat so etwas wie eine Positivität der Kultur noch geben, eine Lust in und an der Erkenntnis, doch die Inszenierung von (Lern-)Kultur als eine allein der Ertüchtigung ohne die Fragen des Widerstreits ist fragwürdig, die »totale Schule«[7] ist Komplize einer totalitären Gesellschaft. Was passiert, wenn positive Ausbildung die *Zumutungen* der Bildung ersetzt, ist schon jetzt an der Politik zu beobachten, die gleichfalls immer weniger wagt, sich in ihrer Komplexität jenen *zuzumuten*, die sich dann abwenden könnten: hin zu den Parteien, die, noch ehe die Fragestellung klar ist, ihre Parole bereit haben. So kommt das Mulmige nicht auf; oder es wird weggebrüllt. *Komplexität? – Lügenpresse!* Dagegen wird man nicht einfach den Begriff des Postfaktischen gebrauchen können, man wird in die Frage, was einerseits als *Faktum* gelten könne (auch: wie, nach welcher Epistemologie es gemacht sei), ebenso wieder einzuführen haben, wie andererseits die Frage, was sich aus *Fakten* ableiten lässt; und darüber hinaus in Bildung als Reaktion – und sozusagen *Proaktion* – in Bezug darauf, was der Mensch zu sein vermag, sein soll, sich problematisierend, seine Verantwortung klarer sehend.

Kultur, Sprache – das, was uns heimsuchen kann. Nicht mehr fast kokett wie einst in der Literatur: »Von Wein berauschet und von Lust,/Will schier die Sprache mir versiegen«,[8] so Bürger, dem die Sprache da gewiss nicht versagt. Die *Lyrik nach Auschwitz* indes ist in Zeiten situiert, da, ein eigenwilliger Zusammenhang, den Adorno benennt, Sprache zwar anklagen müsste, doch jene der »Unteroffiziere«, der »Folterknechte[n] der Gestapo«, kurz: der »Bürokraten der Gaskammern«[9] ist. Lyrik ist dadurch fortan gekennzeichnet, dass in ihr »Sprache

6 Theodor W. Adorno: Gesellschaft (II). In: Frankfurter Adorno Blätter VIII. Im Auftrag des Theodor W. Adorno Archivs. Hg. v. Rolf Tiedemann. München 2003, S. 143–150; hier: S. 149.

7 Martin A. Hainz: Die totale Schule? In: fixpoetry, 14.01.2014, unter: http://www.fixpoetry.com/feuilleton/essays/martin-a-hainz/die-totale-schule [abgerufen: 06.01.2016].

8 Gottfried August Bürger: Gedichte in zwei Teilen. Erster Teil: Gedichte 1789. Hg. v. Ernst Cosentius. Berlin, Leipzig, Wien, Stuttgart 1914 (2. Aufl.), S. 53.

9 Theodor W. Adorno: Gesammelte Schriften. Hg. v. Rolf Tiedemann et al., Bd. 4: Minima Moralia. Reflexionen aus dem beschädigten Leben. Frankfurt a. M. 2003, S. 208.

[...] sich der Unmittelbarkeit runder erfüllter Sprache« konsequent »versagt«[10] – die Unlust wird in ihr aufgehoben, das heißt im Hegelschen Sinne, auch bewahrt, Lyrik als Archiv des Unrechts.

II.

Als eben dieses Archiv oder fast *Anarchiv* erahnt Adorno Lyrik, die wesentlich verzeichnen müsse, was an ungehemmter Sprachlust – Sprachverantwortungslosigkeit – die Sprache zur *Unsprache* machte, auch sich, die Lyrik, die darum nicht mehr bleiben dürfe, wie sie war. Dies die Pointe des Diktums Adornos, das nicht etwa ein Lyrikverbot ist, sondern das, was Lyrik ist, vor dem rettet, worin Lyrik Komplizin würde, und zwar zum Totschweigen und zu Schlimmerem. Celan warf eben diese Komplizenschaft Heidegger vor, dokumentiert etwa in einem hinterlassenen Brieffragment, worin Celan es dem Philosophen *expressis verbis* vorwirft: »daß Sie durch Ihre Haltung das Dichterische und [...] das Denkerische, in beider ernstem Verantwortungswillen, entscheidend schwächen«,[11] Dichtung würde zur Unsprache durch jene opake *Meisterlichkeit*, jene Funktionalität des Denkens, die es zeigte, als Heidegger es dem Nationalsozialismus oder diesem sein Denken applizierte.

Ein Meisterdenker, durchaus eine Formulierung, die sich für Heidegger schon vor editorischen Entdeckungen durchsetzte und ihm in ihrer Ambivalenz nicht Unrecht tat; *Meister*, ein Wort, das man auch von Celan kennt, aus einem Gedicht, das die Antithese zwischen Opfer und Täter einmahnt, sprachliche Genauigkeit – aber vor allem auch zeigt, wie Schönheit, die in dieser Fuge nachhallt, auch jene werden kann, die das Unrecht unkenntlich macht, in einen *Totentanz* auflöst... Wer diese *Fuge* schön fände, wäre fast von ihr gerichtet, mit einem eigenwilligen Humor, der Celan auszeichnet, einem Humor, von dem Benjamin nämlich formuliert, er sei »urteilslose Vollstreckung.«[12] Das Urteil fällt der Leser über sich.

> Todesfuge
> SCHWARZE Milch der Frühe wir trinken sie abends
> wir trinken sie mittags und morgens wir trinken sie nachts
> wir trinken und trinken
> wir schaufeln ein Grab in den Lüften da liegt man nicht eng

10 Theodor W. Adorno: Gesammelte Schriften. Hg. v. Rolf Tiedemann et al., Bd. XI: Noten zur Literatur. Frankfurt a. M. 2003, S. 99.

11 Paul Celan und Gisèle Celan-Lestrange: Briefwechsel. Mit einer Auswahl von Briefen Paul Celans an seinen Sohn Eric. Übersetzt von Eugen Helmlé. Hg. v. Bertrand Badiou. Bd. II. Frankfurt a. M. 2001, S. 494 sowie S. 474.

12 Walter Benjamin: Gesammelte Schriften. Hg. v. Rolf Tiedemann et al. Bd. II: Aufsätze. Essays. Vorträge. Frankfurt a. M. 1999 (2. Aufl.), S. 628.

Ein Mann wohnt im Haus der spielt mit den Schlangen der schreibt
der schreibt wenn es dunkelt nach Deutschland dein goldenes Haar
Margarete
er schreibt es und tritt vor das Haus und es blitzen die Sterne er
pfeift seine Rüden herbei
er pfeift seine Juden hervor läßt schaufeln ein Grab in der Erde
er befiehlt uns spielt auf nun zum Tanz
Schwarze Milch der Frühe wir trinken dich nachts
wir trinken dich morgens und mittags wir trinken dich abends
wir trinken und trinken
Ein Mann wohnt im Haus der spielt mit den Schlangen der schreibt
der schreibt wenn es dunkelt nach Deutschland dein goldenes Haar
Margarete
Dein aschenes Haar Sulamith wir schaufeln ein Grab in den Lüften
da liegt man nicht eng
Er ruft stecht tiefer ins Erdreich ihr einen ihr andern singet und spielt
er greift nach dem Eisen im Gurt er schwingts seine Augen sind blau
stecht tiefer die Spaten ihr einen ihr andern spielt
weiter zum Tanz auf
Schwarze Milch der Frühe wir trinken dich nachts
wir trinken dich mittags und morgens wir trinken dich abends
wir trinken und trinken
ein Mann wohnt im Haus dein goldenes Haar Margarete
dein aschenes Haar Sulamith er spielt mit den Schlangen
Er ruft spielt süßer den Tod der Tod ist ein Meister aus Deutschland
er ruft streicht dunkler die Geigen dann steigt ihr
als Rauch in die Luft
dann habt ihr ein Grab in den Wolken da liegt man nicht eng
Schwarze Milch der Frühe wir trinken dich nachts
wir trinken dich mittags der Tod ist ein Meister aus Deutschland
wir trinken dich abends und morgens wir trinken und trinken
der Tod ist ein Meister aus Deutschland sein Auge ist blau
er trifft dich mit bleierner Kugel er trifft dich genau
ein Mann wohnt im Haus dein goldenes Haar Margarete
er hetzt seine Rüden auf uns er schenkt uns ein Grab in der Luft
er spielt mit den Schlangen und träumet
der Tod ist ein Meister aus Deutschland
dein goldenes Haar Margarete
dein aschenes Haar Sulamith[13]

Man könnte, müsste viel zu diesem Text sagen, zu seiner Melancholie, vor allem aber seiner Virtuosität, die in Kritik am Konzept ihrer selbst umschlägt.[14] Be-

---

13 Vgl. Paul Celan: Gesammelte Werke in fünf Bänden. Hg. v. Beda Allemann, Stefan Reichert und Rolf Bücher. Frankfurt a. M. 1986, Bd. I, S. 41f. u. Bd. III, S. 63f.

14 Vgl. u. a. Theo Buck: Paul Celans *Todesfuge.* In: Gedichte von Paul Celan. Hg. v. Hans-

zeichnend ist in diesem Kontext vor allem, wie er *Meisterlichkeit* dekonstruiert, Heideggers *meisterlicher* »Jargon der Eigentlichkeit« (Adorno) hatte den Klang, dessen man bedurfte: Nicht allein es hatte ihn. Das Schöne als Mittel des Schrecklichen – Helene Riefenstahl dementierte zwar noch 1993 in der Dokumentation *The Wonderful, Horrible Life of Leni Riefenstahl*, als man sie zur Dienstbarkeit ihrer Ästhetik fragte, sie habe dem Regime gedient, die Nutzung von *Triumph des Willens* hätte sie angewidert (»she was disgusted«)[15], doch die Art und Weise, wie kompatibel ihre Arbeit und jene der Propagandisten war, spricht Bände. Es ist eine avancierte und zugleich misslungene Ästhetik, barbarisch und nur bei ahistorischer Betrachtung noch schön: also gar nicht. »Schwarze Milch der Frühe wir trinken sie abends« – dieses Gedicht ist reine Schönheit, doch das Reine jener Schönheit ist ihr Makel, ihre »Hygiene ist gefährlich«.[16] Es ist jene verführerische, dann umschlagende Schönheit, die im von Mark Lambert in Bob Fosses *Cabaret* (USA, 1972) gesungenen Lied harmlos zu beginnen scheint, der aber von Beginn an monströse Ignoranz innewohnt.[17]

Zum *Meister* muss man auch auf Hitler selbst verweisen; Adolf Hitler beschreibt seine »jugendliche Begeisterung für den Bayreuther Meister«,[18] i. e. Richard Wagner, aber für ihn ist Meisterlichkeit wie Kunst erst in der kompetenten Verwendung ganz verwirklicht, er schreibt, »daß die richtige Verwendung der Propaganda eine wirkliche Kunst darstellt«,[19] zu exekutieren »mit meisterhafter Geschicklichkeit«.[20]

Dass just an die Verdammung der *Meisterlichkeit* inzwischen eine Idee der *Kompetenz* anschließt, die bei Ausklammerung der »demütigenden Lehrzeit«[21] – der darin aber gerade auch gelegenen Emanzipation – doch all das, was die

---

Michael Speier. Stuttgart 2002, S. 11–27; passim. Martin A. Hainz: Paul Celan. Fadensonnen, -schein und -kreuz. Hamburg 2009, S. 45–47. Peter Goßens: Das Frühwerk bis zu *Der Sand in den Urnen* (1938–1950). In: Celan-Handbuch. Leben – Werk – Wirkung. Hg. v. Markus May, Peter Goßens und Jürgen Lehmann. Stuttgart, Weimar 2008, S. 39–54.

15 zit. n. N. N.: Leni Riefenstahl, unter https://en.wikipedia.org/wiki/Leni_Riefenstahl [abgerufen: 01. 12. 2015].

16 Michel Serres: Hermes. Hg. v. Günther Rösch. Bd. 4: Verteilung. Aus dem Franz. übers. v. Michael Bischoff. Berlin 1993, S. 189.

17 cf. eng. Fassung, unter: https://www.youtube.com/watch?v=FN7r0Rr1Qyc&feature=youtu.be bzw. die deutsche, unter: https://www.youtube.com/watch?v=fQyGBinRB04 [abgerufen: 6. 12. 2015].

18 Adolf Hitler: Mein Kampf. Zwei Bände in einem Band. Ungekürzte Ausgabe. München: Zentralverlag der NSDAP, Franz Eher Nachf. 1943 (851. Aufl.), S. 15.

19 Hitler: Mein Kampf (s. Anm. 18), S. 193.

20 Hitler: Mein Kampf (s. Anm. 18), S. 193.

21 Michael Köhlmeier und Konrad Paul Liessmann: Wer hat dir gesagt, dass du nackt bist, Adam? Mythologisch-philosophische Verführungen. München 2016, S. 166.

eigentliche konzeptuelle Untugend in der Meisterschaft darsṭellen mochte, beließ, sei als letzte Groteske hierzu nur am Rande erwähnt.[22]

Angesichts all dessen – *Humor* Celans? Ein bitterer, darin das »Gelächter [...] zerschlagene Artikulation«.[23]

III.

Adorno ist der Denker eines nicht-meisterlichen Denkens, einer Dekonstruktion des Gestus darin, der insofern, wiewohl gerne als Gegner der Lyrik verstanden, den diese hätte widerlegen müssen, doch deren Impetus verstand und gegen das verteidigte, was an ihr Residuum einer dienlichen Schönheit wäre. Dementsprechend ist sein Diktum Apologie der Lyrik wider das, was an ihr angreifbar wäre:

> Kulturkritik findet sich der letzten Stufe der Dialektik von Kultur und Barbarei gegenüber: nach Auschwitz ein Gedicht zu schreiben, ist barbarisch, und das frißt auch die Erkenntnis an, die ausspricht, warum es unmöglich ward, heute Gedichte zu schreiben.[24]

Barbarisch ist Kultur, die die Barbarei aus sich bannen zu können vermeint, sich nicht an sich abarbeitet, einen Strich zieht, und zwar zunächst *topographisch* zur Barbarei als ihrem gar nicht so anderen. Das aber betrifft eben auch jenen Befund, weshalb Adorno wider das Missverstehen des Diktums später formuliert:

> Das perennierende Leiden hat soviel Recht auf Ausdruck wie der Gemarterte zu brüllen; darum mag falsch gewesen sein, nach Auschwitz ließe kein Gedicht mehr sich schreiben. Nicht falsch aber ist die minder kulturelle Frage, ob nach Auschwitz noch sich leben lasse, ob vollends es dürfe, wer zufällig entrann und rechtens hätte umgebracht werden müssen.[25]

Man lebt; aber *läßt es sich leben?* Diese feinsinnige Differenz indiziert, was Adorno meint, worin er selbst fast poetisch verfährt. *Barbarisch* ist Kultur, die einen Strich zieht, und zwar zunächst *topographisch*; dann aber *in der Zeit:* Es gibt das *Nach* nicht, das, wer *nach Auschwitz* dichtet, beansprucht, bilanzierend oder gar tröstend, als hätte noch irgendein »vom Hohen getöntes Wort [...] nach

22 Vgl. Köhlmeier und Liessmann: Wer hat dir gesagt, dass du nackt bist, Adam? (s. Anm. 21), S. 164–166.

23 Walter Benjamin: Gesammelte Schriften. Hg. v. Rolf Tiedemann et al., Bd. V: Das Passagen-Werk. Frankfurt a. M. 1998 (2. Aufl.), S. 410.

24 Theodor W. Adorno: Gesammelte Schriften. Hg. v. Rolf Tiedemann et al., Bd. X: Kulturkritik und Gesellschaft I. Prismen. Ohne Leitbild. Frankfurt a. M. 2003, S. 30.

25 Adorno: Gesammelte Schriften (s. Anm. 4), S. 355.

Auschwitz ein Recht«.[26] Das müsste Lyrik *nach Auschwitz* also zeigen, ihre Unmöglichkeit, die mit der »Situation« – *Nicht-Post-Auschwitz* – zusammenhänge; hierin »bedarf«[27] man ihrer. Dies sei ihr immanentes Engagement, kein ihr aufgedrängtes – und so schreibt Adorno sich auf seinen Satz beziehend auch noch dies: »Den Satz, nach Auschwitz noch Lyrik zu schreiben, sei barbarisch, möchte ich nicht mildern; negativ ist darin der Impuls ausgesprochen, der die engagierte Dichtung beseelt.«[28] Das *Nach* findet sich in der Folge als Problem noch einmal geradezu herauspräpariert bei Szondi – dieses *Nach* bedeute ein Hereinwirken, nicht ein Vergangensein, vielmehr: »Nach Auschwitz ist kein Gedicht mehr möglich, es sei denn auf Grund von Auschwitz.«[29] *Nach* Auschwitz ist nie mehr *vor* Auschwitz, gewissermaßen, es spreche nun mit, auf ewig, überall.

> Daß es nach Auschwitz keine Gedichte mehr geben könne (wer kennt sie nicht, Adornos Warnung), ist eine Tatsachenfeststellung. Sie bedeutet nicht, daß es nach Auschwitz keine GEDICHTE gäbe – wo wäre die deutsche Lyrik ohne die Gedichte Paul Celans, Rose Ausländers oder Nelly Sachs'. Sie bedeutet nur, daß es für Auschwitz kein DANACH gibt, so wenig wie ein ANDERSWO.[30]

Kein Anderswo: »Alle Wege führen nach Auschwitz«.[31] Daher rührt die Skepsis gegen alles, was Auschwitz bannen zu wissen vorgibt oder glaubt; eine solche – also: irgendeine – Erzählung ist nicht mehr möglich, so Sarah Kofman; etwas entginge deren Präteritum, nämlich das unerbittlich Präsente: »Über Auschwitz und nach Auschwitz ist keine Erzählung möglich«,[32] schreibt sie. Jede Erzählung verschlösse das *Nach*, wie Adamzik mit Adorno bedenkt: »Das Sprechen über Auschwitz ist ein Schweigen über das, was geschah.«[33]

Dagegen steht die *Diskontinuität* Celans, das Dekonstruieren dessen, worin man sich unweigerlich ein-schreibt, um dabei das zu ändern, was Kontext des Schreibens ist und das es zu determinieren droht. Als Grundhaltung Celans

26 Adorno: Gesammelte Schriften (s. Anm. 4), S. 360.

27 Adorno: Gesammelte Schriften (s. Anm. 24), S. 452.

28 Adorno: Gesammelte Schriften (s. Anm. 10), S. 422.

29 Peter Szondi: Schriften. Hg. v. Jean Bollack et al. Bd. II: Essays: Satz und Gegensatz. Lektüren und Lektionen. Celan-Studien. Anhang: Frühe Aufsätze. Frankfurt a. M. 1978, S. 384.

30 Adolf Muschg: Wenn Auschwitz in der Schweiz liegt. Fünf Reden eines Schweizers an seine und keine Nation. Frankfurt a. M. 1997, S. 9.

31 Günther Anders: Besuch im Hades. Auschwitz und Breslau 1966. Nach »Holocaust« 1979. München 1985 (2. Aufl.), S. 108.

32 Sarah Kofman: Erstickte Worte. Übersetzt von Birgit Wagner. Hg. v. Peter Engelmann. Wien 1988, S. 31.

33 Sylvelie Adamzik: Philosophie im Stand ihrer objektiven Unmöglichkeit. Zur Figur der ästhetischen Suspension bei Adorno. In: Impuls und Negativität. Ethik und Ästhetik bei Adorno. Hg. v. Gerhard Schweppenhäuser und Mirko Wischke. Hamburg, Berlin 1995, S. 66–81; hier: S. 70.

schildern dies Zeitzeugen, so noch Eric Celan, der seinen Vater in dessen 15 letzten Jahren – teilweise – erlebte.[34]

IV.

Dieses Umschreiben, Dekonstruieren, aber auch Bewahren oder Rekonstruieren, wo es um das Gedächtnis der Opfer geht, charakterisiert die Lyrik nach Auschwitz, vor allem die Celans, dessen Schärfe, Präzision und Widerständigkeit ihn auszeichnen – womöglich mehr als andere in jenem Chor derer, die die Shoah in ihren Gedichten bedenken. Man schreibt wissend, dass sich nichts mehr schließen wird, nicht die Wunde, nicht die Welt; wobei dies die Hoffnung nach dem Trauma ist, dass sich nicht wieder die Welt und ihre Begrifflichkeiten so schließen mögen, dass daraus ein holistischer Alptraum erneut entstünde, jene verantwortungslos-infantile Meisterlichkeit und Bildungsbürgerlichkeit. Man kann wohl auch so lesen, was sich zunächst auf das Haus Celans und dessen Enge ganz topographisch bezogen haben mag, auf den Hof, an den Bäume anschlossen, »jenseits der Kastanien ist die Welt«.[35] Aber es berührt auch die trügerische k.u.k.-Atmosphäre von Czernowitz, man lese Manfred Winklers Verse aus den 1940ern:

> Weit zurück liegt Czernowitz
> das märchengewesene mit den Kastanien
> das nicht gewesene[36]

Nach Auschwitz glaubt man daran nicht mehr: nach dem Versagen der Kultur bis in ihr herzloses Herz. Seitdem scheint ein für alle Mal klar zu sein, dass Widerspruch nötig ist und bleibt, den Maxim Biller für seine Prosa als Prinzip nennt: Er erzählt von seinem Lehrer, der bedingungslos gegen Gewalt als Argumentationssubstitut war.

> Ich weiß […], dass der strenge, ernste Dr. Busse nie erwartete, dass man seiner Meinung war, ihn interessierte nur das Argument, mit dem man die eigene Meinung begründete. »Warum ist *Die Verwandlung* von Franz Kafka seine düsterste Erzählung?«, war einmal die Frage in einer Klassenarbeit, und als ich daraufhin schrieb, ich fände die Kafka-Geschichte einfach nur witzig, denn was gäbe es Witzigeres als einen ohnehin schon unglücklichen Typen, der eines Morgens auch noch als Insekt aufwacht, bekam ich

34 Vgl. Ulrich Kasten und Hans-Dieter Schütt: Paul Celan – Dichter ist, wer menschlich spricht / Écrire pour rester humain. Stuttgart: SWR 2015, unter: https://www.youtube.com/watch?v=oV-PR9xKmNw [abgerufen: 03.10.2016], 44:12–44:33.

35 Celan: Gesammelte Werke in fünf Bänden (s. Anm. 13), Bd. III, S. 11.

36 Manfred Winkler: Das Gedicht vom Nichts. In: Blaueule Leid. Bukowina 1940–1944. Eine Anthologie. Hg. v. Bernhard Albers. Aachen 2003, S. 157f.; hier: S. 158.

> trotzdem – oder gerade deshalb – eine Eins. Das habe ich mir gemerkt, nach diesem Prinzip denke und schreibe ich meistens immer noch.[37]

Dies ist in der Tat eine Gemeinsamkeit in all der Heterogenität der Lyrik, die auf Auschwitz antwortete, freilich jenen, die adressabel sein mögen, während die Shoah damit nie auf einen Begriff zu bringen war, auch, weil es das Unbegreifliche und Unbegriffliche ist, das man im Denken zuließ, als man vermeinte, zu verstehen und begründen zu können, was man tat – man lese Heideggers *Schwarze Hefte*, um zu verstehen, dass es nicht Tiefe des Denkens, sondern das Denken einer unsäglichen Untiefe ist, dem man, wollte man es beantworten, nur bescheiden könnte, und zwar just mit Nietzsche, dass den Grund *nicht sehen zu können* nicht *Tiefe* bedeuten muss.[38]

V.

Diversität des Erlebten, Diversität der Reflexion: Lyrik *nach* Auschwitz hat gemein, dass sie Auschwitz nicht als etwas, *wonach* man situiert sei, versteht. Doch es ist eine Lyrik, die von Frauen und Männern, von Alten, aber auch Kindern und Jugendlichen stammt. Es ist eine, die als Zeugnis überstand, was der Dichter nicht überlebte, oder der Rückblick des glücklich oder – man denke an die Qual der *survivor's guilt* – unglücklich Davongekommenen, versteckt wie Elfriede Gerstl oder auf abenteuerlicher Flucht wie Albert Drach. Es ist die Lyrik, die der industriellen Tötung oder der Tötung in den osteuropäischen *bloodlands* gedenkt.[39] Andreas Kilcher schreibt zu dieser Diversität jener Lyrik, die bis heute vor allem eine jüdische Literatur ist, sei es aus Scheu nicht-jüdischer Literaten oder aufgrund von deren Desinteresse, sie erweise sich »als ein transkulturelles und vielsprachiges dialektisches Gefüge«,[40] von dem hier nur einige Aspekte beleuchtet werden können.

Eine wesentliche Perspektive wäre die Liste, etwa H. G. Adlers Darstellung, worin er die Protokolle der Täter erschließt: als die Wahrheit dessen, was sich als Folge einer abstrusen Moral zu präsentieren trachtete, aber bloß Schlechtigkeit

---

37 Maxim Biller: Was verdanken Sie dem deutschen Geist? Umfrage. In: Welt, 19.10.2016, unter: https://www.welt.de/kultur/literarischewelt/article158853144/Was-verdanken-Sie-dem-deutschen-Geist.html [abgerufen: 19.10.2016].

38 Vgl. etwa Friedrich Nietzsche: Werke in drei Bänden. Hg. v. Karl Schlechta. München 1954, Bd. II, S. 144.

39 Vgl. hierzu wie zum Folgenden auch Martin A. Hainz: Die Shoah in der Literatur der Überlebenden. In: Handbuch der deutsch-jüdischen Literatur. Hg. v. Hans Otto Horch. Berlin, Boston 2016, S. 221–243; passim.

40 Andreas B. Kilcher: Einleitung. In: Ders. (Hg.): Metzler Lexikon der deutsch-jüdischen Literatur. Jüdische Autorinnen und Autoren deutscher Sprache von der Aufklärung bis zur Gegenwart. Stuttgart, Weimar 2012 (2. Aufl.), S. VI–XII; hier: S. X.

war, Profitdenken, etwa in einer Liste zur *Verwertung der Beute.*[41] Was als Organisationspapier zur staatlichen Leichenfledderei geschrieben ist, wird zur Beweislast. Der Dichter indes verschwindet in dieser konkreten Lyrik, die in ihrer Konkretion das Lyrische nicht mehr anders gebrauchen kann, denn eben als jene Akkuratesse. Es ist ein Schweigen, darin aber wird, so Robert Schindel, »indem wir schweigend ins Gespräch vertieft sind, die Shoah« als »das, was sie immer war«, kenntlich:

> Unwirklich.
> Denn sie geschah.[42]

VI.

Ehe hierauf zurückgekommen wird, sei sogleich ein ganz anderer Weg gewürdigt, der Rose Ausländers. Sie erlebt das Exil immer wieder; und verbunden damit stets Neuanfänge. Aufgrund dieser Brüche im Leben ergeben sich auch mehrere, ineinander geschnittene Karrieren, zuerst in Czernowitz, hier schreibt sie Lyrik expressionistischer Prägung, vom fast gleichaltrigen Alfred Margul-Sperber geradezu paternalistisch auch in jenes Eck gedrängt, ihren Band *Regenbogen* (1939 erschienen). Es ist aufgrund ihres bewegten Lebens die späte erste Buchpublikation, sie scheint sie später darum geradezu verworfen zu haben. 1939 aus den USA zurückgekehrt versorgt sie ihre Mutter im Ghetto, ehe sie nach dem Zweiten Weltkrieg zum zweiten Mal in die USA emigriert, die zweite Karriere; dann zurückgekehrt in den deutschen Sprachraum ein drittes Mal der Versuch, als Dichterin zu reüssieren – und hier war Rose Ausländer der Meinung, ihr könne am ehesten gelingen, sich zu etablieren, wenn sie ihr Alter etwas ändere; *etwas* bedeutet, dass aus dem Geburtsjahr 1901 erst 1907, dann 1908 und zuletzt 1915 wurde. Die Gründe dazu gibt sie übrigens lesenswert in ihrem Essay *Notizen zur Situation des alternden Schriftstellers* zu Protokoll.[43] Aufgrund dieser abrupten *Verjüngung* unterschlug Rose Ausländer eine ganze Reihe vor allem englischsprachiger Gedichte, die das Narrativ ihres Lebens in Frage gestellt hätten, die aber auch ihre Entwicklung zeigen oder aus Sicht der Rezeption gezeigt hätten. So blieb dem Leser aber zunächst dieses Bild: Rose

---

41 vgl. H[ans] G[ünther] Adler et al.: Auschwitz. Zeugnisse und Berichte. Hg. v. H[ans] G[ünther] Adler, Hermann Langbein und Ella Lingens-Reiner. Hamburg 1995 (6. Aufl.), S. 85–87.

42 Robert Schindel: Schweigend ins Gespräch vertieft. Anmerkungen zu Geschichte und Gegenwart des jüdisch-nichtjüdischen Verhältnisses in den Täterländern. In: Text + Kritik 37/144 (1999), S. 3–8; hier: S. 8.

43 Rose Ausländer: Notizen zur Situation des alternden Schriftstellers. In: Rose Ausländer. Materialien zu Leben und Werk. Ed. v. Helmut Braun. Frankfurt a. M. 1997, S. 64–68; passim.

Ausländer dichtet in Czernowitz etwa im Tonfall Trakls oder Rilkes, schweigt hernach, begegnet dann dem Czernowitzer Jugendfreund Celan (plötzlich nicht fast 20, sondern nur etwa fünf Jahre jünger) wieder, offenbar ein intensiver Kontakt – und dichtet von nun an ein wenig wie er.[44]

Ihr Reifen, das Lakonische, das, wenn man schon Einflüsse benennen muss, von Marianne Moore und der amerikanischen Moderne stammt, all das fehlt – und zuletzt sie in ihrer Eigenständigkeit. Während Celans Sprachexerzitien das Uneigentliche bis an den Rand des Verstummens dekonstruieren, schreibt Rose Ausländer zuletzt eine Aphoristik, deren Paradoxien ein Loslassen ergeben, ein Aufhören, das aber nicht meint, das, was dagegen weitergehe, habe gewonnen. Zwei Gedichte, eines aus der Zeit ihrer Auseinandersetzung mit Bildkomplexen, das Celan verwandte Züge haben mag, nämlich *Bis an den Nagelmond* aus dem Zyklus *36 Gerechte* (1967), und ein spätes, worin etwas ganz anderes aufscheint, mögen dies illustrieren:

Bis an den Nagelmond

Bis an den Nagelmond
denk ich an dich
wenn die Nacht mich nimmt

Sie haben dich begraben
im Feuer

Ich halte den Gedanken
deiner Asche
im Blutgefäß
das rastlos zum Herzen führt
deinen Namen

Wie schön
Asche blühn kann
im Blut[45]

Während hier das Memorieren sich kontaminiert, um ein Memorieren zu sein, aber daran als es – sich treu – zugrunde geht, eine Celansche Konstellation bis ins Nicht-Bild der *Asche*, ist formal und wohl auch gehaltlich ganz anders, was Rose

44 S. Martin A. Hainz: Das Exil als Verpuppungsstadium – zu Rose Ausländer. In: Diaspora – Exil als Krisenerfahrung. Jüdische Bilanzen und Perspektiven. Hg. v. Armin Eidherr, Gerhard Langer und Karl Müller. Klagenfurt, Wien 2006, S. 358–377; passim.

45 Rose Ausländer: Gesammelte Werke in sieben Bänden und einem Nachtragsband mit dem Gesamtregister. Hg. v. Helmut Braun. Bd. 3: Hügel aus Äther unwiderruflich. Gedichte und Prosa 1966–1975. Frankfurt a. M. 1984, S. 36.

Ausländer zwanzig Jahre später schreibt oder genauer, aufgrund starker Arthritis, *schreiben lässt:*

Ich bin der Sand
im Stundenglas
und rinne
ins Tal der Zeit
die mich umarmt[46]

VII.

Dieser Versuch einer Heimatfindung korrespondiert mit manchem anderen Werk, das eine neue Metaphysik etablieren oder die alte Religion – meist eben das Judentum – neu zu fundieren oder zu deuten versucht. Nelly Sachs etwa nimmt sich in ihrem Gedicht *In den Wohnungen des Todes* einer endgültig zerstörten Heimat und eines dennoch möglichen Glaubens besonders deutlich an. Auch der Atheismus, das Schreiben ganz entschieden gegen auch sonstige Sinnfügungen, wäre hier aber zu berücksichtigen, in vielem eine ins Negative gewendete Theologie. Eine solche schwingt schon in Hilde Domins Beeinspruchung der *Theodizee* bei Sachs in ihrem *Offenen Brief* von 1960 mit, was vielleicht erklärt, dass sie das dennoch ihr dialektisch verwandt Scheinende schätzt, das diesem Werk eignet, und 1977 eine Auswahl aus Gedichten Nelly Sachs' herausgibt, die »dekonstruktive Verarbeitung vieler Felder der religiösen Tradition«[47] eint beider Texte paradox.

Aussichtslos indes scheint dies bei Ilse Aichinger; eine Religion des Präzisen, Abschlägigen lässt sich als solche kaum mehr formulieren, diese Sprach- und Glaubenskritik steht demgemäß erratisch zu anderen lyrischen Versuchen nach Auschwitz – sieht man von paradoxen Verbindungen ab, die sie etwa im Spätwerk zu Ciorans Werk knüpft, der freilich als Bezugspunkt fragwürdig scheint, den übersetzend ganz anders als sie Celan als intellektuell unredlichen Metaphysiker zu zeigen suchte.[48]

Ilse Aichingers Werk ist wie das vieler hier Erwähnter nicht ein nur lyrisches, zumindest erwähnt seien sowohl ihr in Otto Basils Zeitschrift *Der Plan* 1946 veröffentlichter *Aufruf zum Mißtrauen* als auch ihr 1948 im Amsterdamer Verlag

46 Rose Ausländer: Gesammelte Werke in sieben Bänden und einem Nachtragsband mit dem Gesamtregister. Hg. v. Helmut Braun. Bd. VII: Und preise die kühlende Liebe der Luft. Gedichte 1983–1987. Frankfurt a. M. 1988, S. 98.

47 Annette Jael Lehmann: Im Zeichen der Shoah. Aspekte der Dichtungs- und Sprachkrise bei Rose Ausländer und Nelly Sachs. Tübingen 1999, S. 72.

48 S. Martin A. Hainz: Übertragen – Überführen. Celan als Übersetzer Ciorans. In: Celan-Jahrbuch 9 (2003–2005). Hg. v. Hans-Michael Speier. Heidelberg 2007, S. 301–316; passim.

Bermann veröffentlichter Roman *Die größere Hoffnung*, die Geschichte eines *alter egos*. Dieser Text schildert das Geschick einer Gruppe jüdischer Kinder im besetzten Wien, unter denen die Halbjüdin Ellen offensichtlich die frühen Erfahrungen Aichingers spiegelt, *identitätslos* nicht den Tätern, ganz aber auch nicht den Opfern zuzugehören, nämlich sich als *Halbjüdin* geradezu danach zu sehnen, doch wenigstens den Verfolgten ganz zuzugehören, die zu ihr sagen, »zwei falsche[n] Großeltern« seien »zu wenig«.[49] Im Moment, da Ellen von einer Granate, was geradezu beiläufig und unangekündigt geschieht, zerfetzt wird, sieht sie die titelgebende »größere Hoffnung, [...] den Stern«, der wohl auch als Judenstern zu verstehen ist; dann heißt es:

> Die brennenden Augen auf den zersplitterten Rest der Brücke gerichtet, sprang Ellen über eine aus dem Boden gerissene, emporklaffende Straßenbahnschiene und wurde, noch ehe die Schwerkraft sie wieder zur Erde zog, von einer explodierenden Granate in Stücke gerissen.[50]

Aichingers Lyrik, oft aphoristisch, ist eine sprachkritische Arbeit an den Begriffen, zuweilen mit dem Pathos der Eigentlichkeit durchsetzt; ihr Werk hebt als unbestechliche Rede an, im Bewusstsein, dass »Finden nur ein Teil des Nichtfindens ist«.[51] Dieses Verlorene überstrapaziert jede Memoralistik, zugleich ist diese – oder: das Schreiben – das Leben: »Schreiben kann man wie Beten eigentlich nur, anstatt sich umzubringen. Dann ist es das Leben selbst.«[52] Dementsprechend ist dieses Schreiben eines in der Zeit, sich aussetzend, aber beharrlich, heilend, wiewohl Heilung nie ganz und immer auf Zeit ist. »Halb Schamanin, halb Heilerin«,[53] so Krüger in seinem Nekrolog. Darum schrieb sie ohne jene Geste des Verstummens, selbst, wenn ein Schweigen vernehmlich wurde – bis zuletzt: »Ich glaube, in ihrem eigenen Bewusstsein hat Ilse Aichinger nie aufgehört zu schreiben. Das hat sie auch immer wieder betont: Ich bin nicht verstummt, es sind nur die Abstände bis zum nächsten Text, die immer länger werden.«[54] Nicht weniger spannend ist die Sprachkritik, die Elfriede Gerstls Texte auszeichnet – sie seien Stimmen, die sich in andere Stimmen schleichen, um das Rettbare zu holen, aber auch das Unerträgliche als

49 Ilse Aichinger: Werke. Taschenbuchausgabe in acht Bänden. Hg. v. Richard Reichensperger. Bd. I: Die größere Hoffnung. Roman. Frankfurt a. M. 2003 (9. Aufl.), S. 37.

50 Aichinger: Werke (s. Anm. 49), S. 269.

51 Ilse Aichinger: Kleist, Moos, Fasane. Frankfurt a. M. 1987, S. 72.

52 Aichinger: Kleist, Moos, Fasane (s. Anm. 51), S. 38.

53 Michael Krüger: Schamanin, Heilerin, Dichterin. In: Frankfurter Allgemeine Zeitung, 12.11. 2016, unter: http://www.faz.net/aktuell/feuilleton/buecher/michael-krueger-zum-tod-von-ilse-aichinger-schamanin-heilerin-dichterin-14524682.html [abgerufen: 13.11.2016].

54 Michael Braun und Simone Fässler: Mein Ziel ist das Verschwinden. In: Volltext, 11.11.2016, unter: http://volltext.net/texte/ilse-aichinger-simone-faessler-michael-braun-mein-ziel-ist-das-verschwinden/ [abgerufen: 13.11.2016].

solches wahrnehmbar zu machen. Das Bittere ist hier nicht einfach negiert, vielmehr Keimzelle einer Utopie der Sprache: »von zeit zu zeit hör ich / die sätze gern«.[55] Das macht dieses Werk zur ständigen Irritation: »Elfriede Gerstl ist das Gegenteil von dem, was hier immer schon gewesen ist und immer sehr geschätzt wurde.«[56]

Desgleichen zu würdigen ist das indes wenig bekannte Werk Elazar Benyoëtz', seine teils hebräisch, seit 1969 aber doch fast ausschließlich auf Deutsch erscheinenden Texte gehen von einem deutlich religiösen Diskurs aus, dessen Spannungen und drohenden Widerlegungen aber sich aussetzend, nicht darin zur Ruhe kommend, hier beginnt alles und endet nichts, denn »ohne Sprache« »gäbe es alles / und weiter nichts«[57] – was indes die Versprachlichung nicht platt entgrenzt, »Gott darf nicht gereimt werden«.[58]

VIII.

Dieser *Treue* entspricht jene der Liste, jene des Protokollierens der »ausgebrochenen Goldzähne der ermordeten Sprache«,[59] so Anders, aber auch der Mechanik des Tötens, womit zu Robert Schindel nochmals zu kommen ist. Unwirklich: Was bleibt, ist eine Aussetzung des Selbst, das sich bagatellisiert, sich in einem »Officialese«[60] versteckt, einer erlogenen Kausalität, die Schindel beeinsprucht, mit Motiven der Todesfuge Celans, dekonstruktiv wie jene:

Kleiner Versuch Todesorgel

Man könnte auch sagen
Schluck auf Schluck ist nicht Schluck auf Schluck
Schluck ist für sich, Schluck ist für sich

55 Elfriede Gerstl: Alle Tage Gedichte. Schauspiele. Hörstücke. Wien, München 1999 (2. Aufl.), S. 16. Gerstls Werk wurden inzwischen bei Droschl von Christa Gürtler und Helga Mitterbauer unter Mitarbeit u. a. des OeLAs neu ediert. Unter: http://www.droschl.com/buecher/werkausgaben/elfriede-gerstl [abgerufen: 10.11.2016]. Siehe auch meine begleitenden Rezensionen dieser Edition u. a. auf *fixpoetry*, etwa Martin A. Hainz: kein ersatz. In: fixpoetry, 07.07.2015, unter: http://www.fixpoetry.com/feuilleton/kritiken/elfriede-gerstl/tandlerfund stuecke [abgerufen: 10.11.2016].

56 Elfriede Jelinek: Elfriede Gerstl, unter: http://www.a-e-m-gmbh.com/wessely/fgerstl.htm [abgerufen: 13.08. 2013].

57 Elazar Benyoëtz: [Aphorismen]. In: Aphorismen der Weltliteratur. Hg. v. Friedemann Spicker. Stuttgart 2009 (2. Aufl.), S. 220–228; hier: S. 224.

58 Elazar Benyoëtz: Die Eselin Bileams und Kohelets Hund. München 2007, S. 9.

59 Günther Anders: Philosophische Stenogramme. München 1993 (2. Aufl.), S. 53.

60 Hannah Arendt: Eichmann and the Holocaust. London 2005, S. 19.

Man könnte auch sagen
Antwort auf Frage ist nicht Antwort auf Frage
Antwort ist für sich, Frage ist für sich

Man könnte auch sagen
Leben zum Tod ist nicht Leben zum Tod
Leben ist für sich, Tod ist für sich

Man könnte auch sagen
Man könnte auch sagen ist nicht man könnte auch sagen
Man könnte ist für sich, auch sagen ist für sich

Schluck auf Schluck
Antwort auf Frage
Leben zum Tod
Man könnte auch sagen[61]

Nicht unähnlich die Zuspitzung zynischen Funktionierens bei Exner, hier ohne fragende Zergliederung, sondern lakonisch konstatierend, was alles möglich sei, wiewohl es sich verbiete – sogar, so die Volte zuletzt, man lese das Gedicht:

Keine Gedichte mehr!

[…]
Wie ein Massengrab
spart ein Gedicht
Raum und Zeit.
Vor Auschwitz,
seit Auschwitz
regnete es Diktaturen,
und Flüsse und Städte
führten Blut.
Seit Auschwitz
ist die Geschichte
nicht totzukriegen.
Arbeit macht
immer noch frei,
und abends hört
immer noch Bach
oder Mozart,
wer tagsüber tötet.
Seit Auschwitz
– Hut ab vor diesem

61 Robert Schindel: Immernie. Gedichte vom Moos der Neunzigerhöhlen. Frankfurt a. M. 2000, S. 25.

Jahrhundert –
ist nichts mehr
unmöglich.
Auch Gedichte nicht.[62]

IX.

Abschließend sei stellvertretend für eine neue Generation von Lyrikern, die sich in diese Tradition teils ein- und teils aus ihr herausschreiben, Max Czollek kurz erwähnt. In *A.H.A.S.V.E.R* greift er Legenden auf, um sie umzukehren, die Mittel der einstigen Täter zu solchen der Opfer zu machen, wie es in Tarantinos *Inglourious Basterds* geschieht, woran sich Czollek anlehnt, hier »sucht die Jüdin (Shosanna Dreyfus/Emmanuelle Mimieux) durch das Medium, das sie zum Objekt machen soll, die heim, die sich für Arier halten, macht ihre Ausschließung zu deren Einschließung«.[63] Der Täter wird zur Sprache genötigt, er fragt sich durch diese selbst:

josef, iosif, joseph
wer bist du gewesen
wer bist du geworden?[64]

Die Sprache als Tätersprache klagt den Täter an, der nicht souverän über das Medium verfügt – der Täter fällt seinem Medium anheim, in ihm ist auf ewig er es, der zu ihnen zählt, welchem banalen Ungeheuer auch immer er zuletzt gleichen mag:

… bist du kartaphilos
der die tore bewacht
nach rechts oder links weist
jeden hinein lässt und niemand hinaus

bist du der ohne namen
der nicht ohne aufforderung redet
der würfel bei sich trägt
um beute zu spielen

62 Richard Exner: Nach Auschwitz. In: *Dein aschenes Haar Sulamith.* Dichtung über den Holocaust. Hg. v. Dieter Lamping. München, Zürich 1993 (2. Aufl.), S. 264–270; hier: S. 264f.

63 Kristoffer Cornelis, Max Czollek und Martin A. Hainz: alles ist sichtbar, für den der sehen will, unter: http://www.fixpoetry.com/feuilleton/express/max-czollek/edition-binaer-ahasver, 23.03.2016 [abgerufen: 22.04.2016].

64 Max Czollek: A.H.A.S.V.E.R. Gedichte. Berlin 2016, S. 1.

oder bist du jener seitenstecher
dessen speerspitze das leben trennt vom tod
der kristall in kammern wuchtet
elephantenmasken trägt
auf stille wartet[65]

Es ist eine Sprache, worin alles zuletzt »doppelt belichtet«[66] ist, wie Czollek sagt, es ist die dienliche Tätersprache, die sich historisch zur Anklage transformiert. Auch in ihr ist schließlich Lyrik nach Auschwitz also dadurch gekennzeichnet, dass sie nicht *nach* Auschwitz ist, nicht *jenseits* davon, dass sie vielmehr dieses allenthalben in der Sprache vorfindet, dass Auschwitz das Epizentrum ist, wogegen dezentral zu schreiben bleibt, und sei's im immer neuen Aufzeigen dessen, dass es versteckt das Gift unserer Kultur aus oder aber bis in deren Begriffen blieb. So geht es nicht um eine *Drehbuchkomplikation*; es geht eher um die Frage, ob die Komplikation das Drehbuch unserer Kultur sein müsste, die es sich, als sie sich ins Eigentlich versimpelte, technisch avancierter Massenmord wurde, taub für Alterität, taub für jene, denen man zuvor das Recht auf Sprache aberkannt hatte. Während sie selbst sich einer Sprache bediente, die »ein Verrat an allen Wörtern«[67] war. Einer Sprache, die nur einen Satz sagte: »*Du sollst nicht sein*«.[68] Eine Sprache ohne Zukunft.

Das kann nicht ungeschehen gemacht werden; und dennoch – oder darum: Es bleibt zu schreiben … bis kein *Nach* mehr wäre.

65 Czollek: A.H.A.S.V.E.R. (s. Anm. 64), S. 4.
66 Max Czollek stellte mir freundlicherweise sein Manuskript eines Vortrags an der HU Berlin vom 06.06.2016 zur Verfügung.
67 Robert Antelme: Das Menschengeschlecht. Aus d. Franz. übers. v. Eugen Helmlé. Zürich, Berlin 2017, S. 18.
68 Antelme: Das Menschengeschlecht (s. Anm. 67), S. 118.

Hans-Joachim Hahn

Drama nach Auschwitz. Erziehung – Aufklärung – Lernprozesse

> Aller politischer Unterricht endlich sollte zentriert sein darin, daß Auschwitz nicht sich wiederhole.[1]

Bis Mitte der 1950er Jahre wurde der Genozid an den Juden Europas auf deutschen Bühnen nicht zum Thema gemacht. Auch wenn erfolgreiche Stücke der unmittelbaren Nachkriegszeit wie *Draußen vor der Tür* (1946) des frühverstorbenen Kriegsheimkehrers Wolfgang Borchert (1921–1947) oder *Des Teufels General* aus demselben Jahr des Exilierten Carl Zuckmayer (1896–1977) in Alvin Goldfarbs Auswahlbibliografie zu Theaterstücken über den Holocaust aufgeführt werden,[2] bleibt zu konstatieren, dass in diesen Dramen zwar der verbrecherische Charakter des Nationalsozialismus, nicht aber die »Endlösung« zur Darstellung kommt. Eine theater- und diskursgeschichtliche Rekonstruktion »im Schatten der Shoah«[3] interessiert sich allerdings über Darstellungen der Vernichtung hinaus für die historischen und mentalitätsgeschichtlichen Gesamtbedingungen. Dabei spricht vieles für ein »doppeltes Dilemma« des westdeutschen und des österreichischen Theaters in den 1950er Jahren, wie Hans Peter Bayerdörfer feststellt: Im »Bestreben, Idealismus und Humanismus zu restituieren, sowie eine politische Hörigkeit, wie sie gegenüber dem Nationalsozialismus bestanden hat und wie sie im Osten gegenüber der neuen Ideologie erkannt wird, zu vermeiden«, hätten »die Bühnen zu Abstraktion und Allgemeinheit« tendiert und so »die konkreten historischen Rückverweise auf die Judenvernichtung« ausgeschlossen.[4] Rückt man die Frage nach einer »Bewältigung« der NS-Vergangenheit im Medium des Dramas und damit die mentalen Prozesse bei der Auseinandersetzung mit dem Völkermord ins Zentrum, wie

1 Theodor W. Adorno: Erziehung nach Auschwitz. In: Ders.: Gesammelte Schriften, Bd. 10.2: Kulturkritik und Gesellschaft II. Eingriffe, Stichworte, Anhang. Darmstadt 1997, S. 674–690; hier: S. 690.

2 Vgl. Alvin Goldfarb: Select bibliography of Holocaust plays, 1933–1997. In: Claude Schumacher: Staging the Holocaust. The Shoah in Drama and Performance. Cambridge 1998, S. 298–334; hier: S. 304 u. S. 308.

3 Vgl. Hans-Peter Bayerdörfer: Avant Propos: Theatergeschichte im Schatten der Shoah. In: Ders.: Theatralia Judaica 2. Nach der Shoah. Israelisch-deutsche Theaterbeziehungen seit 1949. Tübingen 1996, S. 1–26.

4 Bayerdörfer: Avant Propos: Theatergeschichte im Schatten der Shoah (s. Anm. 3), S. 15f.

dies etwa Andreas Huyssen im Hinblick auf das Theater in der Bundesrepublik zwischen 1945 und 1975 unternimmt, geraten die konkreten Wirkungen und Rezeptionsprozesse einzelner Stücke sowie die gesellschaftliche Funktion des Theaters insgesamt in den Blick. Die Frage einer »Bewältigung der Vergangenheit«, wie sie ursprünglich von den Mitscherlichs in ihrer Studie *Die Unfähigkeit zu trauern* (1967) in Anlehnung an Freuds Dreischritt des Erinnerns, Wiederholens und Durcharbeitens als psychische Leistung des Individuums entworfen wurde, die jedoch nur dann therapeutisch wirksam werden könne, wenn sie von einem Kollektiv getragen werde,[5] beantwortet Huyssen dabei abschlägig: *Theoretisch* wäre es dem Theater zwar im Verbund mit dem Erziehungswesen und den Medien möglich gewesen, zu einem »Klima kollektiver Bewältigung« beizutragen. Denn ungeachtet »des Spielcharakters jeglicher Bühnenhandlung«, womit auf eine der Besonderheiten der dramatischen Form Bezug genommen wird, hätte eine aufklärende und zugleich verstehende Aufarbeitung des Nationalsozialismus vom Theater dann geleistet werden können, wenn sie »auch gesellschaftlich Priorität besessen hätte«.[6] Das allerdings sei in der Bundesrepublik nie der Fall gewesen, lautet sein resigniertes Fazit, das allerdings aus der Mitte der 1970er Jahre stammt, Lernprozesse seither also nicht berücksichtigt.

---

5 Huyssen bezieht sich auf die folgende Passage: »Es ist klar, daß man millionenfachen Mord nicht ›bewältigen‹ kann. Die Ohnmacht der Gerichtsverfahren gegen Täter wegen der Größenordnung ihrer Verbrechen in dieser Vergangenheit beweist diesen Tatbestand in symbolischer Verdichtung. […] Mit ›bewältigen‹ ist vielmehr eine Folge von Erkenntnisschritten gemeint. Freud benannte sie als ›erinnern, wiederholen, durcharbeiten‹. Der Inhalt einmaligen Erinnerns, auch wenn es von heftigen Gefühlen begleitet ist, verblaßt rasch wieder. Deshalb sind Wiederholung innerer Auseinandersetzungen und kritisches Durchdenken notwendig, um die instinktiv und unbewußt arbeitenden Kräfte des Selbstschutzes im Vergessen, Verleugnen, Projizieren und ähnlichen Abwehrmechanismen zu überwinden. Die heilsame Wirkung solchen Erinnerns und Durcharbeitens ist uns aus der klinischen Praxis wohlbekannt. In der politischen Praxis führt uns dieses Wissen noch keinen Schritt weiter. Denn nur der Kranke, dessen Leiden am Symptom größer ist als der Gewinn aus Verdrängung, findet sich bereit, seine Bewußtseinszensur für die Wiederkehr des Verleugneten und Vergessenen schrittweise zu lockern. Diese Therapie müsste aber in einem Kollektiv verwirklicht werden, dem es, wenigstens materiell, insgesamt besser geht als je zuvor. Es verspürt keinen fühlbaren Anreiz, seine Auslegung der jüngsten Vergangenheit den unbequemen Fragen anderer auszusetzen; einmal, weil die manische Abwehr durch Ungeschehenmachen im Wirtschaftswunder sehr erfolgreich war, die Welt akzeptiert die ›deutsche Wertarbeit‹, was immer sie sonst von den Deutschen denken mag; zum anderen – und das fällt nicht weniger ins Gewicht –, weil die militärischen und moralischen Sieger über das Dritte Reich inzwischen in ›begrenzten‹ Unternehmen wie dem Krieg in Algier oder Vietnam gezeigt haben, daß auch sie zu schwerer wiegenden Inhumanitäten fähig sind.« Alexander und Margarete Mitscherlich: Die Unfähigkeit zu trauern. Grundlagen kollektiven Verhaltens. Mit einem Nachwort der Autoren zur veränderten Neuausgabe. München u. Zürich 1990, S. 24f.

6 Vgl. Andreas Huyssen: Unbewältigte Vergangenheit – Unbewältigte Gegenwart. In: Geschichte im Gegenwartsdrama. Hg. v. Reinhold Grimm und Jost Hermand. Stuttgart u. a. 1976, S. 39–53; hier: S. 39f.

Wie viele der Autor*innen, die zu Aspekten von Erinnerungskultur und Vergangenheitspolitiken hinsichtlich der nationalsozialistischen Vergangenheit gearbeitet haben, spricht Huyssen medialer Erinnerungkultur insgesamt und dem Theater im besonderen durchaus zu, individuelle und kollektive Lernprozesse anregen zu können,[7] auch wenn er im Hinblick auf die Wirkung der von ihm untersuchten Stücke für diesen Zeitraum vor allem auf Grund der von ihm wahrgenommenen gesellschaftlichen Verhältnisse skeptisch bleibt. Skepsis verbunden mit dem gleichzeitigen Insistieren auf der Notwendigkeit einer »Erziehung nach Auschwitz« kennzeichnet bereits Theodor W. Adornos (1903–1969) gleichnamigen Aufsatz, der zehn Jahre zuvor noch im zeitlichen Kontext des ersten der Frankfurter Auschwitz-Prozesse erschien.[8] Seine Darstellung einer solchen Erziehung nach Auschwitz bezieht sich auf zwei Bereiche: den der Erziehung in der Kindheit, wobei er im Anschluss an Freuds Psychoanalyse insbesondere die frühkindliche Erziehung für ausschlaggebend hält; zum anderen auf den vor allem bei Huyssen angesprochenen Bereich einer allgemeinen Aufklärung, die Adorno als Voraussetzung für »ein geistiges, kulturelles und gesellschaftliches Klima« ansieht, das eine Wiederholung von »Auschwitz« verhindern könne.[9] Das Ideal dieser Erziehungsbemühungen ist das autonome, selbstbewusste und selbstreflexive Subjekt, dem allein die Verhinderung künftiger Menschheitsverbrechen zugetraut wird; es existiert für Adorno jedoch nur im Konjunktiv: »Die einzig wahrhafte Kraft gegen das Prinzip von Auschwitz wäre Autonomie, wenn ich den Kantischen Ausdruck verwenden darf; die Kraft zur Reflexion, zur Selbstbestimmung, zum Nicht-Mitmachen.«[10] Ein solches Individuum wäre der Empathie mit anderen fähig, besäße die Möglichkeit der Perspektivübernahme und könnte sich in andere einfühlen: »Unfähigkeit zur Identifikation war fraglos die wichtigste psychologische Bedingung dafür, daß so etwas wie Auschwitz sich inmitten von einigermaßen gesitteten und harmlosen Menschen hat abspielen können.«[11]

Das Theater wird in dem Aufsatz »Erziehung nach Auschwitz« nicht weiter zum Gegenstand gemacht, es gibt aber eine aufschlussreiche Passage, die sich auf

7 Vgl. dazu Hans-Joachim Hahn: Repräsentationen des Holocaust. Zur westdeutschen Erinnerungskultur seit 1979. Heidelberg 2005.

8 Adornos Aufsatz wurde erstmals am 18. April 1966 als Vortrag im Hessischen Rundfunk gesendet.

9 Adorno: Erziehung nach Auschwitz (s. Anm. 1), S. 677.

10 Adorno: Erziehung nach Auschwitz (s. Anm. 1), S. 679.

11 Adorno: Erziehung nach Auschwitz (s. Anm. 1), S. 687. Bemerkenswerterweise gibt Adorno jedoch, entgegen dieser psychologischen Beobachtung, einer Ästhetik den Vorzug, die eine Identifizierung mit den Opfern verweigert. Wirkungsgeschichtlich ist dagegen auffällig, dass auch ästhetisch weniger anspruchsvolle Darstellungen wie etwa die TV-Serie Holocaust, die jedoch zur Identifizierung mit den Opfern aufforderte, eine Empathie mit den Ermordeten beförderte. Siehe hierzu auch den Beitrag von Bettina Bannasch im Band.

ein Theaterstück bezieht. Adorno berichtet von seinem Erschrecken über eine Theaterkritik zu Jean-Paul Sartres Stück *Morts sans sépulture* (Tote ohne Begräbnis; geschrieben 1941, uraufgeführt 1946). Im Stück geht es um die Interaktion innerhalb einer Gruppe der französischen Résistance, die nach einer sinnlosen Widerstandsaktion verhaftet wird und von Folter bedroht ist. Der Kritiker habe das im Stück dargestellte Grauen nicht als ein in der Sache begründetes »Grauen unserer Welt«, sondern als Haltung Sartres ausgestellt. Die Gefahr einer Wiederholung von Auschwitz sieht Adorno nicht zuletzt darin begründet, dass man, wie dieser namenlose Kritiker, das Grauen nicht an sich herankommen lasse, sondern stattdessen »den, der auch nur davon spricht, von sich wegschiebt, als wäre er, wofern er es ungemildert tut, der Schuldige, nicht die Täter«.[12] Dem Theater ist auch hier grundsätzlich die Fähigkeit zugesprochen, an das »Grauen unserer Welt« zu erinnern; allerdings müssten sich die Menschen dafür öffnen und eben auch kollektiv die Bedingungen einer Rezeption gegeben sein.

Aus den an dieser Stelle referierten Thesen Adornos zum Verhältnis von Aufklärung, Erziehung und Drama nach dem Völkermord an den europäischen Juden werden eine Reihe von Implikationen sichtbar. Zunächst schränkt die Auffassung von der großen Bedeutung frühkindlicher Erziehung die Wirkmächtigkeit von Aufklärung durch das Theater beträchtlich ein, das sich kaum je an Kleinkinder, sondern vor allem an ältere Zielgruppen richtet. Die Anekdote über den Theaterkritiker und Sartres Résistance-Stück zeigt zudem, dass es für Adorno offenbar nicht primär Dramatisierungen, die die Vernichtung der europäischen Juden auf der Bühne darstellen, sind, die an das Grauen unserer Welt *nach* Auschwitz, also einer Welt, die Auschwitz hervorgebracht hat, erinnern. Adorno postuliert vielmehr eine Beschädigung des Menschen unter den Bedingungen der modernen Gesellschaften, weshalb er in einem offenen Brief an Rolf Hochhuth die Vorstellung einer »Unveränderlichkeit der Menschennatur« als ideologisch zurückweist.[13] Der an Hochhuth adressierte Vorwurf richtet sich gegen eine Ästhetik, die ein autonomes Subjekt voraussetzt, das für Adorno, wie gezeigt, erst im Zuge gelingender Erziehung nach Auschwitz überhaupt wieder sich entwickeln könne. Hochhuth dagegen rückt den handelnden Menschen ins Zentrum seiner Theaterästhetik: »Das Theater wäre am Ende, wenn es je zugäbe, daß der Mensch in der Masse kein Individuum mehr sei [...]. Das ist doch eine der wesentlichen Aufgaben des Dramas: darauf zu bestehen, so unpopulär das momentan auch klingt, dass der Mensch ein verantwortliches Wesen ist.«[14] Sein

12 Adorno: Erziehung nach Auschwitz (s. Anm. 1), S. 679.

13 Theodor W. Adorno: Offener Brief an Rolf Hochhuth. In: Ders.: Gesammelte Schriften, Bd. 11: Noten zur Literatur. Darmstadt 1997, S. 591–598; hier: S. 596.

14 Rolf Hochhuth: Das Absurde in der Geschichte. In: Theater Heute 13 (1963), S. 73f.

Der Stellvertreter (1963) über die Verwicklungen von Papst Pius XII. in den Judenmord ist »das am meisten gespielte Stück« über den Holocaust; bezeichnend sei, dass es »das breiteste Identifikationsangebot mit den Opfern enthält, mag dies auch über weite Strecken durch die christliche Solidaritätsfigur des Paters Ricardo vermittelt sein«.[15] Während also Hochhuth die Verantwortung des Individuums herausstreicht und den Zuschauer*innen Identifikationsangebote macht, lehnt Adorno den »Schleier der Personalisierung«[16] ab und betont, dass die Ursachen für Auschwitz, »die objektiven gesellschaftlichen Voraussetzungen […], die den Faschismus zeitigten«, fortbestehen.[17]

Adornos Pessimismus hinsichtlich der Erfolge des von ihm geforderten pädagogischen Projekts einer Erziehung nach Auschwitz wird also hinsichtlich kultureller Produktionen wie des Theaters noch durch das zentrale Problem der Darstellung verstärkt. Pointiert lautet seine Formulierung der Darstellungsproblematik in einem oft zitierten Satz aus dem *Engagement*-Aufsatz: »Die sogenannte künstlerische Gestaltung des nackten körperlichen Schmerzes der mit den Gewehrkolben Niedergeknüppelten enthält, sei's noch so entfernt, das Potential, Genuß herauszupressen.«[18] Die moralische Verurteilung auch nur der Möglichkeit eines eventuellen ästhetischen Genusses, der ja in der seit der Antike tradierten Verbindung von Erbauung und Belehrung zu den Funktionen des Theaters gehört, weist dabei, abgesehen von der Benennung eines Darstellungsdilemmas, auch auf den ungelösten Widerspruch zwischen dem als Ziel seiner pädagogischen Überlegungen avisierten autonomen Subjekt und einer, jegliche Identifizierung verweigernden Ästhetik Adornos hin.

Die dramenspezifischen Bedingungen, die jede Bühnendarstellung des Völkermords erschweren, sind dabei offenkundig und wurden schon vielerorts beschrieben. So erinnert Edward R. Isser daran, dass sich die westliche Tradition des Dramas seit Aristoteles auf dessen Konzept des Wahrscheinlichen und des Möglichen beziehe. Ein Ereignis wie der Holocaust aber widersetze sich diesen Vorstellungen; beim Nachspiel von Massenmord könne es keine Katharsis geben.[19] Markus Roth zeigt, wie Friedrich Dürrenmatt in seinem einflussreichen Vortrag »Theaterprobleme«, den er 1954 und 1955 in etlichen Städten Westdeutschlands und der Schweiz hielt, zumindest implizit auch die spezifischen Probleme einer Holocaust-Dramatik berührt: »In der Dramatik muß alles ins

15 Bayerdörfer: Avant Propos: Theatergeschichte im Schatten der Shoah (s. Anm. 3), S. 19.

16 Adorno: Engagement. In: Ders.: Gesammelte Schriften, Bd. 11 (s. Anm. 13), S. 409–430; hier: S. 415.

17 Adorno: Was bedeutet: Aufarbeitung der Vergangenheit [1959]. In: Ders.: Gesammelte Schriften, Bd. 10.2: Kulturkritik und Gesellschaft II. (s. Anm. 1), S. 555–572; hier: S. 566.

18 Adorno: Engagement (s. Anm. 16), S. 423.

19 Edward R. Isser: Stages of Annihilation. Theatrical Representations of the Holocaust. Cranbury, London 1997, S. 13.

Unmittelbare, ins Sichtbare, ins Sinnliche gewandt, verwandelt werden, mit dem Zusatz, der heute offenbar berechtigt ist, daß sich nicht alles ins Unmittelbare, ins Sinnliche übersetzen läßt […].«[20] Der Aufsatz enthält darüber hinaus die These, dass sich die historischen Katastrophen des 20. Jahrhunderts nur noch in Form der Komödie darstellen ließen, was Dürrenmatt schließlich »zu einer Ästhetik des Grotesken und Absurden« geführt habe.[21]

Im Folgenden soll das grundsätzlich von keinem dieser Autoren verneinte Vermögen des Theaters, zum pädagogischen Projekt einer Erziehung nach Auschwitz beizutragen, dessen Wirksamkeit allerdings von Darstellungsproblemen ebenso wie von den konkreten gesellschaftlichen Bedingungen seiner Rezeption abhängt, anhand von vier Theaterstücken, die vier unterschiedliche Formen der Darstellung aufweisen, exemplarisch beleuchtet werden. Am Anfang steht das schon 1947 von Max Zweig (1892–1992) in Palästina auf Deutsch verfasste Ghetto- und Märtyrerdrama *Ghetto Warschau*, dem jedoch eine Rezeption auf deutschen Bühnen versagt blieb. In der Form einer Tragödie in drei Akten wird darin eine realistische Annäherung an den Warschauer Ghetto-Aufstand vom April 1943 unternommen. Mit Erwin Sylvanus' *Korczak und die Kinder* wurde 1957 erstmalig ein deutschsprachiges Stück inszeniert, das die Ästhetik des Märtyrerdramas mit Brecht'scher Verfremdung verbindet. Einen Höhepunkt dramatischer Bearbeitungen stellt Peter Weiss' vieldiskutiertes Dokumentartheaterstück *Die Ermittlung* (1965) dar, das ästhetisch komplex und zugleich durchaus erfolgreich war. Als viertes und letztes Stück wird schließlich George Taboris *Die Kannibalen* betrachtet, das 1969, im Jahr nach seiner US-amerikanischen Premiere, erstmals in deutscher Sprache aufgeführt wurde und als komplexe Komödie Elemente der Groteske aufweist. Spätestens seit den 1980er Jahren kommt dem Drama im Vergleich insbesondere zu Film- und Fernsehproduktionen eine geringere Reichweite innerhalb des unabgeschlossenen Projekts einer Erziehung nach Auschwitz zu, weshalb in diesem Zusammenhang auf die Darstellung weiterer Stücke verzichtet wurde. Der Aufsatz schließt mit einem resümierenden Ausblick.

20 Friedrich Dürrenmatt: Theaterprobleme. In: Ders.: Gesammelte Werke. Hg. v. Franz Josef Görtz. Bd. 7: Essays und Gedichte. Zürich 1988, S. 28–69; hier: S. 34; hier zit. n.: Markus Roth: Theater nach Auschwitz. George Taboris Die Kannibalen im Kontext der Holocaust-Debatten. Frankfurt a. M. 2003, S. 31.

21 Andreas Martin Widmann: »In der Kammer«. Erzählform und Motivstruktur in Komödie in Moll. In: »Die vergangene Zeit bleibt die erlittene Zeit.« Untersuchungen zum Werk von Hans Keilson. Hg. v. Simone Schröder, Ulrike Weymann und Andreas Martin Widmann. Würzburg 2013, S. 53–70; hier: S. 69. Siehe hierzu auch den Beitrag von Anna Zachmann im Band.

I. Anfänge des dramatischen Diskurses nach Auschwitz: Tragischer Realismus

Ungeachtet der Tatsache, dass eines der ersten Stücke über den Holocaust, Max Zweigs *Ghetto Warschau*, 1947 auf der Grundlage vor allem von Augenzeugenberichten zweier Überlebender verfasst,[22] schon 1949 in Finnland uraufgeführt wurde, konnte es zu Lebzeiten des Autors auf deutschen Bühnen keine Wirksamkeit entfalten.[23] Erst 1993 erlebte diese »einzige brauchbare dramatische Verarbeitung des Ghetto-Aufstandes« einige Inszenierungen an verschiedenen Theatern. Zweig war 1938 aus Anlass einer Aufführung seines Stücks *Die Marranen* in Tel Aviv nach Palästina gefahren und konnte danach nicht mehr in die Tschechoslowakei zurückkehren, was ihm vermutlich das Leben rettete. Als »deutschsprachiger Dramatiker, der in Israel in deutscher Sprache Dramen zum Thema des Nationalsozialismus verfaßte«,[24] waren die verlegerischen Probleme immens und eine ausbleibende Resonanz im deutschsprachigen Raum auch nach dem Ende des Nationalsozialismus die Folge. Das Schicksal von Zweigs Stücken ist Teil einer Problematik, die die Exilliteratur im Allgemeinen und im Besonderen andere frühe literarische Versuche in deutscher Sprache betraf, die Vernichtung der europäischen Juden zu thematisieren, etwa Grete Weils (1906–1999) *Ans Ende der Welt* oder *Komödie in Moll* des wie Weil während der deutschen Besatzung in den Niederlanden zeitweilig untergetauchten Hans Keilson (1909–2011). Beide ebenfalls 1947 entstandenen Erzählungen konnten in Westdeutschland entweder keinen Verleger finden (Weil) oder nicht vertrieben werden (Keilson).

Zweigs Stück lässt sich in den Kategorien von Isser als Ghetto- und Märtyrerdrama beschreiben, das dieser von zwei weiteren Dramentypen innerhalb der Holocaust-Dramatik, dem Überlebensdrama und dem Todeslager-Drama, unterscheidet.[25] Isser versteht darunter solche Werke, die die illusionären Mittel des Theaters nutzen, um die historischen Bedingungen zu rekontruieren, die zur Vernichtung führten: »Plays are set in a variety of locations throughout Nazi-

22 Max Zweig schreibt dazu in seinen Lebenserinnerungen: »Zu jener Zeit, knapp drei Jahre nach dem Warschauer Aufstand, gab es noch kein Material über diese Ereignisse, das später haushoch anschwoll; die Erzählungen […] [von] zwei Entronnenen und ein einziger Zeitungsartikel bildeten die gesamten mir zur Verfügung stehenden Quellen.« Max Zweig: Lebenserinnerungen. Gerlingen 1987, S. 213f.

23 Vgl. dazu die Angaben von Eva Reichmann in Max Zweig: Gesammelte Werke, Bd. 2: Die Dritte-Reich-Dramen. Der Moloch, Die deutsche Bartholomäusnacht, Ghetto Warschau, Die Verdammten, Aufruhr des Herzens. Mit einem Nachwort hg. v. Eva Reichmann. Oldenburg 1999, S. 352–354. Auch die folgenden Ausführungen beziehen sich auf Reichmanns Nachwort (349f.).

24 Zweig: Gesammelte Werke, Bd. 2 (s. Anm. 23), S. 349.

25 Isser: Stages of Annihilation (s. Anm. 19), S. 22.

occupied Europe such as the tenement, the police station, the factory, the claustrophobic appartment, and the alleyway.«[26] Es sei diese Einbettung, die es dem Publikum ermögliche und dieses ermutige, sich mit der dargestellten Situation zu identifizieren und Empathie zu empfinden. Tatsächlich verortet Zweig die erste Szene seines dreiaktigen Stücks in einem möblierten Zimmer, in dem die Regieanweisung eine Anzahl von Männern und Frauen in schäbiger Kleidung versammelt. Zugleich aber unterscheidet sich das Drama insofern von Issers Typologie, als mit dem im Titel bezeichneten Ghetto Warschau ein konkreter Ort und ein konkretes historisches Ereignis aufgerufen sind. Der Realismus des Stücks, das historische Fakten aufgreift und anhand fiktiver Charaktere verhandelt, zielt zwar zweifellos auch auf Empathie und partielle Identifizierung, die aber auf Grund der schonungslosen Einbeziehung grausamer Details der Vernichtung sowie moralischer Ambivalenzen die genretypischen Grenzen durchaus strapazieren.

Die 19 Figuren des Dramas verkörpern verschiedene Akteure und Perspektiven innerhalb der historischen Ereignisse im Warschauer Ghetto von Januar bis Mai 1943.[27] Die jüdische Gesellschaft im Ghetto wird so, aufgeteilt auf immerhin 16 Figuren, vergleichsweise komplex dargestellt. Auf der Seite der deutschen Täter kommt das Stück mit drei Figuren aus. Mit der Figurenkonstellation im Ghetto bildet Zweig zum einen die unterschiedlichen politischen, sozialen und religiösen Gruppen sowie das Geschlechterverhältnis ab. Dabei legt er Hierarchien und Machtverhältnisse offen und inszeniert moralische Dilemmata und Ambivalenzen. Lange bevor Hannah Arendt in *Eichmann in Jerusalem* die problematische Rolle der »Judenräte« diskutierte und durchaus einseitig darstellte, entwirft Zweig den kollaborierenden Vorsitzenden des Judenrats Zygmunt Gundelewitsch, dessen Sohn Ruben sich dem Widerstand angeschlossen hat. In einem inquisitorischen Gespräch zwischen Ruben, Simon Dannenberg, einem ehemaligen Studenten und Anführer des Widerstands, und Gundelewitsch im zweiten Akt erhält der letztere die Gelegenheit zur Darstellung seiner Perspektive. Das ermöglicht den Zuschauern die Erkenntnis, unter welchem Druck der SS und auf Grund welcher Einschätzung der Situation die Zusammenarbeit zustande kam.[28] Es kommt schließlich zur Versöhnung mit seinem

26 Isser: Stages of Annihilation (s. Anm. 19), S. 23.

27 Die Regieanweisung lautet: »Die Handlung spielt im Warschauer Ghetto von Januar bis Mai 1943. Die Personen und Geschehnisse des Stückes sind auf Grund wirklicher Ereignisse frei erfunden.«

28 Zu einer historisch differenzierten Einschätzung von jüdischem Widerstand und der Rolle der Judenräte vgl. Yehuda Bauer: Die dunkle Seite der Geschichte. Die Shoah in historischer Sicht. Interpretationen und Re-Interpretationen. Aus dem Englischen von Christian Wiese. Frankfurt a. M. 2001, S. 153–180.

Sohn, indem Gundelewitsch einen Märtyrertod für die Widerstandsbewegung auf sich nimmt.

Zum anderen nutzt Zweig seine jüdischen Protagonisten, allerdings durchaus in gender-stereotyper Weise vor allem seine jüdischen Frauengestalten, zur Darstellung unterschiedlicher Leiderfahrungen unter den Bedingungen der genozidalen Verfolgung. So erscheinen die Figuren als beschädigte, teils traumatisierte Individuen. Bei dem Versuch ihr halbverhungertes zweijähriges Kind zu beruhigen, um nicht die Aufmerksamkeit der SS auf das Hauptquartier des Widerstands zu lenken, erstickt es Dora Glycenstein versehentlich an ihrer Brust.[29] Von ihrer traumatisierten Schwester Mira Altschul berichtet ihr Schwager Oleg Glycenstein: »Sie war in der Gaskammer in Majdanek. Man warf sie als tot in ein Massengrab, aber sie lebte noch.«[30] Die ehemalige Studentin Lea Boas verführt im Auftrag des Widerstands einen SS-Mann, damit Waffen ins Ghetto geschmuggelt werden können, und wird danach von ihrem eifersüchtigen Freund als »Hure!« beschimpft und erschossen.[31] Die Besonderheit des Stücks liegt trotz einiger melodramatischer Effekte und der geschlechterstereotypen Rollenverteilung in seiner Radikalität: Nur ein einziger seiner jüdischen Protagonisten, nur eine von 16 Figuren, lebt am Ende des Stückes noch.

Simon Dannenberg ist der tragische Held des Dramas. Er wird einerseits als rücksichtsloser und idealistischer Organisator des Widerstands dargestellt, der persönliche Beziehungen und Belange der Disziplin und dem »Gesetz« des Widerstands unterordnet.[32] So treibt er etwa seinen engsten Freund Selig Lewitan in den Freitod, weil dieser in einer Zornesaufwallung und gegen den Befehl einen SS-Mann erschoss, der ein Mädchen vergewaltigte. Im Dialog mit seiner Geliebten Golda Süsskind, die sich trotz der unmenschlichen Bedingungen im Ghetto durch die Lektüre von Goethe und Mickiewicz eine persönliche Integrität bewahrt, ist das Dilemma menschlicher Würde thematisiert, das etwa auch in George Taboris schwarzer Komödie *Die Kannibalen*, wenn auch mit gänzlich anderen Darstellungsmitteln, im Zentrum steht:

> DANNENBERG: *leise* Das ist das Fürchterlichste, was sie uns getan haben: sie haben unsere Seelen gemordet, ehe sie unsere Leiber morden.
> GOLDA: Du kannst nur hassen und zerstören; das kannst du meisterhaft! Ja, das Werk der Rache wird dir gelingen! Mir graut vor dir!
> DANNENBERG: *läßt den Kopf tief sinken* Mir graut vor mir selbst.[33]

29 Max Zweig: Ghetto Warschau [1947]. In: Ders.: Die Dritte-Reich-Dramen (s. Anm. 23), S. 139–215; hier: S. 161.
30 Zweig: Ghetto Warschau (s. Anm. 29), S. 157.
31 Zweig: Ghetto Warschau (s. Anm. 29), S. 178.
32 Zweig: Ghetto Warschau (s. Anm. 29), S. 162.
33 Zweig: Ghetto Warschau (s. Anm. 29), S. 166.

Wie der tragische Held in der klassischen attischen Tragödie bei Sophokles erscheint Dannenberg durch die Unmöglichkeit, in der Situation tödlicher Verfolgung durchgängig mit Empathie zu handeln, zunächst unlösbar verstrickt. Allerdings erfährt die Figur im Verlauf der Handlung Idealisierungen, die der Legitimierung des Widerstands dienen, aber zum Teil auch als Schwächen des Stücks gedeutet werden können. So gesteht Dannenberg gegenüber Golda, dass er »an Wahrheit, Erbarmen und Schönheit« und zuletzt auch an Gott glaube.[34] Entsetzt reagiert er auf die Ankündigung seines Freundes Ruben Gundelewitsch, seine »Zähne in Menschenfleisch« zu schlagen, worin das Thema des Kannibalismus aus Hunger angedeutet wird.[35] Schließlich erscheint vor diesem Hintergrund auch die in Figurenrede Baruch Isserlins vorgetragene Überhöhung Dannenbergs als Messias ambivalent, obwohl sie von ihm ausdrücklich zurückgewiesen wird: »Komm zu Sinnen, ich flehe dich an! Baruch, alter Kamerad, ein überzeugter Sozialist wie du – es kann nicht sein, daß auch du im Wahn des Ghettos versinkst!«[36] Denn die Einzigartigkeit der Figur wird auch auf der Handlungsebene betont, wenn am Schluss einzig Dannenberg in der Verkleidung eines SS-Mannes dem Tod bei der Liquidierung des Ghettos entkommt. In der Konfrontation mit den beiden SS-Männern Scharrner und Hannekamp bezeichnet er sich selbst darüber hinaus am Schluss des Stücks als den »ewige[n] Jude[n]«.[37] Hannekamp, der dem Topos des »guten Deutschen« entsprechend verhindert, dass Scharrner Dannenberg erschießt, zieht zudem die biblische Erzählung von Kain und Abel heran, um vor der Verfolgung des Verfluchten zu warnen.

Auch wenn die Verwendung der ambivalenten Kollektivmetapher des Ahasver und das Spiel mit der religiösen Messias-Erwartung zur Überhöhung der Figur Dannenberg als literarische Schwäche des Stücks angesehen werden können, bleibt die radikale Darstellung der Entmenschlichung unter den Bedingungen der Vernichtungsdrohung ebenso wie die konsequente Darstellung jüdischer Akteure des Widerstands beeindruckend und zeichnen diesen Versuch, mit den Mitteln eines tragischen Realismus die »Endlösung« auf die Bühne zu bringen, bis heute aus.

34 Zweig: Ghetto Warschau (s. Anm. 29), S. 187.
35 Zweig: Ghetto Warschau (s. Anm. 29), S. 205.
36 Zweig: Ghetto Warschau (s. Anm. 29), S. 199.
37 Zweig: Ghetto Warschau (s. Anm. 29), S. 214.

II. Märtyrerstück mit Rollendistanz: Erwin Sylvanus *Korczak und die Kinder*

Auf deutschen Bühnen war es zunächst ein englischsprachiges Stück, mit dem 1956 erstmals der Holocaust in dramatisierter Form ein deutschsprachiges Publikum erreichte. Dieses Verdienst kommt Frances Goodrichs und Albert Hacketts Bühnenversion des Tagebuchs der Anne Frank zu. Im Jahr darauf behandelte dann erstmals ein deutschsprachiges und auf deutschen Bühnen aufgeführtes Stück, ebenfalls ausgehend von einem individuellen Schicksal, Verfolgung und Massenmord. Es handelt sich dabei um Erwin Sylvanus' *Korczak und die Kinder*, das den Kinderbuchautor und Leiter eines jüdischen Waisenhauses im Warschauer Ghetto, Dr. Janusz Korczak (1878/79–1942) ins Zentrum stellt, der sich 1942 freiwillig mit seinen von der SS zur Deportation verurteilten Kindern ins Vernichtungslager Treblinka bringen ließ, wo er ebenso wie seine Schützlinge ermordet wurde. Einzig interessant an dem Stück sei »der Versuch, durch Distanzierungsmittel und verfremdendes Spiel den kollektiven Verdrängungsprozeß auf der Bühne selbst szenisch und gestisch sichtbar zu machen«, urteilte Andreas Huyssen 1976.[38] Gemeint sind damit Passagen wie diese:

> SCHAUSPIELERIN Freunde! Bleibt friedlich! Im Augenblick geht es doch darum, daß wir mit dem Stück, in dem wir nun spielen sollen, nicht einverstanden sind. Es hat eben keine anständigen Rollen. Wir wollen uns ausspielen, das wollen wir. Hätte man mich gerufen, Ophelia zu sein! Man würde schon sehen, was in mir steckt!
> SPRECHER Als Sie noch draußen waren, habe ich bereits gesagt, worum es geht. Um Janusz Korczak geht es, um einen Juden, von dem es heißt: er hat nie gelogen.
> ZWEITER SCHAUSPIELER Ein Tendenzstück also!
> SCHAUSPIELERIN Wahrscheinlich darf nicht einmal geklatscht werden. Wegen des vielen sentimentalen Geredes dürfen wir nicht agieren.
> ERSTER SCHAUSPIELER Tränen für die Juden – das ist immer noch modern.
> SCHAUSPIELERIN Und ein Geschäft.[39]

Im Unterschied zu Zweigs Stück *Ghetto Warschau* wird die Illusion einer realistischen Darstellung durch die Rollendistanz der Schauspieler gebrochen. Für Markus Roth markiert Sylvanus' Stück daher, in starkem Kontrast zu Huyssens Geringschätzung, regelrecht einen »Wendepunkt« in der gesellschaftlichen Auseinandersetzung mit dem Nationalsozialismus in der Bundesrepublik der späten 1950er Jahre sowie »den Bruch mit einer realistischen Darstellung im Holocaust-Drama«, der bereits auf Darstellungstechniken der 1960er Jahre

38 Huyssen: Unbewältigte Vergangenheit – Unbewältigte Gegenwart (s. Anm. 6), S. 44.
39 Die Zeilen hier sind zitiert aus der von Sylvanus 1979 noch einmal überarbeiteten Fassung des Stücks. Vgl. Erwin Sylvanus: Stücke. Korczak und die Kinder. Jan Pallach. Sanssouci. Victor Jara. Frankfurt a. M. 1980, S. 11.

vorausweise.[40] Es ist also vor allem die auch von Huyssen anerkannte Verfremdungsästhetik, die im Sinne von Bertolt Brechts epischem Theater die Schauspieler über ihre Rollen reflektieren lässt, mit der Roth sein günstigeres Urteil begründet. Zu ergänzen ist, dass sich Sylvanus (1917–1985) vom Nazi, der Anfang der 1940er Jahre als junger Autor zu veröffentlichen begann, zum Humanisten wandelte und von seinen früheren Überzeugungen distanzierte. Insofern erscheinen Stück und Autor als symptomatisch für die Möglichkeit eines Lernprozesses, verweisen zugleich aber auch auf die zum Teil beträchtliche Anpassungsbereitschaft, die aus früheren Nationalsozialisten demokratische Kulturschaffende werden ließ.

Relativiert werden muss zugleich, vor allem im Hinblick auf Zweigs Stück, eine generelle Geringschätzung realistischer Darstellungsformen. Es lag am Fehlen von Aufführungen im deutschsprachigen Raum, weshalb das Stück wirkungslos blieb, nicht an seiner Ästhetik. Ausschlaggebend waren Vertriebsprobleme im Zusammenhang mit den politischen und gesellschaftlichen Rezeptionsbedingungen in der Nachkriegszeit und während der ersten Jahre der Bundesrepublik. Tatsächlich erscheint es wenig einleuchtend, ahistorisch einer bestimmten Gattung oder Darstellungsform den Vorzug zu geben, weil sich historische Lernprozesse weder ausschließlich an den ästhetisch reflektiertesten Stücken entzünden noch umgekehrt vor allem an den trivialsten.

III. Peter Weiss' *Die Ermittlung* als Appellationsstück[41]

Vom Ende der 1950er Jahre an bis Mitte der 1960er Jahre beförderten vor allem drei Prozesse gegen NS-Täter die gesellschaftliche Bereitschaft, sich mit dem Genozid an den Juden Europas auseinanderzusetzen. Nach dem Ulmer Einsatzgruppenprozess 1958 waren es der Eichmannprozess in Jerusalem (April bis Dezember 1961) und der erste der Auschwitz-Prozesse (1963–1965) in Frankfurt am Main. Eines der wichtigsten und zugleich umstrittensten Theaterstücke zur Vernichtung der europäischen Juden, das überdies eines der ersten großen Medienereignisse über den Holocaust darstellte, entstand in Auseinandersetzung mit dem Frankfurter Prozess: *Die Ermittlung* von Peter Weiss (1916–1982). Er war einer von mehreren Autorinnen und Autoren, die ihre Eindrücke vom Prozess literarisch verarbeiteten.

Werkgeschichtlich ist die Entstehung der *Ermittlung* gut dokumentiert. In

40 Roth: Theater nach Auschwitz (s. Anm. 20), S. 44 u. S. 46.

41 Der Abschnitt zu Peter Weiss' *Die Ermittlung* basiert auf meinem Aufsatz NS-Mediziner in Peter Weiss' ›Die Ermittlung‹ und Alexander Kluges ›Ein Liebesversuch‹. In: NS-Medizin und Öffentlichkeit. Formen der Aufarbeitung nach 1945. Hg. v. Stephan Braese und Dominik Groß. Frankfurt a. M. 2015, S. 215–232.

mehreren Notizbüchern hat Weiss seine Eindrücke vom Gerichtsverfahren ebenso wie nachträgliche Erinnerungen und Notate seiner Lektüre von Zeitungsartikeln, Büchern, philosophischen Reflexionen und Dokumenten zum Holocaust festgehalten.[42] Bereits im Sommer 1964 erarbeitete er aus dem Material der Notizbücher 5 und 6 einen ersten Dramenentwurf, die »Frankfurter Auszüge«.[43] Wenige Monate später, unmittelbar nach Weiss' Teilnahme am »Ortstermin« des Frankfurter Gerichts auf dem Gelände des ehemaligen Konzentrations- und Vernichtungslagers Auschwitz, zu dem die Juristen des Prozesses vom 14.–16. Dezember 1964 nach Polen reisten, entstand ein weiterer zentraler Begleittext zur *Ermittlung.* Am 27. Dezember 1964 erschien sein Essay »Zwanzig Jahre später« auf Schwedisch, der 1965 auf Deutsch unter dem berühmten Titel »Meine Ortschaft« in der Anthologie *Atlas* veröffentlicht wurde.[44] Darin bedient sich Weiss bereits einer topographischen Darstellung von Auschwitz, die er auch für *Die Ermittlung* nutzen wird. Dort folgen »[d]ie Stationen des Textes [...] dem Leidensweg der Häftlinge von der Rampe bis zu den Verbrennungsöfen«.[45]

Anfang der 2000er Jahre konnte das unvollendete Drama *Inferno* aus dem Nachlass herausgegeben werden, das Weiss bereits vor seiner Reise nach Krakau und Auschwitz Mitte Dezember 1964 vorläufig abgeschlossen hatte.[46] *Inferno* bildet den ersten Teil eines großangelegten Dramen-Zyklus, an dem Weiss zwischen 1964 und 1969 arbeitete, mit dem er in Anlehnung an Dantes *Göttliche Komödie*, »ein Welttheater der bürgerlich-kapitalistischen Verhältnisse gestalten wollte«.[47] Im Aufsatz »Vorübung zum dreiteiligen Drama divina commedia« reflektiert ein Ich-Erzähler als alter ego des Autors im Vergleich mit Dante die grundsätzlichen Schwierigkeiten, die sich bei diesem Unternehmen stellen. Während es Dante trotz Anfällen von Mutlosigkeit und Überdruss gelungen sei, Worte zu finden und dabei auch Visionen Form zu geben für einen Stoff, der sich zuvor der Sprache entzogen habe, stünden ihm nur noch trübe und zerronnene Fakten zur Verfügung und Gestalten, die in äußerster Erniedrigung gelebt hätten.

42 Mirjam Wenzel: Gericht und Gedächtnis. Der deutschsprachige Holocaust-Diskurs der sechziger Jahre. Göttingen 2009, S. 286.

43 Vgl. Wenzel: Gericht und Gedächtnis (s. Anm. 42), S. 286.

44 Vgl. Marcel Atze: Peter Weiss und sein Theaterstück Die Ermittlung – »Die Angeklagten lachen«. In: Auschwitz-Prozeß 4 Ks 2/63 Frankfurt a. M. Hg. v. Irmtrud Wojak im Auftrag des Fritz-Bauer-Instituts. Köln 2004, S. 782–807; hier: S. 791. Weiss las seinen Essay am 17. Januar 1965 im Westdeutschen Rundfunk.

45 Marita Meyer: Kommentar. In: Peter Weiss: Die Ermittlung. Oratorium in 11 Gesängen. Frankfurt a. M. 2005, S. 243–301; hier: S. 263.

46 Peter Weiss: Inferno. Stück und Materialien. Mit einem Nachwort hg. v. Christoph Weiß. Frankfurt a. M. 2003. Zur Zeitangabe vgl. Christoph Weiß: Nachwort. In: Weiss: Inferno, S. 121–143; hier: S. 124.

47 Klappentext zu Weiss: Inferno (s. Anm. 46).

Sein Material seien »nur stockende Aussagen von wenigen Überlebenden« und Dokumente wie Aktenpapiere, Protokollhefte, Tabellen, Ziffern und Bücher.[48] Im Unterschied zu Dante sieht sich Weiss zur Darstellung seines sich der Sprache entziehenden Stoffes der Vernichtung also explizit an die historischen Zeugnisse gebunden. Wie er es in seinen »Notizen zum dokumentarischen Theater« näher ausführt, gibt Weiss diesen Dokumenten jedoch eine von ihm bearbeitete Form, die etwa auf einer Anonymisierung der Zeugen besteht,[49] um so den kollektiven Charakter des individuell Erlittenen zum Ausdruck zu bringen. Die an der Dante-Figur reflektierten Darstellungsprobleme sind dabei zugleich eng verbunden mit einer kollektiv-biographischen Problematik des Autors Weiss, die häufig als Topos der »Überlebensschuld« bezeichnet wird. Angesichts seiner Konfrontation mit den »Fakten« der »Endlösung«, schrieb Weiss in dem autobiografienahen Prosaroman *Fluchtpunkt:* »Lange trug ich die Schuld, daß ich nicht zu denen gehörte, die die Nummer der Entwertung ins Fleisch eingebrannt bekommen hatten, daß ich entwichen und zum Zuschauer verurteilt worden war.«[50] In verknappter Form wird der biographische Konflikt im Text der »Vorübung« erneut zur Sprache gebracht: »alles war schon gesagt, und doch war für mich / noch nichts gelöst, was aber konnte ich da noch lösen?«[51] Im Dramenfragment *Inferno* verbindet sich das »Reflektieren der Überlebensschuld« mit der wahrgenommenen Kontinuität der Gewaltverhältnisse. Dabei hätten Weiss' Erschrecken über das Ausmaß der Verdrängung und ein daraus resultierendes Misstrauen in der »Montage von Alltagsidyllik und Massenmord in den Äußerungen der Figuren 1–6« ihren Ausdruck gefunden.[52] Die Dante-Figur ist nach der Rückkehr in ihre frühere Heimatstadt erneut mit den damaligen Peinigern, vor denen sie flüchtete, zugleich aber auch mit der eigenen Sprachlosigkeit konfrontiert; die Dantesche Hölle aktualisiert sich so in der Kontinuität einer gewalttätigen Gesellschaft, in der Kunst und Literatur den Mächtigen zujubeln. Der aus dem Exil zurückgekehrte Dante spricht hingegen für die Überlebenden und versucht, die Erinnerung an den Genozid wachzuhalten.[53] Im 30. Gesang wird er in einer »Erinnerungsrede« in der ihm mit den Tätern, von

48 Peter Weiss: Vorübung zum dreiteiligen Drama divina commedia [1965]. In: Ders.: Aufsätze, Journale, Arbeitspunkte. Schriften zu Kunst und Literatur. Hg. v. Manfred Haiduk. Berlin 1979, S. 97–108; hier: S. 104.

49 Roth: Theater nach Auschwitz (s. Anm. 20), S. 63.

50 Peter Weiss: Fluchtpunkt. Frankfurt a. M. 1962, S. 212.

51 Weiss: Vorübung zum dreiteiligen Drama divina commedia (s. Anm. 48), S. 104.

52 Weiss: Inferno (s. Anm. 46), S. 138.

53 Weiss: Inferno (s. Anm. 46), S. 32: »Ich gehöre zu den letzten / die noch am Leben sind von jenen / die zur Verbrennung verurteilt wurden / Wenn wir vergehn vergeht auch / jede Erinnerung an sie«. In der Fortsetzung des Zitats wird aus dem »sie« der Allgemeinheit der Verfolgten und Ermordeten die Einzelne, die gemarterte und ermordete Bea, in der sich die Gestalt der Lili Tofler spiegelt.

denen er sich jetzt klar abgrenzt, gemeinsamen Sprache eine eigene Stimme wiedergewinnen, in der Dante stellvertretend für den Autor Weiss die Überlebensschuld in intervenierende politische Kunst verwandelt.

Die Ermittlung, für die Weiss verschiedene Titel ausprobierte und die in den Notizbüchern zeitweilig als »Paradiso« geführt wurde, sollte lange den dritten Teil des *Divina Commedia*-Projekts darstellen. Der zweite Teil, das *Purgatorio* (Fegefeuer), wurde vermutlich nie realisiert; in den Notizbüchern aus den Jahren 1964/65 ordnet Weiss jedoch seine Beobachtungen und Thesen verschiedentlich den drei von Dante übernommenen Titeln zu.[54] Eine an Dante orientierte Struktur weist zumindest formal auch noch das fertige Drama mit seinen elf Gesängen auf, die sich in je drei Szenen teilen und so insgesamt die Zahl der 33 Canti ergeben, aus denen jeder der drei Teile der *Göttlichen Komödie* besteht. Auch in der Zahl der Angeklagten, die Weiss in Abweichung von der tatsächlichen Anzahl von im Auschwitz-Prozess zuletzt 20 Verurteilten auf 18 reduziert, der Zahl der Zeugen (9) sowie Richter, Verteidiger und Ankläger (3), lässt sich eine Aufnahme der für Dante bedeutsamen Zahl drei erkennen.[55] Herausragendes Mittel der Strukturierung und literarischen Gestaltung seines Materials ist bei Weiss die Gegenüberstellung von Tätern und Opfern. Dabei hat er die Aussagen so montiert, dass sich Angeklagte und Zeugen im Drama häufig direkt aufeinander beziehen, was im Gerichtsaal dagegen kaum der Fall war.[56] Durch die Übernahme der Gerichtssituation unterscheidet sich die Struktur des Dramas grundlegend von *Inferno*. Wie Wenzel zu Recht herausstellt, verschränkt »[d]ie *Ermittlung* […] zwei verschiedene juristische Verfahren, nämlich das ›Konzentrat‹ eines Gerichtsprozesses mit einer Untersuchung, die der Konsolidierung einer Anklageschrift dient«.[57] Mit der literarischen Erinnerung verbindet sich hier ein Prozess der Urteilsfindung, wobei das Stück, im Sinne Adornos, darauf abzielte, »über Auschwitz aufzuklären und die politisch-gesellschaftlichen Verhältnisse zu verändern«.[58]

Vor allem James E. Young (1992) hat *Die Ermittlung* wegen Weiss' marxisti-

54 Beispiele etwa: »Vielleicht das ganze Purgatorio als moderne Großstadt, ständig mit Radio, Fernsehsendungen, Reklame-Slogans, Störungen, Unterbrechungen, Preisfragen, Wettbewerben – / Völlig kommerziell –«; »Purgatorio: Der entfremdete Mensch«; »Purgatorio: Die Welt der Paradoxe / Ständige Suche nach Führern, Fürsprechern, Vortänzern, Vorsängern. Das hysterische Schreien der Mädchen beim Pop-Sänger (*nicht abfällig* schildern)«. Vgl. Peter Weiss: Notizbücher 1960–1971, Bd. 1. Frankfurt a. M. 1982, S. 244, S. 262 u. S. 263. Diese und ähnliche Hinweise unterstreichen immer wieder, dass Weiss den »Faschismus« nicht als vergangenes Problem behandelt, sondern als Folge einer »Entwicklungskette der Erziehung« tief in der Bundesrepublik »im Stillen weiterwuchernd«, der »potentiell aber überall noch vorhanden« sei. Vgl. Weiss: Notizbücher 1960–1971, S. 246.

55 Vgl. Meyer: Kommentar (s. Anm. 45), S. 257.

56 Meyer: Kommentar (s. Anm. 45), S. 254.

57 Wenzel: Gericht und Gedächtnis (s. Anm. 42), S. 315.

58 Wenzel: Gericht und Gedächtnis (s. Anm. 42), S. 324.

scher Gesellschaftskritik in einer einflussreichen Lektüre scharf angegriffen, die darüber hinausgehend allerdings auf eine generelle Kritik des Dokumentartheaters abzielt. In einer dem Stück vorangestellten Anmerkung gibt Weiss an, dass von den Aussagen des Gerichtsprozesses auf der Bühne nur ein »Konzentrat der Aussage« übrig bleiben könne, das wiederum nichts anderes enthalte »als Fakten, wie sie bei der Gerichtsverhandlung zur Sprache kamen«.[59] Diese »Fakten« hat Weiss nicht nur im Sinne seiner topographischen Darstellung des Vernichtungsapparats von Auschwitz montiert, sondern etwa auch »Juden« durch »Verfolgte« ersetzt. Young wirft Weiss nun vor, er habe die »Rhetorik des Faktischen« zu einer eigenständigen Kunstform erhoben, wobei ein zentraler Vorwurf darin liegt, dass sich die Dokumentarliteratur nicht zu ihrer Bedingtheit bekenne, wie sie letztlich jedes literarische Zeugnis des Holocaust bestimmt, sondern diese gar »mit geradezu unerschütterlicher Beharrlichkeit« leugne.[60] Dabei verkürzt Young Weiss' Intention auf die Behauptung, der Autor instrumentalisiere die Protokolle und Aufzeichnungen als »Zeugnis gegen den Kapitalismus«.[61] Es soll hier nicht der Ort sein, noch einmal ausführlich auf die Kritik an der *Ermittlung* und dem politischen Dokumentartheater zu antworten;[62] schon mit Blick auf die oben dargestellte Einbindung des Stücks in Weiss' *Divina Comedia*-Projekt lässt sich zum einen auf den offenkundigen künstlerischen Gestaltungswillen, etwa die Idee eines an Dante orientierten Welttheaters, hinweisen, der von Weiss keineswegs verschleiert wurde. Zum anderen setzt der von Brechts epischem Theater übernommene Appellcharakter des Stücks auf aktive Rezipient*innen, die sich der Gemachtheit auch des Dokumentarstücks bewusst sind.

Die Kritik an Weiss' Stück und am Dokumentartheater entzündet sich dabei auch an dem politischen Selbstverständnis, das in der dramatischen Auseinandersetzung mit dem Nationalsozialismus auf eine Kritik an den gegenwärtigen politischen Verhältnissen in der Bundesrepublik zielte. Rezeptionsgeschichtlich bedeutsam war der von den Autoren, der Kritik und durch die Inszenierungen hergestellte Zusammenhang zwischen dem Proletkult-Theater der 1920er Jahre und dem Dokumentartheater der 1960er Jahre. Personell verkörperte Erwin Piscator (1893–1966) diese Verbindung, der 1963 nicht nur den ersten programmatischen Text zum dokumentarischen Theater verfasste, sondern auch die Uraufführungen der *Ermittlung*, des *Stellvertreters* sowie der Bühnenfassung

59 Peter Weiss: Die Ermittlung. Oratorium in 11 Gesängen. In: Stücke I. Frankfurt a. M. 1976, S. 257–449; hier: S. 259.

60 James E. Young: Beschreiben des Holocaust. Darstellung von Folgen der Interpretation. Aus dem Amerikanischen von Christa Schuenke. Frankfurt a. M. 1992, S. 134 u. S. 135.

61 Wenzel: Gericht und Gedächtnis (s. Anm. 42), S. 124.

62 Vgl. zur *Ermittlung* auch die konzisen Ausführungen in Roth: Theater nach Auschwitz (s. Anm. 20), S. 61–69, zur Kritik am Stück vor allem S. 66–69.

von Heinar Kipphardts *In der Sache J. Robert Oppenheimer* inszenierte.[63] *Die Ermittlung* wurde darüber hinaus wegen ihrer spektakulären, die »Zonengrenze« überschreitenden zeitgleichen Inszenierung in immerhin 15 Städten der Bundesrepublik und der DDR zu einem Medienereignis, das – in Verstärkung des Auschwitz-Prozesses – eine »einschneidende Zäsur« im politischen Bewusstsein der Gesellschaft der Bundesrepublik markiert.[64]

IV. Nach dem Dokumentartheater: Groteske und »Arsch poetica«

Schon in der Literatur von Überlebenden wie etwa den Erzählungen des polnischen Autors Tadeusz Borowski (1922–1951) *Bei uns in Auschwitz*, auf Polnisch 1959 posthum erschienen (dt. 1963, 2006 in neuer Übersetzung von Friedrich Griese), oder auch der bereits erwähnten Erzählung *Komödie in Moll* (1947) von Hans Keilson wird das Grauen der Vernichtung mit Elementen des Komischen und der Groteske verbunden. Auch zwei Hollywood-Produktionen, die 1940 und 1942 noch in Unkenntnis der tatsächlichen Vernichtung in den Vereinigten Staaten von Amerika die nationalsozialistischen Judenverfolgungen thematisierten, Charlie Chaplins *The Great Dictator* und Ernst Lubitschs *To Be Or Not To Be*, nutzten die Komödienform. Dennoch provozierte die englische Uraufführung von George Taboris (1914–2007) *Kannibalen* im Jahr 1968 die New Yorker Presse, während allerdings seine deutsche Premiere in der Werkstatt des Berliner Schiller-Theaters im Jahr danach »keine derartig großen Debatten hervor[rief] wie dies bei der ›Ermittlung‹ oder dem ›Stellvertreter‹ der Fall gewesen war«.[65] Lediglich die jüdische Gemeinde Berlins erhob zunächst vor allem wegen der Verwendung verschiedener Kraftausdrücke Einspruch gegen die Aufführung.[66] Taboris erklärte Absicht war es, Tabus und Klischees zu überwinden: »Wenn wir nicht über die Tabus und Klischees hinwegsehen und einander als Menschen und nicht als Abstraktionen betrachten können, dann kann man genauso gut die Öfen wieder anzünden.«[67] Roth hält die »nahezu diskussionslose Rezeption der ›Kannibalen‹« im Vergleich zu den Debatten um die *Ermittlung* oder den *Stellvertreter* für erstaunlich und bietet als Erklärung an, dass der Bruch mit bisherigen Konventionen der Holocaust-Darstellung offenbar so radikal gewesen sei,

63 Wenzel: Gericht und Gedächtnis (s. Anm. 42), S. 284.
64 Jochen Vogt: Peter Weiss. Mit Selbstzeugnissen und Bilddokumenten. Reinbek bei Hamburg 1987, S. 98.
65 Roth: Theater nach Auschwitz (s. Anm. 20), S. 73.
66 Vgl. Der Spiegel 52 (1969), S. 120.
67 George Tabori: Unterammergau oder Die guten Deutschen [1978]. In: Ders.: Unterammergau oder Die guten Deutschen. Frankfurt a. M. 1981, S. 7–24; hier: S. 24.

dass er Verwirrung stiftete: »Mit seinem differenzierten Opfer-Bild und den grotesken Elementen [...] war Taboris Stück seiner Zeit voraus.«[68] Diese Betrachtung scheint mir allerdings nur dann plausibel, wenn wirkungsgeschichtlich in Rechnung gestellt wird, dass diejenigen Darstellungen, die sich bereits sehr viel früher der Groteske als Darstellungsmittel bedienten (wie etwa Borowskis, Keilsons oder Jakov Linds Erzählungen) oder eine differenziertere Opferdarstellung anboten (Zweigs Stück *Ghetto Warschau*), marginal blieben.

Im Mittelpunkt von Taboris grotesker Komödie stehen zwölf halbverhungerte Häftlinge eines Konzentrationslagers. 25 Jahre danach spielen die Söhne der Häftlinge sowie des SS-Mannes Schrekinger die Rollen ihrer Väter nach. Durch diese außergewöhnliche Figurenkonstellation, deren Aufspaltung sowie Rekonstruktion während des Spiels, »dramatisieren die Figuren die Ereignisse selbst und berühren die Frage nach der Spielbarkeit von Auschwitz«.[69] Zu Beginn fallen einige von ihnen über ihren Leidensgenossen Puffi her, der ein Stück Brot kaut. Dabei kommt dieser, im Personenverzeichnis des Stückes als »ein fetter Mann« apostrophiert, ums Leben. Von dieser Situation ausgehend entwickelt sich die Handlung als Spiel über den Kannibalismus. Nur zwei der Häftlinge werden als Überlebende porträtiert; es sind dieselben, die schließlich vom Fleisch des getöteten Mithäftlings gegessen haben. Einer der Ermordeten wird Onkel genannt und tritt immer mit weißen Handschuhen auf; er trägt Attribute von Taboris in Auschwitz ermordetem Vater, der 1944 nach der Deportation der Juden aus Ungarn in Auschwitz ums Leben kam. Tabori hat dem Stück eine Widmung an Cornelius Tabori vorangestellt, der darin als »ein bescheidener Esser« bezeichnet und so zur Figur des »Onkel« im Stück in Beziehung gesetzt ist.[70] Eine zentrale Aussage des Stücks besteht in der Einsicht, dass in der Extremsituation eines Menschen als Gefangener in einem Vernichtungslager die Weigerung, sein Leben mit Hilfe eines kannibalischen Akts zu verlängern, über die eigene menschliche Würde entscheidet.

Zentrales Element der komplexen Struktur des Stücks ist das Spiel mit den unterschiedlichen Zeitebenen.[71] Dabei ist für die Rezipienten die Aufspaltung der Figuren in die Vergangenheit der Väter und die Gegenwart der Söhne ein Vierteljahrhundert nach der Befreiung von Auschwitz zu berücksichtigen, die sich nicht unmittelbar erschließt. Während die Vergangenheit der Väter sich überwiegend auf die Zeit in Auschwitz bezieht, gehören der Vätervergangenheit jedoch auch einzelne Rückblenden in die Zeit vor Auschwitz an. Für die beiden Überlebenden Heltai und Hirschler besteht diese Aufspaltung nicht; in ihnen

---

68 Roth: Theater nach Auschwitz (s. Anm. 20), S. 120f.

69 Roth: Theater nach Auschwitz (s. Anm. 20), S. 74.

70 George Tabori: Die Kannibalen [The Cannibals]. Dt. v. Peter Sandberg. In: Ders.: Unterammergau oder Die guten Deutschen (s. Anm. 67), S. 41–138; hier: S. 43.

71 Dazu Roth: Theater nach Auschwitz (s. Anm. 20), S. 76–79.

fließen, wie Roth schreibt, »Vergangenheit und Gegenwart zusammen«, so dass sie gleichsam »sich selbst« spielen.[72]

Die Komik im Stück folgt zum Teil dem Vorbild witziger Wortgefechte US-amerikanischer *screwball comedies*. Das illustriert der folgende Dialog: Auf die Frage des Häftlings Klaub, wie Onkel die Atmosphäre im Viehwaggon beschreiben würde, entspinnt sich folgender Dialog:

> ONKEL Es war schrecklich.
> KLAUB Kannst du dazu ein Beispiel anführen?
> ONKEL Lewinsky bekam einen Anfall und erstickte.
> KLAUB Schön. Was noch?
> ONKEL Langeweile.
> KLAUB Weiter.
> ONKEL Humor.
> KLAUB Von welcher Art?
> ONKEL Darüber möchte ich nichts sagen.
> HIRSCHLER »He, was glaubst du, wo wir hinfahren?«
> HELTAI »Nach Kalifornien!«
> HIRSCHLER »Ist das nicht zu weit?«
> HELTAI »Zu weit von wo?«[73]

Vor allem aber ist es die Verwendung grotesker Mittel, die Taboris Stück kennzeichnen.[74] Roth sieht im Anschluss an den psychoanalytisch orientierten Literaturwissenschaftler Carl Pietzker eine bestimmte Erwartung von Welt und Mensch als Voraussetzung für die Groteske. Diese Vorerwartung werde jedoch in der Groteske enttäuscht, so dass eine Orientierung in der Welt versagt bleibe und die Welt unheimlich werde. Bei der Analyse des Grotesken seien daher drei Momente zu beachten:

1. Der Erwartungshorizont und seine Bedeutung für das Subjekt,
2. das, was sich dieser Erwartung widersetze,
3. sowie schließlich das Bewusstsein des Lesers/Publikums bzw. des Autors.[75]

Im Unterschied zum Komischen und zum Tragischen zeichne sich die Groteske durch eine »Verbindung von Lachen und Grauen«[76] aus; Roth und Pietzcker verorten das Groteske daher zwischen Komödie und Tragödie:

> Im Gegensatz zu den beiden anderen Formen bleiben in der Groteske die Widersprüche bestehen, sie bewirkt eine gleichzeitige Einfühlung und Distanzierung des Rezipienten,

72 Roth: Theater nach Auschwitz (s. Anm. 20), S. 76.
73 Tabori: Die Kannibalen [The Cannibals] (s. Anm. 70), S. 117.
74 Vgl. zur Groteske auch den Beitrag von Anna Zachmann im Band.
75 Roth: Theater nach Auschwitz (s. Anm. 20), S. 110f. Carl Pietzcker: Das Groteske. In: DVjs 45 (1971), S. 197–211; hier: S. 199f.
76 Pietzcker: Das Groteske (s. Anm. 75), S. 209f.

so dass er ›sich mit Grauen als verstrickt erfährt und zugleich mit Lachen von außen betrachtet‹.[77]

In dieser Verbindung von emotionaler Beteiligung und gleichzeitiger Distanz durch Lachen erscheint Taboris Verfahren ästhetisch besonders überzeugend. Mit dem, was Taboris Vater wortspielerisch als »Arsch poetica« bezeichnete, protestierte Tabori gegen die Erscheinungen der Welt, die er als »Lügengewebe« begriff: »[U]nsere Worte, unsere Gesten, unsere Gesichter, unsere Körper sind in ein Geflecht von Lügensignalen verwoben, nicht aus Schlechtigkeit, sondern aus Selbsterhaltung«.[78] Konsequenterweise setzte seine Theaterkunst daher am grotesken Körper an. Im Gegensatz zu anderen Gattungen und Ausdrucksweisen ist das Theater, ebenso wie der Tanz, auf den Körper als Medium angewiesen. Die von jedem Theaterstück angestrebte Unmittelbarkeit, die Verwandlung ins Sichtbare, wie Dürrenmatt Mitte der 1950er schrieb,[79] setzt ihn, neben Bühne (zumindest im offenen Verständnis eines Raumes, in dem ein Stück stattfindet) und Publikum, voraus. Die Deformation und massenhafte Vernichtung von Körpern, vor allem das Verschwinden der Körper im Holocaust, verweigern jedoch diese Unmittelbarkeit. Die Ereignisse der Vernichtung *durch* Körper sichtbar zu machen, bleibt als dramaturgisches Dilemma Herausforderung und Aufgabe des Theaters zugleich. Tabori hat mit seinen Stücken wichtige Anstöße zu einem produktiven Umgang damit geliefert.

V. Resümee

Mindestens bis Ende der 1960er Jahre ist die Geschichte des Dramas und des Theaters in der Bundesrepublik eng verbunden mit den die Auseinandersetzung um die NS-Vergangenheit begleitenden Kontroversen.[80] Vor allem in den 1960er Jahren avancierte das Dokumentartheater insbesondere mit *Der Ermittlung* von Peter Weiss und Rolf Hochhuths *Stellvertreter* zum wichtigsten Medium der Auseinandersetzung mit der »Endlösung«, bevor diese herausgehobene Funktion spätestens Ende der 1970er Jahre an den Film abgegeben und ab den 1990er Jahren von einer Medienpluralität übernommen wurde, die kein spezifisches Medium mehr privilegiert. Die Bedeutung der US-amerikanischen TV-Serie *Holocaust*, die im Januar 1979 erstmals in der Bundesrepublik ausgestrahlt wurde, gilt heute wohl weitgehend als unstrittig. Innerhalb der gegenwärtigen

77 Roth: Theater nach Auschwitz (s. Anm. 20), S. 111. Pietzcker: Das Groteske (s. Anm. 75), S. 210f.

78 Tabori: Unterammergau oder Die guten Deutschen (s. Anm. 67), S. 27f.

79 Dürrenmatt: Theaterprobleme (s. Anm. 20), S. 35.

80 Roth: Theater nach Auschwitz (s. Anm. 20), S. 30.

Pluralität unterschiedlicher medialer Darstellungsformen des Holocaust haben auch die hier exemplarisch und in ihrem jeweiligen zeitlichen Kontext vorgestellten dramatischen Verfahren vom tragischen Realismus (Max Zweig), Brecht'scher Rollendistanz (Erwin Sylvanus), dem Dokumentartheater (Peter Weiss) und der Groteske (George Tabori) ihren Platz und erfahren Aktualisierungen. Wiewohl mit guten Gründen bestimmte Verfahren als komplexer und ästhetisch gelungener erscheinen als andere, sollte darüber nicht vergessen werden, dass die Wirkmächtigkeit eines Stückes keineswegs mit ihnen korreliert.

Obwohl der Film das Theater hinsichtlich seiner Öffentlichkeitswirkung im Bereich kultureller Darstellungen der Shoah längst ablöste, besteht eine enge Beziehung zwischen beiden Medien, was schon die ubiquitäre Verwendung der Bezeichnung »Holocaust-Drama« für Filmproduktionen von der TV-Serie *Holocaust* (1978) über *Schindler's List* (1993) bis zu *In Darkness* (W ciemności, 2011) nahelegt. Ebenso gibt es immer wieder Verfilmungen erfolgreicher Stücke: So wurden etwa das 1979 in London uraufgeführte *Bent* über ein homosexuelles Liebespaar in einem Konzentrationslager 1997 von Sean Mathias, der Welterfolg des israelischen Theaterautors Joshua Sobol *Ghetto* 2006 von Audrius Juzenas oder *Der Stellvertreter* 2002 unter der Regie von Constantin Costa-Gavras als Kinofilme produziert. Auch insofern tragen dramatische Stoffe offensichtlich weiterhin zur Auseinandersetzung mit dem Holocaust bei.

Das Theater sei allerdings keine »Abendschule zum Zweck der historischen Nachhilfe«, befand Henryk M. Broder 1984 aus Anlass der deutschen Uraufführung von Joshua Sobols Stück *Ghetto* (die israelische Uraufführung war ebenfalls 1984).[81] Ähnlich wie Andreas Huyssen, wie eingangs gezeigt, geht auch Broder ein knappes Jahrzehnt später noch davon aus, dass eine politisch-moralische Auseinandersetzung mit dem Holocaust in der Bundesrepublik ausgeblieben sei; daraus zieht er den Schluss, dass deshalb Sobols Stück in Deutschland nur missverstanden werden könne.[82] Optimistisch gedeutet, lässt sich Broders Intervention zugleich als Teil öffentlicher Aushandlungsprozesse um Deutungen des Holocaust verstehen, für die Theaterstücke weiterhin Anlässe bilden. Mit der Möglichkeit immer neuer Inszenierungen – Sobols *Ghetto* etwa hatte am 21. November 2013 unter der Regie von Christian Stückl im Münchner Volkstheater erneut Premiere – verspricht die Gattung Drama auch neue Lernprozesse. Das gilt auch dann, wenn wir Möglichkeiten und Reichweite von dessen erzieherischem Potential insgesamt für begrenzt halten.

---

81 Henryk M. Broder: Das richtige Stück für das falsche Publikum. In: Joshua Sobol: Ghetto. Schauspiel in drei Akten. Mit Dokumenten und Beiträgen zur zeitgeschichtlichen Auseinandersetzung sowie Zeichnungen von Johannes Grützke. Hg. v. Harro Schweizer. Berlin 1984, S. 215–226; hier: S. 215.

82 Broder: Das richtige Stück für das falsche Publikum (s. Anm. 81), S. 215.

Anna Zachmann

Groteske und Komik in der Shoahliteratur am Beispiel Edgar Hilsenraths

Im gleichen Maße, wie sich mit zunehmender zeitlicher Distanz Erinnerungen wandeln, ist auch der Modus des Erinnerns selbst im Verändern begriffen: Demgemäß pendelte die Auseinandersetzung mit der Shoah, der Ermordung von sechs Millionen Juden, seit 1945 immer wieder zwischen »Abwehr und Annahme, […] Verdrängung, Selbstmitleid und Larmoyanz, aber auch […] Wut, Trauer, Pathos«.[1] Bei diesem Prozess spielte auch und gerade das Medium Literatur eine fundamentale Rolle. Angefangen bei der autobiographischen Lagerliteratur etwa Elie Wiesels und Primo Levis, über die Lyrik Nelly Sachs' und Paul Celans sowie die Essayistik Jean Amérys bis hin zum Dokumentartheater Peter Weiss' wurden verschiedenste Formen einer literarischen Annäherung an die Shoah erprobt.

Alle noch so unterschiedlichen Herangehensweisen der Autorinnen und Autoren einte nicht nur das Bemühen, zur Erinnerung an die Toten und Mahnung an die Lebenden aufzurufen; angesichts der von den Tätern betriebenen Geheimhaltung und Derealisierung ihrer Verbrechen galt es auch, die Tatsache der Judenvernichtung selbst zu belegen. Nicht zuletzt darum und aufgrund des hohen Legitimationsdrucks zeichnet sich die frühe Zeugnis- und Lagerliteratur überwiegend durch einen nüchternen Dokumentarstil aus. Daneben gab es gleichwohl auch vereinzelt Versuche, sich der Shoah mittels Elementen von Satire und Groteske literarisch anzunähern und damit die unausgesprochene Übereinkunft zum Verzicht auf Darstellungsmittel aus dem Bereich der Komik zu durchbrechen.

Darf die Massenvernichtung der europäischen Juden zum Gegenstand komischer Narrative gemacht werden? Dieser Frage und Überlegung zur Berechtigung und Funktion einer komischen Shoahliteratur soll im ersten Teil der Überlegungen nachgegangen werden. Dabei wird neben den Autoren Jakov Lind und George Tabori insbesondere auf Edgar Hilsenrath eingegangen werden, dessen Werke sich durch die radikale Abkehr von einem dokumentarischen Stil

1 Michael Hofmann: Literaturgeschichte der Shoah. Münster 2003, S. 7.

und durch die Hinwendung zu provozierenden Mitteln wie Satire und Groteske auszeichnen und die Rezipientinnen und Rezipienten schockierten. Daneben kann Hilsenrath als einer der Ersten gelten, der den selbsttherapeutischen Effekt des Schreibprozesses für die Autorinnen und Autoren in ihrer Rolle als überlebende Opfer nicht nur implizit anklingen lässt, sondern offen benennt und selbstbewusst als starke Motivation für seine Schriftstellertätigkeit herausstellt. Im zweiten Teil der Überlegungen wird daher der therapeutische Effekt des Schreibprozesses beleuchtet, wobei Bruno Dössekkers alias Binjamin Wilkomirskis *Bruchstücke* als ein in seiner Larmoyanz der komischen Shoahliteratur entgegengesetztes, die selbsttherapeutische Qualität zum eigentlichen Zweck erhebendes Werk besondere Berücksichtigung findet. In einem dritten Schritt schließlich sollen die gewonnenen Erkenntnisse zusammengefasst werden.

I. Shoahliteratur und Groteske

Bereits 1945 schrieb Heinrich Mann in seinem Epochenroman *Ein Zeitalter wird besichtigt:* »Wer genug geweint hat, lacht. […] Auch die martyrisierten Völker Europas werden eines tages [sic!] finden, daß sie unverwandt ernst zu nehmen zu viel Ehre wäre für ihre Quäler.«[2] Dennoch standen komische, das heißt vermeintlich unernste Erzählstrategien sowohl in der Literatur als auch im Film lange unter Generalverdacht, aus der Darstellung des Grauens die Befriedigung eines abgründigen Verlangens zu ziehen.[3] Schon Adorno hatte seine provokante, wirkmächtige These, nach Auschwitz ein Gedicht zu schreiben sei barbarisch, mit der Gefahr begründet, in die jede Ästhetisierung des Grauens geraten musste: »Die sogenannte künstlerische Gestaltung des nackten körperlichen Schmerzes der mit Gewehrkolben Niedergeknüppelten enthält, sei's noch so entfernt, das Potential, Genuß herauszupressen.«[4] Die Aporie ergibt sich aus dem Bedürfnis der überlebenden Opfer heraus, ihr erlittenes Schicksal mitzuteilen.[5] Die Darstellung von Schmerz und Trauer darf nicht verwehrt werden, zumal das

2 Heinrich Mann: Ein Zeitalter wird besichtigt. Düsseldorf 1972, S. 537.

3 Vgl. Margrit Frölich, Hanno Loewy und Heinz Steinert: Lachen darf man nicht, lachen muss man. Zur Einleitung. In: Lachen über Hitler – Auschwitz-Gelächter? Filmkomödie, Satire und Holocaust. Hg. v. Margrit Frölich, Hanno Loewy und Heinz Steinert. München 2003, S. 9–18; hier: S. 13.

4 Theodor W. Adorno: Engagement. In: Suhrkamp-Taschenbuch Wissenschaft. Hg. v. Rolf Tiedemann, Bd. XI: Gesammelte Schriften. Frankfurt a. M. 1974, S. 409–430; hier: S. 423.

5 Auch darauf nahm Adorno später Bezug, als er 1966 in seiner *Negativen Dialektik* seine frühere These im Hinblick auf die Opfer revidierte: »Das perennierende Leiden hat so viel Recht auf Ausdruck wie der Gemarterte zu brüllen; darum mag falsch gewesen sein, nach Auschwitz ließe kein Gedicht mehr sich schreiben.« Vgl. Theodor W. Adorno: Negative Dialektik. Frankfurt a. M. 1973, S. 355.

Zeugnisablegen, in welcher Form es auch immer geschehen mag, gleich mehrere Funktionen beinhaltet: eine erinnernde, damit verschränkt eine mahnende, und eine (selbst)therapeutische. Obwohl die Shoah durchaus literarisch vergegenwärtigt wurde, so war die Verwendung zum Lachen reizender Elemente doch immer noch ein Tabu. Als das eigentlich Problematische galt nicht unbedingt die Komik selbst als künstlerische Ausdrucksform, sondern vielmehr die unterstellte Reaktion der Rezipienten: das Lachen.[6] Lachen im Angesicht der Shoah, darf man das? »Was bedeutet Lachen im Kontext eines Verbrechens, das alle traditionellen Narrative, ja die Möglichkeit des Erzählens selbst zu sprengen scheint?«[7]

Angesichts der Tatsache, dass bereits die bloße Fiktionalisierung der Shoah unter hohem Legitimationsdruck stand – man denke an Elie Wiesels Überzeugung, eine Narration über die Shoah sei Blasphemie, und ein Roman über Treblinka sei entweder kein Roman oder handle nicht von Treblinka[8] –, so galt erst recht die narrative Verfremdung der Shoah ins Lächerliche als Skandalon ersten Ranges, als blasphemischer Akt, welcher den Opfern noch zusätzlich Hohn sprechen musste. Im Gegenzug hierzu wurde das anarchische Wirkungspotential des Lachens geltend gemacht, seine bedrohliche, erschütternde Schlagkraft. Es hat umstürzlerischen Charakter, wenn es an bestehenden Umständen rüttelt, und macht weder vor dem Höchsten noch dem Niedrigsten halt. Dem Lachen ist bekanntlich nichts heilig, da es in seiner Polyvalenz und seinem Formenreichtum alle Grenzen missachtet.[9] Hat das Lachen einerseits das Potential, Belastungen abzubauen und aufs Äußerste befreiend zu wirken, so kann es doch andererseits auch tiefe Beklemmung bis hin zu Entsetzen und Grauen hervorrufen – man denke nur an das sprichwörtlich gewordene dämonische Lachen.

Das Lachen über satirische Auseinandersetzungen mit der Person Hitlers oder dem Nationalsozialismus als solchem wurde weit weniger emphatisch

6 Vgl. Sandra Nuy: Comic relief – laughing about Hitler, Goebbels & Co. Impulses for Discussion, unter http://www.bpb.de/veranstaltungen/dokumentation/127465/perpetrator-research-in-a-global-context-taeterforschung-im-globalen-kontext [abgerufen: 30.10.2014].

7 Margrit Frölich, Hanno Loewy und Heinz Steinert: Lachen darf man nicht, lachen muss man. Zur Einleitung. In: Lachen über Hitler – Auschwitz-Gelächter? (s. Anm. 3), S. 9.

8 So schrieb Wiesel im englischen Original 1977 wie folgt: »A novel about Treblinka is either not a novel or not about Treblinka. A novel about Majdanek is about blasphemy. *Is* blasphemy. Treblinka means death, absolute death, death of language and of hope, death of trust and of inspiration. […] How can one write about a situation which goes beyond its very description?« Elie Wiesel: The Holocaust as Literary Inspiration. In: Dimensions of the Holocaust. Hg. v. Elie Wiesel, Lucy Dawidowicz, Dorothy Rabinowitz und Robert McAfee Brown. Evanston/Illinois 1990, S. 5–19; hier: S. 7.

9 Vgl. Rüdiger Steinlein: Das Furchtbarste lächerlich? Komik und Lachen in den Texten der deutschen Holocaust-Literatur. In: Kunst und Literatur nach Auschwitz. Hg. v. Manuel Köppen. Berlin 1993, S. 97–106; hier: S. 98f.

verhandelt als seine Verbindung mit der Shoah. Wenn die Ermordung der Juden zum Gegenstand komischer Narrative wird, darf niemals aus dem Blick geraten, *wer worüber* lacht: Der Grat zwischen dem *Ver*lachen der Opfer, wie es etwa im sadistischen Gelächter der SS zum Ausdruck kommt, und dem Lachen *über* das Grauen, dem Dagegen-Anlachen, ist schmal.

Aber gerade im Zunutzemachen des anarchischen Impulses des Komischen kann die Möglichkeit ergriffen werden, sich der absurden Ungeheuerlichkeit des Zivilisationsbruches provokativ anzunähern. Zu den in Deutschland bekanntesten Autoren, die den Weg der literarischen Fiktionalisierung der Shoah mittels komisierender Formen der Verfremdung einschlugen, gehören Jakov Lind mit seinem Erzählband *Eine Seele aus Holz* (1962), Jurek Beckers *Jakob der Lügner* (1969) und Edgar Hilsenrath mit seinen Werken, bisweilen wird auch Günter Grass mit seiner *Blechtrommel* (1959) dazugerechnet. Auch in Deutschland lange Zeit weniger bekannte und erst spät zur Kenntnis genommene Erzähler wie beispielsweise Tadeusz Borowski (*Bei uns in Auschwitz* (1946))[10] oder Johannes Bobrowski (*Der Tänzer Malige* (1965)) verbanden die Darstellung der Shoah auf unterschiedlichste Art und Weise mit Elementen von Humor und Groteske.[11]

Auf dramaturgischer Seite suchen die grotesken Stücke George Taboris eine Antwort darauf, dass im Zivilisationsbruch der Shoah das Scheitern des Projektes der Aufklärung und damit zusammenhängend auch das Scheitern der von Schiller beschworenen ›Schaubühne als moralische Anstalt‹ offenbar wurde. Vor allem Taboris groteskes Theaterstück *Die Kannibalen* (1969) kann als Inbegriff einer Infragestellung der bürgerlichen Institution des Theaters nach der Shoah betrachtet werden.

In der radikalen, provokanten Umsetzung grotesker Elemente lassen sich zwischen der Prosa Edgar Hilsenraths und den Theaterstücken George Taboris einige Gemeinsamkeiten finden, etwa die übersteigerte Herausstellung extremer Körperlichkeit in Form von Monstrosität oder die Zusammenführung antonymer Sinnebenen im Roman ähnlich der Inszenierung von Widersprüchlichkeiten im Drama. In ihrer Konzentration auf die Dialogform erinnern die Romane

10 Die 2007 im Verlag Schöffling & Co erschienene Neuübersetzung dieses Erzählbandes aus dem Polnischen von Friedrich Griese kann als Indiz für die überfällige Würdigung der Schriften Borowskis auch in Deutschland angesehen werden.

11 Ungeachtet der Tatsache, dass all diese genannten Autoren mit ihren Texten das »Furchtbarste lächerlich« (Steinlein) zu machen suchen, lassen sich gleichzeitig gravierende Unterschiede in der Darstellung und in der rezeptionsästhetischen Wirkung ihrer Werke ausmachen: Während etwa Jurek Beckers Roman *Jakob der Lügner* (1969) als eine einfühlsame, mit liebenswerten Charakteren ausgestattete Tragikomödie erscheint, zielen die Autoren verstörend-grotesker Werke wie Jakov Lind oder Edgar Hilsenrath darauf ab, beim Leser einen kognitiven Schock zu erzeugen.

Hilsenraths, der sich selbst als »verhinderten Dramatiker«[12] bezeichnet, an die Kommunikationsform des Dramas. Zugleich schöpft Hilsenrath aber auch die Möglichkeiten des epischen Textes – etwa den ungebundenen Umgang mit der Zeit, der sprunghafte Vor- oder Rückgriffe ermöglicht – voll aus. In erster Linie kann die prosaische Form, im Gegensatz zum Theater, das groteske Stilmittel auf die Beschreibung von Räumen, Landschaften, Personen und Sachverhalten ausdehnen. So heißt es etwa bei Hilsenrath: »Die Eisblumen hatten Angst vor der Sonne und pinkelten entsetzt auf die Fensterscheibe. […] Ja. Der Schnee war verzweifelt. Aber die Sonne… die lachte… die lachte höhnisch über den verzweifelten Schnee.«[13] – durch groteske Sätze wie diesen gelingt dem Romancier die Entfremdung des Lesers von einer absurd gewordenen Welt.

Bei allen Divergenzen haben die hier näher besprochenen komischen Verarbeitungen der Shoah in Prosa wie Dramatik eines zum Ziel: dass das Lachen des Rezipienten niemals auf Kosten der Opfer geht. Nicht die Massenvernichtung selbst soll lächerlich gemacht werden, sondern ihre Verursacher. Vielmehr versuchen die genannten Autoren,[14] gerade *durch* den provokanten Einsatz von Elementen des schwarzen Humors oder der Groteske die Absurdität des Grauens, angesichts derer jede intellektuelle Annäherung an ihre Grenzen stoßen muss, herauszustellen und zu entlarven.

II. Exemplarische Analyse: Edgar Hilsenraths *Der Nazi & der Friseur*

Im Kontext von Autorinnen und Autoren, welche ebenfalls die literarische Annäherung an die Shoah mittels humoristischer Elemente erproben, behauptet Hilsenrath eine herausgehobene Sonderstellung; namentlich sein Roman *Der Nazi & der Friseur* (1969) gilt als Inbegriff einer schockierend provokanten,

---

12 Vgl. Hilsenraths Aussage im Interview mit der taz vom 26.11.1983: »Ich bin eigentlich ein verhinderter Dramatiker und meine Romane sind eher Bühnenstücke in Romanform. Die Bilder spielen eigentlich auf einer fiktiven Bühne und die Gestalten erzählen und handeln auch. Das heißt ich erzähle überhaupt nicht, sondern meine Figuren.« Groteske (und) Gegenwart. Interview mit Edgar Hilsenrath über sein neues Buch *Zibulsky oder Antenne im Bauch.* Interview von Alice Franck. In: Die Tageszeitung (taz), 26.11.1983.

13 Edgar Hilsenrath: Der Nazi und der Friseur. In: Gesammelte Werke. Hg. v. Helmut Braun, Bd. II: Der Nazi und der Friseur. Berlin 2004, S. 161f.

14 In der Tat wurden bisher ausschließlich männliche Autoren genannt, was der Tatsache geschuldet ist, dass der Fokus auf der komischen Shoah-Literatur der ersten Generation liegt. Daher seien mit Minka Pradelski, Gila Lustiger oder Eva Menasse auch einige Autorinnen der zweiten/dritten Generation genannt, welche ebenfalls die Thematisierung der Shoah und die transgenerationale Weitergabe der Traumatisierung mittels humoristischer Elemente vornehmen.

exzentrisch-grotesken Spielart des Erzählens von der Shoah.[15] Im Mittelpunkt dieses Werkes steht der mit Zügen des Pikaros ausgestattete negative Romanheld Max Schulz. Schulz legt seine Lebensbeichte ab: Als SS-Mann im fiktiven KZ »Laubwalde« zum Massenmörder geworden, nimmt er nach dem Zweiten Weltkrieg unter dem Namen seines von ihm ermordeten ehemaligen Schulfreundes Itzig Finkelstein eine jüdische Identität an, woraufhin er sich in Israel eine angesehene kleinbürgerliche Existenz aufbaut.

Das groteske Prinzip offenbart sich bereits in der Kernidee des Romans, dem Rollentausch zwischen Täter und Opfer;[16] verstärkt wird es darüber hinaus durch die den antisemitischen Ressentiments entsprechenden physiognomischen Zuschreibungen des »Ariers« Max Schulz, der als krummnasig, plattfüßig und froschäugig beschrieben wird. Auch bei der Charakterisierung seiner Figuren ruft der Autor sämtliche rassistisch-antisemitischen Stereotype auf, um sie anschließend durch groteske Umkehrung ad absurdum zu führen und der Lächerlichkeit preiszugeben.

Wolfgang Kayser[17] eröffnete mit seiner 1957 erschienenen grundlegenden Studie die neuere Diskussion über das Groteske in Malerei und Dichtung,[18] wobei er den Wandel des Ausdruckes »grotesk« von einer »Sachbezeichnung […] zu einer ästhetischen Kategorie, die auf Schaffenshaltung […], auf Inhalte und Strukturen und zugleich auf Wirkungen zielte«,[19] nachzeichnete. Während Kayser die Gestaltung des Grotesken als »Versuch, das Dämonische in der Welt zu bestimmen und zu beschwören«[20] deutete, damit jedoch keine besonders

15 Vgl. Steinlein: Das Furchtbarste lächerlich? (s. Anm. 9), S. 103.

16 Dieses Motiv steht in der Shoahliteratur keineswegs alleine; so wird beispielsweise in Jakov Linds blutig-grotesker Erzählung *Eine Seele aus Holz* (1962) ein Rollenwechsel zwischen skrupellosen Nazimördern und deren Opfern gestaltet, während sich in Jurek Beckers Roman *Bronsteins Kinder* (1986) drei Shoahüberlebende zu grausamen Richtern über ihren ehemaligen Peiniger erheben. Ebenfalls einen Rollentausch weist Aleksandar Tišmas Roman *Kapo* (1987) auf, ein Werk, welches allerdings ohne die Einbindung komischer, grotesker Elemente auskommt: Hier überlebt ein kroatischer Jude nur, indem er durch einen Identitätswechsel zum Helfershelfer der SS-Mörder und damit ebenfalls zum Täter wird; der titelgebende Kapo vergeht sich sexuell an jungen weiblichen Häftlingen. Zum Motiv des Identitätswandels siehe auch folgenden Band: Nike Thurn: Falsche Juden. Performative Identitäten in der deutschsprachigen Literatur von Lessing bis Walser. Göttingen 2015.

17 Es soll nicht unerwähnt bleiben, dass sich Wolfgang Kayser bereits Anfang der 1930er Jahre dem Nationalsozialismus gegenüber linientreu zeigte. Ihm wird jedoch ein erfolgreich abgeschlossenes Entnazifizierungsverfahren sowie die Abkehr von der politisierten NS-Germanistik attestiert. Vgl. unter: http://www.deutsche-biographie.de/sfz40296.html sowie unter: https://www.unidue.de/einladung/Vorlesungen/gegenstand/kayser.htm [abgerufen: 31.10.2014].

18 Wolfgang Kayser: Das Groteske. Seine Gestaltung in Malerei und Dichtung. Oldenburg, Hamburg 1957.

19 Kayser: Das Groteske (s. Anm. 18), S. 193.

20 Kayser: Das Groteske (s. Anm. 18), S. 202.

brauchbare, sondern vielmehr eine recht unbestimmte Begriffsbestimmung lieferte, vermerkte Christian W. Thomsen 1977 als Forschungsresultat, dass

> gegen Ende der sechziger Jahre über Grenzen und Nationalliteraturen hinweg weitgehende Übereinstimmung bezüglich der zeitunabhängigen Komponenten des Grotesken besteht: Inkongruität, Distortionsprinzipien,Verschmelzung disparater Formen, Zerstörung von Erwartungshorizonten sind allen theoretischen Ansätzen gemeinsame Gesichtspunkte.[21]

Arnold Heidsieck, welcher in seinen theoretischen Überlegungen zum soziologischen Aspekt zwischen dem Grotesken des Inhalts und dem der Form unterscheidet, sieht inhaltlich das Groteske in der Unvereinbarkeit der Vorstellung, dass der lebendige Mensch zum technischen Produkt entstellt wird; eine »Entstellung, die das Schreckliche und Lächerliche auf die Spitze, zum unerträglichen Widerspruch treibt: die produzierte Entstellung des Menschen, die von Menschen verübte Unmenschlichkeit«.[22] Unserem neuzeitlichen Humanitätsideal gemäß ist nach Heidsieck nicht die (literarisch dargestellte) Entstellung, Erniedrigung oder Ermordung des Menschen grotesk – erst wenn dies von Menschen vorgenommen wurde, mit dem einzigen Zweck, den »Menschen als bloßes Mittel für Menschen«[23] werden zu lassen, tritt neben das Grauen das Lächerliche, weil sich der Mensch damit seines Menschseins beraubt.[24] »Der logische Widerspruch – dass ein Mensch [dem Menschen, AZ] zur Sache wird – ist das Lächerliche.«[25]

Als erstes Beispiel für ein fundamentales Strukturmerkmal der Groteske ist die Kategorie des »Monströsen« zu nennen. Im Hilsenrathschen Werk wird ihr vor allem durch die Beschreibung von Körperlichkeit Rechnung getragen. Die Disproportionierung spezifischer Figuren dient in erster Linie ihrer Typisierung – extremstes Beispiel ist der überdimensionale Penis von Max Schulzens Stiefvater Slavitzki, welcher Max als Säugling brutal vergewaltigt.[26] Dabei reizt nicht der Akt der pädophilen Vergewaltigung an sich zum Lachen, sondern vielmehr

21 Christian W. Thomsen: Das Groteske und die englische Literatur. Darmstadt 1977, S. 190.
22 Arnold Heidsieck: Das Groteske und das Absurde im modernen Drama. Stuttgart 1969, S. 17.
23 Heidsieck: Das Groteske und das Absurde im modernen Drama (s. Anm. 22), S. 18.
24 Winfried Pathe: Das Groteske in den Dramen Ernst Barlachs. Frankfurt a. M. 1990, S. 21.
25 Heidsieck: Das Groteske und das Absurde im modernen Drama (s. Anm. 22), S. 17.
26 Es sei angemerkt, dass die literarische Außenseiterposition Edgar Hilsenraths nicht zuletzt aus der engen Verschränkung von Sexualität und Shoah resultiert, die sein gesamtes Werk kennzeichnet – der exzentrisch-provokante Konnex dieser Motive galt lange als Tabubruch. Erst in der Literatur der nachgeborenen Generation, in der die literarische Thematisierung der Shoah mittels Komik und Groteske eine Renaissance erfuhr, erlebte auch die Einbindung von Sexualität als Erzählsujet in der Shoahliteratur einen Aufschwung: Die Verschränkung der Motive Shoah und Sexualität ist salonfähig geworden, und es gilt als Gemeinplatz, dass Identitätsfindung in der deutsch-jüdischen Literatur der zweiten Generation auch – und nicht zuletzt – auf sexuellem Gebiet ausgehandelt wird.

die Beschreibung Slavitzkis, welcher sein monströses Glied, das auch als »riesiger Bandwurm« bezeichnet wird, mit einem Gummiband an seinem Schenkel befestigt. Dadurch bekommt es die »Konnotation des Halfterbandes von Revolverhelden aus Wildwestfilmen«.[27] Das Lachen des Rezipienten erhält hier seine Legitimation dadurch, dass es kein affirmatives ist, sondern in klarem Gegensatz zum dargestellten Sachverhalt steht.

Auf Dialog- und Sachebene manifestiert sich in Hilsenraths *Der Nazi & der Friseur* ein weiteres Gattungsspezifikum, nämlich die akausale Verknüpfung zweier miteinander unvereinbarer Sinnebenen. Die »überraschende Zusammenfügung des Heterogenen«[28] als charakteristisches Gattungsprinzip des Grotesken wird in folgendem Bericht des inzwischen zum Juden mutierten Massenmörders Max Schulz deutlich, welcher sich als rührender Krankenpfleger jüdischer Kinder auf der »Exitus« stilisiert:

> Alle Kinder auf der ›Exitus‹ kriegen Vitaminspritzen! […] Bei uns in Laubwalde wurden zuweilen, bei Sonderfällen, Spritzen verabreicht. Phenol! Tödlich!
> Ich erinnere mich: Eine Zeitlang machte ich Dienst im Lazarett, weil einer der Sanitäter krank war. Leichte Arbeit. Einmal töteten wir zirka 100 Kinder. […] Und ich hielt die Spritze mit dem tödlichen Phenol in der Hand. […] Und dann stach ich die Nadelspitze blitzschnell ins Herz meiner Patienten, meiner Kinder. Die waren gleich tot. Kleine tote Engel. […]
> Ich habe den Kindern der ›Exitus‹ die Spritze verabreicht. Kam mir dabei wie ein Heiliger vor, ein geläuterter und verwandelter Massenmörder. Denn keines meiner Kinder fiel tot vom Stuhl.
> Seit der Vitaminkur lieben mich die Kinder.[29]

In der Unangemessenheit dieser grotesken Stilisierung – der Massenmörder als Heiliger –, das heißt in der Zusammenführung antonymer Sinnelemente zeigt sich ganz speziell die ambivalente Wirkung des Grotesken, die sich als unaufgelöste Spannung von Lachen und Grauen äußert.

Die beiden ausgewählten Textbeispiele – zur Monstrosität des Gliedes und zur Selbststilisierung Max Schulzens zum Heiligen – stehen für zwei grundlegende Gestaltungskriterien der Groteske. Sie machen ihre besondere Funktion hinsichtlich des Wirkungspotentials der Hilsenrathschen Groteske deutlich: In beiden Fällen kann konstatiert werden, dass sich der Charakter des Lachens zu seinem Gegenstand in Opposition befindet. Der Vorwurf, dem sich groteske Texte immer wieder ausgesetzt sehen, nämlich – wenn auch ungewollt – eine implizite Bagatellisierung der Shoah voranzutreiben, greift in beiden Fällen

---

27 Dietrich Dopheide: Das Groteske und der schwarze Humor in den Romanen Edgar Hilsenraths. Berlin 2000, S. 124.

28 Clemens Heselhaus: Deutsche Lyrik der Moderne von Nietzsche bis Yan Goll. Die Rückkehr zur Bildlichkeit der Sprache. Düsseldorf 1961, S. 287.

29 Hilsenrath: Der Nazi und der Friseur (s. Anm. 13), S. 280f.

nicht. Sie rufen kein das Grauen verharmlosendes Lachen hervor, sondern vielmehr ein unversöhnliches und den ästhetischen Genuss verweigerndes Lachen. Die durch Hilsenraths groteske Darstellungsweise hervorgerufene Komik ist damit »eher subversiv als affirmativ, denn sie relativiert die im Lachen liegende Affirmation«.[30] Wolfgang Kayser vertritt in seiner Studie die These, dass eine Sinngebung durch das Groteske nicht möglich sei: »Der Gestalter des Grotesken darf und kann keine Sinngebung versuchen.«[31] Dieser Theorie widerspricht Clemens Heselhaus vehement, wenn er auf die sozialkritische Intention des grotesken Stilprinzipes verweist.[32] Im Gegensatz zu Kayser sieht Heselhaus in den literarischen Gestaltungen des Grotesken »ein entscheidendes Mittel zur Selbsterkenntnis der Gesellschaft«.[33] Im Zunutzemachen der gesellschaftskritischen Funktion von Groteske, Satire und schwarzem Humor gelingt es Hilsenrath einerseits, mittels grotesker Verzerrungen und von Redundanzen geprägter Dialoge, deren Sinnentleertheit sich selbst dekuvriert, die Absurdität der Judenvernichtung aufzuzeigen und zugleich dahinterstehende Mechanismen von Macht- und Gewaltverhältnissen transparent zu machen. Im gleichen Zug, wie Hilsenrath mit seinen Werken das Stereotyp des »lüsternen Juden« parodiert, entlarvt er die Kontinuität antisemitischer, rassistischer Ressentiments innerhalb der deutschen Nachkriegsgesellschaft, wobei er sich insbesondere um eine Abkehr vom scheinheiligen, gesellschaftlich positiv sanktionierten Philosemitismus bemüht: So verzichtet er etwa in seinem Ghetto-Roman *Nacht* (1964) bewusst auf eine idealisierende Figurendarstellung und schreibt gegen eine Haltung an, welche Juden als in einer moralisch integren Opferidentität verhaftet und damit erneut als die genuin Anderen sehen will.[34]

Gleich in mehreren seiner autobiographisch motivierten Shoah-Romane – so etwa in *Nacht*, *Fuck America* (1980) oder *Die Abenteuer des Ruben Jablonski* (1997) – stellt Hilsenrath einen durch seine Erlebnisse zutiefst traumatisierten, psychisch wie physisch versehrten Protagonisten ins Zentrum seines Werks. Dabei wird insbesondere anhand des Motivs der Sexualität, welche in einem fast

30 Dopheide: Das Groteske und der schwarze Humor in den Romanen Edgar Hilsenraths (s. Anm. 27), S. 15.

31 Kayser: Das Groteske. Seine Gestaltung in Malerei und Dichtung (s. Anm. 18), S. 200.

32 Vgl. Dopheide: Das Groteske und der schwarze Humor in den Romanen Edgar Hilsenraths (s. Anm. 27), S. 56.

33 Heselhaus: Deutsche Lyrik der Moderne von Nietzsche bis Yan Goll (s. Anm. 28), S. 287.

34 Gleiches gilt auch für einige andere Werke der komischen Shoahliteratur wie etwa Jakov Linds *Eine Seele aus Holz* oder Jurek Beckers *Bronsteins Kinder*. Auch auf nichtjüdischer Seite findet sich mit Johannes Bobrowski ein Autor, welcher in grotesken, hintergründig komischen Erzählungen wie etwa *Der Tänzer Malige* bei der literarischen Darstellung jüdischer Opfer von einer Idealisierung dieser Figuren aufgrund seines Bemühens um »möglichste Authentizität« absieht. Johannes Bobrowski: Selbstzeugnisse und neue Beiträge über sein Werk. Stuttgart 1976, S. 19.

ausschließlich negativen Bedeutungsfeld steht und häufig mit Gewalterfahrungen verschränkt ist, die seelische Beschädigung der (männlichen) Figuren aufgezeigt und herausgestellt.[35] Thematisiert der Autor in seinem ersten Roman *Nacht* noch – unter provokativer Ausblendung der Exterminatoren des Ghettos – die körperliche, moralische und seelische Brechung der Häftlinge, so lässt sich in späteren Werken Hilsenraths eine Verschiebung beobachten. Nun liegt der Fokus auf der Konstitution der Überlebenden: Literarisch in den unauflöslichen Spannungszustand zwischen Komik und Grauen gebettet, beschreibt Hilsenrath die Isoliertheit, Traumatisierung und existenzielle Not derer, welche Flucht, Verfolgung, Ghetto und Lager überlebten.

III. Groteskes vs. therapeutisches Schreiben: Hilsenrath vs. ›Wilkomirski‹

Angesichts der Singularität der Shoah wurde in Bezug auf die Überlebenden der Massenvernichtung der Begriff der »Extremtraumatisierung« entwickelt.[36] Es wurde oftmals die Beobachtung gemacht, dass viele der seelisch und teilweise auch körperlich versehrten, kumulativ traumatisierten[37] Überlebenden zumindest in den ersten Jahren nach ihrer Befreiung aus den Vernichtungslagern über ihre Erlebnisse schwiegen – eine Reaktion, die nicht zuletzt auf die ablehnende, wenig verständnisvolle Haltung der Umwelt zurückzuführen ist.[38] Dieses Schweigen wurde durch das Postulat der Unvergleichbarkeit der Shoah noch begünstigend vorangetrieben: Die Erfahrungen der Überlebenden überschritten, so die Auffassung, die durch Sprache gesetzten Grenzen. Oftmals wurde auch die Angst vor einer durch das Erinnern hervorgerufenen Retraumatisierung[39] formuliert. Verdrängung und Verstummen waren die Folge. In der

35 Mit Blick auf den *Nazi & Friseur* wurde bereits am Beispiel von Slavitzkis Penis deutlich, dass dieser nur sekundär der sexuellen Befriedung dient, sondern vielmehr als Waffe zur Erniedrigung und Verletzung anderer fungiert. Vgl. Dopheide: Das Groteske und der schwarze Humor in den Romanen Edgar Hilsenraths (s. Anm. 27), S. 124.

36 Vgl. Ilka Quindeau: Trauma und Geschichte. Interpretationen autobiographischer Erzählungen von Überlebenden des Holocaust. Frankfurt a. M. 1995, S. 38–40.

37 Der Begriff der kumulativen Traumatisierung wurde angesichts der in vielerlei Hinsicht und über einen langen Zeitraum hinweg traumatisierten Juden im Unterschied zur bis dahin geltenden Auffassung von Einzeltraumata entwickelt. Vgl. Quindeau: Trauma und Geschichte (s. Anm. 36), S. 4.

38 Vgl. Quindeau: Trauma und Geschichte (s. Anm. 36), S. 55–57.

39 Der Psychologe Niederland, welcher seinen Patientinnen und Patienten Unwillen bei der Beantwortung von Fragen zu ihren Erlebnissen im Konzentrationslager sowie eine untertreibende Art und Weise der Schilderung attestiert, führt diese Tendenz auf die Angst der Shoah-Überlebenden zurück, dass sie »bei der Exploration ihrer Erlebnisse die Selbstkontrolle verlieren und seelisch unter der Wucht der aufkommenden Erinnerungen an den Terror

deutschen Nachkriegsgesellschaft, die in weiten Teilen daran interessiert war, den Holocaust vergessen zu machen, wurde diese Haltung gern aufgegriffen. Es entstand eine »conspiracy of silence«, die Konsequenzen hatte, was die Möglichkeit einer Trauerarbeit und damit einhergehend die psychische Befindlichkeit der überlebenden Opfer der Massenvernichtung in der deutschen Nachkriegsgesellschaft – aber auch in anderen Ländern, von denen aus die deutsche ›Vergangenheitsbewältigung‹ beobachtet wurde – betraf. Für viele der traumatisierten Shoah-Überlebenden stellte die schriftliche Niederlegung ihrer Erinnerungen einen zentralen Schritt zur Auseinandersetzung mit der Vergangenheit und Wiederaneignung von Identität dar. Während Autoren wie Primo Levi, Elie Wiesel oder Jean Améry – um nur wenige Namen zu nennen – ihre Erfahrungen bereits in den ersten Jahren oder Jahrzehnten nach der Shoah aufzeichneten, fixierten andere ihre Erinnerungen erst aus einer großen zeitlichen Distanz heraus: Jorge Semprún etwa verweist in seinem programmatischen Romantitel *Schreiben oder Leben* (1995) darauf, dass ihn die verfrühte Erinnerung an die verdrängte Traumatisierung das Leben gekostet hätte.

Die – ob direkt nach der Befreiung oder erst nach vielen Dekaden – niedergelegten Erinnerungen zahlreicher Shoah-Überlebender lassen sich so als »Bewältigungsversuche Überwältigter«[40] lesen. Gleichwohl stand die Kreativität aller Autorinnen und Autoren doch stets primär im Dienste von Mahnung und Aufklärung: Nur als Nebeneffekt wurde die potentielle selbsttherapeutische Wirkung des Schreibprozesses für eine Beschädigung ›mitgenommen‹, die zwar offensichtlich vorhanden, doch im nüchternen Dokumentarstil fern jeglicher Betroffenheitsrhetorik meist unausgesprochen blieb. Ein Autor wie Jean Améry etwa bezieht in seinen *Ressentiments* von 1966 explizit Stellung gegen die Lockungen eines »verführerische[n], tröstende[n] Selbstmitleid[s]«[41] und den Habitus selbsttherapeutischen Schreibens.[42] Schlagzeilen machte in den 1990er-Jahren hingegen ein Werk, dessen Autor die eigene Beschädigung nicht verbarg, sondern im Gegenteil offensiv zur Schau stellte und die selbsttherapeutische Qualität des mühevollen Erinnerungs- und Schreibprozesses gar zum alleinigen Zweck seiner Ausführungen erhob: Als Binjamin Wilkomirski 1995 mit seinem im Jüdischen Verlag bei Suhrkamp erschienenen Werk *Bruchstücke* an die Öf-

zusammenbrechen könnten.« William G. Niederland: Folgen der Verfolgung: das Überlebenden-Syndrom. Seelenmord. Frankfurt a. M. 1980, S. 230.

40 Durch das menschenverachtende System der Vernichtungslager wurde die Identität der Betroffenen mit der eigenen Lebensgeschichte zerstört. In Abwandlung des Améry-Titels *Bewältigungsversuche eines Überwältigten.*

41 Jean Améry: Ressentiments. In: Ders.: Jenseits von Schuld und Sühne. Bewältigungsversuche eines Überwältigten. München 1966, S. 101–130; hier: S. 110.

42 Bettina Bannasch: F für Fälschung, K für Kitsch oder L für Literatur? Zu Binjamin Wilkomirskis ›autobiographischem‹ Roman Bruchstücke. In: Überleben schreiben. Zur Autobiographik der Shoah. Hg. v. Manuela Günter. Würzburg 2002, S. 179–200; hier: S. 192f.

fentlichkeit trat, wurde ihm große Aufmerksamkeit und Bewunderung ob der seinem Werk zugeschriebenen literarischen Qualität zuteil. Das Werk wurde in neun Sprachen übersetzt, mehrfach ausgezeichnet – unter anderem mit dem renommierten »National Jewish Book Award« in der Kategorie Autobiographie/Memoiren – und von einigen Rezensenten neben Primo Levi, Jean Améry oder Imre Kertész in die Reihe der großen Werke der Shoahliteratur aufgenommen. Wilkomirskis vermeintliche Autobiographie mit dem Untertitel *Aus einer Kindheit 1939–1948* wurde zum Vorzeigewerk authentischer Zeugnisse der Erinnerungsliteratur stilisiert, die Rezeptionsgeschichte war bezeichnenderweise auch und gerade von Historikerinnen und Historikern – und gegen die Warnung Raul Hilbergs, der schon früh den Verdacht der Fälschung geäußert hatte – beinahe durchweg positiv.

Umso größer war die Empörung, als der Autor Daniel Ganzfried drei Jahre später glaubhaft Wilkomirskis Identität in Zweifel ziehen und diesen als den Schweizer Bruno Dössekker bzw. Grosjean entlarven konnte: Der 1941 als uneheliches Kind im Schweizer Biel geborene Dössekker sei niemals im KZ gewesen, sondern in einem Kinderheim aufgewachsen und 1957 von seinen Pflegeeltern, einem Ärztepaar aus Zürich, adoptiert worden.[43] Wurde Dössekker alias Wilkomirski von Ganzfried als »kalt planender, systematisch vorgehender Fälscher«[44] bezeichnet und weithin als schamloser Betrüger verdammt, so verzichteten andere bewusst auf eine moralische Verurteilung und verwiesen auf das Phänomen der Scheinerinnerung (»false memory syndrom«).[45] Dössekker selbst hatte 1997 gemeinsam mit dem Psychologen Elitsur Bernstein auf einem Kongress zum Thema »Holocaust und Trauma« ein Therapiekonzept vorgestellt, mit welchem verdrängte traumatische Kindheitserinnerungen zurückgewonnen werden sollten.[46] Die im Zuge dieses propagierten Prozesses ›wiedererlangten‹ Erinnerungen Dössekkers, so die These seiner Verteidiger, hatten tatsächlich reale Entsprechungen, waren jedoch durch komplexe Verschiebungen in verkehrte Zusammenhänge gebracht worden und hatten Dössekker so zum Opfer

43 Vgl. Daniel Ganzfried: Die geliehene Holocaust-Autobiographie. In: Die Weltwoche, 27.08.1998.

44 Daniel Ganzfried: Binjamin Wilkomirski und die verwandelte Polin. In: Die Weltwoche, 04.11.1999.

45 Letztlich spielt für die literaturwissenschaftliche Herangehensweise die Frage, ob Wilkomirski Opfer falscher Erinnerungen, kaltblütiger Lügner oder authentischer Zeuge ist, eine untergeordnete Rolle – auch wenn diese Frage selbstverständlich generell insofern von Bedeutung ist, als dass selbst einem ›Opfer‹ Wilkomirski die Diskreditierung zahlreicher Zeugnisse von Überlebenden – auch und gerade der »Child Survivors« – anzulasten ist. Zugleich aber kamen seine leidenschaftlichsten Verteidiger aus eben dieser Gruppe.

46 Vgl. Sander L. Gilman: Das Phänomen der eingebildeten Erinnerung. Zum Fall Wilkomirski. In: Das Wilkomirski-Syndrom. Eingebildete Erinnerung oder Von der Sehnsucht, Opfer zu sein. Hg. v. Irene Diekmann und Julius H. Schoeps. Zürich 2002, S. 13–25, hier: S. 19.

falscher Erinnerungen werden lassen. Stefan Mächler untermauerte mit seinem 2000 erschienenen Werk *Der Fall Wilkomirski. Über die Wahrheit einer Biographie* Ganzfrieds Behauptung durch zahlreiche Belege. Er stellte der imaginierten Lagervergangenheit des Kindes Wilkomirski jedoch auch die Stationen der realen Vita des Klarinettisten Dössekker an die Seite, wobei textimmanent erneut eine Opferbiographie impliziert wurde – nur eben keine jüdische: In prekären Verhältnissen mit einer gesundheitlich wie psychisch labilen Mutter und ohne Vater aufgewachsen, wurde Dössekker von seinem Vormund in ein Kinderheim abgeschoben, mit vier Jahren adoptiert, jobbte nach zwei abgebrochenen Studiengängen als Musiklehrer, und vollzog währenddessen einen langwierigen Identitätswandel bis hin zur überzeugten – und andere, auch Überlebende, überzeugenden – Lagerbiographie.[47] Weniger neu und verstörend erschien dabei das Phänomen der Verwandlung und der Annahme einer neuen Identität als die »Sehnsucht, Opfer zu sein«.[48]

Während Hilsenrath in seinem literarischen Text mit der Figur des Max Schulz die nach 1945 skrupellos kalkulierte Transformation eines nationalsozialistischen Täters in eine jüdische Opferrolle inszeniert, handelt es sich bei Dössekkers/Wilkomirskis ›Erinnerungsbuch‹ um einen weit weniger transparenten Vorgang. Für die ›Verwandlung‹ des unterprivilegierten Schweizer Adoptivkindes in einen jüdischen Jungen, der im Konzentrationslager inhaftiert war und der als Erwachsener seine ›Erinnerungen‹ niederschreibt, lässt sich nicht zweifelsfrei klären, inwiefern der Autor unbewusst seine jüdische Identität konstruierte und inwiefern es sich hier um einen pathologischen Fall handelt. Im Blick auf die Frage nach der Shoahliteratur im Kontext des deutschen Erinnerungsdiskurses nach 1945 ist diese Frage jedoch auch nicht die entscheidende. Dass die Decouvrierung Wilkomirskis als »Erdbeben« verstanden wurde, welches am »Allerheiligsten rüttelte: an der Zeugenschaft«,[49] weist darauf hin, dass der Skandal weniger einen eigenen Diskurs provozierte als vielmehr einen bereits bestehenden emotional anheizte und dessen Legitimation in Frage stellte.

Schon Anfang der 1990er-Jahre hatte sich im vereinigten Deutschland eine »regelrechte Konjunktur im Bereich der Diskussion um adäquate Formen und politische Korrektheit im Umgang mit der Vergangenheit«[50] entwickelt. Während einerseits Martin Walser 1998 in seiner Rede anlässlich der Verleihung des Friedenspreises des Deutschen Buchhandels provozierend ein Ende der

47 Vgl. Stefan Mächler: Das Opfer Wilkomirski. Individuelles Erinnern als soziale Praxis und öffentliches Ereignis. In: Das Wilkomirski-Syndrom (s. Anm. 46), S. 28–85; hier: S. 30ff.
48 Vgl. den Buchtitel von Diekmann und Schoeps.
49 Irene Diekmann und Julius H. Schoeps: Vorwort. In: Dies. (Hg.): Das Wilkomirski-Syndrom (s. Anm. 46), S. 7–12; hier: S. 7.
50 Diekmann und Schoeps: Vorwort (s. Anm. 49), S. 8.

»Dauerrepräsentation unserer Schande«[51] forderte, wurde andererseits auf einer zur Bewahrung der Erinnerung an die Shoah notwendigen »authentischen« Zeugenschaft beharrt. Der Skandal um Wilkomirski provozierte daher neben der Erörterung eines vermuteten gesellschaftlichen Bedürfnisses nach Opferidentifikation und einer teilweisen Vorwegnahme der sich zwei Jahre später entzündenden Debatte darum, ob das Gedenken an die Shoah zu einer kommerziellen »Holocaust-Industrie«[52] verkommen sei, auch scharfe Kritik an der Haltung eines Kulturbetriebes, welcher den Erinnerungen jüdischer Überlebender einen privilegierten Status eingeräumt und einen »wahre[n] Kult des Zeugnisablegens«[53] heraufbeschworen habe. Es schien fast so, als sei die umfangreiche Literatur von Überlebenden der Shoah paradoxerweise sowohl von einer Kritik der Darstellung, wie sie etwa Adorno formuliert hatte, betroffen als auch ausgenommen: Den Zeugen wurde unter der Voraussetzung, dass ihre Texte nicht als Kunstwerke galten, ein besonderer Status zuerkannt[54] – eine Voraussetzung, die angesichts des vorherrschenden nüchternen Dokumentarstils in der Holocaustliteratur der Augenzeugen umso leichter fiel.

Der Skandal um Wilkomirskis imaginierte Lagerbiographie kann in gewisser Weise als Ausdruck genereller Verunsicherung darüber verstanden werden, dass durch das Sterben der letzten Zeugen zwangsläufig ein neuer Umgang mit der Vergangenheit gefunden werden muss.[55] Dieser Paradigmenwechsel wiederum musste mit der Entstehung einer neuen, veränderten Sprache von Shoahliteratur einhergehen, wobei die zunächst überaus positive Rezeption der *Bruchstücke* beweist: Wilkomirski wurde – bezeichnenderweise nur *vor* Bekanntwerden des Umstandes der Fälschung – der Habitus des selbsttherapeutischen Schreibens nicht nur verziehen; seine emotionsgeladenen Schilderungen und der sehr persönliche Ton wurden als große, authentische Literatur der Lagerbiographie eines Kindes gefeiert.

Nach der Entlarvung Wilkomirskis, welche mit einer drastischen Abwertung seines Werkes einherging, wurde mit Blick auf *Bruchstücke* mehrmals auf ein

51 Martin Walser: Erfahrungen beim Verfassen einer Sonntagsrede. Friedenspreis des Deutschen Buchhandels 1998. Frankfurt a. M. 1998, S. 18.

52 Norman Finkelstein stellt in seinem im Jahre 2000 erschienenen Buch *The Holocaust Industry* die zentrale These auf, die Shoah werde vom amerikanischen Judentum systematisch vermarktet, um Kapital daraus zu schlagen. Vgl. Norman G. Finkelstein: Die Holocaust-Industrie. Wie das Leid der Juden ausgebeutet wird. München 2001.

53 Raul Hilberg gegenüber der Zeit. Jörg Lau: Ein fast perfekter Schmerz. In: Die Zeit, 17.09.1998.

54 Vgl. Manuela Günter: Repräsentation im Schreiben Überlebender. In: Verbot der Bilder – Gebot der Erinnerung. Hg. v. Bettina Bannasch und Almuth Hammer. Frankfurt a. M. 2004, S. 305–318; hier: S. 306.

55 Vgl. Stefan Mächler: Aufregung um Wilkomirski. Genese eines Skandals und seine Bedeutung. In: Das Wilkomirski-Syndrom (s. Anm. 46), S. 86–131; hier: S. 113f.

ebenfalls auf Kindheitserinnerungen fußendes und daher im Stoff verwandtes, jedoch »in Stil und Geist völlig gegensätzliches«[56] Buch verwiesen, nämlich auf Jona Oberskis *Kinderjahre* von 1978. So lässt sich beispielsweise an der polemischen Gegenüberstellung dieser beiden Werke deutlich ablesen, wie nachträglich der Versuch unternommen wurde, bereits in der literarischen Gestaltung einen angeblichen Beleg für das Unauthentische der *Bruchstücke* aufzuzeigen.[57] Begründet wurde die Abwertung der literarischen Qualität der *Bruchstücke* mit einer Verurteilung seiner Sprache, welcher der strenge Stil Oberskis mit den positiv besetzten Attributen »still«, »verhalten«, »unauffällig«[58] als Ideal gegenübergestellt wurde. Wilkomirski und den Befürwortern der *Bruchstücke* wurde dagegen ein unangemessenes Betroffenheitspathos vorgeworfen: »Er [Wilkomirski, AZ] weiß nichts davon, dass die leiseren Töne, die scheinbare Kälte, das Understatement, stärkere Ausdrucksmittel sind als jede Dramatisierung und Steigerung.«[59] Dass sich Wilkomirski dem Vorwurf des Kitsches erst nach der öffentlichen Bekanntwerdung seiner wahren Identität ausgesetzt sah, beruht zu weiten Teilen auf der Abhängigkeit zwischen der Genrezugehörigkeit einerseits und dem ästhetischen Empfinden der Rezipientinnen und Rezipienten andererseits, macht es für die Wirkung eines Textes doch einen bedeutenden Unterschied, ob er als authentischer Zeugnisbericht oder aber als Fiktion gelesen wird.[60] Ruth Klüger sieht den Grund dafür, dass »so viele Leser, die von den Bruchstücken beeindruckt waren, sich jetzt fragen, wo sie ihren kritischen Verstand hingetan hatten«,[61] im Wechsel der Gattungszugehörigkeit: Durch diesen Wechsel habe sich der ästhetische Wert des Textes und letztlich auch der Text selbst grundlegend geändert.[62] Indem der Verlag die *Bruchstücke* dezidiert als Autobiographie vermarktet hatte, stand es – entgegen Wilkomirskis eigener Aussage[63] – den Rezipientinnen und Rezipienten zu kei-

56 Elisabeth Pulver: »(...) der wisse nicht, wovon er rede«. Gedenkenmäander an den Rändern eines literarischen Skandals. In: ...alias Wilkomirski. Die Holocaust-Travestie. Hg. v. Daniel Ganzfried. Berlin 2002, S. 155–165; hier: S. 158.

57 Indem Bannasch hingegen deutliche Parallelen – bis hin zum Plagiatsverdacht – zwischen Oberskis *Kinderjahren* und Wilkomirskis *Bruchstücken* aufzeigt, gelingt es ihr, jene Interpretationsansätze zu relativieren, welche – wie etwa Daniel Ganzfried – die Glaubwürdigkeit der in den *Bruchstücken* gegebenen »biographischen« Daten allein mit Hilfe des »gesunden Menschenverstandes« meinen widerlegen zu können. Vgl. Bannasch (s. Anm. 42), S. 189f.

58 Pulver: »... der wisse nicht, wovon er rede« (s. Anm. 56), S. 158.

59 Pulver: »... der wisse nicht, wovon er rede« (s. Anm. 56), S. 159.

60 Vgl. Eva Lezzi: Zerstörte Kindheit. Literarische Autobiographien zur Shoah. Köln 2001, S. 134f.

61 Ruth Klüger: Kitsch ist immer plausibel. Was man aus den erfundenen Erinnerungen des Binjamin Wilkomirski lernen kann. In: Süddeutsche Zeitung, 30.09.1998.

62 Vgl. Klüger: Kitsch ist immer plausibel (s. Anm. 61).

63 Vgl. Binjamin Wilkomirskis: Niemand muß mir Glauben schenken. In: Tages-Anzeiger, 31.08.1998.

nem Zeitpunkt frei, Wilkomirskis Publikation als fiktionalen Text zu lesen;[64] vielmehr wurde von Seiten der Leserschaft eine »Identität zwischen *Autor, Erzähler* und *Figur*«[65] vorausgesetzt. Philippe Lejeune spricht in diesem Zusammenhang von einem »autobiographischen Pakt«[66] – einem sozialen Kontrakt zwischen Leserschaft und Autor also, welcher gerade bezüglich der (Kindheits)Autobiographien der Shoah einen erheblichen Einfluss auf die Schreib- und Lektürepraxis nimmt und Aktivität von beiden Parteien verlangt:

> Einerseits skizzieren die Autobiographen den historischen [...] Rahmen ihrer Kindheitserfahrungen, andererseits werden sie von einer detaillierten Verifikations- und Erklärungslast befreit, indem die Rezipienten ihr eigenes Wissen um die Shoah in die Lektüre einfließen lassen. [...] Eine entsprechende Lektürehaltung vermag auch Toleranz, ja positives Interesse zu entwickeln für eventuelle Verzerrungen, Ungenauigkeiten oder sogar Fehler im Dargestellten.[67]

Die Gültigkeit des autobiographischen Paktes wird oftmals untermauert durch Erinnerungsstücke, wissenschaftliche Begleittexte oder eine gesellschaftliche Rahmung. Wilkomirskis *Bruchstücke* hat jedoch eindrücklich gezeigt, dass sogar referentielle Hinweise nicht zwangsläufig ein Beweis für die Authentizität eines Textes zu sein brauchen.[68]

Dass der autobiographische Pakt »nicht nur das historische Wissen der Leser herausfordert, sondern auch ihre emotional engagierte Einstellung bei der Lektüre«,[69] zeigt sich im Vorwurf des Kitsches gegenüber Wilkomirski: Lezzi vertritt die These, dass – aufgrund der Stilisierung des Elternhauses zur harmonischen Zeit fast paradiesischer Dimension – auch Oberskis Roman *Kinderjahre* die »Tendenz zum Kitsch angehängt worden wäre, hätte er sich denn als Fälschung entpuppt«[70] und dadurch die Aufkündigung des autobiographischen Paktes nach sich gezogen, denn: »Der autobiographische Pakt vermag zu bewirken, daß die kindlichen Erfahrungen nicht mit dem Verdikt ›Kitsch‹ abgewehrt werden, sondern ihre emotionale Wirkung entfalten können.«[71] Die nachträglich vorgenommene massive Abwertung der literarischen Qualität der *Bruchstücke*, so ließe sich im Anschluss an Lezzi argumentieren, beruht nicht primär auf dem eigentlichen Stil des Werkes, sondern ist vielmehr durch den

64 Vgl. Lezzi: Zerstörte Kindheit. Literarische Autobiographien zur Shoah (s. Anm. 60), S. 147.
65 Philippe Lejeune: Der autobiographische Pakt. In: Die Autobiographie. Zu Form und Geschichte einer literarischen Gattung. Hg. v. Gunter Niggl. Darmstadt 1989, S. 214–257; hier: S. 217.
66 Lejeune: Der autobiographische Pakt (s. Anm. 65), S. 214–257.
67 Definition Lezzis unter Bezugnahme auf Lejeune. Lezzi: Zerstörte Kindheit (s. Anm. 60), S. 148.
68 Vgl. Lezzi: Zerstörte Kindheit (s. Anm. 60), S. 145–147.
69 Lezzi: Zerstörte Kindheit (s. Anm. 60), S. 174.
70 Lezzi: Zerstörte Kindheit (s. Anm. 60).
71 Lezzi: Zerstörte Kindheit (s. Anm. 60).

Gattungswechsel von der authentischen Shoah-Autobiographie aus kindlicher Perspektive hin zur Fiktion erklärbar. Es gilt nun, zwei für die hier angestellten Überlegungen zentrale Erkenntnisse festzuhalten:

Erstens wurde deutlich, dass Wilkomirski mit seinen emotionsgeladenen Schilderungen einen kanonisch gewordenen lakonisch-nüchternen Dokumentarstil von Zeugnisliteratur unterläuft – ein Umstand, der von einigen Kritikern verurteilt, von großen Teilen des Literaturbetriebs jedoch überaus positiv aufgenommen und sogar gefeiert wurde. Ein dermaßen persönliches Werk wie die *Bruchstücke* hatte, so die damit verbundene These, erst nach 1990 überhaupt eine Chance auf Rezeption und Anerkennung. Die zweite Beobachtung zielt auf Wilkomirskis Weigerung, in der Welt der Täter – und Wilkomirski ist ja gerade daran gelegen, die Kontinuität der Lagerwelt in der schweizerischen Normalität aufzuzeigen[72] – von dem Nutzwert seiner Erfahrungen für die Gemeinschaft Rechenschaft abzulegen;[73] so erhebt er letztlich den selbsttherapeutischen Zweck seines Schreibens zu dessen wesentlichem Sinn.

Damit aber schien Wilkomirski in gewisser Weise das Bemühen derjenigen Autorinnen und Autoren zu pervertieren, die tatsächlich überlebende Opfer des nationalsozialistischen Rassenwahns waren und die den möglicherweise auch von ihnen als therapeutisch fruchtbar empfundenen Ertrag ihres Schreibprozesses zurückstellten, um Zeugnis abzulegen. Auch ein Autor wie Edgar Hilsenrath, der den beschwerlichen und auch schmerzhaften Prozess des Schreibens im Sinne eines Erinnerns und Erzählens des erlittenen Schicksals nicht nur offen thematisiert, sondern dessen therapeutischen Effekt als starke Motivation für sein kreatives Schaffen angibt, ist weit davon entfernt, diesen als den wesentlichen oder gar einzig relevanten Moment seines Schreibens auszuweisen.

IV. Sexualität und Groteske in der Shoahliteratur am Beispiel von Hilsenraths *Fuck America*

Im Hinblick auf den Schreibprozess kommt der Wiederaneignung von Subjektivität und Identität im Werk Hilsenraths eine wichtige Bedeutung zu. Dabei bereichert der Autor das Spannungsfeld zwischen Schreiben und Überleben nach der Shoah um eine weitere Dimension: Als dritte Kraft führt Hilsenrath die Sexualität ins Feld. Den Konnex zwischen Leben, Schreiben und Sexualität thematisiert Edgar Hilsenrath in besonderer Weise in seinem 1980 erschienenen und später ins programmatische *Fuck America* umbenannten Roman *Bronskys*

72 Vgl. Bannasch: F für Fälschung, K für Kitsch oder L für Literatur? (s. Anm. 42), S. 190.
73 Vgl. Bannasch: F für Fälschung, K für Kitsch oder L für Literatur? (s. Anm. 42), S. 195.

Geständnis.[74] Hilsenraths vierter Roman erzählt von der Einsamkeit und sexuellen Frustration des nach New York emigrierten Shoahüberlebenden Jakob Bronsky, der sich am Rande des Existenzminimums in der ausschließlich auf Erfolg fixierten amerikanischen Gesellschaft durchschlägt.

Der durch den nationalsozialistischen Terror traumatisierte Bronsky leidet unter einer existenziellen Identitätskrise: Der gefühlte Verlust seiner Individualität und Subjektivität äußert sich durch extreme Bindungsunfähigkeit, Depressionen und Verstummen. Zudem resultiert das Gefühl der tiefen Schuld aufgrund des eigenen Überlebens in einer dissoziativen Persönlichkeitsstörung – Bronsky erträumt daher eine alternative Biografie, welche ihn als Teil der »sechs Millionen« in den Tod führt. Hilsenrath verknüpft die Bedeutungsebenen von Shoah und Sexualität, wenn sich sein zutiefst verstörter Protagonist zunächst in Ermangelung anderer Möglichkeiten zum Ausleben seiner Sexualität frustriert unter die eiskalte Dusche stellt und an Auschwitz denkt, um einem psychisch bedingten Priapismus entgegenzuwirken. Im Gegensatz dazu manifestierte sich die seelische Versehrtheit Bronskys vor Beginn des Schreibprozesses in Form von erektiler Dysfunktion: Erst die mit der schriftlichen Niederlegung seiner Erinnerungen einhergehende Wiederaneignung einer Identität erlöst Bronsky von seinen psychischen wie physischen Symptomen der Traumatisierung. In engem Zusammenhang mit diesem als »kathartisches Heilverfahren«[75] charakterisierten Genesungsprozesses steht dabei das Wiedererwachen seiner Potenz. Dass er sein neu erwachtes sexuelles Verlangen ausgerechnet mit der berühmten US-amerikanischen Psychoanalytikerin Mary Stone auslebt, ist kein Zufall – im Anschluss an den Sexualakt führt Stone mit Bronsky ein therapeutisches Gespräch, im Zuge dessen Bronsky seine ganze Lebensgeschichte, beginnend mit seinen Urängsten, vor ihr ausbreitet und am Ende abschließend resümiert:

> Und plötzlich wurde ich wieder gesund. Ich weiß nicht, ob Sie das verstehen können, Mary Stone. Aber als ich das erste Kapitel meines Ghettobuches fertig hatte, war ich gesund. Alles, was sich da aufgestaut hatte, floß plötzlich aus mir heraus. Je mehr ich schrieb, desto freier fühlte ich mich. Ich begann wieder zu reden, […] konnte auf einmal Witze machen, hatte plötzlich wieder Humor. […] Mein Geschlechtstrieb erwachte. […] Ich habe begriffen, dass es nicht genügt, wenn man bloß überlebt. Überleben ist nicht genug.[76]

74 Edgar Hilsenrath: Fuck America. Gesammelte Werke. Bd. 4. Hg. v. Helmut Braun. Berlin 2003.

75 Katharina Gerstenberger und Vera Pohland: Der Wichser. Edgar Hilsenrath – Schreiben über den Holocaust, Identität und Sexualität. In: Der Deutschunterricht 8/3 (1992), S. 74–91; hier: S. 87.

76 Edgar Hilsenrath: Fuck America. Bronskys Geständnis. München 2005, S. 266f.

Die Kreativität des Geistes im Erzählen und Schreiben, der Sexus und die durch die wiedererlangte Identität zurückgewonnene Kraft und Lust am Weiterleben gruppieren sich so zu einem positiven Bedeutungsfeld.[77]

Dass Hilsenrath seinen gesundeten Bronsky sogar doppelt den zurückerlangten Humor und die Fähigkeit zum Gelächter bezeugen lässt, könnte als selbstreferentielle Anspielung gelesen werden, wandte sich der Autor doch erst nach seinem dem (Hyper)Realismus[78] verpflichteten Erstlingswerk *Nacht* literarischen Formen der Komik zu.

V. Fazit

Autoren wie Edgar Hilsenrath, George Tabori, Jurek Becker oder Jakov Lind wagten, indem sie auf nachdrückliche Weise Verfolgung und Shoah mit Komik, Groteske oder schwarzem Humor verbanden, mit ihren Werken den Schritt zu einer neuen Darstellungsweise. Ein Blick auf die überaus ambivalente Publikations- und Rezeptionsgeschichte ihrer Werke lässt erkennen, dass eine solche literarische Annäherung an die Shoah nicht von allen Seiten akzeptiert wurde. Gleichwohl steckte in dem ungewöhnlichen, schockierenden und provozierenden Umgang dieser Autoren mit der Shoah ein wesentlicher Anstoß – gerade dadurch, dass sie sich einem nüchternen Dokumentarstil widersetzten und einen ohnmächtigen Betroffenheitsdiskurs zu durchbrechen versuchten, stellten sie die Forderung nach einem neuen Modus des Erinnerns.

Insofern dürfen diese Autoren, ihren biografischen Daten zum Trotz, die sie klar als Angehörige der ersten Generation ausweisen, auch als Vordenker eines Paradigmenwechsels gelten, der durch das Sterben der letzten Augenzeugen

77 Vgl. Heribert Hoven: Die Ästhetik des Geschlechtsverkehrs oder Anmerkungen zum Thema Sexualität im Werk Edgar Hilsenraths. In: Edgar Hilsenrath. Das Unerzählbare erzählen. Hg. v. Thomas Kraft. München 1996, S. 191–291; hier: S. 197.

78 Die Darstellungsweise von *Nacht* wurde in Forschung und Rezeption wiederholt als hyperrealistisch (seltener: hypernaturalistisch) bezeichnet, wobei der Begriff des Hyperrealismus aus der bildenden Kunst stammt, wo er einen durch die Übersteigerung verstörenden Realismus bezeichnet. So bestimmt Hans Otto Horch im *Metzler Lexikon der deutsch-jüdischen Literatur* den Stil Hilsenraths in *Nacht* als »hyperrealistischen Detailrealismus.« In der Rezeption charakterisiert etwa Gérard Wirtz in seiner Besprechung von Hilsenraths *Nacht* diesen als »de[n] härteste[n], realistischste[n] und drastischste[n] Roman«. Willi Fehse spricht von einer »glasklare[n] Schilderung, die keiner Szene ausweicht, auch der anstößigsten nicht«, »aber nie zu einem neuen Naturalismus, sondern darüber hinaus« führe. Hans Otto Horch: Edgar Hilsenrath. In: Metzler Lexikon der deutsch-jüdischen Literatur. Stuttgart, Weimar 2012, S. 224–226; hier: S. 224. Gérard Wirtz: Menschsein bis auf die Knochen. In: Basler Zeitung, 1978. Willi Fehse: Die Endlösung in Rumänien. In: Pforzheimer Kurier, 02.06.1965. Wirtz und. Fehse zit. n.: Patricia Vahsen: Lesarten – Die Rezeption des Werks von Edgar Hilsenrath. Tübingen 2008, S. 80.

gefordert ist, soll die Erinnerung an die Shoah nicht aus dem kollektiven Gedächtnis verschwinden. Indem jüngere Autorinnen und Autoren komischer Shoahliteratur wie Maxim Biller, Robert Schindel oder Eva Menasse unser literarisches Bild von der nachgeborenen Generation prägen, zeigt sich, dass die Thematisierung der Shoah mittels Komik und Groteske seit den 1990er-Jahren eine Renaissance erfährt. Die dabei erfolgte Wiederentdeckung der Werke Edgar Hilsenraths weist ihn als einen Autor aus, der beispielhaft die Entwicklung der Transformierung biografischer Reminiszenzen in die literarische Konstruktion von Erinnerung in der zweiten Generation vorwegnahm. Hilsenrath wurde aufgrund seiner provokanten Annäherung an die Shoah jahrzehntelang kaum zur Kenntnis genommen; seine mit einer späten Würdigung einhergehende Rezeption erfolgte erst lange nach der Erstveröffentlichung seiner grotesken Romane. Sein Werk kann als ein wichtiger Vorläufer in der Entwicklung der Shoahliteratur verstanden werden, die sich von autobiographischen und naturalistischen Formen zunehmend abgewendet hat und immer stärker zu Verfahren der literarischen Verfremdung übergeht.

Sowohl Dössekker alias Wilkomirski als auch Hilsenrath – die in diesem Beitrag beispielhaft und in pointierter Zuspitzung gegeneinandergestellt wurden – bedienen sich eines nicht nur eigenwilligen, sondern geradezu extremen Tones – während dieser in seiner Fokussierung auf das vorgeblich im Lager erlittene Leiden offen einen Betroffenheitsdiskurs bedient und als Legitimation für sein Werk den selbsttherapeutischen Effekt herausstellt, treibt jener das groteske Stilprinzip auf die Spitze und bricht, nicht zuletzt durch seinen anstößigen Umgang mit Sexualität, gleich mehrere Tabus zugleich.

Dass die so grundlegend voneinander verschiedenen Texte beider Autoren nach 1990 eine – im Fall Wilkomirskis zumindest vorläufig – positive Rezeptionsgeschichte aufweisen, lässt sich als Indiz für einen Wandel des Erinnerungsdiskurses lesen: Die Ansicht, der Zivilisationsbruch der Shoah sei auch mit anderen Mitteln als einem nüchternen Dokumentarstil, etwa mit Satire und Groteske, Gefühlsbetonung und Pathos adäquat darstellbar, ist konsensuell geworden.

Dominique Hipp

Die Normalität der Täter? NS-Täter bei Littell, Amis und Jelinek

Auch wenn NS-Täter in der Forschung u. a. als »ganz gewöhnlich«[1] oder als »ganz normal«[2] kategorisiert werden, bleibt die Frage nach ihren Handlungsmotiven, Beweggründen und psychischen wie auch sozialen Umständen in allen (geistes-)wissenschaftlichen Disziplinen weiterhin virulent. Inhärent ist diesem Diskurs die Frage, ob diese pauschale Kategorisierung von Täterschaft überhaupt gewinnbringend oder erkenntnisfördernd ist. Die These der Normalität im Sinne einer psychischen Unauffälligkeit stieß auf große Resonanz und Akzeptanz aber ebenso auf Widerspruch in der Wissenschaft und der Gesellschaft.[3] Neben Hannah Arendts *Banalität des Bösen* gehören Christopher Brownings historiografische Abhandlung über das Polizeibataillon 101 und Harald Welzers sozialpsychologische Analysen zu Tätern zu den prominentesten Vertretern des Normalitätsparadigmas.[4] Dagegen steht die frühe Täterforschung, andauernd bis in die 60er Jahre, die den Täter bzw. die Täterin in pathologisierender Weise darstellt. Trotzdem ist die heute weit verbreitete These vor allem aufgrund ihres pauschalisierenden Charakters über die Normalität der Täter nicht unwidersprochen geblieben. Christoph Schneider,[5] der die klärende Tragweite von so-

1 Daniel J. Goldhagen: Hitlers willige Vollstrecker. Ganz gewöhnliche Deutsche und der Holocaust. München 1998.

2 Christopher Browning: Ganz normale Männer. Das Reserve-Polizeibataillon 101 und die »Endlösung« in Polen. Hamburg 1996.

3 Gerhard Paul referiert und analysiert in seinem umfassenden sowie detailreichen Aufsatz die Zusammenhänge zwischen gesellschaftlicher Selbstverortung im Zusammenhang mit Fragen der Täterforschung. Auf diese Weise stellt er nicht nur die sich verändernde Erinnerungsdebatte dar, sondern gibt so auch einen wichtigen und detaillierten Überblick zur Täterforschung. Gerhard Paul: Von Psychopathen, Technokraten des Terrors und »ganz gewöhnlichen« Deutschen. Die Täter der Shoah im Spiegel der Forschung. In: Die Täter der Shoah. Fanatische Nationalsozialisten oder ganz normale Deutsche? Hg. v. Gerhard Paul. Göttingen 2008 (3. Aufl.), S. 13–90.

4 Harald Welzer: Täter. Wie aus ganz normalen Menschen Massenmörder werden. Die Zeit des Nationalsozialismus. Frankfurt a. M. 2011 (5. Aufl.).

5 Christoph Schneider: Täter ohne Eigenschaften? Über die Tragweite sozialpsychologischer

zialpsychologischen Ansätzen in Frage stellt, sieht im sich wiederholenden Handlungsprozess die Erzeugung einer situativ gebundenen Normalität, stellt aber die Tragweite der These über die Normalität als Charaktereigenschaft der Handelnden in Frage.[6] Rückt man bei der Frage nach der Täterschaft den Aspekt von Gewalt als Handlungsmöglichkeit in den Vordergrund, so sind es offenkundig nicht die Fragen nach Normalität bzw. Nicht-Normalität die klärend wirken, sondern vielmehr die Analyse von Situation und Kausalität bzw. Motiv, die erkenntnisfördernd sind.[7] Verändert man die Fragestellung in diese Richtung, wird auch schnell klar, warum Klaus Theweleit sich auch in seinem neuesten Buch *Das Lachen der Täter* gegen die Pathologisierung bzw. den Täter als Patienten wendet.[8] Trotzdem ist die Frage, ob die Täter als normal oder pathologisch zu beurteilen sind, weiterhin offen.[9]

Besonders interessant sind die Einflüsse dieser Diskussion auf fiktionale Texte, die sich mit dieser Frage auseinandersetzen. Am bekanntesten ist hier Bernhard Schlinks Roman *Der Vorleser*[10], in dem er Fragen der weiblichen Täterschaft mit der Darstellung einer analphabetischen ehemaligen KZ-Aufseherin, die ein sexuelles Verhältnis mit einem minderjährigen Schüler hat, verhandelt. Die drei genannten Aspekte des Textes zeigen die Gefahr von der Banalisierung hin zu einer Trivialisierung und klischeehaften Darstellung von Täterschaft, wenn es darum geht, einen sogenannten normalen Täter oder eine normale Täterin darzustellen. Schlinks Buch wurde deswegen unter anderem umfassend kritisiert.[11] Da diese berechtigte Kritik bereits umfassend formuliert

---

Modelle in der Holocaust-Forschung. In: Mittelweg 36. Zeitschrift des Hamburger Instituts für Sozialforschung 20/5 (2011), S. 3–23.

6 Analog zur Betonung der Rolle von Handlungsprozessen zur Erzeugung von Normalität beschäftigt sich der Bielefelder Soziologe Stefan Kühl in seiner jüngsten Publikation, wie sich mit Blick auf die verschiedenen beteiligten Organisationen die Beteiligung des Einzelnen an der Shoah erklären lässt. Stefan Kühl: Ganz normale Organisationen. Zur Soziologie des Holocaust. Berlin 2014. Dieser Fokus auf die Rolle der Organisation wird im Sammelband *Soziologische Analysen des Holocaust* in unterschiedliche Aspekte aufgefächert und für eine Analyse des Polizeibataillons 101 herangezogen. Alexander Gruber und Stefan Kühl: Soziologische Analysen des Holocaust. Jenseits der Debatte über ganz normale Männer und ganz normale Deutsche. Wiesbaden 2015.

7 Wolfgang Knöbl: Gewalt erklären. In: APuZ 67/4 (2017), S. 4–8; hier: S. 6.

8 Vgl. Klaus Theweleit: Das Lachen der Täter: Breivik u. a.: Psychogramm der Tötungslust. St. Pölten, Salzburg, Wien 2015, S. 23f. In Theweleits deutlich älterer Monografie *Männerphantasien* formuliert er ebenfalls kein Diktum über eine (Nicht-)Normalität der Täter.

9 Erste Probleme zeigen sich schon bei dem Versuch, die beiden Begriffe normal und pathologisch zu definieren. Der Aufsatz wird eine normative Begriffsdefinition deshalb auch nicht versuchen, sondern sich auf die Darstellung in den jeweiligen (literarischen) Texten beschränken.

10 Bernhard Schlink: Der Vorleser. Zürich 1995.

11 Hans-Joachim Hahn setzte sich in seiner 2005 erschienenen Dissertation u. a. kritisch mit Schlinks *Der Vorleser* auseinander und zeigt klar die Problemfelder von Schlinks literarischer

wurde, sollen im Mittelpunkt dieses Aufsatzes andere literarische Werke stehen. Gemein ist den ausgewählten Texten ihre jeweils spezifische Verhandlung der Frage nach Normalität oder Pathologie ihrer Protagonisten. Um zu klären, ob die beiden antagonistischen Kategorien aber für eine Einordnung der Verbrechen der Shoah überhaupt Aufschlüsse versprechen, soll zunächst die Forschungsdiskussion zu dieser Frage skizziert werden, um daran anschließend die Charakterisierung bzw. Typologisierung von Täterschaft in den drei folgenden fiktionalen Texten anhand dieser Kategorien zu diskutieren: Jonathan Littells *Die Wohlgesinnten*, Martin Amis' *The Zone of Interest* und Elfriede Jelineks Drama *Rechnitz (Der Würgeengel)*.

I. Das Normalitätsparadigma in Historiographie und Sozialpsychologie

In sozialpsychologischen und historiografischen Darstellungen um (NS-)Täterschaft bleibt eine Klärung des Begriffes »normal« aus. Jenseits der ausbleibenden Begriffsdefinition ist die Gegenüberstellung mit dem Begriff »pathologisch« wenig zielführend. Pathologische Charakterzüge sind bei einer nicht auffälligen Person, also einer psychisch gesunden Frau oder einem psychisch gesunden Mann nichts Außergewöhnliches. Ebenso verhält es sich bei Menschen mit psychischen Erkrankungen, die über weite Teile ihres Lebens und ihres Alltags dazu in der Lage sind, ein unauffälliges und durchschnittliches Leben zu führen. Deswegen sind neben der Beleuchtung des biografischen Werdegangs vor allem die Motivstrukturen (u. a. Antisemitismus, Ideologie, finanzielle Situation, soziale Herkunft, Opportunismus) der Handelnden zu beleuchten, um

Darstellung von Täterschaft auf. Vgl. Hans-Joachim Hahn: Repräsentationen des Holocaust. Zur westdeutschen Erinnerungskultur seit 1979. In: Probleme der Dichtung. Heidelberg 2005. Jürgen Zarusky entfaltet hingegen seine Kritik vor allem aus der Sicht des Zeithistorikers und sieht im Erfolg des Buches ein Abbild der verstärkten gesellschaftlichen Frage nach Motiven und Gründen von Täterschaft. Vgl. Jürgen Zarusky: Betäubung einer Vergangenheit. Bernhard Schlinks Roman *Der Vorleser.* In: Epos Zeitgeschichte. Romane des 20. Jahrhunderts in zeithistorischer Sicht. Hg. v. Johannes Hürter und Jürgen Zarusky. Bd. 100: Schriftenreihe der Vierteljahreshefte für Zeitgeschichte. München 2010, S. 133–152. Kristina Brazaitis vereint die zeithistorisch bedingt kritische Sicht auf Schlink mit der eher literaturwissenschaftlich motivierten kritischen Analyse. Vgl. Kristina Brazaitis: What Would You Have Done. In: Journal of Genocide Research 6/4 (2004), S. 583–599. Rick Crownshaw sieht in Schlinks *Der Vorleser* eine Exemplifizierung der Debatte um eine deutsche Täterschaft bzw. der deutschen Bevölkerung als Opfer, bedingt durch den generationellen Wechsel. Für Crownshaw liegt, trotz der Schwächen des Romans darin das gewinnbringende seiner Lektüre. Vgl. Rick Crownshaw: Rereading *Der Vorleser.* Remembering the Perpetrator. In: Germans as Victims in the Literary Fiction of the Berlin Republic. Hg. v. Stuart Taberner und Karina Berger. Rochester, New York 2009, S. 147–161.

konkrete Aussagen treffen zu können. Diente die biografische Darstellung in der frühen Täterforschung vor allem der »selbstentlastenden Distanzgewinnung«,[12] so bemüht sich die aktuelle Forschung um eine biografische Sicht mit Blick auf mögliche Netzwerke unter den handelnden Personengruppen.[13]

Pathologisiert man die Täter der Shoah, so geraten die »Taten in eine mystische Grauzone, die mit Individuen nichts gemein haben«.[14] Kommt aber die Normalität des Täters zur Sprache, pathologisiert man oftmals das Normale. Die ganz normalen Männer werden zu charakterlichen Leerstellen und erhalten gerade dadurch einen dämonischen und bedrohlichen Wesenszug. Wenn also die aktuelle Täterforschung durch das Normalitätsparadigma die Täter in der gesellschaftlichen Mitte verorten möchte und so verhindern will, dass es zu einer Distanzierung vom Rest der Gesellschaft kommt, muss dies misslingen. Die normalen Männer bleiben eine »paradoxe Devianzformel«.[15] Das Normalitätsparadigma verharrt in der Formel »alles kann – nichts muss« oder, um mit Harald Welzers Fazit zu sprechen: »Alles ist möglich«.[16] In aller Konsequenz verkümmern in dieser Perspektive menschliche Entscheidungs- und Handlungsmöglichkeiten auf die bloße Option des Reagierens ohne eigene Willenskraft.

Im Zusammenhang mit Brownings bereits erwähnten *Ordinary Men*[17] (dt. Ganz normale Männer), die vermutlich international bekannteste Analyse im Kontext des Normalitätsparadigmas zur Erklärung der Ermordung der europäischen Juden, stellt Hans-Heinrich Nolte die Frage, ob es sich nicht um eine missverständliche Übersetzung handle. Durchschnittliche oder gewöhnliche Männer wären treffendere Begriffe, die auch die biografische Einordnung der Männer des Polizeibataillons 101 ermöglichen würden.[18] Diese Übersetzungsentscheidung stellt aber nicht das eigentliche Problem der Debatte um Normalität bzw. Nicht-Normalität dar.

Die verstärkt wieder biografische Sicht ist es, die das Normalitätsparadigma etabliert hat. Vor allem Harald Welzer hat im deutschsprachigen Raum mit seinem Plädoyer für die historische Rahmung der Beurteilung der Handlungen

12 Rolf Pohl: Normal oder pathologisch? Eine Kritik an der Ausrichtung der neueren Täterforschung. In: Normalität der NS-Täter? Eine kritische Auseinandersetzung. Hg. v. Rolf Pohl und Joachim Perles. Hannover 2011, S. 9–45; hier: S. 15.

13 Ein besonders gelungenes Beispiel stellt hier die Dissertation von Sara Berger dar. Sara Berger: Experten der Vernichtung. Das T4-Rheinhardt-Netzwerk in den Lagern Belzec, Sobibor und Treblinka (Studien zur Gewaltgeschichte des 20. Jahrhunderts). Hamburg 2013.

14 Schneider: Täter ohne Eigenschaften (s. Anm. 5), S. 4.

15 Schneider: Täter ohne Eigenschaften (s. Anm. 5), S. 5.

16 Welzer: Täter (s. Anm. 4), S. 246.

17 Browning: Ganz normale Männer (s. Anm. 2).

18 Vgl. Hans-Heinrich Nolte: Nazi-Mörder. Ganz normale Männer? In: Normalität der NS-Täter? (s. Anm. 12), S. 63–81; hier: S. 69f.

bzw. der Handelnden große Bekanntheit erlangt. Sozialpsychologische Experimente bzw. deren Auswertung wie bei Welzer beachten aber nicht, dass der Zustand der Normalität durch den Prozess geschaffen wird und Normalität nicht als Charakter- oder Persönlichkeitsmerkmal skandiert wird. So sind nicht die Personen (a)normal, sondern die Situationen. Somit gilt es vor allem für die Täterforschung, das Agieren des Einzelnen in der Situation und gruppenbezogen zu sehen.

1.1. Das Problem des Referenzrahmens

Das Problem der Überbetonung der Handlungskontexte oder, in der Sprache von Welzer, des »Referenzrahmens«, ist die Reduktion der Personen auf ihre Funktion des Ausführens »ohne auffällige affektive Persönlichkeitsmerkmale«.[19] Welzer negiert die Möglichkeit einer adäquaten Be- bzw. Verurteilung der Akteure, weil der damals gültige moralische Referenzrahmen keine Verbrechen in den Handlungen sieht.

Welzer erklärt die Annahme von Normalität also mit der Gültigkeit eines Referenzrahmens, doch ist die zeitliche, kulturelle und psychologische Abgeschlossenheit eines solchen Rahmens zweifelhaft. Darüber hinaus sind »inhumane Geltungsansprüche [durchsetzt] mit dem Schein der Normalität [...] nicht normal«.[20] Trotzdem von »ganz normalen« Männern und Frauen zu sprechen liegt daran, dass es sich, im Fall der NS-Täter, um Personen mit »gesellschaftskonforme[n] Persönlichkeitsstörungen«[21] handelt. Aufgabe der Täterforschung muss es deshalb sein, »das Pathologische in der politischen Überzeugung selbst zu finden, in der sich die Unfähigkeit zu nicht destruktiver Denktätigkeit offenbart«.[22]

1.2. Referenzrahmen NS-Moral oder konflikthafte Parallelität

Bezüglich des bereits erwähnten Referenzrahmens stellt sich jedoch ein weiteres Problem. Der Referenzrahmen der NS-Moral, der für die Normalität und Rechtskonformität aus der Sicht Welzers entscheidend ist, wird von Angeklagten in Prozessen zu nationalsozialistischen Gewaltverbrechen übernommen, um ihr

19 Pohl: Normal oder pathologisch (s. Anm. 12), S. 18.
20 Nele Reuleaux: Zur Frage der psychischen Motive von NS-Tätern und -Täterinnen mit Blick auf das Konzept des »malignen Narzissmus« und seine Anwendbarkeit. In: Normalität der NS-Täter? (s. Anm. 12), S. 93–104; hier: S. 94.
21 Reuleaux: Zur Frage der psychischen Motive (s. Anm. 20), S. 98.
22 Reuleaux: Zur Frage der psychischen Motive (s. Anm. 20), S. 104.

Handeln zu rechtfertigen. Durch die Reihen beklagen die vor Gericht Stehenden ihre Unschuld, da sie ja nach damalig gültigem Recht gehandelt hätten und eine Verurteilung gegen den Rechtsgrundsatz *nulla poena sine lege* verstoßen würde. Darüber hinaus beachtet Welzer die Mechanismen nicht, die zur Etablierung eines Referenzrahmens beitragen.

Geht Welzer von einer Existenz des Referenzrahmens der NS-Moral und des NS-Rechts als Handlungsmotivation und -rechtfertigung der NS-Täter aus, so folgert er daraus die Ungültigkeit, ja vielmehr die Nicht-Existenz jeglicher anderer moralischer Regeln. Diese Rahmung ermöglicht es NS-Tätern, in ihrem Handeln keine Verbrechen zu sehen. Als Beispiel führt er die Argumentation Eichmanns vor dem Jerusalemer Gericht an. Eichmann weist den Vorwurf, ein Mörder zu sein, entschieden von sich. Doch muss dringend bedacht werden, dass Argumentationen vor Gericht immer interessengeleitet sind und vor allem die Aussagen von Seiten der Angeklagten entlastend bzw. strafmindernd wirken sollen.[23]

Gesine Schwan hingegen plädiert für eine Gleichzeitigkeit bzw. einen Dualismus von NS-Moral und einem unveränderlichen moralischen Kern in einer Gesellschaft. Als Beweis für den Fortbestand der traditionellen Moral gelten die »bewusste Geheimhaltung der Verbrechen, die euphemistische Sprache und das Verteidigungsgewand, in das die mörderischen Anweisungen gekleidet wurden«.[24] Darin zeigt sich, wie sehr der Fokus der NS-Herrschaftsstruktur und -praxis in der Umsetzung ihrer Ideologie darauf ausgerichtet war, die Gültigkeit der traditionellen, aufklärerischen und humanen Moralvorstellungen zumindest in Teilen außer Kraft zu setzen und sie aber gleichzeitig auf der Sprachoberfläche instand zu halten. Dies geschah unter anderem, indem die Gültigkeit dieser beiden moralischen Spielregeln nur für die Mitglieder der NS-Volksgemeinschaft gelten sollte. Die moralischen Spielregeln, die bereits vor 1933 Gültigkeit hatten, konnten mit der Machtübernahme der Nationalsozialisten nicht plötzlich in einer Form der Tabula rasa völlig verschwinden. Ihre Gültigkeit war weiterhin gegeben, wenn auch ideologische Konstruktionen wie die NS-Volksgemeinschaft die Exklusion bestimmter gesellschaftlicher Gruppen von diesen Regeln begründete und verursachte.[25] Die Frage, der hier nachgegangen werden müsste,

23 Willem Sassens Interview von Eichmann zeigt, dass er sich durchaus über Tragweite und Ausmaß seiner Taten bewusst war, ja sich sogar ihrer rühmte.

24 Gesine Schwan: Wussten sie nicht, was sie tun? Die Deutschen in der Zeit des Nationalsozialismus. In: Moralität des Bösen. Ethik und nationalsozialistische Verbrechen (Jahrbuch 2009 zur Geschichte und Wirkung des Holocaust). Hg. v. Fritz Bauer Institut. Frankfurt a. M. 2009, S. 140–167, S. 145.

25 James Waller sieht deshalb in der Distanzierung zwischen Täter und Opfer einen der entscheidenden Schritte im Vorfeld eines möglichen Genozids. Die Personen einer gesellschaftlichen Gruppe mussten bereits einen »social death« erlitten haben. James Waller:

lautet: »Ist das vermeintlich gute Gewissen der Täter nur vorgespielt und selbst eine ideologische Konstruktion, die darauf zielt, das ideologisch nahegelegte Verhalten als moralisch unbedenklich und geboten akzeptabel zu machen?«[26] Allerdings ist auch anzumerken, dass die moralischen Vorstellungen des Nationalsozialismus nicht in Gänze neu waren bzw. Vorstellungen und Anlagen dazu bereits im Zeitraum der Wilhelminischen Ära bestanden.[27]

Welzer verstrickt sich in seiner Argumentation mehrfach in Widersprüche. So stellt er zwar richtigerweise fest, dass die Dehumanisierung der Opfer ein entscheidender Schritt war, um den Genozid zu ermöglichen. Gleichzeitig stellt sich aber die Frage, inwieweit die aktive Dehumanisierung überhaupt notwendig war, wenn doch der Referenzrahmen der NS-Moral bereits die Exklusion bestimmter Menschen festgelegt hatte. Ebenso widersprüchlich ist der Aspekt der Gewöhnung, den er in den juristischen Verordnungen und Gesetzen verankert sieht. Die bloße Gewöhnung der Akteure an das Erniedrigen und Morden von Menschen steht in keinem Widerspruch zu einem Fortbestand der traditionellen moralischen Werte. Die Frage müsste also lauten, welche Vorgänge und Mechanismen es ermöglichen, dass traditionelle Moral und NS-Moral parallel zueinander existieren konnten und vielleicht gerade durch bzw. trotz dieser Parallelexistenz die Massenmorde stattfanden. Herbert Jäger geht nicht von moralischen Wertigkeiten aus, sondern bezieht sich konkret auf das Rechtssystem und gesellschaftliche Rechtsempfinden, das sozial und kulturell geprägt ist. Unter demokratisch-rechtsstaatlichen Bedingungen sieht er diese als parallel zueinander positioniert. Anders verhält es sich in nicht-demokratischen Staatsordnungen, wo »diese Parallelwertung durch [eine] verwirrende Konträrwertung ersetzt«[28] wird. Indem Welzer gesellschaftliche Institutionen und Handlungsgefüge als Speicher von Potenzialen sieht, mit denen je nach Zielsetzung unterschiedliche Wirklichkeiten geschaffen werden, versucht er dem Aspekt der Gewöhnung Nachdruck zu verleihen. Im Folgenden wird von Interesse sein, wie sich diese Wirklichkeiten in der literarischen Verhandlung von NS-Tätern darstellen.

Becoming Evil. How Ordinary People Commit Genocide and Mass Killing. New York 2007 (2. Aufl.), S. 197.

26 Wolfgang Bialas: Die moralische Ordnung des Nationalsozialismus. Zum Zusammenhang von Philosophie, Ideologie und Moral. In: Moralität des Bösen. Ethik und nationalsozialistische Verbrechen (s. Anm. 24), S. 30–60; hier: S. 34.

27 Die moralischen Werte des Nationalsozialismus wie Ehre, Treue und Wahrheit und Ehrlichkeit waren nicht plötzlich mit der Machtübernahme im Jahr 1933 gegeben. Der Unterschied liegt vielmehr in ihrer (Nicht-)Gültigkeit für bestimmte Menschen. Klaus Theweleit macht das vor allem im Zusammenhang mit seinem in den 1970er Jahren erschienen Buch *Männerphantasien* klar, und Michael Hanekes Film *Das weiße Band* unterstreicht diese Annahme.

28 Herbert Jäger: Verbrechen unter totalitärer Herrschaft. Studien zur nationalsozialistischen Gewaltkriminalität. Olten 1967, S. 174f.

II. Literarische Darstellung von NS-Tätern

Bücher, in deren Zentrum Handlungen von NS-Tätern stehen, sind immer häufiger auf dem Buchmarkt vertreten. Diese erhalten zumeist eine große mediale Aufmerksamkeit, die vor allem darauf gerichtet ist, ob und wie es diesen Erzählungen gelingt, jenseits des Voyeurismus, der im Lesepublikum mit großer Sicherheit zu den hohen Verkaufszahlen beiträgt, auch den Diskurs über wichtige ethische Belange anzustoßen. Die Werke, die im Zentrum dieses Aufsatzes stehen, zeichnen sich durch unterschiedliche Darstellungsweisen aus. Martin Amis ist stark dem realistischen Erzählen verpflichtet. Sein Roman kann als literarische Darstellung des Normalitätsparadigmas gelesen werden. Jelinek wählt hingegen in ihrem dramatischen Text einen ganz anderen Weg und fokussiert vor allem »das Falsche, Grausame und Obszöne«.[29] Jonathan Littells Darstellung des SS-Angehörigen Maximilian Aue führte bereits kurz nach dem Erscheinen des Romans zu umfassenden Diskussionen über die Frage nach einer (ethisch) adäquaten Darstellung von NS-Täterschaft. Da seine Darstellung häufig als Referenzgröße verwendet wird, soll diese literarisch-poetische Darstellung von Täterschaft zuerst behandelt werden.

2.1. Jonathan Littells *Die Wohlgesinnten*

Jonathan Littells erster Roman, der aus der Sicht eines fiktiven SS-Offiziers namens Max Aue erzählt wird, erschien 2006 im französischen Original und 2008 erstmals in deutscher Übersetzung. Der Titel *Les Bienveillantes*[30] bzw. in deutscher Übersetzung *Die Wohlgesinnten* greift den intertextuellen Bezug zu den Erinyen von Aischylos auf. Ob Maximilian Aue als Alter-Ego von Orest taugt, wird sich im Späteren zeigen. Im Gegensatz zur französischen Öffentlichkeit, die das Buch überschwänglich lobte und mit zahlreichen Preisen bedachte, waren die Reaktionen im deutschsprachigen Raum in der Mehrheit verhalten bis negativ. Liest man den Text unter dem Gesichtspunkt der Frage, ob die darin dargestellten nationalsozialistischen Täter als normal oder pathologisierend erscheinen, so fällt das Urteil über die Art und Weise der Darstellung kritisch aus. Doch zunächst dazu, was und wie die Täter in Littells Roman erzählen und erzählt werden, um im Anschluss daran auf die Frage nach »Normalität« oder »Pathologie« einzugehen.

---

29 Carina Tiefenbacher: Von der Freiheit zur Sprache. Dekonstruktive Textverfahren in Elfriede Jelineks Rechnitz oder Der Würgeengel. In: Spannungsfelder Literatur und Freiheit. Hg. v. Ursula Ebel und Sophie Lembeke. Marburg 2010, S. 33–37; hier: S. 35.

30 Jonathan Littell: Les Bienveillantes. Paris 2006.

Mit dem Holocaust primär befassen sich drei der insgesamt sieben Kapitel, doch geht die Darstellung darüber hinaus und macht deutlich, dass der Holocaust im Kontext bzw. im Referenzrahmen des Krieges gedacht werden muss.[31] Historisch korrekt und zum Umfang des Romans beitragend,[32] beginnt die Vernichtung der europäischen Juden nicht erst mit dem industrialisierten Massenmord in den Vernichtungslagern, wofür Auschwitz steht, sondern mit den massenhaften Erschießungen in den Gebieten der *Bloodlands*.[33] So nimmt Aue auch an der Erschießung von über 30.000 ukrainischen Juden in der Schlucht von Babyn Jar teil. Im vierten und fünften Kapitel hingegen erzählt Aue dann über seine Inspektionsreisen durch verschiedene Konzentrationslager. Getrieben von der für ihn offensichtlichen Ressourcenverschwendung versucht er mit großem Nachdruck und der Unterstützung Speers, die Situation für die dortigen (jüdischen) Häftlinge zu verbessern, allerdings mit dem Ziel, ihre Arbeitskraft maximal auszubeuten. Die Empathielosigkeit und das mangelnde Unrechtsbewusstsein des jungen SS-Offiziers zeigt sich in diesen Kapiteln, die voll sind von logistischen Überlegungen, besonders deutlich. In allen Teilen des Romans werden ethische Fragen, die Frage nach Schuld, nach der Wiederholbarkeit eines Genozids und auch nach der Normalität der Akteure, verhandelt. Doch sind genau diese Kapitel für das im Roman gezeichnete Täterbild, vor allem aber für die Frage nach der (Nicht-)Normalität und ihrer Darstellungsweise, nicht entscheidend. Doch in welcher Weise vermittelt diese Erzählung überhaupt die Geschehnisse der Shoah und des Zweiten Weltkriegs?

Die Wohlgesinnten ist als Bericht des Deutsch-Franzosen Max Aue verfasst. »[D]er infame Ich-Erzähler«[34] tritt als kultivierter junger Jurist mit humanistischer Bildung auf. Um die Kosten für sein Studium zu bezahlen tritt er 1934 in die SS ein, ist aber im Gegensatz zu seinem Freund Thomas nur mäßig erfolgreich, da ihm das Gespür für die »nationalsozialistischen Zirkusspiele«[35] fehlt.

Der autodiegetische Erzähler Aue pocht auf die Authentizität seines Berichts, den er für sich und nicht für die Nachwelt niederschreibt, auch wenn der stark

31 Hierzu vor allem Welzers Überlegungen im theoretischen (Vor)Kapitel der Analyse von Abhörprotokollen deutscher Soldaten. Vgl. Sönke Neitzel und Harald Welzer: Soldaten. Protokolle vom Kämpfen, Töten und Sterben. Frankfurt a. M. 2011 (2. Aufl.), S. 66–82.

32 Littell folgt hier der »Poetik des Vorstellens […] – man soll sich Bilder aufrufen können zu den unglaublichen Zahlen«. Moritz Baßler: Der Familienroman im Nicht-Familienroman. Beobachtungen an Jonathan Littells *Die Wohlgesinnten* und Dietmar Daths *Waffenwetter.* In: Deutsche Familienromane. Literarische Genealogien und internationaler Kontext. Hg. v. Simone Costagli und Matteo Galli. München 2010, S. 219–230; hier: S. 223.

33 Timothy Schneider: Bloodlands: Europa zwischen Hitler und Stalin. München 2015.

34 Martin von Koppenfels: Schwarzer Peter. Der Fall Littell, die Leser und die Täter. In: Kleine Schriften zur literarischen Ästhetik und Hermeneutik. Hg. v. Wolfgang Braungart und Joachim Jacob. Bd. 2. Göttingen 2012, S. 66.

35 Jonathan Littell: Die Wohlgesinnten. Berlin 2008, S. 85.

appellative Charakter dies subvertiert.[36] Das hehre Ziel der »Suche nach Wahrheit«[37] treibt ihn an und der Leser wird in diese Wahrheitssuche miteinbezogen. Generell will Aue ein Denken in Gut und Böse bzw. in »Wir« und »die Anderen« nicht zulassen, da er bezweifelt, »dass Ihr [die Leser] die Ausnahme seid«.[38] Deswegen hält er auch die Wiederholbarkeit eines Völkermordes, wie er an den europäischen Juden verübt wurde, für möglich. Die Option seiner »Menschenbrüder«,[39] sich als anders, besser oder als resistent gegenüber dem Bösen zu verstehen, stellt er infrage. Hierin lässt sich ein erstes Plädoyer für eine Normalität der Täter festschreiben. Es berichtet kein pathologischer Exzesstäter, sondern ein kultivierter Jurist, der gewissenhaft seine Arbeit tat.

2.1.1. Aue als »Menschenbruder«

Schon zu Beginn des Romans positioniert sich Aue als normal und unauffällig. Er macht deutlich, dass das Morden für ihn kein Vergnügen darstellte, auch wenn er »nicht der einzige [war], der den Verstand verlor«.[40] Seine Haltung gegenüber seinem Umfeld ist vor allem eine beobachtende und überhebliche. Immer wieder tauchen zwar Passagen auf, die das nationalsozialistische Gedankengut und Aues Antisemitismus offenlegen, doch achtet er penibel darauf, sich nicht mit den anderen Männern gemein zu machen. So unterscheidet er in seinem Bericht zwischen den Sadisten, die er für die Gräueltaten verantwortlich erklärt, und dem gewöhnlichen Mann, als den er sich selbst versteht. Es scheint, als ob man Mitleid haben sollte mit ihm, da Aue seit seinem Aufenthalt in der Ukraine und seiner dortigen Beteiligung an den Massenerschießungen von psychosomatischen Symptomen wie Erbrechen und Durchfall geplagt wird. Empathie bewirkt der Berichtende dadurch nicht beim Rezipienten, vielmehr findet sich eine andere interessante Funktion des Textes an dieser Stelle. Mit einer literarischen Figur wie Max Aue will der Leser sich nicht identifizieren, gleichwohl die Techniken und Mittel der narrativen Fiktion genau dies gewöhnlich in literarischen Werken bezwecken sollen. Die Frage, warum der Text trotz der dargestellten Gewalt, Exzesse und Obszönitäten gelesen wird, wird somit auf den Leser zurückgeworfen.[41] Denn im detailgenauen Bericht, wie er z. B. über das Massaker

36 Gleichzeitig sind die Marker für ein unzuverlässiges Erzählen deutlich gesetzt: »sicherlich wahrheitsgemäß, aber eben doch nur eine Erzählung«. Littell: Die Wohlgesinnten (s. Anm. 35), S. 613.

37 Littell: Die Wohlgesinnten (s. Anm. 35), S. 9.

38 Littell: Die Wohlgesinnten (s. Anm. 35), S. 34.

39 Littell: Die Wohlgesinnten (s. Anm. 35), S. 9.

40 Littell: Die Wohlgesinnten (s. Anm. 35), S. 11.

41 Vgl. Jenni Adams: Reading (as) Violence in Jonathan Littell's *The Kindly Ones*. In: Representing Perpetrators in Holocaust Literature and Film. Hg. v. Jenni Adams and Sue Vice. London, Portland 2013, S. 25–43; hier: S. 29f.

von Babyn Jar erfolgt, vollzieht sich diese Einebnung der Distanz zwischen dem Rezipienten und dem Berichtenden Maximilian Aue: »Aufgrund der mit Ekelgefühlen verbundenen Exklusionseffekte [...] ergibt sich eine Zweiteilung: den ekelerregenden Opfern stehen die sich Ekelnden gegenüber, schon sind die Lesenden und Beobachter/Mörder Teil ein und derselben Gemeinschaft«.[42] Sadismus und das Verlangen nach Blutrausch sind dem Erzähler folgend nicht in der charakterlichen bzw. psychischen Veranlagung der Akteure zu finden – Ausnahmen werden von Aue eingeräumt – sondern in den historischen Umständen, also dem jeweiligen Referenzrahmen. Er folgert, dass »[d]ie wirkliche Gefahr [...] die gewöhnlichen Menschen, aus denen der Staat besteht«[43] sind, denn er stellt fest, dass es das Unmenschliche nicht gibt.[44]

2.1.2. Referenzrahmen als Erklärung der Geschehnisse

Aue konstatiert, »dass der Genozid jenseits des Krieges nicht existiert«[45] und auch nie existieren wird. Es sind also die Umstände, die in *Die Wohlgesinnten* für die Verbrechen gegen die Menschlichkeit verantwortlich gemacht werden. Der Einzelne ist damit für die Taten nicht verantwortlich, sondern wird zu einem passiven, befehlsempfangenden und ausführenden Wesen degradiert, dessen Menschlichkeit sich darin zeigen soll, dass er auf Grund eigener Erlebnisse »keinen Wald sehen kann, ohne an ein Massengrab zu denken«.[46] Die Erfahrungen in Auschwitz machen einen Familienvater aus Breslau zu einem sadistischen Gewalttäter, der angibt, vor Auschwitz völlig normal gewesen zu sein.[47] Im Falle dieses Wachmanns, der Aue über seine sexuelle Befriedigung durch die Misshandlung von Häftlingen informiert, handelt es sich nicht um eine »konflikthafte Parallelität«[48] von zwei sich widersprechenden moralischen Vorstellungen, sondern um eine pathologische Veranlagung, die durch die Umstände zutage gefördert wurde.

Das Bedauern über die Umstände verbleibt bei Aue aber in einer selbstbe-

42 Birgit Dahlke: Nuda Veritas? Zum Effekt des Pornografischen in Jonathan Littells Roman *Die Wohlgesinnten*. In: Scham und Schuld. Geschlechter(sub)texte der Shoah. Hg. v. Maja Figge, Konstanze Hanitzsch und Nadine Teuber. Bielefeld 2010, S. 301–317; hier: S. 303. Vgl. auch Catherine Coquio: »Oh my human brothers, let me tell you how it happened.« (Who is the Perpetrator Talking To?). In: Writing the Holocaust Today: Critical Perspectives on Jonathan Littell's *The Kindly Ones*. Hg. v. Liran Razinsky und Aurelie Barjonet. Amsterdam 2012, S. 75–96; hier: S. 78.
43 Littell: Die Wohlgesinnten (s. Anm. 35), S. 35.
44 Littell: Die Wohlgesinnten (s. Anm. 35), S. 823f.
45 Littell: Die Wohlgesinnten (s. Anm. 35), S. 31.
46 Littell: Die Wohlgesinnten (s. Anm. 35), S. 981.
47 Littell: Die Wohlgesinnten (s. Anm. 35), S. 872.
48 Schwan: Wussten sie nicht, was sie tun (s. Anm. 24), S. 142.

mitleidenden Position und die Opfer der Massentötungen sowie die Traumatisierung der Überlebenden spielen aus seiner Sicht keine Rolle. Der Referenzrahmen dient hier als Exkulpationsstrategie des NS-Täters.

Ebenso wird immer wieder die Notwendigkeit des Handelns, also der Referenzrahmen der NS-Moral, beschworen, der das Töten der jüdischen Bevölkerung zur einzigen Möglichkeit erklärt, die deutsche Volksgemeinschaft zu schützen. Zwar sind seine rationalen Überlegungen, die Aue zur Durchführung des massenhaften Mordens im Gebiet der *Bloodlands* anstellt, von einem großem Grauen gegenüber den Methoden getragen, doch er verharrt dabei trotzdem in völliger Emotionslosigkeit gegenüber den Opfern in seinen Darlegungen. In nur wenigen Momenten, vor allem dann, wenn Aue sich seiner Position als vorgesetzter SS-Offizier gegenüber dem gemeinen Pöbel an SS-Soldaten sicher sein kann, lässt er die Gnade des Henkers gegenüber dem zum Tode Verurteilten zu.[49] Doch diese vermeintlich emotionalen Regungen führen nicht dazu, das Morden in Frage zu stellen, sondern resultieren in der »Verhärtung gegenüber menschlichen Regungen [...] und [der] Bereitschaft, das eigene Gewissen zum Schweigen zu bringen, moralischen Mitleidsimpulsen nicht zu folgen.«[50]

Analog hierzu ist die Beschwörung der Sekundärtugenden auffallend, die mit der wiederholten Bekundung eines hohen Arbeitsethos einhergeht. Die Aufgabe des Mordens wird aus einem »Pflichtgefühl« heraus vollzogen und »das Vergnügen eben in ihrer strengen Dienstauffassung und ihrer Tugend«[51] gesehen. »[E]motionale Äußerungen wurden übel vermerkt«, anstelle dessen »wurde herkömmlicher Weise ein intellektueller, abstrakter Antisemitismus gepflegt«.[52] Es sind nicht der eigene menschliche Wille oder emotionale Beweggründe, die einen Handlungsimpuls auslösen sollen. Vielmehr beschreibt Aue den guten, tugendhaften SS-Soldaten wie folgt:

> Der Befehlsempfänger hat die Aufgabe, die Absichten des Befehlsgebers zu erkennen und entsprechend zu handeln. Wer auf klaren Befehlen oder gesetzgeberischen Maßnahmen besteht, hat nicht begriffen, dass es auf den Willen des Führers und nicht auf seine Befehle ankommt und dass der Befehlsempfänger die Pflicht hat, diesen Willen zu erfassen und sogar vorwegzunehmen.[53]

49 Einem SS-Mann befiehlt er, dem Invaliden, der zu einer Erschießung gebracht werden soll, sein Holzbein zu geben und einem Jugendlichen, der sich ebenfalls auf dem Weg zu einer Massenerschießung befindet, reicht er eine Zigarette. Littell: Die Wohlgesinnten (s. Anm. 35), S. 119f.

50 Schwan: Wussten sie nicht, was sie tun (s. Anm. 24), S. 162.

51 Littell: Die Wohlgesinnten (s. Anm. 35), S. 141f.

52 Littell: Die Wohlgesinnten (s. Anm. 35), S. 341.

53 Littell: Die Wohlgesinnten (s. Anm. 35), S. 766.

Der ideale Angehörige der SS ahnt also, was die Idee und der Wille des Führers ist, und arbeitet diesem entgegen.[54] Der Einzelne ist somit willenlos und der Wille des Führers bildet die (unbekannte) Richtschnur für alles Handeln.

2.1.3. Max Aue – ein ganz gewöhnlicher Deutscher?

Littells Roman liest sich wie eine literarisch-poetische Ausformulierung von Theweleits *Männerphantasien.*[55] In seinem Essay »Das Trockene und das Feuchte«,[56] in dem er sich parallel zur Arbeit an *Die Wohlgesinnten* mit Léon Degrelle auseinandersetzt, vollzieht er diesen Schritt bereits ein erstes Mal.[57] Degrelle begründete die belgisch-faschistische Bewegung der Rexisten, trat mit dem Angriff auf die Sowjetunion freiwillig der Waffen-SS bei, wurde mehrfach ausgezeichnet und entzog sich 1945 mit der Flucht nach Spanien einer Festnahme. Neben dem Aufbau der faschistischen Bewegung in Belgien, zeichnete er sich vor allem als großer Hitler-Verehrer aus und war auch nach Ende des Krieges weiterhin von der Richtigkeit seines Handelns und Denkens im Zweiten Weltkrieg überzeugt. Legt man also der Lektüre von Littells umfangreicher Darstellung der Shoah Klaus Theweleits Psychogramm der Generation von Freikorpskämpfern zugrunde, könnte man in diesem Sinne von Max Aue als einem gewöhnlichen Deutschen sprechen, allerdings können diese Männer nur bedingt als Repräsentanten einer ganzen Generation gesehen werden.

Die literarische Figur Max Aue, wenn er auch entscheidende Details der völkischen und nationalsozialistischen Ideologie teilt, weist trotzdem aber nicht unbedingt den Grad an Ideologisierung auf, der sich von ihm erwarten ließe. Von seinen Weggefährten in der SS wird er als Außenseiter wahrgenommen. Aues biografische Eckdaten lassen ihn als Angehörigen der »Generation des Unbedingten«[58] erscheinen. Doch an zahlreichen Stellen des Romans wird dieses (Charakter-)Bild gebrochen. Dies liegt vor allem an der großen Nähe zu Theweleits psychoanalytischem Ansatz, die den »Nazismus nicht als Ausgeburt einer

54 Ian Kershaw sieht in dieser Herrschaftsstruktur – »dem Führer entgegenarbeiten« – eine der wichtigsten tragenden Säulen des NS-Staates. Ian Kershaw betitelte das Schlusskapitel des ersten Bandes seiner zweibändigen Hitler-Biografie nach diesem NS-Herrschaftsprinzip. Vgl. Ian Kershaw: Hitler 1889–1936. Stuttgart 1998 (2. Aufl.).

55 Klaus Theweleit: Männerphantasien. Band 1: Frauen, Fluten, Körper, Geschichte. Band 2: Männerkörper, zur Analyse des weißen Terrors. Hamburg 1987.

56 Jonathan Littell: Das Trockene und das Feuchte. Ein kurzer Einfall in faschistisches Gelände. Berlin 2009.

57 Vgl. Littell: Das Trockene und das Feuchte (s. Anm. 56), S. 25f.

58 Michael Wildt: Generation des Unbedingten. Das Führungskorps des Reichssicherheitshauptamtes. Hamburg 2002.

fürchterlichen Ideologie«[59] beschreiben will.[60] Wie auch Degrelle ist Aue kein Angehöriger der von Theweleit analysierten (Männer-)Generation. Trotzdem attestiert ihm Theweleit, »die fast genau gleichen Verhaltensweisen und Wortkomplexe, angeordnet um die panische Angst vor den Vermischungszuständen der Körperränder«.[61] So deckt sich die Darstellung des Täters Max Aue weitgehend mit der Darstellung von Täterschaft, wenn es um eine pathologisierende Darstellung geht. Die Figur Aue ist nicht die eines gewöhnlichen Deutschen. Dazu im Widerspruch steht zunächst die Darstellung des Zweiten Weltkriegs und der Shoah, bei der sich Littell minutiös an die historischen Fakten hält und auch die Beschwörung Aues als völlig gewöhnlichem Mann als vordergründiges Ziel seiner Darstellung erscheint. Doch das vorletzte Kapitel, »Air«, durchbricht diese Annahme endgültig. Auf dem Gutshof seines Schwagers begibt sich Aue in eine Traumwelt, in der er das inzestuöse Verhältnis zu seiner Zwillingsschwester auslebt. Aber auch der Mord an seinen Eltern, seine Homosexualität, um seiner Zwillingsschwester treu zu sein, all diese Faktoren führen dazu, dass die Darstellung eines normalen Täters, wie sie der Roman zunächst vorgibt, bereits aber durch die zahlreichen Hinweise auf ein unzuverlässiges Erzählen durchbrochen wird.[62] In aller Deutlichkeit tritt hier an der Stelle des Elternmordes der Bezug zum Orest-Mythos auf. Doch erscheint der Verweis auf Aischylos' Erinyen nicht stimmig, denn: »Orest kommt gezähmt, seelisch gereinigt bzw. geläutert und als Bittsteller, schutzsuchend vor den Furien in den Tempel.«[63] Auf Aue trifft dies nicht zu, im Gegenteil.[64]

2.2. Martin Amis The Zone of Interest

Dieser Liebes- und Kriminalroman, der in einem besonderen historischen Setting angesiedelt ist, weist in seiner Anlage eher dramatische als romantypische

59 Klaus Theweleit: Nachwort. In: Das Trockene und das Feuchte (s. Anm. 56), S. 117–131; hier: S. 117.

60 Luc Rasson: How Nazis Undermine their Point of View. Irony and Reliability in *The Kindly Ones*. In: Razinsky/Barjonet: Writing the Holocaust Today (s. Anm. 42), S. 97–110; hier: S. 99f.

61 Klaus Theweleit: Nachwort. In: Das Trockene und das Feuchte (s. Anm. 59), S. 119.

62 Vgl. Moritz Baßler: Ich bin wie ihr. In: Literaturen 9/4 (2008), S. 54–59; hier: S. 58. Vgl. Luc Rasson: How Nazis Undermine their Own Point of View (s. Anm. 60), S. 107f.

63 Earl Jeffrey Richards: Fiktionen des Bösen und das Gewissen der Nazis. Les Bienveillantes von Jonathan Littell. In: Observatoire de l'extrême contemporain. Studien zur französischsprachigen Gegenwartsliteratur. Hg. v. Roswitha Böhm, Stephanie Bung und Andrea Grewe. Bd. XII, Tübingen 2009, S. 129–146; hier: S. 141.

64 Eine ausführliche Kritik an der intertextuellen Verwendung der *Erinyen* bei Littell findet sich bei Martin von Koppenfels. Vgl. Martin von Koppenfels: Schwarzer Peter (s. Anm. 34), v.a. S. 75–90.

und insbesondere realistische Merkmale auf. Zur Erzeugung einer besonderen Authentizität verwendet der Roman im englischen Original immer wieder deutsche Begriffe, die unübersetzt bleiben.[65] Die sechs Kapitel sind in jeweils drei Unterkapitel unterteilt, in denen aus der jeweiligen Sicht des autodiegetischen Erzählers über die Geschehnisse im Konzentrationslager Auschwitz ab August 1942 berichtet wird. Der SS-Angehörige Golo Thomsen tut dies rückblickend nach Ende des Zweiten Weltkriegs. Die Sichtweise des Lagerkommandanten Paul Doll erfahren wir durch seine Tagebucheintragungen und die Wahrnehmung des Funktionshäftlings Szmul, sie erfolgt zeitgleich zu den Geschehnissen im Lager. Wie auch bei Littell soll der Leser den Protagonisten misstrauen, weswegen Amis die Unzuverlässigkeit und Subjektivität ihres Erzählens besonders deutlich macht. Durch die innere Fokalisierung ist es letztlich dem Rezipienten und dessen Urteil überlassen, ob die Akteure als normal oder pathologisch eingestuft werden, wenngleich der Text durchzogen ist von Positionierungen zugunsten des Normalitätsparadigmas: »These men, the Deaths Head SS, were probably once very ordinary, ninety per cent of them. Ordinary, mundane, banal, commonplace normal. They were once very ordinary.«[66] In Widerspruch zur Positionierung auf Seiten der Normalität steht die Darstellung von weiblicher Täterschaft. Ilse Grese, die namentliche Ähnlichkeit mit der KZ-Aufseherin Irma Grese ist kein Zufall, wird stark pathologisiert und sexualisiert dargestellt.

Mit der Darstellung des Referenzrahmens wird in aller Deutlichkeit vermittelt, dass die Alltäglichkeit des Lagerlebens dazu geführt hat, dass diese einst ganz gewöhnlichen Männer eben nicht mehr gewöhnlich sind. Auch wenn die historische Detaildichte lange nicht so dominierend ist wie bei Littell und deswegen u. a. die Kriegsgeschehnisse lediglich eine Hintergrundfolie bilden, so wird der Referenzrahmen des Krieges mit der einhergehenden NS-Moral doch thematisiert. Die Liebesgeschichte zwischen dem SS-Mann Thomsen und der Ehefrau des Lagerkommandanten Paul Doll, Hannah, erzeugt beim Rezipienten eine gespaltene Wahrnehmung: einerseits verführt sie zu einer Identifikation mit dem Protagonisten, gleichzeitig wirkt Auschwitz als der Ort, an dem sich die Liebesgeschichte abspielt, verstörend.[67]

Die Darstellung einer Entwicklung weg von der »menschlichen« Gewöhnlichkeit zu einem Alltag des Mordens zeigt sich vor allem in der Darstellung des Kommandanten Paul Doll. Zunächst aber soll die Figur von Golo Thomsen, dem

---

65 Dieser Effekt geht in der deutschen Übersetzung völlig verloren, da die betreffenden Begriffe zwar kursiv gesetzt werden, aber die »Tätersprache« sich nicht in dieser Deutlichkeit vom restlichen Text unterscheiden lässt.

66 Martin Amis: The Zone of Interest. London 2015, S. 202.

67 Vgl. Erin McGlothlin: Empathetic Identification and the Mind of the Holocaust Perpetrator in Fiction. A Proposed Taxonomy of Response. In: Narrative 24/3 (2016), S. 251–276; hier: S. 263.

Protagonisten des romantischen Erzählstrangs, hinsichtlich der Konstruktion seiner ›Normalität‹ analysiert werden.

2.2.1. Thomsen – Opportunist zu allen Zeiten

Golo Thomsen entspricht mit seinem äußeren Erscheinungsbild und als Neffe von Martin Bormann auch aufgrund seiner Herkunft ganz dem »arischen« Ideal der SS. Thomsen arbeitet in den Buna-Werken, beklagt immer wieder den schlechten physischen Zustand der Häftlinge, die deshalb keine gute Arbeitsleistung vollbringen, und vertreibt sich ansonsten zusammen mit seinem Freund Boris die Zeit als Frauenheld. Dies ändert sich, als er sich in die Ehefrau des Lagerkommandanten, Hannah Doll, verliebt. Er selbst charakterisiert sich als »obstruktive[r] Mitläufer«.[68] Obwohl er auf Grund seines frühen Eintritts in die NSDAP und die SS zur »Generation des Unbedingten«[69] gehört, ist der Grad seiner Ideologisierung gering. Ähnlich wie Aue pflegt er eine überhebliche Distanz und grenzt sich von den anderen zahlreichen SS-Mitgliedern ab, mit Ausnahme seines Freundes Boris. Thomsen, der schon sehr bald nach dem Ende des Krieges für die amerikanische Besatzungsmacht arbeitet, ist also ein Opportunist, der es versteht, sich in allen politischen Systemen zu behaupten und dabei bereit ist, zu jedem Mittel zu greifen. Trotzdem kann er aber ebenso wenig wie Max Aue als machtbesessen verstanden werden. Es sind in beiden Texten die Gegebenheiten der Zeit, die die beiden Männer zu Tätern machen. Allerdings thematisieren beide Texte keine alternativen Handlungsmöglichkeiten der NS-Täter. Die Gleichgültigkeit gegenüber den Verbrechen des Konzentrationslagers und seine politische Anpassungsfähigkeit sind es aber primär, die Thomsens Biografie erklären.

2.2.2. Paul Doll – ein gewöhnlicher Lager-Kommandant?

Bei Paul Doll hingegen drängt sich die Frage nach der Konstruktion von Normalität bzw. Pathologie nahezu auf. Doll entspricht in seinem Erscheinungsbild einer Stubenfliege und auch seine Stimme ähnelt den Geräuschen eines Insekts.[70] Das historische Vorbild des »Old Boozers«[71] ist Rudolf Höß. Wie seine historische Vorlage führt auch Doll Tagebuch. Seine Äußerungen sind in ihrer Unzuverlässigkeit also doppelt markiert, einerseits durch die Erzählperspektive und andererseits durch die Tagebuchform. Zu Beginn des Romans übernimmt Doll

68 Amis: The Zone of Interest (s. Anm. 66), S. 148.
69 Wildt: Generation des Unbedingten. Das Führungskorps des Reichssicherheitshauptamtes (s. Anm. 58).
70 Amis: The Zone of Interest (s. Anm. 66), S. 138.
71 Amis: The Zone of Interest (s. Anm. 66), S. 2.

die Rolle des Technokraten, der die Massenvernichtung logistisch koordiniert. Dabei geht er mit Enthusiasmus und Leistungsbereitschaft vor und lebt seine Liebe zum Numerischen aus. Das Festhalten an Zahlen, der Ideologie und den alltäglichen Gegebenheiten zeichnen Doll weder als besonders intelligenten noch intellektuellen Mann aus. Eher ist er ein Pedant, der Befehle gewissenhaft ausführt und dessen Charakter durch Minderwertigkeitskomplexe und andere Unsicherheiten bestimmt wird.[72] Seine Ehe ist ebenfalls durch seine Komplexe geprägt. Schon zum Zeitpunkt ihres Kennenlernens steht Hannah Doll unter dem Einfluss von Psychopharmaka und ist im wahrsten Sinne des Wortes willenlos. Sie wird von Doll schwanger und die beiden heiraten. Hannah bereut diese Entscheidung und Doll selbst fühlt sich seiner Frau nicht gewachsen. Er kritisiert ihr Erscheinungsbild immer wieder, da sie nicht dem Ideal der »natürlich« schönen deutschen Gattin entspreche. Er selbst trägt in seinen Schuhen Keile, um bei öffentlichen Auftritten nicht kleiner als sie zu sein.[73] An seiner ideologischen Überzeugung und der damit einhergehenden Gültigkeit des Referenzrahmens der NS-Moral lässt Doll jedoch keinen Zweifel:

> Triumphalism tempts me not in the slightest, for National Socialists never boast or crow. We unsmilingly turn, rather, to a mature assessment of the historic responsibilities. Eurasia is ours; we will purify even as we pacify, whilst also fanning out, as acknowledged suzerains, over the resistless nations of the West.[74]

Doll gibt sich als selbstbewusster Machtmensch, der über sich selbst Folgendes sagt: »I am a normal man with normal needs. I am completely normal.«[75] Dieser Selbstbeschreibung ist allerdings nur wenig zu trauen, da eine Eigencharakterisierung als Nicht-Normaler sehr unwahrscheinlich ist. Gleichzeitig betont Doll seinen Willen zur Arbeit. Ähnlich also wie bei Aue und seinen Gefährten ist das Arbeitsethos vordergründig und die Formel »der Zweck heiligt die Mittel« allgegenwärtig. So ist sowohl bei Doll als auch bei den anderen Akteuren im Roman der Dienst an der Rampe, also die Selektion der neu ankommenden Häftlinge, unbeliebt. Aber es gilt: »Somebody's got to do it«,[76] wobei Dolls Figur einer konflikthaften Parallelität von zwei konträren moralischen Vorstellungen widerspricht. Die Kategorien von richtigem und falschem Handeln existieren für ihn nicht mehr; stattdessen entscheiden »positive outcomes and negative outcomes«[77] über seinen Erfolg. Gleichzeitig erscheinen diese stark von der NS-Ideologie geprägten Aussagen Dolls als Rechtfertigungen des eigenen Handelns,

72 Die Ähnlichkeit zur historischen Figur Adolf Eichmann ist offensichtlich.
73 Vgl. Amis: The Zone of Interest (s. Anm. 66), S. 190.
74 Amis: The Zone of Interest (s. Anm. 66), S. 175.
75 Amis: The Zone of Interest (s. Anm. 66), S. 28.
76 Amis: The Zone of Interest (s. Anm. 66), S. 123.
77 Amis: The Zone of Interest (s. Anm. 66), S. 223.

da er auch mit Blick auf das bereits Getane feststellt: »We can't stop now. Or what were we doing, what did we think we were about, over the last 2 years?«[78] Das bisherige Handeln zu beenden und somit ein Schuldeingeständnis zu vollziehen, ist für den Lagerkommandanten keine Option.

2.2.3. Die Grauzone des Häftlings Szmul

Der Funktionshäftling Szmul hat dagegen keine Wahl. Er wird als jüdischer Häftling in Auschwitz gezwungen, sich als Teil des Sonderkommandos an der Ermordung seiner Mithäftlinge zu beteiligen. Amis greift hier Primo Levis Begriff der »Grauzone« auf, da das pervertierte Lagersystem den Häftlingen »the comfort of innocence«[79] nimmt. Für die Grauzone ist charakteristisch, dass »sich die Differenz zwischen Opfern und Tätern auflöst, […] in der sich Scham und Schuld vermischen«.[80] Durch die Figur Szmul werden die Geschehnisse nicht nur durch die Augen der SS-Angehörigen, sondern auch aus der Sicht eines Häftlings geschildert. Gerade die Abschnitte zur Figur Szmuls, die eine differenziertere Darstellung erlaubt hätten, verharren in zahlreichen Klischees. Das Pathos, mit dem aus seiner Perspektive berichtet wird, lässt die Darstellung oberflächlich erscheinen. Das mag an den wenig überlegten Celan-Bezügen liegen (so heißt Szmuls Frau z. B. Schulamith), auch an dem balladenhaften Erzählstil oder am Festhalten an bekannten Narrativen über Konzentrationslager:

> the Holocaust has been reduced to a virtual album containing only a few images, including a camp, usually Auschwitz; a perverse, cruel monster who rules it with absolute and arbitrary power over life and death […]; an isolated heroic moment […]; and an extraordinary person […].[81]

Da gerade die Perspektive des Funktionshäftlings besonders interessant ist, ist es umso bedauerlicher, dass die Figur Szmul nicht differenzierter dargestellt wird. Sein Charakter übernimmt im Text vor allem die Funktion, das Normalitätsparadigma mit anderen Fragen bezüglich der Täterschaft zu verbinden. So spricht Szmul von der Möglichkeit, sich an das Morden zu gewöhnen, was dazu führen müsse, verrückt zu werden. Führt man diesen Gedanken Szmuels weiter aus, so könnte sich weder der Häftling noch der SS-Mann daran gewöhnen; und beide würden somit auch nicht verrückt werden.[82] Seine Äußerungen lassen sich

78 Amis: The Zone of Interest (s. Anm. 66), S. 229.

79 Amis: The Zone of Interest (s. Anm. 66), S. 34.

80 Silke Segler-Meßner: Grauzonen. In: Von Tätern und Opfern. Zur medialen Darstellung politisch und ethnisch motivierter Gewalt im 20./21. Jahrhundert. Hg. v. Claudia Nickel und Silke Segler-Meßner. Frankfurt a. M. 2013, S. 19–40, S. 22.

81 Liran Razinsky und Aurélia Barjonet: Introduction. In: Writing the Holocaust Today (s. Anm. 42), S. 7–16, S. 8.

82 »You could argue that those who get used to it do in fact go mad. And there is another possible

also auf die Situation der Häftlinge beziehen, aber ebenso auf die der Täter ummünzen. Trotz der Schwächen der Darstellung der Figur Szmuels und der verpassten Chancen, die Grauzone eines Funktionshäftlings auszuleuchten, kommt es zu keiner falschen Egalisierung.

Amis Roman ist als Text zu verstehen, der die Täter als normal zeichnet und in erster Linie die Referenzrahmen, NS-Moral und Zweiter Weltkrieg, verantwortlich für das Handeln der Personen macht. Es sind also die Umstände und nicht die Charaktere, die zur Täterschaft führen. Durch die gewählte Darstellungsform einer »ambivalent affective identification«[83] schafft der Text einerseits Distanz aber gleichzeitig Nähe zwischen den Protagonisten und dem Rezipienten. Der Leser kann so die Frage nach Täterschaft nicht pauschal be- bzw. verurteilen.

2.3. Jelineks *Rechnitz (Der Würgeengel)*

Anders hingegen ist die Position im Drama *Rechnitz (Der Würgeengel)* von Elfriede Jelinek. Hier sind es nicht in erster Linie die historischen Umstände, die beleuchtet werden, sondern vor allem das Individuum, dessen Darstellung der Geschehnisse, der gesellschaftliche und vor allem der sprachliche Umgang mit der Geschichte stehen im Vordergrund. Die Erzähler der vergangenen Geschehnisse sind hier, analog zum antiken Theater, die Boten. »Ihre Rollen sind auf den Mediencharakter reduziert, sie sind gewissermaßen nur noch das Sprachrohr für Jelineks Text, der trotz Redseligkeit das Totschweigen zum Prinzip erhebt.«[84] *Rechnitz* lässt sich in die zweite Hälfte der Jelinek'schen Theaterästhetik einordnen, deren Beginn von der Forschung mit dem Stück *Wolken.Heim* (1988) datiert wird. Hierfür typisch ist, dass es

> sich jetzt um kaum noch Figuren zuzuordnende, frei flottierende Stimmen, die zu Stimmfetzen oder zuweilen wortwuchernden Stimmchören werden, sie werden zu Sprache. Die Poesie dieser Figurenstimmen besteht in der disseminierenden Sprache von Parodie und Groteske, von ent-tabuisiertem Unbewussten, von in der Schrift dokumentiertem Selbst- und Geschichtsbewusstsein.[85]

Der Text lässt sich somit am besten mit den Begriffen »sprachorientiert« und »sprachzentriert« charakterisieren.[86] Das handelnde Subjekt selbst rückt so ins

outcome: you don't go mad and you don't get used to it.« Amis: The Zone of Interest (s. Anm. 66), S. 77.

83 McGlothlin: Empathetic Identification (s. Anm. 67), S. 263.

84 Jörn Freriks: Wahrheitsfindung à la Jelinek. Rezension von Elfriede Jelineks *Rechnitz (Der Würgeengel)*. In: Mauerschau 2/2 (2009), S. 179–182; hier: S. 181.

85 Bärbel Lücke: Elfriede Jelinek. Eine Einführung in das Werk. Paderborn 2008, S. 126.

86 Freriks: Wahrheitsfindung à la Jelinek (s. Anm. 84), S. 180.

Zentrum des Dramas und Fragen nach Ethik und Verantwortung werden auf den oder die Einzelnen zurückgeworfen. Jelineks »Textprojekt der aktualisierten Postshoathematik [ist] als vielschichtige Projektionsfläche inszeniert und [als] Gegenwartsdiskurs«[87] lesbar. Ähnlich wie bei Amis und Littell sind die Berichtenden unzuverlässig. Die Ereignisse bzw. das Reflektieren darüber erfolgen durch Botenberichte, die erzählen, »was war. Nicht, was wahr ist.«[88] Den Boten im Text, wie auch den Boten außerhalb des Textes ist folglich zu misstrauen: »Daher kann die Geschichte gar nicht stimmen, sagt der Geschichtsforscher, der eine Darmspiegelung bei der Geschichte vorgenommen hat, zumindest hat er sich das vorgenommen.«[89] Die Rolle der Boten in und außerhalb des Geschehens bleibt im Unklaren. Nicht nur die Zeitebenen verschwimmen. Einmal gibt es Einblicke in die Zukunft, dann Bezugnahmen auf die Vergangenheit. Auch in welcher Weise die Boten zu dem Massaker stehen, bleibt ungeklärt. Die Boten formulieren ihre Berichte als (Zeit)Zeugen, dann wieder als aktiv Beteiligte, dann aber wieder als Spätgeborene. Durch die fehlende Möglichkeit, die erzählte Zeit festzulegen, weist das Geschichtsdrama über die historischen Begebenheiten im Text hinaus, holt die Ereignisse in das Jetzt und verhindert eine Aufspaltung in »wir« und »die anderen«. Argumentationen, die als Exkulpationsstrategien nur allzu gut bekannt sind, werden aufgegriffen und durch ihr bloßes Ausformulieren *ad absurdum* geführt.[90] Der Text verfährt laut Jelinek folgendermaßen: »Wenn man den Leuten die eigene Sprache in den Rachen zurückstopft, dann hat das eine geradezu unglaubliche Sprengkraft.«[91] Die Themenkreise sind somit viel weiter und umfangreicher gefasst als in dem Roman von Amis. Die Fragen nach Täterschaft, auch jenseits von Ideologie und historischem Ort, weisen hingegen auffällige Parallelen zu Littells *Die Wohlgesinnten* auf. Das geschicht-

87 Jens Birkemeyer: Elfriede Jelinek. Tobsüchtige Totenwache. In: Shoah in der deutschsprachigen Literatur. Hg. v. Norbert Otto Eke und Hartmut Stienecke. Berlin 2006, S. 302–310; hier: S. 304.

88 Elfriede Jelinek: Die Kontrakte des Kaufmanns. Rechnitz. Der Würgeengel. Über Tiere. Drei Theaterstücke. Hamburg 2009, S. 186. André Gasch demonstriert die Zusammenhänge zwischen dem Erzählen mittels Botenbericht und der damit verbundenen Unzuverlässigkeit im Falle von Jelineks *Rechnitz* genauer. Vgl. André Gasch: »Er handelt ja auch von nichts, der Bericht.« Boten zwischen Indifferenz und Objektivität in Elfriede Jelineks *Rechnitz (Der Würgeengel)*. In: Mauerschau 2/2 (2009), S. 183–191.

89 Jelinek nimmt hier Bezug auf die Äußerungen von Wolfgang Benz, der das Massaker bzw. die Art und Weise für unwahrscheinlich hielt, da es am Ende des Krieges niemand nach Feiern zumute gewesen wäre. Vgl. Pia Janke: »Herrschsucht, ja, haben wir«. Die Täter in Elfriede Jelineks Rechnitz (Der Würgeengel). In: »Die endlose Unschuldigkeit«. Elfriede Jelineks Rechnitz (Der Würgeengel). Hg. v. Pia Janke, Bd. VI, Diskurse, Kontexte, Impulse. Wien 2010, S. 239–254; hier: S. 241. Jelinek: Rechnitz (s. Anm. 88), S. 64.

90 Vgl. Monika Meister: Bezüge zur Theatertradition. In: Jelinek Handbuch. Hg. v. Pia Janke. Stuttgart 2013, S. 68–73; hier: S. 69.

91 Julia Lochte: Redeschwall und Schweigemauer. In: Münchner Kammerspiele. Rechnitz. Der Würgeengel. Programmheft. München 2008, S. 6.

liche Ereignis, das Massaker von Rechnitz, ist zwar historischer Ankerpunkt des Dramas, doch schon der Hinweis auf Buñuels Film *Der Würgeengel* im Untertitel zeigt, dass es um Symptome menschlichen Seins, Handelns und Denkens geht, die nicht nur, aber insbesondere bei Ereignissen wie dem Massaker greifbar sind.

2.3.1. Täterschaft in *Rechnitz* – banal, oder?

Gerade bei der Frage nach Tätern und Opfern ist die oben erwähnte Absurdität zielführend. Die Boten rufen dazu auf, sich freiwillig für die Täterschaft zu entscheiden, denn »wir brauchen jeden Täter, den wir kriegen können«.[92] Neben der historischen Tatsache, dass nach 1945 nur wenige für die Verbrechen in der NS-Zeit verantwortlich sein wollten, macht dies klar, dass jeder Täter und jede Täterin sein bzw. werden konnte. Die gesellschaftlich weit verbreitete Täter-Opfer-Verkehrung, die einerseits das eigene Handeln entschulden soll, aber auch die fehlende Empathie für die Leidtragenden demonstriert, zeigt auf, dass es vor allem um Besitzstandwahrung geht. Das Misstrauen gegenüber den anderen und die Angst, etwas vom eigenen Besitz zu verlieren, ist also maßgeblich für den Umgang mit und die Auslegung der Geschehnisse. Jenseits dieses Redens und Reflektierens über Täterschaft kommt es aber auch zur direkten Benennung von Tätern in Bezug auf das Massaker bei Schloss Rechnitz. Der Gauleiter der Steiermark und die Täter melden sich zu Wort und befinden sich dabei wie in einem Blutrausch. Der Text nimmt, anders als bei Martin Amis, keine eindeutige Position gegenüber dem Normalitätsparadigma ein, vielmehr werden weitere Fragen aufgeworfen. Formulierungen und Wörter wie »normal« oder »gewöhnlich« in Bezug auf die Täter fehlen im Text.[93] Allerdings wird bei Margot von Batthyány aufgrund des Widerspruchs zwischen ihrem Erscheinungsbild und der Grausamkeit des Massakers gefragt, ob es sich in ihrem Falle um die »Banalität des Bösen« handele. Es geht also auch um die Selbstinszenierung der Täter als unwichtige, nicht entscheidungsbefugte Personen, wie es die Worte Batthyánys zeigen: »mit Leitungsaufgaben möchte ich, wenn Sie mich schon fragen, lieber nicht betraut werden, dafür eigene ich mich nicht. Da könnte man mich ja später zur Rechenschaft ziehen«.[94] Diese Selbstdarstellung, die dazu dient, sich als harmloses und subalternes Wesen darzustellen, ist eine Lüge. Trotzdem trifft die Bezeichnung der Banalität zu, unter der Berücksichtigung,

92 Jelinek: Rechnitz (s. Anm. 88), S. 167.

93 Dies mag auch daran liegen, dass es sich im Gegensatz zu den Ermordungen in den Bloodlands und dem industriellen Massenmord in den Konzentrationslagern im Falle des Massakers von Rechnitz um Exzesstäter handelte. Dabei steht außer Frage, dass sich einige der Beteiligten bei ihrer alltäglichen Arbeit ebenfalls an der Shoah beteiligt hatten.

94 Jelinek: Rechnitz (s. Anm. 88), S. 174.

dass die Annahme, »daß das Böse banal sein soll«[95] eine tautologische Fehlannahme ist. Wichtig ist aber vor allem, dass eine Trennung zwischen Tätern/Opfern bzw. (Zeit)Zeugen/Nachgeborenen nicht möglich ist. Dies ist für Jelineks Umgang mit der Geschichte des Nationalsozialismus typisch. »Vergangenheit und Gegenwart gehen ineinander auf. [Es] handelt sich um eine Konstruktion, in der Täter und Nachgeborene ineinander aufgehen, um ein kollektives Unbewusstes [...] zu betrachten.«[96]

2.3.2. Arbeit als Kapitalismuskritik

Viele Angeklagte äußern ihr Unverständnis angesichts ihrer Schuld in Prozessen zu nationalsozialistischen Gewaltverbrechen nicht nur mit dem Argument des Befehlsnotstandes, sondern auch damit, lediglich ihre Arbeit getan zu haben. Der Text greift dies auf und stellt eine Verbindung zwischen der Kritik an diesem Arbeitsethos und einer Kritik am Kapitalismus her: »und gewinnen [den Krieg] tun eh immer dieselben, verlieren auch, ich verstehe nicht, weshalb man dann überhaupt Kriege führt«.[97] Die Passivität und Unfreiheit der Akteure, die nur noch als Werkzeuge zur Erfüllung von (Arbeits)Aufträgen existieren, wird deutlich. Dabei wird aber auch auf die historische Gegebenheit der Arbeitsteilung bei der Ermordung an den europäischen Juden eingegangen. Einerseits wird so die Verantwortung nicht nur auf die Befehlsgebenden ausgeweitet, sondern auf die gesamte NS-Volksgemeinschaft, die »in kleinen Stücken, von denen jeder ein Ganzes bildet, ein Großes und Ganzes«,[98] Schuld trägt. Die Klischees vom »fleißigen Deutschen«,[99] die Beschwörung der Sekundärtugenden und auch die menschenverachtenden logistischen Überlegungen des Massenmordes an den europäischen Juden, Sinti und Roma, Homosexuellen und politisch Andersdenkenden finden Eingang in den Text und werden vor der Folie des bekannten zynischen Spruchs am Eingangstor von Auschwitz, »Arbeit macht frei«, in eben dieser Weise gebrochen. Die sich auflösende Beziehung zwischen der Produktion und dem Nutzen dieses Produkts wird offenbar. Der Sinn von menschlicher Tätigkeit zur Verbesserung und Erleichterung des Lebens ist verloren gegangen. Der Wert der Arbeit entsteht durch den gegebenen Befehl. Nicht mehr die Produktion, sondern die Zerstörung steht als Ziel am Ende aller Arbeit. Die Pflicht, den Befehl möglichst umfangreich und nachhaltig zu erfüllen, führt zu einer Moralvergessenheit, die dem Gehorsam und der Pflicht im Sinne

95 Jelinek: Rechnitz (s. Anm. 88), S. 94.
96 Gerhard Scheit: Rechnitz (Der Würgeengel). In: Jelinek Handbuch (s. Anm. 90), S. 158–162; hier: S. 159.
97 Jelinek: Rechnitz (s. Anm. 88), S. 60.
98 Jelinek: Rechnitz (s. Anm. 88), S. 77.
99 Jelinek: Rechnitz (s. Anm. 88), S. 77.

der NS-Moral geschuldet ist.[100] Dabei ist es vor allem die »Tabuverletzung als Affektstrategie«,[101] die greift, denn die Glorifizierung von Arbeit ist in neoliberalen Zeiten nur allzu bekannt.

III. Fazit: Was ist schon normal?

Littell »gibt sich alle Mühe, aus Aue eine handelnde Person zu machen, mit der man sich identifizieren kann«.[102] Dass es ihm deshalb ein Anliegen ist, den Protagonisten als normalen und gewöhnlichen Mann darzustellen, liegt insofern nahe. Was nicht normal sein soll bzw. wer hingegen für das Handeln der Akteure von Max Aue selbst verantwortlich gemacht wird, sind die Gegebenheiten der nationalsozialistischen Moral, das Setting des Zweiten Weltkrieges und die Vernichtung der europäischen Juden im Gebiet der *Bloodlands* und in den nationalsozialistischen Konzentrationslagern. Die Umstände sind, das steht außer Frage, wichtig, um Erklärungen für die Shoah zu finden. Gerade fiktionale Texte haben das Potenzial, die Leerstellen der Geschichtswissenschaft zu füllen, die sich bei der Erarbeitung von Täterbiografien an dem oftmals weniger aussagekräftigen Quellenmaterial abarbeiten muss.[103]

Der Roman *The Zone of Interest*[104] reproduziert das gesellschaftliche Narrativ der Konzentrationslagergeschichte und seiner Täter. Da ist einerseits der opportunistische Thomsen, der nicht nur zwischen 1933 und 1945 Karriere macht, sondern nicht viel später für die amerikanische Besatzungsmacht arbeitet und somit trotz seiner Vergangenheit schon bald wieder über eine gesicherte Existenz verfügt. Der Grad der Identifikation mit ihm könnte recht hoch sein, wenn der Text jenseits der Ausgestaltung seines Protagonisten als Filou und Karrierist

100 Elin Nesje Vestli entfaltet ähnliche Gedankengänge in Zusammenhang mit dem Dokumentarstück *In der Sache J. Robert Oppenheimer* von Heinar Kipphardt. Elin Nesje Vestli: Die Figur zwischen Faktizität und Poetizität. Zur Figurenkonzeption im dokumentarischen Drama Heinar Kipphardts, Peter Weiss' und Tankred Dorsts. Frankfurt a. M 1998, S. 110f.

101 Jan Süselbeck: Lüsterne Gräfinnen, mörderische Liebhaber. Über Pornografie, Kannibalismus und orgiastische Gewaltexzesse in Elfriede Jelineks Bambiland/Babel und Rechnitz (Der Würgeengel). In: Theater des Anderen – Anderes Theater. Geschlecht und Alterität im postdramatischen Theater. Hg. v. Nina Birkner, Andrea Geier und Urte Helduser. Bielefeld 2014, S. 59–77; hier: S. 65.

102 Florence Mercier-Leca: Die Wohlgesinnten und die griechische Tragödie. Eine makabre Wiederaufnahme der Orestie des Aischylos. In: Die Wohlgesinnten. Marginalienband. Hg. v. Jonathan Littell. Berlin 2008, S. 72–93; hier: S. 85.

103 Das Konzept des malignen Narzissmus von Nele Reuleaux scheitert u. a. daran, dass die historischen Quellen zu wenig Informationen bieten, um eine Diagnose wie diese zu stellen. Vgl. Nele Reuleaux: Zur Frage der psychischen Motive von NS-Tätern und NS-Täterinnen mit Blick auf den malignen Narzissmus und seine Anwendbarkeit (s. Anm. 20), S. 93–104.

104 Amis: The Zone of Interest (s. Anm. 66).

sowie seiner plötzlichen Ernsthaftigkeit aufgrund seiner Verliebtheit nicht allzu sehr vom Stil eines kitschigen Liebesromans geprägt wäre. Der Lagerkommandant Paul Doll wird nicht als besonders böse oder abstoßend dargestellt. Seine Pedanterie, seine offensichtlichen Minderwertigkeitskomplexe und die Angst vor seiner in seinen Augen zu dominanten Frau ähneln aber zu sehr der Figur eines fiktiven Rudolf Höß. Interessanter und spannender wäre dabei eine weitere Ausgestaltung des Funktionshäftlings Szmul gewesen.

Jelinek beschreitet dagegen mit ihrem Stück *Rechnitz* einen anderen Weg, denn es »gibt im Sprechen und im Schreiben über die Shoah keinen erhabenen Standpunkt mehr […]. [Sodass] für die Betonung dieser Uneindeutigkeit […] sich die postmoderne Form des Theaters als besonders adäquat«[105] erweist. Das hochpolitische Stück, das in Zügen einem Historiendrama ähnelt, erinnert an das britische »in-yer-face theatre« der 90er Jahre. Das liegt einerseits an den Gewaltexzessen, die hier direkt oder indirekt benannt werden und andererseits an der Unmöglichkeit des Lesers/Zuschauers, sich der Situation des Gespielten und Gesprochenen zu entziehen. Das wird einerseits durch die immer wieder vorkommende, direkte Ansprache der Zuschauer durch die Boten bewirkt und andererseits durch die erstaunlich wenigen, konkreten und dokumentarischen Bezüge auf historische Ereignisse. Die Frage nach der Normalität wird hier nicht gestellt, da sie im Moment des gestellten Werdens bereits die Möglichkeit der Abgrenzung des Rezipienten bietet. Bei einer Frage, die sich aber im Hintergrund mit dem Potential, der Möglichkeit und Gefahr der Wiederholbarkeit auseinandersetzt, gilt vielmehr: »Das Stück dekonstruiert die Sprache derer, die darauf aus sind, die Diskurse […] zu schöpfen, zu prägen und zu beherrschen«.[106] Um dem vorzugreifen, wählt Littell eine nicht-realistische Darstellung der Romanfigur Max Aue, auch wenn Teile des Romans diesen Anschein erwecken mögen. Littell spricht davon, zugunsten der Wahrheit auf die Plausibilität der Figur von Max Aue verzichtet zu haben.[107] Sowohl Aue als auch Jelineks Boten treten somit als nicht identifizierbare Persönlichkeiten auf.[108] Beide sind Erinnerungsträger, die »als Berichtende […] keine Verantwortung für das Berichtete übernehmen […]. Bei Jelinek [und Littell] wird an der Botenfigur […] die ethische Dimension der Teilhabe an Geschichte verhandelt«.[109] Beiden literari-

105 Süselbeck: Lüsterne Gräfinnen, mörderische Liebhaber (s. Anm. 101), S. 71.

106 Pia Janke: Die Täter in Elfriede Jelineks Rechnitz (Der Würgeengel). In: Pia Janke (Hg.): »Die endlose Unschuldigkeit«. Elfriede Jelineks Rechnitz (Der Würgeengel). Wien 2010, S. 246.

107 Vgl. Razinsky und Barjonet: Introduction (s. Anm. 81), S. 7–16; hier: S. 7. Coquio: Oh my human brothers (s. Anm. 42), S. 80.

108 Birgit Dahlke geht so weit, Aue als »literarische Figur [ohne] psychische[s] Innenleben« zu sehen und sieht in ihm vielmehr ein »Konstrukt des involvierten Beobachters«. Dahlke: Nuda Veritas? (s. Anm. 42), S. 304.

109 Meister: Bezüge zur Theatertradition (s. Anm. 90), S. 69.

schen Werken ist damit die Darstellung von Prozesshaftigkeit bei der Entstehung von Normalität zu eigen. Vor allem Jelinek zeigt in aller Deutlichkeit, dass Normalität nicht als Label für eine Charaktereigenschaft von Tätern und Täterinnen funktioniert, sondern vielmehr eine gesellschaftliche Wahrnehmung, ein Zustand ist, der durch Handlungen zustande kommt. Dies soll aber nicht bedeuten, dass die oder der Handelnde keiner Analyse unterzogen werden soll.

The Zone of Interest mit seiner eigentlich differenziert angelegten Darstellung von Täterschaft durch die Thematisierung der Grauzone mittels der Betrachtung eines Funktionshäftlings, vermag diesen abstrahierenden Schritt leider nicht zu vollziehen. Jelinek fragt durch ihre autoreferentielle Sprache und Littell durch die impliziten ethischen Fragen an den Autor-Leser-Pakt danach, wie viel Potential von Täterschaft im sog. Normalen steckt. Amis hingegen bietet keine Erklärungsansätze an, was jedoch nicht heißen soll, dass Jelinek oder Littell dies für sich reklamieren. Vielmehr sind es die Fragen, die die beiden Autoren in den Raum stellen, die entscheidend sind für den Diskurs um (Nicht-)Normalität der Täter und Täterinnen. Alle drei Texte zeigen aber mit aller Deutlichkeit, dass die Inanspruchnahme markanter und schnell zugänglicher Begrifflichkeiten wie »normal« oder »pathologisch« wenig sinnvoll ist. Dagegen sollte die Wahl auf differenzierte Formulierungen zur Beschreibung und Interpretation von Handlungsmotiven von Tätern und Täterinnen fallen.

Holger Zimmermann

Kinder- und Jugendliteratur über die Shoah

»Die Forderung, daß Auschwitz nicht noch einmal sei, ist die allererste an Erziehung. Sie geht so sehr jeglicher anderen voran, daß ich weder glaube, sie begründen zu müssen noch zu sollen.«
(Theodor W. Adorno)[1]

I. Kinder- und Jugendliteratur als Medium zur »Erziehung nach Auschwitz«?

Versucht man den von Theodor W. Adorno geforderten Erziehungsauftrag umzusetzen, so kommt man für den Deutschunterricht nicht umhin, der Kinder- und Jugendliteratur[2] eine wichtige Funktion zuzuschreiben. Schließlich hat die Gattung seit dem 18. Jahrhundert einen scheinbar klaren pädagogischen Auftrag: Sie soll Heranwachsende an die Kulturtechnik des Lesens bzw. an die Literatur heranführen und ihnen »die etablierten Normen und Werte«[3] ihrer El-

1 Theodor W. Adorno: Erziehung nach Auschwitz. In: Ders. Gesammelte Schriften. Bd. 10.2: Kulturkritik und Gesellschaft. Frankfurt a. M. 1977, S. 674–690; hier: S. 674.

2 Unter ›Kinder- und Jugendliteratur‹ soll im Folgenden sowohl der Korpus der intentionalen Kinder- und Jugendliteratur als auch der sogenannten ›Crossoverliteratur‹ bezeichnet werden. Der Begriff der ›intentionalen Kinder- und Jugendliteratur‹ umfasst die »Gesamtheit der Texte, die von […] Erwachsenen […] als geeignete potentielle Kinder- und Jugendlektüre angesehen werden.« Vgl. Hans-Heino Ewers: Literatur für Kinder und Jugendliche. Eine Einführung. München 2000, S. 18. Intentionale Kinder- und Jugendliteratur ist Zielgruppenliteratur, die sprachlich und inhaltlich an die Entwicklung der intendierten Leser angepasst ist. Sie ist durch eine Doppel- bzw. Mehrfachadressierung gekennzeichnet, da sie neben Kindern und Jugendlichen auch erwachsene Leser ansprechen soll, die mehrheitlich die Käufer der Texte sind. Als Mitglieder des sogenannten »pädagogischen Handlungssystems« Ewers: Literatur für Kinder und Jugendliche (s. Anm. 2), S. 18, sanktionieren sie in ihrer Rolle als Eltern, Lehrer oder Bibliothekare die Texte als für Kinder und Jugendliche geeignet oder nicht geeignet. Der Begriff der ›Crossoverliteratur‹ (alternativ: ›All-Age-Literatur‹) bezeichnet hingegen Texte, die sich gleichzeitig an kindliche bzw. jugendliche wie erwachsene Leser (nicht nur in ihrer Funktion als Mitglieder des pädagogischen Handlungssystems) wenden.

3 Carsten Gansel: »Einem Kind wäre schon ein einziges Opfer als Anblick zuviel gewesen.« Der Nationalsozialismus als Gegenstand in der Literatur für Kinder und Jugendliche. In: Zwischen Schweigen und Schreiben. Interdisziplinäre Perspektiven auf zeitgeschichtliche Jugendro-

terngeneration vermitteln. Insofern liegt es nahe, dass in einer Gesellschaft, in der Erinnerung an die Shoah[4] mehrheitlich als zentraler Bildungsauftrag angesehen wird, der Kinder- und Jugendliteratur hierbei eine wichtige Funktion zugeschrieben wird. Ihre erzieherische Aufgabe wäre es demnach, den Leserinnen und Lesern in einer altersgerechten Form historisches Wissen über die Vernichtung der europäischen Juden zu vermitteln, um dessen Dimension so gut wie möglich zu erfassen. Daraus sollte sich für die Gegenwart ein verändertes Wertebewusstsein entwickeln, das ihr eigenes Handeln in einer demokratischen bzw. antirassistischen Gesellschaftsordnung positiv beeinflusst. Es stellt sich jedoch die Frage, ob diese Erwartungen an die Wirksamkeit der Lektüre von Kinder- und Jugendliteratur nicht übertrieben sind bzw. ob man die Gattung hiermit nicht überfordert und die Gefahr einer gegenteiligen Wirkung bei ihren Leserinnen und Lesern erzielt.

Vor dem Hintergrund dieser Entwicklung lohnt die Beschäftigung mit der Kinder- und Jugendliteratur zur Shoah. Ihre Geschichte seit den 1950er Jahren spiegelt nicht nur den jeweiligen gesellschaftlichen Wertehintergrund im Umgang mit dem historischen Erbe des Nationalsozialismus. Sie zeigt auch, wie sehr sich die Vorstellungen von Kinder- und Jugendliteratur und die Vorstellungen eines zielgruppengemäßen Umgangs mit ihr in den vergangenen Jahrzehnten verändert haben. Der vorliegende Beitrag möchte diesen Fragen nachgehen, indem er einen Überblick über die historische Entwicklung der Kinder- und Jugendliteratur wie über aktuelle Texte zur Shoah in der Bundesrepublik Deutschland[5] gibt, der sowohl die literarästhetischen Veränderungen des Genres erfasst, als auch die Veränderungen in den fachdidaktischen Konzeptionen des Umgangs mit ihr in den Blick nimmt.

---

mane von Kirsten Boie und Gina Mayer. Hg. v. Norman Aechtler und Monika Rox-Helmer. Frankfurt a. M. 2012, S. 15–39; hier: S. 15.

4 Im kinder- und jugendliteraturwissenschaftlichen wie literaturdidaktischen Diskurs wird überwiegend der Begriff des Holocaust gebraucht, aus Gründen der Analogie innerhalb des Bandes wird im Folgenden jedoch der Begriff der ›Shoah‹ verwendet.

5 Der folgende historische Überblick erfasst exemplarisch Texte, die für die Entwicklung des Genres von Bedeutung sind. Aus diesem Grund beschränkt sich die Darstellung nicht auf die deutschsprachige Kinder- und Jugendliteratur, sondern sie beinhaltet auch Übersetzungen, wenn diese im öffentlichen wie wissenschaftlichen Diskurs breitere Beachtung gefunden haben. Die Kinder- und Jugendliteratur der DDR kann hingegen nicht berücksichtigt werden, da das kinderliterarische Handlungssystem der DDR von grundlegend anderen Rahmenbedingungen geprägt ist als das der Bundesrepublik. Insbesondere wird ihr von Seiten des Staates eine wichtige Funktion zur Erziehung im Sinne einer kommunistischen Ideologie zugeschrieben. Die oftmals als Auftragsarbeiten verfassten Texte zur Geschichte des Nationalsozialismus konzentrieren sich daher vor allem auf die Darstellung des ›antifaschistischen Kampfes‹ kommunistischer Gruppen, während die Geschichte der Shoah nur selten thematisiert wird. Vgl. Gansel: »Einem Kind wäre schon ein einziges Opfer als Anblick zu viel gewesen.« (s. Anm. 3), S. 28f.

II. 1950er und 1960er Jahre: Erste Annäherungen in den Zeiten des Wirtschaftswunders

Aus einer heutigen Perspektive mag es überraschen, dass in den ersten Jahren nach Kriegsende in der Bundesrepublik keine Kinder- und Jugendbücher verlegt wurden, die die ›Jahrhundertkatastrophe‹ der Shoah thematisierten. Allerdings lässt sich die Nichtberücksichtigung leicht erklären. Sie steht in einem Zusammenhang mit der (mehrheits-)gesellschaftlichen Haltung in den 1950er Jahren, als in der Euphorie des Wiederaufbaus die Frage nach (eigenen) schuldhaften Verstrickungen in den Nationalsozialismus oftmals allzu gerne verdrängt wird. Vielmehr fühlt man »sich als Opfer und probt die Rückkehr zur Normalität durch Ausblenden des Vergangenen«.[6] Dementsprechend überwiegen in der Kinder- und Jugendliteratur aus dieser Zeit Texte, die Kriegswirren, Flucht und Vertreibung, insbesondere aus den ehemaligen ›Ostgebieten‹ thematisieren.[7] Erst als sich um 1960 im Zuge des Eichmann-Prozesses wie des Erstarkens (neo-)nazistischer Tendenzen in größeren Teilen der Gesellschaft der Bundesrepublik ein wachsendes Bewusstsein für die Gräueltaten der Nationalsozialisten entwickelt, erscheinen auch erste kinder- bzw. jugendliterarische Texte, die die Thematik der Judenverfolgung aufgreifen.[8] Eine Schlüsselstellung unter ihnen nehmen Clara Asscher-Pinkhofs *Sternkinder* und Hans Peter Richters *Damals war es Friedrich*[9] ein, die beide (in Deutschland) erstmals 1961 verlegt werden.

Die Erzählung *Sternkinder*[10] der holländischen Holocaust-Überlebenden Clara Asscher-Pinkhof – der Originaltext wird bereits 1946 in den Niederlanden veröffentlicht – ist das erste in der Bundesrepublik Deutschland erschienene Kinderbuch, das die Vernichtung des europäischen Judentums offen thematisiert.[11] Die Verfasserin, die als Lehrerin im Amsterdamer Ghetto arbeitete, ver-

---

6 Gansel: »Einem Kind wäre schon ein einziges Opfer als Anblick zu viel gewesen.« (s. Anm. 3), S. 25.

7 Vgl. Bernd Otto: Die Aufarbeitung der Epoche des Nationalsozialismus im fiktionalen Jugendbuch der Bundesrepublik Deutschland von 1945–1980. Frankfurt a. M., Bern 1981, S. 35.

8 Allerdings bleibt der Anteil an der Gesamtzahl der über die Zeit des Nationalsozialismus verlegten Texte – so eine Untersuchung Bernd Ottos aus dem Jahr 1981, die allerdings einige offene Fragen bzgl. der Datenauswahl aufweist – gering. Auch in den 1960er Jahren überwiegen weiterhin Texte zur Thematik der Vertreibung. Otto: Die Aufarbeitung der Epoche des Nationalsozialismus (s. Anm. 7), S. 32–34.

9 Hans Peter Richter: Damals war es Friedrich. München 1982.

10 Die Ausgabe von 1961 ist eine in Teilen gekürzte Übersetzung. Inzwischen liegt auch eine Neuübersetzung des kompletten Originaltextes durch Mirjam Pressler vor. Clara Asscher-Pinkhof: Sternkinder. Aus dem Niederländ. übers. v. Mirjam Pressler. Hamburg 2012.

11 Eine wichtige Funktion des Erinnerns an die Shoah übt in den 1950er Jahren das Tagebuch der Anne Frank aus, das auch in der Bundesrepublik Deutschland großes Interesse erfährt. Aufgrund der paratextuellen Merkmale der frühen Ausgaben wie der Rezeption durch

arbeitet darin die Erfahrungen ihrer Internierung sowie der anschließenden Deportation nach Bergen-Belsen. Aus der Perspektive verschiedener namenloser Kinder beschreibt ein heterodiegetischer Erzähler die verschiedenen Stationen von deren Deportation. In vier Kapiteln (»Sternstadt«, »Sternhaus«, »Sternwüste« und »Sternhölle«) wird an individuellen, aber gleichzeitig exemplarischen Schicksalen gezeigt, wie die Kinder zuerst im Amsterdamer Ghetto interniert, dann dort in einer »Sammelstelle« (dem ehemaligen Theater) zusammengepfercht, später in ein »Übergangslager« und schließlich in das KZ Bergen-Belsen deportiert werden. Im Mittelpunkt der Erzählung stehen die Entbehrungen der Kinder, z. B. deren Hunger, die Brutalität und Willkür der (Lager-)Aufseher sowie ihre vielfachen, oftmals noch diffusen Ängste. Die Erzählung endet mit der Rettung eines Mädchens, das auf einen der »Austauschtransporte« nach Palästina gelangt und so dem alltäglichen Leiden und Sterben entkommen kann.[12] Ihre Verwunderung über die unerwartet wiedererlangte Menschenwürde und der ständige Kontrast mit dem Schicksal der Zurückgebliebenen verhindert jedoch, dass am Ende der Lektüre der Eindruck eines für die Mehrheit der jüdischen Bevölkerung ahistorischen ›Happyends‹ entstehen könnte.

Einer der Gründe für die vergleichsweise große Beachtung von *Sternkinder*, die Erzählung wird u. a. 1962 mit dem Deutschen Jugendbuchpreis prämiert, ist auch Erich Kästners Eintreten für den Text. In dem Vorwort der Ausgabe von 1961 begründet er dessen Bedeutung wie folgt:

> Diese ›Sternkinder‹ sind so wichtig, so erschütternd und so schrecklich wie das ›Tagebuch der Anne Frank‹. Die Erwachsenen und die Halbwüchsigen müssen es lesen. Wer sich daran begeistert, wie schnell und wie hoch ein Mensch zu fliegen imstande ist, der muß auch wissen, wie abgrundtief er sinken kann […]. Und auch die Schulkinder, wenigstens die älteren sollten erfahren, wie damals Kindern mitgespielt wurde. Sie werden Fragen stellen und von den Eltern und Lehrern Auskunft erwarten. Die Aufgabe ist schwer. Aber sie ist unabwendbar. Den Abgrund der Vergangenheit zu verdecken, hieße den Weg in die Zukunft zu gefährden.[13]

überwiegend erwachsene Leser, wird der Text jedoch – obwohl er auch von vielen Jugendlichen gelesen wird – zumeist nicht der Kinder- und Jugendliteratur zugerechnet.

12 Die Freilassung basiert auf historischen Tatsachen: Im Austausch gegen internierte Deutsche werden wiederholt einige Häftlinge des Lagers Bergen-Belsen nach Palästina geschickt, unter ihnen auch Clara Asscher-Pinkhof. Einen detaillierten Überblick über das »Austauschprogramm« gibt Alexandra-Eileen Wenck: Zwischen Menschenhandel und »Endlösung.« Das Konzentrationslager Bergen-Belsen. Paderborn 2000. Eine für Unterrichtszwecke gut geeignete journalistische Darstellung Klaus Wiegrefe: Ausgesucht höflich. In: Der Spiegel 54/15 (2000), S. 64–66. Eine detaillierte Biografie Asscher-Pinkhofs findet sich in Selma Leydersdorff: Clara Asscher Pinkhof. In: Jewish Women: A Comprehensive Historical Encyclopedia, unter: http://jwa.org/encyclopedia/article/pinkhof-clara-asscher [abgerufen: 15.5.2017].

13 Clara Asscher-Pinkhof: Sternkinder. Aus dem Niederländ. übers. v. Wilhelm Niemeyer. Berlin 1961, S. 6.

Kästners Vorwort umschreibt damit gleichsam programmatisch die didaktischen Zielsetzungen des Umgangs mit Texten der ersten Generation der Kinder- und Jugendliteratur zur Shoah. Ihre Hauptaufgabe sei es demnach, einer noch »ahnungslosen Jugend«[14] historisches Wissen über den Mord an den europäischen Juden zu vermitteln. Dieses Wissen soll sie befähigen, unbequeme Fragen an die Elterngeneration nach deren Verstrickung in bzw. Ausblendung von Schuld vor und nach 1945 zu stellen. Kästner überantwortet somit eine moralische Verpflichtung an die nachwachsende Generation, für die Gegenwart bzw. Zukunft Lehren aus der Vergangenheit zu ziehen, was in weiten Teilen Adornos Forderung einer Erziehung nach Auschwitz entspricht. Gleichzeitig greift er der Konzeption einer Erinnerungsgemeinschaft vor, wie sie seit den 1980er Jahren populär wird.

Auch das Motto des zweiten bedeutenden, 1961 erschienenen Kinder- bzw. Jugendbuchs zur Judenverfolgung, Hans Peter Richters *Damals war es Friedrich*, wirbt für eine stark gegenwartsbezogene Lesart: »Damals waren es die Juden… / Heute sind es dort die Schwarzen und hier die Studenten… / Morgen werden es vielleicht die Weißen, die Christen oder die Beamten sein…«[15] Ansonsten unterscheidet sich der Text in der Darstellung jedoch erheblich von *Sternkinder*. In seinem Mittelpunkt steht das Schicksal des jüdischen Jungen Friedrich Schneider im Zeitraum von der Endphase der Weimarer Republik bis in die Kriegsjahre. In 32 exemplarischen, zumeist in sich geschlossenen Episoden wird aus der autodiegetischen Erzählperspektive des gleichaltrigen nicht-jüdischen Freundes von Friedrich erzählt, wie dieser und seine Familie Schritt für Schritt aus dem Alltagsleben ausgegrenzt und zunehmend schikaniert werden. Geschildert werden etwa die Entlassung des Vaters, das Verbot, öffentliche Schwimmbäder und Kinos zu besuchen, oder die Zerstörung der Wohnung in der Pogromnacht vom 9. November 1938. Die Erzählung endet schließlich mit der Verhaftung des Vaters – die Mutter stirbt schon früher wegen fehlender ärztlicher Versorgung an einer Krankheit – und dem Tod Friedrichs während eines alliierten Bombenangriffs.

Hans Peter Richter gebührt zweifelsohne das Verdienst, die Judenverfolgung erstmals aus der Perspektive eines nicht-jüdischen deutschen Autors[16] in einem Kinder- bzw. Jugendbuch für ein breites Publikum verarbeitet und damit »einen

14 Asscher-Pinkhof: Sternkinder (s. Anm. 13), S. 6.

15 Richter: Damals war es Friedrich (s. Anm. 9), S. 5.

16 Richter – während des Krieges Wehrmachtssoldat – wird vielfach als Repräsentant der sogenannten ›Mitläufergeneration‹ angesehen. Nach dem Krieg distanziert er sich deutlich von der Ideologie des Nationalsozialismus und verfasst etliche weitere, in seiner Tätigkeit als Soziologe auch wissenschaftliche Texte, die sich kritisch mit der jüngeren deutschen Geschichte auseinandersetzen. Vgl. Ulrike Schrader: Immer wieder Friedrich. In: Praxis Deutsch 195/33 (2006), S. 57f.; hier: S. 57.

entscheidenden Schritt zur Enttabuisierung des Themas«[17] in der Bundesrepublik Deutschland geleistet zu haben. Mit im deutschsprachigen Raum über einer Million und weltweit über zwei Millionen verkauften Exemplaren ist *Damals war es Friedrich* – 2014 erscheint die 64. Auflage – das erfolgreichste Kinder- bzw. Jugendbuch zur Geschichte des Nationalsozialismus, das bis heute zu den beliebtesten Schullektüren in der Sekundarstufe I zählt.[18]

Aus einer gegenwärtigen Perspektive weist der Text jedoch einige kritische Inhalte auf. So wird in etlichen Publikationen moniert, dass die Mehrheit der nicht-jüdischen deutschen Figuren – insbesondere die Identifikationsfigur des Erzählers sowie dessen Eltern – grundsätzlich positiv dargestellt sind, was eben nicht der historischen Realität entspreche. Dies verdeutlicht z. B. die Darstellung der Ereignisse unmittelbar vor Friedrichs Tod. Während eines Bombenangriffs versucht dieser in einen Luftschutzraum zu flüchten, ihm wird von einem ›Blockwart‹ jedoch der Zugang verwehrt. Bemerkenswert ist nun die Reaktion der restlichen Schutzsuchenden:

> [Ein] Feldwebel erhob sich und ging zur Schleuse. ›Sind Sie verrückt geworden? Sie können den Jungen doch nicht bei diesem Angriff aus dem Keller jagen!‹
> ›Wissen Sie, was der ist?‹ verteidigte sich Herr Resch [der ›Blockwart‹]. ›Das ist ein Jude!‹
> ›Na und?‹ fragte der Feldwebel erstaunt. ›Und wenn es ein räudiger Hund wäre, lassen sie ihn drin, bis der Angriff vorüber ist!‹ Auch die übrigen Insassen des Luftschutzraums beteiligten sich nun. ›Er soll den Jungen drin lassen!‹ tönte es von allen Seiten.[19]

Trotz des Widerstands aller (!) anderen Insassen, den der Blockwart mit der Drohung einer Anzeige unterdrückt, verwehrt er Friedrich weiterhin den Zugang, womit er auch für dessen unmittelbar folgenden Tod durch einen Bombensplitter verantwortlich wird. Die Szene erweckt somit den Eindruck, dass nur eine Minderheit aus »extrem böse[n], unsympathische[n] Figuren«[20] Nationalsozialisten waren, wohingegen die Mehrheit der Bevölkerung – unter ihr auch der ›gute‹ Wehrmachtssoldat[21] – positiv gezeichnet wird.

Ebenso problematisch ist aus heutiger Sicht, dass die Existenz des nationalsozialistischen Lagersystems wie die massenhafte Verfolgung und Tötung der

17 Schrader: Immer wieder Friedrich (s. Anm. 16), S. 57.
18 Vgl. Schrader: Immer wieder Friedrich (s. Anm. 16), S. 57.
19 Richter: Damals war es Friedrich (s. Anm. 9), S. 113.
20 Schrader: Immer wieder Friedrich (s. Anm. 16), S. 58.
21 Die Szene stützt somit auch den inzwischen eindeutig widerlegten Mythos von der ›sauberen Wehrmacht‹, der die Armee als eine entideologisierte und vom NS-Staat getrennte Einrichtung darstellt, deren militärischen Leistungen hervorgehoben und deren Verbrechen relativiert oder bestritten werden. Vgl. Gerd R. Ueberschär: Die Wehrmacht. In: Enzyklopädie des Nationalsozialismus. Hg. v. Wolfgang Benz, Hermann Graml und Hermann Weiß. München 2007, S. 102–112; hier: S. 110f.

jüdischen Mitbürger nahezu unerwähnt bleiben. Lediglich der Kommentar des Blockwarts, nachdem er und die Familie des Erzählers die Leiche Friedrichs gefunden haben (»Sein Glück, dass er *so* [Hervorheb. i. Orig.] umgekommen ist«)[22] – verweist auf eine andere, aber nicht weiter ausgeführte historische Realität. Schließlich wird auch konstatiert, dass Hans Peter Richters Intention »tradierte Antisemitismen durch eine neue Art der Darstellung von Juden und Judentum zu korrigieren […] gescheitert«[23] sei. So zeigt Zohar Shavit auf, dass sich in dem Text weiterhin etliche antijüdische Stereotype finden, z. B. der vergleichsweise große Reichtum der Familie Schneider im Kontrast zur Armut der Familie des Erzählers während der Wirtschaftskrise.[24] Als problematisch bewertet Shavit zudem die philosemitischen Merkmale des Textes, die die Vorstellung eines in dieser Form nicht realistischen Unterschieds zwischen den jüdischen und nicht-jüdischen Bevölkerungsgruppen förderten. So wird die jüdische Familie als überdurchschnittlich freundlich und großzügig, Friedrich als körperlich wie kognitiv besonders begabt dargestellt.[25]

III. 1970er Jahre: Die verstärkte Auseinandersetzung mit den Mechanismen des NS-Staates

Sternkinder wie *Damals war es Friedrich* markieren den Beginn der Beschäftigung mit der Shoah in der auf dem bundesdeutschen Buchmarkt erhältlichen Kinder- und Jugendliteratur. Die in den Texten teils mehr, teils weniger deutlich aufgeworfene Frage nach der schuldhaften Verstrickung der Elterngeneration in den Nationalsozialismus erfasst in Folge der Studentenbewegung Ende der 1960er Jahre schließlich weite Teile der bisher dafür wenig sensibilisierten Gesellschaft. Gerade angesichts der erheblichen Vehemenz dieses mentalitätsgeschichtlichen Umbruchs überrascht es jedoch, dass die Thematik der Judenverfolgung in der Kinder- und Jugendliteratur der 1970er Jahre kaum behandelt wird.[26] Vielmehr rücken Fragen nach den Mechanismen des NS-Machtapparats in den Mittelpunkt des Interesses. Exemplarisch zeigt sich dies in Horst Burgers

22 Richter: Damals war es Friedrich (s. Anm. 9), S. 115.

23 Schrader: Immer wieder Friedrich (s. Anm. 16), S. 57.

24 Vgl. Zohar Shavit: Die Darstellung des Nationalsozialismus und des Holocaust in der deutschen und israelischen Kinder- und Jugendliteratur. In: Die Darstellung des Dritten Reichs im Kinder- und Jugendbuch. Hg. v. Zohar Shavit und Malte Dahrendorf. Frankfurt a. M. 1988, S. 11–42; hier: S. 23–25.

25 Vgl. Shavit: Die Darstellung des Nationalsozialismus und des Holocaust in der deutschen und israelischen Kinder- und Jugendliteratur (s. Anm. 24), S. 23–25.

26 So zählt Otto für die 1970er Jahre lediglich vier Texte, die sich mit der Thematik auseinandersetzen. Vgl. Otto: Die Aufarbeitung der Epoche des Nationalsozialismus (s. Anm. 7), S. 35 u. S. 126–128.

Warum warst Du in der Hitler-Jugend? Vier Fragen an meinen Vater (1976), einem der erfolgreichsten kinder- bzw. jugendliterarischen Texte über den Nationalsozialismus aus diesem Jahrzehnt. Burger greift darin den auch von Erich Kästners geforderten Ansatz auf, dass die Kinder ihren Eltern kritische Fragen über deren Verstrickung in den Nationalsozialismus stellen sollen. Ein Gespräch mit seinem Sohn, der als Alter Ego des Autors angesehen werden kann, bildet für einen Vater den Anlass, aus seiner Vergangenheit als Hitlerjunge und Wehrmachtssoldat zu erzählen. Die Verfolgung der Juden wird dabei zwar nicht ausgeklammert, bereits die erste der vier Fragen widmet sich der Thematik und der Vater erinnert sich an die Schikanierung und spätere Deportation einer jüdischen Familie.[27] Sie nimmt jedoch, da der Text aus der Perspektive eines nicht-jüdischen deutschen Jugendlichen erzählt wird, nur einen kleineren Teil des Buches ein. Im Vergleich ausführlicher wird am Beispiel des Vaters geschildert, mit welchen Mitteln es dem NS-Staat gelang, Heranwachsende für seine Ideologie zu gewinnen und welchen Ängsten und Gefahren er als noch junger Wehrmachtssoldat ausgesetzt war.

Auch *Warum warst Du in der Hitler-Jugend?* hat wie *Damals war es Friedrich* sicherlich einen wichtigen Beitrag zu einer intensiveren Auseinandersetzung mit der Geschichte des Nationalsozialismus geleistet. Wie Richters Erzählung wird der Text heute jedoch kritisch bewertet. So monieren Hans-Heino Ewers und Caroline Gremmel, dass insbesondere die Rahmenhandlung der Erzählung eine gewisse Distanz zu den historischen Geschehnissen erzeuge, die es dem Vater immer wieder ermögliche, wertende Passagen einzufügen, in denen er sein früheres Handeln kritisch reflektiert, was es ihm jedoch auch ermögliche, sein früheres Handeln zu relativieren. Der jugendliche Fragesteller wiederum nehme die Erzählungen seines Vaters allzu »widerspruchslos«[28] auf und vermeide es, unbequeme Fragen über dessen Verstrickungen in das NS-Unrechtssystem zu stellen. Der Band sei daher neben einer Darstellung von Aspekten der NS-Geschichte vor allem auch eine Auseinandersetzung der zeitgenössischen Generation mit ihren Vätern. Wenn der Fragesteller am Ende des Berichts versöhnend resümiert »Mein Vater hatte es nicht leicht. Und er hat es sich nicht leicht ge-

27 Möglicherweise war der Vater sogar ungewollt deren Verursacher, was erstmals zeigt, dass auch Kinder und Jugendliche Mitwisser oder auch Mitschuldige sein konnten.

28 Hans-Heino Ewers und Caroline Gremmel: Zeitgeschichte, Familiengeschichte und Generationenwechsel. Deutsche zeitgeschichtliche Jugendliteratur der 1990er und 2000er Jahre im erinnerungskulturellen Kontext. In: Kriegs- und Nachkriegskindheiten. Studien zur literarischen Erinnerungskultur für junge Leser. Hg. v. Gabriele von Glasenapp und Hans-Heino Ewers. Frankfurt a. M. 2008, S. 27–50; hier: S. 37.

macht«,[29] so beinhalte dieses Fazit jedoch eine möglicherweise unangemessene Freisprechung der Tätergeneration von Schuld.

IV. 1980er Jahre: Die ›Entdeckung‹ der Shoah im Kontext eines veränderten Verständnisses von Kinder- und Jugendliteratur

Die jüngere Kritik an den frühen Texten der Kinder- und Jugendliteratur über die Shoah zeigt, dass sich die Ansprüche, die von Seiten des pädagogischen wie des wissenschaftlichen Handlungssystems an die Texte gestellt werden, inzwischen deutlich gewandelt haben. Die Wurzeln hierfür wie auch für eine veränderte Darstellung der Shoah in den Primärtexten liegen in den 1980er Jahren, in denen sich sowohl die gesellschaftliche Sichtweise auf die Shoah als auch die Vorstellungen der Funktion von Kinder- und Jugendliteratur deutlich wandeln.

Im gesellschaftlichen Diskurs der Bundesrepublik führt die inzwischen gewachsene zeitliche Distanz zu den Jahren des Nationalsozialismus dazu, dass die Beschäftigung mit der Shoah nun nicht mehr unmittelbar mit der Frage eigener Schuld oder der Schuld der Eltern, der man sich stellen bzw. die man aufdecken müsse, verbunden wird. Als programmatisch für diesen Wandel kann die Rede des Bundespräsidenten Richard von Weizsäcker anlässlich des 40. Jahrestages des Kriegsendes am 8. Mai 1985 gelten. Er greift darin die damals in den Medien intensiv diskutierte These einer ›Kollektivschuld‹ des deutschen Volkes auf, nach der die Schuld des millionenfachen Mordes an den Juden gleichsam von Generation zu Generation vererbt werde. Weizsäcker lehnt die These ab, indem er darauf verweist, dass Schuld immer persönlich sei. Wohl aber bestehe eine Verpflichtung der jüngeren Generationen der Deutschen zur Bewahrung der Erinnerung an den Holocaust.[30] Die Vorstellung einer Verpflichtung zur Erinnerung ist seitdem eine mehrheitlich akzeptierte Grundlage des ›Umgangs‹ mit der Geschichte des Nationalsozialismus, die der bundesdeutschen Gesellschaft durch die gleichzeitige Entkoppelung von einer individuellen Schuldfrage auch das Erinnern an die Shoah erleichtert. Zeitgleich setzt, beginnend mit der Ausstrahlung der amerikanischen TV-Serie *Holocaust*, in der der Mord an den europäischen Juden 1979 erstmals in Deutschland in Form einer fiktionalen Er-

29 Horst Burger: Warum warst du in der Hitler-Jugend. Vier Fragen an meinen Vater. Reinbek 1988, S. 153.

30 Vgl. Deutscher Bundestag, Presse- und Informationszentrum (Hg.): 40. Jahrestag der Beendigung des Krieges in Europa und der nationalsozialistischen Gewaltherrschaft. Gedenkstunde des Deutschen Bundestages und des Bundesrates 8. Mai 1985. Bonn 1985.

zählung einem Massenpublikum präsentiert wird, eine intensivere mediale Auseinandersetzung mit der Shoah ein.[31]

Parallel hierzu sind in der Entwicklung der Kinder- und Jugendliteratur der 1980er Jahre markante Veränderungen zu beobachten, die bis heute die Texte über die Shoah wie die Frage des Umgangs mit ihnen beeinflussen. Das seit der Aufklärung bestehende vorrangige Ziel einer Vermittlung von Sachwissen, Werten oder Normen wird nun von vielen Autoren zunehmend in Frage gestellt. Sie intendieren vielmehr eine adressatenspezifische Beobachtung der Gesellschaft in fiktional anspruchsvoller Form, wodurch sich die Kinder- und Jugendliteratur einer allzu schlichten Nutzungsfunktion entzieht.[32] Tatsächlich zeichnen sich viele Texte seitdem durch eine größere Komplexität in ihrem Aufbau wie in ihrer Erzählgestaltung aus.[33] Die Gattung rückt somit in eine engere Nähe zur Allgemeinliteratur, was sich auch an der wachsenden Zahl der Titel ablesen lässt, die sich gleichzeitig an jugendliche und erwachsene Leserinnen und Leser richten und für die mit den Begriffen der ›Crossover-‹ bzw. ›All-Age-Literatur‹ eine neue Genrebezeichnung entsteht.

Gleichzeitig entwickelt sich mit der zunehmenden wissenschaftlichen Institutionalisierung der Fach- bzw. Deutschdidaktik(en) ein intensiverer Austausch über das unterrichtliche Potential der Kinder- und Jugendliteratur. In Hinblick auf die aktuelle Kinder- und Jugendliteratur zur Shoah sind hierbei zwei Diskurse bedeutsam:

1. Gerhard Haas beklagt 1988 das »Elend einer didaktisch ausgebeuteten Kinderliteratur«,[34] in der diese zum bloßen ›Themenlieferanten‹ für z. B. den Geschichts- oder Sachunterricht reduziert werde. Eine derart eindimensionale Sichtweise auf das unterrichtliche Potential von Kinder- und Jugendliteratur werde jedoch weder der gewachsenen Komplexität vieler Texte noch den Zielen eines zeitgemäßen Umgangs mit Literatur gerecht. Vielmehr würde sie die Gefahr einer Abkehr der Leserinnen und Leser evozieren, die deren allzu schlichte belehrende Botschaften rasch durchschauten.[35] Auch wenn in den Reaktionen auf die Kritik Haas' die besondere didaktische Funktion der Gattung weiterhin herausgestrichen wird, so gerät nun doch

31 Vgl. Dieter Wrobel und Tilman von Brand: Nationalsozialismus. In: Praxis Deutsch 236/39 (2012), S. 4–13; hier: S. 9.

32 Vgl. Gansel: »Einem Kind wäre schon ein einziges Opfer als Anblick zu viel gewesen.« (s. Anm. 3), S. 19.

33 Wilhelm Steffens: Moderne Formen des Erzählens in der Kinder- und Jugendliteratur der Gegenwart. In: Taschenbuch der Kinder- und Jugendliteratur, Bd. 2. Hg. v. Günther Lange. Baltmannsweiler 2000, S. 844–861.

34 Gerhard Haas: Das Elend der didaktisch ausgebeuteten Kinder- und Jugendliteratur. In: Praxis Deutsch 16/89 (1988), S. 3–5; hier: S. 3.

35 Haas: Das Elend der didaktisch ausgebeuteten Kinder- und Jugendliteratur (s. Anm. 34), S. 4f.

auch deren ästhetisches Potential – und dies gilt mit einiger Verzögerung auch für die Kinder- und Jugendliteratur zur Shoah – stärker in den Blick.
2. Im gleichen Jahr übt die israelische Literaturwissenschaftlerin Zohar Shavit massive Kritik an der deutschsprachigen Kinder- und Jugendliteratur über die Shoah. Unter anderem am Beispiel des Beststellers *Damals war es Friedrich* moniert sie – wie zuvor bereits ausgeführt –, dass in ihr im Gegensatz zu vielen anderen nicht originär deutschsprachigen Texten jüdische Figuren weiterhin verzerrt dargestellt werden. So korrespondiere eine stereotype Charakterisierung vielfach mit philosemitischen Merkmalen und einem allzu passiven Verhalten der Juden, was noch dadurch gesteigert würde, dass ihnen oftmals nicht-jüdische deutsche Helferfiguren an die Seite gestellt würden, die sie dann letztlich vor dem Schlimmsten bewahrten. Jüdisches Sterben hingegen werde weitgehend ausgeblendet.[36] Obwohl viele Stimmen die bisherigen Texte und ihre Autoren verteidigen, markiert die Kritik Shavits dennoch den Beginn einer intensiven Auseinandersetzung über eine Beschäftigung mit der Shoah im Deutschunterricht, in deren Verlauf die Darstellung des Leides aus einer Opferperspektive stärker berücksichtigt wurde.

Jüngere kinder- bzw. jugendliterarische Texte zur Shoah wie auch die jüngeren fachdidaktischen Diskurse zum Umgang mit ihnen führen in einem hohen Maß die zuvor skizzierten Entwicklungen der 1980er Jahre fort. Wie sich die Texte zur Shoah sowie die Konzeptionen eines angemessenen Umgangs mit ihnen in der jüngsten Vergangenheit entwickelt haben, soll nun näher beleuchtet werden.

V. Jüngere Kinder- und Jugendliteratur zur Shoah[37]

Das Konzept einer Verpflichtung zur Erinnerung ist bis heute ein zentrales Element der ›Holocaust-Didaktik‹. Seine Grundannahme ist die Vorstellung, dass das Teilen der Erinnerung die einzige Möglichkeit sei, um »Erinnerungsbestände zukunftsfähig zu machen«.[38] Nur wenn sich eine »Erinnerungsgemeinschaft«[39] bzw. ein kollektives »kulturelles Gedächtnis«[40] bilde, in dem die

36 Vgl. Shavit: Die Darstellung des Nationalsozialismus und des Holocaust in der deutschen und israelischen Kinder- und Jugendliteratur (s. Anm. 24), S. 23–25 u. S. 37.
37 Kriterium für die Berücksichtigung war, dass die Texte in den vergangenen 25 Jahren publiziert wurden und dass sie in den vergangenen zehn Jahren Gegenstand fachdidaktischer Publikationen waren.
38 Wrobel und von Brand: Nationalsozialismus (s. Anm. 31), S. 4.
39 Avishai Margalit: Ethik der Erinnerung. Frankfurt a. M. 2000, S. 51.
40 Vgl. Jan Assmann: Kollektives Gedächtnis und kulturelle Identität. In: Kultur und Gedächtnis. Hg. v. Jan Assmann und Tonio Hölscher. Frankfurt a. M. 1988, S. 9–19.

Mechanismen des NS-Unrechts- und Vernichtungsapparats bewusst bleiben, könne das Ziel erreicht werden, dass sich ein »Fundament für eigene Positionierungen in der Gegenwart«[41] entwickelt, das Gesellschaften gegenüber Rassismus, Antisemitismus und antidemokratischen Tendenzen immunisiert.

So unbestritten diese Zielsetzung wie die grundsätzliche Notwendigkeit einer Auseinandersetzung mit der jüngeren deutschen Geschichte ist, so schwierig ist jedoch die Frage, wie diese konkret zu führen sei. Einfache »Nie wieder!«-Imperative bergen die Gefahr, rasch zu inhaltsleeren Lippenbekenntnissen zu werden, die möglicherweise das Gegenteil des Gewollten erzielen. So betonen jüngere Publikationen, dass ein allzu schlichter ›moralischer Zeigefinger‹ seitens der Elterngeneration wie eine allzu sehr ritualisierte Verpflichtung zur Erinnerung seitens des Staates die Gefahr einer Ablehnung durch Jugendliche berge, da diese die Rituale und Konventionen der Erwachsenen grundsätzlich in Frage stellen.[42] Eine allzu abstrakte Konzentration auf eine entpersonalisierte Geschichtsdarstellung, die keine individuelle Perspektive berücksichtigt, befördert möglicherweise den häufig geäußerten Vorwurf, man wisse ja wegen der Präsenz der Thematik in Schule und Medien schon über alles Bescheid. Allerdings zeigen etwa die Studien des Soziologen Harald Welzer,[43] dass in den bundesdeutschen Familien durchaus Illusionen über die (Nicht-)Verstrickung der eigenen Vorfahren in den NS-Staat vorherrschen.

Der Kinder- und Jugendliteratur wird in diesem Kontext von Seiten der Geschichts- wie Deutschdidaktik die Funktion zugeschrieben, »immer wieder aufs Neue, Erinnerungen verfügbar zu machen«[44] und in dem ihr möglichen Maß Identifikationsangebote zu liefern bzw. zu einer Auseinandersetzung mit der eigenen Familiengeschichte wie auch mit unterschiedlichen nationalen und kulturellen Traditionen der Erinnerung anzuregen. Hierbei gilt es jedoch, einen allzu naiven, lediglich auf affektive Reaktionen der Lernenden abzielenden Umgang mit den Texten zu vermeiden. Es ist allgemeiner Konsens in den Publikationen zum Umgang mit Kinder- und Jugendliteratur über die Shoah, dass deren fiktionale bzw. literarästhetische Elemente bei einer Behandlung im Unterricht zwingend berücksichtigt werden müssen.[45] Kinder- und Jugendliteratur

41 Wrobel und von Brand: Nationalsozialismus (s. Anm. 31), S. 4.

42 Vgl. Jens Birkmeyer: Einleitung. In: Ders. (Hg.): Holocaust-Literatur und Deutschunterricht. Perspektiven schulischer Erinnerungsarbeit. Baltmannsweiler 2008, S. 1–14; hier: S. 2–4.

43 Vgl. insbesondere die Studie »Opa war kein Nazi«. Harald Welzer, Sabine Moller und Karoline Tschuggnall: »Opa war kein Nazi«. Nationalsozialismus und Holocaust im Familiengedächtnis. Frankfurt a. M. 2002.

44 Wrobel und von Brand: Nationalsozialismus (s. Anm. 31), S. 5.

45 Vgl. z. B. Jens Birkmeyer und Annette Kliewer (Hg.): Holocaust im Deutschunterricht – Modelle für die Sekundarstufe I. Baltmannsweiler 2010. Rüdiger Steinlein: Judenverfolgung und Holocaust in neuerer und neuester KJL. In: Der Deutschunterricht 28/4 (2012), S. 24–34. Wrobel und von Brand: Nationalsozialismus (s. Anm. 31).

zur Shoah soll daher auch zu einer Auseinandersetzung mit der Frage anregen, wie historisches Wissen präsentiert oder Identifikationsangebote konstruiert werden. Wie dies konkret geschehen kann, soll im Folgenden an einigen Textbeispielen der aktuellen Kinder- und Jugendliteratur dargestellt werden. Bei der Auswahl wurde versucht, repräsentative Beispiele für die verschiedenen Strömungen in der aktuellen Kinder- und Jugendliteratur zur Shoah zu finden.

VI. Exemplarische Analysen kinder- und jugendliterarischer Texte seit den 1990er Jahren

Wie zuvor skizziert, initiierten in den 1950er und 60er Jahren häufig autobiographisch geprägte Erzählungen von Verfolgten (z. B. *Sternkinder*) die Erinnerung an die Shoah. Auch in der jüngeren Vergangenheit wurden zahlreiche autobiographische Texte von Überlebenden publiziert, deren Verfasser allerdings erst im höheren Alter die Bereitschaft fanden, aus ihrer Jugend zu berichten.[46] Zu diesem Personenkreis zählt auch die Holocaust-Überlebende Eva Erben, die in *Mich hat man vergessen* über ihre Deportation nach Theresienstadt und Auschwitz berichtet. Wie viele andere Zeitgenossen wollte Erben unmittelbar nach Kriegsende noch nicht über die dortigen Gräuel berichten, da dies, so Erben in dem Vorwort, »über [ihre] Kräfte gehen würde«.[47] Angesichts einer stets geringer werdenden Zahl an Zeitgenossen verspüre sie inzwischen aber »neben Scheu und Zurückhaltung […] auch noch ein anderes Gefühl – daß es meine Pflicht sein könnte, den Nachgeborenen von jener schrecklichen Zeit zu erzählen«.[48]

Die Besonderheit dieses späten Zeitzeugenberichts liegt in seiner lückenhaften Darstellung wie dem ›unprofessionellen‹ Berichtstil, der sichtbar durch das Bemühen um eine möglichst große Sachlichkeit geprägt ist. *Mich hat man vergessen* setzt sich aus einer Serie einzelner »Erinnerungs-Bilder«[49] zusammen, die wie ein »unvollständiges Mosaik«[50] aneinandergereiht werden. Gerade deren Schlichtheit steigert jedoch die Eindringlichkeit des Textes, wie es die folgende

46 Vgl. als Überblicksdarstellung deutsch-jüdischer Kindheitsautobiographien Gabriele von Glasenapp: Mein ganzes Leben war davon geprägt. Deutsch-jüdische Kindheitsautobiographien über den Holocaust im Unterricht. In: Holocaust-Literatur und Deutschunterricht. Perspektiven schulischer Erinnerungsarbeit. Jens Birkmeyer. Baltmannsweiler 2008, S. 144–160.

47 Eva Erben: Mich hat man vergessen. Aus dem Hebräischen übers. v. Nathan Jessen. Weinheim 1996, S. 5.

48 Erben: Mich hat man vergessen (s. Anm. 47), S. 5.

49 Zit. aus dem Nachwort von Mirjam Pressler in Erben: Mich hat man vergessen (s. Anm. 47), S. 81.

50 Pressler in Erben: Mich hat man vergessen (s. Anm. 47), S. 81.

Schilderung der ›Selektion‹ der neu angekommenen Häftlinge an der Rampe in Auschwitz veranschaulicht:

> Nach sechs Wochen unsäglichen Leidens mussten wir eines Tages in Reih und Glied vor den Baracken antreten. Vor uns trat der berüchtigte Lagerarzt Dr. Mengele. Er warf einen kurzen Blick auf die einzelnen Häftlinge um dann mit einer leichten Handbewegung unser Schicksal zu entscheiden: Die einen sandte er nach links, die anderen nach rechts – die einen in die Sklaverei, die anderen in den Tod.[51]

Interessant an der Erzählung ist zudem, dass sie sowohl das Leben vor der Verfolgung erfasst als auch weit in die Nachkriegszeit hineinreicht, in der sich die Verfasserin eine neue Existenz in Israel aufgebaut hat. Den Leserinnen und Lesern kann dadurch bewusst werden, mit welcher Brutalität die Menschen aus ihrem Alltag gerissen wurden und wie stark die ›Erlebnisse‹ in den Lagern die Überlebenden bis in die Gegenwart beeinflussen. Das didaktische Potential der autobiographischen Erzählungen liegt vor allem darin, dass »von diesen Texten ein stärkerer moralisch verpflichtender Impuls ausgeht, das Dargestellte als Teil der eigenen Geschichte zu akzeptieren«.[52] Anknüpfungspunkte an die Lebenswelt heutiger Schülerinnen und Schüler ließen sich etwa mit der Rekonstruktion lokalgeschichtlicher Bezüge erzielen.

Aufgrund ihres hohen Alters bzw. ihres Todes nimmt die Zahl der Zeitgenossen, die über die Shoah berichten können, kontinuierlich ab. Damit entsteht die Notwendigkeit, dass Angehörige der Enkel- oder gar Urenkelgeneration die Aufgabe biographischen Erzählens übernehmen. Ein Beispiel, wie dies umgesetzt werden kann, ist Karen Levines *Hanas Koffer*. Die Geschichte veranschaulicht, wie schwierig inzwischen die Rekonstruktion vieler bereits vergessener Biographien von jüdischen Opfern wie Überlebenden der Shoah ist. Ausgangspunkt der Erzählung ist die Bitte der Leiterin einer Tokioer Holocaustgedenkstätte (Funkio Ishioka) an die Gedenkstätte Auschwitz um ein »greifbares Objekt«,[53] mit dessen Hilfe sie den japanischen Kindern einen Einstieg in die Thematik des Holocaust ermöglichen könne. Sie erhält daraufhin u. a. einen Koffer mit der Aufschrift »Hanna Brady, geb. 16/5 1931, Waisenkind«.[54] Die große Neugier der Kinder, mehr über die Besitzerin des Koffers zu erfahren, animiert Ishioka, dem Schicksal des Mädchens nachzugehen. Schritt für Schritt gelingt es ihr, mehrere Informationen über Hana zu erhalten, bis sie schließlich ihren Bruder, der die Lager überlebt hat, in Kanada ermitteln kann. In die Darstellung der mühsamen Suche, die Ishioka unter anderem nach Europa

---

51 Erben: Mich hat man vergessen (s. Anm. 47), S. 30f.

52 Von Glasenapp: Mein ganzes Leben war davon geprägt (s. Anm. 46), S. 145.

53 Karen Levine: Hanas Koffer. Aus dem Engl. übers. v. Mirjam Pressler. Ravensburg 2003, S. 20.

54 Levine: Hanas Koffer (s. Anm. 53), S. 11.

führt, sind zudem die von ihr ermittelten Informationen eingewoben. Sukzessive erfahren die Leserinnen und Leser Details über Hanas behütete Kindheit im tschechischen Nove Mesto sowie ihr Leben in Theresienstadt und ihren Tod in Auschwitz.

Hanas Koffer eignet sich in einem besonderen Maß für eine Verwendung im Schulunterricht. Da der Text sprachlich recht einfach gestaltet ist und die Thematik der Judenvernichtung in einer der kindlichen Entwicklungsstufe angemessenen Form behandelt, kann er bereits ab der 3. Jahrgangsstufe gelesen werden.[55] Zudem ermöglicht er eine überdurchschnittlich hohe identifikatorische Lektüre, da die Lebenswelt der Tokioer Schülerinnen und Schüler in vielen Punkten der Lebenswelt ihrer deutschen Altersgenossen entspricht, wie es auch in einem Unterrichtsmodell zu der Erzählung betont wird:

> Die Beschäftigung mit dem Roman führt den Schülern exemplarisch das authentische Schicksal eines jüdischen Mädchens vor Augen […]. Zugleich wird gezeigt, wie man mit Interesse und Beharrlichkeit Geschichte lebendig machen kann und wie über drei Kontinente hinweg Verbindungen von damals und heute freigelegt werden können, die den Nationalsozialismus nicht als abgeschlossene Zeit erscheinen lassen.[56]

Darüber hinaus verdeutlicht das Unterrichtsmodell aber auch den zuvor beschriebenen erweiterten Blickwinkel auf die Texte zur Shoah. Denn sein Verfasser fordert, dass die Zielsetzung bei einer Beschäftigung mit dem Buch über die reine Rekonstruktion historischen Wissens hinausreichen soll: »Durch eine abschließende Fokussierung auf Geschichtsschreibung und das Verhältnis von Authentizität und Fiktionalität [solle auch] das Bewusstsein für die Beschaffenheit des Textes geschärft werden, was insbesondere die Ästhetisierung von Faktischem betrifft.«[57] Möglich wäre dies, indem der Fokus auf die Textstellen gerichtet wird, in denen die Leserinnen und Leser etwa durch den Einsatz wörtlicher Rede »enger an das Geschehen herangeführt«[58] werden als in berichtenden Passagen.[59]

---

55 Die Behandlung der Shoah im Grundschulunterricht wird bis in die 1980er Jahre nicht diskutiert, auch fehlen bis dahin Texte, die für die Altersstufe geeignet gewesen wären. Die Veröffentlichung von Roberto Innocentis Bilderbuch *Die Geschichte der Rosa Weiss* markiert den Beginn einer langsam wachsenden Zahl an Publikationen, die sich an jüngere Kinder richten. In Folge werden auch mehrere Publikationen veröffentlicht, die sich mit der Frage der (Un-)Angemessenheit der Behandlung der Thematik in der Grundschule beschäftigen Vgl. überblickend Alexandra Flügel: »Kinder können das auch schon mal wissen…« Nationalsozialismus und Holocaust im Spiegel kindlicher Reflexions- und Kommunikationsprozesse. Opladen 2009, S. 167–169.

56 Tilman von Brand: Ein Koffer mit Geschichte. Spurensuche in und mit dem Roman Hanas Koffer. In: Praxis Deutsch 40/236 (2012), S. 14–19; hier: S. 15.

57 Von Brand: Ein Koffer mit Geschichte (s. Anm. 56), S. 15.

58 Von Brand: Ein Koffer mit Geschichte (s. Anm. 56), S. 16.

59 Ähnliche Zielsetzungen lassen sich auch in einer Beschäftigung mit der Verfilmung durch

Die zuvor skizzierte Verlagerung des Diskurses über die Kinder- und Jugendliteratur zur Shoah »von der Fokussierung auf die moralische und historische Angemessenheit bzw. Korrektheit [...] auf literarästhetische (auch medien- und wirkungsästhetische) Aspekte«[60] ist auch eine Folge davon, dass sich die Erzähltechnik in vielen Texten in den vergangenen Jahren erheblich ausdifferenziert hat. Kennzeichen hierfür sind etwa ein differenzierter Einsatz verschiedener Erzählweisen, ein verstärkter Einsatz von innerem Monolog und erlebter Rede, multipersonales Erzählen mit mehreren Reflektorfiguren, ein schneller Wechsel der Tempusformen, das Durchschreiten mehrerer Zeitschichten mit chronologischen Brechungen, eine größere Zahl an intertextuellen Bezügen sowie eine zunehmende Hybridität der Genres, z. B. die Vermischung von historischem, Adoleszenz- und Kriminalroman.[61]

Ein Beispiel, das diese Veränderungen sehr anschaulich illustriert, ist Mirjam Presslers *Malka Mai* (2001). Der Roman erzählt, wie ein siebenjähriges Mädchen auf der Flucht aus Polen von ihrer Mutter getrennt und in ein Ghetto gebracht wird. In zwei parallelen Handlungssträngen werden der Überlebenskampf des allein auf sich gestellten Mädchens sowie der schließlich erfolgreiche Versuch der Mutter, ihre Tochter wiederzufinden, geschildert. Pressler, eine der prominentesten Kinder- und Jugendbuchautorinnen der Gegenwart und eine wichtige Übersetzerin von Texten aus dem Niederländischen und Hebräischen, verarbeitet in *Malka Mai* die Biographie einer Holocaust-Überlebenden, deren Name dem Roman auch seinen Titel gab. Allerdings verweist die Autorin darauf, dass die Erzählung dennoch »weitgehend fiktiv«[62] sei, da sich die reale Malka, als sie Pressler 50 Jahre nach Kriegsende von ihrem Schicksal erzählt, nur noch »an wenige Eckpunkte«[63] ihrer Kindheit erinnern konnte.[64]

Pressler – wie auch andere Autoren jüngerer Texte über die Shoah[65] – nutzt diese ›Freiräume‹ nun, um das Einzelschicksal einer Verfolgten aus der Per-

Larry Weinstein (*Hanas Suitcase*, Kanada, 2009, Larry Weinstein) erreichen, wobei ergänzend Aspekte der unterschiedlichen medialen Bearbeitung behandelt werden können. Allerdings richtet sich der Dokumentarfilm nicht an Kinder im Grundschulalter, auch ist er als DVD bzw. Videostream – trotz der Ausstrahlung einer synchronisierten Fassung im deutschen Fernsehen – derzeit nur auf Englisch erhältlich.

60 Steinlein: Judenverfolgung und Holocaust in neuerer und neuester KJL (s. Anm. 45), S. 24.

61 Steffens: Moderne Formen des Erzählens in der Kinder- und Jugendliteratur der Gegenwart (s. Anm. 33), S. 846f.

62 Mirjam Pressler: Malka Mai. Weinheim 2001, S. 323.

63 Pressler: Malka Mai (s. Anm. 62), S. 323.

64 Eine Schwierigkeit, die sich im Umgang mit biographischen Berichten Überlebender ergeben kann, ist, dass diese zwangsläufig ein ›versöhnliches‹ Ende aufweisen, das nicht dem Schicksal der Mehrheit der Verfolgten des NS-Regimes entspricht. Eine *Malka Mai* erzähltechnisch ähnliche Umsetzung der Shoah, die mit dem Tod der Protagonistin in den Gaskammern endet, wäre z. B. Gudrun Pausewang: Reise im August. Ravensburg 1992.

65 Vgl. Steinlein: Judenverfolgung und Holocaust in neuerer und neuester KJL (s. Anm. 45).

spektive eines Kindes zu erzählen. *Malka Mai* weist dadurch einen deutlich höheren Gehalt an fiktionalen Gestaltungsmitteln auf als etwa autobiographische oder geschichtsdidaktische Texte und veranschaulicht auch stärker die Gefühle der heranwachsenden Protagonisten. Exemplarisch verdeutlicht dies Malkas Reaktion, als sie im Ghetto einen toten Jungen entdeckt:

> Als Malka morgens zum Brunnen ging, sah sie ein totes Kind auf der Straße liegen, mit dem Unterkörper in der Gosse und mit dem Oberkörper über dem Bürgersteig. Es fiel ihr schon von weitem auf und irgendwie war ihr sofort klar, was da wie ein weggeworfenes Kleiderbündel aussah. Natürlich hatte sie im Ghetto schon Tote gesehen [...]. Aber diesmal war es anders, diesmal sah sie an der Größe, dass es ein Kind war. Sie wollte das tote Kind nicht sehen, trotzdem lief sie auf das Bündel zu, wie von einem unsichtbaren Seil gezogen. [...] Und dann stand sie vor dem Jungen. [...] Er lag seltsam verrenkt da, die abgeknickten Beine auf der Straße, die wie sehnsüchtig ausgebreiteten Arme auf dem Bürgersteig, das Gesicht zum Himmel. Seine Augen standen offen, Malka sah erst jetzt, dass sie rötlich braun waren, mit langen Wimpern. Der Mund war wie zu einem Schrei aufgerissen, aber kein Schrei kam heraus.[66]

Wie sehr sich der Erzählstil gegenüber älteren Texten verändert hat, zeigt ein Vergleich mit der knappen Darstellung des toten Protagonisten aus Hans Peter Richters *Damals war es Friedrich*:

> Friedrich rollte aus dem geschützten Hauseingang auf den Plattenweg. Von der rechten Schläfe zog sich eine Blutspur bis zum Kragen. Meine Hand verkrampfte sich in den dornigen Rosensträuchern.[67]

Doch es bleibt in *Malka Mai* nicht nur bei einer intensiven Beschreibung des alltäglichen Sterbens im Ghetto. Die Erzählung wirft auch ein Schlaglicht auf die Auswirkungen des Erlebten auf den Seelenzustand eines siebenjährigen Mädchens. Malka bemerkt, dass der tote Junge einen Schal trägt, den sie gut gebrauchen könnte. Aus Angst vor dem Leichnam zögert sie jedoch, ihn zu nehmen, sodass ihr ein Erwachsener zuvorkommt:

> Enttäuscht ging Malka weg. Wieder einmal war sie zu dumm gewesen. Später, als sie am Gartenzaun saß, zerdrückte sie eine Schnecke mit einem Stein. Langsam und ohne etwas zu fühlen. Das Haus zerbrach knackend und knisternd, die Schnecke krümmte sich und hörte erst auf, sich zu bewegen, als Malka sie vollkommen zerquetscht hatte.[68]

Unter einer didaktischen Perspektive ermöglicht ein derart erweitertes Repertoire an literarischen Darstellungstechniken vielfältige Einsatzmöglichkeiten im Unterricht. Neben Aspekten historischen Lernens können an *Malka Mai* auch verschiedene Aspekte literarischen Lernens bzw. literarischer Bildung erarbeitet

66 Pressler: Malka Mai (s. Anm. 62), S. 229f.
67 Richter: Damals war es Friedrich (s. Anm. 9), S. 115.
68 Pressler: Malka Mai (s. Anm. 62), S. 232.

werden. So zielen etwa Lehrerhandreichungen nicht nur auf die »historisch-politischen Aspekte des Romans«,[69] sondern auch auf dessen »literarische Aspekte«,[70] indem sie die Erzähltechnik, die verwendeten Motive und Symbole oder intertextuelle Bezüge fokussieren.

Neben einer zunehmend komplexer werdenden Erzähltechnik zeichnet sich die jüngere Kinder- und Jugendliteratur durch eine fortschreitende Auflösung früher starrer Genregrenzen aus. Gerade in der geschichtserzählenden Kinder- und Jugendliteratur über die Zeit vor dem 20. Jahrhundert finden sich inzwischen viele Verbindungen zum phantastischen, Abenteuer-, Kriminal- oder Adoleszenzroman.[71] In der Kinder- und Jugendliteratur zur Shoah sind vergleichbare Brechungen hingegen eher selten zu beobachten. Eine Ausnahme bilden zwei Übersetzungen aus dem Englischen, die im deutschsprachigen Raum eine breite Beachtung gefunden haben: John Boynes *Der Junge im gestreiften Pyjama* (orig. *The boy in the striped pyjamas*)[72] sowie Markus Zusaks *Die Bücherdiebin* (orig. *The bookthief*)[73].

Der Junge im gestreiften Pyjama erzählt aus der Perspektive des neunjährigen Bruno, Sohn des Kommandanten von Auschwitz, wie dieser sich regelmäßig mit einem gleichaltrigen jüdischen Lagerinsassen, Schmuel, an einer unbewachten Stelle des Zauns trifft und langsam mit diesem Freundschaft schließt. Bruno ist, da er von seiner Familie gezielt von der Umwelt abgeschottet wird, zu naiv, um das Lagersystem zu durchschauen. Daher beschließt er eines Tages aus Neugier wie aus dem Wunsch, Schmuel bei der Suche nach seinem verschwundenen Vater zu helfen, seinen Freund auf der anderen Seite des Lagers zu besuchen. Um nicht sofort entdeckt zu werden, zieht er Häftlingskleidung an, sodass er den SS-Wachen auch dann nicht auffällt, als diese ihn mit einer Gruppe anderer Häftlinge in eine Gaskammer bringen, wo er gemeinsam mit Schmuel umgebracht wird.

Die Erzählung des irischen Schriftstellers John Boyne kann teilweise in den Bereich der kontrafaktischen historischen Literatur gerechnet werden, da das in dem Roman entworfene Szenario in dieser Form nicht möglich gewesen ist.[74] Längere Begegnungen von Kindern am Lagerzaun sind angesichts der unmenschlichen Sperranlagen und deren intensiver Bewachung ebenso wenig

69 Marc Böhmann und Verena Stang: Klassenlektüre Mirjam Pressler: »Malka Mai.« Analysen und Unterrichtsentwürfe für die Klassenstufen 6–10. Weinheim 2007, S. 50.

70 Böhmann und Stang: Klassenlektüre Mirjam Pressler: »Malka Mai« (s. Anm. 69), S. 51.

71 Vgl. Holger Zimmermann: Geschichte(n) erzählen. Geschichtliche Kinder- und Jugendliteratur und ihre Didaktik. Frankfurt a. M. 2004, S. 71–73.

72 John Boynes: The Boy in the Striped Pyjamas. Oxford 2010.

73 Markus Zusak: The Bookthief. London 2005.

74 Vgl. Erhard Schütz: Kontrafaktische Geschichtsschreibung zum NS. In: Der historische Roman zwischen Kunst, Ideologie und Wissenschaft. Hg. v. Ina Ulrike Paul und Richard Faber. Würzburg 2013, S. 467–485; hier: S. 468.

denkbar wie die Vorstellung, dass ein (gut genährter) Junge trotz Verkleidung unbemerkt in das Lager und von dort in die Gaskammern gebracht werden konnte. Während einige Kritiker diese kontrafaktische Darstellung als verharmlosend bemängeln, betonen andere, dass gerade darin der Reiz des Romans liege.[75] Brunos Naivität entspreche literarischen Vorbildern wie Imre Kertészs *Roman eines Schicksallosen*[76] oder Grimmelshausens *Simplicissimus*[77], »der seine Umwelt staunend beschreibt, ohne sie zu durchschauen«.[78] Dieser ›Trick‹ ermögliche es, dass der Autor nicht versuchen müsse, den Leserinnen und Lesern das ohnehin Unbeschreibbare von Auschwitz zu erklären, sondern dass sich diese aus ihrem Wissen wie aus den Bruchstücken des Textes ein eigenes Bild von den Lagern schaffen müssen. Gleichzeitig könne die Naivität Brunos als eine Parabel auf die Mehrheit der deutschen Gesellschaft gesehen werden, die – wie er – in selbst gewählter, vermeintlicher Ahnungslosigkeit die Veränderungen in ihrer Nachbarschaft bereitwillig ignoriert hat. Gerade diese Aspekte verdeutlichen jedoch, dass der Roman trotz aller – insbesondere mit Blick auf die schlichte Sprache – kindernahen Darstellungsweisen deutliche Merkmale einer Doppeladressierung aufweist und insofern der »Crossoverliteratur« zuzuordnen ist. Dies erklärt auch den großen internationalen Verkaufserfolg, der dazu geführt hat, dass *Der Junge im gestreiften Pyjama* eines der wenigen Beispiele für die Verfilmung eines kinder- bzw. jugendliterarischen Textes zur Shoah ist.[79]

Eine ebenfalls ungewöhnliche Form der Auseinandersetzung mit der Shoah stellt Markus Zusaks Roman *Die Bücherdiebin* dar. Seine Besonderheit liegt darin, dass er nicht aus der Perspektive einer kindlichen bzw. jugendlichen Protagonistin, sondern aus der des Todes verfasst ist. Er erzählt die Kindheit des Mädchens Liesel Memminger, das während des Krieges bei einer Pflegefamilie in einer Kleinstadt nahe München untergebracht wird. Ihre Adoptiveltern (Rosa und Hans Hubermann) sind in der Gesellschaft des Dorfes aufgrund ihrer Armut Außenseiter. Als überzeugte Gegner der Nationalsozialisten nutzen sie die Randstellung, um möglichst selten Gefahr zu laufen, ihre wahre Haltung zu verraten; auch verstecken sie zeitweise einen jüdischen Flüchtling in ihrem Haus. Mit dem »Kunstgriff«[80] der Wahl des Todes als Erzähler fokussiert der Roman

75 Vgl. Annette Kliewer: Holocaust minimalistisch. John Boyne: Der Junge im gestreiften Pyjama. In: Holocaust im Deutschunterricht – Modelle für die Sekundarstufe I. Jens Birkmeyer und Annette Kliewer. Baltmannsweiler 2010, S. 69–82; hier: S. 71.

76 Imre Kertészs: Roman eines Schicksallosen. Reinbek 1999.

77 Hans Jakob Christoffel von Grimmelshausen: Der abenteuerliche Simplicissimus. Köln 2017.

78 Kliewer: Holocaust minimalistisch (s. Anm. 75), S. 71.

79 Die Rezeption der Verfilmung durch Marc Herman (The Boy in the Striped Pyjamas (Der Junge im gestreiften Pyjama, GB/USA 2008, Marc Herman)) folgt im Wesentlichen dem Muster des Romans, sie wird insgesamt jedoch deutlich kritischer aufgenommen.

80 Hilde Elisabeth Menzel: Ich bin nicht nett, unter: http://www.zeit.de/2008/21/KJ-Zusak-NL [abgerufen:15.5.2017].

neben der Darstellung des Spagats der Hubermanns zwischen häuslicher Systemkritik und weitgehender öffentlicher Konformität mit dem NS-Regime insbesondere das alltägliche Sterben während der Kriegsjahre. Als allwissender Erzähler schildert er, wie er viele Romanfiguren sukzessive zu sich holt. Unter ihnen sind sowohl die Bewohner des Ortes, die – wie am Ende des Romans auch Liesels Pflegeeltern – bei Bombenangriffen oder an fernen Kriegsschauplätzen sterben, als auch jüdische KZ-Häftlinge, die auf dem Weg in das nahe Dachau wiederholt den Ort durchqueren. In der ausführlichen Darstellung ihrer Gefühle und vor allem ihrer Ängste[81] unterscheidet sich *Die Bücherdiebin* deutlich von anderen Texten des Genres. Verbunden wird dies mit zahlreichen Vorausdeutungen und Brechungen in der Handlungschronologie, die *Die Bücherdiebin* in eine in der deutschsprachigen Kinder- und Jugendliteratur zur Shoah sonst nicht zu findende Nähe zur phantastischen Literatur rücken.[82] Von der Kritik wurde der Text, der sowohl in einem Jugendbuch- als auch in einem ›Erwachsenenverlag‹ veröffentlicht wurde, als »aufregende Variante«[83] der Literatur über die Shoah überwiegend positiv aufgenommen.[84] Bemerkenswert ist, dass es dem Text dabei gelingt, trotz der zahlreichen phantastischen Elemente ein historisch präzises Bild des Nationalsozialismus zu zeichnen, das sowohl die Verstrickung der Mehrheitsgesellschaft in das Regime als auch deren Mitwisserschaft an der Ermordung der Juden zeigt und das auch illustriert, dass es – allerdings unter Lebensgefahr – die Möglichkeit gab, Widerstand zu leisten.[85]

---

81 Exemplarisch hierfür stehen ein von dem von den Hubermanns versteckten jüdischen Flüchtling verfasstes und illustriertes Buch »Der Überstehmann« oder die Schilderung eines Traums, in dem der Flüchtling einen Boxkampf mit Adolf Hitler führt. Als er den zunächst offenen Kampf zu gewinnen scheint, wendet sich das Publikum gegen ihn: »Einer nach dem anderen kletterte in den Ring und schlug ihn nieder. Sie ließen ihn bluten. Sie ließen ihn leiden. Es waren Millionen.« Markus Zusak: Die Bücherdiebin. Aus dem Engl. übers. v. Alexandra Ernst. München 2009, S. 248–250 u. S. 280. Vgl. auch Rüdiger Steinlein: Geschichtserzählende KJL seit den 1990er Jahren – neue Wege zeitgeschichtlichen Erzählens vom NS, Judenverfolgung und Holocaust: Phantastik, Komisierung und Adoleszenz. In: Zwischen didaktischem Auftrag und grenzüberschreitender Aufstörung? Zu aktuellen Entwicklungen in der deutschsprachigen Kinder- und Jugendliteratur. Hg. v. Carsten Gansel und Pawel Zimniak. Heidelberg 2011, S. 169–194; hier: S. 187–189.

82 Vgl. Steinlein: Judenverfolgung und Holocaust in neuerer und neuester KJL (s. Anm. 45), S. 31.

83 Menzel: Ich bin nicht nett (s. Anm. 80).

84 Aufgrund des großen internationalen Erfolgs wird *Die Bücherdiebin* 2013 verfilmt. Das Ergebnis überzeugt die Kritik jedoch nicht im gleichen Maß wie das Buch, da es dem Film nicht gelungen sei, dessen »magischen Realismus« zu übertragen. Nina Rehfeld: Kinderbuch-Verfilmung »Die Bücherdiebin«: Bomben für die ganze Familie, unter: http://www.spiegel.de/kultur/kino/die-buecherdiebin-von-markus-zusak-kommt-ins-kino-a-957816.html [abgerufen: 15.5.2017]). Bemängelt wird v.a. die Verwendung von Brauntönen in der Kameraführung, die zu einer »allzu versöhnlich« gezeichneten Darstellung der Kriegsgräuel führe.

85 Anschaulich wird dies etwa, als Hans Hubermann einem zusammenbrechenden jüdischen

Fasst man das Gesamtangebot an aktuellen Texten der Kinder- und Jugendliteratur zur Shoah auf dem deutschsprachigen Buchmarkt zusammen, so bleibt festzustellen, dass die Mehrzahl der Publikationen weiterhin an einem traditionellen Grundmuster festhält. Ihnen ist »das Vertrauen auf die Kraft einer [...] fiktionalisierten ›Echtheit‹«[86] gemeinsam, die entweder durch »Dokumente oder persönliche mündliche Überlieferungen der Opfer«[87] verbürgt ist. In der fiktionalen Ausgestaltung der historischen Quellen sind die jüngeren Texte jedoch vielfach komplexer als ihre Vorgänger, deren Fokus vorrangig auf der Vermittlung historischen Wissens über die Judenverfolgung bzw. die Shoah lag. Literarästhetische Innovationen etwa durch eine Brechung der Fiktionsillusion, eine Verschiebung der Erzählperspektive auf die Täterfiguren oder kontrafaktisches historisches Erzählen wie sie in der Erwachsenenliteratur häufiger zu finden sind (z. B. in Edgar Hilsenraths *Der Nazi und der Friseur*,[88] Jonathan Littells *Die Wohlgesinnten*[89] oder Robert Harris' *Vaterland*,[90] sind in der Kinder- und Jugendliteratur hingegen deutlich seltener und auch nur im Bereich der sogenannten ›Crossoverliteratur‹ zu finden.

VII. Die Shoah im Comic

Eine interessante Erweiterung des Textangebots zur Geschichte der Shoah bilden Comics bzw. Graphic Novels,[91] die in der jüngeren Vergangenheit zunehmend auch für Ziele der ›Holocaust-Didaktik‹ entdeckt werden.[92] Allerdings werden bezüglich der Lektüre bzw. des Einsatzes von Comics im Unterricht – nicht nur

Häftling aus Mitleid ein Stück Brot reicht und sich so den Zorn vieler, aber nicht aller Nachbarn zuzieht. Vgl. Zusak: Die Bücherdiebin (s. Anm. 81), S. 425–427.

86 Steinlein: Judenverfolgung und Holocaust in neuerer und neuester KJL (s. Anm. 45), S. 32.

87 Steinlein: Judenverfolgung und Holocaust in neuerer und neuester KJL (s. Anm. 45), S. 32.

88 Edgar Hilsenrath: Der Nazi und der Friseur. München 2006.

89 Jonathan Littell: Die Wohlgesinnten. Berlin 2009.

90 Robert Harris: Vaterland. München 2017.

91 In der Fachliteratur wird der Begriff ›Comic‹ v. a. für Texte gebraucht, die sich in humoristischer Absicht an mehrheitlich kindliche Leser wenden. Der Begriff ›Graphic Novel‹ bezeichnet hingegen künstlerisch ambitioniertere Texte, die sich vorrangig an erwachsene Leser richten. Eine Trennung zwischen beiden Begriffen ist jedoch in vielen Fällen schwierig, sodass im Folgenden ausschließlich der Begriff ›Comic‹ verwendet werden soll.

92 Vgl. René Mounajed: Geschichte in Sequenzen. Über den Einsatz von Geschichtscomics im Geschichtsunterricht. Frankfurt a. M. 2009. Freiere Formen des Umgangs mit der Shoah finden sich vielfach auch im Film, z. B. in *Das Leben ist schön* (*La vita è bella*, Italien 1997, Roberto Benigni) oder *Inglourious Basterds* (D/USA 2009, Quentin Tarantino). Allerdings wird das Thema kaum im Kinderfilm aufgegriffen. Im Deutsch- wie Geschichtsunterricht wird daher mit Produktionen gearbeitet, die sich vorrangig an ein erwachsenes Publikum richten, die aufgrund ihrer Altersfreigabe aber auch für jüngere Seher geeignet sind. Vgl. Wrobel und von Brand: Nationalsozialismus (s. Anm. 31), S. 9 und S. 12f.

zur Shoah – immer noch grundsätzliche Vorbehalte geäußert, die besagen, dass die Gattung eine zu triviale Erzählform sei, um die sensible Thematik angemessen darzustellen. Exemplarisch zeigt dies schon die Rezeption des bekanntesten Comics zur Shoah, Art Spiegelmans *MAUS*[93] (orig. 1986/1991, dt. 1989/1992). Insbesondere die Darstellung der Menschen als Tiergestalten – Spiegelman zeichnet z. B. Deutsche als Katzen, Juden als Mäuse, Polen als Schweine oder Franzosen als Frösche – löst Kontroversen aus, ob deren Maskierung nicht eine neue Form von Rassismus sei.[94] Auch wird diskutiert, ob der mit dem renommierten Pulitzer-Preis ausgezeichnete Comic generell für holocaustdidaktische Zwecke geeignet sei. Allerdings kann er sich aufgrund seiner künstlerisch hochwertigen Schwarz-Weiß-Zeichnungen oder der gelungenen Verbindung der historischen Handlungsebene mit der Gegenwart, in der die Nachwirkungen des Erlebten auf das Vater-Sohn-Verhältnis behandelt werden, dennoch vergleichsweise rasch etablieren.

Ähnlich kontrovers wird im Jahr 2007 der Comic *Die Suche* des niederländischen Zeichners Eric Heuvel in den Feuilletons besprochen. Im Gegensatz zu *MAUS* richtet sich der Band – eine Auftragsproduktion des Anne-Frank-Hauses in Zusammenarbeit mit dem Jüdischen Historischen Museum Amsterdam – explizit an ein jüngeres Publikum mit dem Ziel einer Verwendung im Unterricht. Man stellt sich rund 20 Jahre nach der Veröffentlichung von Art Spiegelmans Text erneut die grundsätzliche Frage, ob es angemessen sei, die Shoah in einem Comic zu behandeln oder ob er die NS-Schreckensherrschaft nicht verniedliche.[95] Eine der Ursachen hierfür mag sicherlich die zeichnerische Gestaltung des Comics sein. Eric Heuvel folgt der Tradition der »ligne claire« Hergés, des Zeichners von *Tintin* (dt. *Tim und Struppi*), dessen Geschichten in Deutschland überwiegend in Albenform verlegt werden. Daher weckt der Stil möglicherweise inhaltlich unangemessene Assoziationen mit humoristischen Texten für Kinder, was sich etwa an dem Titel eines Artikels in der Westdeutschen Allgemeinen Zeitung, »Holocaust mit Peng und Pong«,[96] zeigt. Allerdings birgt gerade die schlichte Bildgestaltung von *Die Suche* ein erhebliches Potential, um das für die Analyse eines Comics essentielle Zusammenspiel zwischen Bild und Text zu

93 Art Spiegelman: MAUS. A Survivor's Tale. And Here My Troubles Began.... New York 1991.

94 Vgl Réne Mounajed: Der Nationalsozialismus in aktuellen Comics und Graphic Novels. In: kjl&m 5/3 (2011), S. 21–30; hier: S. 21.

95 Vgl Matthias Kaiser und Jutta Weiler: Ein Comic über den Holocaust? Sinn und Möglichkeiten der Arbeit mit »Die Suche« im Deutschunterricht der 7. und 8. Klassen. In: Holocaust im Deutschunterricht – Modelle für die Sekundarstufe I. Hg. v. Jens Birkmeyer und Annette Kliewer. Baltmannsweiler 2010, S. 31–46; hier: S. 31.

96 Andres Ernst: Holocaust mit Peng und Pong. In: Westdeutsche Allgemeine Zeitung, 07.02.2008, unter: http://www.derwesten.de/region/rhein_ruhr/holocaust-mit-peng-und-pong-id1606457.html [abgerufen: 15.5.2017].

erschließen und um zu einer intensiveren Beschäftigung mit der Shoah anzuregen.

Der Comic schildert die Verfolgung und Vernichtung der holländischen Juden am Beispiel der Familie Hecht. Die historischen Ereignisse sind auch hier in eine Rahmenhandlung eingebettet, in der die einzig überlebende Tochter Esther im Alter aus den USA nach Holland zurückkehrt, um dort Auskunft über das Schicksal ihrer ehemaligen Helfer und Freunde, vor allem aber über den Tod ihrer Eltern zu erhalten. In häufiger Folge wechselt die Darstellung zwischen den Ereignissen in der Gegenwart, in der Esther mit Hilfe ihres Enkels Daniel sowie des Enkels ihrer ehemaligen Schulfreundin frühere Weggefährten ausfindig macht. Als es Daniel schließlich gelingt, Esthers Jungendfreund Bob in Israel zu finden, reist sie zu ihm und erfährt die Details über den Tod ihrer Eltern: Die Mutter wurde unmittelbar nach ihrer Ankunft in Auschwitz in den Gaskammern getötet, der Vater auf einem der Todesmärsche kurz vor Kriegsende erschossen.

Verschiedene Publikationen haben inzwischen aufgezeigt, dass *Die Suche* keinesfalls eine verniedlichte Form der Darstellung der Shoah ist.[97] Vielmehr ermöglicht das Zusammenspiel von Bild und Text die Behandlung von Aspekten, die in einer Beschäftigung mit rein schriftsprachlich erzählenden Texten nicht im gleichen Maß erreicht werden können. So orientiert sich die Bildgestaltung in einigen Panels an historischen Fotografien,[98] z. B. an Bildern von dem Boykott jüdischer Geschäfte oder von einer brennenden Synagoge in der Pogromnacht.[99] Allerdings sind die Zeichnungen keine originalgetreuen Abbilder, sondern eine Form der Weiterverarbeitung und Umakzentuierung der Vorlagen, etwa wenn der Comic in manchen Bildern – z. B. von den unterernährten Häftlingen – die historischen Vorlagen ›weichzeichnet‹. Untersucht man nun diese Veränderungen, so können Schülerinnen und Schüler erkennen, dass es sich »bei dem im Comic erzählten Geschehen nicht um eine realistische Wiedergabe der Geschichte handelt, die wesentlichen Elemente jedoch auf historischen Zeugnissen basieren«.[100] Auf diesem Weg lässt sich eine fruchtbare Auseinandersetzung mit dem für die geschichtserzählende (Kinder- und Jugend-)Literatur fundamentalen Spannungsverhältnis zwischen literarisch-fiktionalen und historisch-quellenkritischen Ansprüchen anstoßen.[101]

Ein besonderes Potential birgt *Die Suche* auch für eine multiperspektivische Sicht auf Opfer wie Täter. So können in einzelnen Bildern (Abb. 1) sowohl die Ängste der Opfer wie auch die verschiedenen Haltungen der Täter, die von einer

97 Vgl. v.a. Mounajed: Der Nationalsozialismus in aktuellen Comics (s. Anm. 94), S. 25–27.
98 Vgl. Kaiser und Weiler: Ein Comic über den Holocaust? (s. Anm. 95), S. 37.
99 Eric Heuvel, Ruud van der Rool und Lies Schippers: Die Suche. Aus dem Niederländ. übers. v. Waltraud Hüsmert. Braunschweig 2010, S. 11 u. S. 14.
100 Kaiser und Weiler: Ein Comic über den Holocaust? (s. Anm. 95), S. 37.
101 Vgl. Zimmermann: Geschichte(n) erzählen (s. Anm. 71), S. 261–263.

schuldbewussten Verdrängung des Unrechts bis zu dem Gefühl einer linientreuen Pflichterfüllung reichen, in einer Kompaktheit dargestellt werden, die ein rein schriftsprachlicher Text nicht ermöglicht.[102]

Abb. 1: Eric Heuvel: Die Suche. 2010, S. 40

Auch zeigen einzelne Panels, dass Auschwitz für zahlreiche Täter kein Ort des Grauens war. Wenn Heuvel die Unterhaltung des »Lagerkommandanten« Rudolf Höß mit einem SS-Offizier über die Geburtstagsfeier ihrer Kinder im Anschluss an die ›Selektion‹ jüdischer Häftlinge an der »Rampe von Auschwitz« und die Tötung von Esthers Mutter darstellt (Abb. 2), so ist dies eine treffende bildliche Umsetzung der These von der »Banalität des Bösen«, die Hannah Arendt in Bezug auf Adolf Eichmann aufgestellt hat.[103]

102 Eine intensive Auseinandersetzung mit der Täterperspektive findet in der Kinder- und Jugendliteratur zur Shoah ohnehin kaum statt. Die überwiegende Mehrheit der Texte beschreibt aus einer Opferperspektive die Grausamkeiten ihrer Peiniger und Mörder. Texte, die die Geschichte des Nationalsozialismus aus der Perspektive der Täter erzählen, sind selten und oftmals durch eine beschönigende Sichtweise geprägt. Eine tatsächliche Mitwirkung an oder eine selbstkritische Auseinandersetzung mit eigenem schuldhaftem Verhalten wird in ihnen kaum thematisiert. Vgl. Zohar Shavit: Es war einmal ein Krieg. Jüdische und nichtjüdische Nachkriegskindheit und -jugend in der Kinder- und Jugendliteratur. In: Kriegs- und Nachkriegskindheiten. Studien zur literarischen Erinnerungskultur für junge Leser. Hg. v. Gabriele von Glasenapp und Hans-Heino Ewers. Frankfurt a. M. 2008, S. 51–68. Holger Zimmermann: »Blumen für den Führer« – Kinder und Jugendbücher über den Nationalsozialismus aus der Täterperspektive. In: kjl&m 5/3 (2011), S. 31–38.

103 Vgl. Hannah Arendt: Eichmann in Jerusalem. Ein Bericht von der Banalität des Bösen. München 1964 und Mounajed: Der Nationalsozialismus in aktuellen Comics und Graphic Novels (s. Anm. 94), S. 27.

Abb. 2: Eric Heuvel: Die Suche. 2010, S. 43

VIII. Fazit

Blickt man auf die jüngere Kinder- und Jugendliteratur zur Shoah, so scheinen die zentralen Kritikpunkte, die Zohar Shavit in den späten 1980er Jahren formuliert hat, nun nicht mehr zuzutreffen. Auch originär deutschsprachige Texte blenden jüdisches Sterben inzwischen nicht mehr aus und sie stellen vielfach anschaulich dar, dass scheinbar sichere Biographien, wie sie trotz aller historischer Distanz durchaus auch mit den Zukunftsperspektiven heutiger Kinder und Jugendlicher zu vergleichen sind, unvermittelt gebrochen wurden. Bemerkenswert ist, dass sich die Texte in Hinblick auf ihre fiktionale Gestaltung seit den 1960er Jahren erheblich weiterentwickelt haben und oftmals Merkmale aufweisen, die zuvor nur außerhalb der Kinder- und Jugendliteratur zu finden waren. Experimentelle Formen des Erzählens sind in den Texten zur Shoah hingegen selten und wenn, dann vor allem in Übersetzungen zu finden.

Im Diskurs über die didaktischen Fragen zum Umgang mit den Texten hat sich der Fokus inzwischen von einer überwiegend geschichtsaufklärerischen auf eine erinnerungsdidaktische Perspektive verschoben, die nun auch die Untersuchung des faktischen bzw. fiktionalen Charakters der Texte mit einschließt. Entscheidend für den Deutschunterricht dürfte dabei sein,

> dass den emotionalen Dimensionen von durch Literatur angestoßenen Vergangenheitsvorstellungen eine nicht zu unterschätzende Bedeutung zukommt, was aber eben nicht bedeuten darf, die affektiven Reaktionen der Lernenden zum naiven Selbstzweck zu erheben.[104]

104 Birkmeyer: Einleitung (s. Anm. 42), S. 7.

Erst wenn sich die Behandlung nicht auf die Formulierung allzu schlichter moralischer Imperative beschränkt, ist der viel beschworene Transfer von Wissen über die Shoah auf ein verändertes Handeln in der Gegenwart möglich, der heute sicherlich ebenso notwendig ist wie in früheren Jahren.

II. Sichtbarkeit und Evidenz – Der Holocaust im Bild

Hans Kruschwitz

Alles hängt an Bildern. Sprach- und Bildreflexion in Spiegelmans *MAUS*

Spätestens seit 1992, dem Jahr, in dem Art Spiegelman mit dem Pulitzer-Preis ausgezeichnet wurde, gilt *MAUS* als Meilenstein der Holocaust-Literatur und als Wegbereiter für die Anerkennung der Comics als ernstzunehmende Kunstform. Man bezeichnet sie seitdem gerne als *Graphic Novels*.[1] Wer heute auf den Umschlag der englischen Penguin-Ausgabe von *MAUS* schaut, liest daher viel Lob für das Buch als Vertreter des Genres. Die *Washington Post* wird etwa mit dem Satz zitiert: »A quite triumph, moving and simple – impossible to describe accurately, and impossible to achieve in any medium but comics«.

Ich möchte diesen Satz zum Anlass nehmen, um im Folgenden insbesondere über zwei Dinge nachzudenken, nämlich erstens darüber, was den Comic im Fall von *MAUS* vielleicht wirklich dazu befähigt, die nichtgraphische Literatur an Ausdrucksmöglichkeiten für die Wiedergabe der Geschichte eines Holocaust-Überlebenden zu übertreffen, sowie zweitens darüber, in welchem Maß die beiden in der *Washington Post* formulierten Eindrücke, *MAUS* sei »moving and simple«, aber »impossible to describe«, Effekte eben dieser größeren Ausdrucksmöglichkeiten sind. Was macht die spezifische Geschichte von Vladek Spiegelman besser geeignet für eine Bearbeitung in Bildern als in Worten und inwieweit verlangt ihre Wiedergabe im Comic zugleich die Provokation von Emotionen sowie die Erzeugung epistemologischer Unsicherheit? Es gibt einigen Grund zu der Annahme, dass diese Frage nicht nur narratologisch interessant ist, sondern dass ihre Beantwortung auch zur Beruhigung der Frage beiträgt, die hinter Spiegelmans intensiver »Auseinandersetzung mit der Geschichte seines Vaters steht«, nämlich der Frage nach dem Grund für »den Selbstmord seiner Mutter im Jahr 1968 als Trauma seines eigenen Lebens.« »Fast alle Interviewsequenzen beginnen [ja] mit Aufforderungen […] wie ›Start with

1 Vgl. Stephan Ditschke: Comics als Literatur. Zur Etablierung des Comics im deutschsprachigen Feuilleton seit 2003. In: Comics. Zur Geschichte und Theorie eines populärkulturellen Mediums. Hg. v. Stephan Ditschke, Katerina Krouscheva und Daniel Stein. Bielefeld 2009, S. 265–280; hier: S. 275.

mom… tell me how you met.‹«[2] Einen ersten Hinweis auf den engen Zusammenhang zwischen der Sprach- und Bildreflexion, die *MAUS* als Annäherung sowohl an den Vater als auch die Mutter durchzieht, geben dabei bereits die ersten Seiten des Comics, die allem Anschein nach einen wichtigen Initiationsmoment einfangen, und zwar den Moment des Erwachens von Art Spiegelmans Bewusstsein für die grundsätzlichen Unzulänglichkeiten der Sprache und die Kraft der Bilder.

I. »Faule Eier«

Der erste Teil von *MAUS* beginnt mit einer Kindheitserinnerung. Der junge Art liefert sich mit seinen Freunden Howie und Steve einen Rollschuh-Wettlauf, bei dem es gilt, so schnell wie möglich den Schulhof zu erreichen: »Last one to schoolyard is a rotten egg« (I: 5),[3] rufen ihm seine Freunde zu. Art hat selbstverständlich kein Glück. Er verliert schon bald einen seiner Rollschuhe und stürzt, woraufhin seine Freunde ihn auslachen und am Boden liegend zurücklassen. Allein kehrt er nach Hause zurück und erzählt seinem Vater, was vorgefallen ist: »I fell and my friends skated away without me.« (I: 6) Dessen Erwiderung lautet: »Friends? Your friends? … If you lock them together in a room with no food for a week *then* you could see what it is, friends!« (I: 6) Anstatt ihn zu trösten, erteilt er ihm also eine Lehre in Sachen Sprach- und Menschenkunde, womit der Grundton des Comics gegeben ist.

Es lohnt sich, diese Szene unter einem sprachkritischen Gesichtspunkt genau zu beschreiben: Während der erste Teil der kurzen Episode, also der eigentliche Wettlauf, um den Begriff des »faulen Eis« kreist, der angewandt auf eine Person im Grunde unsinnig ist – der Begriff bezeichnet eine verdorbene Speise, etwas sicher nicht mehr Essbares, und meint in der Übertragung einfach »Versager«, ohne dass der besondere Bezug aufs Ei wichtig wäre –, dreht sich der zweite Teil um den eigentlich transparenten, kaum einer Erklärung bedürftigen Begriff des »Freunds«. Die Pointe besteht darin, dass die Metapher vom »faulen Ei« und Arts Begriff vom »Freund« sich innerhalb kürzester Zeit annähern. Arts Begriff von »Freundschaft« verliert im Moment der Entgegnung seines Vaters, die Erinnerungen aus der Zeit der Verfolgung aufruft, seinen Abstand zum Begriff des »faulen Eis«. Es zeigt sich, dass Arts »Freunde« höchstwahrscheinlich keine Freunde, sondern »faule Eier« sind.

2 Anja Lemke: Bildersprache – Sprachbilder. Darstellungsformen der Erinnerung in Art Spiegelmans MAUS. In: Anblick / Augenblick. Ein interdisziplinäres Symposion. Hg. v. Michael Neumann. Würzburg 2005, S. 227–246; hier: S. 238.

3 Art Spiegelman: The Complete MAUS. A Survivor's Tale. London 2003. Die Belege werden mit Angabe des Bandes und der Seitenzahl im Text gegeben.

Für Vladeks eigene Geschichte ist das von eminenter Bedeutung. Denn es heißt, dass eine Sprache ohne haltbare, dem Augenschein standhaltende Bilder, die dem Gesprochenen Wert und Bedeutung beilegen, nach Vladeks Dafürhalten eine zweifelhafte Sprache ist. Erst dort, wo Sprache mit einem haltbaren Bild zusammentrifft, kann seines Erachtens ernsthaft gesprochen werden. Wer ohne haltbare Bilder spricht, läuft dagegen Gefahr, von falschen Voraussetzungen auszugehen oder das Wesentliche zu verfehlen. Das bedeutet freilich nicht, dass Bilder seines Erachtens nicht auch täuschen können, das können sie selbstverständlich, sondern es bedeutet, dass Sprache auf Bilder angewiesen ist und alles Bildliche auf seine Haltbarkeit geprüft werden muss. Bereits im ersten Kapitel von *MAUS*, in Vladeks Darstellung, wie er mit Anja, Spiegelmans Mutter, zusammengekommen ist, sieht man, wie Vladek dieser Maxime treu folgt. Das Kapitel trägt den Titel »The Sheik« und ruft selbst ein Bild auf, und zwar das Bild von Rudolph Valentino, eines der ersten männlichen Sexsymbole des Films. Vladek bemüht Valentinos Bild (I: 15), um auf sein gutes Aussehen als junger Erwachsener hinzuweisen. Beglaubigt und haltbar gemacht wird dieses Bild durch seine folgende Erzählung von der mehrere Jahre währenden Liebesgeschichte mit der ebenfalls attraktiven Lucia Greenberg, die er später für Anja verlässt. Anja ist zwar nicht so hübsch wie Lucia Greenberg, dafür klüger und reicher. Die Cousine, die ihm Anja vorstellt, tut es mit den Worten: »There's a girl in my class… She's incredibly clever, from a rich family… A very good girl.« (I: 17)

Vladek kann sich von der Richtigkeit der Angaben seiner Cousine beim ersten Treffen mit Anja überzeugen. Er sieht ein: »Looks aren't everything« (I: 19) und gibt Lucia rasch den Laufpass. Allerdings ist die Verbindung mit Anja damit noch keinesfalls fest geschlossen. Bevor das geschieht, muss er das Bild, das er von Anja übrigens nicht nur im übertragenen Sinn gewonnen, sondern materialiter erhalten und eingerahmt hat, erst noch festigen. Das überschwängliche Lob eines (ehemaligen) Lehrers von Anja, den die beiden bei einem gemeinsam unternommenen Spaziergang treffen, trägt dazu bei. Allerdings gibt es auch Rückschläge. Denn Vladek nutzt seine erste Einladung in das Elternhaus von Anja, um heimlich ihren Kleiderschrank zu durchsuchen, wobei er auf verdächtige Pillen stößt. Sein wenig nach Liebe klingender Kommentar zu diesem Fund lautet: »If she was sick, then what did I need it for?« (I: 21) Erst die Auskunft eines befreundeten Apothekers, der ihm glaubwürdig versichert, dass Anjas Pillen nicht zur Behandlung einer Krankheit, sondern zur allgemeinen körperlichen Stärkung dienen, lässt sein Vertrauen in Anja soweit wachsen, dass er sich traut, sich mit ihr zu verloben. Spiegelman hat Vladeks Hinweis auf das Ergebnis seiner Prüfung der Pillen und seine Entscheidung, Anja zu heiraten, bedenkenswerter Weise in ein einziges Bild zusammengezogen. (I: 21) (Abb. 1)

Das Gegenstück zu Vladeks Bilddenken findet man, wenn man die Grenze so

Abb. 1: The Complete MAUS. London 2003, S. 21 © Art Spiegelman

scharf ziehen möchte, in Anjas Sprachdenken. Kurz nachdem Vladeks Cousine die beiden miteinander bekannt gemacht hat, verständigen sich die Frauen schon auf Englisch darüber, welchen Eindruck Anja von Vladek bekommen hat. Sie gehen dabei von der Annahme aus, dass Vladek sie nicht verstehen kann. Allerdings liegen sie damit falsch. Vladek wird das Bild, das sich Anja in dieser Szene von seiner Bildung macht, bei einem Kaffee mit dem englisch gesprochenen Satz korrigieren: »You know, you should be careful speaking English – a ›stranger‹ could understand.« (I: 18) Noch deutlicher tritt Anjas heikles Vertrauen in die Sprache zutage, wenn sie auf den Brief der frisch verlassenen und eifersüchtigen Lucia Greenberg hereinfällt, mit dem sie Vladeks Charakter in ein schlechtes Licht zu rücken versucht. Denn anders als Vladek bei den Pillen unternimmt Anja nach Erhalt des Briefs nichts, um das Bild, das sie von ihrem Geliebten gewonnen hat, zu verteidigen. Stattdessen vertraut sie dem Geschriebenen und bricht den Kontakt zu Vladek ab. Es ist Vladek, der sie aufsuchen und den Vorgang aufklären muss, um sie zurückzugewinnen.

II. Vladeks Masken

Im weiteren Verlauf von *MAUS* erlangt Vladeks Fähigkeit, haltbare und brüchige Bilder voneinander zu unterscheiden und selbst haltbare oder wenigstens haltbar scheinende Bilder hervorzubringen, unüberschätzbare Bedeutung. Dabei lassen sich mindestens zwei Klassen von Bildern unterscheiden.

Die erste Klasse betrifft Vladeks Habitus.[4] Vladek ist ein Meister darin, sich

4 Zu den Bildern, die Vladeks Habitus betreffen, vgl. auch Ole Frahms einschlägige Bemer-

selbst zu inszenieren. Er hat diese Kunst, wie man im dritten Kapitel des ersten Buchs erfährt, freilich zum Teil *gegen* seinen Willen erlernt. Denn als er im Alter von 21 Jahren das erste Mal einberufen werden soll, um eine militärische Ausbildung zu absolvieren, setzt sein Vater alles daran, ihn ausmustern zu lassen. Er lässt ihn in den Monaten vor der Musterung nur drei Stunden pro Nacht schlafen und gibt ihm wenig zu essen. In den letzten Tagen vor der Musterung lässt er ihn schließlich gar nicht mehr schlafen und ersetzt das Essen durch Kaffee. Vor dem Militärarzt gibt Vladek daraufhin das zu erwartende Bild ab, so dass er zurückgestellt wird. Der Plan des Vaters geht also auf, allerdings nur teilweise, denn *völlig* ausgemustert wird Vladek nicht. Im nächsten Jahr muss er sich wieder vorstellen, und da Vladek sich nicht entscheiden kann, die Tortur noch einmal durchzumachen, rückt er im nächsten Jahr ohne Widerstand ein und absolviert seitdem alle vier Jahre eine militärische Übung. (I: 48)

Als Vladek 1939 zu den Waffen gerufen wird, wird er an den Nutzen, der wahrscheinlich damit verbunden gewesen wäre, vor dem Militärarzt noch einmal den »richtigen« Eindruck zu machen, allerdings erinnert. Wenigstens besteht die Erzählung von seiner Teilnahme am Krieg und seiner anschließenden Gefangenschaft aus kaum etwas anderem als einer Reihe von Episoden, in denen ihm aufgrund von Äußerlichkeiten Nachteile entstehen. Im einzigen Gefecht des Zweiten Weltkriegs, an dem er teilnimmt, wirft ein polnischer Offizier ihm vor, in Rücksicht auf zu erwartende Vorteile bei der wahrscheinlich bevorstehenden Gefangennahme durch die Deutschen nicht zu schießen. Tatsächlich ist das Rohr seines Gewehrs kalt. Allerdings ist der wahre Grund dafür wohl nicht Feigheit, sondern die Tatsache, dass er in der Dunkelheit, die ihn umgibt, nichts sieht. Um dem polnischen Offizier zu genügen, beginnt er freilich zu schießen und wird bei der Gefangennahme durch die Deutschen dafür mit Schlägen belohnt. Auf ihren Vorwurf: »It's hot! You were shooting at us!« (I: 51) reagiert er daraufhin »geläutert«, nämlich so, wie es vermutlich sein Vater getan haben würde, – er entgegnet ihnen auf Deutsch: »My commander made me shoot. I only fired in the air!« (I: 51) Er versucht also, sich wie ein deutschstämmiger oder germanophiler polnischer Soldat darzustellen, und sein Kalkül geht auf. Man hört auf, ihn zu schlagen.

In dem Gefangenenlager in der Nähe von Nürnberg, wo man die polnischen von den jüdisch-polnischen Gefangenen trennt, kann er diese Strategie allerdings nicht fortsetzen. Die Bilder wenden sich gegen ihn. Auf den Befehl eines deutschen Offiziers, der die Juden ihre Wertsachen niederlegen lässt, muss er 300 Złoty vorweisen, bedeutend mehr als seine Mitgefangenen, womit er dem antisemitischen Zerrbild der Deutschen genau entspricht. Der deutsche Offizier

kungen zu den »lebendigen Masken« in *MAUS*. Ole Frahm: Genealogie des Holocaust. Art Spiegelmans MAUS – A Survivor's Tale. München 2006, S. 51–90.

erkennt in ihm sofort den »reichen Juden«, der »nie in seinem Leben gearbeitet« hat, und droht ihm: »Well, Jew, don't worry. We'll find work for you!« (I: 53) Es ist diese Stelle, die Spiegelmans Entscheidung, die Deutschen im Comic als Katzen, die Juden als Mäuse darzustellen, aus Vladeks Erfahrung rechtfertigt. Denn was diese Szene verdeutlicht ist, dass der nazistische Antisemitismus wesentlich von Metaphern getrieben wurde. Das Bild sagt nichts Wesentliches über Deutsche und Juden, aber viel über Phantasien, die Menschen zu Jägern und Gejagten machen. Das bestätigt auf eindrucksvolle Weise die Episode, die Vladek später von einem Auschwitz-Häftling erzählen wird, der beteuert, *eigentlich* ein Deutscher und zu Unrecht als Jude erkannt worden zu sein, was ihm jedoch nichts nützt, weil er vielleicht gerade damit das falsche Bild abgibt. (II: 210) (Abb. 2)

Abb. 2: The Complete MAUS. London 2003, S. 210 © Art Spiegelman

Fortan wird Vladek darauf achten, wo immer er kann als »einfacher Pole« in Erscheinung zu treten. Das geht freilich nur dort, wo er nahezu unbekannt ist und niemand ihn als Juden enttarnen kann. Das erste, aber bei Weitem nicht das letzte Mal, dass Spiegelman seinen Vater als Polen, das heißt mit einer Schweinsmaske vor dem Gesicht, zeichnet, ist bei seiner Rückkehr aus der

Kriegsgefangenschaft. Wenn Vladek den Zug besteigt, um von Lublin zu seiner Familie in Sosnowiec zurückzukehren, tut er es bewusst in polnischer Uniform. Denn er geht zu Recht davon aus, dass ihn der polnische Schaffner aus Patriotismus auch ohne Legitimationspapiere mitnehmen wird, wenn er sich als »einfacher« polnischer Soldat ausgibt, und tatsächlich, als er sagt: »You're a Pole like me, so I can trust you… The stinking Nazis had me in a war prison… I just escaped« (I: 66) und ihn darum bittet, ihn während der Fahrt zu verstecken, zeigt sich der Schaffner schnell gefällig. Von dieser Szene an bis zu Vladeks und Anjas Deportation nach Auschwitz gewinnt das Motiv der Maske zunehmend an Bedeutung, bis es im letzten Kapitel von *MAUS I*, das Vladeks und Anjas Leben nach der »Räumung« des Ghettos von Sroudla zeigt, ein Leben im Untergrund, überhaupt zum dominanten Motiv wird. Das Kapitel führt eindrucksvoll vor, welchen Freiraum das Maskentragen gewähren kann und welche Grenzen es besitzt. Denn einerseits sieht man Vladek nun öffentlich die Straßenbahn besteigen, und zwar den Wagen der Straßenbahn, der für Deutsche und Funktionäre reserviert ist (I: 142), andererseits wird er bereits bei seinem ersten Gang durch die Stadt von einem anderen, ebenfalls im Untergrund lebenden Juden, als Schicksalsgenosse erkannt und ohne Umschweife auf Hebräisch angesprochen: »In Hebrew he said to me, ›Our Nation?‹« (I: 140)

Vladek hat es in dieser Zeit also mit mehreren Publika zu tun. Da sind zum Ersten die Deutschen, vor denen er erstaunlich sicher als Pole auftreten kann, da niemand von ihnen für möglich hält, dass ein Jude sich unter sie trauen würde. Da sind zum Zweiten die anderen Juden, die – wer weiß, woran – ihn aller Maskerade zum Trotz sofort als einen der ihren erkennen. Und da sind zum Dritten schließlich die Polen, die ihn zwar nicht sofort als Juden erkennen, aber doch wittern, dass er ein Jude ist, was im übrigen auch der Grund ist, warum er den *deutschen* Straßenbahnwagen benutzt: »In the Polish car they could smell if a Polish Jew came in.« (I: 142) Diese Aussage wird auf bemerkenswerte Weise erhärtet, als Vladek einmal an einer Gruppe polnischer Kinder vorbeiläuft und eines von ihnen zu rufen beginnt: »A Jew! A Jew!« (I: 151), worauf die Mütter der Kinder hinzueilen. Vladek muss sich nun entscheiden, ob es klüger ist wegzulaufen oder nicht, und er entscheidet sich dagegen. Er geht stattdessen auf die Gruppe zu, grüßt die Mütter mit »Heil Hitler!« und versichert den Kindern, dass *er* doch kein Jude sei. Er rettet sich also durch ein Verhalten, einen Habitus, der hinreichend glaubwürdig erscheinen lässt, dass er keine »Maus« ist, die unvermutet eine »Katze« getroffen hat. Die Mütter der Kinder entlassen ihn denn auch mit den Worten: »Sorry Mister. You know how kids are… Heil Hitler.« (I: 151)

Vladeks Verhältnis zu nichtjüdischen Polen wird allerdings nicht nur durch deren Fähigkeit verkompliziert, Juden irgendwie zu »riechen«, sondern auch aufgrund der Abhängigkeit, in die er von ihnen gerät, sobald er bei ihnen unterkommen möchte. Während ihm auf der Straße das Schauspiel helfen kann, ist er bei ihnen zuhause auf Wohlwollen angewiesen, oder zumindest auf die Illusion von Wohlwollen. Denn das eigentlich Entscheidende im Verhältnis von Vladek zu den Menschen, bei denen er unterkommt, ist das Ökonomische. Vladek muss fürs Versterktwerden bezahlen. Allerdings ist es nicht so, dass das Ökonomische damit an die Stelle der Maske träte. Eher ist es so, dass seine Zahlungen den Bestand der beiderseitig aufrechterhaltenen Maske des Wohlwollens sichern. Spiegelmans in diesem Kapitel eingeschaltete, die Erzählung des Vaters vom Leben im Untergrund unterbrechende Frage: »You had to pay Mrs. Motonowa to keep you, right?«, die zweifellos auf den Anfang des Comics und die Frage nach dem Sinn des Begriffs vom »Freund« zurückverweist, beantwortet Vladek unwirsch: »Of course I paid… and well I paid. What you think? Someone will risk their life for nothing?« (I: 144) Zudem beschreibt Vladek, wie sich das Verhältnis zu Frau Motonowa verschlechtert, wenn er mit seinen Zahlungen einmal in Verzug kommt. Als er ihr sagen muss, dass er ihre Rechnung fürs Brot erst morgen wird begleichen können, kehrt sie am Abend vom Schwarzmarkt zurück und gibt vor: »Sorry… I wasn't able to find any bread today.« (I: 144) Das von beiden gepflegte Bild freundschaftlichen Wohlwollens wird also sofort brüchig.

Neben die Bilder, die Vladeks Habitus betreffen, treten als eigenständige die, die die von ihm bearbeiteten und hervorgebrachten Objekte betreffen. Vladek ist auch ein Meister der handwerklichen Improvisation und der handwerklichen Täuschung. Auf Proben davon stößt man vor allem in den Kapiteln IV und V des ersten Bandes von *MAUS*, und zwar dort, wo Vladek die »Bunker« beschreibt, in denen er zunächst Anjas Großeltern, dann den Rest der Familie versteckt. Gleich die erste Erwähnung eines Bunkers, des Verstecks der Großeltern, ist bemerkenswert, weil sie kaum deutlicher als Reflexion der Bedeutung des Bildlichen in Erscheinung treten könnte. Der Comic zeigt hier, wie Vladek sich noch zur Zeit seines Aufenthalts in Sosnowiec mit seinem Schwiegervater über eine neue Bekanntmachung der Deutschen beugt, die bestimmt, dass alle über siebzigjährigen Juden nach Theresienstadt zu gehen haben. Sie erinnert auf makabre Weise an eine Werbebroschüre, denn sie zeigt in Spiegelmans Darstellung ein Bild aus Theresienstadt, das Vladek mit den Worten kommentiert: »It doesn't *look* too bad!« (I: 88), worauf sein Schwiegervater erwidert: »Like a convalescent home.« (I: 88) Das nächste Panel macht jedoch deutlich, dass niemand in der Familie dem Bild von Theresienstadt traut, weshalb man beschließt, die Großeltern zu verstecken. Wo, das zeigt das übernächste Panel mithilfe einer Schnittzeichnung, wie sie von diesem Zeitpunkt an öfters vorkommt. Die Großeltern werden hinter einer falschen Wand des Vorratsschuppens im Hof des Hauses untergebracht, in dem die übrige Familie wohnt. (I: 88) Den nächsten Bunker wird Vladek im Ghetto von Sroudla bauen. Er befindet sich im Keller des Hauses, in das die Familie umziehen muss, und zwar wieder hinter einer falschen Wand, vor der möglichst hoch Kohlen gelagert werden, so dass das Falsche der Wand schwer zu erraten und der Bunker vom Keller aus nicht zugänglich ist. Wer in den Bunker hinein will, der muss ihn durch die Kohlenkiste betreten, die in der Küche des Hauses steht und einen doppelten Boden besitzt. (I: 112)

Auf der Seite, auf der Vladek Art diese Konstruktion erklärt, bricht die gewöhnliche Seitenarchitektur des Comics kurz auf, denn Vladek möchte nicht nur *erzählen*, wie der Bunker konstruiert war, er will es *zeigen*. Er nimmt seinem Sohn dazu den Notizblock aus der Hand und fertigt eine Schnittzeichnung an, die Spiegelman als eigenes, randloses und stark vergrößertes Panel wiedergibt. Auf der gegenüberliegenden Seite sieht man ergänzend dazu, wie der Bunker bei Hausdurchsuchungen funktioniert. Vladek kauert dann mit Anjas Familie im Bunker, während die deutschen Soldaten mit Hunden Küche und Keller durchsuchen und – obwohl sie wissen, dass Juden im Haus sind – niemanden finden: »Even when they came with *dogs* to smell us out – and they *knew* that Jews are laying here – […] they couldn't find.« (I: 113) (Abb. 3)

Abb. 3: The Complete MAUS. London 2003, S. 113 © Art Spiegelman

Was die Darstellung des ersten sowie dieses zweiten Bunkers deutlich macht, ist, dass ihr Wert von ihrer bildlichen Überzeugungskraft abhängt. Der beste Bunker ist der, vor dem man steht und den man nicht erkennt, weil alles normal aussieht, und der allerbeste Bunker vielleicht der, bei dem einem alles normal vorkommt, obwohl man weiß, dass nicht alles normal ist. Vladeks Bunker erreichen an diesem Standard gemessen einen hohen Grad an Perfektion. Jedoch bewahren sie ihn nicht vor der Deportation, denn sie beschützen ihn nicht vor Verrat. Im dritten Bunker, den Vladek baut, werden Anjas Familie und er von einem anderen Juden im Ghetto entdeckt, der sich, als sie in der Nacht aufbrechen wollen, um Nahrung zu suchen, vor dem Eingang ihres Verstecks befindet. Er steht dort entweder zufällig, weil er das scheinbar verlassene Haus gerade nach Verwertbarem durchsucht, oder nicht zufällig, weil er beauftragt wurde, versteckte Juden ausfindig zu machen. (I: 115) Genau ist das nicht zu sagen. Vladek und Anjas Familie zerren ihn daher in den Bunker und beraten, wie man mit ihm umgehen muss. Die Meinungen darüber gehen auseinander. Anjas Cousin schlägt vor, den Fremden zu töten, der Rest zögert. Am Ende behält man ihn eine Nacht bei sich und schickt ihn am nächsten Tag mit etwas Essen nach Hause. Eine folgenreiche Fehlentscheidung, wie sich zeigt. Denn am Nachmittag bringt er die Gestapo zu ihrem Versteck. Sie werden in ein Gefängnis gebracht, dessen Insassen wöchentlich nach Auschwitz deportiert werden. Es gelingt ihnen zwar noch einmal, sich zu retten, allerdings nur mithilfe derselben Form von Bestechung, die ihnen im Untergrund das Leben retten wird und die es den an der Bestechung Beteiligten so gut es geht ermöglicht, die Maske familiären und/oder freundschaftlichen Wohlwollens zu bewahren. Es ist Vladeks Cousin Haskel Spiegelman, der sie rettet. Allerdings tut er es nur gegen eine üppige Entlohnung in Gold und Juwelen.

Als Vladek einen anderen Cousin, der mit Haskel zusammenarbeitet, aus dem Fenster seines Gefängnisses entdeckt und ihn um Hilfe anruft, bekommt er von ihm zunächst die Antwort: »Vladek?! There's nothing I can do!« (I: 116) Doch als er ihm seine Wertgegenstände zeigt, heißt es plötzlich: »Okay. Don't worry! Haskel will come help you!« (I: 116), und so geschieht es. Spiegelmans erneut eingeschaltete, wieder auf den Anfang des Comics und den Begriff vom »Freund« verweisende Frage: »Wouldn't they have helped you even if you couldn't pay? I mean, you were from the same family…« (I: 116) beantwortet Vladek abermals verärgert, diesmal mit den Worten: »Hah! You don't understand… At this time it wasn't anymore families. It was everybody to take care for himself!« (I: 116) Fast könnte man meinen, dass Vladek damit den Begriff von Familie und Freundschaft völlig destruiert, allerdings zeigen zwei darauf folgende Szenen, dass das keineswegs so ist. Als Vladek nämlich, zurück im »normalen« Ghetto von Sroudla, durch die Straßen geht und von einem deutschen Soldaten angehalten wird, der ihm droht: »Halt, Jew! … Give me your I. D. Papers – I'm going to blow your brains out!« (I: 120), wird er – weil der deutsche Soldat feststellt, dass Vladek ein Verwandter von Haskel ist – nicht wie angedroht erschossen. Man sieht stattdessen, wie der Soldat, der seine Drohung gegenüber vielen anderen wahrgemacht hat, ihm vertraulich den Arm um die Schulter legt und sagt: »Ah. I see you're a member of the illustrious Spiegelman family... Go on your way then, and give Haskel my regards« (I: 120), was Vladek vor seinem Sohn mit den Worten kommentiert: »*Such* friends Haskel had.« (I: 120) Er verwendet also den Begriff, vor dessen Benutzung er am Anfang des Comics warnt, um den plötzlich allzu kumpelhaften Soldaten zu beschreiben, der beinahe zu seinem Mörder wird. Darüber hinaus berichtet Vladek, dass er Haskel, der den Krieg wie er überlebt hat, noch bis vor ein paar Jahren regelmäßig Pakete nach Polen geschickt hat, was Art naturgemäß nicht nachvollziehen kann. Seine Frage: »Gifts? Why? He sounds like a rotten guy!« (I: 120) beantwortet Vladek: »Yes. I don't know why. I know only that I sent.« (I: 120)

Das unmittelbare Aufeinandertreffen der Ausdrücke »friends« für den deutschen Soldaten und »rotten guy« für Haskel beweist nicht nur, dass die ersten Seiten des Comics tatsächlich den Grundton einer Melodie anschlagen, die später variiert wird, sondern auch, dass Vladek mehr am Bild des familiären und freundschaftlichen Zusammenhalts gelegen ist, als seine Erfahrung rechtfertigt. Dass er noch lange nach dem Krieg Pakete an Haskel schickt, ist psychologisch relativ leicht zu erklären. Wie ein Neurotiker das traumatische Erlebnis nach Freud wiederholt, um es im Wiedererleben zu bewältigen,[5] so wiederholt Vladek damit die Bestechung im Gestus der familiären Zuwendung, um so den unhaltbar gewordenen Begriff von Familie und Freundschaft gegen seine bessere Einsicht zu bewahren. Es ist der Versuch, der Bestechung von damals eine Maske zu geben, ein Bild zu schützen, das für Haskel und den deutschen Soldaten vielleicht, für ihn aber nicht mehr zu retten war. Seine mürrischen Antworten auf die wiederholte Frage nach der Notwendigkeit, Helfer zu bezahlen, verraten dementsprechend mehr über seine eigene Verletzung als über die vermeintliche Naivität des Fragestellers.

III. Vladeks Prophezeiungen

Die Bedeutung von Vladeks Fähigkeit, Bilder einzuschätzen, hervorzubringen und aufrechtzuerhalten, ist für das Überleben von Spiegelmans Eltern also kaum zu überschätzen. In diese Lesart von *MAUS* fügt sich selbst der Vorgang, der

5 Vgl. Sigmund Freud: Jenseits des Lustprinzips. Hg. v. Lothar Bayer und Hans-Martin Lohmann. Stuttgart 2013, S. 38.

letzten Endes zur Deportation der Eltern führt, sowie Vladeks Schilderung seiner Existenz im Vernichtungslager Auschwitz.

Zur Deportation kommt es, weil Vladek beim Versuch, Anja und sich ins vermeintlich judenfreundlichere Ungarn schmuggeln zu lassen, zwei Betrügern aufsitzt, Fremden, denen er vertraut, obwohl er nichts über sie weiß und Frau Motonowa, seine Versteckmutter, der man indes ein eigennütziges Interesse daran unterstellen darf, dass er bleibt, ihm davon abrät, ihnen zu vertrauen. Sie sagt zu ihm: »Don't do it, Mr. Spiegelman – it's just not safe! You don't know anything about these smugglers. … I've had *awful* nightmares about your trip – *please* stay with me!« (I: 153)

In der Tat kann Vladek die Vertrauenswürdigkeit der Schmuggler nicht einschätzen. Alles, was er über sie »weiß«, beruht auf Hörensagen. Begreiflicherweise reizt ihn die Aussicht auf ein erträglicheres Leben in Ungarn jedoch so sehr, dass er bereit ist, sich zur Erlangung dieses Lebens – zum ersten und letzten Mal – ganz auf die Sprache zu verlassen. Nach einem Gespräch, das Vladek als einer von mehreren untergetauchten Juden mit den Schmugglern führt, berät man auf Jiddisch, was zu tun ist, weil man glaubt, dass die Schmuggler dann nichts verstehen. Man beschließt dabei, die Schmuggler zu testen. Anstatt sofort als Gruppe aufzubrechen, soll zunächst ein Einzelner die Reise nach Ungarn antreten, um den anderen von dort einen Brief zu schreiben, wenn er sicher ankommt. Damit wiederholt sich natürlich, was sich am Anfang von Vladeks Beziehung mit Anja zugetragen hat, als Vladeks Cousine und Anja sich auf Englisch unterhielten. Wie damals Anja, so irrt sich diesmal Vladek. Denn natürlich können die Schmuggler Jiddisch verstehen. Es bereitet ihnen keine Probleme, denjenigen, der zuerst geht, an die Deutschen zu verraten und dennoch dazu zu zwingen, den von den anderen erwarteten Brief zu schreiben. (I: 152)

Während seiner anschließenden Zeit in Auschwitz überlebt Vladek vor allem, weil es ihm gelingt, die Bilder, die seinen Habitus betreffen, mit denen, die die von ihm hervorgebrachten oder bearbeiteten Objekte betreffen, weitgehend zur Deckung zu bringen. Er arbeitet nacheinander als Englischlehrer für einen Kapo sowie als Spengler und Schuhmacher in den Werkstätten des Lagers. Keinen dieser Berufe hat er erlernt, aber in jedem Fall kann er habituell und durch handwerkliches Geschick hinreichend glaubwürdig machen, es getan zu haben. Die Zeit, in der er besonders schwere Bauarbeiten leisten muss, die innerhalb kürzester Zeit zum Tod durch Entkräftung führen, kann er so vergleichsweise stark reduzieren.

Mindestens genauso wichtig, wenn nicht wichtiger, als seine habituellen und handwerklichen Fähigkeiten, haltbare Bilder zu erzeugen, wird während seiner Gefangenschaft in Auschwitz allerdings etwas anderes, nämlich die Weissagung eines katholischen Priesters, der ihm aufgrund seiner besonderen Häftlingstätowierung prophezeit, dass er das Lager überleben wird: »I can't know if I'll survive this hell, but I'm certain you'll come through this alive!« (II: 188) Er erzeugt damit ein Bild, das insofern einer neuen, dritten Klasse von Bildern zuzuordnen ist, als es für die Prüfung seiner Haltbarkeit kein »Original« gibt, das man zum Vergleich heranziehen kann. Während die Authentizität eines Habitus oder eines handwerklichen Produkts prinzipiell an einem Vergleichsobjekt gemessen werden kann, gilt das für Prophezeiungen nicht. Man kann eine falsche mit einer echten Mauer vergleichen, Prophezeiungen kann man dagegen nur glauben – und Vladek glaubt. Wenigstens lässt Spiegelman ihn zum Ende seiner Erzählung von dem Priester sagen: »I started to believe. I tell you, he put another life in me.« (II: 188) Es ist freilich nicht das erste Mal, dass Vladek von einem solchen Ereignis berichtet. Denn schon während seiner Kriegsgefangenschaft bei Nürnberg träumte er, dass sein Großvater, ein frommer Jude mit Gebetsriemen, an sein Bett trat und sprach: »You will come out of this place – *free!* … On the day of Parshas Truma.« (I: 59) Als es so kommt, nennt ein Rabbi, dem er von dem Traum erzählt, ihn einen »Roh-eh Hanoled«, »one who sees what the future will bring.« (I: 62) In Auschwitz scheint sich etwas Ähnliches zuzutragen, allerdings weist beides weniger auf Vladeks »wirkliche« Erwählung hin, wie Tabachnick meint,[6] sondern eher auf Vladeks Fähigkeit, sich moralisch zu stärken und emotional zu entlasten.

Inwieweit die Vorstellung der Erwählung moralisch stärken kann, wird kaum strittig sein. Sigmund Freuds spekulative Antwort auf die kulturphilosophische Frage, aus welcher Quelle die Juden ihre »beispiellose[ ] Widerstandsfähigkeit« schöpften, mit der sie bis heute allen »Unglücksfällen und Misshandlungen« trotzen, besteht bekanntlich im Hinweis auf die Vorstellung der Juden, dass sie »das von Gott auserwählte Volk« sind.[7] Vladek ist diese Quelle nicht verschlossen, denn er gibt zur Kenntnis, dass die Worte des Priesters immer stärkend auf ihn gewirkt haben: »[W]henever it was very bad I looked [at the tattoo; hk] and said: Yes. The priest was *right!*« (II: 188) Zur emotionalen Entlastung von Vladek tragen die Worte des Priesters dagegen bei, weil sie ihn davor bewahren können,

6 »Spiegelman's tale and the supernatural incidents in it seem to imply that Vladek and Anja were divinely chosen and encouraged to survive in order to give birth to Art Spiegelman. Only Art Spiegelman would create one of the most memorable monuments not only to his parents' travails and that of their generation, but to his, as a member of the second generation of Holocaust witnesses.« Stephen E. Tabachnick: The Religious Meaning of Art Spiegelman's MAUS. In: Shofar. An Interdisciplinary Journal of Jewish Studies 22/4 (2004), S. 1–13; hier: S. 10.

7 Sigmund Freud: Der Mann Moses und die monotheistische Religion. Drei Abhandlungen. Hg. v. Jan Assmann. Stuttgart 2010, S. 130f.: »Mit beispielloser Widerstandsfähigkeit hat es [das jüdische Volk; hk] Unglücksfällen und Misshandlungen getrotzt […]. Wir kennen den Grund […] und wissen, was ihr geheimer Schatz ist. Sie halten sich wirklich für das von Gott auserwählte Volk, glauben ihm besonders nahe zu stehen, und dies macht sie stolz und zuversichtlich.«

denen gegenüber Schuldgefühle zu entwickeln, die es schlechter treffen und im Lager sterben. Arts Psychiater Pavel mutmaßt zu Beginn des Kapitels, das auf das mit dem Priester folgt, dass Vladek seinen Sohn vielleicht deshalb oft wie einen Versager behandelt habe, weil er sich als Überlebender des Holocausts schuldig gefühlt habe: »Maybe your father needed to show that he was always right – that he could always *survive* – because he felt *guilty* about surviving« (II: 204), wobei er zwingende Gründe dafür allerdings abweist: »Life always takes the side of life, and somehow the victims are blamed. But it wasn't the best people who survived, nor did the best ones die. It was *random!*« (II: 205) Man widerspricht dieser Einschätzung des Psychiaters nicht, wenn man annimmt, dass die Suggestion der Erwählung Vladek zunächst wie oben beschrieben *entlasten* konnte, später allerdings *belasten* musste, weil ein Ereignis eintrat, dass die Suggestion zunichtemachte. Man unterstreicht damit lediglich die zentrale Bedeutung, die das Psychologische im Comic hat, der ja nicht zuletzt vom traumatischen Selbstmord der Mutter und der Therapie des Autors erzählt.

Im hier behandelten Kontext macht es Sinn, davon auszugehen, dass Vladek aus der Weissagung des Priesters nur solange Kraft beziehen konnte, wie das Bild der Erwählung sowie die Bilder, die daran anschließen, keinen Schaden litten. Zu diesen Bildern gehört sicherlich auch das, das Vladek bis zum Ende des Kriegs von seinem erstgeborenen Sohn Richieu, Arts älterem Bruder, bewahrt, den Anja und er im Ghetto von Sroudla in die Obhut eines mutmaßlich einflussreichen Bekannten geben. (I: 109f.) Immerhin unterstreicht Vladek zweimal, dass die Vorstellung, Richieu vor dem Zugriff der Nazis in Sicherheit gebracht zu haben, im Weiteren erbauend auf ihn wirkte, wobei sowohl die Art der Wirkung als auch die Wahl der Worte, mit der er sie beschreibt, an die Darstellung der Kraft erinnern, die später die Worte des Priesters in Auschwitz bekommen. Sagt er dort: »[W]henever it was very bad I looked [at the tattoo; hk] and said: Yes. The priest was *right!*«, so sagt er hier: »When things came worse in our Ghetto we said always: ›Thank God the kids are with Persis, safe.‹« (I: 110) (Abb. 4)

Weiter unterstrichen wird die Bedeutung, die das Bild von Richieus Geborgenheit für Vladek hat, dadurch, dass er der Weissagung der »Zigeunerin«, die Anja am Ende von *MAUS II* den Tod von Richieu offenbart, – zum ersten Mal in einer solchen Situation – *keinen* Glauben schenkt. Denn täte er es, könnte Art später nicht sagen: »I wonder if Richieu and I would get along if he was still alive. … After the war my parents traced down the vaguest rumors, and went to orphanages all over Europe. They couldn't believe he was dead.« (II: 175) Natürlich wird Richieu nicht gefunden, an seine Stelle tritt die Photographie, die Anja und er im gemeinsamen Schlafzimmer aufhängen und die Art noch als Erwachsener als Vorwurf interpretieren wird: »The photo never threw tantrums or got in any kind of trouble… It was an ideal kid, and I was a pain in the ass. I couldn't compete. They didn't *talk* about Richieu, but that photo was a kind of

Abb. 4: The Complete MAUS. London 2003, S. 110 © Art Spiegelman

reproach.« (II: 175) Wie tief diese Empfindung sitzt, erfährt der Leser auf der letzten Seite des Comics, wenn Vladek seine Geschichte zu Ende erzählt hat und sich mit den Worten von Art verabschiedet: »I'm *tired* from talking, Richieu, and it's *enough* stories for now…« (II: 296) Denn aus welchem Grund sollte Spiegelman wohl an so prominenter Stelle von einer Namensverwechslung des Vaters berichten, wenn nicht aus dem, um seinem Eindruck, niemals leicht über den Status eines Ersatzsohnes hinausgekommen zu sein, eine nachvollziehbare Basis zu geben? Wenn das aber der Grund ist, dann wird man die Stelle als Beleg dafür nehmen müssen, wie sehr sich Vladeks zu Zeiten überlebenswichtige Fähigkeit, Bilder zu prüfen, zu erzeugen und zum Zweck der Erbauung auch zu glauben, in eine lebensfeindliche Manie verwandelt, wenn zentrale Elemente seines Bildkosmos in sich zusammenbrechen. Er kann sein Bild von Richieu der Gewissheit seines Todes zum Trotz nicht aufgeben, sondern muss seinen nachgeborenen Sohn Art fortwährend an ihm messen. Er kann sein Bild der »Familie« wider alle Erfahrung während der Verfolgung nicht korrigieren, sondern muss Haskel noch lange nach dem Krieg Pakete schicken, und er kann auch sein Bild von Anja nicht trüben, sondern muss »happy, happy ever after« (II: 296) mit ihr zusammenleben, das heißt: Er muss ihre Tagebücher vernichten, die diesem Bild wahrscheinlich widersprechen. Harrison hat dazu richtig bemerkt: »His triumphant words remain true and uncontroverted only in their historical moment, since the reader knows of her [Anja's; hk] later despair and suicide«.[8] Was

8 Keith Harrison: Telling the Untellable. Spiegelman's MAUS. In: Rendezvous 34/1 (1999),

Vladek selbst betrifft, so lässt Spiegelman ihn damit nicht nur als einen Überlebenden in Erscheinung treten, dessen »whole habitus has been shaped by Auschwitz«,[9] sondern auch als einen, der selbst immer mehr zum Bild verkommt, genauer: zum Zerrbild, nämlich zur »racist caricature of the miserly old Jew.« (I: 133)

IV. A comic book driven by the word

Die meisten wissenschaftlichen Beiträge zu Spiegelmans *MAUS*, die seine Bildlichkeit untersuchen, setzen bei Adornos berühmtem Diktum an, nach dem es barbarisch sei, nach Auschwitz ein Gedicht zu schreiben. Eines ihrer wichtigsten Argumente besteht dabei in dem Hinweis, dass Spiegelmans Entscheidung, die Juden als Mäuse und die Deutschen als Katzen zu zeichnen, das von Adorno angesprochene Dilemma, die Erinnerung des Holocausts durch falsche Repräsentation und Ästhetisierung der Kulturindustrie auszuliefern (die ihn mit ermöglichte), auf seine Weise löst, weil seine Metaphorisierung zu *offensichtlich unhaltbaren* Bildern führt:

> Paradoxically, we have here a mimetic approximation of the past that respects the *Bilderverbot* not despite, but rather because of its use of animal imagery, which tellingly avoids the representation of the human face. *Bilderverbot* and mimesis are no longer irreconcilable opposites, but enter into a complex relationship in which the image is precisely not mere mirroring, ideological duplication or partisan reproduction[.][10]

Ähnlich wie Huyssen äußern sich auch Harrison und Lemke,[11] die darüber hinaus jedoch ausführlicher auf die damit erkennbar werdende »constructedness«[12] von Identität eingehen. Nach Lemke sind die Tiermasken »nicht Symbol rassisch fundierter Entitäten«, sondern sie rücken weithin sichtbar »die zwiespältige Konstruktion jeder Identität« in den Blick.[13] Es gibt bei der Maske für sie kein »dahinter«, sondern »im Spiel der Masken zeigt sich die Ambivalenz von Identität überhaupt«.[14] Alle diese Beobachtungen sind richtig. Allerdings lassen sie hinter der Antwort auf die große Frage, wie es um die Erzählbarkeit von Auschwitz in Bildern bestellt ist, die etwas kleinere Frage verschwinden, warum

S. 59–73; hier: S. 67.

9 Andreas Huyssen: Of Mice and Mimesis. Reading Spiegelman with Adorno. In: New German Critique 81 (2000), S. 65–82; hier: S. 79.

10 Huyssen: Of Mice and Mimesis (s. Anm. 9), S. 76.

11 Vgl. Harrison: Telling the Untellable (s. Anm. 8), S. 63. Lemke: Bildersprache – Sprachbilder (s. Anm. 2), S. 233–235.

12 Harrison: Telling the Untellable (s. Anm. 8), S. 65.

13 Lemke: Bildersprache – Sprachbilder (s. Anm. 2), S. 235.

14 Lemke: Bildersprache – Sprachbilder (s. Anm. 2), S. 235.

Vladeks Geschichte auf besondere Weise eine Erzählung in Bildern einfordert. Die obige Darstellung, wie sehr Vladeks Überleben von Bildern abhängt, mag diese Lücke füllen helfen.

Für die Annäherung an einen Holocaust-Überlebenden, der (aus guten Gründen) mehr auf Bilder als auf Worte hält, infolge seiner Fixierung auf Bilder allerdings die Tagebücher vernichtet, von denen seine Frau wünscht, dass ihr Sohn sie lesen möge – »when he grows up, he will be interested by this« (I: 161) –, ist der Comic, der *seine eigenen* Bilder auf Haltbarkeit überprüft,[15] vielleicht das beste Mittel. Die eigentliche Leistung des Comics besteht möglicherweise nicht darin, ein Bild des Holocausts zu geben, das anders nicht gegeben werden könnte oder schon gegeben worden ist, sondern darin, klug zwischen Spiegelmans (emotionalen) Investitionen in die Bilder des Vaters und das Bild der Mutter zu vermitteln. Die Bilder des Vaters werden von seinem Sohn ernstgenommen und im Grundsatz nicht bezweifelt. Er reflektiert jedoch seinen kaum zu überbrückenden Abstand zu ihnen (I: 176, II: 206) und schafft so gleichzeitig Nähe und Distanz zu ihm. Spiegelman fühlt sich in ihn ein, ohne die Grenzen zu übertreten, die ihm objektiv gesetzt sind, und er depotenziert die Bilder seines Vaters, wo sie ihm vielleicht nur *subjektiv* Grenzen setzen. Die ihn belastende Unfähigkeit zum Beispiel, die komplexe Wirklichkeit des Holocausts nachzuempfinden und darzustellen, verliert mit der Figur des Psychiaters, der ebenfalls ein Überlebender ist, an Gewicht. Mit ihm wird deutlich, dass Detailgenauigkeit im Nachvollzug von Horror wohl unmöglich ist. (II: 206) Man muss deshalb, auch wenn es um den Vater geht, dem man gerecht werden möchte, keine übergroßen Schuldgefühle entwickeln. (Abb. 5)

Art geht nach diesem Gespräch etwas erleichtert nach Hause, als »befreit« möchte man ihn allerdings nicht bezeichnen. (II: 207) Denn der Eindruck, sich dem Vater und allem, was er erlebt hat, nur unzureichend nähern zu können, verfolgt ihn weiter. Immerhin: Es bleibt nicht alles beim alten. Das »BOO!« seines Psychiaters hallt nach und legt sich über seine Bilder, allerdings weniger über die der Lager, als der Gegenwart. Das heißt, das kaum zu Erfassende der Vernichtung wird zunehmend in seinen beklemmenden Fernwirkungen und Interferenzen erfasst. Ohne Wertung, aber mit genauem Gespür für die emotionale Qualität seiner Bilder führt Spiegelman dem Leser vor Augen, wie die Grenzen zwischen damals und heute immer wieder verschwimmen: »[He] is always conscious of the fact that the borders between past and present are fluid«.[16] Zu Beginn des zweiten Kapitels von *MAUS II*, »Auschwitz (Time flies)«, zeigt Spiegelman zum Beispiel nicht, wie die »Zeit verfliegt«, sondern wie Art

15 Ein klassisches Beispiel dafür ist Art Spiegelmans Darstellung des berüchtigten Auschwitzer Häftlingsorchesters, dessen Existenz Vladek nicht bestätigen kann. (II: 214)

16 Huyssen: Of Mice and Mimesis (s. Anm. 9), S. 79.

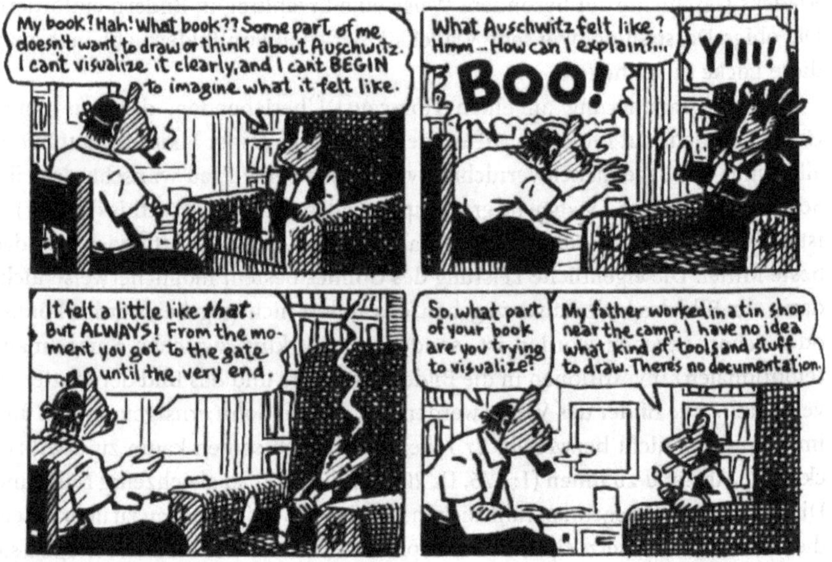

Abb. 5: The Complete MAUS. London 2003, S. 206 © Art Spiegelman

beim Zeichnen permanent die »Time flies«, die »Zeitfliegen«, umschwirren, bis er am Ende desselben Kapitels, das ein Gespräch über die Vorstellbarkeit von Auschwitz einfängt, anfängt lästige Insekten »zu vergasen«. (II: 234) Die Szene wäre gewiss nicht bemerkenswert, wenn nicht erkennbar wäre, dass damit eine (wie auch immer belastbare) Analogie geschaffen wird.[17] BOO! Dasselbe gilt *mutatis mutandis* für Spiegelmans Darstellung, wie Vladek bereits angebrochene Lebensmittel zum Umtausch zurück in den Supermarkt bringt (II: 249), oder wie rassistisch Vladek auf einen Afroamerikaner reagiert, den seine Schwiegertochter im Auto mitnimmt. (II: 258f.) Beide Episoden wären weniger schauerlich, wenn man nicht erwarten würde, dass Vladek mittlerweile in der Lage sein müsste, sich in ein souveränes Verhältnis zu Lebensmitteln und mutmaßlich »Fremden« zu setzen. Wieder BOO!

Es wäre sicherlich ein Fehler, wenn man in Spiegelmans Darstellung seines eigenen Befremdens gegenüber dem Vater eine Preisgabe des Vaters erkennen wollte. Die angesprochenen Szenen, in denen Spiegelman vor allem sich selbst zeigt, dienen vielmehr dazu, Ersatzdarstellungen für den Horror zu finden, den er nicht adäquat beschreiben kann. Was sonst nur Vladek kann, könnte Spiegelman hier selbst sagen: »For this I was an *eyewitness*«. (II: 229) Dennoch sind seine Zeichnungen, insofern sie die Konsequenzen starren Festhaltens an Bil-

17 Vgl. Richard De Angelis: Of Mice and Vermin. Animals as Absent Referent in Art Spiegelman's MAUS. In: International Journal of Comic Art 7/1 (2005), S. 230–249.

dern zeigen, beides: ebenso sehr Annäherung wie Distanznahme. Das geschickte Zugleich erlaubt Spiegelman, sich durch die Geschichte seines Vaters hindurch (nicht über sie hinweg) auch seiner Mutter anzunähern. Denn wo Bilder ihre Brüchigkeit offenbaren, Sinn nicht mehr in der *Identität* mit »der Realität« generieren, da verweisen sie den Betrachter auf ihre *Differenzen*, sie werden Sprache. Der Betrachter wird, was Spiegelmans Absicht voll entspricht, so zum Leser. »Spiegelman makes analogies between image and text ›grammar‹ and claims that, unlike most of his projects, *Maus* is ›a comic book driven by the word‹«.[18] Der Leser wird auf das Medium der (verlorenen) Tagebücher der Mutter zurückgeworfen, die vielleicht über manches Aufschluss gegeben hätten, insbesondere ihren Selbstmord, nun aber die zentrale Leerstelle des Comics sind. Näher kommt man ihr nicht.

Fragt man am Ende erneut, was *MAUS* »moving and simple«, aber »impossible to describe« macht, kann man vielleicht diese Antwort geben: *MAUS* ist »moving«, weil Spiegelmans Comic zugleich sehr verschiedene Emotionen zur Darstellung bringt, nämlich nicht nur die Liebe von Vladek und Anja, sondern auch die Verzweiflung von Spiegelman angesichts der Unüberwindbarkeit des Abstands zu seinem Vater sowie die Scham, die er mit seiner Frau empfindet, wenn Vladek angebrochene Lebensmittel in den Supermarkt zurückbringt, alles dies teilweise aufgehoben *im* beziehungsweise überlagert *vom* Versuch, den Horror von Auschwitz in Bildern der Gegenwart einzufangen. »Impossible to describe« ist *MAUS*, weil der Nutzen von Bildern zwar unterstrichen, ihre Haltbarkeit aber insbesondere im zweiten Teil permanent infrage gestellt wird, so dass zunehmend unentscheidbar wird, was nun überwiegt, die Annäherung an den Vater oder die Distanznahme zu ihm, und was eigentlich im Zentrum des Comics steht, die Darstellung der nazistischen Verfolgung und der Lager oder der Versuch einer Annäherung an die Mutter durch die Geschichte des Vaters hindurch.

Die Möglichkeit einer Behandlung von *MAUS* in der Schule wird durch diese Komplexität fraglos erschwert. Zunächst kann der Comic nicht als einfache Darstellung des Holocausts gelesen werden, sondern muss als Problematisierung jeder einfachen Darstellung behandelt werden. Das hängt mit kulturkritischen Einsichten ebenso zusammen wie damit, dass *MAUS* eben nicht die Geschichte eines »repräsentativen« Überlebenden, sondern – was außerordentlich anspruchsvoll ist – programmatisch die Geschichte eines Einzelgängers erzählt. Nur weil Vladek auf seiner Eigentümlichkeit beharrt und sich niemals in die »einfache« Opferidentität der Maus fügt, die der Katze *von Natur aus* unterlegen wäre, überlebt er. Zuletzt überlagern sich in *MAUS* permanent die psychologi-

18 Michael Rothberg: »We were talking Jewish«. Art Spiegelman's MAUS as »Holocaust« Production. In: Contemporary Literature 35/4 (1994), S. 661–687; hier: S. 671.

schen Fälle von Vater und Sohn, denen man in der Schule nicht dieselbe Aufmerksamkeit widmen kann. Sollte man aus diesen Gründen aber zu einem anderen, zugänglicheren Comic im Geschichts- und Deutschunterricht greifen? Das entscheidet sicherlich der didaktische Einzelfall. Wo es in einem solchen Fall darum ginge, zugleich mit der Realgeschichte des Holocausts auch seine Referentialisierbarkeit, seine Psychologie und seine psychologischen Fernwirkungen zu thematisieren, wäre die Antwort allerdings: entschieden nein.

Ole Frahm

Mickey und der Golem. Reflexionen des Holocaust im Comic

I. Eine internationale Maus

Besuchen Sie Gurs. Wenn Sie schlank werden wollen, gehen Sie nach Gurs![1]

1942 zeichnet der deutsche Horst Rosenthal im Konzentrationslager Gurs die Bildgeschichte *Mickey au Camp du Gurs* – »ohne Autorisierung von Walt Disney«, wie er auf dem rosafarbenen Deckblatt vermerkt, auf dem die weltberühmte Maus im Profil lächelt.[2] Die Geschichte ist einfach. Mickey Mouse geht durch Frankreich und wird von einem Polizisten angehalten. Ohne Papiere wird sie verhaftet. Daraufhin wird sie von einem Kopf auf einem hohen Papierstapel interviewt – ein Papiermonster, dessen Körper sich in Formularen verliert (Abb. 1). Der Dialog ist bemerkenswert, weil er auch einiges darüber verrät, wie Rosenthal die reproduzierbare Comic-Figur versteht:

›Ihr Name‹, verlangte der Kopf. ›Mickey‹ ›Name des Vaters‹ ›Walt Disney‹, ›Name der Mutter‹, ›Meine Mutter? Ich habe keine Mutter‹, ›Was? Sie haben keine Mutter? Verarschen Sie mich nicht.‹, ›Wirklich, ich habe keine Mutter.‹ ›So was, wir haben Leute, die haben keinen Vater, aber keine Mutter… Sind sie Jude?‹ ›Bitte?‹ ›Ich frage, ob Sie Jude sind‹ Schamvoll musste ich meine völlige Ignoranz dieser Frage gegenüber gestehen. ›Welche Nationalität haben Sie?‹ ›Ich bin in Amerika geboren, aber ich bin international‹.

1 Horst Rosenthal: Kleiner Führer durch das Lager Gurs. In: Gurs. Ein Internierungslager. Südfrankreich 1939–1943. Sammlung Elisabeth Kasser. Hg. v. d. Elisabeth Kasser Stiftung. Basel 2009, S. 70–73; hier: S. 70. Zu Bildserien in Häftlingszeichnungen vgl. Jörn Wendland: Das Lager von Bild zu Bild. Narrative Bildserien von Häftlingen aus NS-Zwangslagern. Wien, Köln, Weimar 2017, zu Rosenthal dort S. 95–99.

2 Horst Rosenthal: Mickey au Camp du Gurs. In: The Last Expression: Art and Auschwitz. Hg. v. Corinne Granoff, Peter Hayes und David Mickenberg. Evanston 2003, S. 226–229. Vgl. zu Rosenthals Geschichte und zur Geschichte der Bildserie Pnina Rosenberg: Mickey Mouse in Gurs – Humor, Irony and Criticism in Works of Art Produced in the Gurs Internment Camp. In: Rethinking History 6/3 (2002), S. 273–292.

Abb. 1: Horst Rosenthal: *Mickey au Camp du Gurs*

Indem Rosenthal die Materialität der gezeichneten Figur ernst nimmt, kann er sie als eine Utopie internationaler Identität entwerfen, bei der die Herkunft, die Nationalität der Eltern, keine Rolle mehr spielt. Aus der Perspektive antisemitischer Projektion ist eben dies jüdisch, Comic-Figuren sind im Sinne des Nazi-Mythos eine Anti-Rasse, weil sie nie mit sich identisch sind.[3] Die Utopie der Comicfigur spinnt Rosenthal bis zum letzten Bild weiter, das Mickey mit einer Sprechblase zeigt, in der Wolkenkratzer zu sehen sind: »Die Luft der Pyrenäen gefiel mir nicht länger. Weil ich ja nur eine Comicfigur bin, habe ich mich mit einem Radiergummi wegradiert und – hopp. Die Polizei kann immer kommen und mich im Land der Freiheit, Gleichheit und Brüderlichkeit suchen. Ich spreche von Amerika!«[4] Dieses Glück war Horst Rosenthal nicht beschieden. So wenig über ihn bekannt ist, es ist vermerkt, dass er mit dem Transport Nummer 31 im September 1942 über Drancy nach Auschwitz deportiert wurde. Nach der Selektion auf der Rampe wurde er vergast. Sein kleines Heft erinnert daran, mit welcher gesellschaftlichen Hoffnung sich populäre Bilder und Figuren wie die Micky Maus verbinden können: Stereotype sind allen zugänglich. Sie können überall auf der Welt reproduziert werden. Sie haben vielleicht einen Vater, aber keine Herkunft, auf die sie reduziert werden können. Comic-Figuren haben früh

3 Philippe Lacoue-Labarthe und Jean-Luc Nancy: Der Nazi-Mythos. In: Das Vergessen(e): Anamnesen des Undarstellbaren. Hg. v. Christoph Tholen und Elisabeth Webe. Wien 1997, S. 158–190. Rosenberg mutmaßt in der Internationalität der Maus eine Anspielung auf die internationalen Brigaden. Statt Mickey als Comic-Figur zu interpretieren bezieht sie die Tatsache, dass Rosenthal sie als jüdisch bezeichnet, nur auf Disneys »right-wing political views with an anti-Semitic tinge«. Vgl. Rosenberg: Mickey Mouse in Gurs – Humor, Irony and Criticism in Works of Art Produced in the Gurs Internment Camp (s. Anm. 2), S. 277.

4 Rosenberg: Mickey Mouse in Gurs – Humor, Irony and Criticism in Works of Art Produced in the Gurs Internment Camp (s. Anm. 2), S. 275.

eine andere als die sozialistische Internationale hergestellt, deren politische Konsequenzen Rosenthal nur andeutet: eine wäre auf jeden Fall, die Bürokratie, mit der Identitäten verwaltet werden, lächerlich zu machen.

Als Tierfigur stellt Mickey die Absurdität der NS-Rassenpolitik aus. Es ist unwahrscheinlich, dass Rosenthal den Artikel kannte, in dem »Micky Maus« als »Verblödungskultur«, das »schäbigste, elendste Ideal, das je erfunden wurde«, und als das »mit Dreck behaftete Ungeziefer« und Disney als »amerikanischer Geschäftsjude« bezeichnet wurde, der zehn Jahre zuvor in dem Pommerschen Gauorgan *Die Diktatur* erschienen ist und von dem einige Sätze als Motto für den zweiten Band von Art Spiegelmans *MAUS. A Survivor's Tale* dienen.[5] Aber, dass Mickey als jüdisch angesehen wurde, ist ein wiederkehrender Topos, dessen Herkunft ungeklärt ist. Ähnlich wie bei Charlie Chaplin, den die Maus beerbt, handelt es sich um eine Projektion, die aufgrund bestimmter Merkmale möglich erschien – vor allem ihre Nähe zur jazzigen Vaudeville- und Minstrel-Aufführung, die jüdische Stars wie Al Jolson oder Eddie Cantor berühmt gemacht hatten.[6]

Nach Rosenthal hat Mickey aber als Comicfigur eine notwendig doppelte Identität: die Identität als wiedererkennbare Figur, an der Walt Disney das Copyright hält, und als reproduzierbare Comicfigur, deren Materialität sich gängigen Identifizierungen entzieht. Aufgrund dieser Materialität kann sie sich ausradieren, ohne dass es sie vernichtet, im Gegenteil: sie erscheint dann im Land der Freiheit, Gleichheit und Brüderlichkeit wieder. Mit dieser Verdoppelung gibt Rosenthal allen späteren bildlichen Darstellungen des Holocaust eine Frage auf: mit welchen Figuren, mit welchen Identifikationen wird die Verfolgung und Vernichtung der Juden konturiert? Sind es Darstellungen, deren Figuren den Menschen gleichen? Oder sind es Figuren wie Mickey Mouse, die zwar dem Menschen mehr ähneln als den Tieren, aber eben eine Verschiebung in der Darstellung vornehmen, die den Einschnitt, den der Holocaust historisch für das bedeutet, was der Mensch ist, auch in der Darstellung sichtbar halten? Wie einige andere frühe Darstellungen – Robert Antelmes *Das Menschengeschlecht* (1947), Curzio Malapartes *Kaputt* (1943) und André Schwarz-Barts *Der letzte der Ge-*

---

5 Carsten Laqua: Wie Micky unter die Nazis fiel. Walt Disney und Deutschland. Reinbek b. Hamburg 1992, S. 35. Art Spiegelman: MAUS. A Survivor's Tale. And Here My Troubles Began… New York 1991, S. 4.

6 Zu Chaplin: J. Hoberman: The First »Jewish« Superstar. Charlie Chaplin. In: Ders. und Jeffrey Shandler: Entertaining America. Jews, Movies and Broadcasting. Princeton, Oxford 2003, S. 34–39. Zu Mickey Mouse allgemein vgl. Ole Frahm: Mickey Mouse. In: Historisch-kritisches Wörterbuch des Marxismus. Band 9/1 (im Erscheinen). Zu Mickey als Minstrel vgl. Hugh Kenner: Chuck Jones. A Flurry of Drawings. Berkeley, Los Angeles, London 1994, S. 24 und Nicholas Summond: »Gentleman, please be seated«. Racial Masquarade and Sadomasochism in 1930s Animation. In: Burnt Cork. Traditions and Legacies of Blackface Minstrelsy. Hg. v. Stephen Johnson. Amherst, Boston 2012, S. 164–190.

rechten (1959)[7] – aktiviert Rosenthal in *Mickey au Camps du Gurs* die Frage danach, wie sich die Darstellung des Menschen durch die rassistische Klassifizierung der Nürnberger Gesetze und die systematische Verfolgung der Juden verändert hat. Während das Motiv der Darstellung der Menschen als Tiere in der Literatur des Holocaust keine umfängliche Tradition gebildet hat und in der Theorie über den Holocaust zum Teil durch die Figur des Muselmanns verstellt wurde – vor allem durch Giorgio Agambens Versuch, den Muselmann und nicht die systematische Vernichtung der Juden als zentral für das Verstehen des Holocaust zu begreifen[8] – hat sich in den Comics seit Rosenthal bis hin zu jüngeren Graphic Novels eine andere Tradition herausgebildet. Neben der Reflexion der (populären) Tierfigur ist es vor allem die Figur des Monströsen, in der das Unfassbare des Holocaust Kontur gewinnt oder genauer die Grenze einer solchen Konturierung bezeichnet wird. Im Folgenden soll diese diskontinuierliche Tradition anhand einzelner Beispiele skizziert und deren jeweilige Perspektiven auf den Holocaust gedeutet werden.

II. Die Wölfe

> Ach, warum werden bereits Stimmen laut, die Mitleid mit dem Los der Wölfe haben und ihr Barbarentum bagatellisieren! Am Ende sollen morgen gar ihre Greueltaten geleugnet werden.[9]

Noch vor dem Ende des Krieges begannen Edmond-François Calvo und Victor Dancette *La Bete est Morte!* zu zeichnen und zu texten. In zwei Teilen wurde diese Bildergeschichte kurz nach der Befreiung von Paris 1944 und nach der Kapitulation Deutschlands 1945 veröffentlicht. Der Untertitel *Der Zweite Weltkrieg bei den Tieren* benennt, dass hier mit einer ungewöhnlichen Bildlichkeit versucht wird, das zeitgenössische Geschehen zu verstehen. Doch fiel die Wahl auf eine Darstellung mit Tieren sichtbar nicht aufgrund der Überlegung, dass sich die Menschheit verändert hat, sondern speist sich aus mehreren anderen Quellen: zum einen aus der Fabeltradition, die mit Figuren wie der Heuschrecke angedeutet wird;[10] zum zweiten aus dem Verfahren der bildlichen Darstellung einer

7 Robert Antelme: Das Menschengeschlecht. Als Deportierter in Deutschland. München 1990. Curzio Malaparte: Kaputt. Karlsruhe 1961. André Schwarz-Bart: Der letzte der Gerechten. Berlin 1982.

8 Vgl. Giorgio Agamben: Was von Auschwitz übrig bleibt. Das Archiv und der Zeuge. Frankfurt a. M. 2003.

9 Edmond Francois Calvo und Victor Dancette: Die Bestie ist tot. Der Zweite Weltkrieg bei den Tieren. Dreieich 1977, S. 91.

10 Calvo und Dancette: Die Bestie ist tot (s. Anm. 9), S. 38.

Metapher wie in der Figur des unschuldigen Lamms, das hier visualisiert wird;[11] drittens aus der Zeitungskarikatur, in der Nationen oder einzelne Personen durch Tiere zu Witzfiguren gemacht werden (Stalin als Bär mit Bart, de Gaulle als Storch, Churchill als Bulldogge); viertens werden Grandvilles *Bilder aus dem Staats- und Familienleben der Tiere* aufgerufen, die mit ähnlich großer Freiheit zu Werke gingen; zum fünften erinnern die Bilder an den Zeichentrickfilm, der in der Figur des Wolfs, als der Hitler gezeigt wird, sowohl in *The Thrifty Pig* von Disney (1941), das eine Variante von *The Three Little Pigs* (1933) darstellt, als auch in *Blitz Wolf* von Tex Avery (1942) seine Vorbilder findet; und sechstens motiviert die Wahl der Tiere eine parteiliche Agenda, denn während die Alliierten durch niedliche, harmlose Tiere dargestellt werden (Eichhörnchen, Mäuse, Hasen), treten die Achsenmächte als Wölfe, Hyänen (Mussolini und die Italiener) und schlitzäugige Affen (Japaner) auf.[12] Solche Karikaturen schrecken nicht vor rassistischen Kennzeichnungen zurück. Diese sind aber keineswegs kohärent, wie schon die Zahl der verschiedenen Referenzen nahelegt. So sehr die Wölfe als ein Volk geschildert werden, als Barbaren, die nun ihr »wahres Blutrauschgesicht« zeigen,[13] erscheint Göring als Schwein, Goebbels als Iltis.[14] Und Sätze wie: »Also hoffen wir darauf, daß die ganze Erde von Wölfen, Hyänen und anderem Otterngezücht gesäubert werde«, bleiben nicht unkommentiert (Abb. 2):[15] der Eichhörnchen-Großvater, der seinen drei verängstigten Enkeln vom Zweiten Weltkrieg erzählt, wird als tobender Alter mit Stock und Holzbein gezeichnet, den die unbelebten, lebendigen Dinge, der Kamin, eine Tabaksdose, die Kerze und eine Schublade lächelnd und etwas mitleidig betrachten, wenn sie sich nicht sogar an den Kopf fassen. Dieses letzte Bild resümiert die Haltung dieses Comics: nie ist hier alles wörtlich zu nehmen. Die unbelebten Dinge haben einen Eigensinn, der sich der einfachen, nationalen, rationalen Deutung der Ereignisse ebenso entzieht wie der Dichotomie zwischen Leben und Tod. Selbstverständlich »leben« die Zeichen nicht – aber sind sie, wie die dargestellten Objekte, wirklich »tot«?

Zuvor können die Leserinnen und Leser die Zeitkommentare überraschen: als ein Widerständler vom jüngst vergangenen 20. Juli 1944 bei seiner Hinrichtung mit einer Axt geköpft wird, kommt seine Wirbelsäule in Form eines Hakenkreuzes zum Vorschein.[16] Kurz zuvor warnt der Großvater: »Liebe Kinder, eins dürft ihr nie vergessen, die Wölfe, die diese Schandtaten verübt haben, waren ganz normale Wölfe, stinknormale Wolfsbürger«, eine Erkenntnis, die in der

11 Calvo und Dancette: Die Bestie ist tot (s. Anm. 9), S. 18 u. S. 38.
12 Calvo und Dancette: Die Bestie ist tot (s. Anm. 9), S. 49.
13 Calvo und Dancette: Die Bestie ist tot (s. Anm. 9), S. 91.
14 Calvo und Dancette: Die Bestie ist tot (s. Anm. 9), S. 22.
15 Calvo und Dancette: Die Bestie ist tot (s. Anm. 9), S. 92.
16 Calvo und Dancette: Die Bestie ist tot (s. Anm. 9), S. 85.

Abb. 2: Edmond Francois Calvo und Victor Dancette: *Die Bestie ist tot!*, S. 93

Geschichtsschreibung erst später wiederentdeckt wurde.[17] Es ist eine zukünftige Gegenwart, aus der hier zeitgenössisch versucht wird, das jüngst Vergangene zu erfassen. Diese Erzählung im Futur 2 ermöglicht in gewisser Weise erst dessen Deutung durch Tierfiguren. Sie produzieren eine Distanz, aus der das keineswegs eindeutige Geschehen berichtet werden kann. Es geht hier weniger um eine Geschichtsschreibung, sondern – so mahnt auch die Rahmung durch die tendenziöse Erzählung des Großvaters an – um die Fiktion, in welcher zukünftigen Gegenwart der Weltkrieg erzählt werden könnte.[18]

In dieser wird die Verfolgung und Vernichtung der Juden zwar erwähnt – aber

17 Calvo und Dancette: Die Bestie ist tot (s. Anm. 9), S. 83. Vor allem in der Debatte um Daniel Jonah Goldhagen. Daniel Jonah Goldhagen: Hitlers willige Vollstrecker. Ganz gewöhnliche Deutsche und der Holocaust. Berlin 1996.

18 Vgl. zu dieser Interpretation auch Ole Frahm: Das weiße M. Zur Genealogie von MAUS(CHWITZ). In: Überlebt und unterwegs. Jüdische Displaced Persons im Nachkriegsdeutschland. Hg. v. Fritz Bauer Institut. Frankfurt a. M., New York 1997, S. 303–340.

etwas verschoben: ein erstes Bild, das Hasen in einem Konzentrationslager zeigt, wird textlich nur auf die Kriegsgefangenen bezogen.[19] Das darauffolgende Panel lässt einen Wolf den Rand mit einem kleinen Hasenkind auf dem Arm überschreiten, das flehend seine Hände zu seiner Mutter ausstreckt, die in einem Güterwaggon steht und von zwei weiteren Wölfen in Schach gehalten wird. Auf dem Waggon steht »Via Berlin«. Der Text stellt »gewisse friedliebende Volksstämme« vor und berichtet von dem »teuflischen Plan der systematischen Ausrottung von rebellischen Volksstämmen«, um dann ausschließlich die im Bild gezeigte Trennung von Eltern und Kindern zu beschreiben.[20] Der zweite Teil nimmt in einem Bild das Konzentrationslager wieder auf, wo »Tausende und Abertausende wehrloser Opfer verschwanden«, doch die hungernden Hunde in dem Bild sind nur durch Galgen am Horizont bedroht und nicht durch Gaskammern oder – wie sie sich in der erstaunlichen, ersten Darstellung eines KZ in einem Comic Book 1941, in *Daredevil* Nummer 1 finden – Schornsteine.[21] Die Darstellung mit Tieren verstärkt in Calvos Zeichnungen die affektive Bindung an die Figuren, die – abgesehen vom erzählenden Großvater, der in dem Krieg sein Bein verliert, aber außer dieser Anekdote wenig Persönliches beiträgt – aus vielen nicht wiederkehrenden Figuren besteht.

Art Spiegelman hat weder *Mickey in Gurs* noch *La Bete est Morte!* gekannt, als er 1972 in einer ersten, dreiseitigen Geschichte in dem one-shot *Funny Aminals* sich dem Holocaust mit einer auf Schock ausgerichteten Gute-Nacht-Geschichte nähert, die ein Mäuserich seinem Sohn Micky erzählt.[22] Gleichwohl weist dieser erste Versuch schon einige Elemente auf, die Spiegelman dann in *MAUS. A Survivor's Tale* verfeinert – wozu die Darstellung mit Tierfiguren gehört. Während diese in der ersten Fassung noch mit Barthaaren und Mäuseschnauzen gezeichnet werden, werden sie in *MAUS* zu weißen, abstrahierten Flächen, lebendigen Masken mit einer klaren Kontur, die zu unterschiedlichen Projek-

19 Calvo und Dancette: Die Bestie ist tot (s. Anm. 9), S. 39.

20 Calvo und Dancette: Die Bestie ist tot (s. Anm. 9). Das Panel erinnert an die Zeichnung eines unbekannten Zeichners in Auschwitz-Birkenau von der Rampe. Vgl. Detlef Hofmann: Auschwitz im visuellen Gedächtnis. Das Chaos des Verbrechens und die Ordnung der Bilder. In: Auschwitz. Geschichte, Rezeption und Wirkung. Frankfurt a. M. 1996, S. 223–257; bes. S. 242.

21 Calvo und Dancette: Die Bestie ist tot (s. Anm. 9), S. 69. Vgl. Markus Streb: Early Representations of Concentration Camps in Golden Age. Comic Books, Graphic Narratives, American Society and the Holocaust. In: Scandinavian Journal of Comic Art (SJOCA) 3/1 (2016), S. 35f.

22 Wiederabgedruckt in Art Spiegelman: Comix, Essays, Graphics & Scraps. From Maus to Now to MAUS to Now. New York 1999, S. 27. Art Spiegelman: Portrait eines Künstlers als junger %@&*! Frankfurt a. M. 2008, n.p. Die nicht wieder veröffentlichte Geschichte Spiegelmans *The Viper Vicar of Vice, Villany and Vickedness* von 1972 ist im Schock-Effekt allerdings deutlich drastischer.

tionen einladen, ohne eine zu bestätigen.[23] Während diesem Comic, der im Laufe der letzten 25 Jahre der Graphic Novel als einem weiteren Erzählformat der Comics – dem abgeschlossenen Buch – zur Etablierung verhalf, sehr viel kritische und wissenschaftliche Aufmerksamkeit zuteilwurde,[24] ist eine ganze Serie von Comics weitgehend unkommentiert geblieben, die sich nicht mit chimärischen, sondern mit monströsen Figuren der Darstellung des Holocaust nähern. Figuren, deren Genealogie etwas später beginnt, als die der Figur der Maus, doch schon 1946 das erste Mal deutlich auf den Holocaust bezogen wird: es handelt sich um eine Figur aus der kabbalistischen Überlieferung, den Golem.[25]

---

23 Vgl. Ole Frahm: Genealogie des Holocaust. Art Spiegelmans MAUS – A Survivor's Tale. München 2006, Kapitel 1.

24 z.B. Deborah R. Geis (Hg.): Considering MAUS. Approaches to Art Spiegelman's »Survivor's Tale« of the Holocaust. Tuscaloosa 2003. Einen Überblick über Graphic Novels nach MAUS in Ole Frahm: Gespaltene Spuren. Der Holocaust-Comic nach MAUS – A Survivor's Tale. In: ›Holocaust‹ Fiktion. Kunst jenseits der Authentizität. Hg. v. Iris Roebling-Grau und Dirk Rupnow. Paderborn 2015, S. 199–218.

25 Zum Golem im Comic gibt es einige Untersuchungen, auch in Bezug auf den Holocaust: Jonas Engelmann: Verborgene Traditionen. Der Golem im Comic. In: Rechtsextremismus, Rassismus und Antisemitismus in Comics. Hg. v. Ralf Palandt. Berlin 2011, S. 316–324. Diese Überlegungen wurden in Jonas Engelmann: Wurzellose Kosmopoliten. Von Luftmenschen, Golems und jüdischer Popkultur. Mainz 2016, wiederabgedruckt und weitergeführt. Einen allgemeinen Überblick unterbreitet Fredrik Strömberg: Jewish Images in the Comics. Seattle 2012, S. 248–271, bei dem einige weitere Golems, allerdings ohne Bezug zum Holocaust, erwähnt werden, andere fehlen. Maya Barzilai behandelt in einem Kapitel ihrer Studie unterschiedliche Comics und Quentin Tarantinos Film *Inglourious Basterds* aus dem Jahr 2009, in denen Golems als »post-Holocaust«-Rächerfiguren erscheinen. Vgl. Maya Barzilai: Golem. Modern Wars and Their Monsters. New York 2016, S. 145–185. Stephen E. Tabachnick: The Quest for Jewish Belief and Identity in the Graphic Novel. Tuscaloosa 2014, geht ausführlich auf MAUS ein, erwähnt aber keine Golemgeschichte außer James Sturm: The Golem's mighty Swing. Montreal 2001, S. 217, der eine Geschichte über Antisemitismus in den USA der frühen 1920er erzählt. Elizabeth R. Baer: The Golem Redux. From Prague to Holocaust Fiction. Detroit 2012, S. 111–150, widmet ein Kapitel der *Comics Connection*, bleibt aber bei der Beschreibung des Golems in den *Strange Tales* von Marvel, der ohne direkten Bezug zum Holocaust ist, und von *The Monolith*, der aber eher erwähnt wird. Anders als der Titel andeutet, enthüllt Brian Klotz in seinem Artikel nicht die geheime Identität der Superhelden als Golems, sondern lässt die Figuren eher Revue passieren. Brian Klotz: Secret Identities. Graphic Literature and the Jewish-American Experience, unter: http://digitalcommons.uri.edu/cgi/viewcontent.cgi?article=1129&context=srhonorsprog [abgerufen: 22.05.2017].

III. Der Golem

Run for your lives! It's the *golem!*[26]

Michael Chabon verknüpft in seinem Roman *The Amazing Adventures of Kavalier & Clay* die Figur des Golem und die Geschichte der Comic Books eng miteinander: nicht nur, dass Joseph Kavalier 1939 aus Prag in einer Kiste flieht, in der sich auch der Golem befindet, und sein Cousin den sprechenden Künstlernamen *Clay* angenommen hat, sondern vor allem durch eine wortlose Graphic Novel *avant la lettre*, die Kavalier 1954 fast fertig gestellt hat.[27] Die achtzehnseitige, von Joe Kubert gezeichnete und geinkte und von Bob Bernstein geschriebene Kurzgeschichte *The Golem* bleibt von Chabon unerwähnt, obwohl sie das erste namentliche Erscheinen eines Golem im Comic markiert. Nach Recherchen von Markus Streb stellt *The Golem* zudem die erste Geschichte in amerikanischen Comic-Heften überhaupt dar, die ausdrücklich die Verfolgung und Vernichtung der Juden durch die Nationalsozialisten erzählt.[28] Sie erschien im Juli 1946 im dritten Heft von *The Challenger Comics*, die angetreten waren, den einheimischen Faschismus herauszufordern. In *The Golem* geschieht dies durch die Nacherzählung der folkloristischen Überlieferung des Golem, den der Sage nach Rabbi Loew im Prag des 16. Jahrhunderts geschaffen haben soll, um Angriffe auf die jüdische Gemeinde abzuwehren.[29] Im Comic erzählt ein Rabbi

26 Joe Kubert und Bob Bernstein: The Golem. In: The Challenger (Nr. 3). New York 1946, S. 33–50. Wiederabgedruckt in: Joe Kubert und Bill Schelly (Hg.): Joe Kubert Archives, Bd. 1, Seattle 2012, S. 113–130; hier: S. 127.

27 Michael Chabon: The Amazing Adventures of Kavalier & Clay. New York 2000, S. 574–595. Dort wird der Golem als Zeichen der Hoffnung interpretiert. Baer: The Golem Redux (s. Anm. 25), S. 140, bezeichnet Chabons Roman selbst als Golem. Cathy S. Gelbin: Towards the Global *Shtetl*. Golem Texts in the New Millennium. In: Jewish Culture in the Age of Globalisation. Hg. v. Cathy S. Gelbin und Sander L. Gilman. London, New York 2015, S. 9–19, nimmt Chabons Buch als Zeichen für »the new rise of Jewish life in the United States from the ashes of its dead European sibling.« (S. 16). Comics erwähnt sie nicht. Zu Clay: »Clay as *materia prima* and the substance of which the golem is fashioned.« Emily D. Bilski: The Art of the Golem. In: Dies. (Hg.): Golem! Danger, Deliverance and Art. New York 1988, S. 44–111; hier: S. 80. Zu verschiedenen Aspekten des Golems und seiner Darstellung in der Kunst s. auch Emily D. Bilski und Martina Lüdicke (Hg.): Golem. Bielefeld 2016. Die Figur des Golem wird von Derek Parker Royal als gutes Sprungbrett bezeichnet, Essentialisierungen jüdischer Comic-Hefte zu problematisieren. Derek Parker Royal: Introduction. In: Ders. (Hg.): Visualizing Jewish Narrative. London, New York 2016, S. 1–11; hier: S. 5.

28 Vgl. Streb: Early Representations of Concentration Camps in Golden Age (s. Anm. 21), S. 39.

29 Gershom Scholem: Die Vorstellung vom Golem in ihren tellurischen und magischen Beziehungen. In: Ders. (Hg.): Zur Kabbala und ihrer Symbolik. Zürich 1960, S. 209–259; hier: S. 254, gibt einen Überblick über verschiedene Versionen des Golem, die in unterschiedlicher Form aufgenommen werden, allerdings gibt es keine einzige, in der ein Golem als Beschützer der Juden erscheint, meist hilft er im Haushalt und bedroht seinen Schöpfer, ein Motiv, das allerdings erst im 17. Jahrhundert nachweisbar ist.

diese Geschichte dem amerikanischen Piloten Billy Maguire, nachdem dieser mit einem Flugzeug über Prag abgestürzt ist und dabei die Nazis mit in den Tod gerissen hat. »The hunters are hunted!«[30]

In dieser Version ähnelt der Golem allerdings weniger einem Wesen aus Lehm als – durch Nacktheit, schwarze Haare und Lendenschurz – einem riesigen Tarzan. In der schnelllebigen Comic-Heft-Industrie der damaligen Zeit gerät manches durcheinander: Kubert zeichnet den »Emporer« mit einem langen weißen Bart und einer Kapuze, die an Bilder des Zauberers Merlin denken lässt. Seine Soldaten tragen Rüstungen römischer Legionäre und Rabbi Loew könnte mit seinem Davidstern auf der Brust auch als einer der vielen zeitgenössischen Superhelden durchgehen. Es geht hier offensichtlich weniger um historische Akkuratheit, als darum, wie sich Billy Maguire – und mit ihm die Leser und Leserinnen dieses Heftes – diese fremde Geschichte vorstellen könnte. Und so bilden die Referenzen eher *Prince Valiant*, *Flash Gordon* oder eben *Tarzan* als das jüngste historische Geschehen, das durch die Figur des Golem gedeutet wird. Zugleich provoziert *The Golem* gerade durch seine Darstellung – die schwarzen Haare gemahnen nicht zuletzt an Superman – eine Reflexion der Popularität der Superhelden in den Vorkriegs- und Kriegsjahren. In der Überlagerung von Kriegsgeschehen und mythischer Fiktion reformuliert Kubert das Programm der verschiedenen Superhelden, wie sie die Zeitungsauslagen dieser Jahre bevölkerten. Dabei verzichtet Kubert nicht auf den Scherz, dass der GI bei der ersten Erwähnung des Golem mit Unverständnis reagiert: »A *what?* I'm sorry, Sir… But I don't know what a golem *is*, even if I am a sort of one myself.« Dies könnte auch jeder zeitgenössische Superheld sagen, der Europa im Comic-Heft von den Nazis zu befreien suchte. Der Rabbi gibt so nicht nur Maguire Nachhilfe, sondern einer ganzen Generation von Comic-Zeichnern, deren jüdische Eltern in die USA eingewandert waren. Er beschließt seine Geschichte mit dem Hinweis, dass nach dem Ende des Golems in Prag, Ende des 16. Jahrhunderts, in der Gegenwart überall in Europa jüdisches Blut vergossen werde. »I think, I see your point«, antwortet der Soldat, »the armies of democracy are not so far off from being the golem of 1944!« (Abb. 3)

Diese praktische Deutung des Golem-Mythos unterscheidet sich deutlich – wie noch zu zeigen sein wird – von späteren Besetzungen der Figur, in der das Monströse des Holocaust einen monströsen Gegenspieler findet, der den Wunsch nach Rettung durch eine übermenschliche Kraft materialisiert, aufgrund derer die Vernichtung der Juden hätte verhindert werden können. Bei Kubert spielen diese Fantasien noch keine ausgeprägte Rolle, denn der Golem ist die Metapher für die amerikanische Armee, die in diesem Fall die Juden von Prag

30 Kubert und Bernstein: The Golem (s. Anm. 26), S. 117.

Abb. 3: Joe Kubert, Bob Bernstein: *The Golem*, S. 130

gerettet und vor der »wholesale extermination«,[31] der Vernichtung *en gros* bewahrt hat. Die Geschichte des Golem provoziert ein Versprechen, das Billy Maguire gibt: »Okay, Mr. Golem, wherever you are, if you are still around, lieutenant Maguire, speaking for the army corps, salutes you! We'll make your work stick!« Der Rabbi ergänzt, »God's work, lieutenant, and yours and mine!«[32] – und, so ließe sich diese Reihe ergänzen, die Arbeit der Zeichen, die in ihren Wiederholungen der Figuren und der Worte den Golem als Figur der Hoffnung auf Rettung und Schutz beschwören, einer Hoffnung, die nicht endet, sondern sich in jeder Lektüre erneut artikuliert. Insofern ist es kein Zufall, dass Kubert diese außergewöhnliche Geschichte in dem ersten Band seines *Archives* wiederveröffentlicht, und damit auch eine Linie seiner Arbeit sichtbar macht, die sich bis zur Veröffentlichung der Graphic Novel *Yossel, April 19 1943* zieht.[33] Zeitgenössisch deutet er überraschend ausdrücklich das Idiom des Superhelden jüdisch, eine Deutung, für die fast über dreißig Jahre vergehen mussten, bevor sie so ausdrücklich wieder aufgenommen wurde.

IV. Der Haufen

The nightmare who *could not die!*[34]

In seiner Einleitung zu einer eher indirekten Interpretation des Holocaust – der Serie *The Monolith*, die 2004 und 2005 in zwölf Heften erschien und 2012 als Album veröffentlicht wurde – vergleicht Jim Steranko die Arbeit der Comic-Produzenten mit der Herstellung eines Golem, der auch hier die Hauptrolle spielt: »Every new reading ripples with additional insights and shadings. What more can you ask from a Golem.«[35] Comics sind Golems, mit jeder Lektüre artikulieren sie erneut das Verhältnis zwischen Unförmigen und Geformten, den Fugen zwischen den Panels und den Panels, dem aus den Panels ausgeschlossenen Weißen (oder Schwarzen wie im Fall des *Monolith*) und dem schwarz

31 Kubert und Bernstein: The Golem (s. Anm. 26), S. 115.

32 Kubert und Bernstein: The Golem (s. Anm. 26), S. 130.

33 Zu Joe Kubert: Yossel April 19, 1943. Köln 2005. Vgl. Frahm: Gespaltene Spuren (s. Anm. 24), S. 208–210. Kuberts immer wieder auf den Holocaust kommende Arbeiten wären eine eigene Untersuchung wert. Brad Prager: The Holocaust without Ink. Absent Memory and Atrocity in Joe Kubert's Graphic Novel Yossel, April 19, 1943. In: The Jewish Graphic Novel. Critical Approaches. Hg. v. Samantha Baskind und Ranen Omer-Sherman. New Brunswik, New Jersey, London 2008, S. 111–128; hier: S.121, bezieht *Yossel* auf Chabons Roman, nicht aber auf Kuberts eigene Geschichte.

34 Sol Brodsky, Herschel Waldman, Robert Kanigher, Tom Sutton und Jack Abel: The Heap. (Nr. 1). New York 1971, Cover.

35 Jim Steranko: Introduction. In: The Monolith. Hg. v. Jimmy Palmiotti, Justin Gray, Phil Winslade und Chris Chuckry. Berkeley 2012, S. 3.

eingeschlossenen, konturierten Weißen oder Farbigen in den Rahmen der Panels. Die Opazität der Fugen und die Dynamik konturierter und konturierender Linien bildet keinen dialektischen Widerspruch, sondern sind vor allem erst einmal unterschiedliche Produktionsweisen der Zeichen als Material, das in seiner Materialität diesen monströsen Zug trägt. Opazität und Dynamik bezeichnen Produktionen unterschiedlicher Oberflächen, die unterschiedliche Projektionen erlauben. Ihr Verhältnis lässt sich nicht auf das Verhältnis von Lesen und Sehen der Comics abbilden, auch wenn es hier gleichwohl um die Entzifferung unterschiedlicher Materialitäten geht, die auf dieselbe Oberfläche des Papiers gedruckt sind. Der Golem, der die Comics sind, erschöpft sich nicht im Verhältnis von Lesen und Sehen, dem *Wort* Golem, wie es in Kuberts Geschichte dem Bild als Titel vorangeht, und der *Figur* des Golem, die sich gegenseitig bewahrheiten, sondern erhebt sich im Verhältnis von Form und Unform, durch das seine Monstrosität noch einmal anders beschworen oder überhaupt erst lesbar oder sichtbar wird.

Steranko fügt seiner These noch ein Postscriptum hinzu: »And, just in case you'd like to know why no one thought of it before – they did, from the Heap to the Hulk to Swamp Thing, all wanna-be Golems.«[36] – Kubert machte diesen Gedanken ausdrücklich als er seinen Golem auf der *splash page*, der aus einem Bild, in keinem narrativen Zusammenhang, bestehenden, ersten Seite der Geschichte, aus dem formlosen Gelben herauswachsen lässt, oder dessen Form sich im Gelben verliert, das zugleich eine Erinnerung an den gelben Stern wachruft. Doch meist sind diese golemartigen Figuren nicht ausdrücklich auf den Holocaust bezogen, auch wenn sich eine gewisse Häufung unförmiger oder monströser Figuren von den frühen 1940er Jahren bis Mitte der 1950er Jahre beobachten lässt, die gelegentlich auch gegen Nazis antreten. Als signifikant darf der steinerne Riese gelten, der 1943 mit Boy King gegen einen von den Nazis geschaffenen, mechanischen Tyrannosaurus Rex antritt. Diese Fantasie entbehrt aufgrund der Hakenkreuz-Binde des Dinosauriers nicht der sehr ernst gemeinten Komik und wird nur durch den Scherz überboten, dass sich der stumme Riese schließlich in die gleich große Freiheitsstatue verliebt.[37]

Bei dem von Steranko erwähnten *The Heap*, der von 1942 an in *Air Fighter Comics* auftritt, die später in *Airboy Comics* umbenannt werden, ist der Fall ein wenig komplizierter. In den ersten Heften tritt der Haufen sporadisch als Nebenfigur von Skywolf auf, einem Piloten, der ein Wolfsfell als Helm trägt. Das Aussehen des Haufens variiert von Geschichte zu Geschichte leicht, bevor er ab

36 Steranko: Introduction (s. Anm. 35).

37 Dan Barry und Edward Cronin: Boy King and the Giant. In: Clue Comics (Nr. 2). New York 1943, S. 3–17. Dan Barry und Edward Cronin: It's the Battle of Ages. In: Clue Comics (Nr. 3). New York 1943, S. 3–17.

1946 zum Titelhelden einer eigenen Geschichte avanciert, dem unterschiedliche Figuren beigeordnet werden. Die Struktur der Geschichten entspricht dieser merkwürdigen, stummen Figur mit ihrer »shapeless form« und »formless monstrosity«: »It isn't an animal, it isn't a man.«[38] Oder, wie Michael Chabon ironisch Sam Clay in *The Adventures of Kavalier & Clay* kommentieren lässt: »The Heap, I mean, come on, that's a comic book character?«[39] Chabon macht sich hier auch über Sterankos Einschätzung der Figur lustig, der schon 1972 The Heap als »one of the most fantastic and original characters ever created in the history of comics« bezeichnet und erläutert: »He [...] had a touch of the Golem too.«[40]

Mehrfach wird wie bei vielen anderen Comic Book-Charakteren, die wenig an einen Golem gemahnende origin-story von *The Heap* erzählt, von dem deutschen Baron von Emmelmann, einem Flieger-As im Ersten Weltkrieg, der in den polnischen Sümpfen abgestürzt ist und sich aufgrund seines Überlebenswillens in diesen Haufen aus Blättern, Wurzeln, Erde und Matsch verwandelt hat.[41] Während er sich in den ersten Geschichten gegen seine Landsleute – die Nazis – wendet, bleibt es doch seine wichtigste Eigenschaft, unvorhersehbar zu agieren. Die Geschichten ab 1947 bis zur Einstellung 1953 sind meist kleine, vom Horror des Unbelebten gewürzte Kriminalfälle. Nach einer erfolglosen Wiederaufnahme 1971, wo das Motiv von der Schönen und dem Biest im Zentrum steht,[42] und einigen Gastauftritten in *Airboy Comics* in den 1980er Jahren,[43] erwacht die Figur 2011 in der Nähe des »Wausau Concentration Camp«.[44] Viele typische Motive für Darstellungen des Golem kehren hier wieder: Schüsse haben keine Wirkung, die Kraft des Haufens reicht, um einen Panzer zu zerstören. Zugleich wird *The Heap* als Teil einer nordischen Mythologie präsentiert, was sich einerseits auf seine

---

38 Air Fighters Comics (Nr. 6). New York 1943, S. 31. Air Fighters Comics (Nr. 5). New York 1945, S. 16. Airboy Comics (Nr. 10). New York 1946, S. 26. Vgl. zu *The Heap* und anderen unförmigen Figuren Roy Thomas: Heaping it on. A Personal and Historical Introduction. In: Ders. (Hg.): The Heap. Volume One. Hornsea 2012, S. 2–15.

39 Chabon: The Amazing Adventures of Kavalier & Clay (s. Anm. 27), S. 584. Die besondere Ironie des ganzen Kapitels liegt darin, dass Clay den Zeichner zu überzeugen versucht, dass die Zeit 1954 für seinen Golem reif sei, obwohl *Air Fighter Comics* 1953 eingestellt worden war und 1955 dann der Comics Code eingeführt wird.

40 Jim Steranko: The Steranko History of Comics 2. Reading 1972, S. 71.

41 Zum Flieger-As im Comic, besonders Joe Kuberts Enemy Ace vgl. Hans Grote: Rhythmen des Luftkampfs. Zur Darstellung des Richthofen-Mythos in historischen Comics. In: Der Erste Weltkrieg in der populären Erinnerungskultur. Hg. v. Barbara Korte, Sylvia Paletschek und Wolfgang Hochbruck. Essen 2008, S. 99–117.

42 Brodsky, Waldman, Kanigher, Sutton und Abel: The Heap (s. Anm. 34).

43 Die bei Eclipse erschienene Heft-Serie ist wiederveröffentlicht: Timothy Truman, Stan Woch, Chuck Dixon, Bo Hampton und Ron Randall: Airboy Archives Volume One. San Diego 2014.

44 Brodsky, Waldman, Kanigher, Sutton und Abel: The Heap (s. Anm. 34). Charles Knauf, Sami Kivelä, Renato Guerra, Bernie Lee und Joe Gentile: The Heap (Nr. 1). Chicago 2011, S. 12.

Verortung durch die römische Mythologie in einigen Geschichten 1947,[45] andererseits als Gegenmythos zur nationalsozialistischen Aneignung nordischer Mythologie lesen lässt. Die Wiederaufnahme 2011 erinnert vor allem daran, dass es seltsam genug erscheinen muss, dass überhaupt eine solch enigmatische Figur sich für mehrere Jahre zwischen lauter menschlichen Helden mit übermenschlichen Kräften, zwischen Werwölfen, Vampiren und Gespenstern, zwischen funny animals und Western und Crime Comics, zwischen Fliegerhelden und Romanzen für eine Zeit durchsetzen konnte.

V. Der Skorpion

> The *golem* is too *fast* - - too *powerful!*
> I can't *defeat* him - - *nobody* can![46]

Die erfolglose Wiederaufnahme von *The Heap* Anfang der 1970er Jahre kündigt einen Haufen populärkultureller Rückgriffe auf die Auseinandersetzung mit dem Holocaust an.[47] Schon 1972 erscheint in *Weird War Tales* mit »*Thou Shalt Not Kill!*« eine Golem-Geschichte, die Steve Harper und Neal Adams unter der Redaktion von Robert Kanigher zeichneten.[48] Im Juli 1975 wirbt das dritte und letzte Heft von *The Scorpion* mit dem Titel *The Night of the Golden Fuhrer* [sic] um die Gunst der Leser, einem Superhelden, dessen erste beiden Abenteuer in den 1930er Jahren spielen und der nun, wie eingangs erläutert wird, 1943 als alliierter Pilot Moro Frost über Italien abgeschossen wurde.[49] Doch rätselhafterweise existiert er als Harper, »editor, publisher and crusader« der *Daily Times* in New York, weiter, wo ihn die Journalistin Sara Akhiba aufsucht, nachdem ihr

45 Dan Berry: Kill or Be Killed. The Survival of the Fittest. In: Airboy Comics (Nr. 9). New York 1947, S. 16–23. Dan Berry: The Wager of Ceres and Mars. In: Airboy Comics (Nr. 10). New York 1947, S. 16–23.

46 Jim Craig und Gabriel Levy: The Scorpion (Nr. 3). Night of the Golden Fuhrer. New York 1975, Cover.

47 Kaum zufällig, nicht zuletzt gaben Anfang der siebziger Jahre »viele Juden eine gestiegene Nervosität zum Ausdruck«, die in der Auffassung kulminiert, der Holocaust könne erneut geschehen. Peter Novick: Nach dem Holocaust. Vom Umgang mit dem Massenmord. Stuttgart, München 2001, S. 231.

48 Neal Adams und Steve Harper: »Thou Shalt Not Kill!«. Weird War Tales (Nr. 8). New York 1972, S. 10–17. Hier erinnert der Golem an eine Sphinx und Paul Wegeners Film-Golem. Die Geschichte spielt 1943 in Prag und erzählt zweimal, wie eine Steinstatue sich verlebendigt und zum Golem wird, um die Juden zu rächen, die von den Wehrmachtssoldaten ermordet wurden. Jeweils wird ein Soldat am Leben gelassen, damit dieser die schaurige Geschichte erzählen kann. Er resümiert: »We wage murder – - not war!« (S. 17). Dass es sich um Wehrmachtssoldaten (und nicht die SS) handelt, ist bemerkenswert. Für den Hinweis danke ich Markus Streb.

49 Craig und Levy: The Scorpion (s. Anm. 46), S. 1.

Vater, der Rabbiner Akhiba, von Männern entführt wurde, die Hakenkreuz-Binden trugen. Der »golden fuhrer«, dessen Gesicht von einem goldenen Helm verdeckt wird, erklärt dem Entführten, warum er ihn in seine Gewalt gebracht hat: »I was an officer in Prague in 1941 – - the *first casuality* of that *golem monster* you build from clay and made come *alive.*«[50] Wie in den Geschichten von Kubert, Adams und Harper wird hier Prag als Ort aufgerufen. Im Folgenden entfaltet sich der bizarre Plot, dass der »golden fuhrer« den Rabbi zwingen will, die konservierten Leichen ehemaliger Nazigrößen durch seine magischen Kräfte wieder ins Leben zu bringen. Diese Leichen spiegeln den auf mysteriöse Weise ewig lebenden Scorpion, für den dieses Faktum zumindest als Comic-Figur geltend gemacht werden könnte, sofern er, wie erläutert, selbst (und mit ihm der Comic, in dem er erscheint) als eine Art Golem aufgefasst wird, etwas, das weder lebt noch wirklich tot ist. Im Comic leben insofern auch die Nazis fort – auch wenn sie wie hier nur starr in ihren gläsernen Särgen liegen. Statt der erzwungenen Aufgabe zu gehorchen, spricht der Rabbi die mystischen Worte, die den Golem wiederbeleben – und weil er zufällig noch einen Golem im Keller seines Hauses stehen hat und er sich selbst tief unter der Erde, nämlich unter dem kurz zuvor fertiggestellten World Trade Center befindet, hört dieser Golem seine Worte, seine Augen beginnen rosa zu leuchten und er beginnt zu leben und sich zur Befreiung des Rabbis und seiner inzwischen ebenfalls gefangenen Tochter aufzumachen. Der Scorpion hält den Golem zuerst für einen »*strange* looking *Nazi*«, entdeckt aber dann in dessen rotglühenden Augen das Bild von Sara, das scharf genug ist, um zu sehen, wo sie sich befindet. Das Monster verschont ihn, nicht aber die Nazis, die es auch hier erst einmal vergeblich mit Kugeln zu durchlöchern versuchen (Abb. 4). Der außer Kontrolle geratene Golem zerstört schließlich die Wände zur Kanalisation, aus deren stinkenden Fluten der Scorpion im letzten Moment den Rabbi und seine Tochter retten kann, während die Nazis in den Fluten ertrinken und sich der Golem im Wasser auflöst, ein weiteres wiederkehrendes Motiv dieser Figur.[51] »Here I am«, resümiert The Scorpion in einem für Comic-Hefte dieser Tage typischen inneren Monolog, »swinging smelling and soaking wet… but I can't get those Nazis out of my head. It's ridiculous! This is 1975! How has their hatred survived?«[52] Dass dies für den Rabbi Akhiba keineswegs lächerlich erschien, davon spricht der Golem im Keller Bände oder vielleicht besser Comic-Hefte.[53] Diese beiden Perspektiven – die des Kriegsteilnehmers und die des Überlebenden, die des erfolgreichen Unterneh-

50 Craig und Levy: The Scorpion (s. Anm. 46), S. 3. Dies ist auch als Anspielung auf das 1942 durchgeführte Attentat auf Heydrich in Prag zu verstehen.

51 Craig und Levy: The Scorpion (s. Anm. 46), S. 18, vgl. unten Anm. 111.

52 Craig und Levy: The Scorpion (s. Anm. 46), S. 19.

53 Und die Fiktion, dass hochrangige Nazis überleben und – wenn auch vorerst nur genetisch – wiederkehren, war populär, beispielsweise Ira Levin: The Boys from Brasil. New York 1976.

mers und die des Gelehrten, der noch einen Golem im Keller hat – rahmen die Handlung. An deren Wendepunkt fleht der Scorpion den Rabbi an, den Golem zu stoppen, nachdem dieser den Kopf des »golden fuhrer« an der Kellerwand zerschmettert hat: »If you're going to slaughter these people you're *no better* than they – -.«[54]

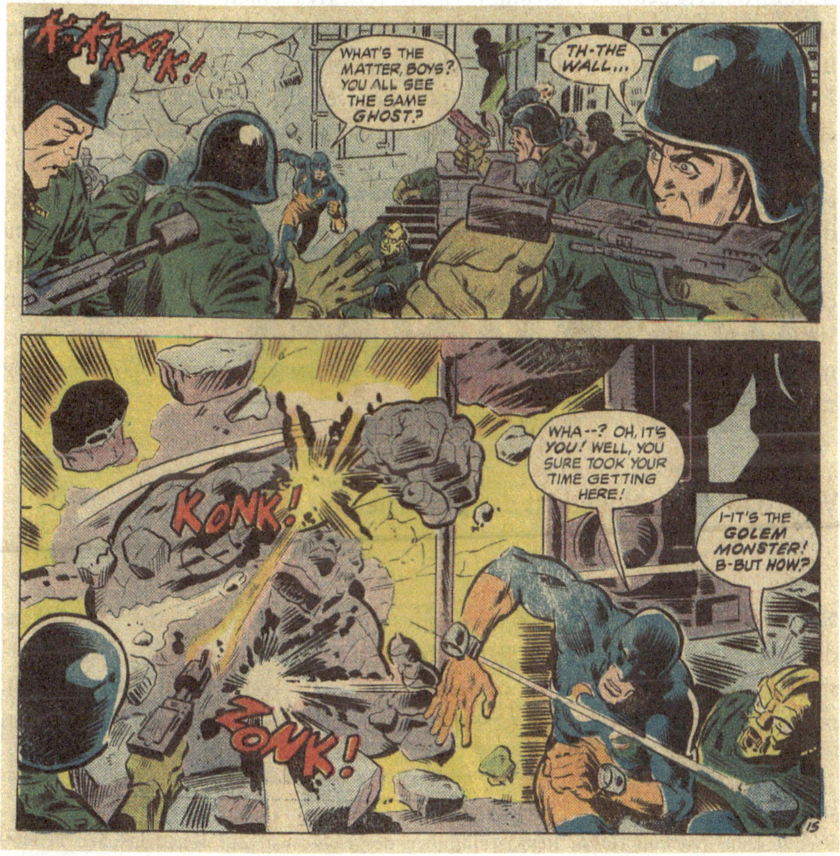

Abb. 4: *The Scorpion*. Nr. 3 (1975), S. 15

The Night of the Golden Fuhrer stellt damit Anfang der 1970er Jahre explizit die Frage danach, wie mit dem Erbe des Holocaust umzugehen ist, welches Vermächtnis den Überlebenden, wie dem Rabbi Akhiba, und der Zweiten Generation, seiner Tochter Sara, aufgegeben ist: der aus dem Keller befreite Golem erscheint als Doppelgänger des Überlebenden, als sein monströses, verstecktes Anderes. Diese Reflexion ändert wenig an der politischen Front, die hier auf-

54 Craig und Levy: The Scorpion (s. Anm. 46), S. 17.

gemacht wird: Als der Scorpion hört, wie der »golden fuhrer« die Welt von den »impurities that plague mankind« durch eine Endlösung säubern will, »impurities such as this,« womit er Sara meint, erinnert sich der alterslose Superheld: »I heard that song 30 years ago and I wouldn't buy it then!«[55] Die Erinnerung, heißt das, darf nicht altern – sie muss aber, anders als es der Golem durch seine unkontrollierte Selbstzerstörung vorführt, reflexiv bleiben – mit der Gefahr, die Gefahr der Nazis und ihre Langlebigkeit für lächerlich zu halten und so zu unterschätzen. Diese Geschichte erscheint zwei Jahre vor Syberbergs *Hitler. Ein Film aus Deutschland*,[56] drei Jahre vor der Fernsehserie *Holocaust*,[57] mit der sich ein Überlebenden-orientiertes Narrativ durchzusetzen beginnt. *The Scorpion* erinnert mit dem Golem im Keller an das Monströse der Erinnerung, das unbearbeitet und in Gefahr außer Kontrolle geraten kann und die Kanalisation mit der ganzen braunen Scheiße zerstört. Mit seinem Superhelden plädiert *The Scorpion* dafür, sich mittels eines Tricks vor dem Ertrinken zu retten: »Our only chance to escape is my grappling hook«, der ihm, dem Skorpion, aus dem Handgelenk schießt.[58] Diese Rettung erst ermöglicht die Reflexion der Gegenwart der Vergangenheit: »Will there *ever* come a day when men stop *persecuting* each other?«[59]

VI. Die Machtlosigkeit der Superhelden

Nietche [sic] was correct![60]

Nur ein Jahr später nimmt Marvel Comics die Golem-Figur in einer Geschichte der *Invaders* wieder auf, nachdem schon ein Golem in den *Strange Tales* erschien.[61] Die Serie erinnert daran, dass der Zweite Weltkrieg nicht vorbei ist, regelmäßig müssen Captain America, Namor, the Submariner, The Human

55 Craig und Levy: The Scorpion (s. Anm. 46), S. 14.

56 Vgl. Hans-Joachim Hahn: Repräsentationen des Holocaust. Zur westdeutschen Erinnerungskultur. Heidelberg 2005, S. 115–151.

57 Zu dessen Wirkung vgl. Novick: Nach dem Holocaust (s. Anm. 47), S. 270–275.

58 Craig und Levy: The Scorpion (s. Anm. 46), S. 19.

59 Craig und Levy: The Scorpion (s. Anm. 46), S. 19.

60 Roy Thomas, Frank Robbins, Frank Springer, George Roussos und John Costanza: »The Golem Walks Again!« The Invaders (Nr. 13). New York 1977, S. 5.

61 Zum Golem bei Marvel vgl. Robert G. Weiner: Marvel Comics and the Golem Legend. In: Shofar. An Interdisciplinary Journal of Jewish Studies. 29/2 (2011), S. 50–72, der vor allem drei Hefte diskutiert: Stan Lee, Len Wein, John Buscema, Roy Thomas und Glynis Wein: Strange Tales 174. The Golem. New York 1974. Stan Lee, Mike Friedrich, Tony de Zuniga, Roy Thomas und Linda Lessman: Strange Tales 176. The Golem New York 1974. Stan Lee, Mike Friedrich, Tony de Zuniga, Steve Austin, Roy Thomas und Bill Mantlo: Strange Tales 177. The Golem. New York 1974. In diesen Heften gibt es keine Anspielung auf den Judenmord.

Torch, Spitfire, Bucky und Toro – »the greatest superheroes of World War Two«, wie das Cover preist – gegen Nazi-Bösewichte antreten. *The Golem Strikes* spielt 1943 in Warschau, die Invaders sind gefangen durch The Face, der mit seiner halben Gesichtsprothese den Baron von Tundra aus der ersten Geschichte mit The Heap zitiert.[62] Gerettet werden sie von Jakob Goldstein, der, während er mit schwerem Wasser, das von den Nazis kommt, einen Golem herstellen will, durch einen Blitz,[63] der in den Davidstern auf dem Dach seines Hauses fährt, mit dem schweren Wasser und dem Lehm verschmilzt und sich in einen Golem verwandelt. Mit dem nackten Oberkörper nimmt er Kuberts Bildfindung auf und gibt in der Kombination mit der Hose das Vorbild für den schon erwähnten *Monolith* ab.

Auf dem Cover dieser Ausgabe der *Invaders* wird den Leserinnen und Lesern der Golem als eine ambivalente Figur vorgestellt: »The golem strikes, but will his prey be the nazis or the captive Invaders?« Im Heft wird diese Ambivalenz wiederholt, als The Face dem Golem alle Reichtümer verspricht – aber der Golem antwortet nicht. »Why don't you answer me?«[64] Der Golem ist hier – wie oft – stumm, nur das Wort *emeth* steht in lateinischen Buchstaben auf seine Stirn geschrieben, *Wahrheit.* Die Wahrheit ist, dass die Wahrheit des Golem, *emeth*, und sein Tod, *meth* (er ist tot), nur durch einen einzigen Buchstaben auseinandergehalten wird.[65] Die einzelnen Zeichen zählen, sie machen, wie im Comic oft, den entscheidenden Unterschied, es kommt zudem darauf an, wo sie stehen:[66] »Bei der Erschaffung des Golem sind […] die Buchstaben, die die Signaturen aller Schöpfung sind, von Bedeutung. Diese Buchstaben sind die eigentlichen Aufbauelemente, die Steine, aus denen der Bau der Schöpfung errichtet wurde.«[67] Wenn die gelb unterlegten Blocktexte »The golem does not hear« und »or else hearing he needs not« sich links und rechts neben seinen Ohren befindet, verdoppeln sie die Aussage graphisch. (Abb. 5) Er ist taub solange er die Soldaten der Wehrmacht bekämpft. Drei Panels weiter ist die Perspektive so gewählt, dass dem Leser sein Ohr am nächsten ist, während ein Rabbi fragt, ob er »with those

62 Harry Stein und Mort Leav: Wanted by the Nazis. In: Air Fighters Comics (Nr. 3). New York 1942, S. 17–28; hier: S. 19.

63 Der Blitz ist ein beliebtes Motiv, das auch schon Kubert nutzt, um die Erstellung des Golems zu thematisieren. Kubert und Bernstein: The Golem (s. Anm. 26), S. 126.

64 Thomas, Robbins, Springer, Roussos und Costanza: »The Golem Walks Again!« (s. Anm. 60), S. 27.

65 Vgl. Scholem: Die Vorstellung vom Golem in ihren tellurischen und magischen Beziehungen (s. Anm. 29), S. 210, wo Scholem die Golem-Sage »in prägnanter Form« wiederholt, wie sie Jacob Grimm 1808 veröffentlicht hat.

66 Thomas, Robbins, Springer, Roussos und Costanza: »The Golem Walks Again!« (s. Anm. 60), S. 16.

67 Scholem: Die Vorstellung vom Golem in ihren tellurischen und magischen Beziehungen (s. Anm. 29), S. 220f.

others«, gemeint sind die Invaders, gekommen sei. »Others« wiederholt wieder der gelbe Blocktext in Anführungszeichen und das bewirkt »some glint of recognition«, woraufhin der Golem zu den Invaders eilt, um sie zu befreien. Für diese ›Anderen‹, für das Zitat hat der Golem ein Ohr, für den Nazi, der mit seiner Gesichtsprothese für die technisch hergestellte arische Selbstidentität steht, die alles ›andere‹ vernichten oder unterwerfen will, hat er kein Ohr übrig, sondern nur einen Faustschlag.[68] Der Golem mit seiner »nearly vanished *humanity*« wischt dann später eher zufällig die Spur des *e* von *emeth* weg und verwandelt sich in Jacob Goldstein zurück, der kurz darauf den Aufstand im Warschauer Ghetto ankündigt: »But now I see that the day of that submission is drawing to an end. One day before this hellish war is over, my people will revolt against the nazi conqueror – perhaps successfully, perhaps not. And on that day, god willing – the golem may walk yet again!«[69]

War es bei Kubert die amerikanische Armee, nehmen die Produzenten von Marvel hier die Debatte um den jüdischen Widerstand gegen die Nazis auf und besetzen ihn mit der Figur des Golems, der zuvor die Superhelden retten musste. Denn selbst die größten oder großartigsten Superhelden im Zweiten Weltkrieg konnten und können gegen die Nazis nichts ausrichten. Diese Episode der Invaders erzählt von der Machtlosigkeit der Superhelden angesichts der Verfolgung und Vernichtung der Juden. Erst der Golem durchbricht die Mauern. Ein Golem wohlgemerkt, dessen Schöpfer sich zuvor geweigert hat, gegen die Nazis zu kämpfen.[70] Der Golem ist in diesem Sinne der *historische* Superheld, der zurückbleibt, während die Invaders mit ihrem Raumschiff wieder verschwinden, das sich aus den Trümmern erhebt und »like a silent steel bird« davonfliegt.[71] Das letzte Panel zeigt drei der Helden und kommentiert in vier gelben Blocktexten:

> The Invaders are not *Prophets:* they've no way of knowing that untold thousands will *perish*, when the Jews of the Warsaw ghetto rise in *revolt* in April 1943. / And what if they *did* know? Could even *they* change the *inscrutible workings* of *destiny?* / Not a *whit.* / So you see… in the end they are only *human beings* after all.[72]

68 Thomas, Robbins, Springer, Roussos und Costanza: »The Golem Walks Again!« (s. Anm. 60), S. 30.

69 Thomas, Robbins, Springer, Roussos und Costanza: »The Golem Walks Again!« (s. Anm. 60), S. 31.

70 Thomas, Robbins, Springer, Roussos und Costanza: »The Golem Walks Again!« (s. Anm. 60), S. 11.

71 Thomas, Robbins, Springer, Roussos und Costanza: »The Golem Walks Again!« (s. Anm. 60), S. 31.

72 Thomas, Robbins, Springer, Roussos und Costanza: »The Golem Walks Again!« (s. Anm. 60), S. 31. Diese Erzählhaltung zitiert die Kurzgeschichte *The Exile!*, in der die Erde als Planet ausgesetzter Verbrecher des Vereinigten Galaktischen Empires konzeptioniert ist. Als Gefangener wird Adolf Hitler in der Geschichte mit einem Raumschiff transportiert, und einer der Astronauten fragt: »I wonder how much effect he will have?« und der Blocktext ant-

Abb. 5: *The Invaders.* Nr. 13 (1976), S. 27

Die Menschen mit Superkräften sind schließlich nur Menschen; um aber dem Holocaust zu begegnen, um den Juden im Warschauer Ghetto zu helfen, um den Kampf um das Überleben und gegen die Nazis aufzunehmen, braucht es eine Figur, deren Menschlichkeit *fast verschwunden* ist, wie es eine Seite zuvor vom Golem Jakob Goldstein heißt. Das ist die Ambivalenz des Golems, der um das Unmenschliche zu verhindern, selbst unmenschlich wird – zu einer anderen Materie, wie die Spuren der Zeichen auf dem Papier. Ihnen wird die Wahrheit zugetraut, dass in Wahrheit niemand das »unergründliche Schicksal« der Juden verhindert hat.

wortet: »Would you like it in *round numbers*, X-51?« Wally Wood und Al Feldstein: The Exile! In: Weird Fantasy (Nr. 14). New York 1952, S. 1–8.

VII. Ein verlotterter Held

But as if leaping out of a dream …
shadows take form and become substance of - -
the Ragman.[73]

Die Wiederaufnahme von *The Heap* 1971 hat neben dem diskursiven Umfeld auch ein biographisch interessantes Moment, denn der daran beteiligte Autor ist kein anderer als Robert Kanigher, der zu diesem Zeitpunkt schon länger mit Joe Kubert an *Sgt. Rock* arbeitet, einer Kriegsserie, die im Übrigen bis zur Miniserie *The Prophecy* (2006) den Holocaust als Gegenstand meist meidet.[74] Kanigher und Kubert entwerfen 1976 den Helden Ragman, einen *tatterdemalion*, einen Superhelden, der sich in Lumpen kleidet und in seiner Alltagsidentität als Rory Regan ein Pfandleihhaus in einem heruntergekommenen New Yorker Viertel betreibt, das er mit seiner geheimen Identität beschützt. »Kubert still today says that he and Kanigher had no intention of creating a jewish character«, notiert Harry Brod in seinem Buch *Superman is Jewish?*, »but to me the later development of the character is a striking example of how the creator's background can manifest itself in the creation without the creator having explicitly intended it.«[75] Unabhängig von der Frage, ob dies in gewisser Weise nicht für jede Schöpfung gilt, darf es bei *Ragman* wirklich überraschen, dass diese Figur, die bei ihrem ersten Auftreten nicht mehr als fünf Hefte füllt und einem damals populären Superhelden-Idiom folgt, mehr als ein weiterer Held sein soll, der diesmal nicht in Unterhose und Strumpfhose durch die Lüfte turnt, sondern in Lumpen, in Kleidungsresten und Flicken. Sein grüner Umhang ist zerlöchert als sei ein Kugelhagel hindurchgegangen. Ragman ähnelt einem abgewirtschafteten Robin Hood, wenn er nicht als Parodie des immer so glatten, sauberen *Superman* durchgehen kann, oder als Kritik am reichen Batman mit seiner Villa samt Batcave. Das Pfandleihhaus, von dem aus der Lumpenheld seine Aktionen startet, zitiert auch atmosphärisch Sidney Lumets Film *The Pawnbroker* von 1965, der zwar als erster amerikanischer Film die Perspektive des Überlebenden einnimmt, aber auch für dessen stereotype Zeichnung »als Monster« kritisiert wurde.[76] Doch in der ersten Serie von *Ragman* gibt es kaum andere Anspielungen auf die jüdische Herkunft des Helden.[77]

73 Joe Kubert und Robert Kanigher: Ragman (Nr. 2). New York 1976, S. 15.

74 Joe Kubert: Sgt. Rock. The Prophecy. New York 2007. Zwei außergewöhnliche Seiten, die den Holocaust thetisch erinnern erschienen in Joe Kubert: Holocaust. In: Sgt. Rock (Nr. 351). New York 1981, S. 22f. Für beide Hinweise danke ich Markus Streb!

75 Harry Brod: Is Superman Jewish? How Comic Book Superheroes Came to Serve Truth, Justice, and the Jewish-American Way. New York, London 2012, S. 135. Dort geht er auch auf The Prophecy und Yossel ein.

76 Alan Mintz: Popular Culture and the Shaping of the Holocaust Memory in America. Seattle,

Während in der ersten Fassung der Ursprung der Figur durch eine recht banale Gangstergeschichte erklärt wird, fungiert in der selbstreflexiven Wiederkehr der Figur in einer achtteiligen Miniserie 1991 der Holocaust als Grund ihrer Entstehung. Denn die Lumpen und Flicken des Kostüms *leben* – entsprechend dem toten Lehm des Golems. Im Umhang ist das »Emet«, wie es in den Zeichnungen, auch hier in lateinischen Buchstaben, geschrieben wird, zu lesen.[78] Aus dem Nichts erscheint ein Rabbi[79] – er wurde von der erneuten Aktivierung der Flicken gerufen und führt Rory in die Geheimnisse des Gewandes ein, das, so erfahren wir, eine menschliche Version des Golem darstellt. Nachdem Rabbi Loew vor vielen Jahrhunderten den Golem hergestellt hatte, befand ein Rat von Rabbinern »that the golem should be replaced by a human agent«.[80] Das Besondere (und angesichts der Erzählung des Golems Neue) an diesem Gewand ist, dass die Seelen derjenigen, die durch den Menschen ermordet werden, der es trägt, sich in einen weiteren Flicken des Gewands verwandeln. Das Kostüm des Superhelden ist also nicht nur magisch, es hat auch ein Eigenleben, das nicht ohne weiteres zu kontrollieren ist. Es folgt also nicht nur auf den Golem, sondern trägt auch dessen Charakteristikum, nur bedingt kontrollierbar zu sein – in der kabbalistischen Überlieferung spielt dieses Motiv übrigens keine Rolle, es scheint sich eher als modernes Narrativ von der Geschichte Frankensteins herzuleiten.[81] Rorys Vater konnte also als Ragman die von den Nazis Verfolgten schützen – und ihren Aufstand im Warschauer Ghetto tatkräftig unterstützen.

London 2001, S. 11. Ilan Avisar: Screening the Holocaust. Cinemas Images from the Unimaginable. Bloomington 1988, S. 122–125, kritisiert vor allem die christliche Deutung des Holocausts durch den Film wie auch die Parallelisierung von Harlem mit dem Holocaust, die der Film nahelege. Mintz: Popular Culture and the Shaping of the Holocaust Memory in America (s. Anm. 76), S. 107–125, bestätigt diese Sicht, wendet allerdings ein, dass erst eine bestimmte diskursive Verschiebung in der Deutung des Holocaust diese Kritik ermöglichte. Omer Bartov: The »Jew« in Cinema. From the Golem to Don't Touch my Holocaust. Bloomington 2005, S. 98, sieht in der Reflexion des Stereotyps die nie wieder erreichte Leistung des Films. Vgl. auch Hanno Loewy: Der Überlebende als böser Held. X-Men, Comic-Culture und Auschwitz-Fantasy. In: Narrative der Shoah. Repräsentationen der Vergangenheit in Historiographie, Kunst und Politik. Hg. v. Susanne Düwell und Matthias Schmidt. Paderborn, München 2002, S. 171–188; hier: S. 180f., wo The Pawnbroker und die X-Men samt dem Überlebenden Magneto in Beziehung gesetzt werden.

77 Vgl. Arie Kaplan: From Krakow to Krypton. Jews and Comicbooks. Philadelphia 2008, S. 124.

78 Pat Broderick, Keith Giffen, Robert Loren Fleming, Anthony Tollin, Adrienne Roy, Albert de Guzman, Kevin Dooley und Andrew Helfer: Ragman (Nr. 2). New York 1991, S. 23. Vgl. auch Pat Broderick, Keith Giffen, Robert Loren Fleming, Anthony Tollin, Adrienne Roy, Albert de Guzman, Kevin Dooley und Andrew Helfer: Ragman. (Nr. 3). New York 1991, S. 4.

79 Broderick, Giffen, Fleming, Tollin, Roy, Guzman, Dooley und Helfer: Ragman (Nr. 2) (s. Anm. 78), S. 24.

80 Broderick, Giffen, Fleming, Tollin, Roy, Guzman, Dooley und Helfer: Ragman (Nr. 3) (s. Anm. 78), S. 4.

81 Vgl. zum Golem als Frankenstein und Neuer Mensch Hans-Joachim Hahn: Der Neue Mensch. Berlin 2018 (im Erscheinen).

(Abb. 6) Als dessen Häuser von den Deutschen angezündet werden, ist allerdings die Grenze der Macht des Ragman erreicht, denn seine Stoffe fangen leicht Feuer, ein sehr irdisches Kryptonit. Der Rabbi erzählt, wie er selbst nach Treblinka deportiert wurde und dort überlebt.[82] Weil er mutmaßte, dass der *Ragman* vernichtet sei (der Vater hat das Kostüm in einem Safe versteckt), hat er nun einen Golem geschaffen, der die Juden beschützen sollte - und dies für vierzig Jahre auch tat.[83] Vierzig Jahre hat der Rabbi nichts von Rorys Vater, dem ersten Ragman gehört, nun ist der Vater - wie in der ersten Fassung von Kubert und Kanigher durch Gangster - ermordet worden und sein Sohn hat dieses Kostüm geerbt, das ihn durch sein »emet« zu rufen scheint bis er es findet und aktiviert.[84] In den acht Heften wird eine knapp gefasste Entwicklungsgeschichte des unfreiwilligen Helden erzählt - eine Geschichte, in der Rory als Ragman das Erbe des Vaters und der Tradition antritt. Anfangs beherrschen ihn die Seelen, die als Flicken in sein Kostüm eingegangen sind, selbstredend »böse« Menschen, die weiter morden wollen. In einer Serie von Aufgaben, die er bewältigen oder überstehen muss, lernt er, den Flicken-Anzug, und mit ihm die Seelen und ihr Begehren, zu beherrschen, was im Übrigen auch meint, sie im rechten Moment frei walten zu lassen. Rorys letzte Aufgabe besteht darin, den inzwischen in seiner Nachbarschaft angekommenen Golem des Rabbiners zu besiegen. Dieser ist nach vierzig Jahren Einstehen für die Juden - wie der stumme Golem in zahlreichen Denkblasen reflektiert - fast zum Menschen geworden, fast hat sich die formlose Masse in ein Gesicht verwandelt, fast kann er sprechen - nun aber raubt ihm der Ragman mit seinen Lumpen die Kraft, denn es kann offenbar nur *eine* solche Figur geben. Im Kampf zwischen dem Ragman und dem Golem begegnet sich, so kommentiert der im Pfandleihhaus zurückgebliebene Rabbi, Ragman selbst, kämpft mit seiner eigenen Monstrosität, die immer zur Figur des Golems gehört und diesen auch unheimlich werden lässt. Die Pointe dieses Kampfes ist, dass der Golem im Sterben, im Wechsel von *emet* zu *met*, nicht seine monströse Kraft, sondern eine von ihm gerade erst erfahrene Liebe weitergibt, die den Ragman endlich so vollständig werden lässt, dass er nun auch gegen den großen Batman antreten kann. Kaum zufällig kämpft wenige Monate vor Beginn der Miniserie Batman in zwei Heften der *Detective Comics* schon einmal gegen

82 Broderick, Giffen, Fleming, Tollin, Roy, Guzman, Dooley und Helfer: Ragman (Nr. 3) (s. Anm. 78), S. 13.

83 Ist es ein Zufall, dass Scholem feststellt, dass die Zahl vierzig auch beim Golem eine Rolle spielt? Vgl. Scholem: Die Vorstellung vom Golem in ihren tellurischen und magischen Beziehungen (s. Anm. 29), S. 257, dort sind es allerdings vierzig Tage.

84 Pat Broderick, Keith Giffen, Robert Loren Fleming, Anthony Tollin, Albert de Guzman, Kevin Dooley und Andrew Helfer: Ragman (Nr. 1). New York 1991, S. 22f.

einen Golem, der von einem Holocaust-Überlebenden als Gegenwehr gegen Neonazis geschaffen wurde.[85]

Den Kampf gegen Batman gewinnt Ragman nicht durch Kraft, sondern durch die zerstreuten Bewohnerinnen und Bewohner seines Viertels, die sich versammelt vor ihn stellen, weil er sie gerettet hat. Seine Flicken, welche die toten, sozusagen zum Weiterleben im Stoff des Kostüms und der Geschichte verdammten Seelen beherbergen, vermögen nichts auszurichten, erst die aus ihrer Zerstreuung zusammengerufenen Lebenden, ihre bis dahin ungekannte Solidarität, ihre Liebe, retten ihn in dem Moment, in dem der Rabbi, der Überlebende von Treblinka, auf dem Rückflug nach Tel Aviv stirbt. So tritt Rory das Erbe der Überlebenden an und übernimmt die Verantwortung der zweiten Generation.

Zu Beginn der Miniserie bildet der Holocaust eine verdrängte Geschichte: Rory erinnert sich nicht an die Herkunft seines Vaters, dessen Überleben in Warschau – das Kostüm des Ragman liegt vergessen in einer Kiste. Zweifellos soll damit das Fehlen jeden Hinweises auf den Holocaust innerhalb der Comic-Serie in den 1970er Jahren bedacht werden. Nun wird der Holocaust als entscheidender Grund für die Entstehung dieses, potentiell aber aller Superhelden erzählt. Es handelt sich um Reflexionen der Golem-Figur, die gegen ihre eigene Monstrosität kämpfen müssen, oder – wie die Invaders und der Scorpion – dieser im Golem als ihrem Anderen begegnen.[86]

Die Produzenten von Ragman haben mit einem genauen Sensorium für ihre eigene Form *MAUS* gelesen und zitieren den 1991 erschienenen Comic bis in ihre Bildfindung. »I'm telling not rumors but only what I really *saw*«, sagt Vladek Spiegelman bevor er die Vernichtungsanlagen kommentiert, und das Bild zeigt einen nahen Ausschnitt seines Gesichts oder seiner Mausmaske. »It was like nothing I had ever seen«, sagt der Rabbi und der Bildausschnitt lässt nur noch seine Augen und seine Nase sehen. (Abb. 7) In *Ragman* schließt das Panel die

85 Die Erzählung ist bemerkenswert, weil Batman den Rabbi zwingt, das *emeth* in *meth* zu verwandeln: »Wipe off the *e*. You've always been scared of pain. / Do it or I'll show you pain you haven't even dreamed of.« Peter Milligan, Jim Aparo und Mike DeCarlo: The Golem of Gotham. Detective Comics (Nr. 632). New York 1991, S. 21. Die Geschichte beginnt im Heft davor: Peter Milligan, Jim Aparo und Mike DeCarlo: The Golem of Gotham. Detective Comics (Nr. 631). New York 1991. Ansonsten sind einige der Motive aus *The Scorpion* bekannt. Vgl. zu den Heften auch Thane Rosenbaum: The Golem of Gotham. In: Bilski und Lüdicke: Golem (s. Anm. 27), S. 160.

86 Ein weiteres, sehr frühes Beispiel einer solchen Begegnung des Selbst als Anderem im Golem ist: Stan Lee, Roy Thomas, Herb Trimpe, Sal Buscema und Artie Simek: The Incredible Hulk. In the Shadow of … the Golem (Nr. 134). New York 1970. Hier wird faschistische Diktatur und nicht der Judenmord reflektiert. Eine der komischsten, ebenfalls nicht auf den Holocaust bezogenen Reflexionen des Verhältnisses des Monsters zu sich selbst als Golem findet sich in Roy Thomas, Bill Mantlo, Bob Brown, Jack Abel, Tom Orzechowski, Janice Cohen, Len Wein und Stan Lee: Marvel Two-In-One. The Thing and The Golem (Nr. 11). New York 1975.

Abb. 6: *Ragman.* Nr. 3 (1991), S. 9

Seite ab und bereitet so auf die Szenen im Warschauer Ghetto vor (siehe Abb. 6), in *MAUS* ist es das vorletzte Panel der Seite, das letzte, das zwei Schornsteine zeigt, hat schon den Übergang in die Darstellung der Vergangenheit vollzogen. *Ragman* erinnert so daran, dass *MAUS* das Idiom geprägt hat, in dem die erzählenden Zeichen den Holocaust aktualisieren, ersetzt aber dabei das Zeugnis des Überlebenden durch die Fiktion des Golems.

Abb. 7: *Ragman.* Nr. 3 (1991), S. 8. Art Spiegelman: *MAUS II. A Survivor's Tale. And Here My Troubles Began…*, S. 69

Die Funktion der Masken in *MAUS* wird hier durch die erinnerungspolitische Maskierung des Ragman eingenommen, bei dem es nicht um die akkurate Darstellung des Vergangenen geht – das Vernichtungslager Treblinka wird nicht weiter dargestellt und erscheint eher wie eine Chiffre –, sondern um die Frage, wie der Holocaust in der Gegenwart weiter erinnert werden kann. Der Weg vom assimilierten Rory Regan zum Ragman ist unschwer als ein Vorschlag zu lesen, wie mit der Vernichtung der Juden im Holocaust in der Gegenwart umzugehen ist: Es kann, so ließe sich das Plädoyer dieser Miniserie zusammenfassen, keine Sache der Rache sein, auch widersprüchliche Deutungen des Holocaust, die hier als *gangwar* zwischen den *mimes* und den *nats*, den Clowns und den Schönlingen, geschildert werden, dürfen nicht das letzte Wort haben. Und es ist nicht die Aufgabe eines Einzelnen, durch seine Erzählung, die Erinnerung an die Vernichtung zu bewahren. Die Überlieferung selbst erscheint als ein Flickenteppich, den zu lesen zwar einen Superhelden erfordert, dessen Kräfte aber nichts ohne die Unterstützung durch das Kollektiv sind. Das Kollektiv verbündet sich mit demjenigen, der die Verfolgten nicht nur in der Vergangenheit geschützt hat, sondern nun auch die Erinnerung an die Toten bewahrt. In der Antwort auf einen Leserbrief weisen die Produzenten darauf hin, dass die Zeugen und die Überlebenden des Holocaust weniger werden – und ihr Comic stellt einen konzeptionellen Versuch dar, das Monströse des Holocaust nicht nur zu erinnern, sondern in der Reflexion der Schwierigkeiten dieser Erinnerung andere Bilder zu finden, als die Fotografien der Nazis sie von den Opfern hinterlassen haben: »We are in a time when the actual witnesses to the horrors of the second World War are growing old and passing on. We owe it to them to make sure that these images remain in our mind's eye.«[87] Ihre Bildfindungen wirken angesichts dieses Anspruchs gewagt – vor allem hinsichtlich des Covers der dritten Ausgabe, auf die sich auch der Leser, dem hier geantwortet wird, bezieht: Ragman ist dort vor einem Steinbogen mit der Drohung *»Arbeit macht frei«* zu sehen, das *»a«* von *»macht«* durch seine Kapuze verdeckend, links und rechts im Hintergrund flankiert von Schornsteinen, die deutlich nicht auf Bildern von den Krematorien in Auschwitz beruhen, sondern eher das schon erwähnte *Daredevil*-Panel zitieren. Entsprechend ist die Frage, was »these images« sein können, die im Auge unseres Geistes verbleiben sollen, ausgesprochen interessant. Es sind nicht notwendig durch Quellen gedeckte Bilder. Die Behauptung in einer Antwort auf einen weiteren Leserbrief zur dritten Ausgabe muss ernst genommen werden: »We showed the Warsaw Ghetto as we believe it was.«[88] Auf den überlieferten Bildern, in den historischen Quellen fehlt bekanntlich ein Ragman, der den Widerstand *»inspirierte«*, der »mit ihnen« kämpfte – »er war ihre *Hoffnung*«.[89] Dieser Erfahrungsgehalt, der sich in der Figur des Golem – wie schon bei den *Invaders* zu ahnen war – materialisiert, wird in *Ragman* als erinnerungspolitisches Programm in einem Moment artikuliert, an dem die Nachkriegszeit mit der Vereinigung Deutschlands faktisch beendet wurde.

87 Pat Broderick, Romeo Thangal, Keith Giffen, Robert Loren Fleming, Anthony Tollin, Adrienne Roy, Albert de Guzman, Andrew Helfer, Kevin Dooley: Ragman (Nr. 7). New York 1992, S. 25.

88 Broderick, Thangal, Giffen, Fleming, Tollin, Roy und de Guzman: Ragman (Nr. 7) (s. Anm. 87), S. 25.

89 Broderick, Giffen, Fleming, Tollin, Roy, de Guzman, Dooley und Helfer: Ragman (Nr. 3) (s. Anm. 78), S. 10.

VIII. Supergolem[90]

I am not a golem … but it's time Superman got busy.[91]

Es ist kein Geheimnis, dass Superman eine jüdische Figur ist und auch wenn dies zeitgenössisch so wenig thematisiert wurde wie bei Ragman, so ist unschwer in seiner unmenschlichen oder übermenschlichen Kraft ein Zug des Golem zu erkennen.[92] Ausdrücklich thematisiert wird dies in einem Heft von 1998, in einer Serie zum 60. Jahrestag der Serie, in dem Clark Kent für den Daily Planet als Reporter im Krieg nach Warschau geschickt wird, wo er im Ghetto auf einige Juden trifft.[93] Dort zeichnen einige Jungs die Fantasie eines fliegenden Engels, der, wie ihnen der stereotyp gezeichnete Rabbiner erklärt, eher ein Golem sei – Superman denkt, er sei zwar weder Engel noch Golem, aber er hilft den Menschen natürlich – nicht zuletzt, indem er wie jeder Golem, von dem bisher berichtet wurde, Kugeln abfängt – und darüber hinaus Panzer aufhält, indem er sie einfach vorne hochhebt, ein Panel, mit dem die Zeichner das ikonische Cover des ersten Heftes von *Action Comics* zitieren, mit dem Superman in kurzer Zeit

90 So lautet die Kapitelüberschrift zu dem Kapitel über Superman in Kaplan: From Krakow to Krypton (s. Anm. 77), S. 9–20.

91 Jon Bogdanove, Louise Simonson, Dennis Jake, Ken Lopez, Willie Schubert, Glenn Whitmore, Maureen Mctigue und Joey Cavalieri: Superman. The Man of Steel (Nr. 81). New York 1998, S. 10.

92 Vgl. Jonas Engelmann: Verborgene Traditionen (s. Anm. 25), S. 318f. Lund sieht Superman – sich gegen Michael Chabons Interpretation wendend – als »an American Golem, not one made of European river-bed-clay to protect the Jews, but from a far more familiar material – the proverbial salt of the earth – to protect law-abiding, hard-working, white americans.« Martin Lund: American Golem. Reading America through Super-New Dealers and the ›Melting Pot‹. In: Comic Books and American Cultural History. Hg. v. Matthew Pustz. London, New York 2012, S. 79–93; hier: S. 81. Vgl. auch Martin Lund: Re-Constructing the Man of Steel. Superman 1938–1941. Jewish American History, and the Invention of the Jewish-Comics Connection. Basingstoke 2016, wo Lund dieses Argument weiter entfaltet. Jim Steranko: The Steranko History of Comics 1. Reading 1970, S. 40, nennt Herkules und Atlas, nicht aber den Golem als Vorbilder, ein Zeichen, wie wenig dieser Diskurs über Superman noch 1970 entwickelt war. Gleichwohl handelt es sich keineswegs um die erste Thematisierung eines Golems in einem Superman Heft, vgl. Arnold L. Goldsmith: The Golem Remembered 1909–1980. Variations of a Jewish Legend. Detroit 1981, S. 151–153, diskutiert Len Wein, Curt Swan, Murphy Anderson und Julie Schwartz: The Man, who Murdered the Earth. In: Superman (Nr. 248). New York 1972, S. 3–20, wo ein »Galactic Golem« auftritt, gegen den Superman, wie gegen einen Doppelgänger, antreten muss. Dieser erscheint mehrmals wieder, schon Len Wein, Curt Swan, Murphy Anderson und Julie Schwartz: Fury of the Energy-Eater. In: Superman (Nr. 258). New York 1972, S. 3–15.

93 Bogdanove, Simonson, Jake, Lopez, Schubert, Whitmore, Mctigue und Cavalieri: Superman. The Man of Steel (s. Anm. 91), S. 10. Die Herausgeber des Heftes wurden dafür kritisiert, dass sie das Wort »jewish« nicht erwähnen. Prager: The Holocaust without Ink (s. Anm. 33), S. 127.

berühmt wurde.[94] Doch was wird hier über den Holocaust erzählt? Während eines Kampfs entdeckt Superman die Konstruktion der Gaskammern, während Lois Lane Pläne für die Endlösung in einem Glockenturm findet.[95] Mehr wird auch hier nicht gezeigt und erzählt.

So wird Ende der 1990er das Unwissen der frühen 1940er rekonstruiert, ohne die Frage genauer zu verfolgen, was hätte gewusst werden können. Die Reflexion, die dieses Superman-Heft vornimmt, bezieht sich deshalb vor allem auf Superman selbst als Golem, der die Vernichtung stoppen könnte, wie auch die letzte Seite des Heftes andeutet. Superman ist hier zwischen zwei Panels zu sehen, seltsam aus der Zeit gefallen, denn die Uhr, die er hört, stimmt nicht mit der Uhr überein, die der Glockenturm zeigt. (Abb. 8) Das weißhaarige Mädchen, so wird sich im folgenden Heft herausstellen, versucht ihm zu sagen, dass er in der Fiktion eines Bösewichts gefangen ist. Das erzeugt eine weitere Doppelbödigkeit: bezieht sich das Heft auf Superman als historischer Golem-Figur, als *zeitgenössische* Wunschprojektion, den Holocaust *nachträglich* verhindern zu können, die eine gewisse – fiktionale – Realität hat, so wird mit dem Rahmen diese Fiktion *als Fiktion* ausgestellt, der aber die Figur Superman trotz aller Superkräfte aufsitzt. Dies impliziert die Frage, ob wir uns zukünftig jenseits der Wunschprojektionen und ihren fiktionalen Realitäten dem Holocaust nähern können (und ohne von einem Bösewicht manipuliert zu sein). Dass jede Näherung nicht ohne stereotype Zeichnungen auskommt, deutet das letzte Panel an, denn Güterwaggons dürfen in der Darstellung der Verfolgung und Vernichtung der Juden nicht fehlen – auch wenn es nicht die einzigen Züge waren, die eingesetzt wurden. Das kleine, schwarze Rechteck über dem Fenster, durch das Lois nach Superman ruft, die einfarbige Kolorierung, der abstrakte schwarze Balken im Hintergrund, der in Anspielung auf *MAUS* von einem Hakenkreuz zu kommen scheint,[96] sind Spuren, die auf die Ambivalenz einer solchen Darstellung hinweisen. Ihr Wahrheitsgehalt bezieht sich nicht auf das historische Geschehen, sondern auf die Frage, *in welchen Bildern* und *in welchen Ereignissen* der Holocaust erinnert wird – wie Ragman steht Superman vor der Kulisse des brennenden Warschauer Ghettos, dessen Räumung er ohnmächtig zusehen muss, obwohl er keine brennenden Lumpen trägt und mit einem Pusten das Feuer löschen könnte. Wenn die Figur schon seit den 1980er Jahren verschiedene Krisen und Kata-

94 Bogdanove, Simonson, Jake, Lopez, Schubert, Whitmore, Mctigue und Cavalieri: Superman. The Man of Steel (s. Anm. 91), S. 20. Vgl. Steranko: The Steranko History of Comics 1 (s. Anm. 92), S. 38.

95 Bogdanove, Simonson, Jake, Lopez, Schubert, Whitmore, Mctigue und Cavalieri: Superman. The Man of Steel (s. Anm. 91), S. 16 u. 18.

96 Vgl. Spiegelman: MAUS (s. Anm. 5), S. 41. Dazu Ole Frahm: Art Spiegelman. Der inhaftierte Künstler. Ein Versuch über die Grenzen souveräner Performanz. In: Festschrift für Kathrin Hoffmann-Curtius. Hg. v. Maike Christadler und Hilla Frübis. Marburg 1997, S. 28–36.

Abb. 8: *Superman. Man of Steel.* Nr. 91, S. 23

strophen durchmachen musste, wird hier an die historische erinnert, die sich mit der Figur des Superman als Golem verbindet – und erneut die Grenze der Fiktion der Superkräfte markiert. Der Golem ist Superman und den anderen Superhelden überlegen, weil er diese Grenze nicht kennt, weil die Fantasie, die er aktiviert, glaubt oder hofft, er hätte den Mord aufhalten können – es ist wirklich ein Supergolem.

IX. Der Golem der Trauerarbeit

I would miss the behemoth almost as much as my grandfather and my father.[97]

Neben vielen autobiographischen und biographischen Graphic Novels sind in den letzten Jahren auch zwei erschienen, die ausdrücklich Geschichten vom Golem in Bezug zum Holocaust zeigen. David G. Kleins selbst verlegtes *The Golem's Voice*, das eher unbeholfen, aber aufschlussreich den Golem als Kollektivfigur entwirft, und das recht routinierte, gleichwohl beeindruckend präzise *Breath of Bones* von Steve Niles, Dave Wachter und Mick Santoro.[98] Beide Alben verbindet, dass sie die Perspektive eines Jungen einnehmen, in Schwarz-Weiß arbeiten und den – jeweils weitgehend stumm bleibenden – Golem neu interpretieren.

Als in *The Golem's Voice* nach einer obligatorischen Angriffsszene, in welcher der Golem die Kugeln der Wehrmachtssoldaten abwehrt, ein auch nicht seltener Zweikampf zwischen einem Offizier der Wehrmacht und dem Golem geführt wird, kehrt dieser die Reihenfolge der Fragen um, die The Face bei den *Invaders* stellt. Fragt dieser: »Wh-who *are* you? *What* are you??«, fragt jener über zwei Panels verteilt: – »What are you? / Who are you?«[99] Im ersten Fall erscheint die Antwortlosigkeit monströs, im zweiten ruft die Frage nach dem *Wer* die Stimme des Golems hervor. Das erste Panel ist dabei aus der Sicht des Golems gezeichnet, die Frage richtet sich also direkt an die Leserinnen und Leser *als Golem*, als eine Kinderfantasie. Denn Kleins Golem erinnert ein wenig an eine Gliederpuppe, es ist kein Riese und seine Herkunft aus dem Lehm oder der Erde spielt keine ausgeprägte Rolle. Der erste Versuch vom Protagonisten Yakov, den Golem auf dem Dachboden der Alt-Neu-Synagoge in Prag zu beleben, misslingt, aber in seiner Verzweiflung versucht er es noch einmal – und in dieser Wiederholung erhebt sich der Golem. Und ohne zu sprechen, antworten die Blocktexte auf der

97 Steve Niles, Dave Wachter und Matt Santoro: Breath of Bones. A Tale of the Golem. Milwaukie 2014, n.p.

98 David G. Klein: The Golem's Voice. Ohne Ort (Now What Media) 2015.

99 Thomas, Robbins, Springer, Roussos und Costanza: »The Golem Walks Again!« (s. Anm. 60), S. 27. Klein: The Golem's Voice (s. Anm. 98).

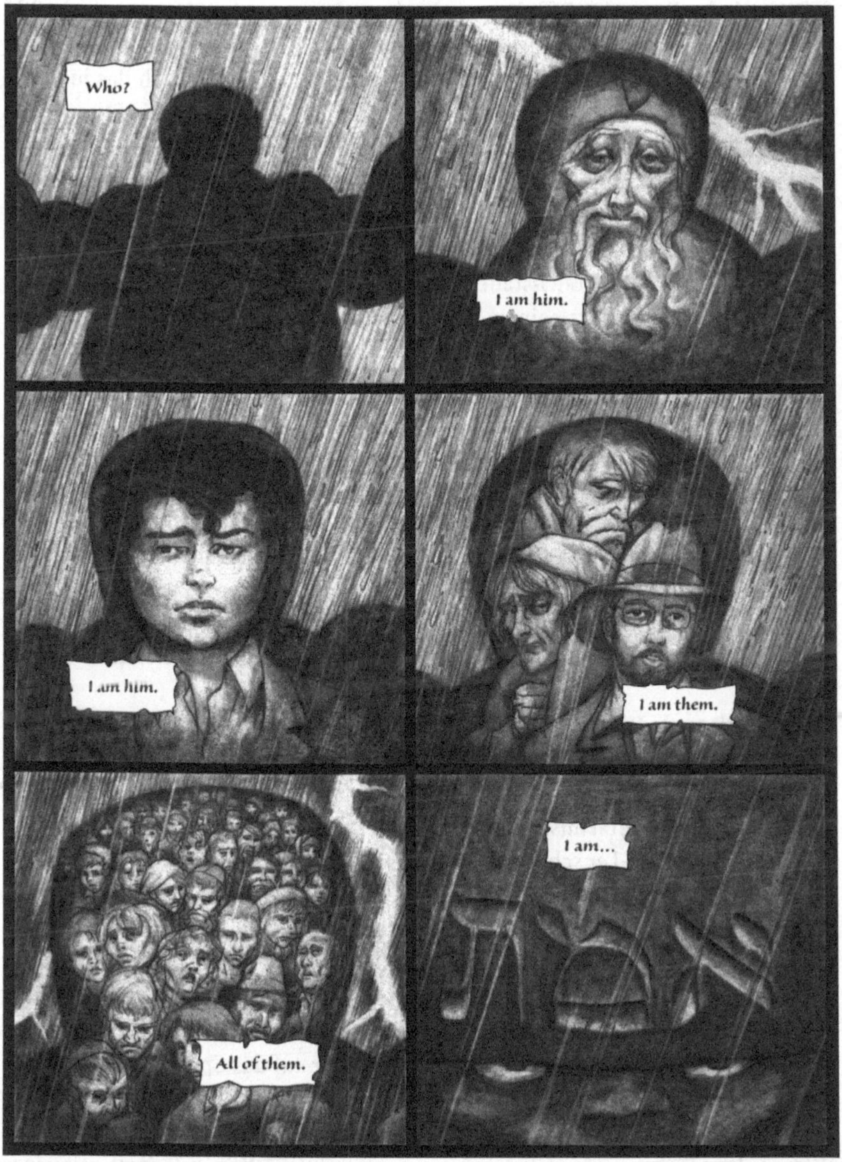

Abb. 9: David G. Klein: *The Golem's Voice.* n.p.

Seite nach der Frage des Offiziers wie in einem inneren Monolog mehrfach, Bild für Bild (Abb. 9): der Golem ist ein Schattenriss, in dem nicht nur, wie schon der Rabbi bei Kubert implizit behauptet, Gott erscheint, sondern auch das jüdische Volk und vor allem Yoakim, der tote Bruder des Protagonisten. Die Stimme des Golem ist diese Vielstimmigkeit, die als Blocktext auch ausgestellte Schrift ist, die sich wie die Stimme von ihrer Herkunft abgelöst hat und nun in ihrer Iterabilität gedeutet werden muss.[100] Nachdem der Offizier, wie in allen diesen Duellen, besiegt ist, spricht der Junge seinen Bruder an, doch schon wird das – diesmal in hebräischen Buchstaben – auf der Stirn stehende *emeth* im Regen zu *meth* und Yakov verliert seinen Bruder zum zweiten Mal. Die Geste der Erschaffung des Golems war so auch eine Trauerarbeit. Der ältere, tote Bruder, der den jüngeren beschützen sollte, der dem jüngeren Bruder fehlt, wird in der Figur als Trost lebendig, dass die Morde der Nazis nicht endgültig seien, dass etwas weiterlebt, das sich ihrer Macht entzieht. Wie ein Zeichen im Comic bleibt der Golem erhalten: als etwas, das in der Lektüre zum Leben erwachen kann, ohne lebendig zu werden. Der Golem erscheint als Comicfigur selbst, die andere Bildräume zu eröffnen vermag, eine tote Materialität, die aber als gezeichnete, in der Konstellation der Erzählung eine Vergegenwärtigung erzeugt, die sie lebendig erscheinen lässt und darin die Toten, die Untergegangenen und die Vernichteten, erinnert – und in der Vergegenwärtigung der Zeichen um sie trauert.

Den Golem als Wunschprojektion präsentiert *Breath of Bones*. Um das Dorf vor den heranrückenden Nazis zu schützen, stellt der Junge mit seinem langbärtigen Großvater einen Golem her, der sich vor allem durch seine detailliert konturierte Materialität auszeichnet. Er sieht aus, als hätte er sich gerade erst aus der Erde erhoben und er scheint in jedem Panel ein wenig zu krümeln. Der Golem ist hier ein Riese, dessen realistische Materialität oder fantastischer Realismus die Hoffnung einer Fiktion speist, mit der die jüdischen Dörfer vor ihrer Vernichtung geschützt worden wären (Abb. 10). Zugleich rufen Santoro, Wachter und Niles ebenfalls die Comic-Tradition auf, wenn ihr Golem einen Panzer einfach hochhebt, Superman zitierend, der sich selbst zitiert. Auch sie lassen den Golem in einen Kugelhagel laufen, verzichten aber auf das Spiel zwischen *emeth* und *meth*. Ihnen ist das Verhältnis von Groß und Klein, Kraft und Zartheit, wichtiger, was auf *King Kong* referiert – ein Motiv, das schon bei Kuberts Golem als Gewaltfantasie ausgespielt wird, wenn der Golem König Rudolf mit einer Hand zerquetscht, und in den *Weird War Tales*, den *Invaders* und *The Heap* weitere Bilder findet.[101] In dem Prozess der Herstellung des Golems stirbt der

100 Zur Iterabilität vgl. Jacques Derrida: Signatur, Ereignis, Kontext. In: Randgänge der Philosophie. Hg. v. Peter Engelmann. Wien 1988, S. 291–314.

101 Kubert und Schelly: Joe Kubert Archives (s. Anm. 26), S. 129. Adams und Harper: »Thou

Großvater des Jungen, sein Vater ist schon lange im Krieg. Der Golem ist wie die Comic-Figur ein vaterloses Wesen – oder hat wie Mickey einen Vater, aber keine Mutter.[102] *The Golem's Voice* und *Breath of Bones* betonen, dass der Golem Nachfahren und Brüder hat, die um den Golem trauern wie um einen Großvater und einen Vater.[103]

Beide Comics initiieren eine Trauerarbeit, die den Golem als Figur aufruft und anruft, um die Trauer um die Toten zu artikulieren und ihnen ein Leben im Gedächtnis unserer Gegenwart zuzuweisen. Es geht um die Trauer, um die Anderen, die fremd sein können, aber dennoch – angesichts des Golems und seiner fremdartigen Masse, die leicht wieder zerfällt – betrauert werden müssen. Der Golem wird hier zu einer Figur, die angesichts der Tatsache, dass die Zukunft der Erinnerung des Holocaust nach dem Tod der Überlebenden ungewiss ist, die Notwendigkeit einer unabgeschlossenen Trauerarbeit unterstreicht. Der Golem ist ein unbearbeiteter Rest, der – wie in *The Golem's Voice* – auf einem Dachboden oder – wie in *Night of the Golden Fuhrer* und *The Monolith* – vergessen in einem Keller lagert, wenn er nicht wie Ragmans Kostüm in einem Safe auf seine Bestimmung wartet. In der Gegenwart, in den Panels wird die Vergangenheit in ihrer Monstrosität unheimlich lebendig, ohne dass sich vollständig verstehen lässt, wie dies möglich sein kann. Aber in der Figur des Golem wird eben dieses Unverstandnis als Aufgabe der Trauerarbeit spürbar, als Verantwortung, die Geschichte der systematischen Vernichtung der Juden nicht für undarstellbar oder abgeschlossen zu halten, sondern sie in Geschichten und Bildern zu betrauern. Diese erinnerungspolitische Funktion des Golem erklärt seine Ambivalenz: er greift monströs immer auch die eigene Erinnerung an. Wer oder was seine Beute wird, scheint, wie *The Invaders* auf dem Cover erinnern, nicht sicher – aber gerade dies könnte seine spezifische Qualität für die Erinnerung an die Shoah im Comic sein. Denn so gefährlich oder unkalkulierbar seine Monstrosität, seine Masse, seine Materialität, seine Wiederholung wirkt, so sicher wendet er sich im entscheidenden Moment gegen die Richtigen, stellt sich wie in *Breath of Bones* vor die auf die Leser gerichteten Gewehre und fängt die Kugeln gerade so

---

Shalt Not Kill!« (s. Anm. 48), S. 14. Thomas, Robbins, Springer, Roussos, Costanza: »The Golem Walks Again!« (s. Anm. 60), S. 22. Brodsky, Waldman, Kanigher, Sutton und Abel: The Heap (s. Anm. 34), S. 20.

102 Es ist bemerkenswert, dass es bis auf wenige Beteiligungen von Frauen vor allem Männer sind, welche den Golem »schöpfen«. Zwei jüngere Ausnahmen sind zu erwähnen, die beide die Figur des Golems interpretieren: Olga Volozova: The Golem of Gabriol. Portland 2012. Hilary Goldstein, Giovanni P. Timpano, Laura Schumacher und Garry Brown: Golem. Selbstverlag 2014. Beide beziehen sich nicht auf den Judenmord.

103 Vgl. zur Vaterlosigkeit der Comics Ole Frahm: Die Sprache des Comics. Hamburg 2010, S. 61–113.

Abb. 10: Steve Niles, Dave Wachter und Mick Santoro: *Breath of Bones.* n.p.

lange ab, dass die Reflexion, die Erinnerung und die Trauer um jene zu arbeiten beginnen kann, um die niemand trauert.[104]

X. Die Körper der Golems

- - Golem! Wonder what is - - a Golem - -!?[105]
The creature can be... is... / ... alive![106]

Die Körper der Golems zeichnen sich dadurch aus, dass sie zugleich fest, aus verfestigter Erde, sind,[107] und durchlässig. Sie können durch Wände gehen, sie können Wände durchbrechen, hinter denen sich die Nazis verbergen, deren Körperformation, wie Klaus Theweleit nachgewiesen hat, auf einem Fragmentkörper basiert, der von der Angst vor seiner Auflösung getrieben alles vernichtet, was dessen feste Grenzen auflösen könnte.[108] Durch einen muskulären Körperpanzer wird der faschistische Körper zusammengehalten – im Falle des *golden fuhrer* ist dies durch die goldene Maske gezeigt, bei den *Invaders* trägt *The Face* eine Kopfprothese – und kaum zufällig tragen beide Handschuhe, ihr Körper ist abgedichtet. »Er«, fasst Klaus Theweleit die Subjektivität dieses Körpertyps zusammen, »scheint [...] den Übergang vom Lebenden ins Tote zu ›lieben‹«.[109] Der Golem ist ein Zeichen vom Übergang des Toten ins Lebende, ohne dass er die Schwelle zum abgegrenzten selbstständigen Leben tatsächlich überschreitet. Sein Körper – so sehr nicht nur der von Kubert gezeichnete dem muskulären Körperpanzer ähnelt – folgt einer anderen Fantasie.[110] Durch ihre Größe, vor

104 Diese Bildfindung – die auf die LeserInnen gerichteten, schießenden Gewehre – wird auch in Greg Pak, Carmine de Giandomenico, Matt Hollingsworth, Natalie Lanphear und Warren Simons: Magneto. Testament (Nr. 3). New York 2009, S. 21, verwendet, die Wachter, Santoro und Niles hier zitieren. Ob Magneto selbst als Golem erscheint, wie das Zitat nahezulegen scheint, müsste untersucht werden, er gehört auf jeden Fall zu den Charakteren, deren Bezug zum Holocaust schon in den 1980ern thematisiert wird. Vgl. Kaplan: From Krakow to Krypton (s. Anm. 77), S. 122f.

105 Lee, Thomas, Trimpe, Buscema und Simek: The Incredible Hulk (s. Anm. 86), S. 20.

106 Lee, Friedrich, de Zuniga, Austin, Thomas und Mantlo: Strange Tales 177 (s. Anm. 61), S. 7.

107 Immer wieder wird der Golem auch als Statue gezeichnet, u. a. in: Simon Deitch und Seth Deitch: The Golem. In: Deitch's Pictorama. Hg. v. Kim Deitch, Seth Kellen Deitch, Simon Deitch und Gene Deitch. Seattle 2008.

108 Klaus Theweleit: Männerphantasien 1. Frauen, Fluten, Körper, Geschichte. Reinbek b. Hamburg 1980, S. 209–234. Klaus Theweleit: Das Lachen der Täter. Breivik u. a. Psychogramm der Tötungslust. Salzburg, Wien 2015, S. 104–108.

109 Theweleit: Das Lachen der Täter (s. Anm. 108), S. 116.

110 Kubert begründet damit eine Tradition der Darstellung, die sich neben den *Invaders* besonders fortsetzt in den *Strange Tales* von Marvel und dann u. a. in John Francis Moore, Anthony Williams, Mark Morales, Chris Eliopoulos, Marie Javins, Jason Liebig, Bob Harras und Jim Cheung: X-Force, Bd. 1 (Nr. 96). New York 1999, Cover, oder in Steven T. Seagle,

allem aber durch ihren seltsamen Status zwischen Leben und Nicht-Leben, als lebendige Materie, spielen die Körpergrenzen des Golem wie bei einem Gespenst gar keine Rolle. Als der Golem durch die Wand dringt, fragt sich *The Scorpion*, ob die anderen, die einen Stahlhelm tragen, ein Gespenst sehen. (siehe Abb. 4) Während die Fantasie des Körperpanzers ist, dass alles an ihm abprallt, dringen die Kugeln in den Golem ein, durchschlagen die Körpergrenzen, haben aber keine Wirkung, sie werden Teil seines Körpers, dessen Grenze prinzipiell fließend ist, wenn er sich nicht im Wasser auflöst.[111] *The Heap*, der aus Erde und Wurzeln besteht, löst sich ständig ein wenig auf, und *Breath of Bones* überträgt diese Formation des Unförmigen auf ihren bröselnden Golem. An Supermans Körper prallen dagegen die Kugeln ab: wenn er sich als Golem lesen ließe, entspricht seine Subjektivität eher dem faschistischen Körperpanzer, was seine Hilflosigkeit angesichts des Holocaust begründen könnte. Seine Äußerung »I am not a golem« erhält dadurch weitreichendere Bedeutung. Er steht als klar konturierte Form im Unförmigen zwischen den Grenzen der Panels, in den Fugen, über die er nicht verfügen kann – und eben diese Unverfügbarkeit überträgt die Figur des Golem in die Erzählung des Holocaust, in dieser Unverfügbarkeit materialisiert sich die monströse Ambivalenz des Unförmigen.

Angesichts aller hier diskutierten Versionen, diesen Fantasien über den Holocaust, bleibt zu fragen, inwiefern sie dessen Geschichte überhaupt darstellen, ob sie nicht im Bereich des Fantastischen verbleiben und so keinen historischen Index mit sich führen. Gegen eine solche Auffassung spricht nicht nur, dass die jeweiligen Hefte und Versionen deutlich von der Rezeption des

---

Ken Hooper, Barbara Kaalberg, Willie Schubert, Phil Allen und Jim Spivey: Primal Force (Nr. 1). New York 1994.

111 Es gibt eine auffällige Beziehung zwischen dem Golem und dem Wasser. Bei dem Cover von *Ragman* Nr. 6 steht auf dem Cover *The Golem's Final Triumph* und Ragmans Flickenkutte liegt im Wasser. Keith Giffen, Robert Loren Fleming, Pat Broderick, Anthony Tollin, Albert DeGuzman, Andrew Helfer und Kevin Dooley: Ragman (Nr. 6). New York 1992. In der jüngeren Reflexion von *The Thing* als Golem begegnet jener diesem, der dann in den Fluss geht und sich auflöst. Robert Aguirre-Sacasa, Valentine DeLandro und Matt Banning: The Yancy Street Golem. In: Marvel Knights 4 (Nr. 22). New York 2005, S. 18–20. Gleiches gilt für den Golem in Jesse Santos und Don Glut: »The Sorcerer's Golem«. Dager the Invincible (Nr. 3). Los Angeles, Poughkeepsie, NY 1975, der allerdings deshalb besonders ist, weil er die Angst des Mannes vor dieser Auflösung dadurch thematisiert, dass dieser Golem eine Frau ist, Serienheld Dagar dagegen ein Mann mit muskulärem Körperpanzer. »Water is my weakness«, teilt der Golem in Kristopher White, George Zapata und Micki Zurcher: The Thirtysix. North Hollywood 2012, n.p., mit, doch das heißt keineswegs, dass er – wie die Freikorps-Soldaten – Angst vor den Fluten hat bzw. Arbeiteraufstände als rote Flut halluziniert. Vgl. Theweleit: Männerphantasien 1 (s. Anm. 108), S. 236–255. Die monströsen Wesen haben keine Angst. Noch in Manuela Marinato, Sergio Cabella und Gianni Gatti: Das Lehmmonster (Il Mitico Golem). In: U.F.F. Unternehmen Fähnlein Fieselschweif (Nr. 12). Berlin 1997, S. 10–37; hier: S. 36, wird der außer Kontrolle geratene Gras-Golem durch die Flut eines geöffneten Wasserstaudamms gestoppt.

Holocaust geprägt sind und sich zu der Rezeption in ihrer Zeit verhalten.[112] Sie stellen ihr *eine andere Version* an die Seite, die sich vor allem mit den Affekten und den Projektionen auf die Geschichte des Holocaust, auf die Wünsche, Hoffnungen und das Begehren auseinandersetzt: mit dem Fortleben des Nazismus als männlichem Körper- und Herrschaftsmodell und einer anderen Perspektive auf die Geschichte, die von der Realität des Golem ausgeht, einer Realität der Fantasie und Phantasmen, mit denen der Holocaust und die Erinnerung an ihn besetzt sind. Die hier diskutierte Comic-Tradition schafft Bilder für das Unheimliche, das noch die Erinnerung an den Holocaust heimsucht. Sie artikulieren die Ambivalenz der Erinnerung – und wie diese in Machtverhältnissen existiert, in denen der Wunsch nach einem Golem, der mit dem Fortleben des Nazismus aufräumt, entsteht – ein ambivalenter Wunsch, denn immer bleibt die Frage, und es ist auch eine Frage der Überlebenden, wie sehr schon in den Wünschen, in den Handlungen, die nationalsozialistische Agenda sich spiegelt und die Fantasien okkupiert. Dieser Ambivalenz gibt der Golem eine Figur.

Und deshalb ist die Figur des Golem, des Haufens, des Unförmigen, die wie aus der Zeit gefallen zu sein scheint, noch einmal ganz anders zu lesen. Es handelt sich nicht vorrangig um Geschichten über den Holocaust, über die Ereignisse zwischen 1938 und 1945, sondern um Geschichten über die Überlebenden und ihre verzweifelten Versuche, mit der Vergangenheit umzugehen – es geht dabei auch um das moralische Dilemma im Überleben ein Stück weit mit den Nazis paktiert zu haben. Diese monströsen Figuren konturieren mit ihren unscharfen Rändern Überlebende der Vernichtung. In *MAUS* wird Vladek Spiegelman – wie alle Figuren – als Chimäre gezeichnet. Durch den Holocaust ist er, so ließe sich verkürzt behaupten, zum Juden geworden.[113] Tatsächlich behauptet dementgegen keine der hier diskutierten Golem-Figuren ausdrücklich, einen Überlebenden zu zeichnen. Und doch gibt es Hinweise: *The Scorpion* lässt den Golem im Keller in eine besondere Verbindung mit dem Überlebenden treten, wenn Golem und Überlebender von denselben rosa leuchtenden Augen besessen zu sein scheinen. Jakob Goldstein überlebt, so erinnern *The Invaders*, nur *als Golem*, gleiches gilt für Yakov und den Jungen aus *Breath of Bones*. In dem hier

112 Einen vergleichbaren Versuch für die Geschichte Israels (und die israelischen Comics) stellt Eli Eshed und Uri Fink: Hagolem: Sipure shel comics Israeli. Ben Shemen 2003, dar. Vgl. Alon Raab: Ben Gurion's Golem and Jewish Lesbians Subverting Hegemonic History in Two Israeli Graphic Novels. In: The Jewish Graphic Novel. Critical Approaches. Hg. v. Samantha Baskind und Ranen Omar-Sherman. New Brunswick 2008, S. 214–236.

113 Amy Hungerford: Surviving Rego Park. Holocaust Theory from Art Spiegelman to Berel Lang. In: The Americanization of the Holocaust. Hg. v. Helene Flanzbaum. Baltimore, London 1999, S. 102–124, hat *MAUS* in dieser Hinsicht kritisiert. Zur Diskussion ihrer Kritik vgl. Frahm: Genealogie des Holocaust (s. Anm. 23), S. 249–253.

nur gestreiften *The Monolith* aktiviert letztlich ein Überfall auf ein altes Paar, das überlebt hat, den Golem im Keller.

Einen weiteren Hinweis gibt das von Jim Steranko 1972 gezeichnete Cover für das Heft *Supernatural Thrillers featuring IT!*, das der Texter des Heftes, Roy Thomas, in die Geschichte der *mug monster* einreiht. (Abb. 11)[114] Mit *IT* ist nicht nur die gleichnamige Kurzgeschichte von Theodore Sturgeon gemeint, die 1940 in dem Pulp-Heft *Unknown* erschienen ist, sondern ein unförmiges, grünes, krümelndes Monster, das Steranko in einer Geste zeichnet, die unentschieden zwischen Angriff und Abwehr bleibt, während sie von einem Schuss durchschlagen wird: »The *Thing* that couldn't die!« echot »The nightmare that couldn't die«, wie *The Heap* genannt wurde. »Heap! The very name conjures up images of the unknown-unspeakable, indescribeable, undying.«[115] Schon in dem in *Ragman* zitierten *The Pawnbroker* ruft der Pfandleiher Sol Nazerman aus: »I didn't die. Everything I loved was taken away from me and I did not die.«[116] Dieses *did not* ist in den Golem-Comics als *could not* zu lesen. In *Fiasko* macht Imre Kertész diese Erfahrung, das Gefühl nicht sterben zu können, für sich als Überlebenden geltend, er will vom »weiterleben freigesprochen« werden und stellt fest: »am liebsten würden Sie in mir ein Ungeheuer sehen«.[117] Nicht nur die Muselmänner, anders als Giorgio Agamben meint, erscheinen hier als »lebendige Tote«, sondern auch die Überlebenden, die von den Muselmännern berichten.[118] »He was a freak in more ways than one.«[119] Sich selbst als monströs erfahren zu haben, ist ein wiederkehrendes Motiv in Erzählungen von Überlebenden, das aber selten als Bild gefasst wird – ebenso wie der Golem selten ausdrücklich als Überlebender gekennzeichnet wird. Doch gilt das Außerzeitliche traumatischer Erfahrung auch für Wesen wie *IT:* »Perhaps it could not be destroyed.« Diese – traumatische – Erfahrung wird, daran erinnert *Ragman*, über die Generationen hinweg weitergegeben. *Breath of Bones* erzählt davon, dass nur der Golem die geschilderte Situation überstehen kann. Der Golem mit allen seinen uneigentlichen Eigenschaften wäre, *emeth*, die Wahrheit des Überlebens des Holocaust,

114 Roy Thomas, Marie Severin, Frank Giacola und Jim Steranko: Supernatural Thrillers (Nr. 1). New York 1972. Vgl. Roy Thomas: Heaping it on. In: The Heap (s. Anm. 38), S. 12f.

115 Steranko: The Steranko History of Comics 2 (s. Anm. 40), S. 71.

116 Annette Insdorf: Indelible Shadows: Film and the Holocaust. 3. A. New York, Cambridge 2003, S. 31.

117 Imre Kertész: Fiasko. Frankfurt a. M. 1999, S. 361, S. 378 u. 371.

118 Agamben: Was von Auschwitz übrig bleibt (s. Anm. 8), S. 36. Charlotte Delbos Werk scheint von dieser Erfahrung geprägt: Charlotte Delbo: Trilogie. Auschwitz und danach. Frankfurt a. M. 1993. Von der Erfahrung der Überlebenden, »an Stelle eines anderen zu leben, auf Kosten eines anderen«, wie Primo Levi schreibt, lässt sich nicht absehen, so monströs erscheint sie. Primo Levi: Die Untergegangenen und die Geretteten. München 1990, S. 82 u. 86.

119 Steranko: The Steranko History of Comics 2 (s. Anm. 40), S. 73.

Abb. 11: Jim Steranko: Cover. In: Roy Thomas, Marie Severin, Frank Giacola und Jim Steranko: *Supernatural Thrillers.* Nr. 1 (Dezember 1972)

die eine kleine Differenz, ein entscheidender Buchstabe vom Tod trennt und darin das Monströse der immer gefährdeten Wahrheit erinnert. Als schwer zu entzifferndes, unheimliches, materielles Zeichen dieser Wahrheit lebt der geschlechtslose Golem in den populären Darstellungen auch nach dem Tod der Überlebenden, der Zeugen, fort. Wie in Steve Sternes Kindergeschichte *Mickey and the Golem* sind deshalb diese erfundenen Geschichten zu lesen und wieder zu lesen, denn das ist ihre Bedingung, den Golem dieser Geschichten lebendig werden zu lassen – und die Geschichten der Großväter, der Großmütter, der Golems selbst weiter zu erzählen: »All right Mr. Chutzpah, show me the way«.[120]

120 Steve Sterne: Mickey and the Golem. Memphis 1986. Zit. n. Nicola Morris: The Golem in Jewish American Literature. Risks and Responsibilities in the Fiction of Thane Rosenbaum, Nome Eve and Steve Sterne. New York u. a. 2007, S. 91.

Hildegard Frübis

Die Evidenz der Fotografie und die fotografischen Erzählweisen des Judenmords

I. Gerhard Schoenberners *Der gelbe Stern.* Eine fotografische Bilderzählung der jungen Bundesrepublik

Das Buch *Der gelbe Stern* von Gerhard Schoenberner erschien erstmals Ende des Jahres 1960 und wurde bald zum bekanntesten Fotoband über die Vernichtung der europäischen Juden.[1] In zahlreichen Taschenbuchausgaben und Übersetzungen wurde es immer wieder aufgelegt und fand internationale Verbreitung. Bis heute wird die Publikation mit dem Untertitel *Die Judenverfolgung in Europa 1933 bis 1945* als Standardwerk zum Thema Judenverfolgung und -vernichtung angekündigt. Das Besondere des Bandes sind die Fotografien: Mit mehr als 200 Fotos, größtenteils von Schoenberner erstmals publiziert, wurde der Band zu einer Art Fotoarchiv, aus dem die Bilder seither immer wieder nachgedruckt und in Film- und Fernsehproduktionen reproduziert wurden. Viele der hier veröffentlichten Fotografien – wie beispielsweise das Tor von Auschwitz-Birkenau, aufgenommen kurz nach der Befreiung von dem Polen Stanisław Mucha,[2] oder

1 Vgl. die ausführliche Analyse zu dem Band von Cornelia Brink: Ikonen der Vernichtung. Öffentlicher Gebrauch von Fotografien aus nationalsozialistischen Konzentrationslagern. Berlin 1998, S. 143–178. *Der Gelbe Stern* erlebte zahlreiche Neuauflagen. Zuletzt 2013, kurz nach Schoenberners Tod 2012, im Argument Verlag, Hamburg. Für meine Darstellung wurde die 5. Auflage von 1961 benutzt. Sie folgt im Wesentlichen der Erstausgabe von 1960. Wie schon Brink feststellte, »[...] wurden immer wieder kleinere Änderungen vorgenommen (z. B. einzelne Fotos durch neu aufgefundene ersetzt, Bildunterschriften, die Reihenfolge von Aufnahmen oder das Schlußwort geändert, ein zusätzliches Vor- und Nachwort hinzugefügt, das Literaturverzeichnis aktualisiert). An der Gesamtstruktur änderten diese Überarbeitungen freilich nichts.« Brink, S. 147. Von 1989 bis 1996 war Schoenberner Direktor der Berliner Gedenkstätte »Haus der Wannsee-Konferenz«. Die dort konzipierte Dauerausstellung *Die Judenverfolgung 1933–1945* basierte auf dem Bildmaterial des Fotobandes.

2 Zur Vorgeschichte der Entstehung des Fotos gehört die Befreiung der Häftlinge des Lagerkomplexes am 27. Januar 1945 durch die Soldaten der 60. Armee der Ersten Ukrainischen Front. Im Auftrag der sowjetischen Untersuchungskommission zu den NS-Verbrechen stellte der polnische Fotograf Stanisław Mucha im Februar und März 1945 eine fotografische Dokumentation des befreiten Vernichtungslagers an. In deren Kontext entstand das Foto vom

Der Junge mit den erhobenen Händen aus dem Stroop-Bericht – sind inzwischen zu Ikonen des Holocaust geworden. Das Verdienst des Bildbandes war es zweifelsohne, erstmals auf die historischen Fotografien aus der Zeit des Nationalsozialismus zur Darstellung des Antisemitismus und der Judenverfolgung zurückzugreifen und sie einer breiten Öffentlichkeit zugänglich zu machen.[3] Fotogeschichtlich gesehen – um es gleich vorweg zu benennen – ist der Umgang Schoenberners mit dem Bildmedium der Fotografie höchst problematisch. Der Erfolg wie die Popularität von *Der gelbe Stern* liegen wohl eher – wie Cornelia Brink es in Anlehnung an Dan Diner formulierte – in der Wirkung der von Schoenberner zusammengestellten Fotografien »als bildliche Elemente eines ›bundesdeutschen Narrativs‹ des Nationalsozialismus«.[4] Bestimmend für dieses Narrativ wurde die dramaturgische Aufbereitung der Fotos entlang dem Leitmotiv »Aufklärung durch Schrecken und Mitleid«, das die Betrachter zur »Identifikation mit den unschuldigen Opfern«[5] einlud. Die Ursachen – wie auch die Täterforschung zum Antisemitismus sowie zum gesellschaftlich organisierten Massenmord des NS blieben unberücksichtigt. Hinsichtlich dieser Fragen belässt es *Der gelbe Stern* bei der Uneindeutigkeit, zu der Brink feststellt:

> Sie erlaubte angesichts monströser Verbrechen zwar entschieden eine moralische Verantwortung aller Deutschen einzuklagen, die aber, sofern es um konkrete Handlungen und Haltungen ging, ›sie‹ und ›uns‹, die ›Aktiven‹ und die ›Passiven‹ strikt auseinanderhielt […].[6]

Schoenberner eröffnet den Fotoband mit einem Auszug aus Thomas Manns Rundfunkansprache an die deutschen Hörer vom Januar 1945. Darin betont Mann zum einen den »Neubeginn«, der »für die Aussöhnung mit der Welt *eine* Vorbedingung« stellt. Diese sieht er in der »volle[n] und rückhaltlose[n] Kenntnisnahme entsetzlicher Verbrechen, von denen ihr tatsächlich heute noch das wenigste wißt […]«. Manns Forderung ist »ein gewaltiges Aufklärungswerk« zu schaffen, »um euch zu Wissenden zu machen«.[7] Mit der Bezugnahme auf die Rede Thomas Manns als »Motto und Appell an die Leser«[8] stellt sich Schoenberner zweifelsohne in die Tradition des von Mann geforderten »Aufklärungswerkes.« Erst auf den Auszug der Rede Thomas Manns folgt das Titelblatt *Der*

Torhaus Auschwitz-Birkenau. Siehe: Christoph Hamann: Fluchtpunkt Birkenau. Stanislaw Muchas Foto vom Torhaus Auschwitz-Birkenau (1945). In: Visual History. Ein Studienbuch. Hg. v. Gerhard Paul. Göttingen 2006, S. 283–302.

3 Vgl. Brink: Ikonen der Vernichtung (s. Anm. 1), S. 147.

4 Brink: Ikonen der Vernichtung (s. Anm. 1), S. 144.

5 Brink: Ikonen der Vernichtung (s. Anm. 1), S. 175.

6 Brink: Ikonen der Vernichtung (s. Anm. 1), S. 175.

7 Thomas Mann zit. n. Gerhard Schoenberner: Der gelbe Stern. Die Judenverfolgung in Europa 1933 bis 1945. Hamburg 1961, Vorrede, o. S.

8 Brink: Ikonen der Vernichtung (s. Anm. 1), S. 148.

gelbe Stern und eine kurze Einleitung Schoenberners in das Thema. Dort bestimmt Schoenberner den Adressaten seines Aufklärungswerkes: »Was hier in diesem Buch gezeigt wird, ist unsere eigene Tat. Sie geschah durch uns, auch wenn wir sie nicht selbst verübt haben. Wir haben sie geduldet, sie geht uns an. Deshalb sind wir befangen von ihr und möchten sie am liebsten nicht wahrhaben.«[9] Er wendet sich also an das Kollektiv der bundesrepublikanischen Gesellschaft, die schuldig geworden ist. Offen gelassen werden jedoch die konkreten Fragen nach den Tätern und ihren Taten. Nur summarisch und in einem distanzierten »sie« sind die Täter – ihre Plünderungen, Deportationen sowie die Vernichtung in den Gaskammern von Auschwitz in den einführenden Worten Schoenberners präsent.[10] Die Geschichte der Judenvernichtung entwickelt der Autor in den darauffolgenden acht Kapiteln. Sie beginnen mit »Hitlerdeutschland«, es folgen die Abschnitte »Experimentierfeld Polen«, »In den Ghettos«, »Massenerschießungen«, »Die Deportationen«, die eine Dramaturgie der ständigen Steigerung der Verbrechen entwickeln. Bei Schoenberner heißt es im Wortlaut dazu: »Im Buch wird zu einem Drama gerafft, was in Wirklichkeit ein endloser Prozeß sich steigernder Qualen war.«[11] Ihren Höhepunkt findet die Erzähldramaturgie des Bandes im Kapitel »Vernichtungslager« und endet mit dem darauffolgenden Schlusskapitel der »Befreiung«.[12]

Betrachtet man die einzelnen Kapitel, so fällt auf, dass sie größtenteils aus Fotografien bestehen – in doppelseitigen oder ganzseitigen Abbildungen –, die durch kurze Textpassagen oder Bildunterschriften kommentiert werden. Die verwendeten Texte sind jeweils Auszüge aus historischen Schriftdokumenten, die mehrheitlich aus Publikationen des NS-Regimes stammen (Anordnungen der SS, der *Völkische Beobachter*, Stroop-Bericht oder Tagebuchauszüge von Goebbels). In den letzten Kapiteln »Vernichtungslager«, »Widerstand« und »Befreiung« kommen Häftlingsberichte, Aufrufe der jüdischen Kampforganisationen und Berichte der Alliierten hinzu. Schoenberner selbst ist als Autor lediglich in der knapp vier Seiten umfassenden Einführung zu Beginn des Bandes und in den kurzen, jeweils genau eine Seite umfassenden Einleitungen zu den einzelnen Kapiteln präsent. Ansonsten verlässt er sich ganz auf die Selbstaussage der Textdokumente und vor allem die der Fotografien. Überzeugt von der Faktizität der Fotografie, geht Schoenberner davon aus, dass die Bilder für

9 Schoenberner: Der gelbe Stern (s. Anm. 7), S. 5.
10 Vgl. Schoenberner: Der gelbe Stern (s. Anm. 7), S. 5.
11 Schoenberner: Der gelbe Stern (s. Anm. 7), S. 5.
12 Das Kapitel »Widerstand« wird eingeschoben zwischen den Abschnitt »Vernichtungslager« und »Befreiung.« Dieses Kapitel wird aus der Logik der zeitlichen Abfolge herausgenommen und bekommt einen Sonderstatus, in dem hier der jüdische Widerstand zur Darstellung kommt. Zur »Dramaturgie« vgl. Brink: Ikonen der Vernichtung (s. Anm. 1), S. 152.

sich selbst sprechen und die Wahrheit hervorbringen.[13] Dass die Fotos das gezeigte Geschehen zugleich deuten, kommt ihm nicht in den Sinn. Noch weniger, dass seine Zusammenstellung der Fotos zu Fotofolgen sowie deren Kombination mit Textzitaten zu einer Bilderzählung führen, die seiner Autorschaft entstammt. Schoenberner teilte sein – heute nur noch als naiv zu bezeichnendes – Selbstverständnis von der Beweiskraft und Authentizität der Fotografie mit zahlreichen seiner Rezensenten, die den Fotoband äußerst positiv begrüßten.[14]

Sein Anspruch ist es, wie er in der Einleitung zum Band festhält, »die Geschichte der Judenverfolgung durch das Dritte Reich in Bildern zu erzählen«.[15] Zur Herkunft der Fotografien stellt er in diesem Zusammenhang durchaus kritische Reflexionen an. So betont er:

> Die Aufnahmen stammen fast ausnahmslos aus deutschen Quellen. Sie wurden in der Mehrzahl von amtlichen Pressefotografen des Regimes und zum kleineren Teil von privaten Amateuren in deutscher Uniform gemacht. Man legte tatsächlich regelrechte Fotoalben an, in denen man über Ausweisungen und Exekutionen berichtete, wie über eine Ferienreise an die Ostsee oder ins Riesengebirge.[16]

Auch die dadurch bedingte Täterperspektive der Aufnahmen bedenkt er:

> Die Herkunft der Fotos bedingt eine doppelte Einseitigkeit. [...]. Sie sahen sich selbst in der Rolle des Helden und ihre wehrlosen Opfer als Untermenschen. Ihre Aufnahmen sind ein Versuch, dieses Verhältnis zu dokumentieren. Die Fotografen haben viel Zeit darauf verwandt, ihre Objekte in möglichst ungünstigen Situationen zu fotografieren. [....] Aber sie suchten auch mit Bedacht immer Physiognomien aus, die nach ihrer Vorstellung besonders unsympathisch waren und jenem Zerrbild des Juden am nächsten kamen, das die antisemitische Propaganda der Nazis geprägt hatte.[17]

Dennoch hält Schoenberner daran fest, mit diesem fotografischen Material eine Bildgeschichte der Judenverfolgung vorlegen zu können, in der sich die Perspektive umkehrt – in der sich das durch Grausamkeit bestimmte Verhältnis der Täter zu ihren Opfern von selbst enthüllt und die Wahrheit zutage tritt. In seinen eigenen Worten resümiert er: »Es ist aufregend zu beobachten, wie in diesen Bildern dennoch die Wahrheit immer wieder durchschlägt.«[18]

Trotz der sorgfältigen Aufbereitung der einzelnen Kapitel mittels historischer

---

13 »Es ist aufregend zu beobachten, wie in diesen Bildern dennoch die Wahrheit immer wieder durchschlägt.« Schoenberner: Der gelbe Stern (s. Anm. 7), S. 7.

14 Brink: Ikonen der Vernichtung (s. Anm. 1), S. 147.

15 Schoenberner: Der gelbe Stern (s. Anm. 7), S. 5.

16 Schoenberner: Der gelbe Stern (s. Anm. 7), S. 6. Bei den zeitgenössischen Rezensenten wurde dieser Umgang mit dem fotografischen Material als ungewöhnlich sorgfältig vermerkt, was dem Bildband zusätzliche Autorität als Dokument verschaffte. Vgl. Brink: Ikonen der Vernichtung (s. Anm. 1), S. 147.

17 Schoenberner: Der gelbe Stern (s. Anm. 7), S. 7.

18 Schoenberner: Der gelbe Stern (s. Anm. 7), S. 7.

Schriftdokumente und Fotografien, wird jedoch keine der Aufnahmen durch Quellenangaben erläutert. Weder als Bildunterschriften noch im Quellennachweis am Ende des Bandes finden sich detailliertere Informationen zur Herkunft der einzelnen Fotos, noch zu den Fotografen oder etwa zu Zeit und Ort der Aufnahmen. Lediglich in der Einleitung trifft man – wie schon erwähnt – auf die quellenkritischen Reflexionen Schoenberners, die ganz generell auf die Täterperspektive der Fotografien verweisen. Beim Nachweis der Bildquellen – im Schlussteil des Bandes – begegnet man noch einmal der Problematik der Aufnahmen. Der Nennung der benutzten Archive stellt Schoenberner voran: »Bei der überwiegenden Mehrzahl der Bilder handelt es sich um offizielle Aufnahmen, die auf Veranlassung oder mit Erlaubnis der Nazi-Behörden gemacht wurden.«[19] Er erläutert einzelne Fotogruppen, wie beispielsweise die Bilder von der Ankunft und Selektion in Birkenau oder die des Stroop-Berichts. Allerdings fehlen auch hier genauere Angaben zu Entstehung und Herkunft der Fotografien. Genannt werden lediglich die Archive, welche die Fotografien (oder ihre Reproduktionen) aufbewahren.

II. Fotografie als Dokument – ein problematisches Deutungsmuster der Fotografie

Doch mit diesen wenigen Angaben zu ihren Quellen lässt sich das Dilemma dieser Fotografien nicht lösen.[20] Fotografiegeschichtlich betrachtet tritt bei Schoenberner das unreflektierte Vertrauen in den »dokumentarischen Sinn« der Fotografie zutage, eine Haltung, die dem Medium schon bei seiner Entdeckung im frühen 19. Jahrhundert und seitdem immer wieder zugeschrieben wurde. Was Schoenberner nicht beachtet, ist seine eigene, moralische Stellungnahme zu den fotografierten Szenen, die er aus seiner zeitgenössischen Situation und deren Auseinandersetzung mit dem Nationalsozialismus gewonnen hatte. Oder, um es anders zu formulieren: Erst die Haltung des Betrachters Schoenberner, der ein Aufklärungswerk über »Die Judenverfolgung in Europa 1933 bis 1945« beabsichtigt, sieht in den Fotografien die verfolgten und gequälten Opfer des NS-Regimes. Was Schoenberner aus seiner historischen Perspektive und Haltung zum Nationalsozialismus und Judenmord mit dem Fotoband herstellte, ist eine Montage von historischem fotografischen Material sowie Textzitaten, die zusammen eine vollkommen neue Erzählung in der »Dramaturgie der Bilder der Opfer« ergeben. Diese Narration steht mit den einzelnen, historischen Fotografien – ihrem Herstellungskontext, ihren Akteuren, ihren Bildmotiven – in

19 Schoenberner: Der gelbe Stern (s. Anm. 7), S. 222.
20 Schoenberner: Der gelbe Stern (s. Anm. 7), S. 7.

keiner unmittelbaren Verbindung. Nur die Tatsache, dass die Fotografien aus der historischen Zeit des NS-Regimes stammen, verbindet sie.

Was den Inhalt dieser neuen Bilderzählung betrifft, so hat ihn Cornelia Brink in *Ikonen der Vernichtung* ausführlich analysiert: »Der Band [hat] durch Auswahl, Anordnung und Kausalisierung der Bilder, nicht die, sondern eine bestimmte Geschichte der Judenvernichtung erzählt, [die] ein bestimmtes Erzähl- und somit Deutungsmuster der Ereignisse bot.«[21] Der Bildaufbau des Fotobandes ist der humanistischen Absicht verpflichtet, die bundesrepublikanische Gesellschaft mit den nationalsozialistischen Verbrechen zu konfrontieren und durch Schrecken und Mitleid Aufklärung über sie zu schaffen. Zu dieser Dramaturgie, in der die Mörder umso mächtiger erscheinen, je hilfloser ihre Opfer sind, stellt Brink fest: »Auffallend häufig zeigt *Der gelbe Stern* alte Menschen, Frauen mit kleinen Kindern oder hungernde, bettelnde Kinder, die ohne den Beistand Erwachsener den gewalttätigen Übergriffen schutzlos ausgeliefert sind.«[22] Dieser verallgemeinernde und die Opfer universalisierende Impetus geschah um den Preis der konkreten Auseinandersetzung mit dem NS-Regime und seinen Tätern.

III. Der gelbe Stern und der »pädagogische Imperativ«

Für den zeitgenössischen Erfolg des Fotobandes wie seine Popularität wurde der Zeitpunkt seiner Veröffentlichung entscheidend. Sie fiel in eine Zeit, die eine neue Herausforderung – vor allem auch für das öffentliche Ansehen der Bundesrepublik Deutschland – darstellte. Kaum ein Jahr vor der Publikation, zu Weihnachten 1959, hatte eine Welle von antisemitischen Synagogen- und Friedhofsschändungen die bundesrepublikanische Öffentlichkeit nachhaltig verstört und aus ihrer selbstzufriedenen Wirtschaftswunderkultur geweckt.[23] Aber auch die öffentlichen Debatten um den Nationalsozialismus im Kontext des Jerusalemer Prozesses gegen Adolf Eichmann, der 1960 in Argentinien durch den israelischen Geheimdienst verhaftet worden war, oder um Rolf Hochhuths Drama *Der Stellvertreter* (1963) zeigen an, dass Bewegung in die Auseinandersetzung mit dem Nationalsozialismus gekommen war.[24] Harald Schmid spricht von einem sich abzeichnenden »geschichtskulturellen Wandel« in der westdeutschen Auseinandersetzung mit dem Nationalsozialismus, der einen »Schub

21 Brink: Ikonen der Vernichtung (s. Anm. 1), S. 147.
22 Brink: Ikonen der Vernichtung (s. Anm. 1), S. 171.
23 Ausführlich hierzu Brink: Ikonen der Vernichtung (s. Anm. 1), S. 143–146.
24 Harald Schmid: »Die Vergangenheit mahnt«. Genese und Rezeption einer Wanderausstellung zur nationalsozialistischen Judenverfolgung (1960–1962). In: Zeitschrift für Geschichtswissenschaft 60/4 (2012), S. 331–348.

in der Herausbildung eines selbstkritischen Geschichtsbewusstseins, das Vergangenheit und Gegenwart nicht mehr voneinander zu trennen gewillt war«, brachte.[25] Als Folge der aufgeregten Debatten auf bundespolitischer Ebene und in den Medien über diese »Schmierwelle« entstand die Forderung nach politischer Bildungsarbeit, um Antisemitismus und Neonazismus zu begegnen. In Form von Publikationen wie *Der gelbe Stern*[26] oder des *Tagebuchs der Anne Frank*[27], aber auch durch Ausstellungen sollte der »pädagogische Imperativ« in die Bildungsarbeit der noch jungen Bundesrepublik eingreifen. In diesem Zusammenhang ist auch zu erwähnen, dass der Publikation des Fotobandes die Exposition »*Die Vergangenheit mahnt.* Eine Ausstellung über die Geschichte der Juden und ihre Verfolgung im Dritten Reich« unmittelbar vorausging, an deren Konzeption auch Schoenberner beteiligt war.[28] Die Schau war als Wanderausstellung für mehrere deutsche Städte konzipiert worden und von Beginn an ein Publikumserfolg. Von April 1960 bis September 1962 wurde sie in Westberlin sowie an vier weiteren westdeutschen Ausstellungsorten (Hamburg, Essen, Frankfurt am Main, Mannheim) bei jeweils freiem Eintritt gezeigt.[29] Die Planungen zu der Schau gingen – neben Schoenberner – zurück auf das Engagement von Hanno Kremer, Erik Nohara und Ludwig Thürmer. Die drei Journalisten und ein Grafiker hatten 1958 informell das »Komitee ›Ausstellung Antisemitismus in Deutschland‹« gegründet. »Ihre Motive entstammten [...], den Debatten um und Prozessen ›gegen alte und neue Antisemitismen und Nazis‹, eine eigene Reise nach Polen und dort besonders Auschwitz sowie der Reflexion über den Erfolg des ›*Tagebuchs der Anne Frank*‹.«[30]

Festzuhalten bleibt: *Der gelbe Stern* gab den Anstoß für eine neue historische Auseinandersetzung mit dem Nationalsozialismus, die das »kalte und leere Vergessen« (Adorno) der fünfziger Jahre beendete. Sie mündete in einen »pädagogischen Imperativ«, der auf Erziehung und Geschichtsunterricht setzte und die Versäumnisse der historisch-politischen Bildung aufheben sollte. In dieser Situation bot der Fotoband *Der gelbe Stern* eine Erzählweise der Verbrechen, die – wie schon beschrieben – die »Identifikation mit den unschuldigen Opfern«[31]

25 Schmid: »Die Vergangenheit mahnt« (s. Anm. 24), S. 331f.

26 Der Verlag selbst kam auf die Idee, Bundes- und Länderminister persönlich anzuschreiben, um auf das Buch aufmerksam zu machen, zahlreiche Rezensenten begrüßten das Buch und empfahlen, das Buch den Schulbibliotheken zur Verfügung zu stellen. Vgl. Brink: Ikonen der Vernichtung (s. Anm. 1), S. 146.

27 Anne Frank: Das Tagebuch der Anne Frank. Aus dem Niederländ. übers. v. Mirjam Pressler. Berlin 2013 (19. Auflage).

28 Ausführlich zur Ausstellung, Planung und Konzeption sowie Rezeption siehe Schmid: »Die Vergangenheit mahnt« (s. Anm. 24).

29 Mit Unterstützung des Auswärtigen Amtes wurde sie im Anschluss sogar in Israel gezeigt.

30 Schmid: »Die Vergangenheit mahnt« (s. Anm. 24), S. 337.

31 Brink: Ikonen der Vernichtung (s. Anm. 1), S. 175.

erlaubte und zugleich den Fragen nach der individuellen Schuld der Deutschen auswich. Die Leser wurden nicht konfrontiert mit den Haltungen »des Nicht-Genau-Wissen-Wollens, des Zuarbeitens oder Profitierens, Wegschauens oder unbeteiligten Zuschauens«, die das NS-System durchweg geprägt hatten. Die Fotografien hatten hierbei einen entscheidenden Anteil. Da Schoenberner keine quellenkritischen Fragen zu den Fotografien stellte und ganz auf die Autorität des fotografischen Zeugnisses, seinen »unmittelbaren Beweiswert«[32] setzte, konnte den Fragen nach der individuellen Mitwirkung der »ganz normalen Deutschen« - welche die Fotos implizierten - ausgewichen werden.

IV. Quellenkritik – Neue Perspektiven in der Fotografie-Forschung seit den 1980er Jahren

Erst um die Wende zum 21. Jahrhundert ist ein veränderter Umgang mit den Fotografien der Verbrechen des NS-Regimes zu verzeichnen. Als ein Ergebnis dieser neuen Zugangsweise hebt die Fotohistorikerin Miriam Arani besonders die quellenkritische Edition von Fotografien aus dem KZ Mauthausen *Das sichtbare Unfassbare* von 2015 hervor:

> Er [der Bewusstseinswandel, hf] zeigt sich etwa an einem neueren österreichischen Ausstellungskatalog über fotografische Quellen zum KZ Mauthausen, der eine quellenkritische Wahrnehmung der Bilder erlaubt: Gruppen von Fotos werden nach ihren jeweiligen Entstehungszusammenhängen unterschieden, die in kurzen Einleitungstexten erläutert werden.[33]

Dieser Neuansatz geht auf verschiedene Entwicklungen und Ereignisse zurück, die hier nur kurz angedeutet werden sollen.[34] In den 1980er Jahren lassen sich in der gesellschaftspolitisch engagierten Kunstgeschichte erste Ansätze der Auseinandersetzung mit Fotografien aus der Zeit des NS-Regimes finden.[35] Neben

---

32 So in einer Rezension des Evangelischen Literaturbeobachters von Dezember 1960 nachzulesen: »*Der Gelbe Stern*« zeichne sich dadurch aus, dass seine »Texte und Bilder unmittelbaren Beweiswert besitzen und im Grunde keines Kommentars bedürfen, um im Leser und Beschauer ein beklemmendes Entsetzen auszulösen, von dem er auch nach Abschluss der Lektüre nicht mehr frei wird.« Zit. n. Brink: Ikonen der Vernichtung (s. Anm. 1), S. 147.

33 Bundesministerium für Inneres (Hg.): Das sichtbare Unfassbare. Fotografien vom Konzentrationslager Mauthausen. Wien 2005.

34 Siehe ausführlich: Miriam Y. Arani: Die fotohistorische Forschung zur NS-Diktatur als interdisziplinäre Bildwissenschaft. In: Zeithistorische Forschungen 5/3 (2008), S. 387–412.

35 Hinzuweisen ist insbesondere auf die Arbeiten von Rolf Sachsse: Probleme der Annäherung. Thesen zu einem diffusen Thema: NS-Fotografie. In: Fotogeschichte 2/5 (1982), S. 59–65. Diethart Kerbs: Historische Pressefotos im Dienst der nationalsozialistischen Propaganda. In: Fotogeschichte 3/10 (1983), S. 25–39. Ulrich Keller (Hg.): Fotografien aus dem Warschauer Ghetto. Berlin 1987. Detlef Hoffmann: Fotografierte Lager. Überlegungen zu einer

den zeitspezifischen Entstehungs- und Gebrauchskontexten gerieten besonders Fragen nach dem Zusammenhang der überlieferten Fotografien mit der Ideologie und den Verbrechen des NS-Regimes in den Blick. Ab den 1990er Jahren fanden die Fotografien dann auch vermehrt das Forschungsinteresse der Historiker. In diesen Jahren zeichnete sich die Entwicklung des sogenannten »visual turn« ab, der fotografisches aber auch filmisches Bildmaterial zur Quelle der Geschichtswissenschaften erklärte. Aber auch die historischen Ereignisse dieser Jahre scheinen einen nicht geringen Einfluss auf die Erneuerung im Umgang mit Fotografien der NS-Zeit gewonnen zu haben. So gerieten durch die politischen Veränderungen im Osten Europas die lange vernachlässigten, zum Teil auch nicht zugänglichen Fotos von den östlichen Schauplätzen der Verbrechen des NS-Regimes in den Blick. »Der dort vollzogene Mord an den Juden Europas hatte lange im Schatten des Kriegs gestanden, der in den Bildmedien des NS-Staats wie auch in denen der deutschen Nachkriegsgesellschaft visuell bagatellisiert und zum ›sauberen‹ Krieg stilisiert worden war.«[36] Nicht geringe Bedeutung für die weitere Fotografieforschung hatte dann zu Ende der 1990er Jahre die Ausstellung *Verbrechen der Wehrmacht* – insbesondere die in der Schau gezeigten Fotos der Kriegs- und NS-Verbrechen in Osteuropa.[37] Miriam Arani stellt hierzu fest: »Die seit 1997 eskalierenden politischen Auseinandersetzungen um die Exposition nahmen 1999 die Gestalt einer wissenschaftlichen Debatte über angeblich ›gefälschte‹ Fotos an«.[38] Diese Debatten führten einerseits zu einer deutlichen Sensibilisierung von Historikern und Archiven in Hinsicht auf den »richtigen« Umgang mit den Fotografien und stellte andererseits den Entstehungskontext

Fotogeschichte deutscher Konzentrationslager. In: Fotogeschichte 14/54 (1994), S. 3–30. Detlef Hoffmann: »Auch in der Nazizeit war zwölfmal Spargelzeit«. Die Vielfalt der Bilder und der Primat der Rassenpolitik. In: Fotogeschichte 17/63 (1997), S. 57–68. Zum Forum dieser Forschungen wurde die 1981 gegründete Zeitschrift *Fotogeschichte*.

36 Arani: Die fotohistorische Forschung (s. Anm. 34), S. 391. Gerhard Paul: Bilder des Krieges – Krieg der Bilder. Die Visualisierung des modernen Krieges. Paderborn 2004, S. 223–284.

37 Bei den *Verbrechen der Wehrmacht* handelt es sich um zwei Wanderausstellungen, die vom Hamburger Institut für Sozialforschung konzipiert wurden. Die erste (1995–1999) trug den Titel *Vernichtungskrieg. Verbrechen der Wehrmacht 1941 bis 1944*, die zweite (2001–2004) *Verbrechen der Wehrmacht. Dimensionen des Vernichtungskrieges 1941–1944.*

38 Die Angriffe auf die Ausstellung bzw. die Frage nach dem Umgang mit den Fotografien führte auch zu einer Debatte unter den Historikern bzw. Fotohistorikern. Miriam Y. Arani: »Und an den Fotos entzündete sich die Kritik«. Die »Wehrmachtsausstellung«, deren Kritiker und die Neukonzeption. Ein Beitrag aus fotohistorisch-quellenkritischer Sicht. In: Fotogeschichte 85/86 (2002), S. 97–124. Als Entgegnung siehe Ulrike Jureit: »Zeigen heißt verschweigen«. Die Ausstellungen über die Verbrechen der Wehrmacht. In: Mittelweg 36/13,1 (2004), S. 3–27 und die daraufhin konkretisierte Darstellung von Miriam Y. Arani: Fotografien als Objekte – die objektimmanenten Spuren ihrer Produktions- und Gebrauchszusammenhänge. In: Fotos – »schön und nützlich zugleich«. Das Objekt Fotografie. Hg. v. Irene Ziehe und Ulrich Hägele. Münster 2006, S. 29–44.

der Fotografien – insbesondere seine Relevanz für die Repräsentation von Wirklichkeit – in den Vordergrund.

V. Die Geschichte des Lili Jacob-Albums und die neuere fotohistorische Forschung

Die ungarische Jüdin Lili Jacob, die im Mai 1944 zusammen mit mehreren Tausenden von Juden aus dem Ghetto der Ziegelei von Beregszász nach Auschwitz-Birkenau deportiert worden war, fand nach ihrer Befreiung 1945 im KZ Mittelbau-Dora im Harz ein Fotoalbum, in dessen Bildern sie sich und die Mitglieder ihrer Familie bei der Ankunft im Lager wieder erkannte.[39] Lili Jacob, nach der das Album benannt wurde, das auch als »Auschwitz-Album« tituliert wird, kam mit einem der Transporte der sogenannten »Ungarn-Aktion« nach Auschwitz-Birkenau.[40] Von April bis August 1944 wurden fast 450 000 Juden aus Ungarn dorthin verschleppt. Die Forschung geht heute davon aus, dass die Mehrzahl von ihnen direkt nach ihrer Ankunft ermordet wurde.[41] Lili Jacob, die zu diesem Zeitpunkt achtzehn Jahre alt war, sah ihre Familie bei der Ankunft auf der neu errichteten Rampe zum letzten Mal. Alle ihre Angehörigen wurden in Auschwitz-Birkenau ermordet. Sie selbst überlebte Auschwitz und erreichte nach der Auflösung des Lagerkomplexes Anfang 1945 über mehrere Zwischenstationen das KZ Mittelbau-Dora, wo sie kurz nach der Befreiung im April 1945 das Fotoalbum auf der Suche nach Kleidung fand. Im Frankfurter Prozess beschrieb sie im November 1964 ihren Fund:

> Ich war sehr schwach und unterernährt und brach zusammen. Meine Mitgefangenen brachten mich in eine Kaserne, die vordem von Nazis besetzt war. Und sie legten mich auf ein Bett. Und ich lag dort eine Weile. Nach einer Weile fühlte ich mich sehr kalt, frösteln. Und ich versuchte etwas zu finden, um mich zu bedecken. Ich öffnete die Tür eines Nachtkästchens. Dort fand ich eine Pyjamajacke, welche ich auch heute noch besitze. Und darunter war dieses Album. Als ich dieses Album öffnete, erkannte ich das Bild des Rabbiners aus meiner Heimatstadt, der meine Eltern verehelichte. [...] Und wie

39 Zur Geschichte der Überlieferung des Albums vgl. Gideon Greif: Das Auschwitz Album. Die Geschichte von Lili Jacob. In: Das Auschwitz Album. Geschichte eines Transportes. Hg. v. Israel Gutman und Bella Gutterman. Göttingen 2005, S. 71–86.

40 Lili Jacob heiratete mehrmals. Nach ihrer Entlassung aus dem Lager kehrte Lili Jacob nach Ungarn zurück und heiratete dort 1945 Max Zelmanovic. Mit ihm emigrierte sie 1948 in die USA. Nach seinem Tod heiratete sie 1978 Eric Meier. Durch den Namenswechsel bedingt ist das Album auch unter dem Namen Lili Meier-Album zu finden. Sie starb 1999 in Miami/ Florida.

41 Siehe Stefan Hördler, Christoph Kreutzmüller und Tal Bruttmann: Auschwitz im Bild. Zur kritischen Analyse der Auschwitz-Alben. In: Zeitschrift für Geschichtswissenschaft, 63/7;8 (2015), S. 609–632; hier: S. 610.

ich durchgeblättert habe, habe ich meine Großeltern, meine Eltern und sogar mich selbst erkannt. Und seitdem fühlte ich, daß das der einzige Besitz war, der mir übriggeblieben war.[42]

Lili Jacob hatte das Album nach ihrer Befreiung als das einzige ihr noch verbliebene Andenken an ihre ermordete Familie an sich genommen. Einzelne Fotos verschenkte sie an Überlebende, die ebenfalls Familienmitglieder auf den Fotos erkannten.[43] Dem Jüdischen Museum in Prag erlaubte Jacob 1946 eine Kopie des Albums anzufertigen, im Frankfurter Auschwitz-Prozess 1964, wo sie selbst auch befragt wurde, legte sie es als Beweismittel vor.[44] Noch im gleichen Jahr übergab sie das Fotoalbum an die israelische Gedenkstätte Yad Vashem, die das Album in Zusammenarbeit mit dem Staatlichen Museum Auschwitz-Birkenau 2002 in Israel und 2005 auch in Deutschland unter dem Titel *Das Auschwitz-Album. Die Geschichte eines Transportes* veröffentlichte.[45] Yad Vashem stellte umfassende Recherchen zur Geschichte des Albums an, prüfte besonders die verbliebenen Fotos und versuchte die abgebildeten Personen zu identifizieren. »Die Edition war seinerzeit bahnbrechend – auch wenn die Wiedergabequalität nicht immer den heutigen Ansprüchen genügt und die Abfolge der Fotos verändert wurde.«[46] Mit dieser Publikation lag zum ersten Mal eine Faksimile-Ausgabe des Albums vor, welche die Fotografien im Gesamtkontext ihrer Entstehung abbildete: Die einzelnen Albumseiten mit den eingeklebten Fotos sowie den Kapitelüberschriften sind innerhalb der den Band begleitenden Aufsätze reproduziert. Sie vermitteln so eine Vorstellung von den einzelnen Albumseiten und geben Aufschluss über die Abfolge und Anordnung des Bildmaterials wie der Textunterschriften. In einem separaten Anhang sind die Fo-

42 Aussage Lili Zelmanovic, 118. Verhandlungstag, 3.12.1964, AP 245. Zit. n. Hördler, Kreutzmüller und Bruttmann: Auschwitz im Bild (s. Anm. 41), S. 614.

43 Hördler, Kreutzmüller und Bruttmann: Auschwitz im Bild (s. Anm. 41), S. 615.

44 Hördler, Kreutzmüller und Bruttmann geben in ihrem Aufsatz an, dass wahrscheinlich in diesem Zusammenhang die Fotos mit Bleistiftnummern nummeriert wurden. Spätestens seit 1980 sind sie auf den Reproduktionen zu erkennen, die Serge Klarsfeld (Serge Klarsfeld (Hg.): The Auschwitz Album. Lili Jacob's Album. New York 1980) veröffentlichte. Vgl. Hördler, Kreutzmüller und Bruttmann: Auschwitz im Bild (s. Anm. 41), S. 614. Eine weitere Ausgabe des Albums existiert unter dem Titel: Hans-Jürgen Hahn (Hg.): Gesichter der Juden in Auschwitz. Lili Meiers Album. Mit einer Einleitung von Peter Moses-Krause. Berlin 1995. Diese Ausgabe ist kein Faksimile des Originals – Formate wurden verändert, Anordnung und Bildgrößen der Fotos wurden teilweise ebenfalls verändert.

45 Israel Gutman und Bella Gutterman (Hg): Das Auschwitz Album (s. Anm. 39). Auch eine digitale Version des Albums – allerdings nicht vollständig – ist öffentlich zugänglich, unter: http://www.yadvashem.org/yv/de/exhibitions/album_auschwitz/arrival.asp [abgerufen: 31.03.2017].

46 Hördler, Kreutzmüller und Bruttmann: Auschwitz im Bild (s. Anm. 41), S. 615. Die Benutzung der Faksimileausgabe wird leider beeinträchtigt durch die ungenauen oder fehlenden Angaben zur Reihenfolge der Fotografien wie der Albumseiten.

tografien nochmals als einzelne Aufnahmen und in Vergrößerungen reproduziert. Die Fotos werden durch kurze begleitende Texte kommentiert und nach Möglichkeit wurden die abgebildeten Personen identifiziert. Dies war eines der zentralen Anliegen der Ausgabe von Yad Vashem: Die Anonymität der Opfer, wie sie durch das NS-System hergestellt worden war, aufzuheben. Den Opfern sollten wieder ein Name und eine Herkunft gegeben werden. Eingeleitet werden die Reproduktionen des Albums mit mehreren Artikeln zur Geschichte des Albums, zum Lagerkomplex Auschwitz-Birkenau sowie zu den »Ungarn-Transporten«. Erst mit dieser Edition standen die Fotografien als Reproduktionen der internationalen Forschung zur Verfügung.

Aufbauend auf der Arbeit von Yad Vashem stellten die Historiker Hördler, Kreutzmüller und Bruttmann weitere Forschungen an, die sie in ihrem Aufsatz »Auschwitz im Bild. Zur kritischen Analyse der Auschwitz-Alben« im Jahr 2015 publizierten. Forschungsgeschichtlich fasst die Publikation den Stand der bisherigen Ergebnisse zusammen, auf die ich mich im Weiteren beziehe.[47] Zu der Besonderheit von Auschwitz stellen die Autoren einleitend fest:

> Neben der Größe des Lagerkomplexes, seiner Spezifik als Vernichtungs- und Arbeitslager, der Vielzahl der Opfer wie auch der relativ hohen Zahl von Überlebenden, die Zeugnis ablegen konnten, ist der Umfang der überlieferten zeitgenössischen Fotos sicherlich einer der Gründe für die Strahlkraft und Wirkmächtigkeit von Auschwitz.[48]

Die Perspektive der Autoren hinsichtlich des Lili Jacob-Albums wird vor allem von dessen Einbettung in die Geschichte des Lagerkomplexes von Auschwitz-Birkenau im Sommer 1944 bestimmt. Dies legt sowohl der von der SS auf den ersten Seiten des Albums vergebene und entsprechend der SS-Begrifflichkeiten verklausulierte Titel *Umsiedlung der Juden aus Ungarn* nahe, wie auch die Aufteilung der Fotografien in fünf Kapitel. Diese tragen die Überschriften: »Ankunft eines Transportzuges«, »Aussortierung« (»Männer bei der Ankunft«, »Frauen bei der Ankunft«), »Nach der Aussortierung« (»Noch einsatzfähige Männer«, »Noch einsatzfähige Frauen«, »Nicht mehr einsatzfähige Männer«, »Nicht mehr einsatzfähige Frauen u. Kinder«), »Nach der Entlausung« (»Einweisung ins Arbeitslager«) und »Effekten«.

Hier ist noch einmal die Besonderheit der historischen Situation zu rekapitulieren. Die »Ungarn-Aktion« bedeutete in der Geschichte des Massenmordes an den Juden deren mörderischer Höhepunkt. Innerhalb weniger Monate, von

47 In ihrem Aufsatz schlagen die Autoren eine »verschränkende Analyse« der beiden unter dem Namen »Auschwitz-Album« bekannt gewordenen Alben vor. Bei dem zweiten Album handelt es sich um das Karl Höcker-Album. Höcker gehörte zur Lager-SS und gibt Einblicke in das Personalsystem der SS. Vgl. Hördler, Kreutzmüller und Bruttmann: Auschwitz im Bild (s. Anm. 41), S. 609.

48 Hördler, Kreutzmüller und Bruttmann: Auschwitz im Bild (s. Anm. 41), S. 609.

April bis August 1944, wurden schätzungsweise 325.000 bis 349.000 Juden und Jüdinnen direkt bei ihrer Ankunft ermordet.[49] In Erwartung des Massenmordes und um dessen Ablauf schnell und reibungslos zu gewährleisten, wurden personelle Umstrukturierungen innerhalb der Lagerführung vorgenommen, und nicht zuletzt wurde der lange geplante Gleisanschluss in das Lager Birkenau verlegt, wodurch die sogenannte Rampe entstand,

> die in der Mitte […] von einer nord-südlich verlaufenden Passage gekreuzt wurde. Die ›Kreuzung‹ diente der Lager-SS als infrastrukturelles Zentrum des mörderischen Auswahlprozesses, den die SS Selektion nannte, und ist ein zentraler Schauplatz der Fotos des Lili Jacob-Albums.[50]

Unter der Prämisse der Sichtbarmachung des zeitlichen Ablaufs und der Abfertigung der einzelnen Züge des Ungarn-Transports werden von Hördler et al. einzelne Fotos als Quelle herangezogen. Anhand der in den Fotografien zu sehenden Schlagschatten wird die Tageszeit der Aufnahmen bestimmt (Abb. 1):

Abb. 1: Foto 26 des Lili Jacob-Albums, aus: Das Auschwitz-Album. Geschichte eines Transportes. Hg. v. Israel Gutman und Bella Gutterman. Göttingen 2005, S. 25

> Das mit der Nummer 26 versehene Foto des Albums zeigt die Selektion dieses Transportes an der sogenannten Kreuzung. Vom schadhaften Dach eines Güterwaggons herab aufgenommen, wird deutlich, dass die SS die ›Sortierung‹ auf dem westlichen Teil

49 Hördler, Kreutzmüller und Bruttmann: Auschwitz im Bild (s. Anm. 41), S. 610.
50 Hördler, Kreutzmüller und Bruttmann: Auschwitz im Bild (s. Anm. 41), S. 614.

der Rampe vermutlich mit den Frauen begonnen hat. [...] Die Schlagschatten der Menschen auf der in ost-westlicher Richtung verlaufenden Rampe weist darauf hin, dass das Foto am frühen Morgen aufgenommen wurde.[51]

Ähnliches gilt für eine Fotografie, auf der die beiden jüngeren Brüder von Lili Jacob bei ihrer Ankunft in Auschwitz-Birkenau zu sehen sind (Abb. 2):

Abb. 2: Foto 49 des Lili Jacob-Albums, aus: Das Auschwitz-Album 2005, S. 136

Die fotografischen Arbeiten am Album wurden offenbar kurz nach der Fertigstellung des neuen Gleisanschlusses begonnen und im Juli 1944 abgeschlossen. Auf einem Foto, das die Brüder von Lili Jacob auf der Rampe zeigt, ist deutlich zu erkennen, dass die Farbe, die am Randstein der Rampe angebracht worden war, um die sogenannte Kreuzung zu markieren, noch ganz weiß ist.[52]

Das Fotoalbum enthält heute insgesamt 192 Motive (abzüglich einer Doublette), die auf Fotopapier der Größe 8,2 cm x 11,1 cm abgezogen wurden. Es umfasst 56 Seiten und hat die Maße von 33 cm x 25 cm.[53] Die Fotografen der Bilder, die für die Betrachter unsichtbar bleiben, aber sozusagen mit auf der Rampe standen, waren der Leiter des Erkennungsdienstes der Politischen Abteilung, SS Haupt-

51 Hördler, Kreutzmüller und Bruttmann: Auschwitz im Bild (s. Anm. 41), S. 618f.
52 Hördler, Kreutzmüller und Bruttmann: Auschwitz im Bild (s. Anm. 41), S. 618.
53 Vgl. Hördler, Kreutzmüller und Bruttmann: Auschwitz im Bild (s. Anm. 41), S. 616.

scharführer Bernhard Walter, und sein Stellvertreter, SS Unterscharführer Ernst Hofmann. Vermutlich waren sie es auch, die die Zusammenstellung des Albums in Form eines Drehbuchs planten. Neben den beiden SS-Männern kommt als weiterer Fotograf Wilhelm Brasse in Betracht. Er war ein polnischer Häftling im KZ Auschwitz, der in der Politischen Abteilung für die Erkennungsdienstlichen Fotos zuständig war.[54] In dem Fotostudio dieser Abteilung (Block 26 des Stammlagers, Auschwitz I) wurden die belichteten Filme entwickelt und vergrößert. Nach Hördler et al. spricht

> die hohe Anzahl der Fotos [...] für einen längeren Entstehungszeitraum, zumal das Album wahrscheinlich neben dem ›Tagesgeschäft‹ des Erkennungsdienstes produziert wurde. [...] Da weder Negative noch Kontaktabzüge überliefert sind, kann über die Anzahl der Fotos, die für das Album aufgenommen, aber nicht verwendet wurden, keine Aussage getroffen werden. Bei der thematischen Zusammenstellung der Fotos ist ihr ursprünglicher Zusammenhang teilweise verloren gegangen. Erste Versuche zeigen jedoch, dass sich einige Fotoserien isolieren lassen, bei denen die Fotos relativ schnell hintereinander aufgenommen wurden. Ihre Rekonstruktion ist zwar äußerst mühsam, ergibt aber den Effekt eines grausigen Daumenkinos. Vor den Augen des Betrachters entwickeln sich so einzelne Täter- und Opfergruppen und die todbringende Routine der sogenannten Selektion.[55]

Was den Zweck des Albums anbelangt, so stellen die Autoren die Vermutung an, dass das Album »höchstwahrscheinlich als Bildbeilage für den – zweifelsohne erwarteten, aber nicht überlieferten – Endbericht der ›Ungarn-Aktion‹«[56] bestimmt war. »Zugleich diente er als bildhafter Beleg für den idealtypischen und reibungslosen Ablauf der Aktion wie auch als Nachweis für die fehlerfreie Funktionsfähigkeit der neu erbauten Rampe mit Gleisanschluss.«[57]

54 Vgl. Hördler, Kreutzmüller und Bruttmann: Auschwitz im Bild (s. Anm. 41). Janina Struk: Photographing the Holocaust. Interpretations of the Evidence. London 2004, S. 110f.

55 Hördler, Kreutzmüller und Bruttmann: Auschwitz im Bild (s. Anm. 41), S. 616.

56 Hördler, Kreutzmüller und Bruttmann: Auschwitz im Bild (s. Anm. 41), S. 621.

57 Hördler, Kreutzmüller und Bruttmann: Auschwitz im Bild (s. Anm. 41), S. 621. Die Autoren verweisen in diesem Zusammenhang auch auf Cornelia Brink: »Wahrscheinlich gehörte das Album, wie Cornelia Brink argumentiert hat, in eine Traditionslinie jener offiziellen Leistungsnachweise, mit denen SS-Funktionäre ihren Vorgesetzten den reibungslosen Ablauf ihrer Tätigkeit dokumentierten – wie der Stroop-Bericht über die Liquidierung des Warschauer Ghettos.« Hördler, Kreutzmüller und Bruttmann: Auschwitz im Bild (s. Anm. 41), S. 621.

VI. Kritische Revision der Beweiskraft der Fotografie

In der Ausgabe *Der gelbe Stern* von 1961 verwendete Gerhard Schoenberner im Kapitel »Das Vernichtungslager« neun der Fotografien aus dem Lili Jacob-Album.[58] Wie schon eingangs besprochen, tat er dies ohne detaillierte Angaben zu Herkunft und Kontext der Fotos. Eröffnet wird das Kapitel mit dem inzwischen vielfach reproduzierten Foto des Torhauses von Auschwitz-Birkenau von Stanisław Mucha, das nach der Befreiung durch die sowjetische Armee entstand.[59] Darauf folgen neun Fotografien aus dem Lili Jacob-Album, die während der »Ungarn-Aktion« von April bis August 1944 aufgenommen wurden. Sie sind hier zusammenmontiert mit Auszügen aus den Berichten ehemaliger Häftlinge während der Nürnberger Prozesse oder auch von KZ-Kommandanten, die ihre Tätigkeit in den Lagern beschreiben. Es wurden also Fotografien und Texte miteinander kombiniert, die zu ganz unterschiedlichen Zeiten und an teilweise ganz verschiedenen Orten entstanden. Im Gegensatz zu Schoenberners Nutzung der Fotografien aus dem Lili Jacob-Album zur Herstellung einer allgemeinen »Opfer-Erzählung« arbeitet die aktuelle Forschung den zeitlichen und örtlichen Kontext der Entstehung der Fotografien wie des Albums heraus. Damit wird ein genau bestimmbarer historischer Moment des Massenmords – die »Ungarn-Aktion« in Auschwitz-Birkenau 1944 – sichtbar gemacht. Auch wenn die Täter selten direkt ins Bild treten, so wird das von ihnen errichtete System, seine Funktionen, Abläufe und Intentionen, in seiner Differenziertheit deutlich.[60]

Auffällig ist, dass in der Nutzung der Fotografien durch die Historiker diese vorrangig als historische Quellen betrachtet werden. Parallel zu den Textquellen liegt der Schwerpunkt der Analysen auf dem dokumentarischen Charakter der Bilder und ihrer Beweiskraft. Dies macht noch einmal deutlich, wie eng gerade die Geschichte dieser Fotografien mit dem Motiv des Beweises verbunden ist. Auffällig ist hierbei, dass dies sowohl von den Akteuren der NS-Zeit wie von den unterschiedlichen Instanzen nach 1945 in Anspruch genommen wird: Für die Auftraggeber aus der SS-Lagerleitung hatten die Fotografien des Lili Jacob-Albums die Funktion des Beweises der Leistungsfähigkeit des Selektions-Systems an der Rampe. In der Zeit nach 1945 – ob in Schoenberners *Der gelbe Stern* oder im Rahmen der Auschwitz-Prozesse bis hin zur aktuellen bildhistorischen Forschung – werden die Fotos zum Beweis für die Taten des NS-Regimes. Die Beweisführung kann also aus ganz unterschiedlichen Perspektiven und Funktionen mit den Fotografien verbunden werden. Dies zeigt an, dass das Bildme-

58 Siehe: Schoenberner: Der gelbe Stern (s. Anm. 7), S. 142–149, S. 154.

59 Aufgenommen wurde es von dem polnischen Fotografen Stanisław Mucha. Vgl. Anm. 2.

60 Zum Teil wurden die Fotografien auch benutzt zur Identifikation der Täter. Siehe: Hördler, Kreutzmüller und Bruttmann: Auschwitz im Bild (s. Anm. 41), S. 611.

dium der Fotografie weder als »reines« Dokument noch als »reiner« Beweis gedacht werden kann, auch wenn es sich um Fotografien handelt, die ein historisch verifizierbares Geschehen abbilden. Viel wichtiger ist die Rekonstruktion des Kontextes, aus dem heraus die Fotografien entstanden sind und in dem die Akteure, die Fotografen, tätig wurden. Keine historische Quelle – ob Schrift oder Bild – spricht für sich selbst. Sie ist immer in Kombination mit anderen Erkenntnissen zu betrachten. Dies wiederum bedeutet, dass die fotohistorische Forschung zu den Fotografien der NS-Zeit auch stärker bildgeschichtlich ausgerichtet werden müsste. Die fotografischen Bilder und die in sie eingegangenen Bildmotive und ihre -traditionen sind zentraler Bestandteil der in den Fotografien abgebildeten Realitäten. Sie liegen allerdings außerhalb der rein faktischen Beweiskraft der Fotografien, sondern gehen über diese hinaus. Fotografiegeschichtlich ausgerichtete Analysen dieser Art fehlen jedoch größtenteils noch.

Welche Perspektiven sich daraus für das Lili Jacob-Album eröffnen könnten, kann im Folgenden nur angedeutet werden. Wie Hördler et al. in ihrem Aufsatz selbst vermerken, wurden die Negative bearbeitet, Ausschnittvergrößerungen vorgenommen, und es ist davon auszugehen, dass weit mehr Fotos bei der »Ungarn-Aktion« aufgenommen wurden als die, welche in das Album einsortiert wurden.[61] Dies bedeutet: Auch im Falle des Lili Jacob-Albums ist von einer Bilderzählung auszugehen, die durch Auswahl, Abfolge und Anordnung der einzelnen Fotos bestimmt wurde. Zweck und Intention des Albums – als ein Produkt der SS-Lagerleitung – wurden bereits angedeutet: Es sollte die Funktions- und Leistungsfähigkeit des Selektionssystems an der neuen Rampe wie überhaupt des Lagers demonstrieren. Durch weitere bildspezifische Analysen, welche z. B. die Geschichte des Bildmediums »Album« stärker einbezögen, ließen sich die Funktionen wie Intentionen, die mit dem Album verbunden wurden, weiter differenzieren.

Das Lili Jacob-Album gehört in seiner Spezifik zum Genre der Fotoalben, wie sie seit dem 19. Jahrhundert nicht nur für private Zwecke, sondern auch für Firmendarstellungen genutzt wurden.[62] Diese Firmenalben konnten, wie beispielsweise im Falle der Industriellenfamilie Krupp oder der Tabakfirma Reemtsma, sehr aufwändig und repräsentativ gestaltet werden.[63] Sie dienten als Vorzeigestücke der Selbstdarstellung der Unternehmen. In ihrem Repräsenta-

---

61 Vgl. Hördler, Kreutzmüller und Bruttmann: Auschwitz im Bild (s. Anm. 41), S. 616.

62 Siehe Cord Pagenstecher: Private Fotoalben als historische Quelle. In: Zeithistorische Forschungen/Studies in Contemporary History 3 (2009), S. 449–463, unter: http://www.zeithistorische-forschungen.de/3-2009/id=4629, [abgerufen 31.10.2017].

63 Siehe auch: Klaus Tenfelde (Hg.): Bilder von Krupp. Fotografie und Geschichte im Industriezeitalter. München 1994. Die Tabakfirma Reemtsma erstellte 1938 ein Firmenalbum mit dem Titel *Bilder aus der Sozialarbeit.*

tionscharakter implizierten diese Firmenalben eine Leistungsschau der modernen Industrie. Auch bei dem Lili Jacob-Album ist nicht auszuschließen, dass es ursprünglich mehrere Ausfertigungen des Albums gab und dass diese für repräsentative Zwecke gedacht waren.[64] Die Qualität der Aufnahmen des Lili Jacob-Albums verweisen darauf, dass sie ohne Zeitdruck und professionell aufgenommen wurden. Für die Übersichtsaufnahmen entlang der Gleisanlage, die weite Areale des Lagergeländes einschlossen, wurden Weitwinkelobjektive benutzt. Einige der Aufnahmen mussten von erhöhten Standpunkten, von den Wachtürmen oder auch vom Dach der Güterzüge gemacht werden. Insgesamt wechseln die Aufnahmeperspektiven immer wieder von extremen Fernsichten zu Aufnahmen aus nächster Nähe, die insbesondere die ankommenden Männer, Frauen und Kinder ins Visier nehmen. All dies weist darauf hin, dass ein nicht geringer Aufwand an Zeit, Technik und Personal eingeplant wurde, um ein repräsentatives Ergebnis vorweisen zu können. Die Wirkung und Funktion des Lili Jacob-Albums schließt somit an die öffentlich-repräsentative Wirkung von Firmenalben an. Des Weiteren zeichnet sich das Medium des Fotoalbums gerade dadurch aus, dass eine Vielfalt von Bildern durch Auswahl, Anordnung und Abfolge miteinander in Beziehung gesetzt wird und sich daraus eine Bildnarration ergibt, in welche die einzelnen Fotografien eingebunden werden. Schon durch den Modus des Anordnens der Bilder im Album weichen die Fotografien von der Dokumentation des realen Geschehens ab.[65] In den einzelnen Kapiteln des Lili Jacob-Albums ist beispielsweise zu beobachten, wie szenische Bildabläufe entwickelt werden, die gegenüber der »Großerzählung« des Albums als »Kleinerzählungen« zu verstehen sind. In diesen sind Beziehungsgefüge zu finden, in denen die einzelnen Fotos aufeinander verweisen oder sich auch gegenseitig ergänzen. Dies gilt besonders für das Albumblatt mit der Kapitelüberschrift »Ankunft eines Transportzuges« (Abb. 3). Eingeleitet wird damit das erste Kapitel des Albums. Das Blatt ist mit drei Fotografien bestückt, die aus zwei unterschiedlichen Aufnahmeperspektiven gewonnen sind. Die beiden Fotos in der oberen Reihe zeigen Übersichtsaufnahmen, die vom Dach der Waggons aufgenommen worden sein müssen. Die Aufnahmeperspektive verläuft entlang der angekommenen Züge und verfolgt das Geschehen an der Gleisanlage bis zum

64 Siehe Hördler, Kreutzmüller und Bruttmann: Auschwitz im Bild (s. Anm. 41), S. 621. Das überlieferte Album ist zwar nur in Leinen gebunden und zeigt Spuren der Benutzung. Das kann aber gut darauf hinweisen, dass es die Zweitausfertigung war, die für die Kommandantur in Auschwitz gedacht war.

65 Hier ist anzumerken, dass in keinem einzigen Foto des Albums eine Gewaltszene zu beobachten ist, wie sie in zahlreichen Schilderungen Überlebender beschrieben wurden. Auch der Tod und die Tötungen sind kein Bildthema der Fotografien. D. h. es ist von einer Reihe von Auslassungen auszugehen, von Szenen, die sich abgespielt haben und die nicht durch die Fotografie dokumentiert wurden. Dies verweist ebenfalls darauf, dass mit dem Album eine bestimmte Bildnarration hergestellt wurde.

Horizont.[66] Das dritte Foto ist auf der Albumseite in der unteren Reihe links platziert. Es zeigt eine Szene aus nächster Nähe, in der vor allem Frauen und Kinder zu erkennen sind, wie sie bei der Ankunft mit ihrem Gepäck aus den Waggons steigen. Diese kleinteilige, ausschnitthaft wirkende Szene setzt sich dann in über zehn Fotografien auf den nächsten Seiten des Albums fort (Abb. 4). Immer ergibt sich ein ähnliches Bild: Dicht gedrängte Menschenmassen beim Aussteigen oder in wartender Aufstellung vor den Zügen. In dem mehrteiligen Schema scheinen sie das Thema »Ankunft« und die damit anfallende »Aussortierung« der Massen zu illustrieren. Eine ähnliche Struktur lässt sich in der Abfolge der Fotografien des folgenden Kapitels beobachten. Auch hier leitet eine Albumseite – dieses Mal mit der Beschriftung »Aussortierung« – den Abschnitt ein (Abb. 5). Aufgeklebt finden sich zwei Fotografien, die in der Mitte des Blattes untereinander angeordnet wurden. Wieder sind sie von einem erhöhten Standpunkt aufgenommen. Der Blick des Fotografen geht über die Waggondächer bis weit in die Ferne zum Horizont, wo sich das Eingangstor von Auschwitz-Birkenau abzeichnet. Vor den Zügen versammelt stehen die bereits in Männer und Frauen aufgeteilten Reihen des neu angekommenen Transports. Auf dieses Einstiegsblatt in das Kapitel folgen, wie schon in den vorhergehenden Kapiteln, mehrere Albumseiten mit jeweils vier Fotos. Im Gegensatz zu dem »Titelblatt« des Kapitels mit seinen »Übersichtsszenen« sind diese meist aus nächster Nähe aufgenommen (Abb. 6). Sie zeigen ausschnitthaft wirkende Szenen von kleinen Gruppen, welche die Vorgänge des Kontrollierens und Sortierens zum Thema haben. Anhand dieser kleinen Auswahl aus dem Lili Jacob-Album lässt sich ähnlich zu den Firmenalben der Industrie- oder Werksfotografie beobachten, wie Arbeitsabläufe, ihre Ordnung, Struktur und Effizienz, aber auch Beziehungen und Hierarchien zum Thema der Fotografie gemacht werden, bzw. wie hier eine Art Drehbuch angelegt wird, das die Dramaturgie des Ablaufs sowie der Abfertigung der Züge aus Sicht der Lager-SS vorgibt. Sicher sind die Fotoalben der Industriefotografie in ihrer Intention und Funktion von denen der Lager-SS zu unterscheiden. Aber die in den Alben der Lagerleitung angewendete fotografische Praxis – ihre Traditionslinien, Konventionen oder auch die Adaption schon bestehender Gebrauchsweisen der Fotografie – verweist auf die Geschichte des Bildmediums Fotografie, die, wie wohl mittlerweile kaum mehr angezweifelt wird, keinen Bruch mit dem Jahr 1933 erfahren hat.

Ein weiteres, bildhistorisch genauer zu beleuchtendes Thema zeigt sich in der großen Anzahl fotografischer Aufnahmen, die den Charakter von Porträts

66 Im linken Foto sind nur noch patrouillierende Wachmannschaften an der Gleisanlage zu sehen; die auf den Gleisen stehenden Züge scheinen bereits »abgefertigt« zu sein. Vereinzelt sind Gepäckstücke zu sehen. Das rechte Foto zeigt dagegen einen Zug mit den gerade erst angekommenen Menschen.

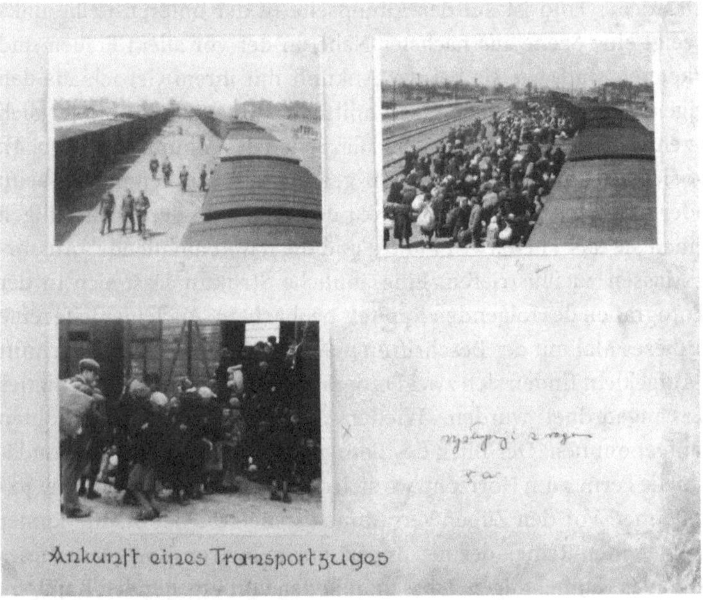

Abb. 3: »Ankunft eines Transportzuges«, S. 1 des Lili Jacob-Albums mit den Fotografien 2, 4 und 5 aus: Das Auschwitz-Album 2005, S. 17

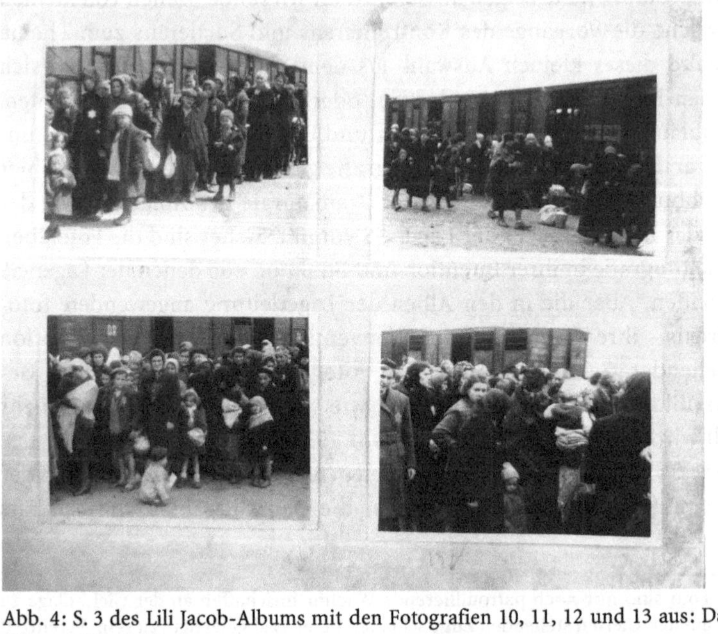

Abb. 4: S. 3 des Lili Jacob-Albums mit den Fotografien 10, 11, 12 und 13 aus: Das Auschwitz-Album 2005, S. 19

Abb. 5: »Aussortierung«, S. 6 des Lili Jacob-Albums mit den Fotografien 21 und 22 aus: Das Auschwitz-Album 2005, S. 24

Abb. 6: S. 8 des Lili Jacob-Albums mit den Fotografien 27, 28 und 29 aus: Das Auschwitz-Album 2005, S. 27

haben. Dies beginnt schon mit dem ersten Blatt des Albums, das die Funktion eines Titelblattes übernimmt. Fein säuberlich beschriftet ist es mit der Aufschrift »Umsiedlung der Juden aus Ungarn« (Abb. 7). Auf ihm sind zwei Fotografien zu sehen, die jeweils die Bildnisse älterer, bärtiger Männer im Profil zeigen. Die fotografische Darstellung entspricht ganz dem Stereotyp osteuropäischer Juden, wie es in den Bildtraditionen des 19. Jahrhunderts (Karikatur, Grafik, Fotografie) ausgebildet wurde. Dieser Typus von Fotografien setzt sich fort in den Kapiteln »Nicht mehr einsatzfähige Männer« und »Nicht mehr einsatzfähige Frauen und Kinder.« Hier sind zahlreiche Aufnahmen zu sehen, die den Charakter von Bildnissen oder auch von Gruppenbildnissen haben. So sind auf dem Albumblatt mit dem Titel »Nicht mehr einsatzfähige Frauen und Kinder« (Abb. 8) drei Aufnahmen zu erkennen, die alte Frauen – aufgenommen aus nächster Nähe – zeigen. Diese drei Fotos haben alle das gleiche Hochformat und wurden auf der Albumseite zu einer Diagonalen angeordnet, die ähnlich einer abfallenden Treppe von links oben nach rechts unten verläuft. Die Frauen sind jeweils als Einzelgestalten hervorgehoben, so dass ihre spezifische Erscheinung in den Fokus rückt: Ihre Gesichtszüge wie ihr Blick sind genau zu erkennen. Bekleidet sind sie alle mit Kopftuch und mit größtenteils zerlumpten Kleidern, zum Teil tragen sie ihre Kleidungsstücke übereinander. Bei Einzelnen ist der aufgenähte gelbe Stern zu erkennen. In ihrem Porträtcharakter wird diese Seite zum Pendant des Blattes mit den Bildnissen »Alte[r] Männer«, mit denen das Album eröffnet wird (vgl. Abb. 8). Im Kontext des Albums und seiner Auftraggeber stehen diese Gesichter sicher für den Antisemitismus des NS und seiner in die Bildgeschichte des Antijudaismus zurückverweisenden Traditionen. Aber dennoch bleibt ein Rest an Bedeutung offen, der über den Antisemitismus und das Lagersystem hinausweist. Nicht zuletzt sind in den Fotografien Individuen zu erkennen, die zu einem bestimmten Zeitpunkt in einer bestimmten Situation gezeigt werden – wären sie nicht im Lager aufgenommen, trügen sie den ganz privaten Charakter von individuell genutzten Erinnerungsfotografien. Dieser Typus von Aufnahmen knüpft an die Geschichte anonymer Porträtaufnahmen aus der Frühzeit der Fotografie an, die nicht historische Personen zeigen und diese künstlerisch präsentieren, sondern die nichts anderes als die momenthafte Realität der Abgebildeten bezeugen. Dabei entsteht eine Spannung zwischen dem Wissen um die Echtheit des Motivs und die Unzugänglichkeit der Existenz der Abgebildeten.

Die bildgeschichtliche Betrachtung der Fotografien aus den Lagern erschließt vielleicht keine neuen historischen Fakten oder Materialien. Aber sie eröffnet neue Perspektiven auf das Geschehen. Details und Fragmente werden sichtbar und erinnerbar gemacht, deren bildgeschichtliche Perspektivierung »den« Holocaust nicht in der Abstraktion der Millionen von Ermordeten belässt. Eine in die Bildgeschichte der Aufnahmen hineinführende Analyse birgt in ihren Details die Besonderheiten und historischen Einzigartigkeiten des komplexen

Abb. 7: »Umsiedlung der Juden aus Ungarn«, Titelblatt des Lili Jacob-Albums, aus: Das Auschwitz-Album 2005, S. 16

Abb. 8: »Nicht mehr einsatzfähige Frauen und Kinder«, S. 33 des Lili Jacob-Albums mit den Fotografien 115, 116 und 117 aus: Das Auschwitz-Album 2005, S. 62

Systems der Vernichtung der europäischen Juden und führt zu den vielen einzelnen Ereignissen, Geschichten und Personen zurück. Sie führt dabei vielleicht auch auf »Nebenwege« zur großen Narration »Holocaust« – macht ihn aber gerade dadurch erst in seiner Komplexität sichtbar. Erst im Durchdenken und Reflektieren der vielen Geschichten und ihrer Details liegt die Möglichkeit, den Ermordeten wieder ein Gesicht und vielleicht auch eine Geschichte zu geben. Perspektivisch stellt sie sich dem entgegen, was Aufgabe und Ziel des Lagersystems war: Die Erinnerung an die Ermordeten auszulöschen.

Dieser Beitrag wurde möglich durch die Förderung der Gerda Henkel Stiftung (Forschungsstipendium 2017/18).

Manuel Köppen

Lizensierte Erinnerungen. Die Judenverfolgung im frühen Nachkriegsfilm

I. Anfänge

Alle wollten wieder mitmachen, weitermachen, irgendwo ankommen jenseits der desaströsen Zustände der unmittelbaren Gegenwart. Die Katastrophe war so total wie der zuvor als solcher proklamierte Krieg. Ankommen wollten endlich auch die Filmemacher aus vergangenen Tagen, die Regisseure und Schauspieler. Auf Erlebtes hinweisen wollten aber auch jene, die zu Opfergruppen gehörten, die sich mehr als die gerade Besiegten als Verlierer der Ereignisse wahrnahmen: die Überlebenden des Genozids. Auch die Remigranten versuchten, filmisch zu Wort zu kommen. In den ersten Jahren nach dem Krieg gab es noch keine Erinnerungspolitiken. Es gab neue Ressourcen, wenn man im Filmgeschäft weitermachen wollte. Und dies zunächst in der sowjetischen Besatzungszone. Zugelassen wurde als erste Produktion Wolfgang Staudtes *Die Mörder sind unter uns* (1946). Unter dem Arbeitstitel *Der Mann, den ich töten werde* sah das Drehbuch einen vollendeten Showdown zwischen dem Kriegsheimkehrer Mertens (E.W. Borchert) und seinem ehemaligen Hauptmann Brückner (Arno Paulsen) vor. Es mag sein, dass der Film neben dem Liebesmelodrama den Genrekonventionen des Western zu folgen suchte, wie Robert R. Shandley annimmt.[1] Die Tötung Brückners hätte das Erzählschema weit konsequenter erfüllt als in der gedrehten Fassung, in der Susanne Wallner (Hildegard Knef) den Mord in letzter Sekunde verhindert. Die Anmutung, einer der Entlassenen aus einem Kriegsgefangenenlager könne Selbstjustiz üben, war entschieden zu viel für die Sowjetische Militäradministration, die den Film lizensierte, nachdem Amerikaner, Engländer und Franzosen abgesagt hatten.[2]

Das Drehbuch zu genehmigen unter der Bedingung, das Ende moderater zu

1 Robert R. Shandley: Trümmerfilme. Das deutsche Kino der Nachkriegszeit. Berlin 2010, S. 45–76.

2 Zu den Produktionsbedingungen in der sowjetischen Besatzungszone vgl. Bettina Greffrath: Gesellschaftsbilder der Nachkriegszeit. Deutsche Spielfilme 1945–1949. Pfaffenweiler 1995, S. 105–115.

gestalten und die Justiz den Siegermächten zu überlassen, war eine filmpolitische Entscheidung, die sich auf die Gegenwart im Nachkriegsdeutschland bezog. Nicht beanstandet wurde die Vergangenheitssicht des Films, die bis heute erstaunenswert bleibt. Da erscheint nicht nur die engelsgleiche Gestalt einer Susanne Wallner, um den traumatisierten Kriegsheimkehrer zu retten, als hätte sie der Aufenthalt in einem deutschen Konzentrationslager erst zu der inneren Ruhe reifen lassen, die sie verkörpert. Da gibt es auch den Optiker Mondschein, der auf Nachricht von seinem Sohn wartet, der rechtzeitig nach Amerika emigriert ist. Doch wie Mondschein als offensichtlich jüdischer Protagonist die Verfolgungen überlebt haben soll, wird nicht einmal angedeutet. Dafür interessieren – noch vor jeder Erinnerungspolitik, aber wie auf die Lizenzgeber zugeschnitten – die in der Sowjetunion begangenen Verbrechen der deutschen Wehrmacht. So zumindest wird das Trauma von Dr. Mertens mit einer Erinnerungssequenz begründet, in der er eine Erschießung von Zivilisten als Repressalie im Partisanenkrieg nicht verhindern kann. Zugleich werden die Verbrechen der Wehrmacht parallelisiert mit den Vernichtungslagern im Osten, wenn der Film Brückner beim Frühstück zeigt, während neben ihm eine Tageszeitung titelt: »2 Millionen Menschen vergast« und der Untertitel auf »Auschwitz« verweist. Damit wird die Judenverfolgung, die später Holocaust oder Shoah genannt werden wird,[3] unterschiedslos unter die Verbrechen des Krieges rubriziert, wie andererseits auch die Gemeinschaft der Opfer indifferent bleibt. Außer dem Täter selbst, der jedoch weder als Parteigenosse noch als SS-Mann stigmatisiert, sondern schlicht als ehemaliger Wehrmachtsangehöriger gezeichnet wird, sind alle anderen gleichermaßen Opfer der Zeitumstände: die KZ-Inhaftierte, der jüdische Optiker und vor allem der Kriegsheimkehrer, dessen posttraumatische Belastungsstörung den Plot grundiert.

Auf das richtige Sehen laufen die bildlichen Metaphern des Films hinaus, wenn Susanne Wallner durch einen zersplitterten Spiegel eingeführt wird, Mondschein um die Reparatur von Brillen bemüht ist, der Wahrsager Bartholomäus Timm sein Geschäft mit fingierten Visionen macht oder es schlicht im Laufe des Films um die Erzählung geht, wie aus zerbrochenen Fensterscheiben intakte gemacht werden können, wobei der Ersatz solcher Scheiben durch Röntgenbilder zur trauten Feier des Heiligabends wohl mehr sein könnte, als nur eine ironische Reminiszenz an Mertens frühere Tätigkeit als Chirurg. Die Optik für die Zukunft zu schärfen, ist eine Botschaft des Films. Was er noch nicht zu sehen vermochte, waren jene Erinnerungspolitiken, die sich um Täter- und

3 Sowohl »Holocaust« wie »Shoah« sind Filmtitel, die in ihrer jeweiligen Semantik als geschichtliche Begriffe diskutiert wurden. Ich halte mich in Betrachtung früherer Filme an den Begriff der »Judenverfolgung«. Er ist nicht nur euphemistisch, sondern schließt auch andere Gruppen rassisch oder religiös Verfolgter aus. Aber er hat den Vorteil der Zeitgebundenheit.

Opferzuweisungen herausbilden sollten. Schon in den westdeutschen fünfziger Jahren, als die Vergangenheit wieder filmisch besichtigt wurde, wäre es undenkbar gewesen, Verbrechen der Wehrmacht zu thematisieren, geschweige denn sie kontextuell mit der Judenverfolgung zu verbinden. Die Vernichtungslager waren längst zum Anderen des Krieges geworden, für das die Anderen, nämlich die Nazis und die SS einstanden. Statt möglicher Verbrechen der Wehrmacht stand die problembewusst entwickelte Erinnerung an die Helden der Vergangenheit auf der Agenda.

Im frühen Nachkriegsfilm ist das Thema der Judenverfolgung wiederholt thematisiert worden: als zentraler Plot, aber auch als Teil der Erinnerungsarbeit mit Appell zum Neubeginn, wie er in manchen Trümmerfilmen aufscheint. Diese Erzählungen standen nicht nur innerhalb der Trümmerfilme im Kontext mit anderen Opfernarrativen, sondern waren auch als eigenständige Filme immer Teil eines Diskursfeldes um Schuld und Leiden, in dem viele den Opferstatus einklagten. Der mit Abstand erfolgreichste DEFA-Film der frühen Jahre widmete sich der Geschichte des Schauspielerehepaars Gottschalk, das den Freitod wählte, um der jüdischen Frau die Deportation zu ersparen. Kurt Maetzig, dessen jüdische Mutter 1944 Selbstmord beging, verzichtete in *Ehe im Schatten* (1947) keineswegs darauf, den Sonderstatus rassisch Verfolgter zu relativieren. »Dieser Film«, so heißt es auf einer Schrifttafel vor dem Abspann, »ist dem Andenken des Schauspielers Joachim Gottschalk gewidmet, der im Herbst 1941 mit seiner Familie in den Tod getrieben wurde. Und mit ihnen zugleich all denen, die als Opfer fielen.« So konnten die Zuschauer getrost und getröstet aus dem Kino gehen in der Gewissheit, dass sie alle zu den Opfern der Zeitumstände gehörten, wobei die Formulierung als Opfer zu »fallen«, dezidiert einen soldatischen Kontext anspielte. Die Schrifttafel verweist auf das Problemfeld. Anknüpfungsfähig – zumindest für das große deutsche Publikum – waren Opfernarrative mit jüdischen Protagonisten nur, wenn sich emotionale Überschneidungen mit eigenen Leiderfahrungen ergaben. Alexander und Margarete Mitscherlich wiesen später mit ihrer These von der »Unfähigkeit zu trauern« darauf hin, dass es die deutsche Gesellschaft nicht vermochte, sich von den emotionalen Besetzungen zu trennen, die dem charismatischen Führer galten. Das eigene Leid zu betrauern, hätte ohnehin nur in die Depression geführt. Das Schicksal der rassisch Verfolgten konnte kaum interessieren. Sie waren die Fernsten, an die, angesichts der eigenen Opfer im familiären oder befreundeten Umfeld, trauernd zu gedenken war. Die »Gefühlsstarre« und »emotionelle Abwendung«, die sie angesichts der »Leichenberge in den Konzentrationslagern« wie den Kriegsopfern konstatierten,[4] wich bei Maetzigs Film empathischer Teilnahme.

4 Alexander Mitscherlich und Margarete Mitscherlich: Die Unfähigkeit zu trauern. Grundlagen kollektiven Verhaltens [1967]. München 1991, S. 40.

Wenn es noch kein dominantes Narrativ gab, wer den Status des Opfers einklagen konnte und wer andererseits zu den Tätern gehörte, so bleibt zu beobachten, wie das Thema der Judenverfolgung im frühen filmischen Diskurs platziert wurde. Beschreiben lassen sich die Disparatheit der Erinnerungsansätze, ihre jeweiligen Adressierungsstrategien, damit auch ihre Versöhnungsangebote und Bemühungen, in der Nachkriegsgesellschaft auf Akzeptanz zu treffen. Noch war der Film das Leitmedium. Und so bilden die frühen Filme, in denen die Judenverfolgung thematisiert wird, unabhängig von ihrer zeitgenössischen Resonanz ein erstes Muster für spätere Erinnerungen. Dabei setzt die Konkurrenz nicht nur um die Narrative, sondern auch die bildlichen Topoi, wie Bernhard Groß betont hat, sehr früh ein.[5] Vorausgesetzt, dass Bilder migrieren, sind schon die ersten filmischen Inszenierungen der Lager als Überschreibungen und Neubestimmungen der ursprünglichen alliierten Aufnahmen zu verstehen, die unmittelbar nach der Befreiung aufgenommen wurden. Dann allerdings ist auch wahrscheinlich, dass die Figur des Brillen reparierenden Mondschein in *Die Mörder sind unter uns* als Reflex auf die Berge zerbrochener Brillen zu verstehen ist, die in Hanuš Burgers und Billy Wilders *Die Todesmühlen* (1945) zu sehen waren.

Die frühen Nachkriegsfilme sind in ihren Narrationen wie in ihren Bildangeboten alles andere als eindeutig. Auch deshalb kann es in Hinblick auf die Judenverfolgung nicht darum gehen, die frühen Reaktionen auf das noch kaum vergangene Geschehen aus heutiger Sicht als defizitär zu erklären. Erst mit den Filmen formte sich die Erinnerung und nahm eine Gestalt an, in die Erfahrungen einfließen konnten. Es ist die Heterogenität und die zum Teil innere Widersprüchlichkeit dieser Erinnerungsansätze, die sie von späteren Holocausterzählungen unterscheidet, aber gerade darum zu einem immer noch relevanten Forschungsgegenstand macht. Die Frage, warum Filme wie *Morituri* oder *Der Ruf* wenig Resonanz erhielten, andererseits *Ehe im Schatten* so erfolgreich war, ist berechtigt. Immerhin rücken so die Adressierungsstrategien der Filme wie die Akzeptanzschwellen des damaligen Publikums in den Fokus. Allerdings sollte dies nicht dazu verleiten, um die Unfähigkeit des damaligen Publikums zu trauern oder den Filmen wie ihrem Publikum pauschal moralisches Versagen vorzuwerfen.[6] Es gilt zu fragen, wie die unterschiedlichen Erinnerungsansätze miteinander kommunizierten oder auch zueinander in Konkurrenz traten.

5 Bernhard Groß: Die Filme sind unter uns. Zur Geschichtlichkeit des frühen Nachkriegskinos: Trümmer-, Genre-, Dokumentarfilm. Berlin 2015.

6 So etwa William Rasch: Looking Again at the Rubble. In: German Postwar Films. Live and Love in the Ruins. Hg v. Wilfried Wilms und William Rasch. New York 2008, S. 1–5.

II. Das jüdische Opfer: eine Erzählung aus Deutschland

Neben Maetzigs *Ehe im Schatten* (1947) präsentierten im gleichen Jahr auch zwei Filme aus den Westzonen – zumindest als Teil der Handlung bzw. als Episode – eine Erzählung mit jüdischen Opfern: Helmut Käutners *In jenen Tagen* und Harald Brauns *Zwischen Gestern und Morgen*. In Käutners Episodenfilm, der den Verlauf des ›Dritten Reichs‹ aus der Perspektive eines Opel Kadett erzählt, ist die dritte Geschichte dem deutsch-jüdischen Ehepaar Wilhelm und Sally Bienert gewidmet, gespielt von Willy Mertens und Ida Ehre. Der Film will als Lebenshilfe für die Gegenwart im Nachkriegsdeutschland in all seinen Episoden Beispiele der »Menschlichkeit« in dunklen Zeiten präsentieren, so dass sich die Geschichte des deutsch-jüdischen Ehepaars einreiht in die anderen Erzählungen von Opfermut, passivem oder aktivem Widerstand. Täter werden in diesem Film schon aufgrund seiner Erzählanlage nicht besichtigt. In der Episode, die am Beispiel der Bienerts die Ereignisse der ›Kristallnacht‹ aufruft, werden sie zu gesichtslosen Schatten. Es agiert ein anonym bleibender Straßenmob.

Beide Protagonisten wollen sich füreinander opfern. Sally fährt als nominelle Eigentümerin des Rahmengeschäftes Bienert ihre Habseligkeiten zu einer Laube am Stadtrand, um dort zu bleiben und nach der Scheidung ihrem deutschen Mann das Geschäft zu überschreiben. Wilhelm, der sich aus Scham weigert, an das Schaufenster des gemeinsamen Geschäftes ein »J« anzubringen, willigt nach 32-jähriger Ehe keineswegs in die Pläne seiner Gattin ein. In der Pogromnacht wird er selbst die Scheibe des Geschäftes einwerfen: als Eingeständnis, dass er – anders als Sally – die Zeichen der Zeit zu lange ignoriert hat. Beide nehmen sich daraufhin das Leben in jener abseits gelegenen Laube. Es ist eine gekonnt in zwölf Minuten erzählte Geschichte, die auf das gemeinsame deutsch-jüdische Opfer hinausläuft, geschuldet den Zeitumständen und Exempel jener Menschlichkeit, die viele in dunklen Zeiten zu bewahren wussten.

Weit intrikater fällt solche Opfererzählung in Harald Brauns *Zwischen Gestern und Morgen* aus. Auch hier geht es wieder um ein deutsch-jüdisches Opfer, doch ist es so in die Handlung zwischen Vergangenheit und Gegenwart verwoben, dass es zugleich die Zukunft verspricht. Der Film erzählt die Geschichte des im März 1938 emigrierten Karikaturisten Michael Rott (Victor de Kowa), der in der Handlungsgegenwart im München der Nachkriegszeit einer verflossenen Liebe seine Aufwartung machen möchte: Annette (Winnie Markus), die er 1938 im Palasthotel »Regina« kennengelernt hatte. Gleich am Bahnhof kauft er für sie einen Strauß Veilchen, muss aber als Emigrant lernen, dass nichts mehr so ist, wie es früher war. Als er das Grandhotel erreicht, betritt er eine halb ausgeweidete Ruine. Desillusioniert schenkt er wie beiläufig den Strauß Katharina (Hildegard Knef), die in den Trümmern als blonde Hoffnungsgestalt hockt, und adressiert so die Zukunft. Damit ist auf der Gegenwartsebene das Wesentliche erzählt: Emigrierter Künstler verbindet sich mit junger, kriegsbedingt alleinstehender Mutter, Flüchtling aus Stettin und ehemalige Serviererin im Grandhotel. Die sozialen Schranken von gestern spielen keine Rolle mehr, auch nicht die langjährige Abwesenheit des Emigranten. Doch bleibt solche Versöhnungsbotschaft eng mit der Vergangenheit verknüpft. Die leitmotivische Verknüpfung, die jene Veilchen indizieren, setzt sich in den von verschiedenen Protagonisten erinnerten Schichten der Vergangenheit fort.

Abb. 1: Michael Rott (Victor de Kowa) kauft Veilchen nach seiner Ankunft in München. *Zwischen gestern und morgen* (Screenshot)

Es geht um einen Tag im März 1938, als alles noch intakt schien. Michael Rott und später auch der Hotelbesitzer Ebeling (Viktor Staal) erinnern sich. Verliebt in Annette, die Kunststudentin vom Bücherstand, nimmt Rott einen Strauß Veilchen vom Tresen der Hotelbar. Doch merkwürdig abgelenkt, erreicht der Liebesgruß schon in der Vergangenheit nicht den ursprünglich gedachten Ort der Bestimmung. Auf dem Weg zu Annette begegnet er Nelly Dreyfuss (Sybille Schmitz). Die ist als ehemalige Gattin des berühmten Schauspielers Alexander Corti (Willy Birgel) in das Hotel gekommen, um noch einmal den Glanz aus alten Tagen genießen und auch ihm wiederbegegnen zu können, von dem sie sich aufgrund ihrer jüdischen Herkunft getrennt hatte, um seine Karriere nicht zu gefährden. Spontan widmet Rott die Veilchen Nelly Dreyfuss, ohne in seinem Liebesdrang in Verlegenheit zu geraten, als er Annette trifft. Das ursprüngliche Objekt wird gegen eine Zeichnung jener Veilchen getauscht. »Ein Strauß, der nie verwelkt«, steht auf ihr und Annette, sichtlich bewegt, setzt den Anspielungsparcours fort, indem sie vor dem Fahrstuhl Michael daran erinnert, dass er doch den Bleistift zurückgeben möge, mit dem die Liebesbotschaft gezeichnet wurde, nicht ohne auf den *Zauberberg* zu verweisen: »Erster Band, letzte Zeile«. Die Anspielung auf Frau Chauchats »N'oubliez pas de me rendre mon crayon« signalisiert dem bildungsbewussten Zuschauer nicht nur, dass es sich um ein recht eindeutiges Angebot handelt, das Michael Rott bewegt, unverzüglich die Treppen zu Annettes Zimmer hochzustürmen, sondern verweist mit dem dialogisch ungenannten Autor nicht minder eindeutig auf einen bekennenden Nicht-Heimkehrer, der vor allem mit denen nichts mehr zu tun haben wollte, die »unter Goebbels Kultur betrieben« hatten.[7]

Die Veilchen als zirkulierendes Objekt geraten jedoch noch in eine andere Substitutionsbeziehung. Nelly Dreyfuss, der es seit den Nürnberger Gesetzen verboten ist, sich in einem Hotel aufzuhalten, übergibt eine Halskette mit Rubinen an Michael Rott zur Verwahrung für ihren ehemaligen, aber noch immer geliebten Mann. Und nun überschlagen sich die Ereignisse. Rott, bei einem stiernackigen Direktor aus Goebbels' Ministerium (Otto Wernicke) durch eine Hitlerkarikatur in Ungnade gefallen, erfährt, dass er verhaftet werden soll, und flieht unmittelbar nach seinem Tête-à-tête mit Annette. Wodurch Nelly, durch die Anwesenheit der Gestapomänner geängstigt, in Rotts Zimmer flüchtet. Der Verhaftung entzieht sie sich, indem sie sich über das Geländer des Treppenhauses in den Tod stürzt. Eine Ereigniskette, die den Emigranten auf der Gegenwartsebene mehrfach verdächtig macht: als gewissenlosen Verführer, Schmuckdieb und indirekt Schuldigen für den Opfergang Nellys.

So entsteht eine Konstellation, in der sich der prospektive Remigrant für seine vormalige Flucht rechtfertigen muss. Etwa gegenüber Hoteldirektor Ebeling, der Annette bald nach jenen Ereignissen geheiratet hat. »Sie wissen doch sehr genau«, so Rott, »warum ich damals weg bin.« – »Aus politischen Gründen, wie?« – »Etwa nicht?« Worauf Ebeling den Generalverdacht formuliert: »Ich verstehe durchaus, dass Sie Ihr Gedächtnis in diesem Punkt im Stich lässt. Das pflegt in solchen Fällen üblich zu sein.« Auch bei Professor von Walther (Erich Ponto), dem ehemaligen Mentor Annettes, ergeht es ihm nicht besser: »Wer nicht dabei war, mein Herr, weiß nichts.« Gegenüber dem Opferkollektiv der Daheimgebliebenen wird der Emigrant zum Außenseiter. Seine Schuld ergibt sich aus seiner Abwesenheit in Schicksalsjahren. Oder, wie es Frank Thiess, die »innere Emigration« reklamierend, gegen Thomas Mann formuliert hatte: »Wir erwarten dafür keine Belohnung, daß wir unsere kranke Mutter Deutschland nicht verließen. Es war für uns natürlich, daß wir bei ihr blieben.«[8]

---

7 Thomas Mann: Warum ich nicht nach Deutschland zurückgehe. Offener Brief an Walter von Molo, geschrieben im September 1945. In: Ders.: Gesammelte Werke in dreizehn Bänden. Bd. XII: Reden und Aufsätze 4. Frankfurt a. M. 1990, S. 953–967; hier: S. 955.

8 Frank Thiess: Die innere Emigration. Münchner Zeitung, 18. August 1945. In: Thomas Mann, Frank Thiess und Walther von Molo: Ein Streitgespräch über die äußere und innere Emigration. Dortmund o. J. [1946], S. 3.

Doch Rott wird es gelingen, seine Unschuld zu beweisen: durch die Erinnerungen Katharinas, die in das Jahr 1944 zurückführen und die weitere Geschichte der zirkulierenden Objekte klären. Tatsächlich hatte Rott den Schmuck vor seiner Flucht im Zimmer Alexander Cortis hinterlegt, dem dieses Erinnerungsstück, zeitweilig eingetauscht gegen eine Hypothek, das weitere Überleben im ›Dritten Reich‹ sicherte. Doch nun will Corti sein Leben während eines Luftangriffs in die Waagschale werfen, übergibt Katharina die Kette, die sie in einen metallenen Umkleideschrank legt, und harrt in der Eingangshalle des Hotels des alliierten Urteils aus der Höhe. Sein Opfergang wird als bewusste Entscheidung in Szene gesetzt. Gelassen erwartet er das Ende, während der Putz schon rieselt. In der Logik der Substitutionen, sein Opfer dem seiner jüdischen Frau folgend und begleitet von der Zirkulation des Schmucks, wird das wandernde Objekt mit zukunftstragender Bedeutung aufgeladen. In der Gegenwartshandlung beweist der Schmuck, den Katharina in letzter Minute dem weiteren Tausch auf dem Schwarzmarkt entzieht, die Unschuld des Emigranten. Damit reinigt sie sich selbst von den dunklen Umtrieben der Gegenwart und erhält im Austausch die Liebe des Emigranten. Das Veilchen wie der Schmuck haben ihren finalen Ort erreicht. Dabei begründet das gemeinsame Opfer der Jüdin und ihres deutschen Mannes das künftige Glück und metaphorisch wohl auch die Zukunft aus Ruinen. Das mag an eine Leitmotivtechnik à la Thomas Mann erinnern, im zeitgenössischen Kontext mutet es eher wie ein Schwarzmarkt der Vergangenheitsbewältigung an. Auch deshalb, weil – jenseits zirkulierender Objekte – das Begehren Nelly Dreyfuss' im Jahre 1938, wieder unter ›normalen‹ Bedingungen leben zu können, das Verlangen der Nachkriegsdeutschen präfiguriert: als Opfer der Zeitumstände endlich wieder einmal einen Streifen der Hoffnung am Horizont sehen zu können.

Der Vorspann verkündet: »Alle Personen und Geschehnisse in diesem Film sind frei erfunden. Eine Ähnlichkeit mit irgendwelchen lebenden oder verstorbenen Personen ist rein zufällig.« Auch das ist ein Tauschgeschäft: eine von den Militärbehörden vorgeschlagene Schutzbehauptung gegen die Einsprüche von Freunden Nelly Dreyfuss', die durch einen Zeitungsbericht alarmiert waren, der während der Dreharbeiten erschien. Danach habe Braun vorgehabt, »the true story of the Jewess Nelly Dreyfuss« zu erzählen, »who was driven into death by the Gestapo«. Eine »Fälschung« ihres Lebens, reklamierten ihre Freunde, die »frevlerisch, wenn nicht verleumderisch« (»sacrilegious if not libelous«) sei.[9] Andere denkbare Geschäfte zeichneten sich noch nicht ab. Wenn der Schmuck als Synekdoche und Signifikant jüdischen Vermögens zu verstehen ist, dann war

9 Schmid, Chief Research Branch ICD, an Pommer/FTM, 21.7.1947. Kopie in: OMGUS 10/16–3/14 (Pommers Akten). Zitiert nach: Greffrath: Gesellschaftsbilder der Nachkriegszeit (s. Anm. 2), S. 85.

er im Zeitkontext nur als frei zirkulierender vorstellbar. Von Rückerstattung war damals noch nicht die Rede.

Auf solche Schwarzmärkte lässt sich Kurt Maetzig nicht ein: *Ehe im Schatten* bleibt strikt auf die Vergangenheit beschränkt. Auch dieser Film fokussiert eine deutsch-jüdische Beziehung, die wie bei Braun im Künstlermilieu angesiedelt ist, wobei wiederum ein öffentlicher Auftritt der jüdischen Frau in die Katastrophe mündet. Das Drehbuch basiert auf Hans Schweikarts Novelle *Es wird schon nicht so schlimm*, der darin das Schicksal des befreundeten Schauspielerehepaars Gottschalk verarbeitete. Joachim Gottschalk hatte mit seiner Frau, der jüdischen Schauspielerin Meta Wolff, und ihrem kleinen Sohn am 6. November 1941 den Freitod gewählt, nachdem Hans Hinkel, der Sonderbeauftragte für »Judenfragen« im »Reichministerium für Propaganda und Aufklärung«, auf die Scheidung gedrängt hatte. Sondergenehmigungen für »jüdisch Versippte« hat es bis zum Ende des ›Dritten Reichs‹ gegeben, aber auch Phasen, in denen mehr oder weniger Druck ausgeübt wurde.[10] Auch deshalb verändert das Drehbuch die historischen Rahmendaten. Der Freitod fällt nun in das Jahr 1943, als sich der Verfolgungsdruck erheblich erhöht hatte und vermehrt auch Schauspieler zum Wehrdienst eingezogen wurden. Zudem wird – wohl aus dramaturgischen Gründen – die Tötung des gemeinsamen Sohnes ausgelassen. Im Film bleibt das Paar kinderlos.

Wie in Käutners *In jenen Tagen* wird auch hier die Geschichte des ›Dritten Reichs‹ erzählt, doch nun am Beispiel eines Einzelschicksals. Die Handlung beginnt im Februar 1933 mit der Machtergreifung der Nationalsozialisten. Entwickelt wird sie über eine Dreieckskonstellation. Elisabeth Maurer (Ilse Steppat), die jüdische Schauspielerin, wird leidenschaftlich umworben von Dr. Herbert Blohm (Claus Holm), der die Chance erkennt, im neuen Regime Karriere machen zu können, und zugleich verkennt, dass die »Scharfmacher« in der Partei mit ihren rassepolitischen Vorstellungen ernst machen könnten. Er will an seiner Beziehung zu Elisabeth festhalten, auch als er erfährt, dass sie Jüdin ist. Mit Leidenschaft hat die Beziehung Hans Wielands (Paul Klinger) zu Elisabeth wenig zu tun. Auf der Bühne ist er als Ferdinand ihr Partner in Schillers *Kabale und Liebe*. Er begehrt sie, die in ihm jedoch nur den Kollegen sieht. Die Ehe wird aus Vernunftgründen geschlossen, um Elisabeth Schutz bieten zu können. Aus dieser Konstellation erwächst das Motiv der altruistischen Liebe, die sowohl dem moralisch integren Hans Wieland zugeschrieben wird wie auch Elisabeth, die trotz des wachsenden Diskriminierungs- und Verfolgungsdrucks nicht emi-

10 Nach dem aufsehenerregenden Freitod der Gottschalks hatte Hitler angeordnet, bei Prominenten vorsichtiger vorzugehen. Vgl. Bärbel Schrader: »Jederzeit widerruflich«. Die Reichskulturkammer und die Sondergenehmigungen in Theater und Film des NS-Staates. Berlin 2008, S. 219.

grieren will, um ihrem Mann beizustehen, der als Schauspieler im ›Dritten Reich‹ Erfolge feiert. »Es ist mir in den fünf Ehejahren klar geworden«, ereifert sich Elisabeth. »Du hast mich nur aus dieser übertriebenen Anständigkeit geheiratet. Nicht weil du mich wirklich liebst, sondern weil du dich verpflichtet fühltest.« »Und mir ist immer klarer geworden«, entgegnet Hans, »dass du mich nicht so lieben kannst, wie du den anderen geliebt hast.« Damit ist das Problem benannt, das jedoch vor allem dazu dient, den reinen Charakter ihrer Beziehung zu betonen. Oder wie es der Onkel Elisabeths, Dr. Louis Silbermann, bei der Feier des fünften Hochzeitstages betont, nachdem er einen Spruch aus Goethes Alterswerk rezitiert hat:[11]

> Unsere Hoffnung ist es, dass der Druck und die Glut des Hasses, die uns heute noch umgeben, Edelsteine der Liebe und Beispiele einer Menschlichkeit hervorbringen, die in der Sonne der Freiheit einmal leuchten werden wie Brillanten. Und ihr seid auch zwei solcher Edelsteine.

So erfüllt sich ihre Liebe im Tod, der auch dadurch überhöht wird, dass sich im Finale – Hans reicht seiner Frau einen vergifteten Kaffee – jenes Bühnenschicksal wiederholt, mit dem der Film begonnen hatte: dem Schicksal Ferdinands und Luises aus Schillers *Kabale und Liebe.* Die auf gut neun Minuten ausgedehnte Schlusssequenz verfügt zudem über jene Fallhöhe, die melodramatische Erzählmodi auszeichnen. Denn Elisabeth wähnt sich auf einem Gipfel ihres Lebensglücks, nachdem sie am Vortag, endlich aus ihrer Isolation entlassen, eine Filmpremiere ihres Mannes besuchen konnte. Ein fataler Fehltritt, der Hans das Auftrittsverbot einbringt, während Elisabeth die »Verschickung« droht. So mündet ihr Todesmonolog, der die »Vollkommenheit« und das »Glück« ihrer Ehe rekapituliert, folgerichtig in die versöhnende Aussage: »Mir wird so müde. Ich glaub, ich habe mich zu viel gefreut.« Sturm und Drang wie die deutsche Klassik sind präsent, um den Selbstmord aus Verzweiflung in die bittersüße Harmonie eines Liebestodes münden zu lassen.

Der Film lässt sich, wie Bernhard Groß vorschlägt, im Spannungsfeld von bürgerlichem Trauerspiel und Melodrama und damit in der Ambivalenz von Schicksalshaftigkeit und selbstbestimmtem Handeln interpretieren, dem immer schon die Vergeblichkeit innewohnt, zu spät reagiert zu haben.[12] Erst diese Ambivalenz ermögliche es, auch von der Schuld zu handeln, die Wieland auf sich lädt, als er selbst nach der ›Kristallnacht‹ aus Karrieregründen nicht mit seiner Frau fliehen will. Andererseits ist der melodramatische Erzählmodus ohnehin auch Schillers Theaterstück eigen, so dass hier weniger Risse im Deutungs-

---

11 »Halte dich nur im Stillen rein / Und laß es um dich wettern; / Je mehr du fühlst ein Mensch zu sein, / Desto ähnlicher bist du den Göttern.«

12 Groß: Die Filme sind unter uns (s. Anm. 5), S. 346–360.

Abb. 2: Elisabeth (Ilse Steppat) und Hans Wieland (Paul Klinger) haben Gift genommen. *Ehe im Schatten* (Screenshot)

kontinuum erzeugt werden, sondern eine Versöhnung vor dem Hintergrund der in diesem Film allseits aufgerufenen Kulturzitate.[13]

Ehe im Schatten hat eine melodramatische Grundkonstellation, indem die Protagonistin von Anfang an in die Position des vergeblichen Begehrens gestellt ist. Allerdings erzählt der Film nicht durchgängig im melodramatischen Modus, weiß aber bei den Handlungshöhepunkten die Möglichkeiten einer solchen Erzählweise auszukosten, einschließlich des entsprechenden Orchestereinsatzes. Die Musik kündet stürmische Ereignisse an, wenn sich Elisabeth und Herbert Blohm auf Hiddensee begegnen. Die Ereignisse in der ›Reichskristallnacht‹ werden nicht in jenem gleichsam verschämten Modus des Wegschauens erzählt wie bei Käutner, sondern in einer effektvollen Parallelmontage, in der Hans, fast den Verführungskünsten einer Kollegin erlegen, zu seiner verängstigten Frau stürmt, während der organisierte Mob die Scheiben einschlägt und die Polizei untätig bleibt. Die Gewalt wird gezeigt und sie bekommt auch Gesichter. Zum Höhepunkt vorläufiger Rettung wird wiederum die größtmögliche Fallhöhe inszeniert. Elisabeth steht an, um Essensmarken für Mischehen zu erhalten, während sie ihren Mann noch in einem Lazarett im Osten wähnt und eine Frau gewaltsam entfernt wird, deren deutscher Partner gefallen ist. Damit ist sie für die Deportation bestimmt. Der Blick Elisabeths verschwimmt. In subjektiver Perspektive gefilmt, erreicht sie schwankend ihr Zuhause, um aus den undeutlichen Bildern ihrer Wahrnehmung das Gesicht ihres Mannes auf dem Trep-

13 Neben Schiller und Goethe werden auch Heine, Büchner und Shakespeare zitiert.

penabsatz vor ihrer Wohnung erkennen zu können. Die gelungene Dramatisierung eines Einzelschicksals bot manche Anknüpfungspunkte für das Publikum, eigene Leiderfahrungen in diesen im Gedenken an deutsche Kultur- als Literaturtradition inszenierten Film zu projizieren.

Andererseits zeigt der Film aber auch ein erstaunlich präzises Bild sowohl des sich kontinuierlich verschärfenden Drucks auf deutsche Juden wie der willkürlichen Maßnahmen, die das Propagandaministerium mit seiner Politik der »jederzeit widerruflichen« Sondergenehmigungen installierte: von »jüdisch Versippten« bis zu »Ehrenariern« von Hitlers Gnaden. Die Handlung wird linear entwickelt und deckt drei Zeitstufen ab: Februar 1933, als noch unklar ist, wie sich die nationalsozialistische Rassenpolitik entwickeln wird; November 1938, als mit der ›Reichskristallnacht‹ Pogromstimmung geschürt wird; 1943, als die Deportationen längst begonnen haben und Berlin allmählich in Trümmer sinkt. Zum einen zeigt der Film am Beispiel der Ehe Wielands die Isolation und den Ausschluss vom öffentlichen Leben, denen jüdische Partner in gemischten Beziehungen ausgesetzt waren, und macht das Willkürsystem der Reichskulturkammer deutlich, indem Hans Wieland 1943 mit einer Sondergenehmigung vom Wehrdienst befreit wird, um diese Genehmigung nach dem öffentlichen Auftritt seiner Frau sogleich wieder zu verlieren. Zum anderen werden an zwei Nebenfiguren weitere Reaktionsweisen auf die rassische Verfolgung aufgezeigt. Kurt Bernstein (Alfred Balthoff), ein Ensemblemitglied, erkennt schon 1933, wie gefährlich sich die Lage entwickeln könnte, emigriert nach Wien, kann nach dem Anschluss Österreichs zunächst fliehen, wird aber später verhaftet und in Mauthausen interniert, um nach glücklicher Flucht 1943 in Berlin unterzutauchen. Dr. Louis Silbermann (Willy Prager), der Onkel Elisabeths, ist 1933 im Gefühl, unentbehrlich zu sein, fest entschlossen, seine ärztliche Praxis im proletarischen Berliner Osten weiterzuführen: »Mit uns hat das doch alles gar nichts zu tun.« 1938 darf er nur noch jüdische Patienten betreuen. 1943 lebt er bei einem ehemaligen Patienten im Untergrund. Differenziert ist auch das Spektrum auf der Täter- und Mitläuferseite gestaltet. Blohm, sowohl als Idealist wie als Karrierist in das ›Dritte Reich‹ gestartet, macht sich als Oberregierungsrat im Propagandaministerium unweigerlich schuldig. Theaterdirektor Fehrenbach (Hans Leibelt) verkörpert den Mitläufer, voller Empathie für seine jüdischen Mitarbeiter, aber nicht gewillt, sich gegen ministerielle Anordnungen zu wehren. Mit dem Ensemblemitglied Gallenkamp (Karl Hellmer) begegnet der völkische Scharfmacher und Denunziant.

Dass der Film so erfolgreich war – er startete am 3. Oktober 1947 gleichzeitig in allen vier Besatzungszonen Berlins, nach vier Jahren hatten ihn 12 Millionen Zuschauer gesehen –, ist der gelungenen Dramaturgie mit effektvollen Wendepunkten und melodramatischen Zuspitzungen zu verdanken. Der Liebestod des aufrechten Deutschen und seiner jüdischen Gattin sentimentalisierte den Stoff der Verfolgungen, machte ihn damit aber auch für ein großes deutsches Publikum genussfähig wie ein Melodrama aus Schillers Feder. Wenn Käutner wie Braun bemüht waren, die Frage von Täter- und Mitwisserschaft auszuklammern, stellte sie Maetzig dezidiert. Im zentralen Schulddialog vor dem Finale klagt Hans Wieland nicht nur Blohm an, sondern erklärt auch sich für schuldig, zu lange weggeschaut zu haben.

III. Die Lager: Inszenierungen der Überlebenden

Hanuš Burger, aus der Tschechoslowakei emigriert und Leutnant der amerikanischen »Psychological Warfare Division«, hatte mit *Die Todesmühlen* Ende Mai 1945 den ersten Film über die Konzentrations- und Vernichtungslager erstellt: eine Kompilation der Aufnahmen aus den befreiten Lagern mit den abgemagerten Skeletten der Häftlinge, den Totenbergen oder den Effekten der Getöteten. In der Rohschnittfassung war der Film 86 Minuten lang, was das »Office of War Information« für entschieden zu viel hielt, um es einem deutschen Publikum im Kontext der Reeducation-Programme zu präsentieren. So wurde Billy Wilder beauftragt, eine Kurzfassung zu schneiden, die es schließlich auf 22 Minuten brachte. Testen wollte er den Film durch eine Preview vor geladenem deutschen Publikum. *Die Todesmühlen* wurden im Anschluss an einen Musikfilm mit Lilian Harvey gezeigt. »Der Film läuft an«, erinnert sich Wilder, »die Leute im Kino werden unruhig, sie drehen sich um, schauen sich an. Einige stehen abrupt auf, verlassen das Kino. Von den vierhundert Besuchern sind am Ende vielleicht noch zwanzig im Kino.«[14] Der Film gelangte von Januar 1946 an in die deutschen Kinos, wurde jedoch bald wieder zurückgezogen. Dass die alliierten *Atrocity*-Filme jedoch wirkungslos gewesen seien, ist unwahrscheinlich angesichts der anhaltenden Nachwirkungen ihrer Bilder. Zudem provozierten die Filme weniger Schuldabwehr, wie lange angenommen, sondern riefen vor allem Reaktionen der Scham hervor.[15]

Gleichwohl blieb es ein riskantes Unternehmen, die Lager in einem fiktionalen Format thematisieren zu wollen. Nach großen Schwierigkeiten, einen solchen Film zu lizensieren, gelang es Artur Brauner, eine Erlaubnis in der französischen Besatzungszone zu erlangen. *Morituri* (1948) unter der Regie von Eugen York basiert auf Brauners Erlebnissen, der 1940 fliehen konnte, bevor in

14 Billy Wilder zit. n.: Hellmuth Karasek: Billy Wilder. Eine Nahaufnahme. Hamburg 1992, S. 308.

15 Ulrike Weckel: Beschämende Bilder. Deutsche Reaktionen auf alliierte Dokumentarfilme über befreite Konzentrationslager. Stuttgart 2012.

seiner Heimatstadt Lodz ein Ghetto eingerichtet wurde.[16] Finanziell war der Film ein Desaster. »An meinen Schulden«, erzählt Brauner, »zahlte ich fünf lange bittere Jahre. Ich habe es trotzdem nie bereut, diesen Film gemacht zu haben.«[17] Wenn *Die Todesmühlen* gemieden wurden, so fühlte sich das deutsche Publikum hier um das Eintrittsgeld betrogen. Es kam zu Ausschreitungen mit antisemitischen Beschimpfungen. Dabei näherte sich der Film der Schuldfrage und den Tätern mit äußerster Dezenz.

Der Film beginnt mit einer Sequenz, in der zum ersten Mal in einem deutschen Spielfilm das Lager selbst thematisiert wird. Aus dem Standbild eines Lagerzauns entwickeln sich drei hintereinander geschnittene, schnelle Kamerafahrten, die in Nahaufnahme die zum Appell angetretenen Häftlinge eines Konzentrationslagers zeigen: in Brusthöhe, in Augenhöhe und schließlich auf die Füße der Häftlinge blickend, bis das Bild auf den Stiefeln eines Lageroffiziers zur Ruhe kommt, neben ihm ein Schäferhund. Ein furioser Einstieg, der in eine Synekdoche mündet, die sich als programmatisch erweist. Die Stiefel wie der Schäferhund stehen pars pro toto für das Gewaltregime der Lager. Die Täter jedoch erhalten in diesem Film kein Gesicht. Auch in späteren Einstellungen werden sie betont verborgen gehalten: versteckt hinter dem »Völkischen Beobachter« oder nur als Schatten gezeigt, der sich an einer Wand abzeichnet. In Halbtotalen agieren Soldaten der SS bei einer Verfolgungssequenz, als Figuren bleiben sie jedoch anonym. Die Aussparung der Täter mag eine Konzession an das Publikum gewesen sein. Sie ermöglichte aber auch, den Film auf die Perspektive der Opfer und des Widerstands zu konzentrieren.

Als Figur des Widerstands wird der polnische Lagerarzt Leon Bronek (Walter Richter) eingeführt: eine Rolle, die von Beginn an tragisch angelegt wird. Er wählt unter den Häftlingen sieben aus, die er für arbeitsunfähig erklärt. Sie wähnen sich als Todgeweihte, sind aber von Bronek dazu bestimmt, aufgrund ihrer guten gesundheitlichen Konstitution aus dem Lager zu fliehen. Die Selektion wird damit umgekehrt zu einem Akt des Widerstands. Der nächtliche Ausbruch der Auserwählten führt zu einer Massenflucht, die zahlreiche Tote fordert, mit denen Bronek nicht gerechnet hatte, als er die Hauptsicherung der Stromversorgung ausschaltete. Schuldlos schuldig wird er aber auch, als er nicht mit seiner Frau Maria (Winnie Markus) flieht, sondern auf ihr Begehren eingeht, er möge den Geflohenen den Weg in ein geheimes Waldlager zeigen. Sie komme

16 Die Angaben zu Artur Brauners Erlebnissen während des Zweiten Weltkrieges bleiben kursorisch und zum Teil widersprüchlich. Es heißt, er sei zweimal verhaftet worden, möglicherweise auch aus einem deutschen Konzentrationslager geflohen. Er habe jedoch seine Erlebnisse ausführlich geschildert in einem Text, der erst nach seinem Tod veröffentlicht werden darf. Vgl.: Frank Blum: Artur Brauner, Filmproduzent. Leben und Werk. Köln 2012, S. 10.

17 »Atze« Brauner: Mich gibt's nur einmal. Rückblende meines Lebens. München 1978, S. 76.

später nach, lautet das Versprechen, das sie unweigerlich in die Fänge der SS führt. Eine spätere Parallelmontage zeigt ihn im nächtlichen Dunkel vor dem Lager, während sie drinnen verhört wird, woraus sich eine Art telepathischer Dialog ergibt. Während er reuig klagt, dass er bei all seinen Taten nie an sie gedacht habe, spricht Maria ihn frei: »Denk nicht an mich, Liebling. Jetzt stehe ich dir nicht mehr im Wege, kannst du alles das tun, was du musst.« Er antwortet mit einem verzweifelten Ruf: »Maria, Maria!« Ein entsetzter Schrei auf der anderen Seite, dann steht Bronek nach einer letzten Überblendung allein im Regen, während ein Blitz am nächtlichen Himmel zuckt und der Donner rollt. Der Film erzählt mit Pathos.

Als Gegenfigur zu Bronek ist die Polin Lydia (Lotte Koch) entworfen. Sie hat im Wald ein Lager organisiert, in dem schon seit einem Jahr Geflohene aus den verschiedensten Ländern auf das Ende des Krieges warten. Das Waldlager, eine Erdkuhle mit Blockhütte und überspannt von einem Tarnnetz, ist in der metaphorischen Erzählweise dieses Films als Gegenplatzierung zum deutschen Konzentrationslager konzipiert: als Hort der Menschlichkeit. Den will Lydia schützen, während Broneks Widerstandsaktionen die Existenz des Lagers latent gefährden. Er rettet es zwar, als die Schutzsuchenden von einer Patrouille deutscher Soldaten entdeckt werden. Als einziger verfügt er über Waffen. Aber er gefährdet das Lager final dadurch, dass er einen Anschlag auf einen deutschen Transportzug ausübt, nachdem er vor einem Marienbildnis sein Gewissen befragend gestanden hat: »Ich kann nicht anders.« Militärischer Widerstand wird dramaturgisch auf die Seite tragischer Entscheidungen verbucht. Deshalb kann Bronek nicht überleben. Er stirbt zu Ende der Handlung bei dem Versuch, für die Insassen Lagers einen Weg zu den näher rückenden sowjetischen Truppen zu finden, nachdem seine Widerstandsaktion die deutschen Truppen provoziert hatte, den Wald zu »säubern«.

Nicht ihm, dem Widerstandkämpfer, gilt eines der beiden mahnenden Kreuze über den Gräbern, die in einer Einstellung vor dem Auszug der Verfolgten aus dem Waldlager zu sehen sind, sondern zwei Lagerbewohnern. Ein Kreuz erinnert an Eddy (Josef Sieber), einen deutsch sprechenden Staatenlosen, der bei der Suche, zur Front durchzubrechen, schwer verletzt wurde. Als akkordeonspielender ehemaliger Kabarettist verkörperte er im Lagerleben das Prinzip der Verständigung wie der Hoffnung auf eine bessere Welt. Das andere Kreuz gilt der Mutter des jüdischen Anwalts Dr. Simon, der mit seinen beiden Töchtern wie seinem Vater im Lager lebte. Mutter Simon ist aus Altersschwäche gestorben. Mit ihrem Kreuz wird der Normalität der Lebenszyklen gedacht, die auch in der Ausnahmesituation des Waldlagers weiterbestehen. Auch hier werden Kinder geboren. Ohnehin ist das Lager als Mikrokosmos einer Welt gestaltet, die den Keim einer friedlichen Zukunft in sich trägt. Neben dem staatenlosen Deutschen agieren als Hauptfiguren der Russe Pjotr, der Kanadier Roy, der sich in die Polin

Stascha verliebt, oder der Franzose Armand neben vielen anderen Figuren, mit denen die Möglichkeit einer internationalen Völkerverständigung demonstriert wird, trotz der Sprachbarrieren, die dieser mehrsprachige Film aufzuzeigen sucht.

Die Botschaft des Films gilt der wiederzugewinnenden Menschlichkeit, ähnlich wie sie im deutschen Trümmerfilm zu finden ist: von Gerhard Lamprechts *Irgendwo in Berlin* (1946) bis zu Helmut Käutners *In jenen Jahren.* Doch nun klagt kein Kriegsheimkehrer die Menschlichkeit ein. Als Advokat solcher Werte tritt Dr. Simon (Josef Almas) auf, der bei seiner Einführung pointiert, dass er Deutscher *war:* »Ich war Deutscher. Jude. Von Beruf bin ich Strafverteidiger.« Als solcher wird er unversehens in ein Richteramt versetzt, als ein junger deutscher Soldat, der das Lager entdeckt hat, von seinen Bewohnern überwältigt werden kann. In der Ausgangssituation tritt Simon nur als Sprecher derer auf, die eine Lynchjustiz an dem Deutschen verhindern wollen. Aber auch hier setzt der Film auf metaphorische Überhöhung, wenn die Szenerie des Lagers in die eines ordentlichen Gerichtssaals überblendet wird und Simon nun nicht mehr als Anwalt, sondern vom Richtertisch mit Schöffen an seiner Seite die versöhnende Botschaft der Menschlichkeit verkündet:

> Einmal auf Erden werden die, die leiden, siegreich sein über die, die die Macht haben. Und dann werden wir und alle unsere Leidensgefährten das Urteil sprechen. Und dies Urteil wird lauten: zum Leben verurteilt. Zu einem armen Leben, das nur dann noch einen Sinn haben kann, wenn es Liebe unter den Menschen verdient. Lasst ihn leben, so wie wir hier leben.

Das ist deutlich auf die Nachkriegssituation gemünzt. Der Deutsche, Georg (Karl Vibach), den ein Zeuge als einer der KZ-Bewacher erkannt haben will, wird sich des Vertrauens würdig erweisen, indem er dem Lager am Ende die befreiende Botschaft bringt, die deutschen Truppen seien abgezogen. Mehr Versöhnungsangebot ist kaum vorstellbar. Aber dennoch hält nun ein Jude Gericht, der über die Taten eines Deutschen befindet, auch wenn er am Anfang seines langen Plädoyers die Unschuldsvermutung gelten lässt.

Es ist zutreffend, wenn Robert R. Shandley pointiert, in diesem Film werde den »Juden eine allgemeine Opferrolle zugewiesen«.[18] Mit der betonten Internationalität der Verfolgten – in den KZ-Szenen wie jenen im Waldlager – wird ein Sonderstatus rassisch Verfolgter weitgehend nivelliert. Die Gründe, warum sich Vertreter aller möglichen Nationen unter den Inhaftierten und Verfolgten finden, werden nicht einmal angedeutet. Es zählt die Gesamtheit der »Leidensgefährten«. Dass jedoch ausgerechnet ein Jude zum salomonischen Urteil berufen

18 Shandley: Trümmerfilme (s. Anm. 1), S. 147. Unzutreffend ist, dass es bei der Einführung des Strafverteidigers Dr. Simon in die Handlung »nicht um seine jüdische Herkunft« gehe (S. 14). Er stellt sich als ehemaliger Deutscher, dann als Jude und erst danach als Strafverteidiger vor.

Abb. 3: Dr. Simon (Josef Almas) hält Gericht im Waldlager. *Morituri* (Screenshot)

wird, Recht über einen Deutschen zu sprechen, dürfte die Akzeptanz des Films bei dem zeitgenössischen Publikum nicht erhöht haben.

Warum Artur Brauner als Ideengeber und Produzent dieses Films, den Opferstatus zu verallgemeinern suchte, erklärt Shandley aus dem Bedürfnis, die traumatische Erfahrung zu vergessen, allein aufgrund jüdischer Herkunft verfolgt und vernichtet werden zu können.[19] Warum aber die Rolle des Partisanen, angelegt in der Figur Leon Broneks, so dezidiert tragisch angelegt wird, bleibt nur schwer nachvollziehbar. Aber vielleicht handelte es sich ja auch nur um einfache dramaturgische Überlegungen? Wenn Dr. Simon als assimilierter Bildungsbürger zu einer Figur stilisiert wurde, die in deutscher Kulturtradition am ehesten an Lessings Nathan den Weisen erinnert, dann musste schon eine tragische Figur jenseits des deutschen Trauerspiels dazu dienen, dem Drama Bedeutungstiefe zu verleihen. Die findet sich auch in der dramaturgischen Zuspitzung wieder, wenn die mögliche Katastrophe vor der Rettung inszeniert wird: als Totentanz der Morituri, geschuldet der verzweifelten Lage wie dem reichlichen Genuss erbeuteten Armagnacs, während Feuer ausbricht und das Tarnnetz abbrennt. Auch dies wird wieder als metaphorische Überhöhung kenntlich, wenn die Lagerbewohner bald darauf zu beten beginnen und bei ihrem finalen Auszug das Netz wieder unbeschädigt gezeigt wird. Der Film sucht die Erfahrung der Verfolgung und des Lebens im Abseits bildlich zu verdichten, auch wenn solche Poesie zuweilen ein wenig angestrengt wirkt. Er kündet von Menschlichkeit wie der deutsche Trümmerfilm. Aber er zeigt eine Perspektive

19 Shandley: Trümmerfilme (s. Anm. 1), S. 148.

auf, aus der Menschlichkeit aus anderer Sicht eingefordert wird und zeigt Deutsche als Täter, auch wenn ihnen nur in Gestalt des lernfähigen Georg ein Gesicht gegeben wird. Aber genau diese Perspektivverschiebung war vermutlich für das damalige Publikum zu viel. Hier standen die Leiden der Verfolgten im Zentrum und nicht die Nöte der Heimkehrer- und Aufbaugeneration. Es mag allerdings auch sein, wie Groß pointiert, dass der Film auf Widerstand stieß, weil er die verfügbaren bildlichen Topoi neu zu codieren versuchte: im ersten Teil durch die (ironische) Umkehrung der Selektion zu einem Akt der Befreiung, im zweiten Teil durch eine Lagerikonografie, die lebhaft an die Bilder der Schützengräben erinnert, wie sie aus Filmen zum Ersten Weltkrieg vertraut waren. Den Tätern, so die These, wurden die vertrauten Bilder »weggenommen«.[20]

Wenn *Morituri* mit seinen Versöhnungsangeboten und der – jenseits solcher Bildpolitik – dezenten Behandlung von Täterschaft deutlich auf ein deutsches Zielpublikum kalkuliert war, so bleibt uneindeutig, welches Publikum Herbert B. Fredersdorf und Marek Goldstein mit *Lang ist der Weg* (1948) adressieren wollten. Lizensiert wurde der Film durch die »US Army Information Control Devision«. Schon der zuständige Offizier, der das Drehbuch prüfte, hatte erhebliche Bedenken, ob der projektierte Film einem deutschen Publikum zuträglich sei. Die Einwände betrafen dramaturgische Unzulänglichkeiten, aber auch inhaltliche Momente: die zeitweilige geistige Verwirrung der Mutter der Hauptfigur oder die Vergewaltigung der deutschen Jüdin Dora bei ihrer Verhaftung, weil dies kein spezifisch jüdisches Schicksal gewesen sei. Im Wesentlichen jedoch wurde die Botschaft des Films beanstandet, Deutschland könne den Juden keine neue Heimat bieten. Das sei den Deutschen nicht zu verkaufen und das wollten sie auch nicht hören.[21] Lizensiert wurde der Film dennoch unter der Vorgabe einer »tentative release procedure«.[22] Der Vorgabe hätte es kaum bedurft. Ein Film, der Jiddisch, Polnisch und Deutsch auf der Tonspur versammelte und von den Lagern erzählte – von den Vernichtungslagern bis zu den Camps for Displaced Persons – und dies mit Ausblick auf *Eretz Israel*, konnte nur bedingt ein deutsches Publikum erreichen.

Die Handlung wird chronologisch erzählt und deckt einen Zeitraum von acht Jahren ab. Verfolgt wird das Schicksal der jüdischen Familie Jelin, die in Warschau den Angriff der Deutschen erlebt, im Ghetto interniert und später nach Auschwitz deportiert wird. Der Sohn David (Israel Beker) kann während des Transports entkommen und schließt sich polnischen Partisanen an. Der Vater Jakob (Jacob Fischer) wird bei der Selektion in die Gaskammer geschickt, die

20 Groß: Die Filme sind unter uns. (s. Anm. 5), S. 396.

21 Ausführlich zitiert Bettina Greffrath aus der Akte. Greffrath: Gesellschaftsbilder der Nachkriegszeit (s. Anm. 2), S. 81f.

22 Greffrath: Gesellschaftsbilder der Nachkriegszeit (s. Anm. 2), S. 82.

Mutter Hanna (Berta Litwina) überlebt die Lager in Dachau. In den Nachkriegswirren lernt David die deutsche Jüdin Dora Berkowitz (Bettina Moissi) kennen. Sie werden ein Paar, verlassen Polen und kommen in einem Lager für DP's im bayerischen Landsberg unter, während David weiterhin nach seiner Mutter Hanna sucht, die sich ihrerseits auf eine Odyssee auf der Suche nach ihrem Sohn begibt. David findet sie – geistig verwirrt, wie im ursprünglichen Drehbuch vorgesehen – in einem deutschen Hospital. Doch wird alles gut, mit Ausblick auf bessere Zeiten. Die Schlusssequenz zeigt David, wie er mit zwei Ackergäulen deutsche Scholle pflügt. Hanna hütet im Schatten eines Baumes das Baby von David und Dora, die beide einen Traum haben: So zu leben wie jetzt, nur auf eigenem Grund und Boden in Palästina.

Aufgrund des Plots ließe sich vermuten, dass sich der Film einerseits an die Bewohner der Lager richtete, die Konsequenz aus den Verfolgungen zu ziehen und eine neue Heimat zu suchen, andererseits an die britische Administration adressiert war, die Einwanderung nach Palästina zu erleichtern. Aber manches deutet auch auf ein anderes Zielpublikum hin. Der Handlung vorgeschaltet ist eine Stimme aus dem Off:

> Aus politischen oder rassischen Gründen aus ihrer Heimat vertrieben, leben heute noch weit über eine Million Menschen in Lagern, über ganz Europa verstreut. Sie sind als DPs bekannt. Dies ist die Geschichte aus dem Leben dieser Menschen, so erzählt, wie sie sich wirklich abgespielt hat, von ihnen selbst erzählt.

Angesprochen werden alle Vertriebenen. Tatsächlich parallelisiert der Film das Schicksal der Juden mit dem der Deutschen, die nach Kriegsende aus Polen vertrieben wurden, wenn David und Dora im Zug nach Deutschland zwischen ihnen sitzen und David die Deutschen zwar nicht von ihrer Schuld freispricht, aber für Versöhnung plädiert: »Sie haben auch mir Schlimmes getan. Vater, Mutter: Mit Hass kommen sie nicht mehr zurück. Ich wünsche niemand, was ich erlebt'. Ich möchte doch mal endlich in Ruhe leben. Wie kann denn Frieden sein, wenn niemand aufhören will zu hassen.« Die Versöhnungsbotschaft affiziert auch die Zeichnung Doras. Sie muss nicht nur deshalb Polen verlassen, weil sie Deutsche ist, sondern erscheint, wie mehrfach angemerkt wurde, wie eine Parallelgestalt zu der von Hildegard Knef verkörperten Susanne Wallner: eine Hoffnungsträgerin, die unbeschadet und zudem mit einem veritablen Koffer voller Habseligkeiten versehen ein deutsches Konzentrationslager überlebt hat. Für Cilly Kugelmann, die auch die Entstehungsbedingungen des Films recherchiert hat, ist der Befund klar. Dora sei »eher einer Vertriebenen aus den deutschen Ostgebieten nachempfunden als einer jüdischen Überlebenden«.[23] An-

23 Cilly Kugelmann: »Lang ist der Weg«. Eine jüdisch-deutsche Film-Kooperation. In: Auschwitz. Geschichte, Rezeption und Wirkung. Jahrbuch 1996 zur Geschichte und Wirkung des Holocaust. Hg. v. Fritz Bauer Institut. Frankfurt a. M., New York, S. 353–369; hier S. 366.

dererseits wird sie eindeutig als Jüdin eingeführt, wobei die im Drehbuch vorgesehene szenische oder zumindest dialogisch mitgeteilte Vergewaltigung im realisierten Film auf Andeutungen beschränkt bleibt. Weniger die Deutschen werden mit ihrer Schuld konfrontiert – der Chefarzt des deutschen Hospitals (Otto Wernicke) kümmert sich rührend um die verwirrte Hanna –, sondern die Polen. Es gibt zwar einen polnischen Bauern, der David auf seiner Flucht zu den Partisanen hilft, aber auch einen Landbewohner, der sogleich die deutsche Feldpolizei auf ihn hetzt. Und vor allem begegnet die Gestalt des polnischen Gewinners, der nur darauf wartet, dass die Jelins aus ihrer Wohnung vertrieben werden, und nach dem Krieg zynisch und in Wohlstand prassend jede Hilfe verweigert.

Dass der Film auch auf ein deutsches Publikum kalkuliert war, erklärt sich aus der Mischung des an der Produktion beteiligten Teams. Israel Beker, der als David Jelin die Hauptrolle spielt, war der Ideengeber des Drehbuchs. Er gehörte zu einer jiddischen Theatergruppe, die in den DP-Lagern auftrat. Es war seine Geschichte, die hier verfilmt wurde. Am Drehbuch jedoch war mit Karl Georg Külb ein altgedienter Profi der UFA beteiligt. Auch das Regisseurteam setzte sich gemischt zusammen. Marek Goldstein war ein Überlebender der Lager. Herbert B. Fredersdorf hatte im ›Dritten Reich‹ bewiesen, dass er nicht nur Kriminalfilme beherrschte, sondern mit *Spähtrupp Hallgarten* (1941) auch das propagandistisch wichtige Genre des Heimatfrontfilms bedienen konnte. Bettina Moissi in der Rolle von Dora war die Tochter des österreichisch-jüdischen Schauspielers Alexander Moissi, hatte jedoch während der Nazi-Herrschaft unter einer jener Ausnahmegenehmigungen an einem regionalen Theater weiterspielen dürfen. Schon die Besetzung des Films kündet von Versöhnung.

Irritierend bleibt, wie massiv der Propagandastil der UFA auf ein Filmprojekt mit zionistischer Botschaft durchschlug. Das betrifft nicht nur die Figurenzeichnung, sondern auch den Dokumentargestus, der den Film durchzieht. Ästhetisch dem Wochenschaustil mit markigem Off-Kommentar angenähert, dient er der Authentifizierung der eingelagerten Spielhandlung und begleitet die Entwicklung des Kriegsverlaufs bis zur Befreiung der Lager und der Einrichtung der DP-Camps. Der Angriff auf Warschau wird in identischen Schnittfolgen gezeigt wie in Hans Bertrams *Kampfgeschwader Lützow* (1941): oben die deutschen Bomber-Formationen, unten die Explosionen und das Chaos. Nur versammeln sich nun die Einwohner – und mit ihnen die Familie Jelin – im Luftschutzbunker. Kartentrickanimationen zeigen den sich verändernden Frontverlauf. Das Dokumentarische dieses Films bleibt dem verwandt, was im ›Dritten Reich‹ als dokumentarisch galt. Nur nutzt der Film auch die alliierten Aufnahmen aus den befreiten Lagern, unterlegt mit der gleichen Stimme des zeitgenössischen Wochenschautons:

Abb. 4: Dora (Bettina Moissi) und David (Israel Beker) heiraten im DP-Lager nach jüdischem Ritual. *Lang ist der Weg* (Screenshot)

> Mit lachenden Gesichtern, in geschmückten Wagen, so zogen sie aus: die Kriegsgefangenen, die Zwangsarbeiter, die Verschleppten. Sie, die der Vernichtung entgangen waren. Nach Belgrad, nach Paris, nach Warschau. Halb Europa war auf dem Weg in die Heimat. […] Aber für viele gab es kein Zuhause mehr, für viele keine Heimat.

Dass der Film seiner Zeit ästhetisch weit voraus war, wie David Bathrick meint,[24] mag für die als Synekdoche angelegten Bilder der Selektion gelten. Aber die Verbindung von Dokumentarmaterial mit Spielszenen, die dann der bundesrepublikanische Bewältigungsfilm in den fünfziger Jahren ausbuchstabieren wird, gab es schon zuvor: etwa in Eduard von Borsodys *Wunschkonzert* (1940), einem der erfolgreichsten Heimatfrontfilme. Und vor allem ist auch die Endsequenz, die David arbeitend an deutscher Scholle zeigt, aufgenommen und geschnitten wie ein Kulturfilm aus vergangenen Tagen. Der Halbtotale des pflügenden David mit seinen Pferden folgt unweigerlich die untersichtige Nahaufnahme seines in die Ferne schauenden Gesichts, als solle noch einmal der ewige Bauer veranschaulicht werden. Nur gilt dieser Blick nun Palästina.

Solche Einstellungen lassen sich aber auch als Umwertungen vertrauter und nun neu besetzter Bildmuster verstehen: als Teil eines Kampfes um die Deutungshoheit der Bilder, wie Groß meint. Danach wären die Aufnahmen des Zuflucht bietenden Waldes sowohl in *Lang ist der Weg* wie in *Morituri* als Einschreibungen in das Muster des Heimatfilms zu verstehen.[25] Zudem werden die

24 David Bathrick: Holocaust Film before the *Holocaust:* DEFA, Antifascism and the Camps. In: Cinémas: Journal of Film Studies 18/1 (2007), S. 109–134. Online unter: www.erudit.org/revue/cine/2007/v18/n1 /017849ar.html [abgerufen: 28.01.2017].

25 Groß: Die Filme sind unter uns (s. Anm. 5), S. 403–406.

jüdischen Symbole und Rituale, die in Veit Harlans *Jud Süß* (1940) für den Schauer des unheimlich Fremden sorgen sollten, nun eingesetzt, um selbstgewiss von der Normalität jüdischen Lebens zu zeugen: beim Gebet der Familie Jelin in Warschau oder bei der Hochzeit von David und Dora im DP-Camp. In *Die Todesmühlen* werden Juden als Opfer nicht einmal erwähnt; die Rahmenhandlung ist durch christliche Symbole geprägt. *Morituri* wirkt bemüht, Juden als eine Opfergruppe unter vielen anderen Verfolgten zu zeigen. Die christliche Metaphorik dominiert, wenn Bronek vor seiner Entscheidung zum Anschlag auf die Versorgungslinien der deutschen Truppen ein Marienbildnis befragt, in sinnfälliger Parallele zum Vornamen seiner Frau, deren Opfer er verantwortet. Sie wird aber auch relativiert, wenn die Morituri um ihre Toten trauern: Die hebräische Totenklage wird überblendet mit polnischen Gebeten wie dem deutschen »Vater unser…«. *Lang ist der Weg* ist der erste in Deutschland produzierte Film, in dem die jüdische Gemeinschaft und auch ihr Alltag ins Zentrum rückt. Und es ist der erste in Deutschland lizensierte Film, in dem die Deportationen, die Selektion an der Rampe und das Krematorium zum Gegenstand der Spielhandlung werden. Und dies in eindrucksvollen Aufnahmen, wenn die Enge in den Viehwaggons nachempfunden wird, die Entscheidung über Leben und Tod über einen Befehl gefällt wird, nach rechts oder links zu gehen, oder das Gesicht des nach links befohlenen Jacob Jelins mit dem rauchenden Krematorium überblendet wird.

Die Vorgänge in den Vernichtungslagern abzubilden, blieb einer polnischen Produktion vorbehalten. *Ostatni Etap (Die letzte Etappe)* von Wanda Jakubowska, die ihre eigenen Erlebnisse in Auschwitz verarbeitete, wurde mit großem personellem Aufwand und mit früheren Mithäftlingen am Originalschauplatz des Frauenlagers in Auschwitz-Birkenau gedreht.[26] Der Film, wie *Morituri* und *Lang ist der Weg* 1948 erschienen, bildet das Urmuster aller späteren Holocaust-Inszenierungen, indem er die wesentlichen Motive in bis heute beeindruckend bleibenden Bildern präfigurierte: den Stacheldraht, die Häftlingskolonnen im Schlamm, den Appellplatz, die willkürlichen Erschießungen, die Massenselektionen jüdischer Frauen, die (nächtliche) Ankunft der Züge mit europäischen Juden und die Arbeit der Krematorien. Die Liste der Filme, die diese Schlüsselszenen des Lageralltags in oft verwandter Inszenierung aufnehmen sollten, ist lang.[27] In den Westzonen kam der Film nicht in die Kinos, obschon *Der Spiegel* dem Film anlässlich seiner Aufführung bei den Salzburger Festspielen attes-

26 Hanno Loewy hat *Ostatni Etap* auf Grund dieses Pionierstatus' als »Mutter« aller Filme über den Holocaust bezeichnet. Vgl. Hanno Loewy: Fiktion und Mimisis. Holocaust und Genre im Film. In: Lachen über Hitler – Auschwitz-Gelächter? Filmkomödie, Satire und Holocaust. Hg. v. Margrit Frölich, Hanno Loewy und Heinz Steinert. München 2003, S. 37.

27 Sonja Schulz: Der Nationalsozialismus im Film. Von »Triumph des Willens« bis zu »Inglourious Basterds«. Berlin 2012, S. 57f.

tierte, dass die »eindringliche Darstellung [...] keine Spur von Gehässigkeit« trage.[28] Er gewann 1948 den Hauptpreis des ersten Filmfestivals von Karlovy Vary, fand aber in Polen nicht den Weg in die Kinos, weil polnische Kapos als Teil des Systems gezeichnet wurden. In der sowjetischen Zone wurde er im August 1949 noch vor Gründung des sozialistischen Bruderstaates gezeigt. Immerhin gab der Film Hinweise auf den großen Befreier Stalin wie auch die Endsequenz im Pathos des sozialistischen Realismus sowjetischer Provenienz gipfelt, wenn allein der Anblick feindlicher Flugzeugformationen die Deutschen in Panik versetzt und die Heldin des Widerstands auf dem Richtplatz, statt gehängt zu werden, den selbstbestimmten Tod wählt, nicht ohne zuvor den Lagerkommandanten mit jenem Messer zu zeichnen, das ihr Opfer mit dem der Befreier parallelisiert. Wirkungsgeschichtlich übertraf er – filmhistorisch gesehen – jeden anderen Film mit Lagerthematik. Zeitgenössisch blieb er so bedeutungslos wie *Morituri* oder *Lang ist der Weg*. Es gab in den betroffenen Staaten kein Publikum, das sich mit dieser Thematik auseinandersetzen wollte.

IV. Antisemitismus: Besichtigungen gesellschaftlicher Dispositionen

Den Antisemitismus innerhalb der deutschen Gesellschaft zu thematisieren, war kein Garant, ein großes Publikum erreichen zu können. Dennoch versuchten es zwei Filme, in denen historische Begebenheiten oder eigene Erfahrungen verarbeitet wurden: Erich Engels *Affäre Blum* (1948), der von einem jüdischen Fabrikanten handelt, der in der Weimarer Republik fälschlicherweise des Mordes angeklagt wurde, und Josef von Bákys *Der Ruf* (1949), der auf einem Drehbuch Fritz Kortners beruhte, einem Remigranten, der darin seine Erfahrungen mit dem Zustand der deutschen Gesellschaft bei seiner Rückkehr 1947 verarbeitete.

Affäre Blum, eine DEFA-Produktion, erzählt satirisch pointierend von einem Justizskandal aus den Jahren 1925/26, der in Magdeburg zur zeitweiligen Inhaftierung des jüdischen Industriellen Rudolf Haas führte. Zu Unrecht wurde er des Mordes an seinem ehemaligen Buchhalter beschuldigt, der tatsächlich einem banalen Raubmord zum Opfer gefallen war. Aus dem Stoff entwickelt der Film jedoch keine Kriminalhandlung, in der die Identität des Täters zunächst verhüllt wird. Von Anfang an ist klar, wer der Täter ist: Karlheinz Gabler (Hans Christian Blech), eine verkrachte Existenz. Die mehrsträngige Handlungsführung, bei der der Zuschauer immer mehr weiß als die Figuren, hat zwei Effekte: Zum einen

28 Anonymus: Filme, Reden und Delikatessen. In: Der Spiegel 39 (1948), S. 24.

erscheint der Fabrikant, Dr. Jakob Blum (Kurt Ehrhardt), zweifelsfrei als Opfer der Justiz und gerät so nicht in Gefahr antisemitische Ressentiments wecken zu können. Zum anderen kann der Plot vom Antisemitismus verlagert werden zu einer Studie des rechten und nationalkonservativen Milieus der Weimarer Republik. Der Täter, auf den sogleich viele Indizien hinweisen, ist als ehemaliger Freikorpssoldat den Vertretern von Polizei und Justiz unverdächtig, weil sie sich gleichen Traditionen verpflichtet fühlen und von der Aussicht beflügelt werden, einen jüdischen Großindustriellen zu fassen, dem ohnehin nicht zu trauen sei.

Der Antisemitismus löst die Intrigenhandlung aus, wird aber dominiert durch die Lagerkämpfe der Weimarer Republik. In der Trias von Kommissar Schwerdtfeger (Ernst Waldow), Gerichtsrat Konrad (Paul Bildt) und Landgerichtsdirektor Hecht (Herbert Hübner) begegnet eine in Vorurteilen befangene nationale Rechte, die über gute Kontakte zum »Völkischen Tageblatt« verfügt, dessen Redakteur mit einem Hitlerbärtchen stereotypisiert wird. Ihnen gegenüber steht eine zunächst hilflos erscheinende Gemeinschaft der Gutgesinnten: Demokraten und Linke. »Gut dass das jetzt nach der Rathenausache kommt«, positioniert sich der Sohn des Gerichtsrats und Assessor am Kammergericht (Werner Peters). »Da sehen die Leute mal, dass auch ein Jude killen kann. Und nicht wegen Politik, sondern wegen Geld.« Der Film stellt Antisemitismus als Disposition der Rechten dar, mit der Politik betrieben werden konnte. Die alltäglichen Ressentiments interessieren in diesem Film kaum, wie auch Jacob Blum – bis auf die finale Szene – eher eine Randfigur bleibt. Die Konzentration auf die große Verschwörung der Rechten machte das Drehbuch von Robert A. Stemmle für die DEFA akzeptierbar. Mit Erich Engels wurde ein Regisseur engagiert, der sich mit Machtmissbrauch auskannte. Er gehörte zur ersten Garde der Film- und Theaterregisseure im Nationalsozialismus, konnte aber als »Vierteljude« trotz seines prominenten Status nur mit Sondergenehmigungen arbeiten.[29]

Wie die Muster der Verschwörung herausgearbeitet werden, gehört zu den Qualitäten dieses Films. Während der alarmierte, aber zuversichtliche Präsident des Landtags Wilschinsky (Helmuth Rudolph) einen ebenso routiniert wie gelassen agierenden Kommissar Bonte (Alfred Schieske) aus Berlin einsetzt, um den Fall aufzuklären, vermutet die Rechte Verrat der Gegenseite, wenn Landgerichtsdirektor Hecht auf einer Sitzung des Richtervereins versucht, den Fall zu skandalisieren: »Wilschinsky ist Sozi. Sein Kommissar Bonte Freimaurer. Der angeklagte Blum ist der politische Freund des Präsidenten und Geldgeber der Partei.« Bei den anderen wird vermutet, was man selbst betreibt. Satirisch zugespitzt wird die Figur der Inversion als Basis aller Verschwörung pointiert. Am Ende steht die Aussage des befreiten Dr. Blum: »Es ist noch nicht vorbei. Es fängt

29 Schrader: »Jederzeit widerruflich« (s. Anm. 10), S. 299–301.

erst an.« – Doch was genau anfangen wird, der Aufstieg der Nationalsozialisten oder eine wiedererstarkende Rechte in der BRD, lässt der Film offen. Blums Gattin sucht zu beruhigen, dass doch alles bisher gut gegangen sei: »Denn wir leben ja in einem Rechtsstaat. Schließlich sind wir in Deutschland.« Während des letzten Satzes werden Fanfaren und der Klang marschierender Truppen aufgeblendet, bis der Film, nach einer Aufnahme des nachdenklichen Gesichtes Blums, in ein Schwarzbild überblendet wird, unter dem nach einer letzten Fanfare düstere Klänge ertönen. Dass dieses Finale eher auf die Gegenwart gemünzt war, in der in der BRD die »unabhängige« Justiz wieder in die alten Rechte gesetzt wurde, ist evident. Der Lagerkampf hatte begonnen.

Das Filmprojekt *Der Ruf* wurde von Erich Pommer und Fritz Kortner initiiert. Beide waren Remigranten: Pommer in offizieller Mission, der 1946 als ranghöchster Offizier der Spielfilmabteilung in der amerikanischen Besatzungszone eingesetzt wurde, und Kortner, der 1947 vom Deutschen Theater in Berlin ein Rollenangebot erhalten hatte. Beide waren vor 1933 höchst erfolgreich, der eine als Produzent, der andere als Schauspieler. Beiden gelang es, sich während der Emigration zu integrieren. Sie hatten die amerikanische Staatsbürgerschaft angenommen. Das Drehbuch wurde von Fritz Kortner geschrieben, der auch die Hauptrolle des Prof. Mauthner übernahm. Die Erfahrungen, die Kortner formulierte, dürfte Pommer geteilt haben. Prof. Mauthner ist ein in Los Angeles angesehener Philosophieprofessor, der 1933 fliehen musste und in der Handlungsgegenwart zu entscheiden hat, ob er dem Ruf folgt, seinen alten Lehrstuhl in Göttingen wieder anzunehmen, von dem er vor 15 Jahren vertrieben wurde.

Pommer hatte Brauns *Zwischen Gestern und Morgen* lizensiert: die Sicht deutscher Filmschaffender auf den Emigranten, der sich wieder einschleichen will, als sei nichts geschehen. Kortners Drehbuch lieferte die Gegenperspektive: die Sicht des Remigranten, der sich in Deutschland integrieren will, aber an Intrigen und offenem Antisemitismus scheitert. Als Gegenspieler in Göttingen figuriert Privatdozent Fechner, der damit rechnet, selbst die Professur zu bekommen, auf die Mauthner wiederberufen wurde. In seiner Figur werden alle Merkmale des unbelehrbaren Alt-Nazis aufgerufen, der zugleich die innere Emigration für sich reklamiert, beteuert, selbst bei Möglichkeiten dem Führer zu begegnen, abseits gestanden zu haben, und – auf der Feier zu Mauthners Antrittsvorlesung angetrunken – bedauert, dass man nicht alle Juden ausgerottet habe. Um sich versammelt er eine Studentenschaft, die von nationalsozialistischer Ideologie durchdrungen ist: eine verschworene Gemeinschaft, die wenigstens diesen einen Juden, Mauthner, zur Strecke bringen will. Die Mehrheit der Studentenschaft wird als abwartend gezeichnet. Sie verlässt nach der Antrittsvorlesung Mauthners schweigend den Saal, lässt sich aber nicht auf jene Störungen ein, die Fechner provozieren wollte. Selbst einige der intimen Anhänger des Privatdozenten zeigen sich durch Mauthners Rede beeindruckt. Am

Ende wird sich einer von ihnen in die Reihe der um Mauthner Trauernden einreihen. Der Film gibt Anlass zur Hoffnung, dass aus diesen jungen Deutschen noch etwas werden könne.

Der Ruf rechnet damit ab, wie sich die Deutschen in den Trümmerfilmen selbst zeichneten: als hilflose Opfer eines übermächtigen Unheils. Auch ästhetisch bildet er ein Kontrastprogramm zum Trümmerfilm. Er beginnt mit der Weite der belebten und sonnendurchfluteten Straßen in Los Angeles, schildert eine Party und eine lange Nacht der Entscheidung im Hause Mauthners, ob er zurückkehren solle oder nicht, gibt Impressionen der Schiffspassage wie der Transitstation Paris und zeigt bei Mauthners Ankunft in Berlin, seinem ersten Reiseziel, eben keine Trümmerlandschaft als Memento des Schreckens, sondern die amerikanische Flagge und paradierende Truppen auf dem Gelände des American Headquarter Office in Berlin-Dahlem. Danach entwickelt sich die Handlung fast ausschließlich in Studioaufnahmen beklemmend enger Räume. Nacht und Schatten dominieren. Selbst die Nachtlokale, im deutschen Trümmerfilm allgegenwärtig und zuweilen wie UFA-Revuebühnen inszeniert (Werner Klingler: *Razzia,* 1947), auf jeden Fall aber als Orte potenzieller Verführung (Josef von Báky: *Und über uns der Himmel,* 1947) und dabei garantiert frei von jedem alliiertem Soldaten,[30] werden nun als beklemmend miefige Lokale in Szene gesetzt, in der Schieber agieren, deutsche »Fräuleins« präsent sind oder amerikanische Studenten sich vergeblich um Annäherung an ihre deutschtümelnden Kommilitonen bemühen. Die Ausnahme von dieser allgegenwärtigen Klaustrophobie bildet Mauthners Antrittsvorlesung, bei der befreiende Totalen in einem altehrwürdigen Hörsaal eingesetzt werden. Die Rede knüpft an »Platons Konzept von der Erlernbarkeit der Tugend« an, handelt vom Auftrag der Philosophie, die Vernunft gegen den Einfluss irrational geleiteter Mächte zu verteidigen, und mündet in den Appell an die Jugend, die Augen zu öffnen und die Gegenwart als einen Morgen zu verstehen, aus dem ein »Tag« werden könne.

Das Licht der Aufklärung, das bei diesem Stichwort bildmetaphorisch von oben in den Hörsaal fällt, verkündet Hoffnung. Mauthners eigener Weg in dunkler Zeit endet wenig hoffnungsvoll. Er stirbt an einer Herzinsuffizienz. Aber im Moment des Todes, der durch überblendete Erinnerungsbilder seines Lebens veranschaulicht wird, stehen nicht nur seine geschiedene Frau Lina (Johanna

30 Besatzungssoldaten tauchen – vermutlich als Folge der Lizensierungspolitik – erst von Herbst 1948 an in deutschen Filmen auf. In Rudolf Jugerts *Hallo Fräulein* (1949), mit amerikanischer und britischer Lizenz, wirbt ein deutschamerikanischer Captain um die Gunst einer schönen Künstlerin, zieht aber gegenüber dem angestammten deutschen Verehrer den Kürzeren. Im frühen Trümmerfilm ist das Thema verdeckt angespielt worden, etwa wenn in Josef von Bákys *Und über uns der Himmel* (1947) Mizzi in der Haiti-Bar den Verführungskünsten und vor allem dem Geld fremder Männer erliegt und damit ihren treuen Albert verrät.

Abb. 5: Prof. Mauthner (Helmut Kortner) hält seine Antrittsrede. *Der Ruf* (Screenshot)

Hofer, Kortners Ehefrau) an seinem Sterbelager, sondern auch sein Sohn, der nie seinen Namen tragen durfte und seinen Vater erst im Moment des Todes erkennt. Damit erfüllt sich der Wunsch nach jener familialen Wiedervereinigung, die für Mauthner ein verborgen gehaltenes Motiv war, nach Deutschland zurückzukehren. Seine deutsche Frau Lina hatte sich von ihm getrennt, um dem gemeinsamen Sohn das Stigma des Halbjuden zu ersparen und rechtzeitig einen arischen Ersatzvater geheiratet, dessen fremden Namen sein Sohn trägt: Walter Heck (Ernst Schröder), der zur revanchistischen Gemeinschaft um Fechner gehörte und nun zu spät um Verzeihung bittet.

Solche Vereinigung im Tod ist weniger melodramatisch gestaltet, sondern melancholisch getönt. In den letzten Bildern seines Lebens imaginiert Mauthner seine Rückkehr nach Kalifornien und gerät dabei in die alte Auseinandersetzung mit seinem Emigrantenfreund Fränkl (Harald Mannl), der ihn vor seiner Abreise gewarnt hatte, in das Land der »Menschenfresser« zu reisen. Und wieder bekräftigt Mauthner, seine damalige Überzeugung: »Es gibt weder ein Volk von Verbrechern, noch ein Volk von Helden.« »Die Sonne tut wohl«, empfindet Mauthner, worauf Fränkl bekräftigt: »Hier wirst du gesund.« Aber er könne nicht bleiben, so Mauthner. Auf die Gegenfrage, wohin er denn wolle, folgt ein schlichtes »Heim«, das seinen Tod besiegelt.

Im Spiel Fritz Kortners zeigt sich ein Muster der Zerrissenheit, des Wunsches vergeben zu wollen und Verständnis zu zeigen, gleichzeitig aber die Unmöglichkeit, die erlebten wie die wieder neu zugefügten Verletzungen ignorieren zu können. Eine Annäherung an seine Frau, die ihn aus »rassischen« Gründen verlassen hat, scheint erst in seiner Todesstunde wieder möglich zu sein. Die

Frage deutsch-jüdischer Identität ist das Kernthema des Films und sie wird über deutsche Kultur und Sprache verhandelt. Während die Emigranten – in jener Nacht der Entscheidung in Los Angeles – über Goethes Affären und seine »olympische Einstellung Mädchen gegenüber« witzeln, hört Mauthner nicht auf die Dialoge über das »Faustische« deutscher Kultur, sondern lauscht hingebungsvoll der Musik des deutsch-jüdischen Komponisten Felix Mendelssohn-Bartholdy, gespielt von seiner Assistentin, in der alle anderen sein spätes Liebesglück wähnen. Auf seiner Fahrt nach Deutschland zitiert er zweimal, sich selbst spiegelnd, aus Heinrich Heines *Winterreise.* Auf sprachlicher Ebene bleibt der Konflikt zwischen deutscher Muttersprache und englischer Alltagsverständigung virulent. Während die Emigranten oder auch die Haushälterin Emma (Lina Carstens) umstandslos zwischen den Sprachen wechseln, fordert Mauthner auf der Reise nach Deutschland von seinen Assistenten apodiktisch, dass fortan nur noch deutsch gesprochen werden dürfe. Bei seiner ersten Begegnung mit Lina, wechselt er jedoch ins Englische, um das Gespräch vor möglichen Zuhörern zu schützen. Und vor allem hält er seine Antrittsvorlesung demonstrativ in Englisch und das vor einer studentischen Zuhörerschaft, von denen im Jahre 1948 nur wenige in der Lage gewesen sein dürften, einem philosophischen Diskurs in einer Fremdsprache zu folgen. Das Englische hat sowohl eine Schutzfunktion für Mauthner, wie auch die didaktische Pointe nicht zu übersehen ist. Denn wie in einer Kneipendiskussion gezeigt, sind die deutschen Studenten nur bedingt gewillt, sich sprachlich auf amerikanische Kommilitonen einzulassen.

Für das deutsche Filmpublikum dürfte dieser bilinguale Film, wenn auch mit Untertiteln versehen, zwar keine ungewohnte, aber auf jeden Fall ungeliebte Herausforderung gewesen sein. Erst seit Sommer 1947 wurden ausländische Filme weitgehend in synchronisierten Fassungen gezeigt, nachdem auch Umfragen gezeigt hatten, dass untertitelte Filme häufig auf Ablehnung stießen.[31] Andererseits zeichnet es diese Produktion aus, dass sie keineswegs gewillt war, Konzessionen einzugehen, um kommerziell erfolgreich zu sein. Der erste Handlungsentwurf war weit moderater angedacht als der im Grundton pessimistisch gestimmte Film.[32] Das Feuilleton zeigte sich beeindruckt. Ein größeres Publikum konnte der Film nicht erreichen, was vermutlich weniger den Sprachschwierigkeiten, sondern der Verschiebung der Perspektive auf die eines Remigranten geschuldet war.

Die Sicht eines anderen zeitweiligen Remigranten auf das Nachkriegs-

31 Greffrath: Gesellschaftsbilder der Nachkriegszeit (s. Anm. 2), S. 122–124.

32 Vgl. Bettina Greffraths Angaben zur Synopsis des ursprünglich unter dem Titel »The Mission« geplanten Films. In: Greffrath: Gesellschaftsbilder der Nachkriegszeit (s. Anm. 2), S. 333–339.

deutschland wurde durch die amerikanischen Behörden gar nicht erst für eine Vorführung in Deutschland zugelassen, obschon Pommer sich dafür eingesetzt hatte: Billy Wilders *A foreign Affair* (1948), der sein Spielfilmprojekt ursprünglich als Teil der Bemühungen um Reeducation geplant hatte. Nur enthielt seine Komödie mit Marlene Dietrich als Femme fatale im unvermeidlichen Nachtclub so viel schwarzen Humor, der nicht nur die sich anbiedernden wie unverbesserlichen Deutschen traf, sondern auch die Besatzer in ein höchst ambivalentes Licht rückte, dass solche Kost für ein deutsches Publikum nicht zuträglich schien.[33] Der Film wurde erst im Mai 1977 in der ARD ausgestrahlt: in der Originalversion, untertitelt.

V. Erinnerungspolitik

Im Kino der Nachkriegszeit bleibt *Der Ruf* auch deshalb ein Ausnahmefilm, weil er ohne Rücksicht auf mögliche Empfindlichkeiten des Kinopublikums versucht, eine Position zu reklamieren: die eines Remigranten innerhalb der deutschen Gesellschaft. Das Thema deutsch-jüdischer Identität und sein Konfliktpotential werden in der näheren filmischen Memorialkultur keine Rolle mehr spielen. Bei der DEFA hatte sich schon mit *Affaire Blum* angekündigt, dass die Auseinandersetzung mit dem Antisemitismus in der deutschen Gesellschaft die Möglichkeit bot, restaurative Tendenzen in der BRD mehr oder weniger versteckt anzuprangern. Auch Wolfgang Staudtes *Rotation* (1948) lässt keinen Zweifel daran, welcher Weg einzuschlagen sei. Die neue Generation wählt in eindeutiger Bildmetaphorik an einer Abzweigung im Wald den Hauptweg in eine bessere Zukunft, während sich die Elterngeneration mehr als zwanzig Jahre zuvor an gleicher Stelle für einen verholzten Seitenpfad nach rechts entschieden hatte. – Erzählt wird der Lebensweg des Mitläufers Hans Behnke, der sich am Ende des ›Dritten Reichs‹ läutert, inhaftiert und von der Roten Armee befreit wird. Es ist ein Angebotsfilm, der auch ehemaligen Mitläufern und Parteigenossen verspricht, eine Heimat in der DDR finden zu können. Das Thema der Judenverfolgung ist als Nebenhandlung gegenwärtig. Stets hatte Behnke dem jüdischen Ehepaar Salomon mit kleineren Dienstleistungen geholfen, doch als das Paar deportiert wird, schauen die Behnkes lieber weg und ziehen die Gardine zu. Die Judenverfolgung wird als ein Baustein im Unrechtssystem des NS-Staates präsentiert, an dem sich die moralische Integrität der Protagonisten behaupten muss.

Gänzlich in die politischen Auseinandersetzungen gerät das Thema in dem

33 Vgl. Gerd Gmünden: In the Ruins of Berlin: A Foreign Affair. In: German Postwar Films (s. Anm. 6), S. 109–124.

wenige Monate später erschienenen DEFA-Film *Der Rat der Götter* (1950) von Kurt Maetzig. Es geht um die Rolle der IG-Farben im ›Dritten Reich‹, auch hier fokussiert auf die Figur eines besserungswilligen Mitläufers: ein Angebotsfilm auf zweiter Stufe, insofern sich der Protagonist am Ende in die sozialistische Internationale für den Frieden einreiht. Die industrielle Massenvernichtung, präsent in Fässern, etikettiert mit dem Bestimmungsort (»Einheitspackung für Auschwitz«), wird nicht zum moralischen Scheideweg für den Protagonisten, sondern zum Beleg seiner zeitweiligen Teilhabe an einem kapitalistischen Unrechtssystem, das sich in der BRD unter der Ägide des amerikanischen Monokapitals nahtlos fortsetzt. Der Film veranschaulicht Georgi Dimitroffs These aus den dreißiger Jahren, nach der der Faschismus als Diktatur der imperialistischen Elemente des Finanzkapitals zu verstehen sei. Die haben in der filmischen Interpretation nun im Westen wieder das Sagen. Die Opfer der Massenvernichtung interessieren nur insofern, als sie dem politischen Gegner zuzurechnen sind. Im DEFA-Film spielt das Thema in den fünfziger Jahren keine Rolle mehr. Das ändert sich erst, als 1958 das Lager Buchenwald zur »Nationalen Mahn- und Gedenkstätte« erklärt wird. Dem antifaschistischen Gründungsmythos der DDR folgend, soll dem politischen Widerstand gedacht werden. Frank Beyers *Nackt unter Wölfen* (1963) nach Bruno Apitz Roman folgt dieser Maxime. Die Verfolgung der jüdischen Opfer wird dabei zu einem Randthema. Der Film endet – kontrafaktisch – in der Selbstbefreiung des Lagers, ermöglicht durch den ungebrochenen Widerstandswillen der inhaftierten politischen Häftlinge.

In der BRD verschwindet das Thema der Judenverfolgung keineswegs, während sich der Film auf die Heimat besinnt und die Wirtschaft zu boomen beginnt. Mitte der fünfziger Jahre setzt mit Alfred Weidenmanns *Canaris* (1954) und Helmut Käutners *Des Teufels General* (1955) eine Welle von Filmen ein, in denen die nationalsozialistische Vergangenheit befragt wird: auf die Verhaltensmuster, die in die Katastrophe geführt haben, aber auch jene, die positiv erinnerungsfähig sind. Die Judenverfolgung taucht hier wiederholt in Nebenhandlungen auf, dient ähnlich wie in *Rotation* als moralischer Prüfstein für das Handeln der Protagonisten und fungiert – immer noch verstanden als Kriegsverbrechen und nicht als Verbrechen gegen die Menschheit – als Vergleichsgröße eigenen Leidens.[34] In beiden Teilstaaten wird die Erzählung der Judenverfolgung domestiziert: in der DDR zunächst ausgeblendet, dann durch die antifaschistische Basiserzählung vereinnahmt; in der BRD zunächst zur Selbstbespiegelung des eigenen Opferstatus aufgerufen, bis sich in den sechziger Jahren die Erinnerungsbarrieren lockern, bedingt durch den Eichmann- und später den

34 Manuel Köppen: The Rhetoric of Victim Narratives in West German Films of the 1950s. In: Screening War. Perspectives on German Suffering. Hg. v. Paul Cooke und Marc Silberman. Rochester, New York 2010, S. 56–77.

Frankfurter Auschwitzprozess. Egon Monks Fernsehfilm *Ein Tag* (1965), der den Tagesablauf in einem deutschen Konzentrationslager vor den großen Verfolgungen schildert, markiert filmhistorisch gesehen den einsetzenden Wandel der Erinnerungsperspektiven.

Von der Einvernahme des Themas der Judenverfolgung in politisch stabilisierende Erzählweisen ist der frühe Nachkriegsfilm in der bis 1949 andauernden Phase der Lizensierungen keineswegs frei, zumal es – wie im Fall von *Rotation* – auch belegte Zensureingriffe gibt. Aber dennoch konnten in dieser Zeit die unterschiedlichsten Akteure ihre Sicht präsentieren: ehemalige UFA-Regisseure und Drehbuchautoren ebenso wie Remigranten oder die Überlebenden der Verfolgungen. Die Konstellationen, die sich dabei ergaben, vermochten schon damalige Kritiker in Staunen zu versetzen, etwa bei der Besetzung des Films *Zwischen Gestern und Morgen* mit einem Starensemble aus alten UFA-Tagen: »Wenn Willy Birgel gegen Nazideutschland reitet und behauptet, sein Typ sei im ›Dritten Reich‹ untragbar gewesen, […] dann fördert das nicht gerade die Illusion«, pointierte Wolfgang W. Parth in der Frauenzeitschrift *Sie*.[35] Andererseits spielt Winnie Markus, in Brauns Film in der Rolle der vermeintlich schmählich verlassenen Geliebten, auch in *Morituri* mit: als Frau des Lagerarztes Bronek nun dezidiert in einer heroischen Opferrolle. Die alte Schauspielergarde ist selbst noch in *Lang ist der Weg* und bedingt auch in *Der Ruf* präsent. Zudem bereitet ausgerechnet der Film mit zionistischer Botschaft, *Lang ist der Weg*, den Boden, um deutsches Leid mit jüdischem zu parallelisieren. Der verschämte Umgang nicht mit den Opfern der Verfolgungen, sondern mit den Tätern, begleitet den frühen Nachkriegsfilm durchgängig, sieht man von jenem titelgebenden Aufruf des ersten lizensierten Films ab, Täter identifizieren zu wollen, der schon bald in Robert A. Stemmles *Berliner Ballade* (1948) der Ironisierung preisgegeben wurde.[36] Eine Ausnahme bildet auch hier *Der Ruf*. Hier geht es zwar nicht um die Täter als Beteiligte im Lager- und Vernichtungssystem, aber um den Antisemitismus, der diese Verbrechen möglich machte.

Dennoch ist im frühen Nachkriegsfilm manches angelegt, was sich auch in späteren Holocausterzählungen wiederfinden wird. Auf der Ebene der Bilder ohnehin. Denn mit den alliierten Aufnahmen der befreiten Lager einerseits und Wanda Jakubowskas Reinszenierung des Lageralltags in Auschwitz andererseits wurden bildliche Paradigmen gesetzt, die immer wieder überschrieben und schließlich ikonisiert wurden.[37] *Morituri* und *Lang ist der Weg* sind die ersten

35 Wolfgang W. Parth: Sie im Film. In: Sie, 28.03.1948.

36 Auf einer Litfaßsäule erblickt Otto Normalverbraucher zunächst den Fahndungsaufruf »Mörder gesucht!«, um dann die Anzeige des Tivoli-Palastes zu sehen: »Die Täter sind unter uns«.

37 Tobias Ebbrecht: Geschichtsbilder im medialen Gedächtnis. Filmische Narrationen des Holocaust. Bielefeld 2011.

deutschen Filme, die sich in diesen Prozess der Überschreibung und Reformulierung einschreiben. Das lässt sich als Kampf um die Deutungshoheit der Bilder verstehen, allerdings vor jeder Intention, eine solche Auseinandersetzung mit der Tätergesellschaft konfrontativ führen zu wollen. Es sind tastende Versuche, mit zuweilen metaphorisch überhöhten Bildern ein Publikum für Erfahrungen zu gewinnen, die die Mehrheit der zahlenden Kinobesucher nicht teilte.

Auf der Ebene der Narrative zeichnet sich deutlich ab, dass solche Erzählungen auf die Akzeptanz auch eines großen deutschen Publikums trafen, die eine deutsch-jüdische Opfergeschichte fokussierten, wobei – schon fast stereotyp – das Schicksal der verfolgten jüdischen Frau den deutschen Lebenspartner dazu bewegt, mit in den Tod zu gehen. Es geht um das männliche heroische Opfer, das in solchen Konstellationen »fällt«, wie es im Abspann von *Ehe im Schatten* heißt. Diese Erzählungen waren erfolgreich, weil sie – für ein deutsches Publikum – Anknüpfungen an eigene Leiderfahrungen boten. Im Schicksal der Anderen konnten sich die eigenen Erfahrungen spiegeln. Das war bei Filmen, die Lager- und Partisanenerfahrungen abbildeten, nicht der Fall. Die Sicht des Remigranten auf ein düsteres Deutschland, das sich kaum von seiner »Menschenfresserei« erholt hatte, mochte Kritiker überzeugen, traf aber kaum affektive Bedürfnisse eines Massenpublikums.

Im frühen Nachkriegsfilm bilden sich erste Erinnerungsmuster heraus. Nicht alle erwiesen sich als unmittelbar anknüpfungsfähig. Die Verbrechen der Wehrmacht, parallelisiert mit dem Völkermord wie in *Die Mörder sind unter uns*, wurden erst in den neunziger Jahren zu einem gesellschaftlichen Thema innerhalb der Erinnerungsdebatten. Deutsches und jüdisches Leid aufeinander zu beziehen, erwies sich in den fünfziger Jahren der BRD als erfolgreich, so dass man hier von einer Kontinuität der Erinnerungsmuster sprechen kann. Die Erfahrungen der Verfolgungen und der Lagerrealität, zeitgenössisch kaum wahrgenommen, wurden erst für ein bundesrepublikanisches Publikum empathisch nachvollziehbar, als die amerikanische Fernsehserie *Holocaust* im Januar 1979 in Deutschland ausgestrahlt wurde. Der frühe Nachkriegsfilm bildet vielleicht nicht die Matrix späterer Erinnerungsarbeit, aber eröffnet in seinen Verdrängungen wie Benennungen ein erstaunliches Spektrum, das im folgenden Jahrzehnt eher eingeengt, als elaboriert wurde. Auf lange Sicht jedoch war er prägend, indem er erste Spuren aufzeichnete und vor allem die Bilder der Verbrechen mit Narrationen verband, gleich ob diese Bilder neu besetzt wurden oder abwesend blieben. Sie bilden das Hintergrundrauschen aller hier diskutierten Filme.

Filme

Affäre Blum, R.: Erich Engel, D 1948, DEFA, E.: 3.12.1948.
Berliner Ballade, R.: Robert A. Stemmle, D 1948, Comedia, E.: 31.12.1948.
Canaris, R.: Alfred Weidenmann, D 1954, Fama, E.: 31.12.1954.
Ehe im Schatten, R.: Kurt Maetzig, D 1947, DEFA, E.: 3.10.1947.
A foreign Affair, R.: Billy Wilder, USA 1948, Paramount, E. in Deutschland: 6.5.1977 (ARD), Juli 1991 (Kino).
Holocaust. Die Geschichte der Familie Weiss, R.: Marvin Chomsky, USA 1978, NBC, E. in Deutschland: Januar 1979.
In jenen Tagen, R.: Helmut Käutner, D 1947, Camera, E.: 13.6.1947.
Irgendwo in Berlin, R.: Gerhard Lamprecht, D 1946, DEFA, E.: 18.12.1946.
Jud Süß, R.: Veit Harlan, D 1940, Terra, E.: 24.9.1940.
Kampfgeschwader Lützow, R.: Hans Bertram, D 1941, Tobis, E.: 28.2.1941.
Lang ist der Weg, R.: Herbert B. Fredersdorf, Marek Goldstein, D 1948, IFO, E.: 1.9.1948.
Die letzte Etappe (*Ostatni Etap*), R.: Wanda Jakubowska, PL 1948, P.P. Film Polski, E.: 26.8.1949.
Die Mörder sind unter uns, R.: Wolfgang Staudte, D 1946, DEFA, E.: 15.10.1946.
Morituri, R.: Eugen York, D 1948, CCC, E.: 24.9.1948.
Nackt unter Wölfen, R.: Frank Beyer, D 1963, DEFA, E.: 10.4.1963.
Der Rat der Götter, R.: Kurt Maetzig, D 1950, DEFA, E.: 12.5.1950.
Razzia, R.: Werner Klingler, D 1947, DEFA, E.: 2.5.1947.
Rotation, R.: Wolfgang Staudte, D 1948, DEFA, E.: 16.9.1949.
Der Ruf, R.: Josef von Báky, D 1949, Objektiv, E.: 19.4.1949.
Spähtrupp Hallgarten, R.: Herbert B. Fredersdorf, D 1941, Germania, E.: 14.3.1941.
Ein Tag – Bericht aus einem deutschen Konzentrationslager, 1939, R.: Egon Monk, D 1965, NDR.
Des Teufels General, R.: Helmut Käutner, D 1955, Real-Film, E.: 23.2.1955.
Die Todesmühlen (Death Mills), R.: Hanuš Burger, Billy Wilder, D/USA 1945, OMGUS, E.: 00.10.1945.
Und über uns der Himmel, R.: Josef von Báky, D 1947, Objektiv, E.: 9.12.1947.
Wunschkonzert, R.: Eduard von Borsody, D 1940, CAT, E.: 30.12.1940.
Zwischen Gestern und Morgen, R.: Harald Braun, D 1947, NDF, E.: 11.12.1947.

Bettina Bannasch

Schwarze Pädagogik nach Auschwitz. Holocaust-Filme im Erziehungs- und Bildungsdiskurs nach 1945

I.

In seinem 1966 erschienenen Essay »Erziehung nach Auschwitz« formuliert Theodor W. Adorno:

> Die Forderung, daß Auschwitz nicht noch einmal sei, ist die allererste an Erziehung. Sie geht so sehr jeglicher anderen voran, daß ich weder glaube, sie begründen zu müssen noch zu sollen. Ich kann nicht verstehen, daß man mit ihr bis heute so wenig sich abgegeben hat. Sie zu begründen hätte etwas Ungeheuerliches angesichts des Ungeheuerlichen, das sich zutrug.[1]

Die Bemühungen um eine Erziehung nach Auschwitz, so schreibt Adorno, seien auf zwei Gruppen zu konzentrieren. Zum einen auf die der Kinder. In diesem Bereich stehe es ihm, dem Philosophen nicht zu, nähere Angaben zu machen. Allein eine Richtungsanzeige für das pädagogische Wirken könne von ihm gegeben werden, dies im Rekurs auf die Studien Sigmund Freuds: Ziel müsse es sein, auf Erziehungspersonen und -institutionen so einzuwirken, diese so umzubilden und umzustrukturieren, dass keine autoritären Charaktere mehr herangezogen würden. Die Studentenbewegung von 1968 nahm diese Anregungen auf, allen voran die Kinder- und Schülerladenbewegung. Von ihr gingen wesentliche Impulse für eine antiautoritäre Erziehung von Kindern aus, die bis in die Gegenwart hineinwirken.

Zum zweiten, so führt Adorno weiter aus, seien die Bemühungen einer Erziehung nach Auschwitz auf die ›einfachen Leute‹ zu richten. Adorno spricht in diesem Zusammenhang von der Landbevölkerung. Um dieser Einschätzung ein belastbares, datengesättigtes Fundament zu verleihen, beruft er sich auf einen der frühesten und wichtigsten Texte, die unmittelbar nach 1945 über das Konzentrationslager Auskunft geben, auf Eugen Kogons 1946 erschienenes Buch *Der*

1 Theodor W. Adorno: Erziehung nach Auschwitz. In: Ders.: Gesammelte Schriften. Hg. v. Rolf Tiedemann. Bd. 10.2: Kulturkritik und Gesellschaft II. Darmstadt 1977, S. 674–690; hier: S. 674.

SS-Staat. Es handelt sich bei diesem Buch um eine, wie Kogon es in seinem Vorwort nennt, »soziologische Studie« über das System des Konzentrationslagers. Hervorgegangen ist diese Studie jedoch aus einem Bericht, den Eugen Kogon, selbst Überlebender des Lagers Buchenwald, unmittelbar nach der Befreiung für die Amerikaner anfertigte. Während der Bericht, so schreibt Kogon, eine schlichte Aufzählung der Tatsachen erstellte, lege seine ausgearbeitete soziologische Studie das System der deutschen Konzentrationslager in einer Weise offen, deren »als wahr festgestellter menschlicher, politischer und moralischer Inhalt beispielhafte Bedeutung hat«.[2]

Adorno bezieht sich in seinen Ausführungen zu einer Erziehung nach Auschwitz also aus guten Gründen auf das Werk Eugen Kogons, das unter anderem auch eine Skizze zu einer Typologie der Täter enthält. Kogon gibt an, unter den Peinigern in den Konzentrationslagern seien »übrigens auch unverhältnismäßig viele entgleiste Volksschullehrer«[3] gewesen und er hebt nachdrücklich den eklatenten Mangel an Wissen und Bildung in sämtlichen Dienstgraden hervor. Adorno schließt daraus, dass »[d]ie immer noch fortdauernde kulturelle Differenz von Stadt und Land [...] eine, wenn auch gewiss nicht die einzige und wichtigste, der Bedingungen des Grauens« ist. Ausdrücklich betont Adorno, dass ihm dabei »[j]eder Hochmut gegenüber der Landbevölkerung«[4] fernliege – schließlich sei niemandem die Schuld daran zu geben, wenn er auf dem Land groß geworden sei.

Die Differenz, die Adorno in der Gegenüberstellung von Stadt und Land konstruiert, ist bei Kogon nicht in derselben Weise prononciert. Möglicherweise lässt sie sich als ein Reflex Adornos auf die nationalsozialistische Verherrlichung des ›gesunden‹ Landlebens gegenüber dem ›degeneriert(-intellektuell-jüdischen)‹ Stadtleben verstehen. Sie hat zum problematischen und keineswegs unumstrittenen Ergebnis, dass Adorno Gebildete gegen Ungebildete in einer Weise ausspielt, in der er Bildung die Funktion einer politisch wirksamen Vorsorge gegen die Beeindruckung durch (nationalsozialistische) Propaganda zuweist. Das Volksschulsystem, so argumentiert Adorno, reiche dabei jedoch nicht aus, um die »einfachen« Leute auf dem Land hinreichend zu bilden. »Ich dächte«, so schreibt er,

> an eine Reihe von Möglichkeiten. Eine wäre – ich improvisiere –, daß Fernsehsendungen geplant werden [...]. Dann könnte ich mir vorstellen, daß etwas wie mobile Erziehungsgruppen und -kolonnen von Freiwilligen gebildet werden, daß sie aufs Land

2 Eugen Kogon: Der SS-Staat. Das System der deutschen Konzentrationslager. Frankfurt a. M. 1946, S. IX.
3 Kogon: Der SS-Staat (s. Anm. 2), S. 354.
4 Adorno: Erziehung nach Auschwitz (s. Anm. 1), S. 680.

fahren und in Diskussionen, Kursen und zusätzlichem Unterricht versuchen, die bedrohlichsten Lücken auszufüllen.[5]

Während Adorno also für die Gruppe der Klein- und Grundschulkinder eine antiautoritäre *Erziehung* im Blick hat, beruft er sich für die Erwachsenen auf *Bildung*. Wie immer man sich zu dem komplexen und nicht ganz widerspruchsfreien Verhältnis von Erziehung und Bildung stellen mag, das Adornos Überlegungen zu einer Erziehung nach Auschwitz kennzeichnet – es handelt sich dabei um offene Fragen und argumentative Brüche, die den gesamten Bereich der antiautoritären Kindererziehung wie der Erwachsenenbildung betreffen, nicht nur den engeren Bereich einer Erziehung nach Auschwitz –, zwei Aspekte sind für die folgenden Überlegungen zum Konnex von Schuld und Scham in Filmen über den Holocaust relevant:

Erstens ist dies der Umstand, dass man 1966 – also zu jener Zeit, aus der Adornos Bemerkungen stammen – nicht in derselben ungebrochenen Weise, in der Adorno dies in seiner Argumentation vorführt, das den Idealen der Aufklärung verpflichtete und im Laufe des 19. Jahrhunderts entwickelte Bildungsideal bemüht. Es ist bereits zu Beginn des 20. Jahrhunderts problematisch geworden, zweifellos ist es aber nach 1945 keine Größe mehr, auf die man sich in der Weise wie Adorno dies in seinem Erziehungs-Essay macht, berufen würde. In Texten nach 1945 kommt, auch bei einem Autor wie Eugen Kogon, gerade das *Verzweifeln* an diesem Bildungsideal zum Ausdruck. Die Frage, wie es dazu kommen konnte, dass ein Volk, das sich als eines der Dichter und Denker verstand, zu einem Verbrechen wie Auschwitz fähig war, ist eine, die immer wieder gestellt wird. In einer Vielzahl von Überlebendentexten verdichtet sie sich zu dem emblematisch gewordenen Bild der Goethe-Eiche im Konzentrationslager Buchenwald. Unter der Vokabel »Erziehung« – die von einem defizitären, eben erziehungsbedürftigen Gegenüber ausgeht – ruft Adorno in widersprüchlicher Weise ein Bildungsideal auf, das mit dem »Zivilisationsbruch« (Dan Diner) der Shoah zerstört wurde.

Der zweite Aspekt, der in Adornos Ausführungen für die Frage nach dem Verhältnis von Schuld und Scham im Holocaustfilm bemerkenswert ist, ist der, dass Adorno gleich nach der Volksschule, die er als Mittel einer breitenwirksamen Erziehung für nicht zureichend hält, auf das Fernsehen zu sprechen kommt. Im Jahr 1966 mag die Auffassung vom Bildungsauftrag des Fernsehens noch eine andere Rolle gespielt haben als heute, nicht zuletzt verbunden mit den sehr viel eingeschränkteren Möglichkeiten der Programmauswahl, die eine gezieltere Ansprache der Zuschauer ermöglichte. Das Fernsehen ist in dieser Zeit noch ein junges Medium, es ist gerade im Begriff das Radio abzulösen. Adornos Aus-

5 Adorno: Erziehung nach Auschwitz (s. Anm. 1), S. 680.

führungen lassen dies erkennen. Es ist kaum ein Zufall, dass die Auffassungen, die er im Blick auf das Fernsehen formuliert, eine große Nähe zu den radiotheoretischen Schriften Bertolt Brechts aus den 1930er Jahren aufweisen. In ihnen entwickelt Brecht seine Vorstellung von der Umwandlung des Radios von einem Distributions- in einen Kommunikationsapparat:

> Der Rundfunk wäre der denkbar großartigste Kommunikationsapparat des öffentlichen Lebens, ein ungeheures Kanalsystem, d. h., er würde es, wenn er es verstünde, nicht nur auszusenden, sondern auch zu empfangen, also den Zuhörer nicht nur hören, sondern auch sprechen zu machen und ihn nicht zu isolieren, sondern ihn in Beziehung zu setzen. Der Rundfunk müßte demnach aus dem Lieferantentum herausgehen und den Hörer als Lieferanten organisieren.[6]

Erkennbar von Brechts Überlegungen zur Umgestaltung des Radios von einem Distributions- in einen Kommunikationsapparat geprägt, gestalten sich Adornos Ausführungen zur erzieherischen Bedeutsamkeit des Fernsehens in den 1960er Jahren. Adorno möchte die Rezeption der im Fernsehen gezeigten Sendungen eingebunden wissen in ein groß angelegtes Programm von Diskussionsveranstaltungen und Aufklärungsabenden. Denn ebenso wenig wie der rein konsumierende Umgang mit dem Radio kann, so ist es Adornos Überzeugung, der pädagogisch nicht begleitete Fernsehkonsum die Arbeit der antiautoritären, antifaschistischen (Um)Erziehung leisten. Die wirkungsvolle »Erziehung zur Mündigkeit«[7] durch das Fernsehen kann nur im Widerspiel mit begleitenden Informations- und Diskussionsveranstaltungen gelingen.

II.

Seit jeher sind es die Bilder, die sich für die Erziehung von Kindern und Erwachsenen – ›einfachen‹ wie gelehrten Leuten – in besonderer Weise anbieten. Diese Überzeugung bestimmt auch Adornos Überlegungen zur Erziehung nach Auschwitz. Die Qualität der Bilder besteht darin, dass sie am Kopf vorbei direkt ins Herz zu wirken vermögen. Diese Vorstellung, wie sie im 16. und 17. Jahrhundert maßgeblich etwa die breite Wertschätzung emblematischer Erbau-

6 Bertolt Brecht: Der Rundfunk als Kommunikationsapparat. Rede über die Funktion des Rundfunks (1932/33). In: Ders.: Werke. Hg. v. Werner Hecht, Jan Knopf und Werner Mittenwein. Bd. 21. Schriften I. Berlin u. a. 1992, S. 552–557; hier: S. 553.

7 »Erziehung zur Mündigkeit«, lautet der Titel einer Zusammenstellung von Gesprächen mit und Texten von Adorno. Vgl. Theodor W. Adorno: Erziehung zur Mündigkeit – Vorträge und Gespräche mit Hellmut Becker 1959 bis 1969. Hg. v. Gerd Kadelbach. Frankfurt a. M. 1971. Vgl. in diesem Zusammenhang auch den für unsere Thematik einschlägigen Sammelband: Klaus Ahlheim und Matthias Heyl (Hg.): Adorno revisited. Erziehung nach Auschwitz und Erziehung zur Mündigkeit heute. Hannover 2010.

ungsbücher für die pietistische Formung des Herzens bestimmt.[8] begründet damals wie heute die Hoffnung in die Bilder ebenso wie die Furcht vor ihnen; beide potenzieren sich noch einmal als die Bilder ›laufen lernen‹. Insofern ist es nicht überraschend, dass Adorno bei seinen Überlegungen zu einer wirkungsvollen Volkserziehung nach Auschwitz zuerst an den Film denkt.

Und nicht nur Adorno denkt zuerst an den Film. Auch im reeducation-Programm der amerikanischen Besatzungsmacht kommt dem Film eine besondere Bedeutung zu.[9] Unmittelbar nach 1945 wird die deutsche Bevölkerung in den Wochenschauen im Kino mit Bildern aus den befreiten Konzentrationslagern konfrontiert. Billy Wilder sieht einen dieser Filme und entscheidet, dass es bei dieser flüchtigen Begegnung der Deutschen mit ihrer Schuld nicht bleiben soll. Er initiiert den Dokumentarfilm *Death Mills* (dt. *Die Todesmühlen*),[10] der tschechische Regisseur Hanuš Burger verantwortet das Drehbuch und führt die Regie. *Death Mills* wird im Juli 1945 fertiggestellt, ab Anfang 1946 wird der Film in einigen Kinos in Bayern und Hessen sowie in Hamburg und Berlin (West) gezeigt.[11] Der Film greift auf Material aus den Wochenschauen zurück, zum Teil auch auf das Material eines Films, der mit Unterstützung von Alfred Hitchcock in Angriff genommen und bereits weitgehend fertiggestellt worden war, bevor die Produktion kurzfristig gestoppt wurde. Man empfand den Film, der ebenso wie *Death Mills* auf eine Konfrontation der Deutschen mit ihrer Schuld abzielte, als kontraproduktiv im Rahmen des reeducation-Programms. Ein Dokumentarfilm von André Singer mit dem Titel *Night Will Fall*,[12] der am 27. Januar 2015, dem Abend des 70. Jahrestages der Befreiung von Auschwitz, im Fernsehen ausgestrahlt wurde, zeichnet die Geschichte dieses verhinderten Filmprojekts für ein breiteres Publikum nach.

Zweierlei ist an dem Filmprojekt und der Geschichte seines Scheiterns bemerkenswert. Zum einen und vor allen Dingen ist es der Umstand, dass man zunächst auf die negative Pädagogik eines groß angelegten nationalen Beschä-

8 Bettina Bannasch: Zwischen Jakobsleiter und Eselsbrücke. Das ›bildende Bild‹ im Emblem- und Kinderbilderbuch des 17. und 18. Jahrhunderts. Göttingen 2007.

9 Zum Einsatz von Filmen in der amerikanischen reeducation-Politik vgl. Brigitte Hahn: Umerziehung durch Dokumentarfilm? Ein Instrument amerikanischer Kulturpolitik im Nachkriegsdeutschland (1945–1953). Münster 1997; Brigitte Hahn: Dokumentarfilm im Dienste der Umerziehung. Amerikanische Filmpolitik 1945–1953. In: Lernen Sie diskutieren. Re-Education durch Film. Strategien der westlichen Alliierten nach 1945. Hg. v. Heiner Roß. Berlin 2005, S. 19–32. Ulrike Weckel: Beschämende Bilder. Deutsche Reaktionen auf alliierte Dokumentarfilme über befreite Konzentrationslager. Stuttgart 2012.

10 Death Mills (Death Mills, Deutschland, 1945, Billy Wilder).

11 Zu *Death Mills* im Kontext des amerikanischen reeducation-Programms vgl. Catrin Corell: Der Holocaust als Herausforderung für den Film. Formen des filmischen Umgangs mit der Shoah seit 1945. Eine Wirkungstypologie. Bielefeld 2009, S. 47–69.

12 Night Will Fall (Night will fall – Hitchcocks Lehrfilm für die Deutschen, GB, Israel, USA 2014, André Singer).

mungsprogramms[13] gesetzt hatte, von dem man jedoch sehr schnell – bereits im Oktober 1945 – wieder Abstand nahm. Offenbar war man der Auffassung, dass die gewählte Erziehungsmethode die falsche sei, dass es nicht zielführend sei, ein Volk, das sich dem Wiederaufbau widmen sollte, mit den ›demoralisierenden‹ Bildern aus den Konzentrationslagern und mit seiner Schuld zu konfrontieren. Zweitens ist an diesem Filmprojekt bemerkenswert, dass sein Erziehungskonzept changiert, und zwar zwischen einer moralischen Strategie der Beschämung und einer sachlich-nüchternen Vermittlung von Information. Hitchcocks Vorhaben war es gewesen, immer wieder Landkarten einzublenden, auf denen die flächendeckende Verbreitung der Konzentrationslager sichtbar werden würde. Die Karten hätten damit zum einen darüber informiert, an welchen Orten sich die Konzentrationslager befanden. Sie hätten zugleich jedoch, *indem* sie diese Information anschaulich darstellten, jede Unschuldsbehauptung ad absurdum geführt, denn sie zeigen, dass die Konzentrationslager und ihre Außenstellen in einem dichten Netz über ganz Deutschland verteilt waren. Niemand, so hätte die implizite Botschaft dieser Karten gelautet, könne behaupten, er oder sie habe nichts gewusst. Vergleichbar argumentiert der Historiker Raul Hilberg in seinem 1961 veröffentlichten und erst 1982 ins Deutsche übersetzen Standardwerk *The Destruction of the European Jews.*[14] Er gibt eine nüchterne Aufstellung über die Abläufe, nach denen die massenhafte Ermordung der europäischen Juden organisiert wurde und zeigt, wie viele Menschen unmittelbar und mittelbar in diese Abläufe involviert waren.

Festzuhalten bleibt, dass die Funktion der Dokumentarfilme über die Konzentrationslager, die unmittelbar nach 1945 konzipiert und zum Teil auch gezeigt wurden, eine zweifache war: eine informative und eine beschämende; beide Funktionen sind hier kaum klar voneinander zu trennen.

13 Norbert Otto Eke beschreibt die Gedenk- und Erinnerungskultur in Deutschland nach 1945 als »eine Folge der Implementierung der Scham, die den Deutschen zunächst von den Alliierten als moralische Therapie verordnet wurde zur Behandlung des antisemitischen Konsenses, der während des Dritten Reichs die Vertreibung und Vernichtung der Juden erst möglich gemacht hat – Scham über die während der nationalsozialistischen Herrschaft begangenen Verbrechen, Scham über deren Duldung, das Wegsehen, die Teilhabe, kurz: das moralische Versagen, Scham auch als Innehalten, als Memento.« Norbert Otto Eke: »Gott schütz uns vor den guten Menschen«. Reinigungsrituale und Beschämungsstrategien im deutsch-jüdischen Verhältnis. In: Schuld und Scham. Hg. v. Alexandra Pontzen und Heinz-Peter Preusser. Heidelberg 2008, S. 165–180; hier: S. 166.

14 Raul Hilberg: The Destruction of the European Jews (Die Vernichtung der europäischen Juden). New York 1978.

III.

Die unvorstellbare Grausamkeit und das unvorstellbare Ausmaß der Verbrechen, mit dem sich die alliierten Besatzungsmächte bei der Befreiung der Lager konfrontiert sahen – für viele der jungen Soldaten eine traumatische Erfahrung –, weist den frühen Fotografien und Dokumentarfilmen noch vor der Funktion des Erzieherischen eine weitere, grundlegende Funktion zu: die des Bezeugens. Die Sorge, man werde ihnen außerhalb der Lager, ›draußen‹ in der Welt nicht glauben, was sie hier gesehen hätten, ist eine der entscheidenden Motivationen für die frühen dokumentarischen Aufnahmen, die in den befreiten Lagern gemacht wurden.

Die Bilder sind entsetzlich. Es sind Repräsentationen, die – selbst wenn sie sich mit großen Namen wie Alfred Hitchcock oder Billy Wilder verbinden – nicht als ›Kunst‹ zu rezipieren sind. Das Verdikt, das Adorno in seinem Essay »Kulturkritik und Gesellschaft«[15] bereits im Jahr 1951 formuliert hatte – nach Auschwitz ein Gedicht zu schreiben sei barbarisch – betraf damit die dokumentarischen Bilder über die Shoah von vornherein nicht. Ihre Funktion bestand darin, das Unvorstellbare zu belegen, so dass es in Zukunft, wenn die Spuren beseitigt wären, nicht würde geleugnet werden können; die Einrichtung einiger Konzentrationslager als Gedenkstätten erfüllen bis heute eben diese Funktion.[16] Von dem ästhetischen und zugleich hochmoralischen Problem, ob und wie das Undarstellbare zur Darstellung gebracht werden dürfe und könne, das lange Jahre die Debatten um Darstellungen des Holocaust beherrschte, waren die dokumentarischen Bilder nicht berührt. Dasselbe gilt im Übrigen auch weitgehend für die Literatur der sogenannten ersten Generation,[17] für die Literatur der

15 Adorno: Erziehung nach Auschwitz (s. Anm. 1), S. 11–30.

16 Zum Funktionswandel der Gedenkstätten im aktuellen Erinnerungsdiskurs und zu den Konsequenzen dieses Funktionswandels für die Gedenkstättenpädagogik vgl. den Beitrag von Olaf Kistenmacher im vorliegenden Band.

17 Die Zählung nach Generationen hat sich in der Shoahliteraturforschung inzwischen weitgehend durchgesetzt. Dies erscheint zunächst plausibel: Eine solche Zählung orientiert sich an der psychologischen Forschung und viele Autorinnen und Autoren von Werken über die Shoah verstehen sich ausdrücklich nicht als Literaturschaffende bzw. möchten, wie oben ausgeführt, ihre Werke aus guten Gründen nicht als ›Kunst‹ rezipiert sehen. Nicht selten binden die Autorinnen und Autoren selbst in Interviwes und anderen Paratexten ihre Schreibverfahren an ihre generationelle Zugehörigkeit zurück; insbesondere gilt dies für die Angehörigen der sogenannten zweiten Generation im Zusammenhang mit der Erprobung ironischer und komischer Strategien. Selbst jene Autorinnen und Autoren, die ihre Werke explizit als Fiktion ausweisen, geben zugleich – oftmals bereits im Klappentext – unmissverständlich zu erkennen, dass und in welcher Weise sie jedoch auch als ›Betroffene‹ schreiben. Für die literaturwissenschaftliche Arbeit, die neben der Einarbeitung biografischer Daten weitere generationelle Daten zu berücksichtigen hat – Erscheinungsdaten von Werken und ihre Rezeption im jeweiligen gesellschaftlichen Kontext – ist die Übertragung

Überlebenden. Sie wendet sich programmatisch von Fragen der kunstvollen Gestaltung ab und begreift sich als authentisches Zeugnis – wie kunstvoll manche dieser Texte auch gestaltet sein mögen. Ein eindrückliches Beispiel dafür ist Ruth Klügers 1992 erschienene Autobiografie *weiter leben*,[18] die Klüger sehr nachdrücklich nicht als Roman sondern als Dokument – eben als ihre Autobiografie – verstanden wissen möchte.[19]

Kaum zufällig dürfte im Bereich des Films Alfred Hitchcock einer der Ersten gewesen sein, der die moralische Frage nach der Legitimität des Nachdenkens über Fragen der Ästhetik angesichts so ungeheurer Verbrechen wie jenen der Shoah reflektierte. Sein 1948 fertiggestellter Film *Rope*[20] läßt sich als Kommentar zu dem aus diplomatischem Raisonnement abgebrochenen Filmprojekt von 1945 verstehen. In diesem Film strangulieren zwei junge Männer, die frisch von der Universität kommen, um ihren geistreichen Professor zu beeindrucken ohne jeden Grund einen arglosen Kommilitonen; das einzige, was sie ihm anlasten können, ist, dass er zwar ein herzensguter Mensch sein mag doch kein allzu brillianter Kopf. Sie verbergen seine Leiche in einer Truhe auf der sie das Buffet für ihre Abendeinladung anrichten; aus diesem makabren Szenario leitet sich der deutsche Titel ab, *Cocktail für eine Leiche.* Zu Gast bei der Essenseinladung ist auch der Professor. Bei ihm hatten die beiden Studenten Vorlesungen über Thomas de Quinceys berühmten Essay aus dem Jahr 1827 *Der Mord als eine der schönen Künste betrachtet* (*On Murder Considered as One of the Fine Arts*)[21] gehört. Doch ganz anders als sie es erwartet haben, schlägt sich in der Konversation, die nun über diesen Gegenstand geführt wird, der geschätzte Professor nicht auf die Seite der beiden Mörder, die stolz sind auf ihren »schönen Mord«. Vielmehr markiert er in höchster moralischer Emphase – unterstützt durch das Image des unbedingt integren Ehrenmannes, das James Stewart als Darsteller in die Rolle mit einbringt – die klare Grenze, die zwischen de Quinceys Essay und einem tatsächlichen Mord zu ziehen ist. Ausdrücklich nimmt der Film an dieser Stelle Bezug auf die Verbrechen der deutschen Nationalsozialisten.

Der Film lässt sich nicht nur als ein Reflex Hitchcocks auf seine frühere Arbeit an dem Dokumentarfilm verstehen, sondern auch als eine Reflexion über das

---

der generationellen Zählung nicht unproblematisch und im Einzelfall immer wieder erneut zu reflektieren.

18 Ruth Klüger: weiter leben. Eine Jugend. Frankfurt a. M. 1995.

19 Klüger verwendet in *weiter leben* die Bezeichnung »Bericht«. Vgl. Klüger (s. Anm. 18), S. 423. Zugleich reflektiert der Text intensiv die Dilemmata eines Erzählens über Auschwitz. Zu der schwierigen, nicht unproblematischen Unterscheidung zwischen »escape story« und »Zeugnis« bei Klüger vgl. auch Eva Lezzi: Zerstörte Kindheit. Literarische Autobiografien zur Shoah. Köln 2001, S. 252.

20 Rope (Cocktail für eine Leiche, USA, 1948, Alfred Hitchcock).

21 Thomas de Quincey: Der Mord als eine schöne Kunst betrachtet. Hg. v. Gerhild Tieger. Berlin 2004.

Verhältnis, in das er seine Kriminalfilme und die Darstellung des Mordens in seinen Filmen zum tatsächlichen Morden setzt. Die Grenze, die Hitchcock zwischen seinen kunstvollen Kriminalfilmen und der Ästhetisierung des Mordens zieht, ist eindeutig. Das eine hat mit dem anderen nichts zu tun. Am Ende stellt der Professor die beiden Mörder und ruft die Polizei.

IV.

Mord ist als ein ästhetisches Ereignis nicht zu konsumieren. In diesem Sinne ist auch, um wieder zu Adorno zurückzukommen, sein viel zitierter Satz zu verstehen, nach Auschwitz ein Gedicht zu schreiben sei barbarisch. Beim Lesen des vollständigen Essays, dem diese Zeile entnommen ist, wird deutlich, dass Adornos Satz nicht gegen ›die Kunst‹ als solche gerichtet ist, sondern gegen eine *gut konsumierbare* Kunst. Das vermeintliche Darstellungsverbot ist eigentlich ein Konsumverbot.

Bis in die Gegenwart hinein sind – genauer: waren bis vor einigen Jahren, denn eben hier ist eine Veränderung zu beobachten – dokumentarische und künstlerische Darstellungen der Shoah von diesem Verbot bestimmt: jedes Buch, das die Shoah als Stoff verwendete, verwies im Klappentext darauf, dass der Autor oder die Autorin persönlich betroffen ist. Dasselbe galt für Filme über die Shoah, und seien sie kommerziell auch noch so erfolgreich. Das eindrücklichste Beispiel hierfür, allein schon aufgrund seines überwältigenden kommerziellen Erfolges, ist Steven Spielbergs 1993 in den Kinos gezeigter Film *Schindlers Liste.*[22] Die zahllosen Paratexte und Interviews, die den Film begleiteten, betonten vor allem dies: dass der Film nicht um des kommerziellen Gewinns willen entstanden sei, dass es sich um eine private Angelegenheit handele, nämlich um die Auseinandersetzung Steven Spielbergs mit seiner eigenen jüdischen Familiengeschichte. Der Erfolg des Films wurde gewissermaßen als ein unbeabsichtigter Nebeneffekt in Kauf genommen. Der Profit floss in die neu gegründete Spielberg-Foundation, die Dokumentarfilme mit Überlebendeninterviews herstellte und archivierte. Nicht die Frage von Spielbergs persönlicher Integrität soll hier zur Debatte stehen. In unserem Zusammenhang interessiert lediglich die *Inszenierung* des bisher kommerziell erfolgreichsten Films über eine Shoah-Geschichte im Kontext des Erinnerungsdiskurses. In weniger Aufsehen erregender Form sind davon sämtliche künstlerischen Arbeiten betroffen, die den Holocaust als Stoff verarbeiten. Der Film eignet sich allerdings in besonderer Weise dazu, exemplarische Überlegungen anzustellen, insofern hier finanzielle und kom-

22 Schindler's List (Schindlers Liste, USA, 1993, Steven Spielberg).

merzielle Fragen eine andere und weitaus größere Rolle spielen als in anderen Bereichen der Kunst, sei es der Literatur, der bildenden Kunst oder der Musik.

V.

In den Jahren zwischen 1948 und 1953 entstand eine Reihe von Kurzfilmen, die den Deutschen die Demokratie nahebringen sollten. Im Rahmen des Marshallplans wurde die schwarze Pädagogik der Erzeugung von Kollektivscham mit Hilfe von Filmen aus den befreiten Konzentrationslagern durch die weiße Pädagogik einer Filmreihe ersetzt, die den sprechenden Namen *Selling democracy* trug.[23]

Nur eine überschaubare Anzahl nennenswerter Filme wurde im ersten Nachkriegsjahrzehnt in den Besatzungszonen und in Westdeutschland produziert, die sich explizit mit der Shoah auseinandersetzen, seien es Spiel- oder Dokumentarfilme; eine der wenigen Ausnahmen bildet Artur Brauners *Moriturі*[24] aus dem Jahr 1948.[25] In der DDR war die Situation eine etwas andere, insofern sich die DDR als ein Staat verstand, der die Geschichte des antifaschistischen Widerstandes fortschrieb und daher zunächst wenig Interesse an beschämungspädagogischen Maßnahmen zeigte.[26]

Zu einer größeren öffentlichen Debatte über einen Film über die Shoah kam es in Westdeutschland erst 1955, Anlass war Alain Resnais' nur zweiunddreißig Minuten langer Dokumentarfilm *Nacht und Nebel.*[27] Der Film montiert Bilder aus unterschiedlichen Konzentrationslagern. Dabei werden neue und historische Aufnahmen gemischt, Fotos und Filmsequenzen aus den Lagern wechseln sich ab mit Aufnahmen von den Konzentrationslagern als Erinnerungsorten. Der Text, den Resnais seinem Film unterlegt, wurde von einem ehemaligen kommunistischen Widerstandskämpfer verfasst, von dem zwei Jahre in Buchenwald inhaftierten Jean Caryol.

Auch *Nacht und Nebel* zeigt entsetzliche Bilder, die in keiner Weise ›gut konsumierbar‹ sind. Viele der Bilder, die hier gezeigt werden, sind ins kollektive Gedächtnis eingegangen und auch denen bekannt, die den Film nicht gesehen

23 Selling democracy: Die Filme des Marshallplans (2006). Hg. v. Bundeszentrale für politische Bildung in einer DVD-Edition 2006 mit 23 Kurzfilmen aus den Jahren 1948 bis 1953.

24 Moriturі (Deutschland, 1948, Eugen York).

25 Einen differenzierten Überblick über die nicht nur in der öffentlichen Wahrnehmung, sondern auch in der Forschung lange Zeit vernachlässigten frühen Holocaustfilme bietet der Beitrag von Manuel Köppen im vorliegenden Band.

26 Damit soll lediglich eine Tendenz beschrieben werden; es gibt einige frühe DEFA-Produktionen, die sich, zumindest am Rande, dem Holocaust widmen wie etwa Kurt Maetzigs *Der Rat der Götter* (1950).

27 Nuit et brouillard (Nacht und Nebel, Frankreich, 1956, Alain Resnais).

haben. So etwa die Fotografie eines Häftlings, der in den Draht läuft. So die Fotografie einer entblößten Frau, die die Arme über ihren Brüsten verschränkt und nur mit einem Kopftuch bekleidet ins Bild läuft, im Hintergund sind weitere Frauen zu sehen. So die kurze Filmsequenz, die zeigt, wie ein Schaufelbagger Berge nackter Leichen zusammenschiebt, wobei die Leiber der Ermordeten in grotesken Verrenkungen bewegt werden.

Alain Resnais erzählt in seinem Film nicht von einem konkreten Lager, sondern von *dem* Konzentrationslager; sein Anspruch erinnert an den Eugen Kogons und seiner soziologischen Studie über das System des Konzentrationslagers. Man hat diesen Anspruch gelegentlich nicht erkannt oder nicht gelten lassen und Resnais historische Ungenauigkeit vorgeworfen; es ist eine Kritik, die an der Aufgabe, die sich der Film selbst gesetzt hat – und deren filmische Umsetzung erkennbar ist – vorbeigeht. Anders als die frühe und bald schon verworfene Filmpolitik der Aliierten verfolgt Alain Resnais' Dokumentarfilm nicht die pädagogische Strategie einer nationalen Beschämung. Allerdings verfolgt er auch nicht die Strategie einer positiven Aufbau-Pädagogik, die ›Demokratie verkauft‹. Vielmehr zielt Resnais auf eine über nationale Zuschreibungen hinausweisende kollektive Menschheitsbeschämung. Der Film zeigt, wozu Menschen fähig waren, und er ruft zu politischer Wachsamkeit und Handlungsbereitschaft auf, damit dies nie wieder geschehe.

Nicht selten hat man sich an diesem eindringlichen Appell gestoßen, mit dem *Nacht und Nebel* schließt. Resnais' Darstellung schone, so die Kritik, die konkreten Täter und sie missachte durch Aussparung die jüdischen Opfer, die erdrückend größte Opfergruppe. Man kann sich über die Berechtigung dieses Vorwurfs streiten – nicht zuletzt mit dem Hinweis darauf, dass Paul Celan die Übersetzung des Textes ins Deutsche besorgte, der zu diesem Zeitpunkt mit seinen beiden bereits erschienenen Gedichtbänden *Der Sand aus den Urnen* (1948) und *Mohn und Gedächtnis* (1952) als eine der wichtigsten Figuren im deutsch-jüdischen Erinnerungsdiskurs wahrgenommen wurde.

Ob der Appell an das Allgemein-Menschliche auf lange Sicht dazu beigetragen haben mag, dass Resnais' *Nacht und Nebel* im deutschen Erinnerungsdiskurs eine so bedeutende Rolle zugeschrieben wird, ist schwer zu entscheiden. Für die Debatten von 1955 jedenfalls ist dieser Aspekt nicht in Anschlag zu bringen. Vielmehr wurde der Film, trotz seines Pathos des Allgemein-Menschlichen als ein Gegenstand von nationalem Interesse wahrgenommen. Ungeachtet seiner deutlich artikulierten Botschaft wurde der Film sofort zum Politikum. Aufgrund diplomatischer Interventionen von deutscher Seite aus konnte *Nacht und Nebel* nicht, wie ursprünglich vorgesehen, 1955 bei den Filmfestspielen in Cannes vorgestellt werden. Namhafte Intellektuelle wie Alfred Andersch, Heinrich Böll, Eugen Kogon, Hans Werner Richter und andere intervenierten erfolglos. Im Übrigen hatte man, wenn auch sehr viel weniger exponiert, auch auf französischer Seite Nationalbewusstsein bewiesen: Bevor der Film öffentlich gezeigt werden durfte, musste aus einer der historischen Aufnahmen von einem umzäunten Konzentrationslager ein Gendarm herausretouchiert werden, der erkennbar eine französische Uniform trug.

Nacht und Nebel ist ein Lehrfilm, wenn auch ein kunstvoll arrangierter und komponierter Lehrfilm. Eine Zeitlang wurde er nach 1955 in Schulen zu Unterrichtszwecken eingesetzt. Die Vorstellungen von der Zumutbarkeit der Bilder und von der Pflicht des Tätervolks, diese Bilder auszuhalten – dies zum Mindesten – haben sich seither verändert; *Nacht und Nebel* im Rahmen des Schulunterrichts zu zeigen, wäre heute schwer vorstellbar.

VI.

Der im deutschen Erinnerungsdiskurs relevante Bruch mit dem Konsumverbot kam mit Marvin J. Chomskys Vierteiler *Holocaust – Die Geschichte der Familie Weiss.*[28] Im Januar 1979 wurde die insgesamt 412 Minuten lange Miniserie innerhalb von fünf Tagen im dritten deutschen Fernsehprogramm ausgestrahlt. Im Unterschied zu Resnais' Dokumentarfilm *Nacht und Nebel* erreichte der Spielfilm ein riesiges Publikum; zwischen zehn und fünfzehn Millionen Deutsche sahen sich den Film an. Er löste eine breite öffentliche Diskussion aus – sehr viel stärker noch als die auf ein weitgehend intellektuelles Publikum beschränkte Debatte um Resnais' *Nacht und Nebel*; sehr viel stärker auch als die vorangegangenen Theaterskandale, die bei aller Breite doch immer ein Ereignis der Hochkultur blieben, so etwa 1963 der Skandal um Rolf Hochhuths *Der Stellvertreter*[29] oder 1965 die Auseinandersetzungen um Peter Weiss' Dokumentardrama *Die Ermittlung.*[30] Chomskys *Holocaust* gilt als Meilenstein in der Geschichte der kollektiven Erinnerung an die Shoah in Deutschland; ein Umstand, der sich nicht zuletzt an der seither gebräuchlichen Bezeichnung »Holocaust« ablesen lässt. Sie ist nicht unumstritten, hat sich jedoch durchgesetzt.

Bis in die Gegenwart hinein galt Chomskys Film als erinnerungskulturell zwar bedeutsam, doch ästhetisch und moralisch zu vernachlässigen, wenn nicht gar aufgrund seiner guten Konsumierbarkeit zu verwerfen. Erst in jüngerer Zeit finden sich im akademischen Diskurs zunehmend Stimmen, die diese scharfe Sicht auf Chomskys *Holocaust* revidieren.[31] Die Einschätzung von der Legiti-

28 Holocaust (Holocaust – Die Geschichte der Familie Weiss, USA, 1978, Marvin J. Chomsky).
29 Rolf Hochhuth: Der Stellvertreter. Berlin 1967.
30 Peter Weiss: Die Ermittlung. Berlin 1991.
31 Eine Beschreibung und Einordung der Debatte zur *Holocaust-Serie* unternimmt Caroline Sharples: Postwar Germany and the Holocaust. London, New York 2016, S. 127–145. Vgl. hier bes. das Kapitel »The Impact of Holocaust«, S. 134–136. Eine Kritik der Verdrängung po-

mität »konsumierbarer« Spielfilme über den Holocaust hat sich im Laufe der vergangenen Jahre gewandelt, auch die Einschätzung dessen, was unter konsumierbar verstanden wird. In jener Phase, in der die Zeitzeugen sterben und das kommunikative Gedächtnis in das kulturelle Gedächtnis übergeht, rückt der Spielfilm mit seinen »persönlichen«/personalisierten Geschichte(n) zunehmend in die Lücke ein, die die Zeitzeugen hinterlassen. In den vergangenen zehn bis fünfzehn Jahren ist eine Vielzahl von Spielfilmen über den Holocaust entstanden. Sie wurden zum Teil im Kino, zum Teil im Fernsehen gezeigt – und sie standen längst nicht mehr in derselben Weise in der Kritik wie 1978 die Holocaust-Serie.

Der Historiker Alan Steinweis, als Direktor des *Center für Holocaust Studies* in Vermont Nachfolger Raul Hilbergs, beschreibt, mit wie vielen Vorbehalten man von Seiten der Geschichtswissenschaft zunächst diese Entwicklung verfolgte, um sich schließlich mit dem Umstand zu arrangieren, dass Historienfilme über die Shoah inzwischen – ob mit oder ohne akademischem Segen – zu einem wichtigen, wenn nicht gar zu dem wichtigsten Medium von Geschichtsvermittlung geworden sind. Dabei verzichtet Alan Steinweis allerdings nicht darauf, Unterschiede zu machen. Er nennt drei Kategorien, in die er die Filme unterteilt: erstens Dokumentarfilme, die auf ihre historische Richtigkeit zu prüfen sind, zweitens Spielfilme, die historisches Material verarbeiten und vermitteln und die auf ihre »teaching moments« hin zu prüfen und zu nutzen sind, und drittens schließlich Kunstwerke, die keinen Anspruch auf historische Wahrheit erheben.[32]

Aus der Perspektive der Geschichtswissenschaft ist diese Unterscheidung ebenso sinnvoll wie hilfreich, gerade im Blick auf eine politisch relevante Vermittlung von Geschichte. Aus der Perspektive einer kulturwissenschaftlich ausgerichteten Forschung ist diese Unterscheidung schwierig und so kaum haltbar, denn selbst der Dokumentarfilm, der unkommentiert Materialien montiert, erzählt seine Geschichte, arrangiert, moderiert und kommentiert die Daten, die er präsentiert.

VII.

Für den neueren filmischen Diskurs maßgeblich wurde nicht Chomskys breit rezipierter Spielfilm *Holocaust*, sondern erst der Dokumentarfilm *Shoah* von Claude Lanzmann, der 1985 nach jahrelangen Recherchen gezeigt werden

pulärkultureller Reflexionen des Holocaust am Gegenstand der Holocaust-Serie im wissenschaftlichen Diskurs findet sich auch schon in Hans-Joachim Hahn: Repräsentationen des Holocaust. Zur westdeutschen Erinnerungskultur seit 1979. Heidelberg 2005, S. 73–80.

32 Alan Steinweis in einem unveröff. Vortrag am 21.10.2014 an der Universität Augsburg.

konnte.[33] Es lässt sich ohne Übertreibung sagen, dass dieser Dokumentarfilm seither die filmische Shoah-Erinnerungskultur beherrscht(e). Auch dieser Film war relevant für die Begriffsbildung in der Rede über seinen Gegenstand: Wer sich als Experte in Fragen der ›richtigen‹ Erinnerung verstand, verwendete fortan anstelle des griechischen, aus der Septuaginta entnommenen Begriff »Holocaust«, übersetzt: das Brandopfer, das hebräische, ebenfalls biblische Wort »Shoah«, übersetzt: Katastrophe, im Sinne einer Katastrophe jedoch, die nicht wie Holocaust auf einen ursprünglich positiv gemeinten, religiösen Opferbegriff verweist.[34]

Lanzmanns Film wählt einen prinzipiell anderen Ansatz als Resnais. Er verzichtet vollständig darauf, Archivmaterial zu zeigen. Man sieht in dem gesamten Film keine Leiche und keine Dokumentation von Grausamkeiten. Lanzmann begründet diese Entscheidung mit einem wichtigen Argument: Indem er darauf verzichte, historische Bild- und Filmdokumente zu zeigen, verweigere er sich einer abermaligen Entwürdigung der Opfer, die in ihrer Peinigung und Beschämung nicht dem Blick des Betrachters preiszugeben seien. Die Frage der Scham und der Beschämung wird damit aus einer grundsätzlich neuen Perspektive behandelt. Aus dem funktionalen Zusammenhang der Erziehung nach Auschwitz, die auf die Täter fokussiert ist, rückt Lanzmann die Frage nach Würde und Scham/Beschämung in den Opferdiskurs ein. Der Einspruch, den Lanzmann mit seinem Dokumentarfilm *Shoah* gegen Resnais' *Nacht und Nebel* – und mit ihm gegen die Mehrzahl der bis dahin gezeigten Dokumentarfilme – formuliert, ist somit der, dass der Betrachter der Archivaufnahmen von Opfern, indem er sie in ihrer Entwürdigung betrachtet, ein weiteres Mal zu Opfern macht. Der Blick des Betrachters nimmt die Perspektive des Täters ein und macht ihn zum Täter.

Es befremdet nur auf den ersten Blick, dass Lanzmanns Position in diesem Punkt mit der Kritik konvergiert, die orthodoxe Juden an dem Ausstellen der Fotografien nackter Opfer in der Dauerausstellung der Jerusalemer Gedenkstätte *Yad Vashem* vorbrachten. Sie kritisierten die Aufnahmen der nackten Opfer als anstößig und forderten, sämtliche Aufnahmen zu entfernen, die Nackte zeigen. Das im doppelten Sinne aufgeklärt-moderne Befremden über die Wahrnehmung von anstößiger Nacktheit dort, wo es doch das Anliegen ist, die Entwürdigung von Opfern zu dokumentieren, verliert sich, wenn Lanzmanns Argumentation

33 Shoah (Shoah, Frankreich, 1985, Claude Lanzmann). Die Arbeiten zu Shoah umfassen einen Zeitraum von nahezu zehn Jahren, 1974 bis 1985.

34 Helmut Dubiel weist darauf hin, dass in allen Begriffen »eine jeweils spezifisch deutende Rekonstruktion des Geschehens« enthalten ist. Vgl. Helmut Dubiel: Niemand ist frei von Geschichte. Die nationalsozialistische Herrschaft in den Debatten des Deutschen Bundestages. München 1999, S. 12. Eine zusammenfassende Darstellung der Bezeichnungsproblematik bietet: Hahn: Repräsentationen des Holocaust (s. Anm. 31), S. 42–47.

ernstgenommen wird. Dann nämlich lässt sich die Irritation über eine vormoderne Prüderie, die noch in den gedemütigten Opfern Sexualobjekte erblickt, nicht aufrecht erhalten. Sie macht dem Wissen Platz, dass die körperliche Entblößung eine der wesentlichen Demütigungs- und Terrorisierungsstrategien der Täter im Lager war – bis hin zur Tötung in Duschräumen[35] – und dass in der Tat der Blick auf die erzwungene Nacktheit die Perspektive des Täters einnimmt.[36] Lanzmanns *Shoah* erstattet den entwürdigten Opfern ihre Scham zurück, indem er sich diesen Bildern verweigert.

Ironischerweise ist es Marvin J. Chomskys – unter anderen auch von Claude Lanzmann – scharf als ›trivial‹ kategorisierte *Holocaust*-Serie, in der dieses Problem im Medium des Films reflektiert wird. Eine der Sequenzen in der zweiten Folge der Serie zeigt eine Diavorführung, bei der sich Heydrich Bilder aus den Konzentrationslagern vorführen lässt. In die fiktionale Handlung eingefügt werden an dieser Stelle Archivaufnahmen, unter ihnen auch das Bild der laufenden Frau mit dem Kopftuch. Die Betrachter des Films sehen den Tätern im Film zu, wie sie Bilder der Opfer betrachten; sie nehmen an Heydrichs Diavorführung auf Seiten der Täter teil. In der Art und Weise, in der das Foto im Film gezeigt wird, reflektiert *Holocaust* diese Perspektive.

Lanzmanns *Shoah* zeigt Überlebende in einem Zeitraum von elf Jahren, zwischen 1974 bis 1985, in dem das Material für den Film gedreht wurde. Lanzmann führte unzählige Gespräche, er reiste mit den Überlebenden in die Konzentrationslager, in denen sie inhaftiert gewesen waren, und ließ sich detailliert ihre Geschichten erzählen. Mit einigen von ihnen aktualisierte er vor laufender Kamera noch einmal die Zeit von damals in einem Verfahren des *reenactments* – so etwa wenn er Simon Srebnik, einen Mann, der als Junge für SS-Männer singen musste, noch einmal an demselben Ort dieselben Lieder singen ließ, so etwa, wenn er Abraham Bomba, einen Mann, der im Lager den Opfern vor ihrem Gang in die Gaskammern die Haare zu schneiden hatte, noch einmal einem Freund die Haare schneiden und ihn dabei vom Haareschneiden damals im Lager erzählen ließ, so lange, bis ihm die Stimme versagte und er in Tränen ausbrach (diese Sequenz ist eine der bekanntesten Szenen des Films, auch eine der umstrittensten). Während Lanzmann jedoch im Umgang mit den *Überlebenden* ihre Entblößungen auffängt – sei es durch einen Kommentar, der Einverständnis und Einvernehmen artikuliert, sei es durch eine vertraute Geste wie

35 Till Bastian: Die Politik der Beschämung. In: Schuld und Scham (s. Anm. 13), S. 205–214; hier: S. 214.

36 Verwiesen werden kann in diesem Zusammenhang auch auf Boris Luries »No-Art«-Bilder, in denen er die in den in den Zeitungen veröffentlichten Fotografien von der Befreiung der Lager durch die Kontrastierung mit pornografischen Bildern nackter Frauen konfrontiert und so die inszenierte Schaulust dekonstruiert. Vgl. Cilly Kugelmann (Hg.): Keine Kompromisse! Die Kunst des Boris Lurie. Berlin 2016.

eine Umarmung –, fordert er in den Interviews mit den *Tätern* deren Entblößungen geradezu heraus und führt sie vor. Dies gilt für sogenannte Mitläufer ebenso wie für prominente Täter. Sichtbar wird so der nicht einmal vor laufender Kamera unterdrückte, in den 1970er Jahren noch überaus virulente Antisemitismus in Polen – ein Umstand, der zu diplomatischen Verwicklungen mit Polen führte –, sichtbar wird so auch die keineswegs geläuterte Menschenverachtung ehemaliger Täter. Ihnen sichert Lanzmann vor laufender Kamera zu, dass das Gesagte nicht aufgezeichnet werde. Beim Schneiden des Materials hätte Lanzmann diese Sequenzen ohne Schwierigkeiten herausschneiden können, doch er lässt sie im Film. Lanzmann stellt diese Szenen sogar noch einmal besonders heraus, indem in ihnen immer auch das getarnte Übertragungsauto mit seinen Monitoren gezeigt wird, das für diese Aufnahmen postiert wurde. Damit zieht er eine klare Grenze zwischen Opfern und Tätern. Gibt sein Umgang mit den Bildern, den historischen *wie* den aktuellen, den Entwürdigten ihre Würde zurück, so ist sein provokativer und illoyaler Umgang mit den Aufzeichnungen der Täterinterviews als ein Akt der offenen Beschämung der Täter zu sehen – und soll ganz offenkundig auch so gesehen werden.

Man muss Lanzmanns stark normativen Vorgaben, wie ›richtig‹ zu erinnern sei, nicht zwingend und in allen Punkten folgen, um die herausragende Leistung seines Films würdigen zu können.[37] Neben den ungeheuren Mengen an Material, die Lanzmann zusammengetragen und schließlich zu einem Film von ›nur‹ 540 Minuten zusammengeführt hat, liegt – diskursgeschichtlich gesehen – sein großes Verdienst in dem skizzierten Wechsel der Perspektive auf die zentrale Frage der Scham, die er dem auf die Täter fixierten Erziehungsdiskurs (wieder) entnimmt und an die Würde der Opfer zurückgibt – im Rekurs auf Adorno, nicht im Widerspruch zu ihm. Denn obgleich in Claude Lanzmanns *Shoah* kein einziger Leichnam gezeigt wird, ist auch dieser Film nicht ›konsumierbar‹; auch

37 Eine eingehende Würdigung und zugleich kritische Auseinandersetzung mit Lanzmann leistet Kékesi unter Bezugnahme auf Georges Didi-Huberman im ersten Teil seiner Studie über neuere Holocaustfilme. »Needless to say, the film Shoah is much indebted to Lanzmann's critical aproach to the use of archival pictures. But at the time of 1999 his critical standpoint stiffened to dogmatism, imposing a ban on the use of images on the basis that archival pictures constitute an a priori falsification of reality, in contrast to the testimony of survivors, through which Shoah became such a ›timeless monument‹ to the genocide, that any further attempt to use or create images was pointless and at the time sacrilegious. […] Lanzmann's standpoint became by the time of the debate not just more dogmatic, but also anachronistic, since the ›archival fever‹ was right then placing the notion of the archive at the centre of historical, theoretical and artistic debate«. Zoltan Kékesi: Agents of Liberation. Holocaust Memory in Contemporary Art and Documentary Film. Budapest 2015, S. 1–35; hier: S. 6f.

dieser Film ist schwer auszuhalten. Er ist schließlich allein schon aufgrund seiner monumentalen Länge nicht ›gut konsumierbar‹.[38]

VIII.

Imre Kertész hat sich in seinem 2013 erschienenen, sehr nüchternen und über weite Strecken auch sehr bitteren Werk mit dem Titel *Letzte Einkehr* indirekt zur Frage nach der Verschränkung von Schuld und Scham, und zu ihrer Verschiebung in die Frage nach dem Verhältnis von Würde und Scham – so wie Lanzmann sie vornimmt – geäußert. Kertész verbindet diese Frage mit der nach möglichen ästhetischen Gestaltungsmöglichkeiten. Nach dem »Zivilisationsbruch« der Shoah, so argumentiert Kertész, kann es kein Zurück mehr in unschuldige Darstellungsformen geben, sei es in der Literatur, sei es im Film. Kertész schreibt,

> daß man von Auschwitz nicht mehr in einer Vor-Auschwitz-Sprache sprechen kann, weil diese Sprache, jedenfalls in Bezug auf Auschwitz, ihre Gültigkeit verloren hat. Um eine solche Vor-Auschwitz-Sprache handelt es sich auch bei dem »nicht zu verstehen«. *Vor* Auschwitz war es tatsächlich nicht zu verstehen, in Auschwitz und nach Auschwitz ist es *natürlich*. Ich bedaure, so *nasty* zu sein, aber ich halte auch das Argument nicht für relevant, daß jene (Vor-Auschwitz-) Sprache besser verstanden werde und man folglich größere Massen mit ihr »erreichen« könne. Es greift bei mir deshalb nicht, weil ich es wiederum für unverständlich halte, daß sich die Wahrheit nur um den Preis der Lüge »verkaufen« lassen soll. Die Wahrheit ist nun mal nicht verkäuflich, und was schließlich trotzdem so verkauft wird, ist nicht die Wahrheit. Wem nutzt das? Wer wird dadurch reicher? Nun, die Antwort liegt vor: Steven Spielberg (und seine Jünger). Aber das ist nicht die Wahrheit, und auch kein Trost.[39]

Kertész' Urteil ist klar und polemisch. Mit ihm positioniert sich der Autor angesichts des eigenen nahenden Todes in einem Erinnerungsdiskurs, in dem mit dem Sterben der deutschen Täter- und Mitläufergeneration die Kategorie der Beschämung ihre Bedeutung verloren hat, und zugleich in einer Zeit, in der man mit dem Sterben derer, welche die Konzentrationslager überlebten, meint, das Konsumverbot Adornos aufheben zu dürfen und die Kategorien von Würde und Scham im Bereich der Kunst nicht länger berücksichtigen zu müssen. Der Literaturnobelpreisträger Kertész, ein exponierter Autor also, dessen Werke sich

38 Lanzmann hat sich in diesem Punkt wiederholt auf Adorno berufen. Bezeichnenderweise sieht er in den meisten Filmen, die heute über die Shoah entstehen, sein Lebenswerk – den Maßstäbe setzenden Umgang mit Bildern – missachtet. In einem großen Artikel, den ihm die Frankfurter Allgemeine Zeitung am 27. Januar 2015 zum 70. Jahrestag der Befreiung von Auschwitz einräumte, äußerte sich Lanzmann verbittert über diese Entwicklung.

39 Imre Kertész: Letzte Einkehr. Tagebücher 2001–2009. Reinbeck 2013, S. 66.

durchaus gut verkaufen, formuliert einen Bannspruch gegen erfolgreiche Holocaustfilme, die er verkörpert sieht durch »Spielberg (und seine Jünger)«. Verwischt wird dabei jedoch der allerdings wesentliche Unterschied zwischen *Ver*käuflichkeit und Käuflichkeit. Er aber ist entscheidend – auch und gerade im Bereich des Films, auch wenn es dort ohne Zweifel um ganz andere Summen als in den anderen Künsten geht. Wie in den anderen Künsten hat auch hier eine Entwicklung eingesetzt, in der der Holocaust zum Stoff und der Holocaust-Film zum Genre geworden ist, einem Genre, das inzwischen auf eine eigene Geschichte zurückblicken kann und über eigene Gesetze verfügt. Es handelt sich dabei um ein ›ergiebiges‹ Genre, nicht nur unter finanziellen Aspekten. Denn der Stoff, mit dem es arbeiten kann, bietet sich für den Film – möglicherweise insbesondere für den Film – wie kaum ein anderer an: komplexe Lebensverläufe sind nicht erst durch die Kunst des Drehbuchs, sondern bereits durch die Vorlage des vorhandenen historischen Stoffs zu wenigen Tagen, Wochen und Monaten verdichtet, Geschichten von tatsächlich existentieller Dramatik und tatsächlich wunderbaren Rettungen sind in den Vorlagen enthalten oder können glaubwürdig erfunden werden, und der theatralische Schauder ist garantiert, weiß doch jedes auch noch so rudimentär gebildete Publikum, dass es tatsächlich einmal so gewesen ist oder doch hätte sein können.

Angesichts dieser Situation ist das Urteil von Imre Kertész in seiner Schärfe und Kompromisslosigkeit hilfreich, nicht aber in seiner Verallgemeinerung. Über »die Wahrheit« kann nur im Einzelfall entschieden werden;[40] die Pluralität der Wahrheiten von Überlebenden erlaubt und verlangt eine Pluralität von Darstellungsformen. Dennoch bleibt entscheidend, was Kertész angesichts des Sterbens der Zeitzeugen in Erinnerung ruft: Eine an Verkäuflichkeit und Konsum orientierte Sichtung des so überaus ›ergiebigen‹ Vorrats an Stoffen, den die Geschichte(n) von der und über die Shoah bereithalten, beschämt die ihrer Würde beraubten Opfer ein weiteres Mal und schreibt die Geschichte der Täter mit den Mitteln der Kunst fort. Kertész fordert von der Kunst, und von dem notwendig stärker als alle anderen Künste den Gesetzen des Marktes unterworfenen Film, sich im Umgang mit den Stoffen, die der Holocaust bereithält, nicht an den Gesetzen des Marktes auszurichten, sondern an den Erfordernissen der Wahrheit. Es ist eine ethisch begründete Forderung. Ihr ist nichts hinzuzufügen.

---

40 In anderen Zusammenhängen hat Kertész durchaus in diesem Sinne geurteilt, am spektakulärsten vielleicht in seinen Äußerungen zum ›Fall Wilkomirski‹, einer literarischen Fälschung über eine im Konzentrationslager verbrachte Kindheit, die 1995 durch Daniel Ganzfried als Fälschung erkannt wurde.

Kathrin Hoffmann-Curtius

Bildende Kunst zum Judenmord in Deutschland nach dem Zweiten Weltkrieg: Drei Thesen und eine Ergänzung

Eine Durchsicht der bis Ende der 1980er Jahre zur Kunstgeschichte der Nachkriegszeit erschienenen Überblickswerke könnte zu der Vermutung verleiten, dass sich in der alten Bundesrepublik bis in die 1960er Jahre kaum ein Künstler oder eine Künstlerin mit der Geschichte des NS und schon gar nicht mit der Ermordung der Juden beschäftigt habe, und dass in der DDR vor allem an den Widerstand und die Befreiung durch die sozialistischen Brudervölker erinnert worden sei. Das Beschweigen von Deportation, Zwangsarbeit und Mord, das die nach dem Krieg aufgewachsene Generation ihren Müttern und Vätern so vehement vorwarf wie deren mangelnden Widerstand, wird indessen durch die Grafiken und Gemälde, die seit den 1990er Jahren vereinzelt wieder in Retrospektiven zu finden sind, zumindest für den öffentlichen Raum der Galerien und Ausstellungen widerlegt. Unmittelbar nach dem Ende des Krieges war der Besuch einer Ausstellung eines der wenigen möglichen Freizeitvergnügen,[1] und auch die Künstlerinnen und Künstler, die während des NS inhaftiert oder mit Berufsverboten belegt worden waren, konnten ihre Arbeiten nun zeigen und konfrontierten ebenso wie Schriftstellerinnen und Schriftsteller und Filmemacherinnen und Filmemacher ihr Publikum mit ihrem Blick auf die jüngste Vergangenheit. Überwiegend aus dieser frühen Nachkriegsphase datieren die grafischen Blätter, die ich neben Gemälden und einigen Denkmälern für die Zeit zwischen 1945 und 1965 zusammentrug.[2]

1 Besuchszahlen aus der unmittelbaren Nachkriegszeit wurden bislang nicht systematisch aufgearbeitet, aber es gibt viele Hinweise darauf, dass die überall neu oder wieder eröffneten Galerien und Museen auf große Resonanz stießen. Zwei Beispiele: Vor der Ausstellung *Moderne französische Malerei* im Berliner Stadtschloss reichte die Warteschlange bis zum Portal. Siehe Eckhart Gillen und Diether Schmidt: Zone 5. Kunst in der Viersektorenstadt 1945–1951. Berlinische Galerie 1989, S. 35. Schon 1946 konnten in Sachsen nur 55 Museen bereits 250 000 Besuche verzeichnen; 1949 verteilten sich mehr als eine Million Besuche dort auf 103 Museen. Günter Feist (Hg.): Kunstdokumentation SBZ/DDR: 1945–1990. Berlin 1996, S. 64.

2 Kathrin Hoffmann-Curtius: Bilder zum Judenmord. Eine kommentierte Sichtung der Malerei und Zeichenkunst in Deutschland von 1945 bis zum Auschwitz-Prozess. Marburg 2014. 2018

Während aus den 1950er Jahren nur wenige künstlerische Arbeiten zur Verfolgung der Juden überliefert sind, finden sich in den 1960er Jahren vermehrt Kommentare auf Druckstöcken und Leinwänden zu den in Zeitungen und Bildbänden im Kontext der juristischen Verfolgung von führenden und ausführenden NS-Tätern erneut publizierten Verbrechen. Danach werden Repräsentationen des Judenmords allmählich in den Kanon des offiziellen Kunstbetriebs aufgenommen, und heute ist die auf ein internationales Publikum ausgerichtete Produktion kaum mehr zu überschauen. Doch nicht nur die Überlieferungsdichte variiert; unterschiedlich sind auch die ausgewählten Themen, die verwendeten Bildquellen und die Dauer der Auseinandersetzung: Eine nähere Betrachtung der einzelnen Kunstwerke zeigt, dass die Zugangsweisen und die Themen, die von den ehemaligen KZ-Häftlingen aufgegriffen wurden, andere sind als die ihrer nicht verfolgten Zeitgenossen (These 1). Mit der räumlichen und seit den späten 1940er Jahren auch der zeitlichen Distanz zu Konzentrations- und Vernichtungslagern werden Kunstwerke häufig an Fotografien und Filmen orientiert (These 2). Die Rezeption des NS und seiner Verbrechen ist gegenwärtig in der Geschichtsschreibung so verankert, dass auch ohne Abbildungen versucht wird, an ihn zu erinnern (These 3). Während die beiden ersten Thesen mit künstlerischen Darstellungen aus den ersten zwanzig Jahren nach Kriegsende belegt werden sollen, entwickele ich die dritte anhand von Gerhard Richters Arbeiten bis zum Jahr 2014. Keines der Bilder, das mit diesen Ausführungen angesprochen wird, stellt einen Bezug zur jahrhundertlangen Geschichte von Antisemitismus und Judenpogromen her. Zu finden ist dieser Bezug hingegen in Bildern von jüdischen Künstlern. Deshalb wird am Schluss ein vor allem an Juden gerichtetes Plakat mit der Aufforderung, Zeugnisse zum letzten *Khurbn* (der Katastrophe) zu sammeln, mit einer Aufzeichnung dieses mörderischen Geschehens von Werner Tübke im christlichen Schema verglichen, die nur Entwurf blieb.

I. Ehemalige KZ-Insassen formulieren andere Bilder

Das Lager Auschwitz, »das schon während des Krieges zu einer Ikone der Verfolgungsgeschichte geworden war«,[3] ist in dem hier in den Blick genommenen Bilderkreis in Deutschland dreimal titelgebendes Thema. Der als Jude und Kommunist verfolgte Leo Haas, der die Lager in Theresienstadt, Auschwitz,

erscheint eine erw. Fassung: Judenmord. Art and the Holocaust in Post-War Germany, Reaktion Books London.

3 Imke Hansen: Als Auschwitz noch nicht Holocaust bedeutete. In: Before the Holocaust had its name. Hg. v. Regina Fritz und Béla Rásky. Wien 2016, S. 201–222; hier: S. 202.

Sachsenhausen, Mauthausen und Ebensee überlebte, zeichnete schon während der Inhaftierung erste Studien, die er 1947 als Lithographien veröffentlichte. Blatt Nr. 5 der Mappe *Deutsche KZ* (Abb. 1) zeigt die aus dem Eingangstor des Stammlagers mit der Überschrift »Arbeit macht frei« zur Fronarbeit herausmarschierenden Häftlinge. Sie werden eingerahmt von einem SS-Mann vorne vor einem Plakat, mit der Warnung in tschechischer Sprache »Eine Laus – Dein Tod«, auf der rechten Bildseite und einem Capo auf der linken. Topographisch realistisch ist auf der linken Seite, gleich neben dem Eingangstor die Hausfront des tatsächlich dort für privilegierte Häftlinge eingerichteten Lagerbordells gegeben, aus dessen Fenstern die Zwangsprostituierten zuschauen. Im Hintergrund ist die eigens für den Ausmarsch aufspielende Musikkapelle zu erkennen, und daneben noch weiter zurück in der Straßenschlucht baumelt über der Menge der Lagerinsassen in der einzig hell erleuchteten Stelle ein Erhängter am Galgen. In der konkreten Alltagszenerie zeigte Haas die vielfachen Schikanen, die tödliche Gewalt und die Musik im KZ unter der SS Leitung auf, die auch die Sexualität verwaltete.

Abb. 1: Leo Haas: *Auschwitz*; 1947, Blatt 5 der Mappe *Deutsche KZ*, col. Farblithographie, 29,5 x 45,5 cm, Akademie der Künste, Berlin, Kunstsammlung

Heinrich Ehmsen hingegen, Kommunist seit der Weimarer Zeit, von 1940 bis 1944 Soldat in Frankreich und nach 1945 Mitbegründer der Hochschule für Bildende Künste in Berlin Charlottenburg, gab für sein Gemälde *Auschwitz*

(Abb. 2), eine weitaus distanziertere Sicht auf das System Konzentrationslager zu erkennen. In dem monumentalen Ölbild unternahm er 1948 den Versuch, die »Todesfabriken«, wie die Lager seit dem Prozess in Lublin 1944 nun oft bezeichnet wurden,[4] ins Bild zu setzen und den politökonomischen Erklärungsansatz darzustellen, nach dem der Faschismus mit seinen menschenverachtenden Vernichtungsmaschinen der Extremfall des Kapitalismus sei. Schwarzer, mit grauem abwechselnder Rauch, der zum Himmel steigt, ist hinter und zwischen undefinierbaren Trümmern zu sehen, und im Mittelgrund erreichen bunte Menschenströme in Häftlingskleidung einen glühend roten Turm. Im Vordergrund wird die Anonymität der vielen Einzelfiguren durch die weiß umrandeten Portraits von sechs Häftlingen mit roten Schals oder Westen hinter Stacheldraht überblendet. Nicht ganz sicher ist, ob Ehmsen und auch das deutsche Publikum mit dem Titel *Auschwitz* schon damals der dort in überwiegender Mehrheit ermordeten Juden gedachten, denn zu dieser Zeit, ein Jahr nach der Eröffnung der Gedenkstätte in Auschwitz, wurde dieser Ort vor allem noch mit Kampf und Heldentum des polnischen Volkes in Verbindung gebracht.[5] Die gelben Flächen jedoch, die beim Überstreichen der unteren gelben Farbschicht im Bild freigelassen blieben und die auf der Brust mehrerer Häftlinge zu sehen sind, könnten an den Judenstern erinnern.

Auch Otto Schubert, ehemaliges Mitglied der Dresdner Secession, hatte keine Lagererfahrung und widmete sich vermutlich unter dem Eindruck des Auschwitz-Prozesses (1963–1965) dem Thema *Auschwitz,* das seit Ehmsens Gemälde (vgl. Abb. 2) in der Ölmalerei nicht mehr dargestellt worden war. Das mehr als drei Meter breite Triptychon (Abb. 3) ist nicht genau zu datieren und auch über den Künstler wissen wir wenig; allerdings weist das Beschlagnahme-Inventar der Aktion »Entartete Kunst« sechs seiner Werke aus,[6] und bekannt ist, dass 1945 beim Bombardement auf Dresden ein Großteil seiner Bilder verbrannte.[7]

Das rare Dokument einer künstlerischen Auseinandersetzung mit diesem zentralen Ort deutscher Verbrechen zeigt in Schuberts dem Expressionismus und Max Beckmann ähnelndem Stil drei Szenarien. Das mittlere Bild gibt ein Panorama der Schrecknisse. Vor den vielen jungen, erotisierten weiblichen Akten erhebt auf der rechten Seite eine alle überragende, männliche Gestalt mit Bart und in langem Gewand die Hände, die an das Gemälde *Der Prophet* von

4 Hoffmann-Curtius: Bilder zum Judenmord (s. Anm. 2), S. 21.

5 Hansen: Als Auschwitz noch nicht Holocaust bedeutete (s. Anm. 3). Zur Rezeption in West-Deutschland: Thorsten Eitz und Georg Stötzel (Hg.): Wörterbuch der »Vergangenheitsbewältigung«. Die NS-Vergangenheit im öffentlichen Sprachgebrauch. Hildesheim, Zürich, New York 2007, S. 321.

6 Vgl. Eintrag unter: http://emuseum.campus.fu-berlin.de/eMuseumPlus.

7 Rolf Jessewitsch und Gerhard Schneider (Hg.): Kat. Entdeckte Moderne. Werke aus der Sammlung Gerhard Schneider. Bönen 2008, S. 515.

Abb. 2: Heinrich Ehmsen, *Auschwitz*, 1948, Öl auf Hartfaser, 215,5 x 101 cm, Nationalgalerie, Staatliche Museen zu Berlin

Abb. 3: Otto Schubert, *Auschwitz*, um 1960, Öl auf Lw., Mitte: 130 x 135 cm, Seiten: 110 x 80 cm, Sammlung Gerhard Schneider im Zentrum verfolgte Künste Solingen

Jakob Steinhardt[8] und an Lea Grundigs *Fluchenden im Tal des Todes*[9] erinnert. Ihr gegenübergestellt sind ein bewaffneter SS-Scherge mit Schwert und – lange bevor die Wanderausstellung *Verbrechen der Wehrmacht*[10] deren Mittäterschaft publik machte – ein ihm assistierender Soldat und ein Schäferhund, alle drei posieren triumphierend über einer Frauenleiche. Am rechten äußersten Bildrand steht die hagere Gestalt eines älteren Mannes mit Bart, die seitlich nach links ins Nirgendwo blickt. Er trägt die Hände in den Taschen seiner zerlumpten Kleidung – eine, wie wir von Antelme wissen, durch die SS-Wärter streng untersagte Gestik, die Widerstand signalisiert.[11] Ein Vorbild für diese Haltung kann die zentrale Figur in Boris Taslitzkys großem Monumentalgemälde (3 x 5 m) *Das kleine Lager in Buchenwald* aus dem Jahr 1945 gewesen sein, die in der Blickrichtung des Kopfes mit der Schirmmütze und den verborgenen Händen Schuberts Eckfigur gleicht.[12] Vor dem brennend gegebenen Hintergrund ist unter die verdeckte Sonne das Lagerorchester in Sträflingskleidung gesetzt, das auch bei Haas (vgl. Abb. 1) zu sehen war. Ein halbnackter Peitschenträger in der Bildmitte gemahnt an die dem Morden vorausgegangenen Peinigungen. Schuberts Anhäufung von Szenen grausamen Sterbens erinnert sowohl an das vielfigurige Modell des Krematoriums II des Konzentrationslagers Auschwitz von

8 Das Bild stammt aus dem Jahr 1913 und hing in der Eingangshalle des am 24.1.1933 eröffneten Jüdischen Museums in Berlin in der Oranienburger Straße. Kathrin Keller (Hg.): Jakob Steinhardt. Der Prophet. Berlin 1995, S. 75.

9 Hoffmann-Curtius: Bilder zum Judenmord (s. Anm. 2), Abb. 30.

10 Hannes Heer (Hg.): Kat. Vernichtungskrieg. Verbrechen der Wehrmacht 1941–1944. Hamburg 1995.

11 Robert Antelme: Das Menschengeschlecht. [1947]. Übersetzt v. Eugen Helmlé. München 1990, S. 59–61.

12 Ziva Amishai-Maisels: Depiction and Interpretation. The Influence of the Holocaust on the Visual Arts. Oxford, New York 1993, colorplate 14.

Mieczyslaw Stobierski, das dieser 1947 für die dortige Gedenkstätte anfertigte,[13] und als Übersicht über ein Welttheater auch an Pieter Brueghels d. Ä. *Triumph des Todes*.[14]

Auf dem rechten Seitenflügel ist die Arbeit des Sonderkommandos dargestellt, die von keinem Foto überliefert ist.[15] Zwei Männer sind zu sehen, die mit den Leichen vor der geöffneten Gaskammer hantieren. Auf dem linken Flügel erscheinen ein ebenfalls halbnackter Mann und ein kopfüber liegender, weiblicher Akt mit verdecktem Gesicht auf einer Bettstatt. Der Rock zwischen den Beinen der Frau gleicht dem der Leiche, die auf der Mitteltafel wie ein erbeutetes Tier unter den Füßen der Soldateska liegt. Das Arrangement von Sessel, Sektglas und Vorhang verstärkt den Eindruck von Lust und Luxus im privaten Ambiente eines SS-Mannes oder eines Bordells, in dem die Zwangsprostitution nicht ausgeblendet ist. Die außergewöhnliche Thematisierung der Sexualität der Täter auf der linken Seite wird im Bildaufbau von Bett- und Verbrennungsszene als sexuelle Gewaltausübung visualisiert. Die Szenen auf den drei Leinwänden, die so weit auseinanderzuliegen scheinen, werden auf triviale Weise durch »die Zigarette danach« verbunden. Schubert konnte bei seiner vorgestellten Narration auf Zeichnungen von ehemaligen Häftlingen zurückgreifen und zeigte sie in einer der Historienmalerei verpflichteten Gesamtschau. Er arbeitete gegen die zu dieser Zeit einsetzende Symbolisierung von Auschwitz, indem er die physische Gewaltanwendung im Lager ausführlich schilderte. Vermutlich bewirkt aber gerade diese fiktive Illustration des KZs, gepaart mit den hierbei zur Schau gestellten idealtypischen Akten weiblicher Figuren, die Unstimmigkeit, die es so schwermacht, das Bild länger zu betrachten. Die Kenntnis der Lagerfotos von ausgezehrten, verhungerten, nackten Gestalten hat die Körpervorstellung in der Erinnerung an die Menschenvernichtung im NS radikal verändert.[16]

Mit der Bedeutungsgröße der Hauptfiguren arbeitete Schubert auf eine Verallgemeinerung der Bildberichte hin. Doch während Leo Haas das Lagerbordell nur von außen zeigt (vgl. Abb. 1), gibt Schubert den Missbrauch weiblicher

13 Die später entstandene Ausfertigung im Deutschen Historischen Museum. In: Deutsche Geschichte in Bildern und Zeugnissen. Hg. v. Hans Ottomeyer und Hans Jörg Czech. Berlin 2009, S. 290f.

14 Wolfgang Stechow: Pieter Brueghel der Ältere. Köln 1977, Nr. 12.

15 Eine der vier Aufnahmen, die ein Mitglied eines Sonderkommandos in Birkenau unter Lebensgefahr aufnahm, zeigt zwar eine Verbrennung von Leichen unter freiem Himmel, aber nicht das Innere des Krematoriums (vgl. Abb. 23).

16 Sven Kramer: Nacktheit in Holocaust-Fotos und -Filmen. In: Ders.: Die Shoa im Bild. München 2003, S. 225–248. Jean-Michel Chaumont: Die Konkurrenz der Opfer. Genozid, Identität und Anerkennung. Lüneburg 2001, Kap. 6: »Schäbigkeit, Scham und Größe« (S. 207–258) über die grundsätzliche Veränderung der Norm menschlicher Würde für die KZ-Insassen.

Häftlinge genau zu sehen. Mit dem Blick in den intimen Raum des Täters[17] ist sein Auschwitz-Bild deshalb auch im Kontext der Pornographisierung zu lesen, die bereits in der Bilderpolitik der Französischen Revolution zur Diffamierung des Gegners benutzt wurde. Und er greift Phantasien zu weiblichen Überlebenden auf, denen schon 1945 vorgeworfen wurde, dass sie nur durch ihre Prostitution dem Tod entgangen seien.[18] Die sexuellen Phantasmen, die hinter solch abwegigen Vorwürfen erkennbar sind, wurden in Romanen, Comics und Filmen[19] ausgebreitet. Schubert, der schon in den 1920er Jahren Geschlechtsakte nach Cézanne und einen Lustmord ins Bild gesetzt hatte,[20] griff auch den aus dieser Zeit bekannten Diskurs der Gesellschaftskritik durch die Zurschaustellung sexueller Vergnügungen der Herrschenden erneut auf und setzte mit den gequälten weiblichen Gestalten und der auf Abschreckung zielenden Obszönität von Lust und Mord die Vergewaltigung des jüdischen Volkes ins Bild.

Auch Schubert, der selbst nie inhaftiert gewesen war, malte das Lager in Betrieb. Aus bekannten Fakten über besonders sensationelle Gruppen im Lager, wie Sonderkommando, Lager-Orchester und -bordell entwickelte er eine breit angelegte Interpretation über Auschwitz als Inszenierung der Faszination von Gewalt und Sex. Anstelle der realistischen Schärfe der von Haas erlebten Alltagsszene malte Schubert eine detaillierte Narration des Wissenden aber Außenstehenden, der Auschwitz insgesamt zu erfassen suchte. Statt der marxistischen Analyse, die bei Ehmsen die Struktur des Bildes vorgibt, verschärfte Schubert die individuelle Gewalttätigkeit.

Hunger war die ständige Folter für die Häftlinge in den Lagern, ausgenommen waren nur die sogenannten Privilegierten. Und der Hunger war das Thema, das nur die ehemals Inhaftierten in ihren Bildern aufgriffen. Peter Edel, der fünf KZ überlebt hatte, bezeichnete Blatt 8 der Folge »*Wenn es ans Leben geht*« mit dem Titel *Hunger* (Abb. 4). Es zeigt ihn selbst, wie ein Vergleich mit der Zeichnung

17 Möglicherweise wusste Schubert von der »intimen Affäre«, die Rudolf Höß als Kommandant von Auschwitz mit einer Jüdin gehabt hatte und die ihn fast vor ein SS-Gericht gebracht hätte. Martin Broszat (Hg.): Kommandant in Auschwitz. Autobiographische Aufzeichnungen von Rudolf Höß. Stuttgart 1958, S. 19.

18 Insa Eschebach: Sex-Zwangsarbeit in NS-Konzentrationslagern. Geschichte, Deutungen und Repräsentationen. In: L'Homme 21/1 (2010), S. 65–73; hier: S. 73.

19 Silke Wenk: Expositionen des Obszönen. Zum Umgang mit dem Nationalsozialismus in der Kultur. In: Krieg und Geschlecht. Sexuelle Gewalt im Krieg und Sex-Zwangsarbeit in NS-Konzentrationslagern. Hg. v. Insa Eschebach und Regina Mühlhäuser. Berlin 2008, S. 279–295. Marcus Stiglegger: Sadiconnazista. Faschismus und Sexualität im Film. St. Augustin 1999. Omer Bartov: Kitsch and Sadism in Ka-Tzetnik's other Planet. Israeli Youth Imagine the Holocaust. In: Jewish Social Studies 3/2 (1997), S. 42–76; hier: S. 44, S. 50f. u. S. 55–57.

20 Fritz Löffler, Emilio Bertonati und Joachim Heusinger von Waldegg (Hg.): Kat. Dresdner Sezession 1919–1923. München 1977.

Abb. 4: Peter Edel: *Hunger*, Blatt 8 der Folge *Wenn es ans Leben geht, 20 Zeichnungen zu seiner Autobiographie*, Berlin: Staatliche Museen 1983

eines Selbstportraits in Auschwitz[21] schließen lässt, und wurde 1983 publiziert, doch das genaue Entstehungsdatum ist nicht überliefert. In dieser gezeichneten Selbstbefragung stellte er sich allein sinnierend am Tisch sitzend dar. Sein Gesicht ist äußerst zerfurcht und hager in schwarzer Kohlezeichnung gegeben, obwohl vor ihm auf dem Tisch ein angeschnittener Brotlaib neben einer allerdings leeren Schale liegt und seine rechte Hand einen Becher umgreift. Trotz karger Ration überwiegt bei der Wiedergabe seines kräftigen Oberkörpers nicht der Hunger, sondern das verzweifelte vor sich Hinstarren, das die drei anderen Künstlerinnen und Künstler, die Hunger ins Bild setzten, nach ihrer Lagererfahrung nicht aufzeigen. Während Edel in seinen Blättern die Unversehrtheit bei der Körperwiedergabe der Häftlinge trotz seiner schriftlichen Schilderungen ihrer Peinigung aufrechterhielt, wagten Lea Grundig, Leo Haas und Jerzy Zielezinski es, die Deformation des menschlichen Körpers und die des humanen Miteinanders darzustellen.

21 Hoffmann-Curtius: Bilder zum Judenmord (s. Anm. 2), Abb. 6.

Lea Grundig, die mehrere Inhaftierungen überstanden hatte, illustrierte 1947 noch in Israel vor ihrer Rückkehr in die Sowjetische Besatzungszone das Buch des Ruven Ben Shem (Reuben Feldschu) *Zwischen den Ghettomauern.* Zwei der zwölf Bilder sind dem Thema Hunger gewidmet. In *Hunger im Ghetto I* (Abb. 5) arbeitet Grundig lediglich mit der Körpersprache einer Figur. Sie gibt nur den gekrümmten Rücken eines hageren aufgeschossenen Mädchens zu sehen, das sich über eine Mülltonne beugt. In *Hunger im Ghetto II* (Abb. 6) erscheinen zum unteren Bildrand hin immer größer und älter werdende Gesichter wie in einem plötzlichen Zickzackstrahl eines Blitzes, eines Lichtkegels im Film, der die Gemütszustände der Bewohner aufleuchten lässt. Die Breite einsamer, verzerrter Gesichter in äußerster Verzweiflung unten wird überhöht durch die ausagierte Aggression der jüngeren Ghettobewohner im oberen Bildraum, die sich heftig um ein Stück Brot streiten. Art Spiegelman griff 1992 diese Szene des erbitterten Kampfes der Hungrigen gegeneinander in dem Comic *MAUS* auf (Abb. 7), als er die Schilderung seines Vaters von dessen KZ-Erfahrung schonungslos ins Bild setzte: »Like wild animals they would fight until there was blood. You can't know what it is, to be hungry.«

»Man suchte mit der gleichen Verbissenheit nach Anlässen zum Hass wie man in den Abfällen nach einem Stück Kartoffel suchte. Wir waren besessen«, schrieb Robert Antelme an einer der vielen Stellen in seinem Bericht über den Hunger im Lager.[22] Jerzy Zielezinski, zuletzt in Dachau inhaftiert, der mit einer Jüdin verheiratet war, und Leo Haas zeichneten eben diese Besessenheit. Die Köpfe und die Gestik der nach Essen gierenden und grapschenden Häftlingsfiguren zeigen ein infantiles, totenkopfähnlich deformiertes, menschliches Gesicht, so wie das des knienden Häftlings der an einem Knochen nagt, links oben auf Blatt 4 aus der Mappe *Deutsche KZ* von Leo Haas (Abb. 8). Zwei andere KZ-Insassen wühlen im Müll, während ein vierter den Boden eines Bottichs durchsucht, und im Hintergrund vermutlich zwei Essensbehälter von einer Arbeiterkolonne vorbeigetragen werden. Die Suche nach etwas Essbarem deutet den Kampf ums Überleben an, den jeder Einzelne für sich und gegen die Anderen führte, die in der Konkurrenz um Nahrung zur Bedrohung wurden. Den »tierischen Hunger« zeichnete Jerzy Zielezinski (Abb. 9). Er nutzte sein Können im Umgang mit Schraffuren, Verwischen und differenzierten Hell-Dunkel-Effekten besonders, um Szenen aus dem Lager zu zeigen, die kein Fotograf ablichten konnte und die sich dem Auge erst langsam in ihrer ganzen Grausamkeit erschließen. Der linke Kopf auf dem Blatt mit zwei ungleichen Hörnern, den vorgestülpten Ohren und einem animalischen Schädelprofil, ist dem eines Raubtieres bedenklich nahe.

Zielezinski vergaß aber auch nicht in seiner Graphikfolge, die gesättigte Gefräßigkeit der vom Essensentzug profitierenden Häftlinge zu zeigen. Die

22 Antelme: Das Menschengeschlecht (s. Anm. 11), S. 192.

Abb. 5: Lea Grundig: *Hunger im Ghetto I,* Illustration aus Reuben Ben-Shem: *Zwischen den Ghettomauern,* Tel Aviv 5707 (1947), S. 11

Zeichnung eines unheimlichen, fettleibigen Kolosses, eines *Prominenten* (Abb. 10), setzte Zielezinski auch zeichnerisch von anderen Szenen durch breite Schraffuren und leere Flächen ab. Nur wenige Parallelschraffuren betonen die Silhouette des dicken Sitzenden. Um ihn herum ist es dunkel, der Raum bleibt unbestimmt. Zielezinskis Kommentar zu dem Blatt lautet: »Er atmet tief und ruhig, der Blick schweift über die Köpfe der ›Muselmanen‹. Im Magen türmen sich die Margarineschnitten … draußen ist schönes Wetter, die Sonne scheint …«[23] Der äußerst wohlgenährte Prominente, ein Häftling mit Sonderstatus, sitzt direkt vor den Betrachtenden, wie ein vollgefressenes Ungeheuer breitbeinig, mit dem rechten Arm aufgestützt auf einem schief und grob ge-

23 Auslassungen im Original.

Abb. 6: Lea Grundig: *Hunger im Ghetto II,* Illustration aus Reuben Ben-Shem: *Zwischen den Ghettomauern,* Tel Aviv 5707 (1947), S. 27

Abb. 7: Ausschnitt aus Art Spiegelman: *MAUS II. A Survivor's Tale. And here my Troubles began.* New York: Pantheon Books 1991, S. 91

Abb. 8: Leo Haas: *Hunger (Auschwitz)*, 1947, Blatt 4 der Mappe *Deutsche KZ*, col. Farblithographie, 28,3 x 45 cm, Akademie der Künste, Berlin, Kunstsammlung

Abb. 9: Jerzy Zielezinski: *Ich bin hungrig*, Blatt 4 der Mappe *24 Drawings from the Concentration Camps in Germany*, Rotogravure, 39,9 x 29,8 cm, München 1946

zeichneten Tisch. Hinter ihm rechts sind kontrastierend in der Horizontale die ausgemergelten Beine eines auf dem Boden liegenden Häftlings und links die totenähnliche Gestalt eines weiteren »Muselmans« zu erahnen, der an die Figur des dummen August in der Clownerie erinnern mag, während das Gesicht des Prominenten, der neben einer Flasche sitzt und eine Zigarre in den Fingern hält, wieder nur als weiße Fläche aus Papier, als eine Maske mit zwei Augenlöchern und zwei dicken parallelen Strichen für den Mund, gegeben ist. Die drastische Darstellung dieses feisten Mannes sprengt die ansonsten ausgewogen feine Blattgestaltung Zielezinskis so, als ob für den Zeichner die bedrohliche körperliche Übermacht dieser Furcht einflößenden Figur aus dem Bild heraustrete, als ob die Fratze des Prominenten Zielezinski, die »Muselmanen« und uns Betrachtende immer weiter fixiere und wir sie nicht aus dem Blick verlieren könnten.

Abb. 10: Jerzy Zielezinski: *Prominent*, Blatt 9 der Mappe *K.Z.Album*, Rotogravure, 21,6 x 29 cm. München 1946

Hunger als zentrale Erfahrung der Insassen war nicht das einzige Thema, das nur sie darstellten. Ebenso berichteten nur sie von den anderen Quälereien wie den Appellen, der harten Arbeit als Zugtiere oder im Steinbruch und schließlich der Entscheidung dagegen: dem Selbstmord im elektrisch geladenen Stacheldraht oder im Abort.

II. Die Orientierung an der Fotografie prägt die Kunstwerke

Die ersten Außenstehenden, die das ganze Ausmaß der Verbrechen in den Lagern zu Gesicht bekamen, waren die befreienden Soldaten der Alliierten-Truppen und die sie begleitenden Kriegsfotografen. Film und Fotografie waren es denn auch, die der Bevölkerung weltweit und so auch der deutschen, die vielen Leichen der Ermordeten in und vor den KZ-Bauten vor Augen führten. Während die Künstler und Künstlerinnen mit Lagererfahrung nur selten in ihren Arbeiten auf Fotografien rekurrierten,[24] orientierten sich Künstler und Künstlerinnen, die räumlich Abstand zu den KZ hatten, direkt nach Kriegsende an Bildern aus Filmen, Zeitschriften, Tageszeitungen, Broschüren, Büchern und Plakaten.

Ludwig Meidner, der 1939 nach London emigriert war, beschäftigte sich schon seit 1942 in seinen Arbeiten mit dem *Massaker der Juden in Polen* (Abb. 11). Die Bildberichte der Fotografen der Britischen Armee (Abb. 12), aber auch Zitate aus den Fotografien des Kriegsfotografen George Rodger bei der Befreiung von Bergen-Belsen lassen sich erkennen, die in britischen und amerikanischen Zeitungen und in Ausstellungen zu den vorgefundenen Zuständen publiziert worden waren (vgl. Abb. 13). Meidner verstand es, die Realität der Fotografie eines Momentes des Grauens in eine kolorierte Zeichnung zur Erinnerung an die unzählbaren Morde in Birkenau umzusetzen. Das Blatt ist Teil seines Zyklus' zu den Massakern in Polen, die ihn über mehrere Jahre und in mehr als vierzig Blättern verfolgten und kaum bekannt sind, während den Fotografien von Bergen-Belsen bis auf den heutigen Tag eine sehr viel größere Aufmerksamkeit gilt. Die Reihen unzählbarer Leichen hat Meidner in eine signifikante *Auen*-Landschaft übertragen, die, links von einer *Birke* gerahmt, den Blick auf den verkohlten Horizont lenkt.

Erst eine folgende Generation von Künstlern und Künstlerinnen verwendete die Abbildungen von Fotos so offensiv, dass z. B. ein Gemälde wie das von Schubert (s. o.), das sich nicht auf die Fotografie von den Lagern bezog, sondern die herkömmlichen Schemata weiblicher Akte nutzte und den Charakter des Unwirklichen annahm, gegen Kunstwerke mit gleichsam dokumentarischen Belegen abfiel. Deutlich sichtbarer hingegen ging neben dem Decollagisten Wolf Vostell z. B. auch der junge Philosoph, Schriftsteller und Kunsttheoretiker Bazon Brock, der sich selbst als Künstler ohne Werk bezeichnet, mit einem Foto des Kriegsfotografen Rodger aus Bergen-Belsen um. Als höchst seltener Druck nach dem unretouchierten Original gibt es die Basis ab für sein Papierobjekt von 1960 (Abb. 13). Darüber ist ein rundes Blatt Papier angebracht mit der Aufschrift

24 Eine Ausnahme bildet hier Peter Edel mit dem Zitat der tätowierten Kinder aus dem in *Todesmühlen* wieder aufgenommenen sowjetischen Film zur Befreiung von Auschwitz. Hoffmann-Curtius: Bilder zum Judenmord (s. Anm. 2), Abb. 4.

Abb. 11: Ludwig Meidner: *Leichen*, aus der Serie *Massaker der Juden in Polen* 1942/53, Wasserfarben über Kohle, 55,6 x 75,8 cm, Ludwig Meidner-Archiv, Jüdisches Museum der Stadt Frankfurt a. M.

»1. lebensrad des bazon brock, beweger:« und darunter ist zu lesen: »das erschrecken/ am deutschen impersonal/ concerned with the activity/ of looking«.[25] Das drehbare »lebensrad« gibt immer nur in einem Fenster den Blick auf das Foto darunter frei, das in leicht beschnittener und retuschierter Veränderung zuerst in einer ganzseitigen Abbildung in der amerikanischen Zeitschrift LIFE vom 7. Mai 1945, S. 32, weltweit bekannt geworden war. Um 1960 konnte ich in Deutschland die Erinnerung an seine Existenz jedoch nur bei Bazon Brock nachweisen.[26]

Rodger hatte bei seiner Besichtigung des Lagers einen Jungen abgelichtet, der mit abgewendetem Blick an einer am Wegesrand aufgehäuften Reihe Toter aus dem KZ Bergen-Belsen vorbeigelaufen war.[27] Brocks mehrdeutig angelegte Wortfolgen auf dem Papier zusammen mit den Ausschnitten des Fotos lassen sich sowohl als Erschrecken über das unpersönliche Zuschauen der Deutschen

25 Peter Weibel (Hg.): Kat. Beuys Brock Vostell. Aktion. Demonstration. Partizipation. 1949–1983. Ostfildern 2016, S. 54.

26 Brock erinnert sich, dass er zu dieser Zeit Zugriff auf die umfangreiche Fotosammlung seines Verlegers Carl Laszlo hatte (Email vom 6. 10. 2016).

27 Zur Rezeption dieses Fotos und der Geschichte des jüdischen Jungen Sieg Mandaag aus Holland, der überlebt hatte. Werner Sollors: The Temptation of Despair. Tales of the 1940s. Cambridge Mass., London 2014, S. 57–82.

Abb. 12: Sergeant Oakes: »*A wood of Death … Belsen*«, aus: *Lest We forget*, Daily Mail London 1945, S. 74

als auch über deren Erschrecken beim Anblick der Leichen verstehen. Die kreisende Bewegung der Papierscheibe über dem Foto gibt in den Abbildungen entweder den laufenden Jungen oder die gestapelten Leichen frei. Sie demonstriert, dass Brock, der bei Kriegsende ein Kind wie der Junge auf dem Foto gewesen war,[28] sich in Beziehung zu ihm setzte und seinem Lebenslauf - gleich nach welcher der vier Himmelsrichtungen er ihn ausrichten würde - den Mord an den KZ-Häftlingen zugrunde legte.

Der Maler Werner Tübke in Leipzig ging ähnlich verschwiegen mit den fotografischen Abbildungen um wie Ludwig Meidner. Er studierte die spätmittelalterliche Bildkomposition für seine Arbeit ebenso wie er sich auch die fotografische Überlieferung von der Ermordung der Juden aneignete, jedoch sprach

28 Mandaag ist 1937, Brock 1936 geboren worden.

Abb. 13: Bazon Brock: *1. lebensrad*, 1960, Papierobjekt, 14,8 x 14,3 cm, Privatbesitz des Künstlers

er über Letzteres nicht. Für sein Ölbild mit dem Titel *Requiem* von 1965[29] (Abb. 14), das als eine Art Prolog zu dem Zyklus der *Lebenserinnerungen des Dr. Schulze* gilt,[30] übernahm er von dem Foto eines morastigen Lagergeländes in Bergen-Belsen (Abb. 15)[31] drei der dort im Vordergrund liegenden Toten. Den parallel zum Bildrand Liegenden mit dem nackten Beckenknochen legte Tübke in seinem Gemälde auf die linke Seite nach oben, den Leichnam auf der linken Seite des Fotos wiederum platzierte er in die untere Mitte seines Bildes, während er die Lage des Toten, der im Foto am äußersten rechten Rand zu erkennen ist, für sein Gemälde nahezu beibehielt. Die Streifen der KZ-Kleidung wurden nicht übernommen; stattdessen sind die Tücher und Bekleidungsreste aller Toten in

29 Ulrich Bischoff: Kat. Galerie Neue Meister. (Illustrierter Katalog in zwei Bd.), Köln 2010, S. 557f., 1966 übereignet vom Rat der Stadt Leipzig (Abteilung Kultur) Gal.-Nr. 3636.

30 Eckhardt Gillen: Feindliche Brüder? Der Kalte Krieg und die deutsche Kunst. 1945–1990. Berlin 2009, S. 345. Roland März schreibt: »Der Zyklus der ›*Lebenserinnerungen des Dr. jur. Schulze*‹ beginnt mit dem mahnenden Gemälde ›*Requiem*‹, einer quälenden Totenmesse, düster und tragisch im Klang.« Roland März: Kat. Werner Tübke. Variationen zum Thema »Lebenserinnerungen des Dr. jur. Schulze«. Das Studio. Berlin 1972, (unpag.).

31 Gerhard Schoenberner: Der gelbe Stern. Die Judenverfolgung in Europa 1933 bis 1945. Hamburg 1960, S. 211. Im Nachweis hierzu, S. 222, wird nur »Imperial War Museum« vermerkt. Laut freundlicher Auskunft von G. Schoenberner vom 24. 2. 2012 ist es eine Aufnahme vom Lager Bergen-Belsen.

Grau und leicht kolorierten Varianten dieses Tons gehalten. Die zerklüfteten Stoffbahnen der Toten mit langen Haaren links vorne übertrug er aus der Mitte eines weiteren Fotos von einem Leichenberg in Bergen-Belsen des berühmt gewordenen Fotobuches von Gerhard Schoenberner *Der gelbe Stern. Die Judenverfolgung Europas von 1933 bis 1945* aus dem Jahr 1960, dem er zahlreiche Vorlagen für den gesamten Zyklus entnahm.[32] Die Faltenschluchten des grauen Leichentuches für den zweiten Toten von rechts, der die bildbeherrschende und nahezu bildparallele Vertikale auf dem Lagerboden bildet, übertrug er aus einem bei Schoenberner nicht näher bezeichneten Foto eines Feldes voller Toter (Abb. 16).[33]

Abb. 14: Werner Tübke *Requiem* von 1965, Öl auf Lw. auf Sperrholz, 28 x 44 cm, Staatliche Kunstsammlungen Dresden, Galerie Neue Meister

Tübke steigerte in der Nach- und Aufzeichnung durch die ziemlich exakte Übernahme der zerwühlten Tücher, mit denen er alle sieben Toten kennzeichnete, deren scharfkantige Profilierung; er stellte den Todeskampf jedes einzelnen Menschen in der dramatischen Kontur der Faltenwürfe dar und übernahm die Totenstarre für die Umhüllungen, die nun wie gemeißelt gemalt worden sind.

32 Schoenberner: Der gelbe Stern. (s. Anm. 31), S. 207. Vgl. zu Schoenberners *Der gelbe Stern* auch den Beitrag von Hildegard Frübis in diesem Band.

33 Das Foto von Kadavern der Häftlinge im Block II in Auschwitz wurde zwischen Mitte Februar und Mitte März von Stanislaw Mucha aufgenommen. Clément Chéroux (Hg.): Kat. Mémoire des camps. Photographies des camps de concentration et d'extermination nazis. 1933–1999. Paris 2001, S. 103, Abb. 134.

Abb. 15: Bergen-Belsen, aus: Gerhard Schoenberner: *Der gelbe Stern*, Hamburg 1960, S. 211

»Dem Gesehenen eine Kontur zu geben«, dieser Satz, den Peter Weiss zu seinem eigenen Schreiben in *Der Schatten des Körpers des Kutschers*[34] formuliert, charakterisiert auch Tübkes Vorgehen. Er hatte diesen frühen, erst 1960 publizierten Text in seinem Skizzenbuch besonders erwähnt und mit dem Zusatz »Mikroroman, punktuell und unmittelbare Sichtbare beschreiben« kommentiert.[35]

34 »Mit dem Bleistift die Geschehnisse vor meinen Augen nachzeichnend, um damit dem Gesehenen eine Kontur zu geben, und das Gesehene zu verdeutlichen, also das Sehen zu einer Beschäftigung machend, sitze ich neben dem Schuppen auf dem Holzstoß, dessen knorpelige, mit Erde, Moos und welkem Laub beklebte Wurzelstücke einen bitteren, morschen Geruch ausströmen.« Peter Weiss: Der Schatten des Körpers des Kutschers. Frankfurt a. M. 1964, S. 48.

35 Tübke Skizzenbuch, S. 34 (das »Grüne« Skizzenbuch von Werner Tübke wird von der Universitätsbibliothek Leipzig verwahrt, die mir freundlicherweise eine CD zur Verfügung stellte, die Zitate daraus folgen der von Tübke vorgenommenen Paginierung). Günter Meißner: Werner Tübke. Leben und Werk. Leipzig 1989, S. 126. Nicole Thur: Die »Lebenserinnerungen des Dr. jur. Schulze« I–III. Leipzig 2009, S. 76, verweisen auf die gleichzeitig geschriebene und aufgeführte *Ermittlung* von Peter Weiss mit der Betonung auf deren »szenarische Dokumentation«.

Abb. 16: Stanislaw Mucha: *Kadaver der Häftlinge in Block II in Auschwitz*, 1945, aus: Gerhard Schoenberner, *Der gelbe Stern*, Hamburg 1960, S. 155

Tübke mag die krasse Draufsicht auf die plane Fläche, wenn auch im Kopfsteinmuster, des Blattes der Lea Grundig *In den Straßen Polens* aus dem Zyklus *Niemals wieder* von 1944/48 (Abb. 17), das seinerseits wahrscheinlich auf ein Foto aus dem *Black Book of Polish Jewry* von 1943 zurückging (Abb. 18), inspiriert haben. In seinem Gedenkbild sind die Gesichter der Toten im Unterschied zu dem Blatt von Lea Grundig kaum zu erkennen; er hatte zwanzig Jahre nach Kriegsende die Geschichte in überlieferten Fotos genau studiert und schilderte das gewaltsame Sterben jedes Einzelnen an dessen »unmittelbar sichtbar« hinterlassener Spur in den bewegten Stofffalten um die erstarrten Körper. Keine Hinzufügung einer Narration führt über den fotografierten Tatbestand hinaus. Den Gewesenen auf den trostlosen Fotos von Leichenhaufen der KZ-Häftlinge gab Tübke Kontur und auf diese Weise Individualität zurück. Das Gemälde zeigt auch auf, dass die fotografischen Vorlagen hierfür sowohl von Tübke als auch von Brock als Dokumente der Ermordung der Juden eingesetzt wurden und die Zitate daraus den künstlerischen Arbeiten Glaubwürdigkeit und den Anschein von Authentizität verliehen. Für die unzähligen ermordeten KZ-Häftlinge ohne Namen malte er mit dem *Requiem* ein Kenotaph, ein Gedenk-Tafel-Bild.

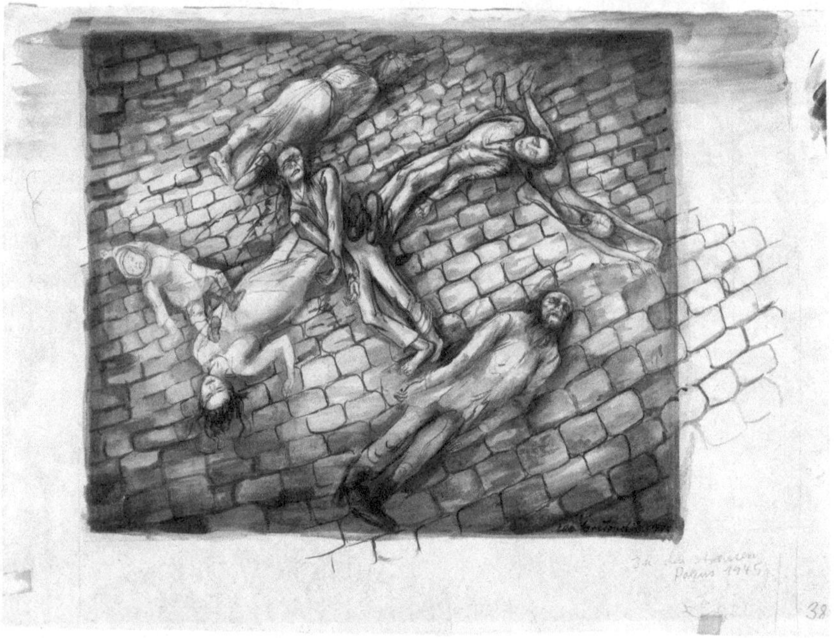

Abb. 17: Lea Grundig: *In den Straßen Polens, 1944,* aus dem Zyklus *Niemals wieder,* sign. u. dat., lavierte Federtuschzeichnung, 35,5 x 54,2 cm, Akademie der Künste, Berlin, Kunstsammlung

Abb. 18: *Black Book of Polish Jewry,* American Federation of Polish Jews 1943, appendix

III. An Judenmord wird auch erinnert, ohne ihn abzubilden

Carl Buchheister hat schon 1949 ein abstraktes Bild *Komposition mit brutalen Gegensätzen* gemalt, das in seinem Untertitel *(KZ-Bild)*[36] an die Ermordung in den KZ erinnern sollte. Die Assoziationen, die bei der sich in verschiedenen Gerinnungszuständen über das Bild verbreitenden roten Farbe mit dem darüber gelegten gelben Stab und der Kordel entstehen, konnten mit Hilfe des Titels das Gedenken an die Qualen und die Tode der im KZ Inhaftierten verstärken. Der sich zum Betrachter über den unterbrochenen Rahmen hinaus öffnende Bildraum und der Titel verweisen auf das unabgeschlossene Geschehen. Die ungegenständliche Malerei und die hinzugefügten Materialien konnten damals beschwiegene Erinnerungen ansprechen, ohne mit dem angeblich unumstößlichen Beweismaterial der Fotografie zu konfrontieren.

Zweimal probierte der Maler Gerhard Richter, den seit den 1950er Jahren der Judenmord durch die Nazis beschäftigte, in seinen Arbeiten auf Auschwitz auch ohne Abbildung Bezug zu nehmen. Zuerst beschäftigte er sich 1998 bei der Ausführung einer großen Wand neben dem Eingang des Reichstages mit der gemalten Wiedergabe von vier Fotos aus Auschwitz und Mauthausen. Im Laufe der Arbeit änderte er jedoch sein Vorhaben und brachte auf der weißen Wand stattdessen emaillierte Glasplatten in drei Farben an, die ebenso wie der Werktitel *Schwarz Rot Gold* (Abb. 19) an die Fahne der Bundesrepublik erinnern. Nach der Vorgeschichte zu Richters Bildfindung, die im Internet, in seinem Atlas und in der offiziellen Publikation zur Kunst im Reichstag[37] nachzuvollziehen ist, erwecken die Glastafeln *Schwarz Rot Gold* nun den Eindruck, vor die dahinterliegende deutsche Geschichte geblendet zu sein.

Im Februar 2015 stellte Richter in Dresden in der neuen Gemäldegalerie vier 260 x 200 cm (Abb. 20) große Ölgemälde aus. Er nannte sie zwar lediglich *Abstrakte Bilder*, aber die Pressemitteilung zu dem Ereignis ließ verlauten, dass Richter hier auf die vier überlieferten Fotos aus Auschwitz-Birkenau Bezug nahm; die Presse schrieb zudem, dass Richter sie aus Didi-Hubermans 2007 dazu erschienener Publikation *Bilder trotz allem* kannte. Im Lauf des Jahres 2015 wurde der Zusammenhang in der Bezeichnung verankert; bei der zweiten Ausstellung in Manchester[38] erhielten sie den Titel *Birkenau* und in Richters Buchpublikation desselben Jahres sprach er von allen vier als »meinem Bild Birkenau«.[39]

---

36 Hoffmann-Curtius: Bilder zum Judenmord (s. Anm. 2), S. 127.

37 Götz Adriani: Kunst im Reichstagsgebäude. Köln 2002, S. 18–29.

38 Whitworth Art Gallery, Manchester, July 2015, vgl. Adrian Searle: The Guardian. Richter / Pärt review – history is everywhere and the present is fleeting, unter: www.theguardian.com/culture/2015/jul/09/richter-part-review-manchester-international-festival-history-every where [abgerufen: 21.3.2016].

39 Gerhard Richter: Birkenau. Köln 2015, Einleitung (unpag.).

Abb. 19: Gerhard Richter: *Schwarz Rot Gold*, 1998, Email auf Glas, 2072 x 317 cm, Deutscher Bundestag im Reichstag, Berlin

Wir können sehen, wie Richter die Leinwände in schwarzweiß mit dem Rakel und anderem Handwerkszeug bearbeitete und wie er dabei rote und grüne Farbflecke wieder hervorkommen ließ, ein einziges Mal sind beigerosa wie hautfarbene Stellen zu entdecken, dann wieder eine Maske und schwarze Löcher in der Leinwand, Farbschlieren, die die Stellagen der Schlafräume im KZ oder auch das Abblättern der Birkenborke assoziieren lassen, vergleichbar dem Einband (Abb. 21) eines weiteren Buchs von Didi-Huberman, das 2012 erschien. Wir stehen vor einer ungegenständlichen Farb- und Leinwandbearbeitung, die in unebene dunkle Stellen übergeht. Die gesamte Malerei wirkt kalkig stumpf.

Abb. 20: Gerhard Richter, *Birkenau*, (*Abstrakte Bilder* 937, 1–4), 2014, Öl auf Lw., je 260 x 200 cm, Privatbesitz des Künstlers

Bekannt ist, dass Richter Didi-Huberman am 19. Dezember 2013 in sein Atelier einlud, wo dieser vier weiße Leinwände zu sehen bekam, die für die Auseinandersetzung mit den 4 Fotos (Abb. 22) aus Birkenau bestimmt waren. Am 28. Februar 2015, ein Jahr und zwei Monate später, wurden die bemalten Leinwände der Öffentlichkeit in Dresden präsentiert. Wie Richter mir versicherte,

Abb. 21: Einband von Georges Didi-Huberman: *Borken.* Übersetzt von Horst Brühman, Paderborn, Konstanz: Univ. Press 2012

hat er tatsächlich zuerst die vier Fotos aus Birkenau auf die Leinwände gemalt, wohlwissend, wie er meinte, dass das nicht gehen würde. Dann habe er die Leinwände in verschiedenen Fassungen übermalt.[40] Das Phänomen, dass der Künstler, der wie kein anderer sehr viele Fotografien in Ölfarbe auf Leinwand übertrug, hier feststellte, dass »das nicht geht«, und erst die Fotografien nach den bemalten Leinwänden in ihrer Ausstellung in Manchester mit dem Titel *Birkenau* versah, gibt zu denken.

40 Abbildungen der Leinwände vom 15.7. und 29.7.2014. Benjamin Buchloh: Gerhard Richters Birkenau-Bilder. Köln 2016, S. 30. Helmut Friedel (Hg.): Kat. Richter. Birkenau. Baden-Baden, Köln 2016, S. 12–14.

Abb. 22: Anonymus [Alex]: vier Fotos aus Auschwitz-Birkenau, August 1944, publ. in Georges Didi-Huberman, *Bilder trotz allem*, München 2007, S. 28–31

Richter trug hier wieder mit dem zusätzlich publik gemachten Arbeitsprozess zu dem seit den 1990er Jahren verstärkt aufkommenden Diskurs der Ästhetik der Abwesenheit bei. Besonders deutlich wird das im Vergleich mit seiner oben besprochenen Arbeit für den Reichstag von 1998, zu der er auch die Aussage veröffentlichte, dass er anfangs keine kolorierten Glastafeln in »Schwarzrotgold«

plante, die jetzt dort hängen, sondern dass er dort zunächst Gemälde nach Abbildungen aus dem von Lili Meier gefundenen Album der SS in Auschwitz[41] und den Musikzug aus Mauthausen[42] anbringen wollte. Der Unterschied zwischen der absenten Präsenz im Reichstag in Berlin zu der in den *Abstrakten Bildern* scheint mir aufschlussreich. Bei dem Staatsauftrag im Reichstag, bei dem die Glasplatten in schwarz, rot und gold die KZ-Fotos zu überblenden, zu überlagern scheinen, konnte durch den mehrfach publizierten Prozessverlauf des Bilderwechsels auf die Geschichte der Bundesrepublik angespielt werden, auf die Ermordung der Juden als Gründungsopfer der Berliner Republik. Bei den Bildern zu Birkenau 2014 hingegen war Richter allein in seinem Atelier ohne Auftrag. Hatte er bereits die Blickposition des NS-Fotografen nicht auf- und damit einnehmen können, so sah er sich nun wohl außerstande, die des in Todesangst fotografierenden Häftlings im Gemälde zu wiederholen. Er war auf sich und seine Rezeptionsgeschichte als Maler mit seinem Werkzeug, dem Pinsel, dem Rakel und den Farben zurückgeworfen. Nun arbeitete er an der Leinwand, als würde er auf ihr wie auf dem Erdboden der Lager nach Relikten schürfen, archäologische Suchbewegungen in der Farbmaterie vollziehen. An den Bildern und der veröffentlichten Geschichte ihrer Herstellung ist Richters Positionierung innerhalb der Rezeptionsgeschichte der KZ-Fotografie in der Gegenwart abzulesen. Für ihn sind diese Aufnahmen heute sogar auch ohne direkte Abbildung präsent und, so lässt sich aus der Publizität seiner Arbeit schließen, nicht nur für ihn.

IV. Unikate jüdischer und christlicher Geschichtsschreibung

Keine der hier bis jetzt aufgeführten künstlerischen Arbeiten erinnert an die lange Geschichte des Antisemitismus der Christen oder weist religiöse Bezugnahmen auf. Jüdische Künstler und Künstlerinnen stellten diese Bezüge hingegen sehr wohl her. Eine der Arbeiten, die für die anderen Überlebenden in den DP-Lagern als Plakate entworfen worden waren, soll hier der Skizze Werner Tübkes aus dem Jahr 1965 gegenübergestellt werden, in der er die Passion Christi mit der Leidensgeschichte der Juden konfrontierte.

Historische Repräsentationen von Pogromen wurden trotz des unvergleichlichen Ausmaßes der Ermordung von 6 Millionen Juden im NS vor allem von jüdischen Künstlern und Künstlerinnen auch nach 1945 wieder aufgegriffen.

41 Hans-Jürgen Hahn (Hg.): Gesichter der Juden in Auschwitz. Lili Meiers Album. Berlin 1995, S. 174, S. 176.

42 Zug zur Hinrichtung von Hans Bonarewitz, Konzentrationslager Mauthausen, 30. Juli 1942, u. a. publiziert in Tadeusz Mazur et al. (Hg.): 1939–1945. We have not forgotten/Wir haben es nicht vergessen/Nous n'avons pas oublié. Warschau 1960 (1. Ausgabe 1959), S. 122.

Aber nicht die Geschichte des deutschen Antisemitismus und den gerade überlebten Terror reflektiert ein Plakat, das zum Sammeln von Erinnerungen an die NS-Herrschaft aufruft, sondern es ordnet sie, wie schon Meidner die Pogrome von 1938 bis zum Kriegsbeginn,[43] ein in die Jahrtausende alte biblische Geschichte des Volkes Israel und bezieht damit eine Position, die zwischen den überlebenden Juden heftig umstritten war.[44] P. Shuldenreyn, vermutlich ein Jude in einem Lager für Displaced Persons (DP) im besetzten Deutschland, entwarf 1947 für den Wettbewerb »Collect and record!«, den die Central Historical Commission of Liberated Jews in the American Zone of Occupation in Germany in München für alle DPs der Lager in den Westzonen ausgeschrieben hatte,[45] ein Plakat (Abb. 23), das den zweiten Preis erhielt.[46] Shuldenreyn berief sich dabei auf die Geschichte seines Volkes und verdeutlichte zugleich den für die Juden »religiösen Imperativ«,[47] sich zu erinnern: »Remember what Amalek did to you!« Die Zeilen nach Deuteronomium 25,17, die auch als Aufforderung zur Gegenwehr verstanden werden können, sind als Überschrift in großen roten hebräischen Druckbuchstaben oben auf dem Plakat in zwei Reihen zu lesen. Pogrome und Vertreibungen aus der Geschichte der jüdischen Diaspora schildern vier Szenen auf dem Ziffernblatt einer Uhr darunter. Zusammen jeweils mit einem schriftlichen Dokument weisen sie auf die Aufforderung zum »Zameln« hin, des Sammelns von Bildern und Aufzeichnungen, das geschriebene Wort. Vor den Pyramiden links oben ist eine Gruppe von Bauarbeitern zu sehen; der Szene ist eine Pessach Haggada zugeordnet, die über die Sklaverei im Exil und den Auszug aus Ägypten berichtet. Rechts gegenüber ist die Zerstörung des Ersten Tempels in Jerusalem mit Klagenden gegeben, wobei die Menora auf die Schriftrolle der Klagelieder Jeremias darunter fällt. Links unten wird an die Pogrome von 1648 während des Polnisch-Kosakischen Kriegs erinnert. In dem darunter liegenden Buch *Yeven Metsulah* sind diese Aufstände und Pogrome in Aufzeichnungen von Nathan Nata Hannover festgehalten.[48] Auf gleicher Höhe rechts befindet sich ein gleichgroßes Buch mit der Aufschrift »Das Jammertal«, das die Darstellung des Zugs wandernder Juden durch das Tal der Tränen darüber in Worten erläutern soll, nun aber nicht den biblischen Gang durch die Wüste zeigt, sondern die Folgen des »Alhambra-Edikts«, die Vertreibung der

43 Kat. Art from the Holocaust. 100 Works from the Yad Vashem Collection. Berlin, Deutsches Historisches Museum. Köln 2016, S. 234f.

44 Zu den Debatten in den Lagern für Displaced Persons. Anna Marta Holian: Between National Socialism and Soviet Communism. Displaced Persons in Postwar Germany. Ann Arbor 2011, S. 153–184.

45 Laura Jockusch: Collect and Record! Jewish Holocaust Documentation in Early Postwar Europe. Oxford 2012, S. 141–147.

46 Jockusch: Collect and Record! (s. Anm. 45), S. 144; zu dem ersten Preis S. 143.

47 Yosef Hayim Yerushalmi: Zachor. Erinnere Dich! Berlin 1988, S. 22.

48 Jockusch: Collect and Record! (s. Anm. 45), S. 144, S. 265, Anm. 162.

Juden aus Spanien im Jahr 1492. Der anführende bärtige Mann mit Tallith und der Thorarolle im Arm erinnert an den Versuch, die Heiligen Schiften zu sichern, den auch Samuel Hirzsenberg in dem bekannten Gemälde *Exil* von 1904 anspricht.

Die Bücher zum Pogrom in Polen und der Ukraine, von wo sehr viele der damaligen Adressaten des Plakates deportiert worden waren, und die Schrift zum Gang der Juden durch die Wüste liegen auf einer großen Zahl aufgestellter Papiere. Auf dem Vordersten sind in Schreibschrift in hebräischen Lettern die jiddischen Worte zu lesen: »Zamelt un farzjjchnet!« Die roten Buchstaben sind wie mit Blut über die graue Zahl 6 000 000 geschrieben. Sie und der Federkiel rechts darunter fordern die Betrachtenden des Plakates auf, in der Nachfolge der zitierten Schriften ihre Leiden, ihr Jammertal und ihren »Gang durch die Wüste« aufzuschreiben und damit auch ihre jüngste Geschichte zu verewigen, wie es in dem Plädoyer der Central Historical Commission in München hieß.[49] Das Totengerippe links, das nach Vesalius kopiert wurde,[50] und das in seiner Gestik auch an das damals häufige Wort der lebenden Toten für die KZ-Häftlinge erinnert, deutet als Verkörperung der Sechs Millionen sowohl auf diese als auch auf den Appell zum Dokumentieren hin. Der kleine Zeiger weist zu der Aufforderung, und der große ist auf die aufgehende Sonne mit den eingezeichneten Buchstaben für »Zion« gerichtet. Vor der rötlichen Halbkugel ist ein Bauer zu erkennen, der mit seinen Pferden und dem Pflug das Land bearbeitet. Dieses Zitat des weit verbreiteten Gedenkblattes *Vom Ghetto nach Zion* des Zionisten Kongresses in Basel 1901 von Ephraim Moses Lilien[51] mit der Verheißung nach Ezechiel 37, 21 »und will sie allenthalben sammeln und will sie wieder in ihr Land bringen« versprach den DPs 1947 im besetzten Deutschland eine leuchtende Zukunft in Palästina. Durch die fünfte Stunde, die Zeit des Sonnenaufgangs, wird dieses Versprechen verstärkt. Shuldenreyn knüpfte noch mit einem weiteren Zitat an die Geschichte der Pogrome und ihre Bildtradition an, denn die verdunkelte Sonne steht in einem Gedenkblatt von Ephraim Moses Lilien für die Märtyrer von Kishinev[52] wie eine Gloriole über dem mit einem Tallith auf einen Scheiterhaufen gebundenen Juden. Die schon zur Hälfte sichtbare helle Son-

49 Jockusch: Collect and Record! (s. Anm. 45), S. 142.

50 Vgl. Vesalius, A.: The Fabric of the Human Body: An Annotated Translation of the 1543 and 1555 Editions of De Humani Corporis Fabrica Libri Septem by D. H. Garrison and M. H. Hast. Basel 2014. A. Vesalius 1543/2014, S. 323.

51 Lea Weik: Jüdische Künstler und das Bild des Ewigen Juden. Vom Antijüdischen Stereotyp zur jüdischen Indentifikationsfigur. Heidelberg 2015, S. 114–118. Juliette Braillon-Philippe und Pierre Birnbaum (Hg.): Kat. Le Juif errant. Un Témoin du Temps. Paris: Adam Biro 2001, S. 158–159.

52 Abbildung Richard I. Cohen: Jewish Icons. Art and Society in Modern Europe. Berkeley 1998, S. 232, Abb. 117, unter: commons.wikimedia.org/wiki/File:Kishinev_Martyrs.jpg [abgerufen: 18.12.2017].

Abb. 23: P. Shuldenreyn: »*Remember what Amalek did to you*«, Plakat des Wettbewerbs *Collect and Record!*, München 1947. Yad Vashem Archive, Jerusalem

nenscheibe in Shuldenreyns Plakat hingegen konnte als zuversichtliche Antwort auf Liliens Grafik verstanden werden. War doch nun mit der Erinnerung an die katastrophale jüdische Geschichte von ihrer Knechtschaft in Ägypten bis in die jüngste Vergangenheit die Verheißung verbunden, dass für die Juden die Sonne in Zion aufgehen würde. Kein »timeless cyclus of atrocities«[53] ist dargestellt, sondern eine religiös motivierte Erinnerung jüdischer Geschichte von den Anfängen der Knechtschaft bis zur nahenden Aussicht, befreit ins gelobte Land emigrieren zu können. »Khurbn«,[54] die Katastrophe, die alle Displaced Persons durchlitten hatten, und die Ermordung der Sechs Millionen, sie werden nicht sichtbar, denn sie sind noch aufzuschreiben.

Werner Tübkes Auseinandersetzung mit dem Christentum reicht nicht wie bei Shuldenreyn in die Anfänge der biblischen Geschichte zurück, sein Akzent liegt allein auf der unmittelbaren Vergangenheit und auf der Verfolgung der Juden durch die Nationalsozialisten, deren staatliche Nachfolge die DDR abgelehnt und der BRD überlassen hatte. Umso deutlicher konnte die Kritik an der Gewaltherrschaft des NS vorgetragen werden, sah man sich doch von Anfang an in der Nachfolge des antifaschistischen Widerstands gegen das Nazi-Regime. Tübke begann seine Bilderplanung zu dem Zyklus, der später den Titel *Die Lebenserinnerungen des Dr. jur. Schulze* erhielt, nicht – wie nach dem dafür erteilten Auftrag durch den Kulturbund des Bezirksamtes Leipzig und dem Zeitpunkt während des Auschwitz-Prozesses in Frankfurt a. M. zu erwarten wäre – mit einer Kritik an der Herrschaft der westdeutschen Justiz. Seine ersten Entwürfe von 1964 in den noch unveröffentlichten Tagebüchern geben vielmehr ein dreiteiliges Tafelbild zu erkennen, das ausschließlich der Geschichte der Verfolgung und Ermordung der Juden im NS gewidmet ist.[55] Er skizzierte ein Triptychon (Abb. 24) mit halbkreisförmigem Abschluss am oberen Ende der Mitteltafel, einer Predella mit liegendem Toten und jeweils vier Feldern auf den beiden Seitenflügeln, in die Stationen der Verfolgung der Juden eingetragen

53 Jockusch: Collect and Record! (s. Anm. 45), S. 144.

54 So die vom hebräischen Begriff »churban« abgeleitete jiddische Bezeichnung für den Genozid an den Juden vor dem Terminus Holocaust. Jockusch: Collect and Record! (s. Anm. 45), S. 3. Hansen: Als Auschwitz noch nicht Holocaust bedeutete (s. Anm. 3). Obwohl das Wort nur bedingt für das systematische Morden durch die Deutschen zutreffen konnte, reihte man sich ein in die Verfolgung und Leiden der Vorfahren seit Generationen: »most of the survivors at the time used the Yiddish term ›khurbn‹ (destruction) or referred to it as ›the catastrophe‹ or ›the cataclysm‹.« Zu der jiddischen Tradition der »Khurbn-Forshung« und deren Sammlung vor und nach dem Zweiten Weltkrieg von Berichten aus der Perspektive der »victims and witnesses« und der Tradition mit einem breit gefächerten, inoffiziellem Material zu arbeiten vgl. auch das Kapitel Khurbn-Forshung. Hansen: Als Auschwitz noch nicht Holocaust bedeutete (s. Anm. 3), S. 18–45.

55 Zuerst besprochen und abgebildet bei Meißner. Günter Meißner: Bildfolge Lebenserinnerungen des Dr. jur. Schulze im Schaffen Werner Tübkes. In: Werner Tübke. Die Retrospektive zum 80. Geburtstag. Hg. v. Hans Werner Schmidt. Leipzig 2009, S. 10–17, Abb. S. 11.

wurden.[56] Sowohl über dem Triptychon als auch auf dessen Seitenflügeln notierte er je acht voneinander differierende Etappen. Auf den linken Seitenflügel schrieb er: »Die Heimat verlassend/Plünderung der Geschäfte/Deportation/Widerstand im Ghetto« und auf den rechten: »Im KZ/Verhöhnung Israel/Verhör/Erhängung«. Bei der Transkription der Tübke'schen Notizen wäre das letzte Wort eher als Erhängung statt Erlösung zu lesen, allerdings unter der Annahme, dass Tübke einen Unterstrich für das mittlere »g« vergaß. Tübkes Aufzählung der acht Stationen jüdischer Verfolgung über dem Triptychon lautet:

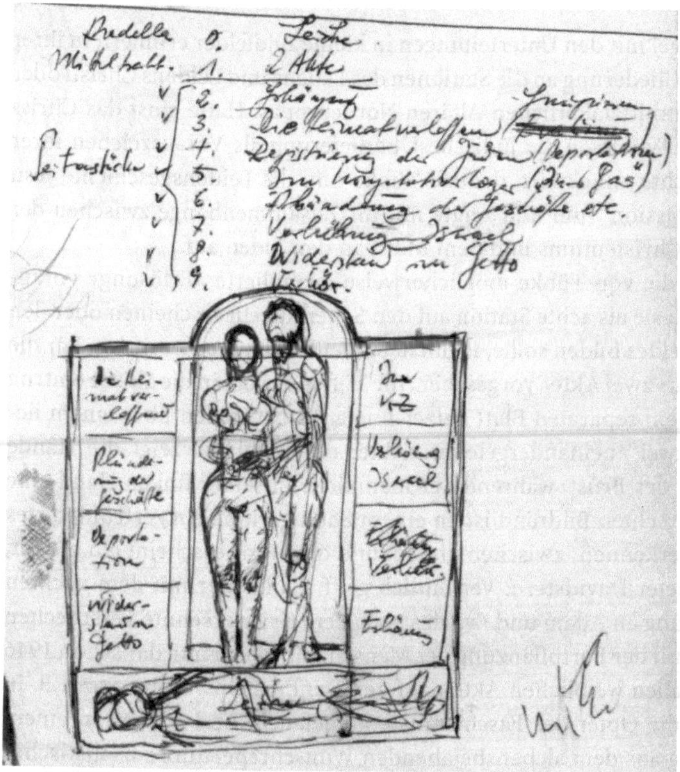

Abb. 24: Werner Tübke: Skizze zu einem Triptychon, Skizzenbuch, 1964. Universitätsbibliothek Leipzig

Predella 0. Leiche / Mitteltrakt. 1. Zwei Akte / Seitenstücke: 2. Erhängung / 3. Die Heimat verlassen Emigrieren (~~Evakuierung~~) / 4. Registrierung der Juden (Deportationen) /

56 Die Form eines Triptychons ohne Bogenabschluss mit jeweils drei gerahmten Feldern auf den Seitenflügeln, in der Skizze sind jeweils vier geplant, wählte Tübke auch schon in der Vorzeichnung WVZ Z68/61 von 1960. Karin Beckmann: Die Geschichte der deutschen Arbeiterbewegung von Werner Tübke. Leipzig 2011, S. 47–61, Abb. 11, S. 160.

5. Im Konzentrationslager (Ins Gas) / 6. Plünderung der Geschäfte etc. / 7. Verhöhnung Israel / 8. Widerstand im Getto / 9. Verhör.

Die oben notierte Aufzählung folgt nicht dem historischen Verlauf, den die Eintragungen in die skizzierten Seitenflügel nahezu einhalten. Deren Gliederung in Stationen der Verfolgung entspricht grosso modo auch den acht Stationen, die im *Gelben Stern* zu finden sind. Doch anders als Schoenberner plante Tübke, keine kohärente Erzählung der Geschichte aufzuzeichnen, sondern die Gewalttätigkeit der SS und den jüdischen Widerstand in den einzelnen Etappen zu zeigen.

Die Seitenflügel mit den Unterteilungen in kleine Bildfelder erinnern in ihrer gleichförmigen Gliederung an die Stationen des Lebens und Leidens Christi oder Mariens auf spätmittelalterlichen Altären Nordeuropas. Hatte einst das Christentum mit der Typologie die jüdische Überlieferung als Vorauszeichen ihrer eigenen Geschichte annektiert, deutete Tübke nun die Leidensgeschichte Jesu zur jüdischen Passion[57] um und zeigte mit ihr Zusammenhänge zwischen der Geschichte des Christentums und dem Mord an den Juden auf.

Wie wir uns die von Tübke möglicherweise formulierte »Erlösung« vorzustellen haben, ob sie als achte Station auf den Seitenflügeln erscheinen oder den Titel des Mittelfeldes bilden sollte, ist nicht eindeutig zu rekonstruieren. Für die Mitteltafel waren »zwei Akte« vorgesehen, die Tübke sowohl in die Skizze eintrug als auch auf einem separaten Blatt aufzeichnete.[58] Dort stehen über einem liegenden Toten zwei aneinandergelehnte Akte; der weibliche zeigt die Hände verschränkt vor der Brust, während der männliche in seiner linken Hand eine Taube hält. Am rechten Bildrand ist an einem Baumgerippe ein zertrümmertes Hakenkreuz zu erkennen; zwischen diesem und dem Paar erscheint ein großer, leicht verzeichneter Davidstern. Vermutlich griff Tübke hier mit dem nackten Paar in Erinnerung an Adam und Eva das nach dem Krieg ersehnte Versprechen auf Neuanfang mit der Fortpflanzung der Menschheit wieder auf, das schon 1946 in Form von prallen weiblichen Akten auf den Denkmalentwürfen – so z. B. in Halle 1946 für die Opfer des Faschismus – aufgetaucht und seither zu einem beliebten Thema aus dem »lebensbejahenden Wunschrepertoire sozialistischer Auftragskunst«[59] der DDR geworden war.[60] In der siebten Fassung des Zyklus' hat

57 Cornelia Brink: »Ein Buch der Toten.« Gerhard Schoenberners Fotodokumentation der Judenverfolgung. In: 50 Klassiker der Zeitgeschichte. Hg. v. Jürgen Danyel. Göttingen 2007, S. 65, zitiert die der SED nahe *Deutsche Volkszeitung* vom 11. 11. 1960, die von Schoenberners Fotobuch als der »jüdischen Passion« spricht.

58 Hoffmann-Curtius: Bilder zum Judenmord (s. Anm. 2), S. 219, Abb. 183.

59 Eduard Beaucamp: Mysterien des Schmerzes. Apokalysen, Passionen und Auferstehungen im Werk Tübkes. In: Werner Tübke (s. Anm. 55), S. 42.

60 Helga Möbius: Zeichen für Vitalität und Schönheit. Frauenfiguren im städtischen Raum der DDR. In: Blick-Wechsel. Konstruktionen von Männlichkeit und Weiblichkeit in Kunst und

Tübke diese Forderung in zwei kraftvolle weibliche Akte zwischen angedeuteten Scherben der Geschichte umgesetzt.[61]

Tübke verwarf jedoch das anfängliche Konzept, den Verlauf der desaströsen jüdischen Geschichte unter der NS-Herrschaft als eine Bilderfolge im Schema des spätgotischen christlichen Altarformates darzustellen. Nur seine Aufzeichnungen aus dem grünen Skizzenbuch dokumentieren diese grundsätzliche Verklammerung von Christentum und jüdischem Leidensweg. Kein anderer Künstler hat diesen Zusammenhang so sinnfällig ins Bild gesetzt, und auch Tübke beließ es bei dem Entwurf. Im Rückgriff auf die spätmittelalterliche Frömmigkeitsgeschichte zeichnete er den Bruch auf, der die heutzutage so viel beschworene jüdisch-christliche Geschichte des Abendlandes durchzieht. Er bleibt eine Warnung vor der Selbstverständlichkeit, mit der die Gemeinsamkeit beider Religionen vorgetragen und damit der nächste Ausschluss, der des Islam, insinuiert wird.

Kunstgeschichte. Hg. v. Ines Linder et al. Berlin 1989, S. 271–280. Kathrin Hoffmann-Curtius: Feminisierte Trauer und aufgerichtete Helden. Figürliche Denkmäler der frühen Nachkriegszeit in Deutschland. In: Gedächtnis und Geschlecht. Deutungsmuster in Darstellungen des nationalsozialistischen Genozids. Hg. v. Insa Eschebach, Sigrid Jacobeit und Silke Wenk. Frankfurt a. M. 2002, S. 372f. Vgl. auch den kräftigen weiblichen Akt in Max Lachnits Skulpturengruppe Tod und Leben von 1945/48. Museen, Gedenkstätten und Sammlungen Magdeburg (Hg.): Max Lachnit (1900–1972). Plastik, Malerei, Grafik. Magdeburg 1991, S. 74, Abb. 53.

61 Roland März schreibt: »Doch aus den Trümmern der alten Welt erhebt sich in der schönen, unversehrten Leiblichkeit weiblicher Akte die bildnerische Antithese: der neue, freie Mensch.« Kat. Werner Tübke (s. Anm. 30), (unpag.).

III. Bildungsangebote, pluralisierte Gedächtnisse und individuelle Aneignungen – Gedenkstätten und Erinnerungsorte

Olaf Kistenmacher

Zur Bedeutung einer *Erziehung nach Auschwitz* für die Gedenkstättenpädagogik im 21. Jahrhundert. Am Beispiel der KZ-Gedenkstätte Neuengamme

Dieser Beitrag reflektiert den gesellschaftlichen Wandel in Hinblick auf die Gedenkstättenpädagogik seit den fünfziger und sechziger Jahren, als Theodor W. Adorno in verschiedenen Vorträgen die Grundlagen einer »Erziehung nach Auschwitz« umriss. Außer auf theoretische Diskussionen beziehe ich mich dabei auf die praktische Erfahrung in der KZ-Gedenkstätte Neuengamme, durch die ich seit 1999 Gruppen begleite,[1] und auf die pädagogische Arbeit gegen Antisemitismus und Rassismus, die ich inner- und außerhalb von Schulen als externer Bildungsreferent für verschiedene Träger durchführe.[2]

Der erste zu berücksichtigende, grundlegende gesellschaftliche Wandel besteht in der weitreichenden massenmedialen Repräsentation des Zweiten Weltkriegs und der Shoah, die nicht nur Filmdokumentationen, sondern auch Spielfilme wie Steven Spielbergs *Schindler's List* einschließt. Seit den neunziger Jahren sind mediale Bilder von Auschwitz in der deutschen Öffentlichkeit in einem Maß präsent, das in den fünfziger und sechziger Jahren nicht denkbar war. Der zweite Punkt bezieht sich auf die nach wie vor bestehende Erwartung an KZ-Gedenkstätten, sie mögen Jugendliche und junge Erwachsene durch ein abschreckendes Beispiel zu einer selbstkritischen Reflexion von (latenten) rassistischen und antisemitischen Einstellungen führen und so gegen extrem rechte

1 Diese Arbeit führe ich als freischaffender Bildungsreferent durch, nicht als fester Mitarbeiter der KZ-Gedenkstätte Neuengamme. Ich bewege mich also ebenso wie die Gruppen als Gast auf dem Gelände und in der Ausstellung der Gedenkstätte. 2008 bin ich zudem einem losen Zusammenhang beigetreten, der sich »Gender-Werkstatt« nennt und in dem wir versuchen, Ansätze für eine genderkritische Bildungsarbeit in KZ-Gedenkstätten zu entwickeln. Aus Platzgründen werde ich auf diese notwendige Ebene der Gedenkstättenpädagogik im Folgenden nicht weiter eingehen, sondern verweise nur auf Veröffentlichungen aus diesem Kreis. Michael Franke u. a.: Geschlechterreflektierende Gedenkstättenarbeit. Männlichkeit als Konstrukt sichtbar machen. In: Ort, Subjekt, Verbrechen. Koordinaten historisch-politischer Bildungsarbeit zum Nationalsozialismus. Hg. v. Till Hilmar. Wien 2010, S. 139–159.

2 Olaf Kistenmacher: Was tun gegen Antisemitismus?! Anregungen zu einer Pädagogik gegen Judenfeindschaft im 21. Jahrhundert. Hamburg 2018 (2. Aufl.).

Positionen feien.[3] Diese Erwartung ist nicht nur hoch; sie ignoriert zudem das Phänomen, das Adorno in den fünfziger Jahren als »sekundären« oder Schuldabwehr-Antisemitismus analysiert hat. Drittens hat sich seit den neunziger Jahren auf bundesdeutscher Ebene ein bedeutsamer Wandel vollzogen: Das Selbstverständnis der Bundesrepublik Deutschland setzt nicht mehr voraus, dass die Vernichtung der europäischen Jüdinnen und Juden öffentlich kollektiv beschwiegen wird. Mit Richard von Weizsäcker bezeichnete 1985 erstmals ein Repräsentant der Bundesrepublik Deutschland den 8. Mai 1945 als Tag der »Befreiung«.[4] Seitdem wurde die Erinnerung an dieses Verbrechen gegen die Menschheit allmählich in das Selbstbild der Bundesrepublik Deutschland und schließlich in das des vereinigten Deutschland integriert.[5] 1995 leitete von Weizsäckers Nachfolger Roman Herzog daraus sogar eine besondere innen- und außenpolitische »Verantwortung« ab. Drei Jahre später beteiligte sich die Bundeswehr an einem Auslandseinsatz, was bis 1999 mit Verweis auf »die deutsche Geschichte« undenkbar schien. Heutzutage ist hingegen für Jugendliche das Gegenteil kaum noch vorstellbar; Bundeswehreinsätze im Nahen Osten und in Afrika sind normal geworden, sie werden kaum noch grundsätzlich infrage gestellt. Der Beitrag wird zeigen, inwiefern KZ-Gedenkstätten in diese Erinne-

3 Zentralrat der Juden: Mit KZ-Besuchen gegen Antisemitismus bei Flüchtlingen. Spiegel Online, 23.04.2017, unter: http://www.spiegel.de/panorama/gesellschaft/zentralrat-der-juden-regt-kz-besuche-in-der-fluechtlingsbildung-an-a-1144421.html [abgerufen: 26.04.2017].

4 Richard von Weizsäcker: Gedenkveranstaltung im Plenarsaal des Deutschen Bundestages zum 40. Jahrestag des Endes des Zweiten Weltkrieges in Europa [1985], unter: http://www.bundespraesident.de/SharedDocs/Reden/DE/Richard-von-Weizsaecker/Reden/1985/05/19850508_Rede.html [abgerufen: 28.04.2017]. Dass sich diese Position seit den achtziger Jahren durchgesetzt hat, heißt nicht, dass es in der politischen Rechten nicht Strömungen gibt, die diese Entwicklung rückgängig machen wollen. 2017 forderte Björn Höcke von der Alternative für Deutschland »eine erinnerungspolitische Wende um 180 Grad. Wir brauchen keine toten Riten mehr.« (zit. n.: Matthias Kamann: Was Höcke mit der »Denkmal der Schande«-Rede bezweckt. In: Die Welt, 18.01.2017, unter: https://www.welt.de/politik/deutschland/article161286915/Was-Hoecke-mit-der-Denkmal-der-Schande-Rede-bezweckt.html [abgerufen: 28.04.2017]). Die öffentliche Kritik an der Rede des AfD-Politikers machte sich vor allem an seiner Formulierung »Denkmal der Schande« fest. Doch die war nicht originell. 1998 hatte der Schriftsteller Martin Walser in seiner Dankesrede verkündet, dass sich »in mir etwas gegen diese Dauerpräsentation unserer Schande wehrt«. Dankesrede von Martin Walser zur Verleihung des Friedenspreises des Deutschen Buchhandels in der Frankfurter Paulskirche am 11. Oktober 1998. Erfahrungen beim Verfassen einer Sonntagsrede, unter: https://hdms.bsz-bw.de/files/440/walserRede.pdf [abgerufen: 28.04.2017]). Im gleichen Jahr schrieb Rudolf Augstein zur Verteidigung Walsers: »Man ahnt, daß dieses Schandmal gegen die Hauptstadt und das in Berlin sich neu formierende Deutschland gerichtet ist.« Rudolf Augstein: »Wir sind alle verletzbar«. In: Der Spiegel 49 (1998), S. 32f.

5 Zu den Unterschieden und Gemeinsamkeiten zwischen der BRD und der DDR: Jeffrey Herf: Zweierlei Erinnerung. Die NS-Vergangenheit im geteilten Deutschland. Übers. v. Klaus-Dieter Schmidt. Berlin 1998.

rungspolitik einbezogen sind und insofern kaum ein Ort sein können, diese »rücksichtslos zu kritisieren«.[6]

An die pädagogische Arbeit in KZ-Gedenkstätten knüpfen die Verbände der Überlebenden eine Hoffnung, die sie in der vielzitierten Forderung »Nie wieder Faschismus! Nie wieder Krieg!« zusammenfassten. Diese Hoffnung hat sich, wie sich im 21. Jahrhundert auf tragische Weise zeigt, nicht erfüllt. Die besondere Aufgabe für eine rücksichtslose Kritik bestünde darin zu zeigen, inwiefern die KZ-Gedenkstätten, als staatliche Institutionen, dieser Forderung gar nicht entsprechen können. Was sie leisten können, ist, ein Verbrechen von einem unvorstellbaren Ausmaß zu dokumentieren und dazu beizutragen, eine Ahnung von dieser Unvorstellbarkeit zu bekommen.

I. Bilder des Grauens im Zeitalter ihrer technischen Reproduzierbarkeit

In ihren Essays über Fotografie schildert Susan Sontag ein Erlebnis, das in ihrem Leben einen Einschnitt darstellte. Als Zwölfjährige war sie 1945 in einem Buchladen zufällig auf Fotografien aus den Konzentrationslagern Bergen-Belsen und Dachau gestoßen. Der Anblick der Bilder sei für sie »eine negative Epiphanie« gewesen. Seitdem habe sie ihr Leben eingeteilt in eine Zeit, bevor sie diese Bilder gesehen habe, und eine Zeit danach, »obwohl noch mehrere Jahre verstreichen mußten, bis ich voll und ganz begriff, was diese Bilder darstellten«.[7] Die außergewöhnliche Wirkung der fotografischen Abbildungen auf die junge Susan Sontag mag sich aus dem zeitlichen Kontext, dem Jahr des Kriegsendes, und einer konkreten Identifizierung mit den gezeigten Opfern ergeben; Sontag, geborene Rosenblatt, stammte aus einer osteuropäisch-jüdischen Familie. Die Wirkung, die sie anhand von Fotos beschreibt, lässt sich mittlerweile auf viele andere Menschen übertragen; sie ähnelt auf den ersten Blick der, die Menschen schildern, nachdem sie zum ersten Mal eine KZ-Gedenkstätte – oder wie viele entsprechend ihrer Erfahrung sagen: »ein KZ« – besucht haben. Es ist ein unvergessliches Ereignis; die Konfrontation mit dem realen historischen Ort des Schreckens stellt einen Schock dar, der ihr Vertrauen in die Welt und die Menschen nachhaltig verändert.

Sontags medienkritische Reflexion nimmt gleichwohl viel von der Bedeutung vorweg, die Bilder erst in den neunziger Jahren für die Mehrheit haben. Zwar kommt den Besuchen authentischer Orte der nationalsozialistischen Verbrechen

6 Theodor W. Adorno: Negative Dialektik [1966]. Frankfurt a. M. 1975, S. 15.

7 Susan Sontag: In Platos Höhle. In: Dies.: Über Fotografie. Aus dem Amerikanischen von Mark W. Rien und Gertrud Baruch. Frankfurt a. M. 1989, S. 9–30; hier: S. 25.

nach wie vor eine besondere Bedeutung in der Pädagogik nach Auschwitz zu. Doch seit den neunziger Jahren hinterlassen außer den Fotografien und Filmaufnahmen, die die Alliierten bei der Befreiung der Konzentrations- und Vernichtungslager machten, einige Spielfilme eine ähnliche Wirkung. Die Vorstellungen, die sich Menschen in Europa und den USA von der Shoah machen, werden durch Spielfilme wie Steven Spielbergs *Schindler's List* (1993) geprägt oder durch Histotainment-Fernsehproduktionen wie Guido Knopps *Hitler*-Reihe, die bereits durch ihre Betitelung die Person Adolf Hitler ins Zentrum rücken (*Hitler – Eine Bilanz*, 1995; *Hitlers Helfer*, 1996; *Hitlers Krieger*, 1998; usw.).

Durch die neuen medialen Formen der Repräsentation unterscheiden sich die Rahmenbedingungen der historisch-politischen Bildung im 21. Jahrhundert grundlegend von denen, die Theodor W. Adorno 1966 in seinem Radiovortrag »Erziehung nach Auschwitz« beschrieb. Während in den sechziger Jahren die Mehrheit der Deutschen den Nationalsozialismus aus eigener Erfahrung kannte oder in direktem Verwandtschaftsverhältnis mit der Nazi-Generation stand und damit unmittelbar oder mittelbar an der Vernichtungspolitik beteiligt war und die Mehrheit gemeinsam beschwieg, was sie wusste, sind der Nationalsozialismus und die Shoah heutzutage fester Bestandteil des öffentlichen Diskurses, des Geschichtsunterrichts und durch zahlreiche Überlebendenberichte, Romane, Spiel- und Dokumentarfilme präsent. Die Formen medialer Öffentlichkeit haben Max Horkheimer und Theodor W. Adorno zwar in den vierziger Jahren in der *Dialektik der Aufklärung* unter dem Stichwort »Kulturindustrie« reflektiert.[8] Doch für Adornos Auseinandersetzung mit einer Aufklärung über den Nationalsozialismus, die er in den fünfziger und sechziger Jahren in diversen Vorträgen vornahm,[9] spielte eine massenmediale Vermittlung der Menschheitsverbrechen noch keine große Rolle. Dass die öffentliche Thematisierung das innerfamiliäre Beschweigen im 21. Jahrhundert nicht notwendigerweise aufbricht und insofern die Situation in den Familien keine wesentlich andere ist als in den sechziger Jahren, das weisen Harald Welzer, Sabine Moller und Karoline Tschuggnall in *»Opa war kein Nazi.« Nationalsozialismus und Holocaust im Familiengedächtnis* nach. Die Lehrpläne für den Geschichtsunterricht, so schreiben sie, verfehlten häufig nicht nur ihren Erziehungsauftrag, sondern seien in ihrer Wirkung kontraproduktiv:

8 Max Horkheimer und Theodor W. Adorno: Kulturindustrie. Aufklärung als Massenbetrug. In: Dies.: Dialektik der Aufklärung. Philosophische Fragmente [1944/47]. Frankfurt a. M. 1988, S. 128–176.

9 Theodor W. Adorno: Erziehung zur Mündigkeit. Vorträge und Gespräche mit Hellmut Becker 1959–1969. Hg. v. Gerd Kadelbach. Frankfurt a. M. 1971.

> Paradoxerweise scheint es gerade die gelungene Aufklärung über die Verbrechen der Vergangenheit zu sein, die bei den Kindern und Enkeln das Bedürfnis erzeugt, die Eltern und Großeltern im nationalsozialistischen Grauen so zu platzieren, dass von diesem Grauen kein Schatten auf sie fällt.[10]

Zugleich darf man die Wirkung des Mediums Spielfilm nicht überschätzen. Ende der neunziger Jahre, nachdem *Schindlers Liste* in den deutschen Kinos gelaufen war, wurde bei einer Umfrage festgestellt, dass rund 20 Prozent der in Deutschland lebenden Jugendlichen auf die Frage, wer oder was Auschwitz sei, antworteten: »Keine Ahnung, weiß ich nicht.«[11] In *Öffentliche Erinnerung und Medialisierung des Nationalsozialismus* bezeichnet Gerhard Paul die gegenwärtige Situation als die »Phase der dritten Verdrängung«, die mit der medialen Darstellung der Shoah und der Nazi-Zeit in Spielfilmen, Fernsehdokus oder Schulmaterial zusammenhängt. Paul kommt zu dem Schluss, dass in der Bundesrepublik Deutschland seit Ende der siebziger Jahre, als die Fernsehserie *Holocaust* ausgestrahlt wurde, die meisten zwar »wissen«, »dass es den Judenmord gegeben hat, sie haben sogar ein Bild von ihm verfügbar, aber sie wissen nicht eigentlich, warum es ihn gab«.[12]

In einer Hinsicht gerät durch den Spielfilm *Schindlers Liste* etwas Grundlegendes in Vergessenheit, nämlich eine Haltung zu dem Geschehenen, die bis in die achtziger Jahre prägend war und die James E. Young am Beispiel von Claude Lanzmanns Filmdokumentation *Shoah* ausführt. Lanzmanns achtstündiger Film besteht aus Dialogen mit Überlebenden der Vernichtungslager und Nazi-Tätern, geführt in den siebziger und achtziger Jahren; eine Visualisierung der Verbrechen erfolgt kaum. Dadurch, dass sich das Übersetzen vor der Kamera abspielt – weil Lanzmanns Fragen ebenso gedolmetscht werden müssen wie die Antworten, die die Überlebenden geben –, fühle man sich, so Young, »wie in einem multilingualen Hallraum«, in dem »die Erfahrungen geradezu nach einer Sprache zu suchen scheinen«. Die eigentlichen Ereignisse, um die es dabei ginge, entzögen sich in diesem Übersetzungsprozess dem Sagbaren.[13] Entsprechend

---

10 Harald Welzer, Sabine Moller und Karoline Tschuggnall: »Opa war kein Nazi«. Nationalsozialismus und Holocaust im Familiengedächtnis. Frankfurt a. M. 2002 (3. Aufl.), S. 13.

11 Alphons Silbermann und Manfred Stoffers: Auschwitz: Nie davon gehört? Erinnern und Vergessen in Deutschland. Berlin 2000, S. 48–51.

12 Gerhard Paul: Holocaust – Vom Beschweigen zur Medialisierung. Über Veränderungen im Umgang mit Holocaust und Nationalsozialismus in der Mediengesellschaft. In: Öffentliche Erinnerung und Medialisierung des Nationalsozialismus. Eine Bilanz der letzten dreißig Jahre. Hg. v. Gerhard Paul und Bernhard Schoßig. Göttingen 2010, S. 15–38; hier: S. 31.

13 James E. Young: Beschreibung des Holocaust. Darstellung und Folgen der Interpretation [1988]. Aus dem Amerikanischen von Christa Schuenke. Frankfurt a. M. 1997, S. 248.

lehnt Lanzmann Spielbergs Spielfilm grundsätzlich ab, denn er ist »zutiefst« überzeugt, dass »es bestimmte Dinge gibt, die der Darstellung untersagt sind«.[14]

Schindlers Liste hinterlässt bei Jugendlichen zwar oftmals einen Schock, weil der Film das Ausmaß eines Verbrechens zeigt, an das viele Menschen ungern denken und erinnert werden. Manche Jugendliche können durch diesen Spielfilm sogar so verwirrt werden, dass sie den Unterschied zwischen realen Geschehnissen und fiktiver Filmhandlung nicht mehr richtig erfassen. Doch das Hauptproblem besteht darin, dass Spielbergs Spielfilm den Eindruck erweckt, das, was innerhalb der Vernichtungslager passierte, wäre als positives Wissen verfügbar. Vielleicht, so der Eindruck bei vielen Zuschauerinnen und Zuschauern, ist es schwer, für das Geschehene die richtigen Worte zu finden. Aber in Bildern, auch denen eines Spielfilms, könne es sich offenbaren. Darin besteht der qualitative Unterschied von *Schindlers Liste* zu vielen anderen Filmproduktionen, die seit 1945 die Vorstellungen über den Nationalsozialismus geprägt haben. Für die Bundesrepublik Deutschland markierte die Ausstrahlung der Fernsehserie *Holocaust* 1979 einen Wendepunkt in der öffentlichen Tabuisierung. Doch die mehrteilige Serie, in der Meryl Streep eine der Hauptrollen spielte, führte in der BRD zu einer öffentlichen Debatte, ob das darin Gezeigte wahr sei, ob es eine historische Realität wiedergebe, womit offensichtlich war, dass dem Fernsehpublikum zugleich präsent war, dass es eine Spielfilmproduktion gesehen hatte. Bei *Schindlers Liste* hingegen stellt sich der Eindruck ein, man würde die Realität in einem Konzentrations- und Vernichtungslager in Echtzeit sehen.

Susan Sontags Hinweis, dass es »mehrere Jahre« brauchte, bevor sie verstand, was die Fotografien »darstellten [*what they were about*]«,[15] betrifft nach meiner Erfahrung aus der KZ-Gedenkstätte Neuengamme nicht nur das Verständnis von Bildern und Filmen. Die Nachträglichkeit, auf die Sontag hinweist, gehört ebenso wie vorherige Erwartungen oder virulente Vorstellungen zu der Erfahrung der »Aura des authentischen Geschichtsortes«, von der Peter Reichel in *Politik mit der Erinnerung* schreibt.[16] Oft hört man von Jugendlichen, bevor sie eine KZ-Gedenkstätte besuchen, sie wollten »unbedingt die Gaskammern sehen«, in der Erwartung, der Besuch des ehemaligen Tötungsortes würde ihnen quasi automatisch ein Gefühl für das Leid und das Grauen vermitteln, das sich dort vor über 70 Jahren abgespielt hat. In der KZ-Gedenkstätte Neuengamme werden solche Erwartungen enttäuscht, denn es gibt diese zentrale Mordstätte nicht; bzw. die

14 Claude Lanzmann, zit. n.: Fritz Göttler: Bilder töten die Imagination. Schindlers Liste in Claude Lanzmanns Sicht. In: Süddeutsche Zeitung 53, 05.03.1994.

15 Sontag: In Platos Höhle (s. Anm. 7), S. 25; Susan Sontag: In Plato's Cave. In: Dies.: On Photography. New York 1977, S. 3–24; hier: S. 20.

16 Peter Reichel: Politik mit der Erinnerung. Gedächtnisorte im Streit um die nationalsozialistische Vergangenheit. Frankfurt a. M. 1999, S. 15.

entsprechenden Orte haben auf die meisten Besucherinnen und Besucher eine ganz andere Wirkung, als sie zuvor dachten. Den Stichkanal im KZ Neuengamme mussten Häftlinge mit Spaten und Schaufeln ausheben und später teilweise im Wasser arbeiten; die dortige »Vernichtung durch Arbeit« kostete ebenso wie die Arbeit in den Tongruben Tausende von Menschen das Leben. Heute sieht das Hafenbecken des Stichkanals bei schönem Wetter so idyllisch aus, dass die wenigsten von selbst an die Grausamkeiten denken, die dort passierten.[17]

Somit ist die »Aura« einer KZ-Gedenkstätte ebenfalls ein vermittelter Eindruck; und zu dieser Vermittlung tragen Spielfilme, die Schülerinnen und Schüler vor dem Besuch gesehen haben, mittlerweile ebenso bei wie der historische Ort selbst. Vor diesem Hintergrund ist ein Spielfilm wie *Schindlers Liste* für die pädagogische Arbeit Fluch und Segen zugleich: Einerseits stimmt er junge Zuschauerinnen und Zuschauer auf den Gedenkstättenbesuch ein und ermöglicht so erst die Erfahrung der »Aura des authentischen Geschichtsortes«. Andererseits nimmt die filmische Darstellung zugleich etwas von dem Unvorstellbaren, verdinglicht es als historisches, abgeschlossenes Ereignis, das mit der Gegenwart nichts zu tun hat, und birgt somit die Gefahr, dass der Film auf eine neue Weise der »stereotypen Abwehr«, die Adorno in »Erziehung nach Auschwitz« analysiert,[18] nicht entgegenwirkt, sondern sie noch befördert.

II. Adornos Forderungen an eine Erziehung nach Auschwitz

Adorno führt in »Erziehung nach Auschwitz« zwei Unterscheidungen ein, die für seine Analyse der pädagogischen Arbeit relevant sind:

Zum einen zwischen den objektiven Faktoren, die zu Auschwitz geführt hätten und die »der Erziehung weitgehend entrückt« seien, und den subjektiven, psychologischen, mit denen sich die Pädagogik unter den gegebenen Verhältnissen beschäftigen kann; zum anderen zwischen der »Erziehung in der Kindheit, zumal der frühen«, und einer allgemeinen »Aufklärung, die ein geistiges, kulturelles und gesellschaftliches Klima schafft, das eine Wiederholung nicht zuläßt«, weil in ihm die »Motive, die zu dem Grauen geführt haben, einigermaßen bewußt« würden.[19]

17 Nach einem Besuch der KZ-Gedenkstätte Neuengamme hinterlässt der Anblick einer Rampe zu dem KZ-eigenen Ziegeleiwerk nach meiner Erfahrung bei mehr Menschen einen nachhaltigeren Eindruck. Auf dieser Rampe wurden die Loren mit dem Ton hochgefahren, aus dem die Ziegelsteine gebrannt wurden; verglichen mit dem Stichkanal war die Rampe ein weniger schlimmer Ort, weil elektrische Maschinen die Loren hochzogen.

18 Theodor W. Adorno: Erziehung nach Auschwitz [1966]. In: Erziehung zur Mündigkeit (s. Anm. 9), S. 88–104; hier: S. 103.

19 Adorno: Erziehung nach Auschwitz (s. Anm. 18), S. 91–92.

Die pädagogische Arbeit in KZ-Gedenkstätten kann diesem hohen Anspruch nur eingeschränkt entsprechen. Die meisten Gedenkstätten akzeptieren im Rahmen angemeldeter Besuchsgruppen erst Jugendliche ab einem bestimmten Alter, jedoch keine Kinder unter zwölf Jahren – auch wenn es an einigen Orten Überlegungen zur pädagogischen Arbeit mit Kindern im Grundschulalter gibt.[20] Deutliche Kritik an solchen Ansätzen zur frühkindlichen Holocaust Education formuliert Volkhard Knigge, der Leiter der Gedenkstätte Buchenwald, der in einem Interview mit der *Zeit* sagte: »15 oder 16 Jahre alt sollte man schon sein, um einigermaßen zu begreifen und zu verkraften, womit man in einer Gedenkstätte konfrontiert ist. [...] Eltern, die mit Zehnjährigen zu uns kommen, halte ich offen gestanden für Idioten.«[21] Die Erziehung zu autonomen Individuen, die so gefestigt sind, dass sie nicht mitmachen, wie Adorno es formuliert, muss nicht nur deutlich früher ansetzen als der Besuch einer KZ-Gedenkstätte. Eine solche Erziehung »zur Selbstbestimmung, zum Nicht-Mitmachen«[22] kann eine Kurzzeitpädagogik, wie in Gedenkstätten üblich, kaum leisten. Dazu bräuchte es eine jahrelange pädagogische Beziehung.

1. Abwehr der Erinnerung. Die KZ-Gedenkstätte Neuengamme als sprechendes Beispiel

Viele der Grundgedanken zur Pädagogik in Deutschland nach 1945, die Theodor W. Adorno in »Erziehung nach Auschwitz« formuliert, bleiben gleichwohl aktuell. So schildert er eine Nachkriegsgesellschaft, die das »Ungeheuerliche« noch nicht erfasst habe. In dem Vortrag »Was bedeutet: Aufarbeitung der Vergangenheit« leitet er daraus eine besondere Verantwortung für Lehrkräfte und Bildungsreferent/innen ab, dass sie »dem Entsetzen« standzuhalten haben »durch die Kraft, selbst das Unbegreifliche noch zu begreifen«.[23] In den sechziger

20 So entwickelt der Möllner Verein Miteinander leben 2016 im Rahmen des Projekts »Zugänge schaffen – Konzeptwerkstatt Antisemitismus« pädagogische Konzepte zur frühen Prävention durch die »Erstbegegnung mit dem Judentum und der Shoa in der Grundschule (Klasse 4)«, unter: http://www.zugaengeschaffen.de/berichte.html [abgerufen: 23.01.2017]. Erika Hirsch und Inge Mandos stellten 2017 ein Konzept für die fünfte und sechste Klasse vor. »Steffi Wittenberg ist nach Hamburg zurückgekehrt, um an der Ida Ehre Schule über ihr Leben zu erzählen…«. Unterricht im Zeichen von Erinnerung, Ida Ehre Schule, Hamburg, 2. Mai 2017, unter: http://www.gedenken-eimsbuettel.de/de/dienstag-2-mai-2017-1830/steffi-wittenberg-ist-nach-hamburg-zurueckgekehrt [abgerufen: 11.05.2017].

21 Holocaust-Gedenken: Reiner Schrecken bildet nicht. Ein Gespräch mit dem Historiker Volkhard Knigge. In: Die Zeit 18, 29.04.2015, unter: http://www.zeit.de/2015/18/kz-gedenkstaette-schueler-holocaust [abgerufen: 01.02.2017].

22 Adorno: Erziehung nach Auschwitz. (s. Anm. 18), S. 93.

23 Theodor W. Adorno: Was bedeutet: Aufarbeitung der Vergangenheit [1959]. In: Ders.: Erziehung zur Mündigkeit (s. Anm. 9), S. 10–28; hier: S. 25.

Jahren war die Vermeidung, das Unbegreifliche zu begreifen, eingebettet in ein allgemeines gesellschaftliches Schweigen, bei dem die absolute Mehrheit »es nicht an sich herankommen läßt und den, der auch nur davon spricht, von sich wegschiebt, als wäre er, wofern er es ungemildert tut, der Schuldige, nicht die Täter«.[24] Adorno warnte vor der Gefahr einer »Wiederholung« des Geschehenen, die so lange bestehe, wie die tieferen gesellschaftlichen, objektiven und die psychologischen, subjektiven Gründe für Auschwitz fortbestünden.

Die Geschichte, oder besser: die Vorgeschichte der KZ-Gedenkstätte Neuengamme ist ein gutes Beispiel für die gesellschaftliche Tabuisierung in der deutschen Nachkriegsgesellschaft: Lange Zeit verdrängte die Hamburger Politik und Gesellschaft eine Erinnerung an das Hauptlager in Norddeutschland. Beredtes Zeugnis dieser Verdrängung sind die beiden Justizvollzugsanstalten (JVA), die 1948 bzw. 1970 auf dem ehemaligen KZ-Gelände errichtet wurden. Das erste der beiden Gefängnisse nutzte sogar Steingebäude des ehemaligen KZ-Häftlingsbereichs. Die JVA wurden erst 2003 bzw. 2005 geschlossen. Der Erste Bürgermeister von Hamburg, Max Brauer, ein Sozialdemokrat, rechtfertigte den Gefängnisbau gegenüber Überlebenden, die eine Gedenkveranstaltung auf dem Gelände abhalten wollten, Anfang der fünfziger Jahre damit, dass »die furchtbaren Entsetzlichkeiten der vergangenen Epoche möglichst bald durch gegenseitigen Verstandigungswillen zu überbrücken und allmählich aus der lebendigen Erinnerung auszulöschen« seien.[25] Die Gefängnisleitung hatte 1947 den Bau des Gefängnisses sogar als Akt der »Wiedergutmachung« bezeichnet. Durch eine »vorbildliche Gefangenenanstalt« werde der »Ruf Neuengammes und damit Hamburgs« wiederhergestellt. »Das Schandmal der Vergangenheit möge ausgelöscht werden und Neuengamme uns eine Verpflichtung zur Wiedergutmachung bedeuten, die wir willig übernehmen [...].«[26] Diese Haltung blieb bis in die siebziger Jahre vorherrschend. Eine kleine Gedenkstätte, die es seit Anfang der achtziger Jahre gab, musste sich das Gelände noch bis in die ersten Jahre des 21. Jahrhunderts mit den beiden JVA teilen. Erst seit 2005 verfügt die Gedenkstätte über fast das ganze ehemalige KZ-Areal. Die historischen Phasen der gesellschaftlichen Verdrängung werden heute in der KZ-Gedenkstätte Neuengamme zwar dokumentiert und sind z. B. durch Reste einer JVA-Mauer sichtbar. Doch es fällt Jugendlichen im 21. Jahrhundert schwer, die Gründe für die jahrzehntelange Verdrängung nachzuvollziehen.

Die Gefahr des Nationalismus und der »blinden Vormacht aller Kollektive«,

---

24 Adorno: Erziehung nach Auschwitz (s. Anm. 18), S. 93.

25 Max Brauer: Brief an ehemalige französische KZ-Häftlinge. 23. Juni 1951. Zit. n.: Hermann Kaienburg: Das Konzentrationslager Neuengamme 1938–1945. Bonn 1997, S. 289.

26 Gefängnisleiter Buhl: Brief an den Hamburger Senat, 21. Oktober 1947. Im Besitz des Archivs der KZ-Gedenkstätte Neuengamme.

vor der Adorno in den sechziger Jahren warnte,[27] bleiben unter den neuen gesellschaftlichen Vorzeichen erhalten. Nach Adornos Analyse stießen Lernprozesse in den sechziger Jahren auf Widerstände, weil sich Kinder und Jugendliche nach 1945 mit ihren Eltern, den Täterinnen und Tätern, oder genereller mit dem nationalen Kollektiv identifizierten, das diese Verbrechen begangen hatte. Heutzutage sind die Jugendlichen, die eine Gedenkstätte besuchen, die Ur- oder Ururenkelinnen und -enkel der Tätergeneration. Die Motive für eine unbewusste Abwehrhaltung könnten, scheint es, deswegen deutlich abgenommen haben. Aber die Vorstellungs- und Erklärungsmuster für den Aufstieg der Nationalsozialisten und der Beteiligung von Menschen an der Vernichtung der Jüdinnen und Juden werden über Generationen weitergetragen. Berüchtigt sind die Fernsehdokumentationen von Guido Knopp, die bereits durch die Titel der Sendungen die Ereignisse personalisieren und die historischen Ereignisse auf Adolf Hitler zurückführen.[28] Knopps Erklärungsmuster sind populär, weil sie komplexe gesellschaftliche Prozesse durch die Rückführung auf eine »böse« Person scheinbar erklären und zugleich mit der Faszination für mächtige, grausame Herrscher verbinden. Bei Führungen durch KZ-Gedenkstätten werden Guides immer wieder mit einer Mischung aus Erschrecken und Lust gefragt, ob »Hitler auch hier« gewesen sei; die Enttäuschung bei Jugendlichen ist groß, wenn man diese Frage wie in Neuengamme verneinen muss. Neben diesen Formen der personifizierten Wahrnehmung des Nationalsozialismus besteht noch ein besonderes Problem einer neuen Judenfeindschaft, die sich aufgrund der Abwehr latenter Schuldgefühle ergibt.

2. Erinnerungsabwehr und Schuldabwehr-Antisemitismus

An den Besuch von KZ-Gedenkstätten wird bis ins 21. Jahrhundert die Erwartung geknüpft, dass das, was man dort erfährt, so verstörend wirkt, dass sich als Reaktion darauf »daraus Wertvorstellungen entwickeln«.[29] Wie das genau passieren soll, wird jedoch kaum erforscht und ist deswegen, so Verena Haug in dem Aufsatz »Gedenkstättenpädagogik als Interaktion«, »eher eine Wirkungs*hoff-*

27 Adorno: Erziehung nach Auschwitz (s. Anm. 18), S. 95.

28 Olaf Kistenmacher und Regina Mühlhäuser: »Vergangenheitsbewältigung«. Mastering the »Holokaust« in, through and with Film. In: Atlantic Communications. The Media in American and German History from the Seventeenth to the Twentieth Century. Hg. v. Norbert Finzsch und Ursula Lehmkuhl. Oxford, New York 2004, S. 387–403.

29 Thomas Lutz: Lernort Gedenkstätte und zeithistorisches Museum. In: Handbuch Nationalsozialismus und Holocaust. Historisch-politisches Lernen in Schule, außerschulischer Bildung und Lehrerbildung. Hg. v. Hanns-Fred Rathenow u. a. Schwalbach/Taunus 2013, S. 367–382; hier: S. 379.

nung« denn ein klar beschreibbarer Effekt.[30] Die Hoffnung bezeichnet sie als »Erwartung eines eindrücklichen, emotionalen, vielleicht sogar bekehrenden Erlebnisses vor Ort«.[31] In dem Essay »Schuld und Abwehr« rekonstruiert Adorno die verschiedenen Formen der Abwehr in Hinblick auf den Antisemitismus und beschreibt, wie diese Abwehr nicht nur »nicht zu einer radikalen Abkehr vom Antisemitismus« führe,[32] sondern aus ihr eine neue Form der Judenfeindschaft, der »sekundäre« oder Schuldabwehr-Antisemitismus, entsteht.[33] Für diese Variante der Judenfeindschaft hat sich die Formel etabliert, es handle sich um eine Judenfeindschaft »nicht trotz, sondern *wegen* Auschwitz«.[34] Im 21. Jahrhundert werden die latenten Schuldgefühle, die Adorno in »Schuld und Abwehr« diagnostiziert, nicht mehr im gleichen Maß wie in den fünfziger und sechziger Jahren durch die familiäre Beziehung zur Tätergeneration aktiviert. Aber die Vergangenheit wirft nach wie vor ein schlechtes Licht auf Deutschland, und Jugendliche beklagen sich bis heute darüber, dass sie im Ausland als »Nazis« bezeichnet oder gesehen werden. Zugleich werden unabhängig von der individuellen psychologischen Motivation seit Generationen Abwehrmuster tradiert.

Ein populäres Muster besteht darin, die nationalsozialistischen Verbrechen gegen die Menschheit zu relativieren und sie auf das heutige Israel zu projizieren, wie Monika Schwarz-Friesel und Jehuda Reinharz in *Die Sprache der Judenfeindschaft im 21. Jahrhundert* anhand von Briefen und E-Mails zeigen, die an den Zentralrat der Juden in Deutschland und an die Israelische Botschaft in Berlin geschickt wurden. Für viele der Verfasserinnen und Verfasser besteht

30 Verena Haug: Gedenkstättenpädagogik als Interaktion. Aushandlung von Erwartungen und Ansprüchen vor Ort. In: Gedenkstättenpädagogik. Kontexte, Theorie und Praxis der Bildungsarbeit zu NS-Verbrechen. Hg. v. Elke Gryglewski u. a. Berlin 2015, S. 113–126; hier: S. 114.

31 Haug: Gedenkstättenpädagogik als Interaktion. (s. Anm. 30), S. 118.

32 Theodor W. Adorno: Schuld und Abwehr. Eine qualitative Analyse zum Gruppenexperiment [1954]. In: Ders.: Soziologische Schriften II.2. The Stars Down to Earth. Schuld und Abwehr. Frankfurt a. M 2003, S. 121–324; hier: S. 323.

33 Über das Konzept des Schuldabwehr-Antisemitismus bestehen in der Antisemitismusforschung einige Missverständnisse. Zu diesen Missverständnissen siehe Olaf Kistenmacher: Schuldabwehr-Antisemitismus als Herausforderung für die Pädagogik gegen Judenfeindschaft. In: Antisemitismuskritische Bildung in der Migrationsgesellschaft. Hg. v. Astrid Messerschmidt und Meron Mendel. New York, Frankfurt a. M., New York 2017, S. 203–221. Lars Rensmann: Kritische Theorie über den Antisemitismus. Studien zu Struktur, Erklärungspotential und Aktualität. Hamburg 1998. Wolfram Stender: Ideologische Syndrome. Zur Aktualität des sekundären Antisemitismus in Deutschland. In: Volksgemeinschaft, Täterschaft und Antisemitismus. Beiträge zur psychoanalytischen Sozialpsychologie des Nationalsozialismus und seiner Nachwirkungen. Hg. v. Markus Brunner u. a. Gießen 2011, S. 227–249.

34 Samuel Salzborn: Antisemitismus als negative Leitidee der Moderne. Sozialwissenschaftliche Theorien im Vergleich. Frankfurt a. M. 2010, S. 199. Die Formulierung geht zurück auf Henryk M. Broder: Der ewige Antisemit. Über Sinn und Funktion eines beständigen Gefühls. Berlin 2006 (2. überarbeitete Aufl.), S. 159.

zudem keine Trennung zwischen den Jüdinnen und Juden in Deutschland und dem Staat Israel. Ein promovierter Akademiker schreibt an den Zentralrat der Juden in Deutschland (ZJD):

> Ihr, die Ihr von Deutschland aus Benzin in den Tank der IDF-Bestien füllt, die Bevölkerung manipuliert und Euch so biedermännisch gebt, Ihr seid Brandstifter, Mordkomplizen. Gaza ist Warschau, die IDF ist die Wehrmacht und die SS und auch Livni, Barak und Olmert sind Reinkarnationen! Ihr kommt nicht ungestraft davon, Den Haag wartet![35]

Wer so etwas schreibt, versteht sich als Gegner des Nationalsozialismus. Für den Verfasser dieser Zuschrift sind die Wehrmacht und die SS Namen dessen, was er ablehnt; in seiner Vorstellungswelt wiederholt sich die Geschichte aber, und der Nationalsozialismus kehrt für ihn ausgerechnet in dem Staat Israel wieder. In einem solchen gesellschaftlichen Kontext erhält auch die scheinbar harmlose Zuschrift einer angehenden Geschichtslehrerin eine relativierende Bedeutung. Sie schrieb 2002 an den ZJD: »Als Doktorandin der Geschichte und zukünftige Gymnasiallehrerin halte ich es gerade für Deutschland [für] eine besondere Verpflichtung, sich gegen Diskriminierung und Verfolgung zu wenden – gerade auch im Falle des palästinensischen Volkes.«[36]

In der medialen deutschen Öffentlichkeit ist die Gleichsetzung von Israel und Nazi-Deutschland möglich, wenn sie als drohendes Zukunftsszenario beschrieben wird. In seinem Gedicht »Was gesagt werden muss« phantasierte Günter Grass, ein israelischer Militärschlag gegen den Iran würde das »iranische Volk auslöschen«: »Es ist das behauptete Recht auf den Erstschlag,/der das von einem Maulhelden unterjochte/und zum organisierten Jubel gelenkte/iranische Volk auslöschen könnte,/weil in dessen Machtbereich der Bau/einer Atombombe vermutet wird.«[37] Grass inszenierte sich in dem Gedicht zudem als jemand, der seinen ganzen Mut zusammennehmen müsse, um die Warnung öffentlich auszusprechen, »die Atommacht Israel gefährde den ohnehin brüchigen Weltfrieden«. Dabei war seine Sichtweise keine Minderheitenposition. Neun Jahre zuvor, 2003, war darüber berichtet worden, dass 59 Prozent der befragten EU-Bürgerinnen und Bürger bei einer Umfrage Israel als erste »Gefahr für den Weltfrieden« nannten.[38]

---

35 Schreiben an den Zentralrat der Juden in Deutschland, 2009, zit. n.: Monika Schwarz-Friesel und Jehuda Reinharz: Die Sprache der Judenfeindschaft im 21. Jahrhundert. Berlin, Boston 2012, S. 318.

36 Zuschrift an den Zentralrat der Juden in Deutschland, 09.04.2002, zit. n.: Schwarz-Friesel und Reinharz: Die Sprache der Judenfeindschaft (s. Anm. 35), S. 361.

37 Günter Grass: Was gesagt werden muss. In: Süddeutsche Zeitung 80, 04.04.2012, unter: http://www.sueddeutsche.de/kultur/gedicht-zum-konflikt-zwischen-israel-und-iran-was-gesagt-werden-muss-1.1325809 [abgerufen: 09.01.2017].

38 »Gefahr für den Weltfrieden«. EU distanziert sich von eigener Umfrage. Spiegel Online,

Sein Gedicht wurde scharf kritisiert und führte zu einer von mehreren Debatten über Antisemitismus seit den neunziger Jahren. Allerdings kreiste die Kritik darum, dass in Grass' Gedicht lediglich die Politik Israel angeprangert wurde.[39] Die antisemitischen Motive in dem Gedichttext selbst, die Gleichsetzung von Israel mit Nazi-Deutschland und die Insinuation einer mächtigen, ungerechten proisraelischen Lobby in Deutschland, spielten dagegen eine untergeordnete Rolle. In Grass' persönlichem Fall liegen die Motive der Schuldabwehr nahe, denn er war als junger Mann Mitglied der Waffen-SS gewesen, hatte diese Tatsache aber bis ins hohe Alter verheimlicht.[40] Dass die Motive der Schuldabwehr bei einem deutlich jüngeren Publizisten ebenfalls wirken können, zeigt Jakob Augsteins Parteinahme für Grass. Augstein schrieb in seinem Kommentar »Es musste gesagt werden«, Grass' Aussage, dass Israel den Weltfrieden bedrohen würde, habe »einen Aufschrei ausgelöst«, weil sie »richtig« sei und weil »ein Deutscher« sie ausgesprochen habe. Dafür müsse man »Grass danken. Er hat es auf sich genommen, diesen Satz für uns alle auszusprechen.«[41] Einer solchen Position ist nicht mit einer Aufklärung über die nationalsozialistischen Verbrechen gegen die Menschheit beizukommen. Wer so denkt wie Grass und Augstein, leugnet die Verbrechen nicht. Im Gegenteil: Solche Leute meinen, aus der deutschen Geschichte gelernt zu haben, und sie wollen die Lektion auf die Gegenwart übertragen.

Um den Mechanismen der Schuldabwehr entgegenzuwirken, wäre es nötig, etwaige Schuldgefühle erst einmal als solche wahrzunehmen. Es wäre zu viel verlangt, wollte man in einem üblichen pädagogischen Setting die von Adorno bezeichnete »blinde Identifikation mit der Nation als Kollektiv«[42] überwinden. Doch ein Gespräch kann dazu führen, sich die verschiedenen Formen der Identifikation bewusst zu machen; im besten Fall offenbart ein solches Gespräch, dass sich die nationale Identität nicht für alle Menschen gleich darstellt: Manche erleben sie zeitweise emotional, zum Beispiel während der Fußballmeisterschaften; für andere handelt es sich um eine nüchterne Tatsache, die ihr Ausweisdokument bestätigt; für manche gibt es nationale, regionale und kulturelle Zugehörigkeiten, die sich weitgehend überschneiden; für andere gibt es ver-

03.11.2003, unter: http://www.spiegel.de/politik/ausland/gefahr-fuer-den-weltfrieden-eu-distanziert-sich-von-eigener-umfrage-a-272436.html [abgerufen: 04.01.2017].

39 Israel wirft Grass Antisemitismus vor. Die Zeit, 04.04.2012, unter: http://www.zeit.de/politik/deutschland/2012-04/grass-gedicht-reaktionen/komplettansicht [abgerufen: 28.04.2017].

40 Günter Grass enthüllt: »Ich war Mitglied der Waffen-SS«. In: Frankfurter Allgemeine Zeitung, 11.08.2006, unter: http://www.faz.net/aktuell/gesellschaft/menschen/guenter-grass-enthuellt-ich-war-mitglied-der-waffen-ss-1354882.html [abgerufen: 4.01.2017].

41 Jakob Augstein: Es musste gesagt werden. Spiegel Online, 06.04.2012, unter: http://www.spiegel.de/politik/deutschland/jakob-augstein-ueber-guenter-grass-israel-gedicht-a-826163.html [abgerufen: 4.01.2017].

42 Adorno: Schuld und Abwehr (s. Anm. 32), S. 151.

schiedene nationale, regionale und kulturelle Identitäten, die nicht zueinanderpassen, und es fällt ihnen schwer, sich zu einer davon zugehörig zu fühlen. Auf dieser Basis kann man gegebenenfalls darüber sprechen, was die Nazi-Vergangenheit mit »uns« zu tun hat, ob »wir« uns schuldig fühlen, sei es berechtigt oder nicht, und was generell die Vergangenheit für ein Leben in der Gegenwart bedeutet. Als Einstieg in eine etwas philosophischere Dimension kann Hannah Arendts Aussage im Gespräch mit Günter Gaus dienen: »Da ist irgend etwas passiert, womit wir alle nicht fertig werden.«[43]

Ein solches intimes Gespräch führen zu können, setzt bei den Teilnehmenden nicht nur die Fähigkeit voraus, Scham wegen Verbrechen zu empfinden, die man nicht begangen hat, sondern auch diese Schamgefühle verbalisieren zu können.[44] Es erfordert zudem eine Gruppenkonstellation, in der Teilnehmende offen, ehrlich und mit gegenseitigem Respekt über unangenehme Emotionen sprechen können. Es ist offensichtlich, dass ein solch sensibler und fragiler Gesprächsrahmen schwer herzustellen ist. In jedem Fall ist es geboten, über die emotionale Wirkung eines KZ-Gedenkstättenbesuchs zu sprechen. Mitunter hilft es, das indirekt zu tun, etwa indem man über mögliche Gefühle anderer Besucherinnen und Besucher spricht.

III. Deutsches Selbstbewusstsein nicht trotz, sondern wegen Auschwitz

Im Lauf der neunziger Jahre erfolgte in Bezug auf die Nazi-Vergangenheit ein grundlegender politischer Wandel. 1985 hatte Richard von Weizsäcker als Bundespräsident der Bundesrepublik Deutschland den 8. Mai 1945 erstmals als »Tag der Befreiung« bezeichnet. Zehn Jahre später etablierte sein Nachfolger Roman Herzog den 27. Januar als »Gedenktag für die Opfer des Nationalsozialismus«, an dem Datum, an dem die sowjetische Armee die Lager von Auschwitz erreicht hatte. Seit 2005 ist das Datum ein internationaler Gedenktag. Wie Regina Mühlhäuser bei einer Gedenkveranstaltung am 27. Januar 2000 an der Universität Hamburg zeigte, verband Herzog diese Forderung seinerzeit mit einem neuen innen- und außenpolitischen Selbstverständnis.[45] Als der Deutsche

43 Günter Gaus: Zur Person. Porträts in Frage und Antwort. München 1964, S. 25. In der Sendung finden sich die entscheidenden Aussagen Arendts bei Minute 40:30–41:33.

44 Zu den Schwierigkeiten in der Auseinandersetzung auch bei nichtprominenten Nazi-Täterinnen und -Tätern in der Familie. Anke Schwarzer: Die Urenkel trauen sich. In: Die Zeit, 04.05.2015, unter: http://www.zeit.de/hamburg/stadtleben/2015-04/ns-zeit-taetersuche-enkel-forschen-kz-gedenkstaette-neuengamme/komplettansicht [abgerufen: 11.05.2017].

45 Regina Mühlhäuser: Der 8. Mai und der 27. Januar. Vortrag auf dem Symposium ›Der

Bundestag 1996 das Datum erstmals mit einer besonderen Sitzung würdigte, begründete Herzog seine Initiative nicht damit, dass »bei der Aufarbeitung dieses Teils unserer Geschichte heute noch Schuldfragen im Vordergrund stehen«. Die »entscheidende Aufgabe« sei es vielmehr, »eine Wiederholung – wo und in welcher Form auch immer – zu verhindern.«[46] Die Deutschen, so Herzog weiter, hätten aufgrund ihrer Geschichte nicht nur eine besondere Verantwortung, sondern auch einen Wissensvorsprung.

> Wir Deutschen haben mehr als andere lernen müssen, daß das absolut Unfaßbare trotz allem geschehen kann. Die Erinnerung hat es uns aber auch erleichtert, daraus die Lehre zu ziehen, und am klarsten ist diese Lehre in Artikel 1 unseres Grundgesetzes formuliert: ›Die Würde des Menschen ist unantastbar.‹

Gleich zu Beginn hatte Herzog für seine Generation gesprochen: »Das von meiner Generation Erlebte – erst recht das von den Vorfahren Erlebte –« drohe »in einer distanzierten Retrospektive zu verschwimmen«.[47] Herzogs Darstellung nivellierte den Unterschied zwischen Opfern und Täterinnen und Tätern. Nach seiner Aussage waren es die »Deutschen«, die bereits in den vierziger Jahren eine »Lehre« aus der Nazi-Vergangenheit gezogen hatten.

Im Gegensatz zu Herzogs Darstellung war es aber nicht die deutsche Mehrheitsgesellschaft vor und nach 1945, sondern die Häftlinge in den Konzentrations- und Vernichtungslagern, die »mehr als andere« erfahren mussten, dass Unvorstellbares geschehen kann, und es sind die Überlebenden, die davon berichten können. Herzog konnte auch nicht beanspruchen, dass in der Bundesrepublik Deutschland eine intensive Auseinandersetzung mit den Ursachen der Vernichtungspolitik stattgefunden hätte. Die wesentlichsten Impulse dazu waren aus den USA gekommen. Anfang der neunziger Jahre hatte der Historiker Christopher R. Browning mit seiner Studie *Ganz normale Männer. Das Reserve-Polizeibataillon 101 und die »Endlösung« in Polen* eine Auseinandersetzung mit der breiten Masse der Täter angestoßen.[48] In dem Jahr, als Herzog im Bundestag die Rede hielt, gab es eine breite Debatte über das Buch *Hitlers willige Vollstrecker. Ganz gewöhnliche Deutsche und der Holocaust* von Daniel Jonah Goldha-

---

Befreiung, der Selektion gedenken. Der 27. Januar als Gedenktag‹. Universität Hamburg, 24.01.2000, unveröffentlichtes Vortragsskript.

46 Roman Herzog: Ansprache von Bundespräsident Roman Herzog zum Gedenktag für die Opfer des Nationalsozialismus im Deutschen Bundestag. 19.01.1996, unter: http://www.bundespraesident.de/SharedDocs/Reden/DE/Roman-Herzog/Reden/1996/01/19960119_Rede.html [abgerufen: 29.04.2017].

47 Herzog: Ansprache von Bundespräsident Roman Herzog zum Gedenktag für die Opfer des Nationalsozialismus im Deutschen Bundestag (s. Anm. 46).

48 Christopher R. Browning: Ganz normale Männer. Das Reserve-Polizeibataillon 101 und die »Endlösung« in Polen [1992]. Aus dem Amerikanischen v. Jürgen Peter Krause. Reinbek bei Hamburg 1997.

gen.[49] Es kann demnach keine Rede davon sein, dass die Mehrheit der Deutschen seit den vierziger Jahren »wissen« würde, »warum es [den Judenmord] gab«, um erneut die Formulierung von Gerhard Paul zu zitieren.[50] Dies sei aber nach Herzogs Darstellung die Grundlage, aus der Deutschland eine spezielle Verantwortung ableite.

Noch Ende der neunziger Jahre zeigte sich, dass auch Herzogs Einschätzung, »Schuldfragen« stünden nicht mehr im Vordergrund, nicht korrekt war. Als Anwältinnen und Anwälte aus den USA drohten, deutsche Firmen auf »Entschädigungszahlungen« für die für Nazi-Deutschland geleistete Zwangsarbeit zu verklagen, schuf die Bundesregierung die Stiftung »Erinnerung, Verantwortung, Zukunft«, die einen Fonds über zehn Millionen D-Mark einrichtete, um entsprechende Zahlungen an Überlebende und ihre Familienangehörigen vorzunehmen.[51] Die Frage von Entschädigungszahlungen ist sogar im Jahr 2017 noch nicht abgeschlossen.[52] In Hamburg unterstützt der Arbeitskreis Distomo die Bewohnerinnen und Bewohner des griechischen Dorfes, die 1944 die »Strafaktion« einer SS-Einheit überlebt haben. 218 Menschen wurden ermordet. Nachdem es mehrere, bislang erfolglose Versuche gegeben hatte, in Griechenland gerichtlich eine Zwangsvollstreckung zu erreichen, entschied 2004 ein italienisches Gericht, dass diese Maßnahmen auch der italienischeStaat umsetzen dürfe und dass »die im deutschen Staatseigentum befindliche Villa Vigoni in Menaggio am Comer See (durch Eintragung einer Sicherungshypothek in das Grundbuch der Liegenschaft) und die Ansprüche der Deutsche Bahn AG gegen die italienische Staatsbahn gepfändet« werden können.[53]

Herzog forderte 1996 in seiner Rede, »eine Wiederholung – wo und in welcher Form auch immer – zu verhindern.«[54] Mehr als 20 Jahre später lässt sich nicht mehr übersehen, dass die bundesdeutschen Ermittlungsbehörden aus Herzogs Forderung kein verstärktes Engagement gegen neonazistische Strukturen ableiteten, obwohl seit Anfang der neunziger Jahre zahlreiche Gewalttaten und

49 Daniel Jonah Goldhagen: Hitlers willige Vollstrecker. Ganz gewöhnliche Deutsche und der Holocaust. Aus dem Amerikanischen von Klaus Kochmann. Berlin 1996. Zur Debatte: Geschichtswissenschaft und Öffentlichkeit. Der Streit um Daniel J. Goldhagen. Hg. v. Rainer Erb und Johannes Heil. Frankfurt a. M. 1998.

50 Paul: Holocaust – Vom Beschweigen zur Medialisierung (s. Anm. 12), S. 31.

51 Carolin Jenkner: NS-Opfer: Nach der Entschädigung der Kampf gegen das Vergessen, unter: http://www.spiegel.de/politik/deutschland/ns-opfer-nach-der-entschaedigung-der-kampf-gegen-das-vergessen-a-487831.html [abgerufen: 2.02.2017].

52 Nina Schulz und Elisabeth Mena Urbitsch: Spiel auf Zeit. NS-Verfolgte und ihre Kämpfe um Anerkennung und Entschädigung. Reportagen in Text und Bild. Berlin, Hamburg 2016.

53 Martin Klingner und Jan Krüger: Der Fall Distomo. Die verweigerte Entschädigung für ein NS-Verbrechen. In: Griechenland im Würgegriff. Ein Land der EU-Peripherie wird zugerichtet. Hg. v. Paul B. Kleiser. Köln, Karlsruhe 2015 (3. aktualisierte und erweiterte Aufl.), S. 139–159; hier: S. 154.

54 Herzog: Ansprache zum Gedenktag (s. Anm. 46).

Morde begangen worden sind.[55] Die Forderung, »eine Wiederholung – wo und in welcher Form auch immer – zu verhindern«, führte aber bereits drei Jahre danach zu einer neuen Außenpolitik. 1999 beteiligte sich die Bundeswehr erstmals an einem Auslandseinsatz der Nato. Der grüne Außenminister Joschka Fischer musste sich fragen lassen, wie er den Einsatz der Bundeswehr mit seiner früheren Forderung »Nie wieder Krieg«, für die Grünen ein Prinzip ihrer politischen Ausrichtung, vereinbare. Er antwortete auf dem Parteitag 1999, er stehe »auf zwei Grundsätzen, nie wieder Krieg, nie wieder Auschwitz, nie wieder Völkermord, nie wieder Faschismus. Beides gehört bei mir zusammen.«[56] Weil aber im ehemaligen Jugoslawien während des Bürgerkriegs etwas Ähnliches passiere wie in Auschwitz, sei die Forderung, dies zu verhindern, gewichtiger als der Pazifismus, für den die Partei bis dahin stand. Die *Bild*-Zeitung zeigte 1999 Fotos von Menschenkarawanen auf dem Balkan und titelte parallel dazu: »…Sie treiben sie ins KZ«.[57] Der sozialdemokratische Verteidigungsminister Rudolf Scharping sprach ebenfalls von »Konzentrationslagern«, von »Säuberungen« auf dem Balkan und warnte, dass jede Kritik an der neuen Politik nur dazu führe, »in die Fratze der eigenen Geschichte [zu] schauen«.[58]

Bis 1999 hatte die Nazi-Vergangenheit auf die deutsche Außenpolitik einen eindeutigen Effekt: Mit Verweis auf die Gewalt, die zweimal im 20. Jahrhundert von den Deutschen ausgegangen war, wurde Artikel 115a des Grundgesetzes, Paragraf Xa, so ausgelegt, dass die Bundeswehr nur dann zu einem militärischen Einsatz berechtigt sei, wenn die BRD oder das vereinigte Deutschland unmittelbar angegriffen würde oder ein solcher Angriff bevorstehe. Es ist vor diesem Hintergrund verständlich, dass sich Thomas Lutz, Leiter des Gedenkstättenreferats der Stiftung Topographie des Terrors, einleitend zum Sammelband *Gedenkstättenpädagogik. Kontexte, Theorie und Praxis der Bildungsarbeit zu NS-Verbrechen* beklagt: »Bewertungen der Geschichte, die sich aus aktuellen politischen Interessen ergeben, wie etwa, dass Deutschland in aktuellen Konflikten mitmischen sollte, nehmen leider stark zu.«[59]

Der pädagogische Umgang mit dieser Instrumentalisierung kann sich aller-

55 Der »Nationalsozialistische Untergrund« konnte jahrelang unentdeckt Morde begehen, obwohl sogenannte V-Leute im Bekanntenkreis von Beate Zschäpe, Uwe Böhnhardt und Uwe Mundlos waren und ein V-Mann in Kassel sogar zur Tatzeit am Tatort war.

56 Joschka Fischers Rede ist in Auszügen veröffentlicht unter: Wortlaut: Auszüge aus der Fischer-Rede [13.05.1999], unter: http://www.spiegel.de/politik/deutschland/wortlaut-auszuege-aus-der-fischer-rede-a-22143.html [abgerufen: 01.02.2017].

57 »…Sie treiben sie ins KZ«. Bild-Zeitung, 01.04.1999.

58 Rudolf Scharping, 28.03.1999, zit. n.: Der Kosovo-Krieg. Es begann mit einer Lüge (Skript der WDR-Sendung ›Es begann mit einer Lüge‹ vom 08.02.2001), unter: http://www.free21.org/es-begann-mit-einer-luege/ [abgerufen: 01.02.2017].

59 Thomas Lutz: Gedenkstättenpädagogik heute. Eine Einleitung in fünf Stimmen. In: Gedenkstättenpädagogik (s. Anm. 30), S. 13–14.

dings kaum damit begnügen, diesen gesellschaftlichen Zusammenhang auszublenden, um, so Lutz, einen »Freiraum« zu schaffen, in dem Jugendliche »sich intensiv mit dem Thema beschäftigen können« und »eigene Antworten finden«.[60] Eine gesellschaftskritische Perspektive auf die deutsche Gedenkpädagogik macht es vielmehr erforderlich, diese Wende in der Erinnerungspolitik kritisch zu hinterfragen. Thomas Lutz kann sich wie viele Autorinnen und Autoren des genannten Sammelbands noch an die Debatte um den ersten Auslandseinsatz der Bundeswehr erinnern, und er weiß ebenso wie diese von den 50 Jahren Nachkriegszeit, in denen es undenkbar war, dass sich die Bundeswehr an einem militärischen Auslandseinsatz beteiligte. Für Jugendliche, die heutzutage eine KZ-Gedenkstätte besuchen, ist hingegen genau diese Politik der Zurückhaltung aus den achtziger Jahren kaum noch vorstellbar. Es erscheint heutzutage selbstverständlich, dass die Bundeswehr an vielen Orten der Welt eingesetzt wird. Wie die erinnerungspolitische Wende sich auf die pädagogische Arbeit in den KZ-Gedenkstätten niederschlägt und dort durchgesetzt wird, lässt sich an einem Konflikt in der KZ-Gedenkstätte Neuengamme beispielhaft zeigen.

1. Die Konflikte um die Rolle der Bundeswehr in der KZ-Gedenkstätte Neuengamme

Auf dem Mahnmal in der KZ-Gedenkstätte Neuengamme steht das Versprechen: »Euer Leiden, euer Kampf und euer Tod sollen nicht vergebens sein.« Von einer Pädagogik nach Auschwitz wird erwartet, dass Menschen aus der Vergangenheit für die Gegenwart lernen. Eine solche Aufklärungsarbeit wäre leicht, wenn man davon ausgehen könnte, dass lediglich eine Leerstelle durch Informationen gefüllt werden müsste und sich die moralischen Lehren von selbst verstünden. Nach dem Ende des Zweiten Weltkriegs waren wahrscheinlich nur wenige so gutgläubig, dass es auf der Welt nie wieder Kriege geben würde. Aber die Formeln »Nie wieder Faschismus! Nie wieder Krieg« waren und sind Grundforderungen vieler Verbände der Überlebenden des Nationalsozialismus, und es bestand durchaus bei manchen die Hoffnung, dass es nie wieder zu einem Weltkrieg komme, den sich die Friedensbewegung bis 1989 als Atomkrieg, mit Europa als Zentrum, vorstellte. 1998 schlug der Sozialdemokrat Ortwin Runde als Erster Bürgermeister der Stadt Hamburg vor, dass die Bundeswehr vor dem Mahnmal der KZ-Gedenkstätte Neuengamme ein feierliches Gelöbnis abhalten solle. Der Vorschlag stieß auf deutliche Kritik. Gabriela Fenyes, Vorstandsmitglied der Jüdischen Gemeinde in Hamburg, stellte klar, dass ein »Ort wie das ehemalige Konzentrationslager« sich nicht dafür eigne, weil es »für einen bestimmten Teil

60 Lutz: Gedenkstättenpädagogik heute (s. Anm. 59), S. 14.

der Geschichte steht«, aber »nicht die inhaltliche Auseinandersetzung mit eben dieser Geschichte ersetzen kann«.[61] Wie Ignatz Bubis gegenüber dem *Spiegel* ausführte, gab es im Zentralrat der Juden in Deutschland in dieser »emotional so befrachteten Frage« keinen Konsens. Er selbst war der Meinung, ein Gelöbnis in KZ-Gedenkstätten könne »jungen Menschen deutlich machen«, welch ungeheure Verbrechen »im Namen des deutschen Vaterlandes« verübt worden seien.[62]

Im Jahr 2004 führte die Frage nach der Kooperation mit der Bundeswehr zu einem ersten offenen Disput zwischen der pädagogischen Abteilung der KZ-Gedenkstätte und Fritz Bringmann, dem Ehrenvorsitzenden des deutschen Verbands der Überlebenden, ihrer Angehörigen und Unterstützerinnen und Unterstützer. Für den Februar 2004 hatte Jens Michelsen, Leiter der pädagogischen Abteilung, begleitend zur Ausstellung »Verbrechen der Wehrmacht – Dimensionen des Vernichtungskrieges 1941–1944« eine Diskussionsveranstaltung im Hamburger Metropolis-Kino angekündigt mit dem Titel: »›Leben mit dem Massengrab‹ – Werden Bundeswehrsoldaten auf psychische Belastungen bei Auslandseinsätzen vorbereitet?« Nach der Präsentation des gleichnamigen Films von Heike Mundzeck sollte »in einem Expertengespräch diskutiert [werden], inwieweit Soldaten auf die aktuellen Herausforderungen ihrer Einsätze vorbereitet werden«. Denn posttraumatische Syndrome seien nach Kriegseinsätzen »ein ernstes Problem – auch für die Bundeswehr, die seitdem an weiteren Auslandseinsätzen teilnimmt«.[63]

Die Veranstaltung wurde verhindert. Eine Hamburger Antifa-Gruppe besetzte die Bühne des Kinos und erklärte in einem Flugblatt, die KZ-Gedenkstätte habe sich »der Bundeswehr mit dem Argument an[gedient], als KZ-Gedenkstätte verfüge man schließlich über Expertenwissen auf dem Gebiet posttraumatischer Belastungsstörungen und sei daher idealer Partner der Bundeswehr«. Die implizite Gleichsetzung des Traumas von KZ-Überlebenden mit den Belastungen von Bundeswehrsoldatinnen und -soldaten übertreffe andere Formen der Relativierungen, denn noch nie habe eine KZ-Gedenkstätte »das Trauma der Opfer des Nationalsozialismus« mit den Belastungen »von freiwillig angetretenen Bundeswehrsoldaten« gleichgesetzt, den »diese bei einem Angriffskrieg gegen Jugoslawien oder beim Auslandseinsatz im Kosovo oder in Afghanistan erleben können«.[64] Fritz Bringmann ließ kurz darauf die Gedenkstättenleitung

61 Gabriela Fenyes, zit. n.: Rühes Geheimwaffe: Militärische Aufmärsche. In: AK – Analyse und Kritik 411, 12.02.1998.

62 Emotional befrachtet. In: Der Spiegel 4 (1998), S. 18.

63 Wissenschaftliches Begleitprogramm zur Ausstellung »Verbrechen der Wehrmacht«, unter: http://www.verbrechen-der-wehrmacht.de/pdf/wissenschaftliches_begleitprogramm.pdf S. 36 [abgerufen: 19.12.2016].

64 Presseerklärung zur Verhinderung einer Veranstaltung aus dem Begleitprogramm der

wissen, dass nach seiner Meinung die Antifa-Gruppe richtig gehandelt habe. Er sei froh, dass die Veranstaltung verhindert wurde. Bringmann schrieb:

> Wie für mich – und andere[] Überlebende[] – die Fremdnutzung des KZ-Geländes als Gefängnis nicht hingenommen wurde, viel entschiedener lehne ich – und sicherlich weitere Überlebende – die Umwandlung der KZ-Gedenkstätte zur Vorbereitung von Soldaten der Bundeswehr für Auslandseinsätze ab.[65]

Die Auseinandersetzung wiederholte sich vier Jahre später. 2008 sollte erstmals ein Soldat der Bundeswehr Führungen durch die KZ-Gedenkstätte Neuengamme leiten. An dieser Entscheidung gab es zunächst intern Kritik. Als ein freier Gedenkstättenmitarbeiter einforderte, dass in solche Entscheidungen von großer politischer Tragweite die Überlebendenverbände einbezogen werden müssten, und drohte, er würde sonst mit der Bundeswehr keine Projekttage mehr durchführen, wurde ihm die Mitarbeit postwendend gekündigt. Der »Rauswurf« sorgte für eine breite Debatte.[66] Die Vereinigung der Verfolgten des Nazi-Regimes/Bund der Antifaschistinnen und Antifaschisten Hamburg forderte die Gedenkstättenleitung auf, ihre »Weichenstellung an diesem Punkt zu überdenken und zu revidieren. ›Nie wieder Faschismus – nie wieder Krieg‹ sind für uns nicht zu trennen.«[67] Robert Pinçon, Präsident der internationalen Organisation Amicale Internationale KZ Neuengamme, fragte in einem Brief die Hamburger Kultursenatorin, ob der Soldat, der sicherlich guten Willens sei, nicht besser eine andere Stelle im Kulturbereich besetzen könne:

> Die Armee, als Garant des Friedens, weiß bestimmt, was die Konzentrationslager in der Zeit des Nationalsozialismus darstellten. Dieses jedoch an Jugendliche und Studenten

Ausstellung »Verbrechen der Wehrmacht – Dimensionen des Vernichtungskrieges 1941–1944«. In: Konkret 3 (2004), S. 33.

65 Fritz Bringmann, Brief vom [März] 2004. Schon ein Jahr zuvor hatte Bringmann in einer Rede in einer KZ-Gedenkstätte die Frage aufgeworfen, was in der Gedenkstätte, die sich als »Lernort« definiere, »gelernt werden kann und soll«, und gefordert, dass die pädagogische Arbeit »zu aktivem Eintreten für Frieden, Freiheit, Gerechtigkeit, Wahrung der Menschlichkeit und der Völkerverständigung beiträgt«. Fritz Bringmann: Ansprache bei der feierlichen Übergabe des ehemaligen Schutzhaftlagerbereichs. 6. September 2003. In: Fritz Bringmann: Erinnerungen eines Antifaschisten. 1924–2004. Hamburg 2004, S. 240–244; hier: S. 244.

66 In Teilen ist die öffentliche und interne Debatte dokumentiert in: Detlef Garbe und Oliver von Wrochem: Darf ein Angehöriger der Bundeswehr in einer KZ-Gedenkstätte als pädagogischer Mitarbeiter beschäftigt sein? Dokumentation. In: Beiträge zur Geschichte der nationalsozialistischen Verfolgung in Norddeutschland 16, 2015: Gedenkstätten und Geschichtspolitik, S. 110–130.

67 Schreiben von Cornelia Kerth, Sprecherin des Landesvorstands der Vereinigung der Verfolgten des Naziregimes – Bund der Antifaschistinnen und Antifaschisten Hamburg an die KZ-Gedenkstätte Neuengamme, 8. Juli 2008. Garbe und v. Wrochem: Darf ein Angehöriger der Bundeswehr in einer KZ-Gedenkstätte als pädagogischer Mitarbeiter beschäftigt sein? (s. Anm. 66), S. 126–127; hier: S. 127.

zu vermitteln, sollte lieber speziell dafür ausgebildeten Zivilpersonen überlassen sein, wie es bis jetzt der Fall war.[68]

Wie polarisiert die Positionierungen ausfielen, zeigt ein Leserbrief von Heiko Kania, Hauptmann a. D. und Vorstandsmitglied der Dokumentations-/Gedenkstätte Geschichtslehrpfad/U-Boot-Bunker Valentin in Bremen, in einem Leserbrief an die *tageszeitung*. Für ihn handle es sich um die »Ausgrenzung von Soldaten« von der Arbeit in den KZ-Gedenkstätten, dies sei die »Diskriminierung einer bestimmten Gruppe. Das haben wir schon einmal gehabt in Deutschland«.[69] Nachdem das Hamburger Auschwitzkomitee Anfang 2009 damit drohte, mit ihrer Kritik an die Öffentlichkeit zu gehen, entschied Detlef Garbe, Direktor der KZ-Gedenkstätte Neuengamme, mit »Rücksicht auf die Gefühle und Einwände von Überlebenden und Verfolgtenverbänden«, einen »aktiv im Dienst der Bundeswehr Stehenden nicht als freien Mitarbeiter in der pädagogischen Arbeit der Gedenkstätte einzusetzen«.[70]

Das sieht auf den ersten Blick wie ein Erfolg aus. Zugleich aber wurde damit eine notwendige Debatte über grundsätzliche Fragen nicht mehr geführt, z. B. was die Forderung vieler Überlebendenverbände, »Nie wieder Krieg«, im 21. Jahrhundert bedeutet, ob militärische Auslandseinsätze der Bundeswehr legitimiert seien, wenn sie als friedensschaffende oder -sichernde Maßnahmen intendiert sind, und welche politischen Implikationen die enge Kooperation von KZ-Gedenkstätten mit der Bundeswehr mit sich bringt. In einer solchen Diskussion hätte auch die Frage erörtert werden können, aus welchen Gründen die Bundeswehr einen besonderen Wert auf die Erziehung nach Auschwitz legt,[71] während andere Staatsbedienstete wie die Polizei, die Feuerwehr oder auch staatliches Krankenhauspersonal in einem deutlich geringeren Umfang zu den Besuchsgruppen gehören. Realpolitisch hat sich allerdings eine Position

68 Schreiben von Robert Pinçon an die Hamburger Kultursenatorin Karin von Welck. 05.08.2008. Garbe und v. Wrochem: Darf ein Angehöriger der Bundeswehr in einer KZ-Gedenkstätte als pädagogischer Mitarbeiter beschäftigt sein? (s. Anm. 66), S. 128.

69 Leserbrief von Heiko Kania, taz Nord, 08.06.2008.

70 Rundschreiben von Detlef Garbe an die Mitarbeiterinnen und Mitarbeiter der KZ-Gedenkstätte Neuengamme, 23.01.2009. Garbe und v. Wrochem: Darf ein Angehöriger der Bundeswehr in einer KZ-Gedenkstätte als pädagogischer Mitarbeiter beschäftigt sein? (s. Anm. 66), S. 129.

71 Der Skandal um rechtsextreme Netzwerke innerhalb der Bundeswehr warf im Frühjahr 2017 die Frage auf, wie fruchtbar diese Aufklärungsarbeit ist und inwiefern es eine Differenz zwischen der Präsentation nach außen und einer Tradition nach innen gibt. Von der Leyen zum Fall Franco A: »Es wird noch einiges hochkommen«, Spiegel Online, 03.05.2017, unter: http://www.spiegel.de/politik/deutschland/franco-a-von-der-leyen-kritisiert-umgang-mit-wehrmachtsdevotionalien-a-1145944.html [abgerufen: 15.05.2017]. Namen von Wehrmachtsoffizieren: Von der Leyen will Kasernen umbenennen, Spiegel Online, 14.05.2017, unter: http://www.spiegel.de/politik/deutschland/namen-von-wehrmachtsoffizieren-kasernen-sollen-umbenannt-werden-a-1147584.html [abgerufen: 15.05.2017].

durchgesetzt: Die deutsche Geschichte ist kein Grund mehr für eine Politik der Zurückhaltung. Es muss dafür auch nicht mehr, wie noch 1999, ein Ausnahmezustand wie ein beginnender Völkermord in Europa beschworen werden.

IV. Das neue Deutschland als Migrationsgesellschaft

Seit den neunziger Jahren wird in Deutschland eine Debatte über die Aufgaben geführt, die sich die historisch-politische Bildung in der »Migrationsgesellschaft« stellen müsse.[72] Diese Debatte trägt sehr spät und nur unzureichend der Tatsache Rechnung, dass Deutschland wie die meisten Gesellschaften in Nationalstaaten von Menschen geprägt ist, die selbst oder deren Eltern oder Großeltern an einem anderen Ort geboren wurden und in einer anderen Kultur als der bundesdeutschen aufgewachsen sind.[73] Die Debatte kreist um die Frage, welche neuen Vermittlungsformen zu schaffen sind, um Menschen »mit Migrationshintergrund« einen emotionalen und kognitiven Zugang zur deutschen Geschichte zu vermitteln. Diese Frage stellt sich jedoch in unterschiedlicher Weise, ob man unter »Migranten« Menschen aus Schweden, Russland oder Afghanistan versteht, entsprechend der Rolle, die das jeweilige Land im Zweiten Weltkrieg einnahm. Wie Rosa Fava in *Die Neuausrichtung der Erziehung nach Auschwitz in der Einwanderungsgesellschaft. Eine rassismuskritische Diskursanalyse* zeigt, konstruiert die pädagogische Debatte die »Migranten«, von denen sie spricht.[74] »Migrant« steht häufig für Jugendliche, die Familien in der Türkei und arabischen Ländern haben und Muslime sind, während Menschen, die selbst oder deren Eltern oder Großeltern aus europäischen Ländern stammen, kaum gemeint sind. Dabei sind z. B. für Französinnen und Franzosen Schuldgefühle wegen der Kollaboration ebenso denkbar, wie dass in ihrer Familie Menschen im KZ ermordet wurden. Auch bei Jugendlichen, die sich als arabisch identifizieren,

72 Richard Gebhardt, Anne Klein und Marcus Meier (Hg.): Antisemitismus in der Einwanderungsgesellschaft. Beiträge zur kritischen Bildungsarbeit. Weinheim, Basel 2012. Angela Kühner: NS-Erinnerung und Migrationsgesellschaft: Befürchtungen, Erfahrungen und Zuschreibungen. In: Einsichten und Perspektiven. Bayerische Zeitschrift für Politik und Geschichte 1 (2008). Hg. v. Bayerische Landeszentrale für politische Bildung, S. 52–65. Claudia Lenz, Jens Schmidt und Oliver von Wrochem (Hg.): Erinnerungskulturen im Dialog. Europäische Perspektiven auf die NS-Vergangenheit. Hamburg, Münster 2002. Axel Schacht: Holocaust-Vermittlung im Kontext der post-nationalsozialistischen Migrationsgesellschaft. In: Gedenkstättenrundbrief 168/12 (2012), unter: http://www.gedenkstaettenforum.de/nc/gedenkstaetten-rundbrief/rundbrief/news/holocaust_vermittlung_im_kontext_der_post_nationalsozialistischen_migrationsgesellschaft/ [abgerufen: 28.04.2017].

73 Elke Gryglewski: Gedenkstättenarbeit in der heterogenen Gesellschaft. In: Gedenkstättenpädagogik (s. Anm. 30), S. 166–178.

74 Rosa Fava: Die Neuausrichtung der Erziehung nach Auschwitz in der Einwanderungsgesellschaft. Eine rassismuskritische Diskursanalyse. Berlin 2015.

kann die Auseinandersetzung mit dem Nationalsozialismus Schuldgefühle wecken, wenn sie von der Verbindung zwischen Adolf Hitler und Mohammed Amīn al-Ḥusainī erfahren, der während des Zweiten Weltkriegs eine muslimische SS-Division aufbaute.[75]

Bei Jugendlichen und jungen Erwachsenen, die sich als Russinnen und Russen verstehen, ergibt sich eine Betroffenheit bei dem Besuch der KZ-Gedenkstätte Neuengamme fast von selbst; auf den Tuchbahnen im Gedenkhaus, auf denen die Namen der Ermordeten aufgelistet sind, stehen viele russische wie auch polnische Namen. Schwedische Namen sind auch darunter, doch deutlich weniger, und so wie es unter Russinnen und Russen Menschen gab, die mit den deutschen Nationalsozialisten kollaboriert haben, so gab es auch in Schweden vor und während des Zweiten Weltkriegs Sympathien für den Nationalsozialismus. All das kann bei jungen Menschen im 21. Jahrhundert zu einer persönlichen Betroffenheit führen. Die Wanderausstellung *»Unsere Opfer zählen nicht«. Die Dritte Welt im Zweiten Weltkrieg* zeigt überdies auf, dass der Zweite Weltkrieg in der Tat in den meisten Teilen der Welt Opfer forderte, dass aber viele Orte der Welt bei der Erinnerung an den Zweiten Weltkrieg vergessen oder verdrängt wurden und werden.[76]

V. Fazit: Gegen die Bilder und die Deutungen argumentieren

KZ-Gedenkstätten übernehmen, wie Robert Sigel in seinem Beitrag für den Sammelband *Gedenkstättenpädagogik* ausführt, allmählich die Funktion, die lange Zeit den Überlebenden der Konzentrationslager zukam. Sie sind »der gleichsam authentische Beweis dafür, dass all das, was im Unterricht gelehrt wird, wirklich so geschehen ist«.[77] Sigel beschreibt damit eine Zeugnisfunktion, die das bis dahin Gelernte verifizieren, aber auch falsifizieren kann. In der Tat kommt KZ-Gedenkstätten diese Funktion zu. Auch die Gedenkstättenguides müssen immer wieder während der Führungen und Projekttage auf Nachfragen bestätigen, dass »es damals« so gewesen ist, wie es die Geschichtslehrerin oder der Geschichtslehrer gesagt hat oder wie es in dem einen oder anderen Spielfilm zu sehen war.[78] Gottfried Kößler erinnert in dem gleichen Band ebenfalls daran,

75 Gerhard Höpp: Mufti-Papiere. Briefe, Memoranden, Reden und Aufrufe Amīn al-Ḥusainīs aus dem Exil. 1940–1945. Berlin 2001, S. 162.

76 Rheinisches JournalistInnenbüro: »Unsere Opfer zählen nicht«. Die Dritte Welt im Zweiten Weltkrieg. Hg. v. Recherche International. Berlin, Hamburg 2005.

77 Robert Sigel: Schulische Bildung und ihre Bedeutung für die Gedenkstättenpädagogik. In: Gedenkstättenpädagogik (s. Anm. 30), S. 44–55; hier: S. 54.

78 Absurderweise nehmen die Guides, die meist mehrere Jahrzehnte nach 1945 geboren wurden, dabei tendenziell die Rolle von Zeitzeuginnen und Zeitzeugen ein; der Ort, an dem sie

dass KZ-Gedenkstätten ursprünglich mit der Intention entstanden sind, eine Leerstelle zu füllen. Das »Bemühen, den Ort des Verbrechens zu kennzeichnen«, sei eine Reaktion auf den »Mangel an Erzählungen über das Verbrechen gewesen«, der »die ersten Jahrzehnte nach 1945 prägte«.[79] Sigels Beschreibung geht allerdings davon aus, dass das zuvor in der Schule Erfahrene wie eine Hypothese aufgenommen werden könnte, die durch den Gedenkstättenbesuch empirisch bestätigt werden kann.

Aus einer naiven Lesart von Adornos »Erziehung nach Auschwitz« könnte man folgern, dass es lediglich eine öffentliche und beweisbare Dokumentation der nationalsozialistischen Verbrechen benötige, um das kollektive Schweigen aufzubrechen und die kollektive Abwehr langsam zu unterlaufen. Eine solche Hoffnung unterschätzt jedoch die individuelle und gesellschaftliche, psychische und auch die diskursive Kreativität von Abwehrreaktionen; es sei, so Welzer, Moller und Tschuggnall, ja »gerade die gelungene Aufklärung über die Verbrechen der Vergangenheit«, die dazu führe, dass die Kinder und Enkel versuchen, ihre Eltern und Großeltern zu entlasten.[80] Diese Versuche im Privaten werden durch den gesellschaftlichen Rahmen unterstützt, in dem im 21. Jahrhundert an die Verbrechen der Nationalsozialisten erinnert wird. Wie die Geschichte des internationalen Gedenktags 27. Januar zeigt, ist dieser gesellschaftliche Rahmen nicht zweckfrei, sondern mit bestimmten Erwartungen an ein neues deutsches Selbstbewusstsein verbunden. Adorno hat zu Recht darauf hingewiesen, dass die gesellschaftlichen Bedingungen »der Erziehung weitgehend entrückt« seien.[81] Sie lassen sich gleichwohl benennen, und es sollte die Aufgabe einer historisch-politischen Bildung sein, ihre Genese kritisch zu rekonstruieren. Der Konflikt in der KZ-Gedenkstätte Neuengamme zeigt exemplarisch, dass das nur in Grenzen und nur gegen große Widerstände möglich ist. KZ-Gedenkstätten dokumentieren ein einmaliges Verbrechen. Doch die Singularität von Auschwitz wurde seit den neunziger Jahren fundamental infrage gestellt, wie die Begründungen für den Bundeswehreinsatz in Jugoslawien/Serbien zeigten.

Bei der Arbeit in KZ-Gedenkstätten hat man es im 21. Jahrhundert nicht mehr mit einer Leerstelle zu tun, die man lediglich mit Wissen über die Vergangenheit füllen muss. Man kann auch nicht mehr an ein latent vorhandenes Wissen aus den Familienerzählungen in der Hoffnung anknüpfen, durch Beweise von außen einen so großen Druck zu erzeugen, dass die Besucherinnen und Besucher ihr Schweigen brechen. Im 21. Jahrhundert hat man es eher mit zu vielen Bildern

arbeiten, gibt ihnen dabei die besondere Autorität, über die Geschichte die Wahrheit zu sagen.

79 Gottfried Kößler: Aura und Ordnung. Zum Verhältnis von Gedenkstätte und Museum. In: Gedenkstättenpädagogik (s. Anm. 30), S. 70.

80 Welzer, Moller und Tschuggnall: »Opa war kein Nazi« (s. Anm. 10), S. 13.

81 Adorno: Erziehung nach Auschwitz (s. Anm. 18), S. 92.

von Auschwitz, mit zu klaren Lehren aus der Vergangenheit für die Gegenwart zu tun. Es ist notwendig, Jugendlichen und jungen Erwachsenen zu vermitteln, inwiefern *Schindlers Liste* ihnen nicht einfach die Wahrheit gezeigt hat, inwiefern es »die Wahrheit« nicht einfach gibt. Es ist notwendig, die lange Geschichte von Verdrängungen und Kämpfen um Respekt, Würde und »Entschädigungen« zu rekonstruieren, um deutlich zu machen, weshalb KZ-Gedenkstätten erstritten wurden und inwiefern sich ihr heutiger Nutzen von den Motiven unterscheidet, die Überlebende nach 1945 mit ihnen verbanden. Wie gezeigt, dauert der Kampf um »Entschädigungs«-Zahlungen noch an.

In KZ-Gedenkstätten werden Verbrechen von einem unvorstellbaren Ausmaß dokumentiert; die Gestaltung dieser Orte kann dazu beitragen, eine Ahnung von dem Ausmaß zu bekommen. KZ-Gedenkstätten zeigen zudem, zu welchen Verbrechen antisemitische und rassistische Ideologien führen können. Um allerdings antisemitische und rassistische Vorstellungen selbstkritisch zu reflektieren, sind KZ-Gedenkstätten nicht unbedingt die richtigen Orte, ohnehin nicht, um neue Formen der Judenfeindschaft zu verstehen und gegebenenfalls bei sich selbst zu erkennen. Dazu empfehlen sich Workshops, die Antisemitismus nicht in seiner schlimmsten Variante, am extremsten Beispiel, thematisieren, sondern sich mit den Formen des Alltagsantisemitismus im 21. Jahrhundert beschäftigen, wie etwa in dem Modul »Ein deutscher Jude gibt auf«, das auf einer wahren Begebenheit in Berlin 2003 aufbaut, oder mit den Formen des Schuldabwehr-Antisemitismus, der sich gerade aus dem Erschrecken über die Menschheitsverbrechen und aufgrund von latenten Schuldgefühlen ergibt.[82] In dem Vortrag »Was bedeutet: Aufarbeitung der Vergangenheit« sagte Adorno 1959, dass er »das Nachleben des Nationalsozialismus *in* der Demokratie« für potentiell gefährlicher halte als »das Nachleben faschistischer Tendenzen *gegen* die Demokratie«.[83] Dieses »Nachleben des Nationalsozialismus *in* der Demokratie« aufzuzeigen, ist im 21. Jahrhundert nicht einfacher als seit den fünfziger und sechziger Jahren. Es ist, neben der radikalen Kritik der aktuellen extrem rechten Tendenzen, nach wie vor eine dringende Aufgabe für die Erziehung nach Auschwitz.

82 Bildungsteam Berlin-Brandenburg e. V. und Tacheles reden! e.V. (Hg.): Woher kommt der Judenhass? Was kann man dagegen tun? Ein Bildungsprogramm. Mühlheim an der Ruhr 2007, S. 114–115. Kistenmacher: Was tun gegen Antisemitismus?! (s. Anm. 2), S. 11, S. 18–19.

83 Adorno: Was bedeutet: Aufarbeitung der Vergangenheit (s. Anm. 23), S. 10.

Christine Gundermann

»Jetzt höre ich Anne Frank in mir«. Anne Frank als geschichtskulturelles Phänomen

»Jetzt höre ich Anne Frank in mir.«[1] Mit diesen Worten beschrieb die Jungschauspielerin Mala Emde ihre persönlichen Erfahrungen nach dem Ende der Dreharbeiten zu dem Fernsehfilm *Meine Tochter Anne Frank*, in dem sie 2015 die Hauptrolle der Anne Frank übernommen hatte. Dieses persönliche Statement spiegelt, was viele junge Besucherinnen und Besucher des Anne Frank Hauses in Amsterdam, der unzähligen Theater-, Tanz- oder Musical-Versionen des *Tagebuchs der Anne Frank* oder aber die Freundschaftsanfrage bei Anne Franks Facebook Profil als Erwartungs- und Erfahrungshorizont formulieren: das Nahe sein bei »Anne«. Warum ist das – noch immer – so? Das *Tagebuch der Anne Frank* erschien erstmals 1947.[2] Was macht also nach 70 Jahren die Figur der Anne Frank und ihre Geschichte vor dem Hintergrund einer fortschreitenden Historisierung der Shoah so erfolgreich? Ist der *lieu de mémoire* Anne Frank ein Beispiel für eine umfassende Wissenspopularisierung der Geschichte der Vernichtung der europäischen Juden? Kristallisiert sich in der populären »Anne Frank«[3] lediglich eine Kommerzialisierung der Erinnerung an die nationalsozialistischen Verbrechen? Und welche Erinnerungen betrifft dies? Welche konkreten Narrative wurden und werden also von welchen Akteuren postuliert und damit auch gepflegt und in die Gesellschaften implementiert? Was macht die Erinnerung an »Anne« attraktiv?

Diesen Fragen geht der folgende Beitrag nach. Dabei werden einführend kurz die Geschichte der Franks und des Tagebuchs selbst dargestellt. Ein zweiter Abschnitt widmet sich der Entstehung des Erinnerungsortes »Anne Frank« in

1 Cover Zeit-Magazin vom 29. Januar 2015. Der Satz stammt von Mala Emde die in dieser Ausgabe des Magazins ein Interview zu ihrer ersten Hauptrolle in einem deutschen Film (über Anne Frank) gab.

2 Vgl. Alvin H. Rosenfeld: Populariseringen Herinnering – Het Geval Anne Frank (1991). In: De vele gezichten van Anne Frank. Visies op een fenomeen. Hg. v. Gerrold van der Stroom. Amsterdam 2003, S. 83–105; hier S. 85f. AAFS Collectie Otto Frank/ 22.

3 Anführungszeichen im Text markieren, dass hier nicht die natürliche Person, sondern ihre Inszenierung in der Öffentlichkeit und damit der Erinnerungsort Anne Frank im Fokus steht.

ausgewählten Beispielen. Die Niederlande als Ort der Entstehung des Tagebuchs und Deutschland als Herkunftsland der Franks stehen hierbei im Fokus. In den zwei folgenden Abschnitten werden die Aktualisierungen und Auseinandersetzungen mit dem *lieu de mémoire* Anne Frank als Teil der Wissenspopularisierungen über den Holocaust analysiert. Ein zusammenfassendes Fazit schließt den Beitrag ab.

I. Historiografische Rekonstruktionen zu Anne Frank

Anne Frank wurde am 12. Juni 1929 in Frankfurt am Main geboren.[4] Die Familie gehörte dem Reformjudentum an. Otto Frank hatte 1933 das Angebot erhalten, in Amsterdam eine Niederlassung der Firma Opekta aufzubauen. Im Februar 1934 holte er seine Frau und die Kinder Margot und Anne nach Amsterdam, wo sich die Familie vor den Nationalsozialisten in Sicherheit wähnte. Nach der deutschen Okkupation der Niederlande 1940 setzten die Besatzer ihre antisemitische Politik auch dort um. Der als »Februaristaking« bekannt gewordene Streik im Februar 1941 war einer der wenigen und starken Proteste von Niederländern gegen die Ausgrenzung und Entrechtung ihrer jüdischen Mitbürgerinnen und Mitbürger.[5] Am 1. November 1940 zog die Firma Opekta in die Räume der Prinsengracht 263. Das Gebäude umfasste ein Haupt- und ein Hinterhaus, in denen Büros und Lagerräume für das Geliermittel »Opekta« und Gewürze integriert waren. Otto Frank bereitete mit dem Umzug das Hinterhaus als Versteck vor. Kurz nach dem 13. Geburtstag Anne Franks bekam Margot Frank die Nachricht, sich für einen Transport in ein Arbeitslager zu melden. Im Juli 1942 tauchte die Familie im Hinterhaus unter und fand damit Zuflucht in einem Versteck, in dem ebenfalls das Ehepaar van Pels, deren Sohn Peter sowie ein weiterer Freund der Familie, Fritz Pfeffer, Zuflucht fanden. Nur wenige Menschen wussten von den Untergetauchten, darunter Miep und Jan Gies, Victor Kugler, Johannes Kleiman und Elisabeth van Wijk-Voskuijl – sie alle arbeiteten im Unternehmen. Die Helferinnen und Helfer schmuggelten fortan Lebensmittel, Kleidung und Nachrichten zu den Untergetauchten. Das Versteck wurde im August 1944 verraten und die Untergetauchten sowie Johannes Kleiman und Victor Kugler verhaftet. Die Franks wurden am 8. August 1944 in das »Polizeiliche Durchgangslager Westerbork« deportiert, wo sie vier Wochen lebten. Am

4 Die inhaltlichen Ausführungen und Analysen eines großen Teils dieses Beitrags basieren überwiegend auf dem Kapitel »Auf der Suche nach Vergebung. Anne Frank« meiner Monografie: Christine Gundermann: Die versöhnten Bürger. Der Zweite Weltkrieg in deutsch-niederländischen Begegnungen 1945–2000. Münster 2014, S. 375–377.

5 Die Bedeutung dieses Streiks war in der niederländischen Erinnerungskultur lange umstritten. Vgl. Peter Hofland und Joop Morriën: Een halve eeuw Februaristaking. Amsterdam 1991.

3. September 1944 verließ der letzte Zug mit 1.011 Deportierten das Durchgangslager Westerbork Richtung Auschwitz, darunter die Franks. Von dort wurden Margot und Anne Frank vermutlich Ende Oktober in das Konzentrationslager Bergen-Belsen transportiert. Die hygienischen Zustände im Lager und die Versorgung mit Lebensmitteln waren so katastrophal, dass Margot und Anne Frank bereits stark geschwächt waren, als eine Typhusepidemie ausbrach.[6] Im März 1945 starben beide an dieser Infektion, am 27. April 1945 wurde das Lager befreit. Otto Frank überlebte als einziger der Untergetauchten. Er lebte bis 1953 in Amsterdam und zog dann nach Basel zu seinen Verwandten.

Die Geschichte der Familie Frank ist in mehrfacher Hinsicht eine Ausnahme. Nur wenigen von den Nationalsozialisten als Juden bezeichneten Menschen war es gelungen, in den Niederlanden nach 1933 einen sicheren Zufluchtsort zu finden. Von mehr als 140.000 jüdischen Bürgerinnen und Bürgern wurden 107.000 deportiert. 14.500 von ihnen versuchten unterzutauchen, zwischen 8.000 und 9.000 wurden enttarnt, für Kopfgelder verraten oder in gezielten Aktionen der deutschen Besatzer verhaftet. Die Untergetauchten mussten sich meist von ihren Familien trennen, denn nur wenige Niederländer wollten und konnten mehrere Personen aufnehmen, schützen oder mit Nahrung versorgen. In der versäulten niederländischen Gesellschaft[7] wurde zudem das Problem lange als eines wahrgenommen, das die jüdischen Gemeinden zu bewältigen hätten. Aus den Vernichtungslagern kehrten nur 4.700 Menschen zurück. Absolut und prozentual fielen damit in den Niederlanden mehr Juden den nationalsozialistischen Verbrechen zum Opfer als in Frankreich, Belgien, Dänemark und Norwegen.[8]

Miep Gies als Vertraute der Franks hatte die Aufzeichnungen Anne Franks nach der Verhaftung der Versteckten an sich genommen und übergab diese Otto Frank nach seiner Rückkehr nach Amsterdam. Anne Frank hatte dabei nicht nur

6 Vgl. Thomas Rahe: Bergen-Belsen – Stammlager. In: Der Ort des Terrors. Geschichte der nationalsozialistischen Konzentrationslager. Hg. v. Wolfgang Benz und Barbara Distel. München 2008, S. 187–217. Bergen-Belsen. Hg. v. d. Stiftung niedersächsische Gedenkstätten. Göttingen 2009.

7 Die Versäulung bezeichnet eine spezifische gesellschaftliche Struktur, die sich zum Ende des 19. Jahrhunderts in den Niederlanden etabliert hat. Die Gesellschaft und (fast) alle in ihr befindlichen Strukturen ließen sich demnach einer von vier »Säulen« zuordnen: der protestantischen, katholischen, sozialdemokratischen und liberalen Säule. Vgl. Horst Lademacher: Geschichte der Niederlande. Politik – Verfassung – Wirtschaft. Darmstadt 1983.

8 Vgl. Johan C. H. Blom: De vervolging van de joden in Nederland in internationaal vergelijkend perspectief. In: De Gids 6/7 (1987), S. 494–507. Gerrold van der Stroom: Anne Frank in het geding. In: ROest. Tijdschrift voor geschiedenis, cultuur en media 17 (2003), S. 9–13. Nanda van der Zee beziffert im Gegensatz zu Gerrold van der Stroom die Zahl der untergetauchten Juden mit 25.000. Henry L. Mason: Accommodations and Other Flawed Reactions: Issues for Verwerking in the Netherlands. In: Lessons and Legacies III. Memory, Memorialization, and Denial. Hg. v. Peter Hayes. Evanston 1999, S. 93–108; hier: S. 105.

»das Tagebuch« hinterlassen, sondern zusätzliche Aufzeichnungen, Kurzgeschichten und Überarbeitungen einiger Passagen aus ihrem Tagebuch, die sie bereits mit Blick auf eine mögliche Veröffentlichung selbst vorgenommen hatte. Otto Frank konnte das Tagebuch in überarbeiteter Fassung erstmals 1947 veröffentlichen.

II. Ein Erinnerungsort entsteht

Ende der 1940er Jahre war der niederländische Markt für Erinnerungsliteratur gesättigt, so dass Otto Frank Schwierigkeiten hatte, einen Verleger zu finden. Dennoch veröffentlichte der niederländische Verlag Uitgeverij Contact das Tagebuch unter dem Titel *Het Achterhuis* (Das Hinterhaus) mit einer Erstauflage von 1.500 Stück. Diese überarbeitete Tagebuchfassung wurde schnell populär. Im Jahr 1950 veröffentlichte der Heidelberger Verleger Lambert Schneider eine deutsche Übersetzung unter dem Titel *Das Tagebuch der Anne Frank* mit einer Erstauflage von 4.500 Stück, im gleichen Jahr erschien eine erste Ausgabe in französischer Sprache und 1952 wurde es unter dem Titel *The Diary of a Young Girl* in Großbritannien und den USA herausgegeben.[9] Damit war der Grundstein für die Popularisierung der Person Anne Franks und damit auch einer spezifischen Geschichte der Shoah gelegt.

Durch die in Absprache mit dem niederländischen Verlag vorgenommenen Auslassungen Otto Franks[10] und die Änderungswünsche der verschiedenen Verlage weltweit entstand ein spezifisches Sinnbildungsmuster einer populären Geschichte der Shoah in den 1950er Jahren. Otto Frank hatte vor allem Passagen gekürzt oder gelöscht, die Konflikte zwischen seiner Tochter und seiner Frau thematisierten und Auseinandersetzungen Annes mit ihrer Sexualität. Anne Frank wurde also von männlichen Autoren zensiert und als literarische Figur dadurch harmonisiert. So entstand eine infantilisierte Darstellung Anne Franks als Symbol der Unschuld, wie Berteke Waaldijk pointiert argumentiert.[11] Da »Anne Frank«, wie im nächsten Abschnitt gezeigt wird, in kurzer Zeit populär wurde, übertrug sich dieses Bild auch in eine populäre Interpretation der Shoah. Die Anne Frank des »Tagebuchs« stand nunmehr für Millionen von Opfern, die schutz- und hilfsbedürftig und von den christlichen guten und starken Be-

---

9 Vgl. Gerrold van der Stroom: Die Tagebücher, »Het Achterhuis« und die Übersetzungen. In: Die Tagebücher der Anne Frank. Hg. v. RIOD, Frankfurt a. M. 1988, S. 67–89; hier S. 83f.

10 Exemplarisch sind die Änderungen zusammengestellt bei: Norbert Kluge: Botschaften an die Nachwelt. Was Anne Frank und andere Jüdinnen in der Nazidiktatur ihrem Tage- oder Erinnerungsbuch anvertrauten. Frankfurt a. M. 2012, S. 35–50.

11 Vgl. Berteke Waaldijk: Reading Anne Frank as a Woman. In: Women's Studies International Forum 16/4 (1993), S. 327–335.

schützern abhängig verstanden werden konnten. Dies spiegelt sich nicht nur in den frühen Rezensionen des »Achterhuis« wider,[12] diese Lesart fügte sich auch hervorragend in die von Königin Wilhelmina maßgeblich geprägte Vorstellung vom nationalen Gedächtnis ein, nach der die Niederlande ihre moralische Überlegenheit gegenüber dem deutschen Besatzer bewahrt hätten und die vor allem den nationalen Widerstand betonte. Gerade letzteres löste das »Achterhuis« besonders stark ein, weil die christlichen Freunde die Franks mehr als zwei Jahre unterstützt hatten.

Für den internationalen Erfolg des Buchs war es zudem wichtig, dass die Aufzeichnungen Anne Franks mit bzw. kurz vor der Entdeckung der Untergetauchten endeten. Über die Verhaftung, den Transport in die Lager und die furchtbaren Leiden und Grauen, das Morden und Sterben, erfuhren die Lesenden nichts; sie wurden also nicht mit Fragen nach der eigenen Schuld oder Verantwortung konfrontiert. In der deutschen Fassung waren zudem kritische Äußerungen Anne Franks über die deutschen Besatzer und die Deutschen als solche verändert oder gelöscht worden.[13] Die nur noch minimal beschriebene antisemitische Gewalt war damit nicht mehr deutschen Tätern zuzuordnen, wie Habbo Knoch betont. Auch die Schreibsituation im Hinterhaus habe sie zu einer Projektionsfigur für den Nachkriegstopos der deutschen Öffentlichkeit gemacht, die von den Verbrechen an den jüdischen Mitmenschen nichts gewusst haben wollte. Das Versteck sei so zu einem Gleichnis für die eigene Situation während des Nationalsozialismus umgedeutet worden.[14]

Die ersten Ausgaben des »Achterhuis« führten damit zu einer Infantilisierung und Feminisierung der jüdischen Opfer. In diesen Erinnerungsmustern konnten die jüdischen Opfer als passive, leidende und duldende interpretiert werden, während die nicht-jüdischen Menschen als aktive schützende Helfer oder aber gefährdende Täter auftraten[15] – letzteres harmonierte zudem mit der bereits in der Propaganda des Nationalsozialismus selbst angelegten Hypermaskulinisierung des nationalsozialistischen Mannes.[16]

12 Vgl. Rosenfeld: Popularisering en Herinnering (s. Anm. 2), S. 87.

13 Vgl. van der Stroom: Die Tagebücher (s. Anm. 9), S. 83f.

14 Habbo Knoch: Die Tat als Bild. Fotografien des Holocaust in der deutschen Erinnerungskultur. Hamburg 2001, S. 501.

15 Vgl. Sander Pleij und Xandra Schutte: Anne van Amsterdam (1998). In: De vele gezichten van Anne Frank. Visies op een fenomeen. Hg. v. Gerrold van der Stroom. Amsterdam 2003, S. 234–243. G. Jan Colijn: Toward a Proper Legacy. In: Anne Frank in the world. Essays and Reflections. Hg v. Carol Ritter. London 1998, S. 95–104; hier: S. 101f.

16 Vgl. Marianne Hirsch: Täter-Fotografien in der Kunst nach dem Holocaust. Geschlecht als Idiom der Erinnerung. In: Gedächtnis und Geschlecht. Deutungsmuster in Darstellungen des nationalsozialistischen Genozids. Hg. v. Insa Eschebach. Frankfurt a. M. 2002, S. 203–226. Guido Vitiello: Deutschland, bleiche Mutter. Allegories of Germany in Post-Nazi-Cinema. In: The Gender of Memory. Cultures of Remembrance in Nineteenth- and Twentieth-Century

In den USA wurden andere Sinnbildungsmuster betont und bedient. Nur wenige Monate nach seinem Erscheinen wurde das Tagebuch unter dem Titel *Anne Frank. The Diary of a Young Girl* zum Bestseller. Das Buch sollte hier weniger für das noch namenlose Verbrechen an den europäischen Juden stehen, vielmehr repräsentierte es amerikanische Ideale wie Freiheitsliebe und einen unzerstörbaren Optimismus. Das »Gute« konnte immer noch über das »Böse« triumphieren – ein entsprechendes Vorwort von Eleanor Roosevelt in der US-amerikanischen Erstausgabe legt diese Interpretation nahe.[17]

Seit den 1950er Jahren waren damit Voraussetzungen entstanden, die »Anne Frank« auf der ganzen Welt von einer historischen Person zu einem *lieu de mémoire*, einem Erinnerungsort[18] transformierten. Dieser lässt sich wie hier kurz am niederländischen, deutschen und US-amerikanischen Beispiel gezeigt wurde, sowohl national, als auch transnational interpretieren. Daniel Levy und Natan Sznaider haben dieses Nationalstaaten übergreifende Phänomen als »kosmopolitischen« Erinnerungsort beschrieben, Michael Rothberg hat jedoch mit seinem Begriff der »multidirektionalen Erinnerung« deutlicher herausgearbeitet, dass einzelne narrative Fragmente der Geschichte der Franks immer wieder in neue, für die jeweils erinnernden Gesellschaften aktuelle Sinnbildungsmuster integriert wurden,[19] wie auch im kommenden Abschnitt näher ausgeführt wird. Die nationalsozialistischen Verbrechen standen dabei selten im Vordergrund, wenn »Anne Frank« rezipiert wurde. Oftmals war es die seelische Innenschau und die pointierte Beobachtung der sozialen Beziehungen der Versteckten, also eine *coming of age*-Geschichte und damit das literarische Erbe Anne Franks, die im Vordergrund standen, und so viele jugendliche Leserinnen und Leser die Nähe zu Anne Frank suchen ließ, wie das Archiv Otto Franks zeigt.[20] Der Bezug zu Anne Frank, so die hier vertretene These, hat oftmals nur

---

Europe. Hg. v. Sylvia Paletschek und Sylvia Schraut. Frankfurt a. M., New York 2008, S. 147–157.

17 Vgl. Alex Sagan: Examining Optimism. Anne Frank's Place in Postwar Culture. In: Anne Frank in Historical Perspective. A Teaching Guide for Secondary Schools. Hg. v. Martyrs Memorial und Museum of the Holocaust of the Jewish Federation Council of Greater Los Angeles. Los Angeles 1995, S. 55–67; hier: S. 59.

18 Der Begriff wird hier in kritischer Anlehnung an Pierre Nora verwendet. Vgl. Pierre Nora: Zwischen Geschichte und Gedächtnis. Berlin 1990. Patrick Schmidt: Zwischen Medien und Topoi. Die Lieux de mémoire und die Medialität des kulturellen Gedächtnisses. In: Medien des kollektiven Gedächtnisses. Konstruktivität – Historizität – Kulturspezifität. Hg. v. Astrid Erll und Ansgar Nünning. Berlin 2004, S. 25–43.

19 Vgl. Daniel Levy und Natan Sznaider: Erinnerung im globalen Zeitalter. Der Holocaust. Frankfurt a. M. 2001. Michael Rothberg: Multidirectional Memory. Remembering the Holocaust in the Age of Decolonization. Stanford 2009.

20 Archiv des Anne Frank Hauses. Afdeling collecties: Otto-Frank-Archiv, vor allem die Bestände 2.2.7 (Contacten met de pers, radioprogramma's interviews en voordrachten) und 2.2.8 (»Leserbriefe«) und 2.2.9 (Overige publicaties, weerklank en naamgeving).

einen sehr marginalen Blick auf die Vernichtung der europäischen Juden ermöglicht.

III. Die Popularisierung von »Anne Frank«

Der massen- und transmediale Durchbruch des »Tagebuchs« kann heute mit der ersten Theaterfassung 1955 und Filmfassung 1959 in den USA verknüpft werden. Die Theaterfassung wurde vom Ehepaar Frances Goodrich und Albert Hackett ausgearbeitet. Beide hatten schon am Broadway Erfahrungen gesammelt und verstärkten die bereits in der englischen Druckfassung des »Tagebuchs« angelegte Deutung des Textes als Manifest der Hoffnung, in dem sie an zwei prominenten Stellen im letzten Akt von der Figur der Anne Frank einen Auszug der Tagebucheintragung vom 15. Juli 1944 zitieren ließen: »In spite of everything, I still believe people are good at heart.«[21] Dieser Satz schwebte final über dem Publikum. Zudem vermieden Goodrich und Hackett deutliche Verweise auf die jüdische Kultur der Versteckten. Jüdische Charaktere erschienen als Stereotype: schwache, nervöse Juden wurden von couragierten Christen beschützt. Auch hier zeigt sich wiederum eine Feminisierungs- und Infantilisierungstendenz, die sich über das Stück selbst nicht länger nur auf Anne Frank, sondern auf die jüdischen Figuren bezieht. Die Inszenierung, so die Literaturwissenschaftlerin Catherine Bernard, konzentrierte sich auf die »Kultivierung des inspirierenden Opfers«.[22] Die Premiere des Theaterstücks fand am 5. Oktober 1955 am Broadway statt und wurde nach kurzer Zeit landesweit aufgeführt. Allein in New York sahen das Stück etwa eine Million Menschen.[23] In den Niederlanden waren zur Premiere am 27. November 1956 Königin Juliana und Miep Gies anwesend. Auch hier harmonierte die Theaterfassung noch weitaus stärker als die bereits angepasste Tagebuchfassung mit der nationalen Meistererzählung des kleinen, aber tapferen Volkes, das trotz der Übermacht der Besatzer seine moralische Integrität behalten hatte.

In den deutschsprachigen Ländern feierte das Theaterstück gleichzeitig in acht Großstädten, darunter auch in Dresden als einziger Stadt jenseits des »Eisernen Vorhangs«, Premiere und hatte auch hier großen Erfolg. Von 1956 bis

21 Die Figur des Otto Frank liest dies als vermeintlich letzten Eintrag aus dem Tagebuch und schließt danach mit den Worten »She puts me to shame.« Vgl. Tim Cole: Images of the Holocaust. The Myth of the »Shoah Business«. London 1999, S. 33.

22 Vgl. Catherine A. Bernard: Anne Frank: The Cultivation of the Inspirational Victim. In: Experience and Expression. Women, the Nazis, and the Holocaust. Hg. v. Elisabeth R. Baer und Myrna Goldenberg. Detroit 2003, S. 201–225.

23 Vgl. Sagan: Anne Frank's Place in Postwar Culture (s. Anm. 17), S. 60.

1959 wurden in 95 Theatern über 2.150 Vorstellungen aufgeführt.[24] Der Text basierte auf der Übersetzung der Goodrich- und Hackett-Fassung, auch hier wurde den Zuschauerinnen und Zuschauern also weniger eine Geschichte der Shoah, sondern die einer Erlösung angeboten mit dem finalen Satz: »Doch ich halte daran fest, trotz allem, weil ich noch stets an das Gute im Menschen glaube.«[25] Lange Zeit gingen Zeitgenossen wie Henri van Praag als Vorsitzender der Anne Frank Stichting (Anne Frank Stiftung) davon aus, dass das Theaterstück intensiv zu einer Aufklärung über die nationalsozialistischen Verbrechen beigetragen hätte.[26] Theodor W. Adorno als Zeitzeuge und kritischer Beobachter der reaktionären Strömungen in der Bundesrepublik attestierte jedoch den bundesdeutschen Zuschauern eher eine Nichtbewältigung der Taten.[27]

Die Verfilmung verstärkte diese Effekte weltweit: Die Fox-Studios begannen 1960 mit der Verfilmung des »Tagebuchs«, die auf dem Theaterstück basierte. Milli Perkins, ein US-amerikanisches Model, erhielt die Rolle der Anne Frank und verkörperte mit großen Augen und einem sanften Gesicht fortan die Unschuld und den Glauben an das Gute im Menschen. Auch der Film schloss mit dem bereits zitierten Satz »In spite of everything…« Der Film gilt als eine der ersten Hollywood-Produktionen über die Shoah. Zur Premiere waren im März 1959 Leitfiguren aus der Bürgerrechtsbewegung präsent.[28] »Anne Frank« war also bereits Ende der 1950er Jahre soweit von ihrem historischen Kontext gelöst, dass sie politisch multidirektional als Symbol genutzt werden konnte. Das zeigt sich auch durch einen Blick nach Japan. Hier war das »Tagebuch« ebenfalls ein Bestseller, wurde jedoch im Zusammenhang mit der Verarbeitung der Atombombenabwürfe auf Hiroshima und Nagasaki interpretiert.[29]

---

24 Vgl. Knoch: Die Tat als Bild (s. Anm. 14), S. 499.

25 Übersetzung: Anne Frank: Die Tagebücher der Anne Frank. In: Die Tagebücher der Anne Frank. Hg. v. RIOD. Frankfurt a M. 1988, S. 215–792, S. 786 c.

26 Vgl. Henri van Praag: Het dagboek als drama. In: Weerklank van Anne Frank. Hg. v. Otto Frank u. a. Amsterdam 1970, S. 36–45; hier: S. 45.

27 Adorno illustrierte seine Einschätzung mit dem Erlebnis eines Bekannten bei der Theateraufführung. Eine Frau hätte gesagt: »ja, aber das Mädchen hätte man doch wenigstens leben lassen sollen.« Vgl. Theodor W. Adorno: Was bedeutet: Aufarbeitung der Vergangenheit (1959). In: Erziehung zur Mündigkeit. Vorträge und Gespräche mit Hellmut Becker 1959–1969. Hg. v. Gerd Kadelbach. Frankfurt a. M. 1970, S. 10–29; hier: S. 27.

28 David Barnouw: Anne Frank and Film. In: Anne Frank. Reflections on Her Life and Legacy. Hg. v. Hyman A. Enzer und Sandra Solotaroff-Enzer. Urbana, Chicago 2000, S. 165–172; hier: S. 168.

29 In Europa wurde die Beschäftigung mit Anne Frank in Japan erst in den 1990er Jahren offensichtlich, als ein bereits in den 1970er Jahren produzierter Anime erstmals in Frankreich und später in den Niederlanden gezeigt wurde. Siehe: Anne Frank, de tekenfilm. In: De Telegraaf vom 05.02.1995. Japanse Anne Frank: wel kopie, geen geest. In: NRC vom 13.06. 1995. Franse Anne Frank is eigenlijk Japanse. In: De Volkskrant v. 26.02.2000. Daphne Wesseling: Anne Frank. Een onderzoek naar het beeld van Anne Frank in Japan tussen 1952 en heden. Masterscriptie History of Society, Erasmus Universiteit Rotterdam 2010.

Die plurimedialen Inszenierungen der »Anne Frank« als internationalisierter Erinnerungsort führten also weniger zur Aufklärung über die Shoah, sondern wurden durch die prominente Betonung des Optimismus der Anne Frank und die Auslassungen ihres und der Leidenswege sowie der Ermordung der jüdischen Bürgerinnen und Bürger eher zu einem Alibi. Der letzte Satz »Annes« fungierte als kollektive Entschuldigung. »Anne« sah trotz ihrer Geschichte das Gute im Menschen und vergab gleichsam die Schuld. »Anne Frank« wurde damit gleichermaßen zur Ikone[30] des menschlichen Leids und der Hoffnung. Das gelang weltweit nicht zuletzt deswegen, weil sie in Anlehnung an existierende Fotografien durch die Verfilmungen als ästhetisches Opfer, bar einer spezifischen kulturellen Zugehörigkeit, inszeniert werden konnte. Habbo Knoch sieht in den Verwendungen der fotografischen Portraits Anne Franks wie in deren Re-Inszenierung in Medien dezidierte Bezüge zu Heiligenbildern und damit zur christlichen Ikonografie.[31] Die Werbungen für die entsprechenden Kino- und Fernsehverfilmungen, aber auch Cover auf Comics zeigen über Jahrzehnte hinweg dies als konstanten Faktor der Inszenierung »Annes« eindrücklich.

Wie sehr sich bereits in den 1960er Jahren diese Deutungen manifestiert hatten, belegt eine Episode der deutsch-niederländischen Außenpolitik. Als 1969 der erste Bundespräsident der Bundesrepublik Deutschland in den Niederlanden formell empfangen wurde, hatte Gustav Heinemann gebeten, Vertreter der jüdischen Gemeinden Amsterdams im Anne Frank Haus als Zeichen der Ehrung der niederländischen Opfer des Holocaust empfangen zu dürfen. Diese hatten jedoch abgelehnt mit dem Verweis, dass die Gedenkstätte »Hollandsche Schouwburg« in Amsterdam wesentlich besser die Geschichte der Verfolgung der niederländischen Juden repräsentieren würde.[32] Anne Frank war also *ein* berühmtes deutsch-niederländisches Opfer des Holocaust, aber nicht *das* Opfer, dem anlässlich eines so wichtigen Besuches geschichtspolitisch von beiden Staaten Deutung verliehen werden sollte – weil das »Tagebuch« nur einen sehr kleinen Teil und nicht einen repräsentativen der Verfolgung *und* Ermordung der niederländischen Juden erzählt.

Bis 2005 wurde das »Tagebuch« in über siebzig Sprachen übersetzt und mehr als 25 Millionen Exemplare verkauft,[33] seit 2009 ist das Tagebuch in die

---

30 Vgl. Cornelia Brink: Ikonen der Vernichtung. Öffentlicher Gebrauch von Fotografien aus nationalistischen Konzentrationslagern nach 1945. Berlin 1998; bes. S. 232–234.

31 Brink: Ikonen der Vernichtung (s. Anm. 30), S. 232–234. Knoch: Die Tat als Bild (s. Anm. 14), S. 504.

32 Vgl. Marc Drögemöller: Eine Reise in die Vergangenheit? Der Staatsbesuch von Bundespräsident Gustav Heinemann in den Niederlanden 1969. In: Jahrbuch des Zentrums für Niederlande-Studien 14 (2003), S. 121–138. Das Theater war während der Besatzung als Deportationsstelle für Amsterdamer Juden von den deutschen Besatzern umfunktioniert.

33 Vgl. Pleij und Schutte: Anne van Amsterdam (s. Anm. 15), S. 235.

UNESCO-Liste des Weltkulturerbes aufgenommen.[34] Heute gibt es verschiedene Hörbuch- und Hörspielfassungen und über 125 musikalische Stücke, die sich »Anne Frank« widmen, darunter Kantaten, Oratorien, Requien, Elegien, Filmmusik, Opern, Musicals, Rock-Symphonien, Jazz-Komposition, Chansons, irische Balladen und vielerlei Lieder, die der Pop-, Rock-, oder Rap-Musik zugeordnet werden können.[35] In über fünfzig Jahren der Wirkungsgeschichte des »Tagebuchs« lassen sich zudem weltweit mehr als 48 Comicproduktionen nachweisen.[36] Neue Theaterversionen entstanden ebenso wie neue Verfilmungen. In Deutschland allein produzierten im Jahr 2015 der HR, WDR und RBB gemeinsam *Meine Tochter Anne Frank* (Regie: Raymond Ley) für das öffentlich-rechtliche Fernsehen. 2016 kam der deutsche Spielfilm *Das Tagebuch der Anne Frank* (Regie: Hans Steinbichler) in die deutschen Kinos. Eine Fokussierung auf das mannigfaltige »literary afterlife«[37] greift zu kurz. Auch die materiellen – immobilen – Ausdrücke der Beschäftigung mit dem *Tagebuch der Anne Frank* müssen hier berücksichtigt werden. Es gibt Orte, an denen »Anne Frank« »zu Hause« ist: Das »Anne Frank Huis« (AFH) in der Amsterdamer Prinsengracht 263 gehört ebenso dazu, wie die ehemaligen Wohnungen der Franks in Frankfurts Stadtteil Dornbusch oder am Merwedeplein in Amsterdam. Neben dem Anne Frank Haus in Amsterdam sind das Anne Frank Zentrum (AFZ) in Berlin (seit 1998) und die heutige Bildungsstätte Anne Frank (seit 2003) in Frankfurt am Main wichtige Bildungseinrichtungen geworden, die aus ihrer Namensgebung ihr Programm für eine historisch-politische Bildung ableiten.

Die Geschichte des AFH selbst zeigt dabei exemplarisch, welcher inhaltliche Fokus der politisch-historischen Bildungsarbeit von Anfang an mit Anne Frank verbunden wurde. Die Anne Frank Stiftung hatte das Haus nach einigen Umbauten im Mai 1960 eröffnet. Es umfasste ein kleines Museum, war ebenso Gedenkstätte (das Hinterhaus und damit das Versteck der Franks war so zugänglich) und ein internationales Jugendzentrum.[38] Die Bildungsarbeit des AFH war von Anfang an durch einen starken Fokus auf Wertevermittlung (Demo-

34 Memory of the World Register: Diaries of Anne Frank, unter : http://www.unesco.org/new/en/communication-and-information/flagship-project-activities/memory-of-the-world/register/full-list-of-registered-heritage/registered-heritage-page-2/diaries-of-anne-frank/ [abgerufen: 20.02.2017].

35 Vgl. Oxane Leingan: »Eine Jüdin als Heldin ist nicht tragbar«. Das Tagebuch der Anne Frank in den Werken sowjetischer Komponisten. In: Anne Frank. Mediengeschichten. Hg. v. Peter Seibert u. a. Berlin 2014, S. 72–88; hier: S. 72.

36 Ich danke Ralf Palandt für die Einsicht in seine Sammlung.

37 Vgl. Peter Seibert: Anne Frank – Mediengeschichten. In: Anne Frank. Mediengeschichten (s. Anm. 35), S. 7–11; hier: S. 9.

38 Vgl. James E. Young: Het Anne Frank Huis. Nederlands grafmonument voor het boek (1994). In: De vele gezichten van Anne Frank. Visies op een fenomeen. Hg. v. Gerrold van der Stroom. Amsterdam, Antwerpen 2003, S. 148–157.

kratie, Humanismus, Liberalismus und Antirassismus) geprägt. Diese wurde als Lehre aus der Geschichte formuliert und sollte zu einem couragierteren Verhalten in Gegenwart und Zukunft führen. Die Erforschung der Geschichte der Franks oder der niederländischen Juden stand dabei nicht im Fokus.[39] Eine Stärkung zivilgesellschaftlicher Tugenden über Anne Frank als Prototyp eines leidenden, aber couragierten Opfers ist hier durchaus erkennbar. Das AFH und das AFZ besorgen zudem die Gestaltung und Organisation der Wanderausstellungen zur historischen wie auch literarischen Anne Frank.

»Anne Frank« war jedoch jenseits dieser wortwörtlichen Erinnerungsorte ebenso in nationale Geschichtskulturen integriert worden – ein Blick auf die Praxis der Schulen- und Straßenbenennungen belegt dies. Im Archiv des Anne Frank Hauses in Amsterdam finden sich unzählige Anfragen von Schuldirektorinnen und -direktoren, die nach gemeinsamem Gespräch mit ihren Schülerinnen und Schülern Otto Frank gebeten haben, fortan den Namen Anne Frank tragen zu dürfen.[40] Die Gründe für die Anfragen waren äußerst verschieden und reichten von der Beschäftigung mit dem Tagebuch im Unterricht und daraus resultierenden Gesprächen über die Bedeutung des Tagebuchs als Mahnung gegen Gewalt, Hass und Rassismus bis hin zu Anne Frank als Symbol für Hoffnung. Teilweise ist dabei der wörtlich zitierte Glaube »an das Gute im Menschen« als Vorbild für die Schulerinnen und Schüler zu finden.[41] Die Anfragen zeigen gleichermaßen die fragmentarische Rezeption der Geschichte der Anne Frank und die damit einhergehenden Prozesse der Universalisierung ihrer Leidensgeschichte. Auffallend ist hierbei, dass Otto Frank die Zusagen zur Namensgebung niemals daran knüpfte, dass sich Schülerinnen und Schüler über den Holocaust informierten. Er schrieb aber z. B. in einem Brief an den Oberbürgermeister von Ludwigshafen: »Ich hoffe, dass der Name […] den Schülern Mahnung und Verpflichtung sein wird, dass Toleranz und Menschlichkeit unabdingbare Merkmale demokratischen Denkens und Handelns sein müssen.«[42] Otto Frank hat also durch sein Wirken und seine Korrespondenzen eher die

39 Die Mitarbeitenden des AFH hatten hier weder den Anspruch noch die Ausstattung, um qualitativ hochwertige geschichtswissenschaftliche Forschung durchzuführen. Das Rijksinstituut voor Oorlogsdocumentatie (RIOD) unweit des AFH übernahm für die Niederlande als außeruniversitäre und staatlich finanzierte Organisation diese Aufgabe. Zur internationalen Arbeit des AFH siehe: Gundermann: Die versöhnten Bürger (s. Anm. 4), S. 389f., S. 400–402.

40 Allein für die Bundesrepublik und die Niederlande lassen sich jeweils 14 Schulen bis zum Ende der 1970er Jahre so lokalisieren, die fortan den Namen Anne Frank trugen. Gundermann: Die versöhnten Bürger (s. Anm. 4), S. 393.

41 Archiv des AFH: Afdeling collecties: Otto Frank Archiv/98: Korrespondenz mit Schulen u. a./312: Anne Frank schoolen allgemeen.

42 Archiv des AFH: Afdeling collecties: Otto Frank Archiv/98: Brief von Otto Frank an den OB von Ludwigshafen am 06.06.1968.

Rezeption einer universalisierten »Anne Frank« unterstützt, deren »Vermächtnis« vor allem demokratischen Werten und couragiertem Handeln in der Gegenwart verpflichtet ist.

Anne Frank zu Gedenken wurden in den Niederlanden mehrere Plastiken geschaffen.[43] Die berühmteste wird hier kurz vorgestellt. Bereits in den 1950er Jahren kam es dabei in den entsprechenden Komitees mit kommunistischen und jüdischen Mitgliedern zu heftigen Auseinandersetzungen um die Frage, ob Anne Frank stellvertretend für das Leiden und die Ermordung der niederländischen Juden stehen solle und würde. In der entstehenden Gedenklandschaft Amsterdams sollte ein figürliches Anne-Frank-Denkmal nicht eine solche Deutung zugeschrieben bekommen.[44] 1977 wurde schließlich die Plastik von dem in den Niederlanden berühmten Bildhauer Mari Andriessen direkt vor der Westerkerk unweit des berühmten Hinterhauses aufgestellt. Sie ist seitdem Anziehungspunkt für Touristen und für die heute mehr als eine Million Besucherinnen und Besucher des Anne Frank Hauses. Die zarte, aufblickende und im Maßstab etwas kleinere Mädchenfigur entspricht dabei nicht nur durch die plastische Ausgestaltung einer feminisierten und infantilisierten Deutung der jüdischen Opfer. Die Plastik korrespondiert mit einem männlichen Gegenstück, dem »Dokwerker« (Hafenarbeiter), der – ebenfalls von Mari Andriessen geschaffen – überlebensgroß auf die Menschen herabblickt, und in Erinnerung an den Februarstreik von 1941 bereits 1970 am Jonas Daniël Meijerplein aufgestellt worden war.[45]

Die Universalisierung des »Tagebuchs« und damit auch letztlich die Ikonisierung Anne Franks als inspiratives Opfer lassen sich also auf verschiedensten Ebenen erkennen. Gerade weil die Geschichte Anne Franks bis weit in die 1980er Jahre hinein fast keine oder nur eine minimale Beschäftigung mit der Vernichtung der niederländischen oder europäischen Juden bedeutete, lässt sich nationale Grenzen übergreifend eine Entschuldung von und Vermeidung der Konfrontation mit allzu schmerzhafter Geschichte erkennen. Welche Lehre aus der Geschichte konnte also der Rekurs auf »Hoffnung« bis in die Gegenwart hinein bieten?

43 Gundermann: Die versöhnten Bürger (s. Anm. 4), S. 397–399.
44 Vgl. David Barnouw: Anne Frank. Vom Mädchen zum Mythos. München 1999, S. 113.
45 Gundermann: Die versöhnten Bürger (s. Anm. 4), S. 398.

IV. »Anne Frank« zwischen Historisierung und Kommerzialisierung

Mitte der 1980er Jahre wurde das »Tagebuch« zum Forschungsthema und Historikerinnen und Historiker arbeiteten an der Entzauberung der »Holocaust-Ikone« Anne Frank. Ein wichtiger Meilenstein war die kritische Ausgabe des Tagebuchs (*De Dagboeken van Anne Frank*), die das RIOD (Rijksinstituut voor Oorlogsdocumentatie)[46] in Amsterdam 1986 herausgab. Hier wurden erstmals drei Tagebuchversionen parallel aufbereitet und präsentiert: die erste Version Anne Franks (a), ihre eigenen Überarbeitungen (b) und die durch Otto Frank und Mitarbeiter des Verlages Uitgeverij Contact (Erstauflage) vorgenommenen (c). Zudem verfügte das Buch über eine wissenschaftliche Darstellung der Geschichte der Familie Frank und bot damit gesicherte Erkenntnisse über die Tagebucheinträge und Lebenserinnerungen von Zeitzeugen hinaus, außerdem eine Zusammenfassung eines Gutachtens zur Überprüfung der Echtheit der Aufzeichnungen Anne Franks.[47] Letzteres war besonders wichtig, denn rechtspopulistische Kritiker hatten über die Jahre hinweg immer wieder die Echtheit des Tagebuchs bestritten.[48]

Kurze Zeit später rekonstruierte Willy Lindwer in seiner Fernsehdokumentation *The last seven month of Anne Frank* vor allem durch Zeitzeugeninterviews die Geschichte Anne Franks nach der Verhaftung der Untergetauchten.[49] Das hatte zur Folge, dass nachfolgende Doku-Dramen und Spielfilme auf die Geschichte der Franks nach ihrer Verhaftung nicht mehr verzichteten, wie *Anne Frank: The Whole Story* von Robert Dornhelm von 2001 oder der Spielfilm *Das Tagebuch der Anne Frank* von Hans Steinbichler 2016 belegen. Damit trugen und tragen Regisseure und Produzentinnen aber nicht zwangsläufig zur Entmystifizierung der Person Anne Franks bei. Hier zeigen sich über drei Jahrzehnte auch deutlich veränderte Bilderhaushalte, Erwartungs- und damit auch Konsumhal-

46 1999 wurde das RIOD in NIOD umbenannt (Nederlands Instituut voor Oorlogsdocumentatie), 2010 fusionierte das Institut mit dem Centrum voor Holocaust en Genocidestudies und wird nun unter dem Kürzel NIOD Instituut vor Oorlogs-, Holocaust- en Genocidestudies genannt.

47 H. J. J. Hardy: Zusammenfassung der Ergebnisse der vergleichenden Untersuchung der Handschriften und der urkundentechnischen Untersuchung der Textdokumente, die als Tagebuch der Anne Frank bekannt sind. In: Die Tagebücher der Anne Frank. Hg. v. RIOD. Amsterdam 1988, S. 119–202.

48 Otto Frank musste über Dekaden mehrere Prozesse in den USA, Schweden, Österreich und Deutschland austragen und hier gegen Holocaustleugner antreten. Vgl. Helmut Rödner: Rechtsextreme Strategien am Beispiel der Kampagne gegen das Tagebuch der Anne Frank. In: zeichen 8/2 (1980), S. 15–17.

49 Der Dokumentarfilm wurde 1988 ausgestrahlt, Willy Lindwer gab 1992 ein Buch heraus, das zentrale orale Quellen und Argumentationen aus der Dokumentation zusammenfasste: Willy Lindwer: The last seven months of Anne Frank. New York 1992.

tungen des Publikums bei der Thematisierung der Shoah. Das Zeigen der Vernichtung ist Teil unserer Unterhaltungsindustrie geworden und so kann auch die Inszenierung von der Prinsengracht bis Bergen-Belsen wie eine »Liveschaltung in das Jungsein im Zeitalter der Judenverfolgung«[50] wirken. Das Erzählen der »ganzen Geschichte« wirkt also einer Trivialisierung nicht zwangsläufig entgegen – denn auch hier kann über Harmonisierung und Glättung, über die Ästhetisierung des Holocaust nach Hollywood Standards[51] der Mythos Anne Franks ungebrochen zelebriert werden.

Mediale Produktionen wie diese, unzählige Theaterproduktionen, wie die 2008 von Charles Muller in Frankfurt aufgeführte Version mit der Muslimin Asli Bayram in der Hauptrolle oder aber Musicals wie das 2008 von Michael Schmoll und der Musicalwerkstatt Icker inszenierte *Kitty – Gegen das Vergessen*[52] sind ein wichtiger Teil der Popularisierung Anne Franks. Die vielfältigen medialen Produktionen sprechen für ein anhaltendes Interesse von Publika aller Altersgruppen. Dabei lassen sich nur bedingt Erinnerungsrhythmen feststellen, denn jedes Angebot ist mehr oder minder für eine spezifische Erinnerungskultur über Narrative und Gegenwartsbezüge produziert, es hat also eine spezifische »Halbwertzeit« und damit auch ein bestimmtes Internationalisierungspotential und kann als mediales Produkt in andere nationale Medienstrukturen integriert werden. Auch wenn die »Holocaust-Ikone Anne Frank«[53] heute zumindest teilweise auch in populären Medien überzeugend dekonstruiert wird, so ist ein Haupttenor in Rezensionen in verschiedensten Medien nach wie vor das »inspirierende Opfer.«

Was aber macht das Publikum, was machen die Rezipientinnen und Rezipienten mit »Anne«? »Anne« wird zum kulturellen Erbe. Sie wurde und ist heute immer noch ein Gefäß, ein Rahmen, in den sich verschiedenste Narrative hineindeuten lassen. Für die Niederlande lässt sich das kurz an einem kleinen Beispiel demonstrieren. Im Jahr 2004 initiierte der katholische Rundfunk KRO nach äußerst populären Vorbildern aus Großbritannien und Deutschland die Suche des »grootse Nederlander«, des größten Niederländers in einer mehrteiligen Fernsehshow. Auf dieser Liste, die durch eine Kommission sowie Zuschauerinnen und Zuschauer erstellt und dann im Wettkampf-Format von

---

50 So rezensierte der TAGESSPIEGEL am 18.02.2015 im Artikel »Marmorfrei« das Doku-Drama.

51 Vgl. Susanne Rohr: »Genocide Pop«. The Holocaust as Media Event. In: The Holocaust, Art, and Taboo. Hg. v. Sophia Komor und Susanne Rohr. Heidelberg 2010, S. 155–178; hier: S. 172.

52 Das Skript und Vertonungen KITTY – Gegen das Vergessen – ein Jugendmusical über Anne Frank, unter: http://schmoll-musik.de/hp579/KITTY-Gegen-das-Vergessen-ein-Jugendmusical-ueber-Anne-Frank.htm [abgerufen: 20.02.2017].

53 Vgl. Kristin Frieden: »Meine Freundin, Anne Frank«. Die Medialisierung Anne Franks zur Facebook-Ikone. In: Anne Frank. Mediengeschichten (s. Anm. 35), S. 117–135; hier: S. 127.

Sendung zu Sendung reduziert wurde, stand unter den zehn ersten platzierten auch Anne Frank. Ihre Nominierung hatte sogar eine parlamentarische Debatte ausgelöst, denn Anne Frank hatte nie die niederländische Staatsbürgerschaft erhalten, eine posthume Verleihung ließen die Gesetze der Niederlande aber 2004 nicht zu. Für die Aufnahme in die Liste reichte es letztlich, dass Anne Frank in ihrem Tagebuch erwähnt hatte, dass sie gerne Niederländerin werden wolle.[54]

Transnational erweitern lässt sich diese Frage mit einem Blick auf digitale Kommunikationsformen. Kristin Frieden und Hannes Burkhardt haben jüngst über »Anne Frank auf Facebook« bzw. als »Facebook-Ikone«[55] geforscht. Hannes Burkhardt betont dabei äußerst überzeugend mit Rückgriff auf Astrid Erlls Arbeit die soziale Dimension der Medien des kollektiven Gedächtnisses,[56] die historische Narrative wie jene über Anne Frank in neue Formen und Bedeutungszusammenhänge über das »social media storytelling« transformieren. Die Nutzerinnen und Nutzer eignen sich – ohne gate keeper-Funktionen großer Medien oder medialer Strukturen – die Vergangenheit an, wie anhand der vielfältigen Facebook-Seiten gezeigt werden kann. Sie reichen von Fan-Seiten, die Anne Frank als literarischen Star feiern, bis hin zu abstrusem Humor, der die Shoah verharmlost und Opfer verhöhnt.[57] Die offiziellen Repräsentationen des Tagebuchs und des Anne Frank Hauses – *Anne Frank: The Diary of a Young Girl* und Anne Frank House – werden vom Anne Frank Huis in Amsterdam und vom Verlag Doubleday gestaltet und mit verschiedensten Angeboten rund um das Tagebuch, die Angebote der Bildungsstätte und andere eher touristische oder kommerzielle Angebote ergänzt. Die Nutzerinnen und Nutzer sprechen dabei in Kommentaren »Anne« direkt an. Oberflächlich betrachtet wird hier eine Kommunikation mit einer lebenden »Anne« simuliert, so entsteht quasi eine »persönliche Beziehung«.[58] Auf den zweiten Blick scheint dies aber eher der Kommunikationsstruktur bei Facebook geschuldet, es könnte aber ebenso für eine Adaption der Installation der Kitty als Annes Ansprechpunkt im Tagebuch entsprechen. Teilweise scheint sich so auch eine Anthropomorphisierung des Tagebuchs selbst auszudrücken – in der digitalen Welt ist dies ohne größere Probleme möglich. Diese Verlebendigung des »inspirierenden Opfers« ist gewollt und wird auch durch andere Angebote des Anne Frank Hauses befördert.

54 Ilse Raaijmakers: Der »Beste« und der »Größte«. Ein kultureller Vergleich zwischen den Wahlen des besten Deutschen und größten Niederländers aller Zeiten. Coursework, Universiteit van Amsterdam 2008. Ich danke der Autorin für die Einsicht in ihre Arbeit.

55 Vgl. Frieden: »Meine Freundin, Anne Frank« (s. Anm. 53).

56 Vgl. Hannes Burkhardt: Anne Frank auf Facebook. Erinnerungskulturen im Social Web zwischen Trivialisierung und innovativer Erinnerungsarbeit. In: Anne Frank. Mediengeschichte (s. Anm. 35), S. 136–163; hier S. 142f.

57 z. B. »Anne Frank: Hide and Seek World Champion 1942–1944« oder »Anne Ghosty Frank«.

58 Vgl. Burkhardt: Anne Frank auf Facebook (s. Anm. 56), S. 149.

So können heute auf der Seite: »annefrank.org« (Das Hinterhaus online) Besucherinnen und Besucher lesen: »Anne stellt das Hinterhaus vor. Sie nimmt dich mit von Zimmer zu Zimmer.«[59] Die Simulation der Nähe zu »Anne«, die hier über Bilder der Zimmer in ihrem scheinbar authentischen Zustand von 1944 verstärkt wird, ist damit eine höchst erfolgreiche Strategie, virtuelle und reale Besucherinnen und Besucher für das Anne Frank Haus zu interessieren.

Kommerzialisierungen in »Reinform« sind heute auch im Netz zu finden – dann hat das Produkt »Anne Frank« keinerlei Bezug zur Geschichte Anne Franks, wie die »Anne Frank Quotes Collection«-App oder aber die »Anne Frank Quotes«, die in verschiedenen Formaten Zitate aus dem Tagebuch auf das mobile Nutzerendgerät einspielen, die etwa zur »Inspiration« anregen sollen. Digital wie auch analog changieren im 21. Jahrhundert die Aktualisierungen und Auseinandersetzungen mit dem *lieu de mémoire* »Anne Frank« damit zwischen Kommerzialisierung und Historisierung.

V. Fazit

»Anne Frank – der Name steht für Lebensmut und Zuversicht in hoffnungsloser Zeit.«[60] Dieser Ankündigungstext der ARD für die Ausstrahlung des Fernsehfilms *Meine Tochter Anne Frank* im Februar 2017 zeigt noch einmal in Kürze, wie wirkmächtig die frühen Theater- und Filmfassungen die Deutung und damit die Ausprägung des Erinnerungsortes »Anne Frank« beeinflusst haben. Die Popularisierung der Geschichte der Person Anne Frank war dabei über Jahrzehnte hinweg nicht von einer starken Wechselwirkung von der (Geschichts-)Wissenschaft auf der einen und populären Medien auf der anderen Seite gekennzeichnet. Die Forschung über den niederländischen und europäischen Holocaust und letztlich dessen Historisierung hat sich erst seit den 1980er Jahren auch deutlich in der populären Rezeption von »Anne Frank« niedergeschlagen, hier lassen sich tatsächlich Wechselwirkungen aufzeigen. Die jüngsten internationalen Forschungen scheinen jedoch nur wenig Einfluss auf populäre Darstellungswelten von Anne Frank zu haben.[61] Weil im Zuge dieser Prozesse auch die physische

59 Vgl. Das Hinterhaus Online. Erkunde Anne Franks Versteck, unter: http://www.annefrank.org/de/Subsites/Home/Uber-das-Haus/ [abgerufen: 20.02.2017].

60 Ankündigungstext der ARD für die Ausstrahlung des Films »Meine Tochter Anne Frank« am 21.02.2017, unter: http://programm.ard.de/?sendung=2820577811476 [abgerufen: 19.02.2017].

61 Herausgehoben seien hier die internationalen und transdisziplinären Workshops des Lichtenberg-Kollegs der Georg August Universität Göttingen und des Fritz Bauer Instituts Frankfurt am Main zur »Contextualisation – Reception – Representation« der »Diaries of Anne Frank« von 2014–2015 und daraus resultiernde Veröffentlichungen oder Veröffentlichungen wie Peter Seibert: Anne Frank. Mediengeschichten (s. Anm. 35).

Vernichtung der Juden popularisiert wurde, führte das nur in geringem Maße zu einer Historisierung »Anne Franks« in den populären Medien. Die vielfältigen Auseinandersetzungen und Thematisierungen von »Anne Frank« im populären Bereich zeigen aber, dass nicht einfach von einer fortschreitenden Kommerzialisierung oder Eventisierung gesprochen werden kann. Eine zunehmende Didaktitisierung ist hier ebenso zu beobachten, wie der Aufbau und die Nutzungsstrategien der Facebookseite des Anne Frank Hauses zeigen.

Der Erinnerungsort Anne Frank fand deswegen so erfolgreich und dauerhaft Eingang in vielfältige Geschichtskulturen, weil die Erinnerungsmedien das Bild von »Anne Frank« nicht nur stark sakralisierten, sondern vor allem universalisierten. Die Frage, was man aus »Anne« lernen will und kann, wurde früh beantwortet und das »inspirierende Opfer« erlaubte einen Bezug, eine »Nutzung« in multipler Weise: Die Lesarten von »Anne Frank« als multidirektionalem Erinnerungsort sind bis heute plural. Die Figur der »Anne Frank« wurde ein Symbol für Mut und Hoffnung, ein Friedenssymbol, eines der Inspiration und für das Gute im Menschen. Ihre Inszenierung war dabei so erfolgreich, dass zudem die Nähe zur Person ein wichtiger Faktor zu sein scheint – sie ist als Motivation unter den Besuchern und Besucherinnen des Anne Frank Huis in Amsterdam genau so zu finden, wie in den Facebook-Kommentaren der User.

Edith Raim

Gescheiterte Gedenkinitiativen. Die Beispiele Kaufering und Landsberg

I. Gedenkstätten im Kontext der (west-)deutschen Erinnerungskultur nach 1945

In einem von Jane Austens Romanen, *Mansfield Park*, macht sich die Hauptperson Gedanken über das menschliche Erinnerungsvermögen und äußert:

> Wenn irgendeine Gabe in unserer Natur wunderbarer als alles übrige genannt werden kann, dann ist es wohl das Gedächtnis. In seinen Fähigkeiten, seinem Versagen und seinen Unterschieden scheint etwas Unfaßbares zu liegen, das beredter ist als all unsere anderen Verstandeskräfte. Das Gedächtnis ist manchmal so aufnahmefähig, so dienstbar, so gehorsam, ein andermal so konfus und so schwach, und dann auch wieder so despotisch, so unberechenbar. Wir Menschen sind ganz gewiß in jeder Hinsicht ein Wunder, aber unsere Fähigkeiten, uns zu erinnern oder zu vergessen, scheinen sich unserem Verständnis besonders zu entziehen.[1]

Genau diesen Fähigkeiten, uns zu erinnern oder zu vergessen, möchte ich hier am Beispiel des Gedenkens an historischen Orten von NS-Verbrechen nachspüren. Wie hat sich die Erinnerung an die Verbrechen des NS-Regimes seit 1945 geändert? Wie gehen jüngere Generationen, die ohne die Begegnung mit Zeitzeugen auskommen müssen, mit Gedenken im »Land der Täter« um? Wie werden wissenschaftliche Erkenntnisse beim Gedenken reflektiert? Und wie sieht die Situation bei den »vergessenen Lagern« aus?

Glaubt man dem Historiker und Publizisten Götz Aly, dann ist die Bundesrepublik Deutschland heute Weltmeister in der Bewältigung der NS-Diktatur. Es gibt Mahnmale, Gedenkstätten, Gedenkveranstaltungen, Gedenkjahre, Gedenkrituale, Museen, Dokumentationsstätten, einen boomenden historischen Buchmarkt und fast jeden Abend werden das Dritte Reich und der Zweite Weltkrieg im Fernsehen in Dokumentarfilmen gezeigt. Der öffentliche Raum wird in Museen, Fernsehfilmen, Diskussionen und nicht zuletzt Mahnmalen

1 Jane Austen: Mansfield Park. Roman. Aus dem Englischen v. Helga Schulz. München 2012, S. 241.

besetzt. Die Beschäftigung mit dem Nationalsozialismus und seinen Verbrechen scheint allgegenwärtig. Die »Aufarbeitung« der NS-Diktatur gilt als besonders gründlich. »[So] hat sich Deutschland im Gefolge der Einheit zu einem Musterland der Erinnerungskultur entwickelt, das seiner Opfer sozusagen flächendeckend gedenkt.«[2] Doch das war nicht immer so. Das allgemein akzeptierte Narrativ der Geschichte der »Aufarbeitung« und des Erinnerns in Westdeutschland, bzw. seit 1990 in Gesamtdeutschland, sah lange Zeit anders aus. Nach dem Zweiten Weltkrieg schienen die Deutschen zunächst an ihrem eigenen Leid interessiert zu sein. Denkmäler in der frühen Bundesrepublik erinnerten entweder an gefallene deutsche Soldaten, an Flucht und Vertreibung oder an die deutsche Teilung – auf diese Weise konnten sich auch die Deutschen als Opfer betrachten. Erinnert wurde an Bombenopfer und Kriegswaisen, Straßenbenennungen reflektierten die verlorenen deutschen Ostgebiete – der Massenmord an den europäischen Juden war in der öffentlichen Auseinandersetzung so gut wie nicht präsent. An diese Tradition des Erinnerns an die deutschen Opfer knüpfen z. B. die Denkmäler für die Trümmerfrauen an, wie ein vor kurzem in München errichtetes Denkmal.[3]

Authentische Orte wie etwa Zwangsarbeitslager, Konzentrationslager oder sonstige dingliche Relikte wurden in der frühen Nachkriegszeit entweder (wegen ihrer Konnotation mit der NS-Diktatur) schon von den Besatzungsmächten oder aber von den Deutschen selbst vollständig zerstört oder vernachlässigt, so dass sie verfielen oder – wie im Folgenden an einem ausgewählten Beispiel zu zeigen sein wird – einer anderen Nachnutzung zugeführt wurden. Die Erinnerung an Verbrechen des Nationalsozialismus wurde, so Hermann Lübbe, beschwiegen,[4] etwaige Initiativen zum Gedenken gingen entweder von Überlebenden selbst oder ihren Angehörigen aus, während sich weite Teile der deutschen Öffentlichkeit überhaupt nicht für die Geschichte der Opfer des Nationalsozialismus interessierten geschweige denn Mahnmale oder Denkmäler errichten wollten.

Dieser Wunsch nach dem Vergessen insbesondere der jüngeren deutschen Zeitgeschichte, dem Nationalsozialismus, prägte die Deutschen auch in den 1950er und 1960er Jahren stark. Das Beschweigen der Vergangenheit, ja das Nichtwissenwollen, die Verweigerung der Verantwortung für die eigene Ver-

2 Ulrike Köppchen: Der Bewältigungsweltmeister. Erinnerungskultur und Erinnerungspolitik 75 Jahre nach Ausbruch des Zweiten Weltkriegs. In: Deutschlandradio Kultur, 01.09.2014.

3 ›Eine Geschichte, die sich gut erzählen lässt‹. Der Historiker über den deutschen Mythos von den ›Trümmerfrauen‹. Die Inschrift auf dem umstrittenen Münchner Denkmal ist für ihn ›ein vager, fast schon verschleiernder Hinweis darauf, dass es eine Vorgeschichte gab‹. In: Süddeutsche Zeitung, 12.12.2013.

4 Hermann Lübbe: Der Nationalsozialismus im deutschen Nachkriegsbewußtsein. In: Historische Zeitschrift, Bd. 236 (1983), S. 579–599. Bei Lübbe handelte es sich freilich um eine Apologie des Schweigens.

gangenheit war Konsens in der Mehrheit der deutschen Gesellschaft. Auch Politiker, die nicht NS-belastet waren, lehnten es ab, sich mit dem Nationalsozialismus auseinanderzusetzen. Der Ruf nach dem Schlussstrich unter die NS-Diktatur und ihre Nachwirkungen dominierte die politische Kultur. Der erste Bundeskanzler Konrad Adenauer äußerte, er habe die ewige »Naziriecherei«[5] satt. Bundeskanzler Ludwig Erhard sagte anlässlich der europäischen Feiern zum 20-jährigen Kriegsende am 08. Mai 1965, es sei kein Gedenktag der Befreiung.[6] Franz Josef Strauß erklärte 1969: »Ein Volk, das diese wirtschaftlichen Leistungen vollbracht hat, hat ein Recht darauf, von Auschwitz nichts mehr hören zu wollen.«[7]

Doch abseits der Bekundungen der Politiker begann sich in den 1960er Jahren ein neues Geschichtsverständnis zu verbreiten, das zu einer verstärkten Konfrontation mit dem Nationalsozialismus führte.[8] Willy Brandts Kniefall vor dem Mahnmal des Warschauer Ghettos 1970 wurde zu Recht als Bekenntnis zu deutscher Verantwortung und Schuld gesehen. Die NS-Prozesse vor deutschen und alliierten Gerichten, die seit 1945 in Gang gekommen waren, machten immer wieder deutlich, welche Verbrechen Deutsche begangen hatten. Nun waren es das Lokale und Familiäre, was zur Beschäftigung herausforderte. Was hatte sich vor Ort ereignet, wie hatten die Menschen – etwa die eigene Familie oder Bekannte oder Nachbarn – auf das NS-Regime reagiert, wie hatten sie sich in der Diktatur verhalten? Unnötig zu sagen, dass diese Art der Konfrontation für alle Beteiligten ungleich schmerzhafter war als die bekannten unpersönlichen Fakten aus den Geschichtsbüchern.

Tatsächlich muss für die 1950er und 1960er Jahre auch von einem Versagen der Geschichtswissenschaft ausgegangen werden.[9] Lange Jahre wurde über die Verbrechen des Nationalsozialismus kaum geforscht. Wichtiger schien es, den Weg in die Diktatur und ihre Ursachen nachzuzeichnen oder Strukturen der

5 Zit. nach Norbert Frei: Vergangenheitspolitik. Die Anfänge der Bundesrepublik und die NS-Vergangenheit. München 1999, S. 86.

6 »Ja – wenn mit der Niederwerfung Hitler-Deutschlands Unrecht und Tyrannei aus der Welt getilgt worden wären, dann allerdings hätte die ganze Menschheit Grund genug, den 8. Mai als einen Gedenktag der Befreiung zu feiern. Wir alle wissen, wie weit die Wirklichkeit davon entfernt ist.« In: Bulletin des Presse- und Informationsamts der Bundesregierung Nr. 81 (1965), S. 641.

7 Frankfurter Rundschau, 13.09.1969.

8 Vgl. Maximilian Strnad: Grabe, wo Du stehst. Die Bedeutung des Holocaust für die Neue Geschichtsbewegung. In: Der Holocaust in der deutschsprachigen Geschichtswissenschaft. Bilanz und Perspektiven. Hg. v. Michael Brenner und Maximilian Strnad. Göttingen 2012, S. 162–198.

9 Eine umfassende Skizzierung der Historiographie bietet Christoph Cornelißen: Erforschung und Erinnerung – Historiker und die zweite Geschichte. In: Der Nationalsozialismus – Die zweite Geschichte. Überwindung – Deutung – Erinnerung. Hg. v. Peter Reichel, Harald Schmid und Peter Steinbach. Bonn 2009, S. 217–242.

Macht im Dritten Reich zu zeigen. Zwar hatten Überlebende, etwa Eugen Kogon mit der Studie *Der SS-Staat* (1946) oder H. G. Adler mit *Theresienstadt 1941–1945. Das Antlitz einer Zwangsgemeinschaft* (1955) die Verbrechen in den Lagern beschrieben, doch von fachwissenschaftlicher Seite befasste man sich in Westdeutschland weder mit Konzentrationslagern noch mit dem Holocaust. Bezeichnenderweise erschien in Westdeutschland lange keine ernst zu nehmende wissenschaftliche Studie über die Konzentrationslager. 1962 legte Eberhard Kolb mit seiner Monographie über *Bergen-Belsen. Vom »Aufenthaltslager« zum Konzentrationslager 1943–1945* eine Pionierstudie vor. In der Schriftenreihe der Vierteljahrshefte für Zeitgeschichte erschien 1970 der Band *Studien zur Geschichte der Konzentrationslager.* Es überrascht nicht, dass auch erste wichtige Studien zum Holocaust nicht von Seiten der deutschen Geschichtswissenschaft kamen, sondern von Anglo-Amerikanern wie etwa von Gerald Reitlinger, dessen Buch über die sog. Endlösung der Judenfrage 1956 auf Deutsch erschien. Während Reitlingers Buch immerhin noch einigermaßen zügig übersetzt worden war, blieb Raul Hilbergs Grundlagenwerk *The Destruction of the European Jews*, das 1961 auf Englisch erschienen war, deutschen Rezipienten mehr als zwei Jahrzehnte vorenthalten und wurde erst 1982 auf Deutsch publiziert. Memoirenliteratur oder Tagebücher (Inge Scholls *Die Weiße Rose* oder Anne Franks *Tagebuch*)[10] waren zwar schon seit den 1950er Jahren große Publikumserfolge, doch sah sich die Wissenschaft lange nicht in der Pflicht, sich mit derartigen Quellen zu befassen oder sie gar selbst zu publizieren.

Gegenläufig zu den gängigen Trends entstanden sowohl abseits des wissenschaftlichen Diskurses als auch des öffentlichen Interesses Mahnmale in früheren Konzentrationslagern und Gedenkstätten.[11] In Flossenbürg und Bergen-Belsen wurden erste Denkmale noch in der unmittelbaren Nachkriegszeit errichtet, in Dachau gab es eine erste kleine Ausstellung bereits Ende 1945. In Ostdeutschland war es das frühere Außenlager Langenstein-Zwieberge bei Halberstadt, wo Ende 1949 ein Denkmal entstand – die großen und berüchtigten früheren Konzentrationslager Buchenwald und Sachsenhausen konnten nicht für das Gedenken am authentischen Ort genutzt werden, da sich dort sowjetische Speziallager befanden, in denen erneut Häftlinge interniert waren, die entweder als Unterstützter des Nationalsozialismus galten oder auch lediglich aufgrund eines vagen Verdachts von der Sowjetischen Militäradministration verhaftet worden waren. Nach der Auflösung der Internierungslager wurden in Buchenwald, Ravensbrück und Sachsenhausen von Staats wegen »Nationale Mahn- und Gedenkstätten« konzipiert und im Zeitraum 1958 bis 1961 eröffnet. Im Westen

10 Zum *Tagebuch der Anne Frank* siehe den Beitrag von Christine Gundermann in diesem Band.

11 Einen guten Überblick bietet: Stefanie Endlich: Orte des Erinnerns – Mahnmale und Gedenkstätten. In: Der Nationalsozialismus – Die zweite Geschichte (s. Anm. 9), S. 350–377.

waren es dagegen meist Initiativen und das Engagement von Überlebenden oder Bürgern, die zur Schaffung der Gedenkstätten führten. Die KZ-Gedenkstätte Dachau wurde 1965 auf Drängen der Überlebenden, die sich in in- und ausländischen Häftlingsverbänden organisiert hatten, als Gedenkort eröffnet. Die Baracken, die zeitweise als amerikanisches Internierungslager gedient hatten, waren da schon längst abgerissen, zwei wurden nachgebaut. Die Geschichte des KZ Bergen-Belsen wurde ab 1966 in einer Ausstellung im Dokumentenhaus dargestellt, in Flossenbürg wurde ebenfalls eine erste Ausstellung gezeigt. Die KZ-Gedenkstätte Neuengamme wurde 1981 eingerichtet, seit 1965 gab es ein Mahnmal. Problematisch war nicht selten, dass – zum Zwecke des Gedenkens, das oft auf den authentischen Ort fixiert ist – Gedenkstätten zur Gestaltung eines würdigen Ortes überformt und anderweitig besetzt wurden. Alle auf dem Gebiet der heutigen Bundesrepublik befindlichen früheren Konzentrationslager sind Gedenkstätten, die auf Dokumentation, Ausstellungen und pädagogische Vermittlung setzen.

Stefanie Endlich hat darauf hingewiesen, dass der Umgang mit den Stätten nationalsozialistischer Verbrechen stets ein Lithmustest für die Auseinandersetzung der deutschen Gesellschaften mit ihrer Geschichte war.[12] In Westdeutschland trat erst seit Ende der 1970er Jahre das Gedenken an die NS-Verbrechen in den Vordergrund, um sich immer stärker in der Gesellschaft zu verankern. Gewerkschaften erinnerten an die Verfolgung der politischen Gegner seit 1933, 1978 fanden zahlreiche Gedenkveranstaltungen zum 40. Jahrestag des Novemberpogroms 1938 statt. Gleichzeitig wurde durch die Ausstrahlung der amerikanischen TV-Serie *Holocaust* einer breiten Öffentlichkeit der Mord an den europäischen Juden vermittelt. Der Schülerwettbewerb Deutsche Geschichte befasste sich 1980/1981 und 1982/83 mit der NS-Zeit. 1985 setzte die Rede Richard von Weizsäckers zum 40. Jahrestag des Kriegsendes einen Paradigmenwechsel in Gang: Das Gedenken wurde zu einem nationalen Projekt.[13] Das kollektive Erinnern, das zunächst nur die politischen Opfer betraf, weitete sich immer stärker aus und wurde deutlich weiter gefasst: europäische Juden, Sinti und Roma, Zwangsarbeiter, Opfer der »Euthanasie«, der Zwangssterilisierung, verfolgte Priester, Homosexuelle, Opfer der Wehrmachtsjustiz – die Liste der Opfergruppen ließe sich fortsetzen. Gekennzeichnet wird diese seit den 1980er Jahren anhaltende Denkmalwelle trotz des stets größer werdenden zeitlichen Abstands durch eine hohe Emotionalität. Dass das Erinnern auch ein Minenfeld ist, erfuhr etwa Philipp Jenninger mit seiner Rede zum Novemberpogrom, die er

12 Endlich: Orte des Erinnerns – Mahnmale und Gedenkstätten (s. Anm. 11), S. 350.
13 Siehe dazu auch den Beitrag von Olaf Kistenmacher in diesem Band.

1988 zum 50. Jahrestag im Deutschen Bundestag hielt und die zu seinem sofortigen Rücktritt als Bundestagspräsident führte.[14]

Während an den Orten ehemaliger Konzentrationslager im In- und Ausland schon länger Mahnmale und Ausstellungen existieren, tat man sich an sog. Täterorten – etwa dem Reichsparteitagsgelände Nürnberg, der Dokumentation Obersalzberg – viel schwerer. Anstatt wie in den KZ-Gedenkstätten auf Empathie mit den Opfern zu setzen, dominierten dort die rationale und distanzierte Auseinandersetzung mit den Verbrechen. An den sog. Täterorten entstanden erst Ende der 1990er Jahre Ausstellungen oder Museen. Die Topographie des Terrors in Berlin auf dem Gelände des ehemaligen Gestapo-, Sicherheitsdienst- und Reichssicherheitshauptamt-Hauptquartiers begann 1987 als open air-Ausstellung und wurde erst 2010 eröffnet. In München wurde ein NS-Dokumentationszentrum schließlich 2015 realisiert.

Eine Sonderstellung nimmt in vieler Hinsicht Berlin ein, wo die ganz Europa betreffenden Verbrechen »am Schreibtisch« geplant wurden. Berlin hat sich seit der Wiedervereinigung zu einem zentralen Denkmalort entwickelt. Das 2005 eröffnete Berliner Holocaust-Denkmal ist von zahlreichen anderen Denkmälern flankiert: der Gedenk- und Informationsort für die Opfer der nationalsozialistischen »Euthanasie«-Morde wurde im September 2014 eröffnet, es gibt Denkmäler für verfolgte Homosexuelle und Mahnmale für den Mord an Sinti und Roma.[15] Staatsbesuche können an mehreren Orten dem Völkermord oder der sog. »Euthanasie« gedenken, wobei allerdings immer die Gefahr besteht, dass die einzelnen Tatorte ins Hintertreffen geraten. Die Opfer wieder im Alltag präsent zu machen, ist das Anliegen des Stolpersteinprojekts, das in fast allen deutschen Städten praktiziert wird und vor allem auf bürgerschaftlichem Engagement beruht als sog. »Denkmal von unten«. Die Initiative des Künstlers Gunter Demnig, die 1992 in Deutschland begann und in vielen europäischen Ländern fortgesetzt wird, führte zur Verlegung von weit über 55.000 kleinen quadratischen Messingtafeln mit Namen und Schicksal der Opfer des NS-Regimes im Straßenpflaster vor ihren letzten Wohnhäusern. Kritiker monieren die Verlegung im Boden, die das Betreten oder Beschmutzen der Denkmale unausweichlich machen sowie die unreflektierte Verwendung nationalsozialistischen Sprachgebrauchs. Der Abstraktion des Völkermordes wird die Vergegenwärtigung durch die Lokalisierung vor Ort entgegengesetzt. Während sich die Deut-

14 Philipp Jenninger versuchte in der Rede in teils unbeholfener, teils missverständlicher Weise zu erklären, warum die Deutschen das NS-Regime trotz der schon in der Vorkriegszeit ständigen offensichtlichen Verbrechen begeistert unterstützten und warum sie den antisemitischen Ausschreitungen nichts entgegensetzten. Vgl. Harald Schmid: Erinnern an den »Tag der Schuld«. Das Novemberpogrom von 1938 in der deutschen Geschichtspolitik. Hamburg 2001.

15 Siehe hierzu auch den Beitrag von Tobias von Borcke in diesem Band.

schen kurz nach 1945 selbst als Opfer sahen, identifizieren sie sich nun mit den Opfern – seien es Juden, Zwangsarbeiter oder Kranke.

Um noch einmal auf Götz Aly zurückzukommen: Sind die Deutschen Weltmeister im Bewältigen? Während in den 1960er und 1970er Jahren das Erinnern an die Gräuel der NS-Zeit eine Angelegenheit von einigen wenigen war, ist das Gedenken an die NS-Zeit heute in der Gesellschaft verankert. Einerseits spricht das für einen beträchtlichen, positiv zu bewertenden Mentalitätswandel in der deutschen Gesellschaft. Andererseits sind auch hier gewaltige Defizite zu beklagen, die im Folgenden an einem lokalen Beispiel, nämlich an Landsberg am Lech und dem benachbarten Kaufering, vorgeführt werden sollen.

II. Die Initiative »Europäische Holocaustgedenkstätte Landsberg«

Ab Mitte 1944 entstanden nahe der oberbayerischen Kleinstadt Landsberg am Lech und der Gemeinde Kaufering elf Außenlager des KZ Dachau.[16] Sie wurden zu einem Zeitpunkt geschaffen, als andere Lager bereits befreit wurden und überregionale Ereignisse – wie etwa die Landung der Alliierten in der Normandie oder der Aufstand vom 20. Juli 1944 – ein Ende des Dritten Reiches in greifbare Nähe zu rücken schienen. Gleichzeitig erreichte das System der Konzentrationslager in dieser Zeit seine größte Expansion. Im Januar 1945 waren über 700.000 KZ-Häftlinge in über einem Dutzend Konzentrationslagern und hunderten von Außenlagern inhaftiert, wobei die Zahl der Häftlinge in den Außenlagern insgesamt die der Häftlinge in den Stammlagern überstieg. Zum Zeitpunkt der Befreiung waren im KZ Dachau beispielsweise über 30.000 Häftlinge, in den Außenlagern insgesamt 39.115 Häftlinge gezählt worden. Der Kauferinger Lagerkomplex war eine Enderscheinung des KZ-Systems, der mit den Lagern der Vorkriegszeit wenig gemein hatte.

Seit Anfang 1944 war die deutsche Flugzeugherstellung durch alliierte Bombardierungen schwer geschädigt worden. Zur Herstellung großer Mengen von Jagdflugzeugen, mit denen die Lufthoheit über das Reich zurückerobert werden sollte, wurden unterirdische bombensichere Fabriken ins Auge gefasst. Hitler selbst begeisterte sich dafür und forderte die »großzügige und endgültige Verlagerung der gesamten deutschen Industriewerke unter die Erde.«[17]

16 Vgl. Edith Raim: Die Dachauer KZ-Außenkommandos Kaufering und Mühldorf. Rüstungsbauten und Zwangsarbeit im letzten Kriegsjahr 1944/45. Landsberg am Lech 1992.

17 Protokoll der Führerbesprechung am 5.3.1944. Bundesarchiv R 3/1509, S. 13–15. Vgl. auch Willi A. Boelcke (Hg.): Deutschlands Rüstung im Zweiten Weltkrieg. Hitlers Konferenzen mit Albert Speer 1942–1945. Frankfurt a. M. 1969, S. 338.

Im Gegensatz zu den hunderten von anderen Projekten, bei denen existierende natürliche Höhlen und Tunnel, aber auch Bierkeller und Kirchenkrypten in unterirdische Produktionsorte ausgebaut wurden, sollten nur wenige Bauwerke vollständig neu errichtet werden, darunter die Bunker von Landsberg und Mühldorf. Von sechs geplanten Betonbunkern, in denen das erste Düsenflugzeug, die Messerschmitt 262, hätte hergestellt werden sollen, wurden vier begonnen, drei davon bei Landsberg, einer in der Nähe von Mühldorf. Allerdings wurde der Bau von zwei Bunkern bei Landsberg noch während des Krieges eingestellt, so dass lediglich je ein Bunker nahe Landsberg und Mühldorf entstand. Die Kiesschicht an diesen Orten und die Anbindung an Eisenbahnlinien waren für die Standortentscheidungen von großer Bedeutung. Als Arbeitskräfte wurden Juden aus ganz Europa nach Oberbayern deportiert, insbesondere aus den liquidierten Ghettos Litzmannstadt, Kaunas und Schaulen und aus dem Vernichtungslager Auschwitz. Die genaue Nationalitätenverteilung bei den Häftlingen ist nicht mehr feststellbar, die Juden aus Ungarn und Rumänien dürften aber einen großen Anteil gestellt haben, hinzu kamen Litauer, Polen, Tschechen und Slowaken, Griechen, Italiener, Österreicher, Deutsche, Niederländer, Belgier und Franzosen.

Es ist davon auszugehen, dass in einem Zeitraum von weniger als zehn Monaten, nämlich von Mitte Juni 1944 bis Ende April 1945, zwischen 20.000 und 30.000 Menschen den Kauferinger Außenlagerkomplex mit seinen elf Lagern durchliefen. Sieben Kinder ungarischer Mütter wurden gegen Kriegsende sogar in dem Außenlager Kaufering I geboren.[18] Aufgrund der elenden Lebens- und Arbeitsbedingungen kamen zwischen einem Drittel und der Hälfte aller Deportierten um, die in elf KZ-Friedhöfen rund um Landsberg verscharrt wurden.

Ebenso wie viele Häftlinge kam auch das SS-Personal aus den geräumten Lagern und Ghettos im Osten. Die höchsten SS-Verantwortlichen in Kaufering hatten oft schon eine blutige Spur durch ganz Europa gelegt, bevor sie wieder ins Reich zurückkehrten. Hans Aumeier war Schutzhaftlagerführer in Auschwitz und Kommandant des KZ Vaivara in Estland gewesen. Otto Förschner war Kommandant des KZ Mittelbau-Dora gewesen. Andere hatten in Auschwitz, Lublin-Majdanek, in Warschau, in Kaunas oder Schaulen, in Sachsenhausen und Buchenwald Dienst getan, bevor sie nach Kaufering kamen. Der Kauferinger Lagerarzt SS-Hauptsturmführer Dr. Max Blancke war in Lublin und im KZ Plaszow gewesen. Der SS-Hauptscharführer Otto Moll hatte die Strafkompanie in Auschwitz geleitet und war Verantwortlicher für Gaskammern und Krematorien in Auschwitz-Birkenau gewesen.[19]

18 Vgl. Eva Gruberová und Helmut Zeller: Geboren im KZ. Sieben Mütter, sieben Kinder und das Wunder von Kaufering I. München 2012.

19 Vgl. Edith Raim: Die KZ-Außenlagerkomplexe Kaufering und Mühldorf. In: Das Konzen-

Schon allein die Geschichte der Dachauer KZ-Außenlager Kaufering, aber auch die Geschichte Landsbergs[20] fordert eine angemessene Darstellung im öffentlichen Raum. Doch anders als bei den KZ-Gedenkstätten Dachau und Flossenbürg, aber auch kleineren, teils recht gelungenen Gedenkorten für Außenlager etwa in Baden-Württemberg stellt sich die Lage in Landsberg und Umgebung desolat dar, obwohl – anders als bei vielen anderen Lagerorten – sowohl bauliche Überreste von Lagern (Kaufering VII, Erpfting bei Landsberg) als auch von den Arbeitsstätten der Häftlinge (Bunker »Weingut II«) vorhanden sind.

Nach 1945 wurden die Überreste der meisten Kauferinger Lager dem Erdboden gleichgemacht, teils durch die Amerikaner, die die Seuchengefahr in den erbärmlichen Erdhütten bekämpfen mussten, teils durch die lokalen Anwohner, die sich u. a. aus den SS-Baracken brauchbare Materialien beschafften. Die SS-Baracken von Kaufering VII bei Landsberg dienten noch bis in die 1950er Jahre Heimatvertriebenen und Flüchtlingen als Unterkunft. Anders als in Dachau gab es keine »Lobby« der früheren politischen Gefangenen, die für eine Einrichtung einer Gedenkstätte hätten plädieren können, die meisten früheren Häftlinge lebten nun in Israel und Übersee und waren damit beschäftigt, sich ein neues Leben aufzubauen und Familien zu gründen. Von den elf Lagern blieben vor allem die Massengräber zurück, über die konstatiert wurde: »An diese Gräber wird niemand treten.«[21]

Nach den 1950er Jahren wurde es still um die Überreste von Kaufering VII. Die Flüchtlinge konnten dank Wirtschaftswunder bald in bessere Behausungen ziehen und verließen die armseligen Unterkünfte schnell. Es blieben mehrere Tonröhrenbunker, in denen im letzten Kriegsjahr weibliche Häftlinge u. a. aus Griechenland inhaftiert gewesen waren. Noch 1978 wurden Forderungen nach einer Beseitigung der »gefährlichen alten Bunker« laut.[22] Der Stadtkämmerer von Landsberg erklärte, die Sprengung sei bereits vom Landratsamt verfügt, nun müsse man auf dem Rechtsweg vorgehen. Von einer Sprengung sah man zwar ab, doch Vernachlässigung und vielleicht auch mutwillige Zerstörung führten zum

trationslager Dachau. Geschichte und Wirkung nationalsozialistischer Repression. Hg. v. Wolfgang Benz und Angelika Königseder. Berlin 2008, S. 71–88.

20 Das Gefängnis Landsberg war bekanntermaßen Ort der Haft Hitlers 1923/24, diente 1937/1938 als Pilgerstätte der Hitlerjugend und war nach 1945 als amerikanisches »War Criminal Prison No. 1« Haft- und Hinrichtungsort der Kriegsverbrecher. Im 1945 entstanden jüdischen Displaced Persons Lager forderte David Ben Gurion die jüdischen Überlebenden zur Gründung des Staates Israel auf. Vgl. Martin Paulus, Edith Raim und Gerhard Zelger (Hg.): Ein Ort wie jeder andere. Bilder aus einer deutschen Kleinstadt. Landsberg 1923–1958. Reinbek bei Hamburg 1995.

21 An diese Gräber wird niemand treten. Tausende von KZ-Häftlingen ruhen im Bereich Landsberg. Abseits liegen die Friedhöfe. In: Süddeutsche Zeitung, 31.10.1957.

22 Erpftings Bunker werden gesprengt. In: Landsberger Tagblatt, 16./17.12.1978.

Einsturz der Dächer bei mindestens zweien der Tonröhrenbauwerke. Gleichzeitig nutzte die Bundeswehr die Überreste der Häftlingsarbeit in Form des nahezu fertiggestellten Bunkers »Weingut II«. Nun begann die Gewerkschaftsjugend auf den KZ-Friedhöfen der Umgebung an die NS-Verbrechen in der Region zu erinnern.[23] Gutgeheißen wurden die Gedenkinitiativen aber keineswegs von allen. Auch als 1986 zwei SPD-Abgeordnete im Bayerischen Landtag den Versuch unternahmen, an alle Außenlager von Dachau und Flossenbürg in Bayern »durch geeignete Maßnahmen« wie Mahnmale und Gedenkstätten zu erinnern, lehnte die CSU-Landtagsfraktion diesen Wunsch ab. Der CSU-Abgeordnete Richard Hundhammer begründete dies damit, dass der Eindruck entstehen könne, »als wäre ganz Bayern, ja gerade Bayern und nur Bayern ein einziges KZ-Lager gewesen«.[24]

Anfang der 1980er Jahre wurde mit dem Schülerwettbewerb »Deutsche Geschichte um den Preis des Bundespräsidenten« (heute: »Geschichtswettbewerb des Bundespräsidenten«) zur lokalen Erforschung der NS-Zeit vor und während des Krieges aufgefordert. Erstmals wurden in einer Schülerarbeit, an der auch die Autorin beteiligt war, die Zusammenhänge zwischen den Tonröhrenbunkern von Kaufering VII, der Zwangsarbeit von zehntausenden KZ-Häftlingen und dem Rüstungsprojekt dargestellt. Aus der Schülerarbeit entstand anschließend der Verein »Landsberg im 20. Jahrhundert«, der sich der Erforschung der Landsberger Zeitgeschichte widmen wollte. 1983 wurden die Tonröhrenbunker unter Denkmalschutz gestellt.[25] 1988 wurde ein erstes Denkmal auf dem Gelände errichtet. Dank einer großzügigen Spende eines jüdischen Überlebenden konnte das Grundstück erworben werden, auf dem sich die Tonröhren- oder Erdbunker befinden. Einzige Auflage des jüdischen Mäzens war, eine der Öffentlichkeit zugängliche Gedenkstätte zu schaffen. Doch wurde dies bis heute nicht erreicht. Nach einer anfänglich produktiven Phase begann eine Welle der »Säuberungen«, in deren Folge der Vereinsvorsitzende in autokratischer Manier missliebige oder auch nur kritische Vereinsmitglieder ausschließen ließ und den öffentlichen Zugang zu dem Grundstück verbot.

Die folgenden 25 Jahre stellen sich als eine Abfolge grotesker Entwicklungen dar:[26] Der Vereinsvorsitzende verbot das Fotografieren des immer stärker ver-

---

23 DGB-Jugend gedenkt der Reichskristallnacht. In: Landsberger Tagblatt, 09.11.1982. Jugendliche kümmern sich um jüdische Friedhöfe. Zwischen KZ-Gräbern Autoreifen entdeckt. Gedenkfeier als Sühne-Zeichen. In: Landsberger Tagblatt, 12.11.1982.

24 Zit. nach: Im Gedenken eine Gefahr gesehen. Warum die CSU keine Mahnmale für KZ-Außenstellen will. In: Süddeutsche Zeitung, 13.06.1986. Vgl. auch: Landtagsstreit um KZ-Mahnmale. CSU lehnt Wunsch der SPD nach Gedenktafeln für alle Außenlager ab. In: Landsberger Tagblatt, 13.06.1986.

25 Dies ging zurück auf eine Anregung von Dr. Ernst Raim.

26 Eine konzise Darstellung der Fehlentwicklungen bietet Rainer Fröbe. Vgl. Rainer Fröbe: KZ-

wahrlosenden Grundstücks und erhob Eintrittsgelder. Um sich des mühsamen Mähens zu entheben, begann der Verein eine landwirtschaftliche Nutzung – so wurde mehrfach eine größere Herde Schafe auf dem Gelände geweidet. Überlebenden und Angehörigen wurde das Betreten des Grundstücks durch den Vorsitzenden der Bürgervereinigung verweigert. So schrieb Zehava Saarets aus Holon, Israel, über den Besuchsversuch der Lagerüberreste:

> Wir, das sind 65 Israelis, Überlebende, Kinder und Enkelkinder, wollten anlässlich des 60. Jahrestages die Überreste von KZ-Lager Kaufering VII besuchen. Dies war nicht möglich, weil wir nicht den Bedingungen von Anton Posset folgten. Dr. Knobloch, der frühere Bürgermeister von Gauting, telefonierte mit dem Vorsitzenden der Bürgervereinigung zwei Stunden lang, doch fand Herr Posset nicht die Zeit, zu kommen und uns die Türen zum früheren Lager VII zu öffnen. […] Trotzdem fuhren wir am 3. Mai, dem letzten Tag unseres Deutschlandbesuches, dorthin, standen gegen 17 Uhr bei Regen vor verschlossenen Toren und hörten unter der den Schildern zu entnehmenden Telefonnummer nur den Anrufbeantworter. Wir konnten das Lager daher nur von außen sehen. Diese Art mit uns umzugehen ist nicht akzeptabel. […] Yad Vashem wurde über das beschämende Verhalten von Herrn Posset uns gegenüber informiert. Er hat keine Sonderrechte für die Erinnerung an den Holocaust.[27]

Selbst der israelische Botschafter Shimon Stein, der das Grundstück besuchen wollte, musste draußen bleiben. Gleichzeitig wurde das Gelände mit diversen Gedenksteinen überformt, hinzu kamen Fahnenmasten, ein rostiges Gartentor, um den Zugang zu verhindern sowie eine Kipplore, die mit dem Lager nichts zu tun hat, aber an die Arbeit der Häftlinge erinnern soll. Besucher wurden vom Vereinsvorsitzenden mit langwierigen Selbstdarstellungen oder Beschimpfungen überzogen, so zuletzt bei einer Gedenkfeier im November 2013.[28]

Fast 70 Jahre nach Kriegsende hat sich die Bundesrepublik Deutschland dazu durchgerungen, die Überreste von Kaufering VII als Denkmal von nationaler Bedeutung anzuerkennen. Seit Mitte 2014 wurden die Tonröhrenbunker saniert. Von Bund und Land wurden rund 700.000 Euro bereitgestellt, um die Tonröhren-Bauwerke zu retten. Tatsächlich wurde die Erhaltung dieser Erdbunker seit mehr als 30 Jahren von der Bürgervereinigung verhindert, da nicht einmal das Bayerische Landesamt für Denkmalpflege Zugang zu den Bunkern erhielt, obwohl diese seit 1983 unter Denkmalschutz stehen. Damals führten die schwierigen Besitzverhältnisse (das Gelände gehörte der Stiftung Europäische Holocaustgedenkstätte, die Bunker selbst aber der Bundesrepublik Deutschland) und ungeklärte Haftungsfragen zu einem jahrzehntelangen Stillstand. In der Folge

---

Gedenkstätte Kaufering VII – Vor unbefugtem Gedenken wird gewarnt! In: Gedenkstätten-Rundbrief Nr. 92 (1999), S. 23–27.

27 Sonderrecht für Erinnerung. In: Kreisbote, 08.06.2005.

28 Gedenken vor dem Tor. In: Landsberger Tagblatt, 29.01.2014. Darin heißt es »Besucher waren der Schimpftiraden überdrüssig.«

brach ein Tonröhrenbunker zusammen. 2011 trat die Bundesrepublik Deutschland die Bunker an die Bürgervereinigung bzw. die Stiftung Europäische Holocaustgedenkstätte ab, 2016 überließ die Stadt Landsberg der Stiftung ein ca. 800 Quadratmeter großes Grundstück mit baulichen Überresten. Es darf wohl als einmaliger Vorgang eingeschätzt werden, dass die Personen, die jahrzehntelang die Sanierung verhinderten, jetzt mit größeren Summen belohnt werden, um sich als Retter der dank ihrer Obstruktion reduzierten Bausubstanz zu stilisieren.[29] Hinzu kommt, dass sich die Bundesrepublik Deutschland durch die Übergabe der Bunker an die Stiftung Europäische Holocaustgedenkstätte ihrer Verantwortung für die Bauten entledigt hat – ein beispielloser Vorgang für Geschichtsvergessenheit und für die Privatisierung an einem Ort, der ja eigentlich von »nationaler Bedeutung«[30] (und nicht eben nur privater) ist.

Selbstverständliche Forderungen sind bis heute nicht eingelöst. Das Grundstück, auf dem sich die Überreste des Lagers Kaufering VII befinden, ist bis heute nicht in einem besuchsfähigen Zustand. Der Zugang für die interessierte Öffentlichkeit ist nicht gewährleistet. Die gravierenden Eingriffe am authentischen Ort (Fahnenmasten, Gartentor, Kipplore) müssten beseitigt werden. Die Sicherung der vorhandenen Überreste wurde über Jahrzehnte vernachlässigt, die Gesamtausdehnung des Lagers ist nicht markiert, es fehlt ein Rundweg und die Hinweistafeln sind defizitär. Es gibt keine Führungen durch ausgebildetes Personal und es gibt keinen würdigen Gedenkort.

III. Gibt es ein falsches Gedenken?

Angesichts dieser eklatanten Fehlentwicklungen entstanden in Landsberg und in Kaufering parallele Gedenkinitiativen mit dem Wunsch, es besser zu machen. Gibt es denn so etwas wie falsches Gedenken? – Wir haben ja gesehen, wie schwer sich die Deutschen überhaupt damit taten, sich von ihrem eigenen Opferverständnis zu verabschieden und das Leid der Juden, Fremdarbeiter sowie anderer Opfergruppen anzuerkennen. Sollte man da nicht über jede Gedenkinitiative glücklich sein, die an die KZ-Opfer erinnert? Leider ist es nicht so einfach.

Die Bundeswehr, die weiterhin den Bunker »Weingut II« nutzt, bemüht sich nach Kräften, die Geschichte des Bunkers aufzuarbeiten. Während in früheren

29 ›Es gibt Dinge, über die darf kein Gras wachsen.‹ Im Lager Kaufering, einer Außenstelle des KZ Dachau, schufteten sich Tausende Sklavenarbeiter beim Bau riesiger Rüstungsbunker zu Tode. Die Unterkünfte, in denen die Häftlinge vegetierten, bröckelten lange vor sich hin. Nun sollen einige von ihnen wieder instandgesetzt werden, für 700.000 Euro. Das Fernziel: eine richtige Gedenkstätte. In: Süddeutsche Zeitung, 25.04.2014.

30 Denkmal von nationaler Bedeutung. Bunker im KZ-Außenlager VII bei Landsberg werden instandgesetzt. In: Landsberger Tagblatt, 25.04.2014.

Jahren nur die technischen Errungenschaften des Bauwerks in der militärgeschichtlichen Sammlung gerühmt wurden, ist mittlerweile auch eine gewisse Empathie für die Opfer feststellbar. Gleichwohl hält vieles, was in den Räumen der Bundeswehr gezeigt wird, den Erfordernissen einer wissenschaftlichen Darstellung und einer modernen Präsentation nicht stand. Zudem wird die Zahl der Opfer, die von der Bundeswehr auf etwas über 6.000[31] beziffert wird, deutlich zu niedrig angegeben, weil wissenschaftliche Ergebnisse[32] und Dunkelziffern nicht berücksichtigt werden. Hinzu kommt, dass Ergebnisse bezüglich der Lagerzahl, die durch den Internationalen Suchdienst Arolsen und die Zentralstelle Ludwigsburg sowie das Bundesentschädigungsgesetz festgestellt wurden, revidiert werden sollen.[33] Eine wissenschaftliche Überarbeitung der Sammlung und Erarbeitung einer zeitgemäßen Ausstellung ist dringend geboten, da nach neuesten Angaben die Bundeswehr den Standort bis 2035 behalten wird. Wegen der Eigentümerschaft der Bundeswehr ist das Gelände nicht frei betretbar, Führungen sind zwar möglich, doch die Personaldecke ist mit den wenigen Personen, die Führungen anbieten können, sehr schmal, so dass schnell Engpässe erreicht sind.

Im nahe Landsberg gelegenen Kaufering hat sich das Gedenken in problematischer Form verselbstständigt. Auf einem KZ-Friedhof ließ ein katholischer Pfarrer mit Jugendlichen »Selektionsrollenspiele« durchführen:

> ›Spielen wir eine Schlüsselszene im KZ Auschwitz bei der Ankunft ungarischer Juden‹, sagt Pater Schaumann im Hain der Massengräber. Er sagt es zu Friedrich Schreiber, Sprecher des Vereins ›Gedenken in Kaufering‹ vor Neuntklässlern des Landsberger Ignaz-Kögler-Gymnasiums. ›Ich bin Jude, Sie sind SS-Arzt Mengele. Mit dem Finger entscheiden Sie: Muss ich in die Gaskammer? Oder ab nach Kaufering zur Zwangsarbeit im Bunkerbau?‹[34]

---

31 2013 wurde die Zahl der namentlich bekannten Toten von der Bundeswehr auf 6391 beziffert. Vgl. Zentrale Gedenkfeier im Bunker. In: Landsberger Tagblatt, 10.01.2013. Die Hölle von Moll. Augsburger Allgemeine, 10.01.2013. Im März 2015 war von 6334 Toten die Rede. Vgl. Sollen wir nichts tun? Holocaust: Lions und Rotarier beschäftigen sich mit Geschichte vor Ort. Der Zeitfaktor und der Vorwurf des Scheiterns. In: Landsberger Tagblatt, 28.03.2015.

32 Ludwig Eiber, der 6091 namentlich bekannte Tote erwähnt, weist zu Recht auf die Frage der Zuverlässigkeit der SS-Buchführung hin und die fehlenden Zahlen zu Verlegungen in andere Außenlager bzw. nach Dachau selbst. Hinzu kommen Unwägbarkeiten hinsichtlich der Endphase und nach der Befreiung. Vgl. Ludwig Eiber: Hitlers Bunker – Hitlers Gefangene. Die KZ-Lager bei Landsberg. In: Landsberg in der Zeitgeschichte – Zeitgeschichte in Landsberg. Hg. v. Volker Dotterweich und Karl Filser. München 2010, S. 311–349; insbes. S. 335–336.

33 Die Bundeswehr geht – entgegen den Ermittlungen der Zentralen Stelle Ludwigsburg und des Internationalen Suchdienst Arolsen – von zehn, nicht elf Lagern aus. Vgl. Sollen wir nichts tun? Holocaust: Lions und Rotarier beschäftigen sich mit Geschichte vor Ort. Der Zeitfaktor und der Vorwurf des Scheiterns. In: Landsberger Tagblatt, 28.03.2015.

34 Schlüsselszene spielen. Verein *Gedenken in Kaufering* mit IKG-Schülern am Ort der KZ-Greuel. In: Kreisbote, 15.04.2009.

Der Verein preist dabei das »Rollenspiel« auf dem KZ-Friedhof als »Schlüsselszene in der Schülerpädagogik«, deren Ziel es sei, »schulisches Wissen einfühlsam« zu ergänzen und zu vertiefen, »möglichst wirklichkeitsnah« zu erleben und zu fühlen, »durch eigenes Handeln« nachzuempfinden und zwar »an konkreten Orten des Geschehens«.[35] Das »re-enactment« als Element der »living history« basiert auf der Theorie R.G. Collingwoods, Geschichte sei nur durch Wiedererleben nachvollziehbar und verständlich zu machen. Das körperliche und emotionale Nachvollziehen und Neu-Inszenieren von Vergangenheit kommt aber vor allem einem gegenwärtigen Bedürfnis entgegen und reflektiert primär jetzige Interpretationen von Geschichte. Auf KZ-Friedhöfen, den authentischen Orten der Massengräber, verbietet sich ein derartiges Verhalten aus Respekt vor den Toten.

2015 sollte mit »Sternmärschen« von Kaufering nach Dachau »auf konstruktive Weise Gedenken durch Bewegung« ausgedrückt werden.[36] Die skurrile Wortwahl zeigt wenig Sensibilität gegenüber dem Thema. 2009 wurde am Bahnhof in Kaufering ein Todesmarsch-Denkmal von Hubertus von Pilgrim platziert. Während die anderen Denkmäler entlang der Route des Todesmarschs auf die Ereignisse von Ende April und Anfang Mai 1945 verweisen, soll das Denkmal am Kauferinger Bahnhof für den gesamten Lagerkomplex mit seinen elf Lagern stehen, der von Juni 1944 bis April 1945 bestand. Kaufering war aber keineswegs nur eine Durchgangsstation wie Fürstenfeldbruck oder Orte im Würmtal, an denen sich die Todesmarschdenkmäler zu Recht befinden. Das Todesmarsch-Denkmal in Kaufering ist somit mit falscher Symbolik behaftet. Wer versucht, mit einem Todesmarsch-Denkmal dem ganzen Kauferinger Lagerkomplex – mit seinen räumlich weit verteilten elf Lagern, drei Bunkerbaustellen und zahlreichen Friedhöfen – gerecht zu werden, muss scheitern. Es ist in der Tat eine Verharmlosung, weil das Leiden der Opfer damit auf den vergleichsweise kurzen Zeitabschnitt des Todesmarschs reduziert wird. Eine Zusammenarbeit oder Beratung durch die KZ-Gedenkstätte Dachau wurde abgelehnt.[37] Zudem ist die Zahl der Opfer auf dem Gedenkstein mit 20.000 viel zu hoch angesetzt. Nachdem der damalige Bürgermeister von Kaufering darauf aufmerksam gemacht wurde, äußerte er, er habe keine Scheu, die Zahlen zu ändern.[38] Passiert ist seither an der Bronzetafel nichts, stattdessen wurden die Zahlen bei einem bereits länger existierenden Denkmal am Ort des ehemaligen Lagers Kaufering III (Kleingartensiedlung) nach oben korrigiert, um eine vor-

35 Schlüsselszene spielen (s. Anm. 34).

36 Gedenken durch Bewegung ausdrücken. In: Landsberger Tagblatt, 14.02.2015.

37 ›Wir lassen uns nichts vorschreiben‹! Dr. Klaus Bühler lehnt Zusammenarbeit mit KZ-Gedenkstätte Dachau ab. Hitzige Debatte. In: Kreisbote, 19.05.2009.

38 Keine Scheu, die Opferzahlen zu ändern. In: Landsberger Tagblatt, 04.11.2009. Der Meinung von Fachleuten nicht entziehen. In: Landsberger Extra, 11.11.2009.

gebliche Übereinstimmung herzustellen. Die eklatante Diskrepanz zwischen den in Landsberg bei der Bundeswehr verwendeten Zahlen und denen im benachbarten Kaufering dürfte selbst bei interessierten und wohlmeinenden Besuchern zu Irritationen führen. Neben dieser Problematik kommt noch die direkte Nachbarschaft des Denkmals zu einer öffentlichen Bedürfnisanstalt hinzu, die bisher ebenfalls nicht aufgegeben wurde.

Bedenklich ist auch die räumliche Verschiebung vom authentischen Ort des Lagers Kaufering III in der Gleiskurve hin zum Bahnhof. Die allerwenigsten Häftlinge haben den Bahnhof je betreten, eine beträchtliche Anzahl der Kauferinger Häftlinge hat den Bahnhof Kaufering nicht einmal gesehen, etwa wenn sie nach Türkheim oder Utting transportiert – oder, wie es damals hieß: verschubt – wurden. In keiner der zahlreichen Memoiren von Überlebenden spielt der Bahnhof irgendeine nennenswerte Rolle. Eine »Rampe« wie in Auschwitz, die dort ebenfalls erst seit 1944 existierte, hat es nicht gegeben, Häftlinge mussten auf offener Strecke in Züge ein- oder aussteigen.

Anstatt sich um die tatsächlich vorhandenen Überreste der Lager zu kümmern, wurde ein baufälliger Waggon mit einer carportähnlichen Scheune – noch dazu an der falschen, weil nördlichen anstatt südlichen Seite der Gleise – installiert. Dabei lehnen die meisten professionellen NS-Gedenkstätten die Inszenierung von Geschichte am historischen Ort ab. Denn eine Rekonstruktion oder ein »Remake« ist immer verbunden mit Ästhetisierung und damit einer Beschädigung der Glaubwürdigkeit. Aufgrund des Sterbens der Zeitzeugen gibt es bald kein Korrektiv mehr für derartige Überformungen des authentischen Ortes. Für die Sicherung der Authentizität sind zunehmend die institutionalisierten Gedenkstätten zuständig, die aber für die Außenlager bisher wenig Interesse gezeigt haben. Wie irregeleitet die Gedenkbemühungen in Kaufering waren, ist aus der Tatsache zu ersehen, dass nach einem Beschluss des Marktgemeinderats Kaufering am selben Ort, an dem der KZ-Opfer gedacht werden sollte, auch an die Heimatvertriebenen erinnert werden sollte, die nach 1945 am Bahnhof Kaufering ankamen.[39] Erst der energische Protest von jüdischen Überlebenden des KZ-Außenlagers Kaufering sorgte dafür, dass der Plan fallengelassen wurde.[40] Dass das Gedenken an die NS-Opfer mehr Sensibilität erfordert als das Abhalten von Zeremonien und Ritualen des Krieger- und Veteranenvereins ist hier noch nicht bewusst geworden. So droht das Gedenken zum Selbstzweck eitler Selbstdarstellung und zur Übertünchung kommunalpolitischer Einfallslosigkeit zu verkommen.

39 Verpflichtung, Gedenkarbeit zu leisten. Kaufering erinnert am ›Gedenkort Rampe/Waggon‹ an die KZ-Opfer und die Heimatvertriebenen. In: Kreisbote, 21. 10. 2009.

40 Gedenken stößt auf Widerstand. KZ-Überlebender Abba Naor zum Gedenkort Rampe/ Waggon: ›Das akzeptieren wir nicht!‹ In: Kreisbote, 11. 11. 2009.

Kritik muss sich aber auch an die KZ-Gedenkstätte Dachau und die Stiftung Bayerische Gedenkstätten richten. Über viele Jahrzehnte wurde die Existenz der früheren Außenlager kaum wahrgenommen, eine Unterstützung der Gedenkinitiativen erfolgte nicht, was nicht zuletzt in den erwähnten Wildwucherungen resultierte. Begründet wurde dies mit den fehlenden finanziellen Mitteln und der fehlenden personellen Ausstattung. Inzwischen stehen mehr Mittel und mehr Personal zur Verfügung, die Resultate sind aber dürftig geblieben. 2009 wurde angekündigt, dass der Errichtung von Gedenkorten bei den ehemaligen Außenlagern besondere Priorität eingeräumt würde.[41] So äußerte die Leiterin der KZ-Gedenkstätte Dachau: »›Es liegt uns viel daran, dass endlich ein schlüssiges Konzept [für die Erinnerung an die Außenlager; ER] aufgelegt wird.‹ [...] Dies sei man schon den Überlebenden schuldig, die keinerlei Verständnis hätten für die Verzögerungen.«[42] Bei Landsberg versandeten diese Bemühungen mit der Errichtung zweier (teils fehlerhafter) Informationstafeln und der Gedenkfeier des Bayerischen Landtags am 24. Januar 2013 in Landsberg im Bunker,[43] an anderen Orten des Kaufering-Komplexes geschah nichts, von einer Einbeziehung der KZ-Friedhöfe in das Gedenkkonzept ganz zu schweigen. Zu Recht wurde von der Süddeutschen Zeitung »Das Verschwinden der Erinnerungsorte« beklagt.[44] Neuerdings ist die Stiftung Bayerische Gedenkstätten auch für die KZ-Friedhöfe zuständig, die sich teils nach wie vor auf beschlagnahmtem Privatgelände von Bauern befinden. Einer dieser Friedhöfe auf Privatgelände wurde vor einigen Jahren privat zum Kauf angeboten. Bevor tatsächlich von dritter Seite ein Erwerb getätigt wird, sollte jedoch die öffentliche Hand Geld finden, um diesen KZ-Friedhof in staatlichen Besitz zu überführen.

Wenn eine Restaurierung der Erdbunker erfolgt ist und sinnvolle Informations- und Besuchsmöglichkeiten zu den Außenlagern und dem ehemaligen Rüstungsbunker gegeben sind, wird auch die Frage eines Denkmals akut werden, da – bis auf das verfehlte Denkmal in Kaufering und das Todesmarsch-Denkmal in Landsberg – noch kein Denkmal für den KZ-Komplex errichtet wurde.

James E. Young hat in seiner Analyse internationaler Holocaust-Gedenkstätten betont, dass das zentrale Moment der Denkmäler die Diskussion ist:

41 Hammermann will unbequem sein. In: Süddeutsche Zeitung, 02./03.05.2009.

42 Im Frühsommer folgen die nächsten Schritte. KZ-Außenlager: zunächst provisorische Infotafeln bei Lager VII. Friedhöfe einbeziehen. In: Landsberger Tagblatt, 20.04.2009.

43 Den Toten einen Namen geben. In: Süddeutsche Zeitung, 25.01.2013.

44 Das Verschwinden der Erinnerungsorte. In den elf Außenlagern des KZ Dachau nahe Landsberg und Kaufering litten 30.000 Juden, die Hälfte kam zu Tode. Der Staat ließ es zu, dass die Stätten überbaut und von Unkraut überwuchert wurden. Jetzt protestiert die jüdische Gemeinde in Dunajska Streda gegen die Versäumnisse. In: Süddeutsche Zeitung, 24.01.2013.

> Bei all dem wird klar, dass die Denkmalskunst weder mit der Grundsteinlegung für das Denkmal beginnt noch mit den Zeremonien am Denkmal aufhört. Vielmehr besteht sie in einer kontinuierlichen Erinnerungsarbeit in den Diskussionen um das Denkmal und unserer Mitwirkung an seinem Wirken.[45]

Der frühere Kulturstaatsminister Bernd Neumann hat einmal geäußert, er sehe es als eine Stärke unserer Demokratie an, dass sich an den Denkmälern so heftige Diskussionen entzünden.[46] Hier steht Landsberg aber erst am Beginn eines langen Weges, den Orte wie Dachau oder Flossenbürg schon hinter sich gebracht haben.

Für Landsberg und Kaufering hingegen trifft ein gedenkpolitisches Paradoxon zu, da der Höhepunkt der erfolgreichen Gedenkkultur im ersten Jahrfünft nach Kriegsende liegt. Dank der Initiative des bayerischen Staatskommissars für rassisch, religiös und politisch Verfolgte, Philipp Auerbach, wurden in den Jahren 1949/1950 in einem beispiellosen Kraftakt über ein Dutzend KZ-Friedhöfe bei den ehemaligen Massengräbern nahe der Kauferinger Lager und Bahnstrecken errichtet. Der Kreisbaumeister des Landkreises Landsberg legte gemeinsam mit einem Weilheimer Architekten die KZ-Friedhöfe mehr oder weniger einheitlich an. Man mag die Inschriften der KZ-Friedhöfe und ihre Gestaltung kritisieren,[47] doch sind diese Friedhöfe bis heute die sichtbarsten (und unumstrittensten) Erinnerungsorte für den KZ-Komplex Kaufering geblieben. Es mutet seltsam an, dass in einer Zeit großer materieller Not, der sogenannten Trümmerzeit, mehr Engagement, mehr Mut und mehr Tatkraft vorhanden war, als das in den darauffolgenden 65 Jahren der Fall war. Danach dominierte das Vergessen und Verdrängen ab den 1950er Jahren, ab den 1980er Jahren aber auch der Verfall historischer Überreste, die Überformung authentischer Orte, die Anbringung dubioser Inschriften und ein fruchtloser Streit um Zahlen die Erinnerung an die Außenlager Kaufering. Bis heute sind weder die Orte aller Außenlager von Kaufering durch Tafeln vor Ort oder Hinweissysteme erschlossen, Informationstafeln fehlen, ebenso ein zentrales Denkmal. Wenn einerseits »Täterorte« mit großen Summen unterstützt werden[48] und andererseits die »Opferorte« in einem so reichen Land wie der Bundesrepublik bzw. dem

---

45 James E. Young: Die Zeitgeschichte der Gedenkstätten und Denkmäler des Holocausts. In: Ders. (Hg.): Mahnmale des Holocaust. Motive, Rituale und Stätten des Gedenkens. München 1994, S. 19–40; hier: S. 40.

46 Monument des Glücks. Kulturstaatsminister Bernd Neumann über den Wettbewerb für ein Einheitsdenkmal. In: Der Spiegel 2009/19 (2009), S. 148.

47 Edith Raim: KZ-Friedhöfe und -Gedenkstätten. Hg. v. Bayerische Verwaltung der staatlichen Schlösser, Gärten und Seen, unter: http://www.sehepunkte.de/2012/03/20875.html [abgerufen: 19.09.2017].

48 Vgl. 70 Millionen Euro für Erhalt der Zeppelintribüne. In: Süddeutsche Zeitung, 17.11.2014.

Freistaat Bayern so schmählich ignoriert und vernachlässigt werden, fehlt es offensichtlich am politischen Willen, dies zu ändern.

Die Autorin hat über mehrere Jahrzehnte hinweg viele Überlebende der Dachauer KZ-Außenlager Kaufering kennengelernt. Die meisten dieser Überlebenden sind inzwischen verstorben, die wenigen, die noch am Leben sind, sind oft nicht mehr in der Lage, an die Orte ihres Leidens zu reisen. Eine Restaurierung der KZ-Erdbunker, die Einrichtung einer Dauerausstellung oder eines Besucherzentrums oder auch das Aufstellen eines Denkmals wird sie nicht mehr erreichen. Wie notwendig die Stimmen der Überlebenden gebraucht würden, war angesichts des verfehlten Mahnmals in Kaufering deutlich geworden. Was aber nun auch immer an »Aufarbeitung« der Vergangenheit geschieht, kann kein Signal des guten Willens mehr für die Menschen sein, denen unendliches Leid und Unrecht angetan wurde. Das ist ein nicht wiedergutzumachendes Versäumnis, das auf den Verantwortlichen lastet.

Zum wiederholten Male wurde nun angekündigt, ein Konzept für die Erinnerung an den größten Dachauer Außenlagerkomplex Kaufering zu erstellen. Die Kosten dafür werden auf knapp vier Millionen Euro geschätzt, die Finanzierung ist allerdings noch ungeklärt. Ob es jetzt gelingt, einen Ort der Information und der Erinnerung zu schaffen, der sowohl die Versäumnisse der Vergangenheit kompensiert als auch den Bedürfnissen der kommenden Generationen gerecht wird, muss dahingestellt bleiben.[49]

---

49 Ein zentraler Punkt als Ausgangsort. Eine Arbeitsgemeinschaft mit Dr. Thomas Goppel soll ein umfassendes Ausstellungskonzept für die Landsberger NS-Zeitgeschichte erarbeiten. In: Landsberger Tagblatt, 06.04.2017.

Christina Ulbricht

Erinnerungen von Überlebenden am historischen Ort er-lesen. Ein didaktischer Vorschlag am Beispiel der Rezeption von Texten in der KZ-Gedenkstätte Dachau

Lesen ist die einzige, aber auch unumgängliche Art, nach so vielen Jahren an Ereignissen aus der Vergangenheit teilzuhaben. Teilhabe im weitesten Sinne des Wortes wird so möglich und zur Pflicht.[1]

Ist eine KZ-Gedenkstätte ein geeigneter Lernort? Diese Frage wird bereits seit einiger Zeit kontrovers diskutiert. Die Positionen reichen von strikter Ablehnung, die von der Annahme einer emotionalen Überforderung ausgeht, die ein historischer Ort v. a. auf die jungen Besucherinnen und Besucher ausüben kann, bis hin zur Auffassung, dass die Aura des Ortes zu einem tieferen Verständnis der historischen Ereignisse beitragen könne, als eine in Schulräumen vermittelte, vor allem auf Fakten basierende Auseinandersetzung. Während einerseits ein verantwortlicher Umgang mit den Opfern und der Wahrnehmung des historischen Orts als einen Friedhof, welcher den Familien als Ort der Trauer zugänglich gemacht werden müsse, angemahnt wird, findet andererseits die Annahme der Geschichtsdidaktik und Gedenkstättenpädagogik, dass außerschulische Orte besonderes Lernpotenzial aufweisen, in der Empfehlung und Förderung von schulischen Gedenkstättenfahrten von Seiten des Kultusministeriums Bestätigung.[2] Letztgenannter Auffassung schließt sich die hier vorgestellte Unterrichtssequenz unter Berücksichtigung der vorgetragenen Bedenken an.

Heute liegen zahlreiche literarische Zeugnisse vor, die das Leben in Konzentrationslagern in unterschiedlichen Formen darstellen und vermitteln. Von Dokumenten der Nationalsozialisten, die über die organisatorischen Hintergründe Auskunft geben, bis hin zu Tagebüchern, die aus der Perspektive von Häftlingen, Mitarbeitern oder Anwohnern subjektive Erlebnisse schildern. Die Ausstellung der KZ-Gedenkstätte Dachau etwa bezieht Dokumente sowie Texte

1 Sem Dresden: Holocaust und Literatur. Essay. Frankfurt a. M. 1997, S. 31.

2 Die Empfehlung der Kultusministerkonferenz aus dem Jahr 2014 empfiehlt explizit den Besuch von KZ-Gedenkstätten. Auf die Möglichkeit einer finanziellen Unterstützung zur Umsetzung einer Exkursion an die KZ-Gedenkstätte Dachau oder Flossenbürg wird verwiesen, unter: https://www.kmk.org/fileadmin/Dateien/pdf/Bildung/AllgBildung/Zusammenfassung-Holocaust-November-05_01.pdf, S. 10 [abgerufen: 19.07.2017].

von Täter/innen und Opfern in ihr Konzept mit ein und versucht so, einen umfassenden Blick auf das historische Geschehen zu ermöglichen. Zusätzlich zu diesen Schriftstücken werden Bilder, Zeichnungen und Filmausschnitte in die Vermittlungsarbeit integriert.[3] Die multimediale Ausstellung der KZ-Gedenkstätte ist somit explizit als Lese- und Erfahrungsort konzipiert. An diese Ausrichtung schließt die (Unterrichts-)Idee an, Jugendliche von Zeitzeugen verfasste Texte an entsprechenden Orten der KZ-Gedenkstätte lesen zu lassen und somit zu einer intensiven Auseinandersetzung mit der Geschichte des Ortes zu ermutigen. Das Niederschreiben ihrer Erfahrungen in Tagebüchern oder anderen literarischen Formen hat vielen Überlebenden geholfen, ihre Erlebnisse zu verarbeiten. Aufgrund ihrer Unmittelbarkeit stellen diese Dokumente für die Lesenden von heute einen unmittelbaren Zugang zu einer Zeit und ihren Ereignissen dar, die für viele unvorstellbar zu sein scheint.

Als Grundlage der im folgenden vorgestellten Unterrichtseinheit dienen Tagebucheinträge von Karl Adolf Gross, einem politischen Häftling, sowie Erinnerungen der Nonne Josefa Maria Imma Mack, die regelmäßig Blumen von der Plantage des Konzentrationslagers Dachau kaufte.[4] Gemeinsam ist diesen beiden Zeitzeugendokumenten, dass sie Bezüge zur religiösen Zugehörigkeit der Schreibenden herstellen. Die Situation der beiden Autoren und die damit einhergehende differente Beziehung zum Konzentrationslager weisen dagegen keine weiteren Überschneidungen auf: Karl Adolf Gross war als politischer Häftling[5] vom 2. September 1940 bis zum 6. Mai 1945 in Dachau inhaftiert. Er konnte heimlich Tagebuch führen und seine Aufzeichnungen retten. Sie wurden in zwei Publikationen mit den Titeln *Zweitausend Tage Dachau. Erlebnisse eines Christenmenschen unter Herrenmenschen und Herdenmenschen. Berichte und Tagebücher des Häftlings Nr. 16921*[6] und *Fünf Minuten vor zwölf. Des ersten Jahrtausends Tage unter Herrenmenschen und Herdenmenschen. Dachauer Tagbücher des Häftlings Nr. 16921*[7] erstmals in den Jahren 1945 und 1946 publiziert. Bei Josefa Maria Imma Macks *Warum ich Azaleen liebe. Erinnerungen*

3 Die Notwendigkeit, Besucherinnen und Besucher mit Bildern von Leichenbergen, Erschießungen u. ä. zu konfrontieren, ist bis heute strittig. Die Tendenz gegen eine sog. »Schockpädagogik« zeichnet sich seit längerer Zeit v. a. im geschichtsdidaktischen Diskurs ab.

4 Aufgrund der Textauswahl wird sich in den folgenden Überlegungen auf die KZ-Gedenkstätte Dachau konzentriert, da die schriftlichen Erinnerungen konkrete Bezüge zur Stadt Dachau sowie dem damaligen Konzentrationslager herstellen.

5 Seine Gefangenschaft wurde damit begründet, dass er Ideen des evangelischen Theologen und Pfarrers Martin Niemöller in seiner Druckerei vervielfältigt und verbreitet hatte.

6 Karl Adolf Gross: Zweitausend Tage Dachau. Erlebnisse eines Christenmenschen unter Herrenmenschen und Herdenmenschen. Berichte und Tagebücher des Häftlings Nr. 16921. München 1945.

7 Karl Adolf Gross: Fünf Minuten vor zwölf. Des ersten Jahrtausends Tage unter Herrenmenschen und Herdenmenschen. Dachauer Tagbücher des Häftlings Nr. 16921. München 1946.

an meine Fahrten zur Plantage des KZ Dachau vom Mai 1944–April 1945[8] (erstmals erschienen im Jahr 1989) handelt es sich um Erinnerungen, die erst über vierzig Jahre nach Kriegsende niedergeschrieben wurden. Mack beschreibt darin, wie sie sich als junge Frau mit Gefangenen anfreundete, diese ein Jahr lang mit Lebensmitteln versorgte und ihnen durch die heimliche Übermittlung von Briefen eine Verbindung zur Außenwelt ermöglichte.

Während ihres Besuchs der KZ-Gedenkstätte Dachau sollten die Schülerinnen und Schüler der Klassenstufe 10 ausgewählte Passagen der Aufzeichnungen von Gross und Mack lesen und während des Lesens Notizen machen, die ihre Gefühle, Erinnerungen, Fragen etc. für die gemeinsame Nachbearbeitung der Exkursion fixieren. Dieses Vorgehen sollte es den Schülerinnen und Schülern ermöglichen, bei der Erarbeitung der historischen Ereignisse auch zwei subjektive Perspektiven zu berücksichtigen und sich selbst in Beziehung zur Thematik zu setzen. Ferner sollte es den Jugendlichen helfen, sich zur Frage, was »das alles« eigentlich noch mit der eigenen Person und dem eigenen Leben zu tun hat, zu positionieren und entsprechend zu handeln.

I. »Nationalsozialismus und Holocaust« als Vermittlungsgegenstand

Bis heute werden Erinnerungen von Zeitzeugen der Öffentlichkeit in unterschiedlichen medialen Aufbereitungen zugänglich gemacht. Ein Ende dieser Entwicklung ist trotz der bereits seit längerer Zeit formulierten Sorge, dass die Erinnerungen mit zunehmender zeitlicher Distanz verblassen und auf weniger Interesse stoßen könnten, nicht in Sicht.[9] Zeitzeugenberichte werden in vielfältigen Formaten dokumentiert und für die Vermittlungsarbeit unter Berücksichtigung unterschiedlicher fachdidaktischer Vorstellungen aufbereitet und genutzt. Etwa um, wie im Folgenden ausgeführt, Schülerinnen und Schüler anhand von literarischen Texten durch eine KZ-Gedenkstätte zu leiten. Die Konzeption der Unterrichtseinheit beruht auf der Annahme, dass Schülerinnen und

8 Josefa Maria Imma Mack: Warum ich Azaleen liebe. Erinnerungen an meine Fahrten zur Plantage des KZ Dachau vom Mai 1944 – April 1945. Sankt Ottilien 1998 (12. Auflage).

9 Wolfgang Benz bezeichnet die seit Jahren formulierte Sorge, dass mit dem zunehmenden Verstummen der Zeitzeuginnen und Zeitzeugen ein Verschwinden der Erinnerung an deren Leiden verbunden sein könnte als »monotone Klage«. Wolfgang Benz: Wenn die Zeugen schweigen. Anmerkungen zu einem seit langem aktuellen Problem. In: Dachauer Hefte 25 (2009), S. 3–16; hier: S. 3. Er verweist auf die fixierten Erinnerungen in Büchern, Tonträgern und Filmen: »Die Zeugnisliteratur, die autobiographische Berichterstattung über die Erfahrungen des Konzentrationslagers, des Holocaust, die Bürden des Überlebens, gehört längst zum dauernden Bestand unseres kulturellen Gedächtnisses« (ebd. S. 3).

Schüler aufgrund des großen Rezeptionsangebots mit Erfahrungsberichten von Zeitzeugen sowie fiktionalen Verarbeitungen des Zweiten Weltkriegs und seiner Folgen (v. a. in Filmproduktionen) auch außerhalb der Schule in unterschiedlichen Kontexten in Kontakt kommen und diese somit Gegenstand im alltäglichen Leben werden können.[10] Diese zu beobachtende thematische Verankerung im gesellschaftlichen Leben sowie die Tatsache, dass »Nationalsozialismus und Holocaust« als wichtige Bestandteile der deutschen Erinnerungskultur gesehen werden, führt ferner zu der Überzeugung, dass dieses Thema nicht vor den Schultoren stehen bleiben darf. Dass dieses Thema in der Sekundarstufe aller Schularten seinen festen Platz hat, ist mit der Verankerung im Schulcurriculum gesichert. Der Themenbereich »Nationalsozialismus und Holocaust« ist in allen deutschen Bundesländern im Fach Geschichte und, je nach Regelung, auch in anderen Fächern, wie Deutsch, Ethik, Religion und Sozialkunde verpflichtender Unterrichtsgegenstand.[11] In dieser Festlegung wird die Relevanz für die historisch-politische Bildung deutlich. Neben der Vermittlung von historischen Daten und Fakten über die Zeit der NS-Herrschaft sollen Schülerinnen und Schüler dazu befähigt werden, demokratische Grundhaltungen und moralische Einstellungen zu entwickeln und zu vertreten.[12] Doch wie kann diese Anforderung erfüllt werden?

Ausgehend von diesen Annahmen wird hier die Ansicht vertreten, dass der Deutschunterricht im Hinblick auf eine zeitgemäße Vermittlung des Themenkomplexes »Nationalsozialismus und Holocaust« stärker berücksichtigt werden sollte.[13] Insbesondere in der fächerübergreifenden Arbeit mit dem Unter-

---

10 Harald Roth führt im Vorwort seines Sammelbandes *Was hat der Holocaust mit mir zu tun? 37 Antworten!* an, dass aufgrund einer unterstellten »medialen Selbstbestimmung« kein Mitglied unserer freien Gesellschaft zu einer Rezeption dieser Erinnerungen gezwungen sei und positioniert sich somit gegen die von Martin Walser in seiner umstrittenen Rede aus dem Jahre 1998 formulierten »Dauerpräsentation unserer Schande«. Dieser Hinweis findet in den hier dargestellten Überlegungen Berücksichtigung, indem exemplarisch eine heterogene Schülergruppe vorgestellt wird, deren Teilnehmerinnen und Teilnehmer sich in ihrem Vorwissen zum Thema Holocaust deutlich voneinander unterscheiden. Vgl. Harald Roth (Hg.): Was hat der Holocaust mit mir zu tun? 37 Antworten! München 2014, S. 9. Martin Walser: Erfahrungen beim Verfassen einer Sonntagsrede. In: Die Walser-Bubis-Debatte. Eine Dokumentation. Hg. v. Frank Schirrmacher. Frankfurt a. M. 1999. S. 7–17.

11 Sekretariat der ständigen Konferenz der Kultusminister der Länder in der Bundesrepublik Deutschland: Unterricht über Nationalsozialismus und Holocaust, unter: http://www.kmk.org/fileadmin/pdf/Bildung/AllgBildung/Zusammenfassung-Holocaust-November-05_01.pdf [abgerufen: 15.04.2017].

12 Vgl. Alexander Pollack: Die Verknüpfung von historischem Wissen und Reflexion über Menschenrechte. Herausforderungen für Gedenkstätten und Schulen. Eine empirische Studie der Grundrechteagentur (FRA). Hg. v. Bert Pampel: Erschrecken – Mitgefühl – Distanz. Empirische Befunde über Schülerinnen und Schüler in Gedenkstätten und zeitgeschichtlichen Ausstellungen. Leipzig 2011.

13 Als ein erster bedeutsamer Anstoß für didaktische Überlegungen hinsichtlich der Vermitt-

richtsfach Geschichte ist eine fruchtbare Zusammenarbeit denkbar, da die subjektiven Berichte der Zeitzeuginnen und Zeitzeugen in den geschichtlichen Kontext eingebettet werden können.

Die moderne Textforschung geht davon aus, dass Rezipientinnen und Rezipienten auf der Grundlage ihres Weltwissens und den Informationen aus dem Gelesenen aktiv Inferenzen herstellen.[14] Somit könnte eine Verbindung von Daten und Fakten (Geschichtsunterricht) mit narrativen Darstellungen (Deutschunterricht) produktiv für eine nachhaltige und tiefgreifende Tradierung der Beschäftigung mit dem historischen Sachverhalt sein. Die Idee »über *eine Geschichte* zu *der Geschichte* zu gelangen [...]«,[15] wird hier als ein vielversprechender Weg verstanden, um über gesellschaftliche Mechanismen nachzudenken und multiperspektivische Überlegungen anzustoßen. In den folgenden Ausführungen wird daher vor allem auf literaturdidaktische Annahmen zurückgegriffen.

1. Zeitzeugenliteratur als Unterrichtsgegenstand

Erst die sprachliche Formulierung von erlebten Verbrechen machen diese für andere vorstellbar. Die Erlebnisberichte sind nach Carolin Emcke demnach notwendig, um das Unrecht gesellschaftlich diskutieren zu können. Denn (erst) in der Beschreibung werden Taten vorstellbar und provozieren somit eine aktive Auseinandersetzung.[16] Ebenso wie einer KZ-Gedenkstätte wird auch den

lung der NS-Verbrechen sowie für die hier vorgeschlagene Unterrichtssequenz sind Theodor W. Adornos Radiobeitrag »Erziehung nach Auschwitz« und die daran anschließenden Aufsätze zu nennen. Adorno setzte sich in beiden Beiträgen kritisch damit auseinander, wie eine Beschäftigung mit den NS-Verbrechen, insbesondere mit der Verfolgung unterschiedlicher Opfergruppen und dem Holocaust in der deutschen Gesellschaft erfolgen solle und sprach sich dezidiert für eine emotionale Auseinandersetzung mit den Geschehnissen aus, um so die Entwicklung von Mitgefühl und Empathie zu begünstigen. Dies, so seine Überzeugung, könne der Bereitschaft zu gewalttätigem Verhalten entgegenwirken. Vermittlungsformen, die mit identifikatorischen Verfahren arbeiten, sind heute in der Schülerbildungsarbeit zum Teil geschätzt, werden durchaus aber auch kritisch diskutiert.

14 Monika Schwarz-Friesel: Sprache und Emotionen. Tübingen, Basel 2013 (2. akt. und erw. Aufl.), S. 33.

15 Monika Plath und Karin Richter: ›Holocaust‹ in Bildgeschichten. Modelle und Materialien für den Literaturunterricht (Klasse 4 bis Klasse 7). Baltmannsweiler 2014 (2. Aufl.), S. 11.

16 Vgl. Carolin Emcke: Weil es sagbar ist. Über Zeugenschaft und Gerechtigkeit. Frankfurt a. M. 2016 (3. Aufl.). Ausgehend von einer überlieferten Erinnerung von Anna Achmatowa setzt sich Carolin Emcke zunächst mit der Frage auseinander, was das Erzählen von Gewalt/Ungerechtigkeit ausmache: Warum traut sich Anna Achmatowa im Gegensatz zu einem Mithäftling zu, von dem ihr Widerfahrenen zu berichten? Sie schließt sich der Vorstellung, dass Etwas unaussprechlich sei, nicht an: »Abgesehen davon, dass diese These vom ›Unaussprechlichen‹ stets auch eine gewisse hermeneutische Faulheit innezuwohnen scheint, die

schriftlichen Erinnerungen eine doppelte Rolle zugeschrieben: Sie können »durch Erzählung die Geschichte nahebringen und zugleich durch ästhetische Distanz den Abstand zur Historie wahren«.[17] Demnach kann und sollte neben Lehrbüchern auch Zeitzeugenliteratur für eine Aufklärung über den Holocaust nutzbar gemacht werden.

Viele Zeitzeuginnen und Zeitzeugen haben sich nach einer oftmals langen Zeit des Schweigens dazu entschieden, ihre Erlebnisse medial zu verarbeiten und ihre Erfahrungen zu schildern, zum Teil in der dezidierten Absicht, einen Beitrag zur Erinnerungskultur zu leisten und zu einem friedlichen und toleranten Miteinander zu ermutigen.

Bei der Arbeit mit Zeitzeugenliteratur sollte jedoch in jedem Fall auf eine reflektierte Rezeption geachtet werden. Bemühungen wie sie etwa von Seiten der *Holocaust Education* oder der Stiftung EVZ (Erinnerung, Verantwortung, Zukunft)[18] betrieben werden, um die Überlieferungen der Zeitzeugen wissenschaftlich und pädagogisch aufzubereiten und zur Verfügung zu stellen, ermöglichen eine kritische und fundierte Auseinandersetzung. Den Autobiografien von Opfern wird von Leserinnen und Lesern zumeist ein hoher Grad an Authentizität zugeschrieben.[19] Diese Bewertung von Seiten der Rezipienten legt nahe, dass eine grundsätzliche Bereitschaft zur empathischen Auseinandersetzung mit den Zeitzeugentexten besteht, obwohl oder gerade, weil diese ein Verstehen des Unfassbaren fordern.[20]

---

gehörig irritiert, schreckt mich an dieser Position vor allem, dass Unrecht und Gewalt unfreiwillig sakralisiert werden. Wenn sie ›unbeschreiblich‹ sind, bleiben sie auch undurchdringlich. Wenn die Erfahrungen nicht, wie immer unvollkommen und gebrochen beschrieben werden dürfen, wenn nicht einmal der Versuch unternommen wird, ihrer habhaft zu werden, bleiben auch die Opfer für immer damit allein« (Emcke, S. 21).

17 Jens Birkmeyer und Anette Kliewer: Einleitung. In: Dies. (Hg.): Holocaust im Deutschunterricht. Modelle für die Sekundarstufe II. Baltmannsweiler 2010, S. 3.

18 Vgl. u. a. Publikationsreihe Bildungsarbeit mit Zeugnissen, unter: http://www.stiftung-evz.de/service/publikationen/monografien-sammelbaende.html?L=0 [abgerufen: 04.01.2017].

19 Vgl. Michael Hofmann: Literaturgeschichte der Shoah. Münster 2003, S. 56.

20 Solch ein empathischer Zugang ist jedoch nicht unproblematisch und wird ebenfalls kontrovers diskutiert. Vgl. u. a. Dan Diner: Über die Poetik der Fassungslosigkeit. In: Den Holocaust erzählen. Historiographie zwischen wissenschaftlicher Empirie und narrativer Kreativität. Hg. v. Norbert Frei und Wulf Kansteiner. Göttingen 2013, S. 101–110; hier: S. 101. Sascha Feuchert: Literatur über den Holocaust. In: Ders. (Hg.): Holocaust-Literatur. Auschwitz. Stuttgart 2004, S. 15–26. Lydia Steinhauer: Involviertes Lesen: eine empirische Studie zum Begriff und seine Wechselwirkung mit literarästhetischer Urteilskompetenz. Freiburg i. Br. 2010, S. 22. Bisher durchgeführte empirische Studien lassen darauf schließen, dass die emotionale Beteiligung der Rezipientinnen und Rezipienten eine sehr große Rolle in der Textauseinandersetzung spielt. In diesem Zusammenhang wird zwischen einer Verarbeitung bei der Rezeption von literarischen und derjenigen von Sachtexten unterschieden. Neben dem Leseinteresse und der Lesefähigkeit wird vom Lesenden erwartet, dass er v. a. bei literarischen Texten emotionales Vorwissen und die Fähigkeit zu einer empathischen Lektüre mitbringt.

Setzt man diese Überlegung in Beziehung zum Potenzial der Zeitzeugenliteratur für die Auseinandersetzung mit dieser emotional aufgeladenen Thematik, könnte eine Chance in der sprachlichen Verarbeitung der schwer nachvollziehbaren Vorkommnisse liegen: Indem das erlebte Unrecht in eine sprachliche Form gebracht wird, können sich bei dem Zuhörer/der Zuhörerin bzw. dem Leser/der Leserin konkrete Vorstellungen über das Beschriebene entwickeln, was eine reine Vermittlung von Zahlen und Daten nicht vermag. Dabei besitzt die den Zeitzeugentexten zugeschriebene Authentizität das Potenzial, einen Zugang zu den historischen Ereignissen zu schaffen, der sowohl emotionale als auch kognitive Verarbeitungsweisen berücksichtigt und so eine multiperspektivische Deutung der Ereignisse ermöglicht. Diese Vermutung lässt sich auch aus folgendem Gesprächsausschnitt ableiten, der einer Erprobung der Unterrichtseinheit entnommen ist:

> AW: Ich fand auch irgendwie schlimm = da hat sie ja am Anfang, äh geschrieben, dass sie da geweint hat und total verzweifelt war auf der einen Seite und dann schiebt sie das Fahrrad vorbei und irgendwie im vorletzten Satz oder so steht dann; ja, wir haben jetzt (.) neue Probleme oder ANdere Probleme. Und dann (.) ist irgendwie schon so diese Verdrängung da, ja-
> BW: [Wir können (eigentlich) nicht helfen.]
> AW: Wir gucken da jetzt einfach vorbei; ich widme mich jetzt irgendwelchen (.) NORmalen Problemen. Probleme, die ich bewältigen kann; vielleicht. Also (.) das fand ich irgendwie (.) auch so schlimm, weil es sie doch auf der einen Seite so (---) berÜHRt und irgendwie, dass sie so verzweifelt ist; dass sowas Schlimmes passiert! Aber auf der anderen Seite (.) guckt sie dann schon wieder weg, irgendwie.
> BW: H=hm.
> AW: Also, das fand ich (--) schon auch hart zu lesen.[21]

Die Studentinnen beschreiben Gefühle, die sie aufgrund der Textrezeption empfinden. Die Deutung des Textes geht hier über das eigene Empfinden hinaus: Aufgrund der Beschreibungen der Protagonistin werden Vermutungen über die Lebensumstände der Opfer sowie der deutschen Bevölkerung nach dem Krieg angestellt. Somit könnte in Ansätzen erkennbar sein, dass mithilfe biografischer Erinnerungen eine kritische Reflexion über einen dargestellten Sachverhalt angestoßen werden kann. Jens Birkmeyer versteht in diesem Sinne Literatur als ein Kunstwerk des kulturellen Gedächtnisses, als eine besondere Form der me-

21 Dieses Gespräch wurde mit Lehramtsstudentinnen und -studenten geführt, die diesen Unterrichtsvorschlag ausprobiert und unter literaturdidaktischer Perspektive diskutiert haben. Das Transkript wurde mit folgenden Richtlinie (nach GAT) verschriftlicht: Großschreibungen innerhalb eines Wortes bilden Betonungen ab, (.) stellt eine Mikropause, (-) eine kurze Pause (bis ca. 0.25 Sek.), (--) eine mittlere Pause (bis ca. 0.75 Sek.) und (---) eine längere Pause (bis ca. 1 Sek.) dar.

dialen Erinnerung. Die Aufgabe der Literaturdidaktik sieht er darin, Texte *als Texte* ernst zu nehmen und zu thematisieren.

Jens Birkmeyer und Annette Kliewer gehen davon aus, dass Texte und Filme im Deutschunterricht geeignete Mittel sind, um dem Scheitern einer unterrichtlichen Beschäftigung mit den NS-Verbrechen entgegenzuwirken.[22] Neben medialen Verarbeitungen ist auch die Wirkung des historischen Ortes, an dem das Geschilderte stattgefunden hat, in den weiteren Überlegungen zu berücksichtigen. Indem die Erinnerungstexte direkt am historischen Ort rezipiert werden, wird eine Wechselbeziehung zwischen Text und Ort ermöglicht: Der historische Ort ruft Emotionen hervor, die das Erlebte in seiner Historizität sowie in seiner Gegenwärtigkeit erfahrbar macht und regt so zu Reflexionen an.[23]

In dieser besonderen Lesesituation werden die Lesenden neben den Emotionen, die der historische Ort selbst evoziert, auch mit den in den (literarischen) Texten beschriebenen Gefühlen konfrontiert, die es zu reflektieren und auf den entsprechenden historischen Zeitabschnitt zu beziehen gilt. Dabei kann es hilfreich sein, weitere Quellen, wie z. B. Zeitungsartikel, Artefakte oder Erinnerungen anderer Personen hinzuzuziehen. Es ist davon auszugehen, dass die Textrezeption direkt an der KZ-Gedenkstätte zu einem besseren Verständnis der Geschehnisse beitragen kann. Allerdings ist hierbei eine Kontextbildung des Gelesenen mit den Ergebnissen der geschichtswissenschaftlichen Forschung unerlässlich.

2. Zeitzeugenliteratur an einer KZ-Gedenkstätte

Wie erwähnt, wird dem historischen Ort in der Gedenkstättenpädagogik sowie der Geschichtsdidaktik eine besondere Rolle bei der Vermittlung zugeschrieben.[24] Der Ort selbst wird damit zum Medium und zum Vermittlungsgegen-

22 Vgl. Jens Birkmeyer und Annette Kliewer: Einleitung. In: Holocaust im Deutschunterricht (s. Anm. 17), S. 3.

23 Vgl. Anja Ballis: Holocaust – Literatur – Didaktik. Koordinaten für interdisziplinäres Lernen in der Sekundarstufe. In: Dies. (Hg.): Holocaust – Literatur – Didaktik. Koordinaten für interdisziplinäres Lernen. Würzburg 2012, S. 9–35; hier: S. 20. Annette Eberle: Pädagogik und Gedenkkultur. Bildungsarbeit an NS-Gedenkorten zwischen Wissensvermittlung, Opfergedenken und Menschenrechtserziehung. Würzburg 2008, S. 105.

24 Vgl. Aleida Assmann: Erinnerungsräume. Formen und Wandlungen des kulturellen Gedächtnisses. München 1999, S. 328–331. Da die Jugendlichen an der KZ-Gedenkstätte direkt mit dem Thema konfrontiert werden, können sie sich, so die Annahme, einer Auseinandersetzung nicht entziehen. Daher gilt es, sie mit der Fülle an Eindrücken nicht alleine zu lassen und entsprechende Unterstützungsangebote zu bieten. Die Reaktionen auf diese Situation zeigen sich auf unterschiedliche Weise und es kann eine Bandbreite von Verhaltensweisen, von Lachen bis hin zum Schweigen unter Tränen, beobachtet werden.

stand.[25] Neben der Vermittlung historischer Fakten sollen Empathie für die Opfer geweckt sowie demokratische Denk- und Verhaltensweisen gefördert werden.[26] Unter Berücksichtigung dieser Forderungen gilt es, den Besuchern einen Zugang zu ermöglichen, der individuelle Emotionen zulässt ohne zu überfordern. Im schulischen Kontext wäre dies beispielsweise durch die Beschäftigung mit der KZ-Gedenkstätte vor dem eigentlichen Besuch zu leisten. Wenn die Schülerinnen und Schüler bereits mit dem Aufbau der Gedenkstätte vertraut sind, können sie sich während des Lesens besser orientieren und sich auf die Stimmung des Ortes einlassen.[27] Indem die Schülerinnen und Schüler vorab Kenntnisse über den Lageralltag und die ausgestellten Exponate erlangen und die Gedenkstätte mit diesem Vorwissen betreten, ist es ebenfalls möglich, einer Ablehnung gegenüber der Beschäftigung mit den dargestellten Verbrechen entgegenzuwirken bzw. eine solche zunächst einmal zuzulassen, die dann bearbeitet werden kann.

II. Konzeption der Textauswahl und -vermittlung

Es stehen den Schülerinnen und Schülern sechs Texte zur Verfügung, die ihnen vorbereitend oder direkt an der KZ-Gedenkstätte ausgehändigt werden. Die Texte sind in einem Reader den jeweiligen Orten zugeordnet, die in der Erzählung eine große Rolle spielen. Wie oben bereits beschrieben, handelt es sich bei den hier exemplarisch behandelten Texten um Tagebucheinträge eines politischen Häftlings sowie um Erfahrungsberichte einer Nonne. Den Texten vorangestellt sind biografische Angaben zu diesen beiden Autoren. Es folgen die Texte selbst und schließlich eine ausformulierte Aufgabenstellung, die die Leserin/den Leser dazu auffordert, die KZ-Gedenkstätte mithilfe der Texte und der *Reminding-Methode*[28] selbstständig zu erkunden.

Vier der sechs Texte sind den veröffentlichten Tagebüchern von Karl Adolf

---

25 Vgl. Verena Haug und Barbara Thimm: Projektdokumentation. Aus Geschichte lernen? Entwicklung zeitgemäßer Seminarkonzepte zur Vermittlung der NS-Geschichte insbesondere an Gedenkstätten im Kontext einer historisch-politischen Bildungsarbeit in Demokratie fördernder Perspektive, unter: http://www.cap.lmu.de/download/2007/gedenkstaetten.pdf S. 13 [abgerufen: 15.07.2017].

26 Vgl. Bert Pampel: Gedenkstätten als »außerschulische Lernorte«. Theoretische Aspekte – empirische Befunde – praktische Herausforderungen. In: Ders. (Hg.): Erschrecken – Mitgefühl – Distanz. Empirische Befunde über Schülerinnen und Schüler in Gedenkstätten und zeitgeschichtlichen Ausstellungen. Leipzig 2011, S. 11–58; hier besonders S. 18f.

27 Die Erfahrung zeigt, dass Schüler den historischen Ort unzufriedener verlassen, wenn sie keine Möglichkeit hatten, die Ausstellung auch ohne den Text zu besichtigen.

28 Vgl. Uffe Seilmann und Steen F. Larsen: Personal resonance to Literature. A study of remindings while reading, unter: http://www.ualberta.ca/~dmiall/LiteraryReading/Readings/Seilman%20Larsen.pdf [abgerufen: 15.04.2017].

Gross entnommen, der vom 2. September 1940 bis zum 6. Mai 1945 als politischer Gefangener in Dachau inhaftiert war.[29] Zwei weitere Textauszüge wurden aus der Veröffentlichung *Warum ich Azaleen liebe. Erinnerungen an meine Fahrten zur Plantage des KZ Dachau vom Mai 1944 – April 1945* von Josefa Maria Imma Mack ausgewählt.[30] Beide Texte berichten von der persönlichen Wahrnehmung und von Erlebnissen, die sich auf das Konzentrationslager in Dachau beziehen. Somit werden den Jugendlichen zwei Perspektiven auf einen Ort zur Verfügung gestellt.

Den Studierenden wird die Aufgabe gestellt, die Textauszüge mithilfe der *Reminding-Methode*[31] nach Seilmann und Larsen zu bearbeiten. Unter dieser Methode ist eine Lesestrategie zu verstehen. Dabei markiert der Leser während des Leseprozesses Textstellen, an denen er sich etwas gedacht, gefühlt oder sich an etwas erinnert hat. Die Markierungen haben zum einen den Vorteil, dass der natürliche Lesefluss so wenig wie möglich gestört wird. Zum anderen werden die subjektiven Erlebnisse des Rezipienten erfasst, bevor sie aus seinem Gedächtnis verschwinden.[32] Aus diesem Grund werden in der *Reminding-Methode* die Markierungen direkt im Anschluss an den Rezeptionsprozess ausformuliert. Die zeitnahe Verschriftlichung der Leseerfahrung hilft, diese für eine Nachbereitung der Erfahrungen und Gefühle am historischen Ort umfassend und verständlich zu fixieren.[33]

Die ausgewählten Texte (siehe Tabelle 1) konnten an insgesamt vier Orten der KZ-Gedenkstätte Dachau zugeordnet werden.

29 Gross: Zweitausend Tage Dachau (s. Anm. 6).

30 Mack: Warum ich Azaleen liebe (s. Anm. 8).

31 Vgl. Seilmann und Larsen: Personal resonance to Literature (s. Anm. 28).

32 Vgl. Özen Odag: Wenn Männer von der Liebe lesen und Frauen von Abenteuern. Eine empirische Rezeptionsstudie zur emotionalen Beteiligung von Frauen und Männern beim Lesen narrativer Texte. Lengerich 2007, S. 177.

33 Vgl. Odag: Wenn Männer von der Liebe lesen und Frauen von Abenteuern (s. Anm. 32), S. 177.

Text-kürzel	Ort, Seitenzahl	Autor	Handlung
A1	Appellplatz, 1,5	K. A. Gross	Der Gefangene K. A. Gross wird vom KZ-Sachsenhausen in das KZ-Dachau gebracht. Er beschreibt seine Ankunft im KZ und die Musterung. Während er auf dem Appellplatz wartet, nimmt er einen Vergleich zwischen den beiden KZs vor.
A2	Baracke, 2,5	K. A. Gross	Gross beschreibt das Leben in der Baracke. Der Tagebucheintrag ist von Juni 1944 und thematisiert die Enge und die damit verbundene Unruhe in den einzelnen Blöcken. Außerdem berichtet er von seinen Erfahrungen mit den anderen Häftlingen. Er schildert eine gewalttätige Situation mit dem Kapo, als die Häftlinge ihre Sachen für den Umzug in eine neue Unterbringung packen.
A3	Bunker, 2,5	K. A. Gross	Gross beschreibt die Bauweise und die Unannehmlichkeiten, welche mit einem Aufenthalt im Stehbunker verbunden sind. In seiner Darstellung bedient er sich des Stilmittels der Ironie. Seinen Bericht schließt er mit der Entlassung aus dem Bunker ab.
B1	Wachturm, 1	Josefa Maria Imma Mack	Mack beschreibt, wie sie auf dem Weg zur Plantage von einem Wachposten der SS aufgehalten und in ein Gespräch verwickelt wird.
A4	Krematorium, 1	K. A. Gross	Gross berichtet von dem Umgang der SS mit den Leichen aus dem Krematorium.
B2	Krematorium, 2,5	Mack	Bei ihrer letzten Fahrt ins KZ-Dachau trifft Mack auf Häftlinge, die sie auf einem der ›Todesmärsche‹ sieht. Sie beschreibt ihre Verzweiflung angesichts der Tatsache, dass sie den Gefangenen nicht helfen kann. Sie schließt ihre Darstellung mit der Erkenntnis ab, dass mit dem Ende des Krieges nicht alles gut sei, sondern neue Probleme warten würden, die gelöst werden müssten.

Tabelle 1: Orte und Textauswahl

III. Ein literarischer Rundgang mit Schülerinnen und Schülern – eine mögliche didaktische Umsetzung

Das Konzept für den Unterrichtszyklus wird in die Phasen »Vor dem Gedenkstättenbesuch«, »Während des Gedenkstättenbesuchs« und »Nach dem Gedenkstättenbesuch« gegliedert.

1. Vor dem Gedenkstättenbesuch: Die KZ-Gedenkstätte Dachau

In Deutschland existieren heute zahlreiche Denkmäler und Gedenkstätten, die an die Opfer des Naziterrors, des Zweiten Weltkriegs und an die Opfer des Genozids an den europäischen Juden erinnern. Es war ein langer Weg, bis Deutschland seine Geschichte aufarbeiten und die Verbrechen eingestehen konnte. Dies spiegelt sich ebenfalls am Gedenkort wieder. Aus diesem Grund sollte die KZ-Gedenkstätte bzw. der lange Weg bis zur offiziellen Eröffnung der KZ-Gedenkstätte Dachau selbst zum Unterrichtsgegenstand werden.

In den 1950er und 1960er Jahren dominierte in Deutschland ein Gedenken an die im Krieg gefallenen Soldaten. Einrichtungen von Gedenkstätten für Opfer des NS-Terrors wurden von der deutschen Bevölkerung weitestgehend abgelehnt.[34] Dies lässt sich exemplarisch an der Entwicklungsgeschichte der KZ-Gedenkstätte Dachau zeigen.

1945 wurde lediglich das Krematorium zur Ausstellung genutzt. Mitte der 1950er-Jahre stand sogar die Schließung der Gedenkstätte im Raum. Es ist im Besonderen den überlebenden Häftlingen zu verdanken, dass 1962 eine Vereinbarung zwischen der bayerischen Staatsregierung und dem Comité International de Dachau (CID) zur Errichtung einer Gedenkstätte getroffen wurde. Bis dahin wurden die Räumlichkeiten anderweitig genutzt.[35] Mitte der 1960er Jahre wurden die Baracken des ehemaligen Konzentrationslagers Dachau abgerissen. Heute können dort zwei Barackenrekonstruktionen besichtigt werden.

Am 9. Mai 1965 wurde dann die KZ-Gedenkstätte Dachau eröffnet. In dem ehemaligen Wirtschaftsgebäude des Konzentrationslagers wurde eine Dauerausstellung eingerichtet, die über vierzig Jahre hinweg unverändert blieb. Im Jahre 1998 wurde der Bau eines Jugendgästehauses ermöglicht und ebenfalls vom

34 Vgl. Eberle: Pädagogik und Gedenkkultur (s. Anm. 23), S. 30.

35 Vgl. Irene Stuiber: Dachau – KZ-Gedenkstätte. Politik und Pädagogik in einer westdeutschen Stadt. In: Bildungsarbeit an den Orten nationalsozialistischen Terrors. »Erziehung nach, in und über Auschwitz hinaus«. Hg. v. Wolf Ritscher. Hemsbach 2013, S. 196–209. Stuiber stellt fest, dass vor allem das Bemühen um eine anderweitige Nutzung der Räumlichkeiten darin begründet war, die schrecklichen Geschehnisse zu verdrängen und in Vergessenheit geraten zu lassen.

Dachauer Stadtrat befürwortet.[36] Ziel der KZ-Gedenkstätte ist heute eine umfassende historisch-politische Bildung auf der Grundlage einer nachhaltigen Selbstbildung der Besucher zu initiieren.[37] Dies versucht die Gedenkstätte mit Angeboten wie geführten Rundgängen und Audioguides für Einzelbesucher[38] sowie pädagogischen Angeboten (Halbtags- und Tagesseminare, Workshops) für Gruppen und Schulklassen zu unterstützen.

Die KZ-Gedenkstätte Dachau bietet auf ihrer Internetseite zudem einen virtuellen Rundgang mit Informationen an.[39] Dieser könnte ebenfalls zur Vorbereitung eines Besuchs mit Schülerinnen und Schüler bearbeitet werden. Neben der Vermittlung des historischen Kontexts kann so ein erster Eindruck zum Aufbau der Gedenkstätte entwickelt und eine erste Orientierung geschaffen werden.

2. Während des Gedenkstättenbesuchs

Der zeitliche Rahmen für die Bearbeitung der Texte sollte mindestens drei Stunden betragen.

Um den Umgang der Schulerinnen und Schüler mit ausgewählter Zeugnisliteratur nachvollziehen zu können, wird die *Reminding-Methode* eingesetzt. Damit diese Methode von den Schülerinnen und Schülern nicht als Anstrengung, die sie vom Lesen abhält, empfunden wird, sollte diese mit den Schülerinnen und Schülern im Vorfeld eingeübt werden.[40]

Ergänzend zur selbstständigen Bearbeitung der Texte durch die Schülerinnen und Schüler ist eine gebuchte Führung sinnvoll.[41] Dabei ist darauf zu achten, dass die rezipierten Schilderungen in den historischen Kontext eingebettet werden.

36 Die Ablehnung der Dachauer Bevölkerung sowie der bayerischen Politik machten es lange Zeit sehr schwer, Räumlichkeiten für das Gedenken an die Ermordeten und Platz für eine Auseinandersetzung mit den Tätern zu ermöglichen. Jahrelang hatten Initiatoren der Gedenkstätte und interessierte Besucher mit einer mangelhaften Beschilderung der Gedenkstätte sowie einer schlechten Infrastruktur, unfreundlichen Bürgern und Platzmangel zu kämpfen.

37 FRA – Agentur der Europäischen Union für Grundrechte: Die Vergangenheit für die Zukunft entdecken. Die Rolle historischer Stätten und Museen in der Holocaust- und Menschenrechtsbildung in der EU, unter: http://fra.europa.eu/sites/default/files/fra_uploads/1791-187087_FRA_HOLOCAUST_EDUCATION_MAIN_REPORT_DE.pdf [abgerufen: 03.02.2014].

38 Vgl. unter: https://www.kz-gedenkstaette-dachau.de/angebote.html [abgerufen: 02.01.2017].

39 Vgl. unter: https://www.kz-gedenkstaette-dachau.de/rundgang.html [abgerufen: 12.05.2017].

40 Die *Reminding*-Methode könnte im Rahmen des Deutschunterrichts auch für andere Textauseinandersetzungen, wie zum Beispiel bei der Erarbeitung von Kurzgeschichten oder als Überarbeitungsmethode von Schülertexten gewinnbringend eingesetzt werden.

41 Sollte eine Führung gebucht werden, ist diese zeitlich zusätzlich zu den empfohlenen drei Stunden einzuplanen.

3. Nach dem Gedenkstättenbesuch

Die Eindrücke und Erlebnisse der Schülerinnen und Schüler sollten im Anschluss an die Exkursion im Unterricht nachbesprochen werden. Auch für diese Gespräche sollte genug Zeit eingeplant werden. Neben der Verarbeitung des dort Gesehenen wird so die Unterrichtseinheit abgeschlossen und in einen thematischen Gesamtzusammenhang gebracht. Hier haben sich Gruppengespräche oder andere Schreibformen, wie das Verfassen eines Tagebucheintrags oder eines »Elfchen[s]«[42], bewährt. Kreative Formen können den Einstieg in die Reflektion des Gesehenen erleichtern. Bei einem »Elfchen« handelt es sich um eine Gedichtform, die durch eine feste Struktur bestimmt ist. Durch die festgeschriebene Wörteranzahl in einer Zeile wird von dem Schreiber verlangt, seine Gefühle o. ä. in diesem vorgegebenen Rahmen zu verschriftlichen.[43] Bei dieser Verarbeitungsform liegt der Vorteil darin, dass mit wenig Sprache auch sehr aufwühlende Ereignisse kreativ dargestellt werden können. Ebenfalls sollten auch körperliche Formen der Auseinandersetzung, wie das Standbild, Berücksichtigung finden. Szenische Interpretationen können dabei helfen, mit sprachlichen Mitteln beschriebene Räume, Situationen, Beziehungen u. a. besser nachvollziehen und verstehen zu können. Mithilfe von Standbildern können Leseerfahrungen sichtbar gemacht werden: Eine vom Leser als besonders eindrücklich empfundene Szene kann nachgestellt und erläutert werden. Neben ästhetischen Umsetzungsformen[44] ist dies eine weitere Möglichkeit, um mit anderen in Austausch über das Erlebte und Gelesene am historischen Ort zu treten.

IV. Abschluss

Wie bereits zu Beginn des Beitrags erwähnt, existiert eine rege Debatte über die »richtige« Zugangsweise in der Auseinandersetzung mit dem Thema »Nationalsozialismus und Holocaust«. Die Frage, ob eher gefühlsmäßig oder mit dem Verstand an die Thematik herangetreten werden kann, bleibt umstritten.[45] Dan

42 Vgl. Ingo Scheller: Szenische Interpretation. In: Praxis Deutsch 136 (1996), S. 22–32.

43 Der Aufbau eines Elfchens hat insgesamt fünf Zeilen. Die erste Zeile besteht aus einem Wort, die Zweite aus zwei, die Dritte aus drei, die Vierte aus vier Wörtern und die fünfte wieder aus einem Wort.

44 Vgl. weitere didaktische Vorschläge für den Deutschunterricht u. a. hier: Gerhard Haas: Handlungs- und produktionsorientierter Literaturunterricht: Theorie und Praxis eines »anderen Literaturunterrichtes« für die Primar- und Sekundarstufe. Seelze 1997. Ingo Scheller: Szenische Interpretation. Theorie und Praxis eines handlungs- und erfahrungsbezogenen Literaturunterrichts in Sekundarstufe I und II. Seelze-Velber 2004.

45 Vgl. Stefan Endlich: Bilder und Geschichtsbilder. Kunst und Denkmal als Mittel der Erin-

Diner beschäftigt sich in diesem Zusammenhang mit der Frage, welches Narrativ der Geschichte angemessen sei und stellt fest, dass eine Annäherung aus der Opferperspektive von jedem ganz intuitiv eingenommen werden würde.[46] Bei einer reinen Perspektivübernahme darf die Auseinandersetzung allerdings nicht stehen bleiben. Schließlich sind die Erzählungen immer Fiktion und realitätsbezogen zugleich.[47] Die in diesem Beitrag vorgeschlagene Zugangsweise ist daher um einen »Ausgleich« zwischen der Vermittlung von Fakten und der Auseinandersetzung mit emotionalen Zeugnissen, die zur Übernahme von Empathie anregen, bemüht. Die Arbeit mit Zeitzeugenberichten am historischen Ort ermöglicht emotionale sowie kognitive Zugänge, die auch mit einem zeitlichen und räumlichen Abstand produktiv genutzt werden können. Die Erlebnisse während der Besichtigung können kritisch in ihrem Verhältnis zum Gelesenen besprochen werden und neben einer Beschäftigung mit dem historischen Gegenstand Überlegungen zu möglichen Konsequenzen für eine Bedeutsamkeit des Themas für die Ausbildung eines Wertekanons anstoßen.

Aufgrund der vielfältigen medialen Angebote konnte sich die Erinnerung an den Nationalsozialismus und Holocaust und deren Vermittlungsformen ausdifferenzieren. Die veränderten Formen wirken sich auf die Bildungsangebote zum Holocaust und anderen Formen des NS-Terrors aus. Dies ist vor allem in den Fächern Geschichte und politische Bildung zu erkennen. Weiterführende und grundlegende Überlegungen zum Literaturunterricht für die inzwischen vierte Generation nach dem Zweiten Weltkrieg bilden eher die Ausnahme.[48] Dabei wird von Lehrerinnen und Lehrern sowie Schülerinnen und Schülern die Rezeption von Zeitzeugenerinnerungen oftmals als besonders »authentisch« erlebt. Um einer emotionalen Überforderung entgegenzuwirken oder eine unangemessene Identifikation mit den Opfern des Nationalsozialismus zu verhindern, ist eine mehrperspektivische und sachliche Auseinandersetzung mit dem Gelesenen zu empfehlen. Die kritische Arbeit mit Zeitzeugenberichten erweist sich dabei innerhalb eines insgesamt multiperspektivischen Vorgehens als vielversprechender Zugang. Wo im schulischen Kontext könnte dies besser vermittelt werden als im Deutschunterricht? Im Hinblick auf den Schulunterricht erscheint allerdings ein fächerverbindender Unterricht unerlässlich, da Zeitzeugenliteratur über die Zeit des Nationalsozialismus lediglich *eine* Per-

nerung. In: Dachauer Hefte. Terror und Kunst. Zeugnis, Überlebenshilfe, Rekonstruktion und Denkmal. Heft 18. Hg. v. Wolfgang Benz und Barbara Distel. Dachau 2002, S. 3–22; hier: S. 9.

46 Vgl. Diner: Über die Poetik der Fassungslosigkeit (s. Anm. 20), S. 103.

47 Vgl. Gabriele Rosenthal: Über die Zuverlässigkeit autobiographischer Texte. In: Den Holocaust erzählen (s. Anm. 20), S. 165–172; hier: S. 165.

48 Vgl. Jens Birkmeyer: Einleitung. In: Holocaust-Literatur und Deutschunterricht. Perspektiven schulischer Erinnerungsarbeit. Hg. v. Jens Birkmeyer. Baltmannsweiler 2007, S. 1–14.

spektive auf die Geschehnisse darstellen kann. Jedoch wird gerade durch die Lektüre von Zeitzeugenliteratur eine Verbindung von emotionalen und kognitiven Zugängen adressatenadäquat ermöglicht. Der multiperspektivische Zugang kann zum Nachdenken anregen und dazu ermutigen, weitergehende Fragen zu stellen.[49]

Die Ausführungen, die ein Student zum Appellplatz niedergeschrieben hat, spiegeln wider, wie die geschilderten Erlebnisse auf die Lebenswelt übertragen und somit für den Leser/die Leserin verständlicher werden können:

Appellplatz:

Gedanken	Riesengroßer Platz. Da passen viele Menschen hin.
Gefühle	Betroffen, dass die Leute teils stundenlang stillstehen mussten und so gequält wurden.
Erinnerungen	Wehrdienstzeit – antreten, still stehen usw. sind militärische Umgangsformen. Längeres Stehen ist sehr unangenehm.

(Material Proband 9, Text A1)

Die vorgeschlagene Umsetzung zeigt, wie der Umgang mit Zeitzeugenberichten am historischen Ort produktiv für die Auseinandersetzung mit der Thematik genutzt werden kann.

49 Noa Mkayton: Holocausterziehung im 21. Jahrhundert – die Nähe zum Entfernten, unter: http://lernen-aus-der-geschichte.de/Lernen-und-Lehren/content/8880/2010-10-04-Holocausterziehung-im-21-Jahrhundert-die-Naehe-zum [abgerufen: 27.09.2017]. Noa Mkayton stellt in ihrem Artikel heraus, wie wichtig es für eine persönliche Positionierung bzw. Verortung zum Thema ist, historische Fakten und Ereignisse sowie die Erzählungen von Überlebenden zu kennen.

Tobias von Borcke

Subjektorientierung und Ent-Fremdung. Gedenkstättenpädagogik als Bildungsarbeit gegen Antiziganismus

Ich habe Angst, Auschwitz könnte nur schlafen.
Ceija Stojka

Die Beschäftigung mit der NS-Verfolgung von Sinti_zze und Rom_nja findet in einer gesellschaftlichen Situation statt, die durch einen massiven Antiziganismus gekennzeichnet ist. Dieses Ressentiment besteht seit Jahrhunderten, hat seine Wurzeln also nicht in der NS-Rassenideologie und ist zudem mit dem Ende des Zweiten Weltkriegs nicht verschwunden. Dass die Ausgrenzung von Menschen unter dem Stigma ›Zigeuner‹ oder verwandten Bezeichnungen bis heute Teil der Herstellung sozialer »Normalität« ist, muss auch das Sprechen über Rom_nja und Sinti_zze als Verfolgte in der NS-Zeit beeinflussen. Im Folgenden möchte ich den Fragen nachgehen, vor welchem historischen und gesellschaftlichen Hintergrund die Auseinandersetzung mit der NS-Verfolgung von Sinti_zze und Rom_nja stattfindet, welche Schlussfolgerungen für eine Bildungsarbeit gegen Antiziganismus daraus gezogen werden müssen und wie sich diese zu einer Gedenkstättenpädagogik verhalten, die die Verfolgung und massenhafte Ermordung von Sinti_zze und Rom_nja während des Nationalsozialismus zum Thema macht.

Während der Völkermord an Rom_nja und Sinti_zze nach 1945 für Jahrzehnte seitens der Dominanzgesellschaft verschwiegen oder verharmlost wurde, ist eine Anerkennung der begangenen Verbrechen mittlerweile zumindest im offiziellen politischen Diskurs relativ weitgehend verankert. Dies gilt auch für die Art und Weise, wie die Geschichte des Nationalsozialismus in Gedenkstätten, Dokumentationszentren und anderen Einrichtungen, die sich damit schwerpunktmäßig beschäftigen, dargestellt wird. Kaum eine in diesem Feld bedeutende Einrichtung greift das Thema nicht in ihren Ausstellungen, Veröffentlichungen und mittlerweile auch pädagogischen Angeboten auf. Welchen Kriterien die entsprechenden Ausstellungen genügen müssen, war dabei oft Gegenstand kontroverser Debatten und Aushandlungsprozesse zwischen den Gedenkstätten und den aus der Bürgerrechtsbewegung deutscher Sinti_zze und Rom_nja der späten 1970er und frühen 1980er Jahren hervorgegangenen Institutionen, dem *Zentralrat Deutscher Sinti und Roma* und dem ebenfalls in

Heidelberg ansässigen *Dokumentations- und Kulturzentrum Deutscher Sinti und Roma.*[1] Dass diese Institutionen bei der Auseinandersetzung mit diesem Teil der NS-Geschichte eine bedeutende Rolle spielen, ist insofern folgerichtig, als sie es waren, die dem Thema überhaupt erst zur gesellschaftlichen Wahrnehmung verholfen haben. Dabei spielten wiederum Gedenkstätten eine besondere Rolle, waren doch die ersten Aktionen der Bürgerrechtsbewegung, die ein breites Echo gefunden haben, eine große Kundgebung auf dem Gelände des ehemaligen Konzentrationslagers Bergen-Belsen 1979 und ein Hungerstreik auf dem Gelände der Gedenkstätte Dachau 1980. Dies verweist auf eine enge Verbindung zwischen den Stätten der Verfolgung und den Kämpfen um Emanzipation und gesellschaftliche Teilhabe seitens der Bürgerrechtsbewegung. Auch zu späteren Zeitpunkten waren Gedenkstätten Orte politischer Auseinandersetzungen. So wurde etwa die Gedenkstätte Neuengamme 1989 und 1993 zum Schauplatz von Bleiberechtskämpfen geflüchteter Rom_nja gegen drohende Abschiebungen ins ehemalige Jugoslawien.[2]

Wie wenig selbstverständlich ein würdiges Gedenken selbst an ehemaligen Lagerstandorten bis heute ist, zeigt das Beispiel Lety. Während des Zweiten Weltkriegs gingen dort Hunderte Rom_nja infolge der katastrophalen Bedingungen im Lager zugrunde, die im Frühjahr 1943 noch lebenden Insassen wurden mehrheitlich von dort nach Auschwitz-Birkenau verschleppt. Die meisten von ihnen haben nicht überlebt. Nach Kriegsende wurde die Geschichte von Lety nicht öffentlich thematisiert, in den 1970er Jahren gar eine Schweinemastanlage auf dem ehemaligen Lagergelände errichtet. Seit 1995 erinnert ein Denkmal an die im Lager inhaftierten Menschen, die Schweinemast aber existiert noch immer – trotz internationaler Proteste und des unermüdlichen Einsatzes von Aktivist_innen.[3] Für die pädagogische Arbeit in Gedenkstätten sollten solche Verknüpfungen zwischen ehemaligen Lagerstandorten, Fragen der Er-

1 Vgl. hierzu Silvio Peritore: Geteilte Verantwortung? – Der nationalsozialistische Völkermord an den Sinti und Roma in der deutschen Erinnerungspolitik und in Ausstellungen zum Holocaust. Hannover 2012.

2 Vgl. Kathrin Herold: »Das Leid der Roma und Sinti in der NS-Zeit berechtigt nicht zu rechtswidrigen Handlungen heute.« Bleiberechtskämpfe Hamburger Roma an der KZ-Gedenkstätte Neuengamme. In: Antiziganistische Zustände. Zur Kritik eines allgegenwärtigen Ressentiments. Hg. v. Markus End, Kathrin Herold und Yvonne Robel. Münster 2009, S. 131–156.

3 Maßgeblich beteiligt an den Aktivitäten rund um Lety ist die tschechische NGO *Konexe*, in der sich Rom_nja und Angehörige der Mehrheitsgesellschaft gemeinsam organisieren und die beispielsweise eng mit der Dresdner Gruppe Gegen Antiromaismus kooperiert. Vgl. zu Lety: Markus Pape: Das KZ Lety u Písku und die deutsche Mitverantwortung für eine würdige Gedenkstätte. In: Viele Kämpfe und vielleicht einige Siege. Texte über Antiromaismus und historische Lokalrecherchen zu und von Roma, Romnja, Sinti und Sintezze in Sachsen, Sachsen-Anhalt und Tschechien. Hg. v. Kathrin Krahl und Antje Meichsner. Dresden 2016, S. 52–61.

innerung und aktuellen politischen Kämpfen durchaus als eine Art Vermächtnis betrachtet und auch explizit thematisiert werden.[4]

Pädagogische Formate zur Beschäftigung mit der NS-Verfolgung von Sinti_zze und Rom_nja gibt es mittlerweile in zahlreichen Einrichtungen, sie reichen vom thematischen Rundgang über Tagesseminare bis hin zu mehrtägigen Angeboten. Die Existenz solcher Angebote zur intensiven Auseinandersetzung mit diesem Teil der NS-Geschichte kann als Hinweis darauf verstanden werden, dass dem Thema in den entsprechenden Institutionen ein gewisser Stellenwert zuerkannt wird. Eine Debatte über die Voraussetzungen, Möglichkeiten, Ziele und Grenzen einer solchen pädagogischen Arbeit steht nichtsdestotrotz noch am Anfang. Neben einer überschaubaren Anzahl an publizierten Texten[5] soll hier ein Netzwerktreffen zur historisch-politischen Bildungsarbeit mit einem thematischen Fokus auf die NS-Verfolgung von Sinti_zze und Rom_nja genannt werden. Initiiert wurde das Treffen von Steffen Jost, dem stellvertretenden Leiter des *Max-Mannheimer-Studienzentrums* in Dachau, und dem Verfasser dieser Zeilen. Früh in der Vorbereitungsphase stellte sich heraus, dass es im *Dokumentations- und Kulturzentrum Deutscher Sinti und Roma* ähnliche Überlegungen für eine Vernetzung von Akteur_innen der Bildungsarbeit gab. Das Ergebnis war ein gemeinsam im *Max-Mannheimer-Zentrum* durchgeführtes Treffen im August 2015.[6] Das Netzwerktreffen soll unter Federführung des *Dokumentations- und Kulturzentrums Deutscher Sinti und Roma* institutionalisiert werden und regelmäßig in unterschiedlichen Städten in Kooperation mit wechselnden Einrichtungen stattfinden. Die bisherigen Zusammenkünfte haben gezeigt, dass es einen Bedarf nach einem fundierten Austausch über die Vermittlung dieses

---

4 Nicht nur in Dachau und Bergen-Belsen ist die Erinnerungsgeschichte an die Verfolgung der Sinti_zze und Rom_nja mit dem Engagement von Selbstorganisationen und ihren Unterstützer_innen verbunden. Zu den meisten Gedenkstätten dürfte es diesbezüglich historische Quellen geben, etwa Schriftwechsel, Zeitungsartikel oder Reden, die bei der Einweihung einer Gedenktafel gehalten wurden. Die Verwendung solcher Dokumente in der Bildungsarbeit bietet sich an.

5 Zu nennen sind die beiden Beiträge von Kathrin Herold in: NS-Geschichte, Institutionen, Menschenrechte. Bildungsmaterialien für die Arbeit zu Verwaltung, Polizei und Justiz. Hg. v. Ulrike Pastoor und Oliver von Wrochem. Berlin 2013; Steffen Jost: Verfolgung, Vernichtung und der Kampf um Anerkennung und Wiedergutmachung. Historische Bildungsarbeit zu Sinti und Roma aus der Perspektive der Mehrheitsgesellschaft, unter: http://lernen-aus-der-geschichte.de/Lernen-und-Lehren/content/11789 [abgerufen: 21.07.2017]. Zudem der bisher unveröffentlichte Vortrag mit dem Titel *Antiziganismuskritische Arbeit in NS-Gedenkstätten* von Karola Fings, gehalten auf der Tagung »Antiziganismus entgegenwirken! Aber: Wie?« am 18. November 2016 in Düsseldorf.

6 Ein von Steffen Jost verfasster Bericht über dieses erste Treffen findet sich unter: https://gedenkpaed.hypotheses.org/date/2015/09 [abgerufen: 21.07.2017]. Im Vorfeld des Treffens wurden an die eingeladenen Einrichtungen Fragebögen verschickt, um einen Eindruck von den bestehenden Angeboten zum Thema zu bekommen. Eine systematische Auswertung dieser Bögen erfolgt hier nicht, an einigen Stellen werde ich aber darauf rekurrieren.

Bereichs der NS-Geschichte und die Verbindungen und Wechselwirkungen zum Thema Antiziganismus allgemein gibt. Dazu sollen auch die Überlegungen in diesem Text einen Beitrag leisten.

I. Notwendiges Hintergrundwissen: Antiziganismus

Der Begriff Antiziganismus meint das ganze Ensemble an stereotypen Vorstellungen, die mit dem Wort ›Zigeuner‹ und anderen, verwandten Bezeichnungen verbunden sind, unabhängig davon, ob sie offen abwertend und feindselig oder auf den ersten Blick positiv und romantisierend sind. Auch die aus diesen Bildern resultierenden oder durch sie legitimierten Praxen von Diskriminierung, Ausschluss und Verfolgung sollen durch den Begriff abgedeckt werden. Die Bilderwelt des Antiziganismus speist sich dabei aus dominanzgesellschaftlichen Projektionen und dient der Stärkung der jeweiligen *Wir-Gruppe* in Abgrenzung von vermeintlich *Anderen*, denen vorgeworfen wird, die gültigen Normen zu unterlaufen. Eine frühe Form des Ressentiments ist im griechischsprachigen Diskurs bereits für das 9. Jahrhundert belegt,[7] im deutschsprachigen Raum sind ›Zigeuner‹-Bilder seit dem 15. Jahrhundert nachweisbar. Auch wenn sich diese Stereotype im Laufe der Jahrhunderte transformiert und den gesellschaftlichen Bedingungen angepasst haben, haben sie doch einen geradezu erstaunlich stabilen Kern. Der Politologe Markus End hat drei wesentliche Elemente der *Sinnstruktur des Antiziganismus* ausgemacht. (1) Den imaginierten ›Zigeunern‹ wird nicht nur die Zugehörigkeit zum je eigenen Kollektiv abgesprochen. Eine eigene *Identität* – sei sie religiös oder national definiert – wird ihnen nicht zuerkannt. Die so Stigmatisierten sollen nicht einfach einer anderen Gruppe angehören, sondern in einer als tendenziell bedrohlich und schwer greifbar geltenden Uneindeutigkeit festgeschrieben werden. (2) Als *archaische Parasiten* würden die ›Zigeuner‹ ihren Lebensunterhalt nicht aus eigener Kraft bestreiten, aber auch nicht von und aus der Natur leben. Ihre Existenz sei so nur auf Kosten der als Norm definierten Dominanzgesellschaft möglich. (3) Eng damit verbunden wird ›Zigeunern‹ unterstellt, sich den Anstrengungen der Unterwerfung unter zivilisatorische Standards zu entziehen. Behauptet werden in diesem Kontext *Sorg- und Disziplinlosigkeit* sowie eine *amoralische Sexualität*.[8] Immer

7 Vgl. Benedikt Wolf: »Ohne Gott, ohne Vater, kein Teil der Gesellschaft«. Zur Virulenz des vormodernen Diskurses über die »Athinganoi« im griechischen Antiziganismus. In: Antiziganistische Zustände 2. Kritische Interventionen gegen gewaltvolle Verhältnisse. Hg. v. Alexandra Bartels u. a. Münster 2013, S. 74–99.

8 Markus End: Bilder und Sinnstruktur des Antiziganismus. In: Aus Politik und Zeitgeschichte 64/22-23 (2011). Hg. v. d. Bundeszentrale für politische Bildung, S. 15–21. Erweiternde und teilweise modifizierende Überlegungen dazu sind enthalten: Markus End: Die Dialektik der

wieder reproduziert wurden diese Bilder in Literatur und bildender Kunst ebenso wie in alltäglichen Bildquellen und volkstümlichem Liedgut. Auch die Wissenschaft hat einen wesentlichen Bestandteil an ihrer steten Wiederholung gehabt, sei es unter ethnologischen, sei es unter explizit biologisch-rassistischen Vorzeichen. Eine besonders verhängnisvolle Rolle hat außerdem die Polizei gespielt, die im deutschsprachigen Raum schon zu Zeiten des Kaiserreichs und der Weimarer Republik einen pauschalen Kriminalitätsverdacht gegenüber ›Zigeunern‹ kultivierte. Von dieser ideologischen Grundannahme ausgehend setzte der Polizeiapparat auf eine möglichst lückenlose Erfassung der vermeintlich Verdächtigen und schuf so schon deutlich vor 1933 eine der Voraussetzungen für den nationalsozialistischen Völkermord.[9]

Auf den ersten Blick fällt auf, dass die den ›Zigeunern‹ zugeschriebenen Eigenschaften für die meisten Menschen zunächst einmal eher verlockend wirken als abschreckend. Wer wünscht sich nicht – zumindest hin und wieder – ein Leben ohne den Zwang zu geregelter Arbeit und zur Unterwerfung unter gesellschaftliche Normen? Gleichzeitig liegt auf der Hand, dass ein derart ungezwungener Lebensstil in modernen Gesellschaften nicht als realitätsgerecht und akzeptabel gilt. Seine Zuschreibung an Menschen, die zu Außenseiter_innen erklärt werden, markiert zugleich die Grenze des Möglichen und Wünschenswerten. So erfüllt der Antiziganismus eine stabilisierende Funktion auf gesellschaftlicher und subjektiver Ebene. Gesellschaftlich dient die Abwertung der *Anderen* der Aufrechterhaltung der Disziplin und der Anpassung an die gültigen Standards, insbesondere der »Affirmation der Arbeit«.[10] Subjektiv erleichtert sie die Anpassung an die gesellschaftlichen Verhältnisse:

> Das Zigeunerstereotyp ermöglicht es, nicht über eigene Unzulänglichkeiten gegenüber den Zumutungen einer rationalen Existenzform nachdenken zu müssen und sich nicht in Widerstand gegen die disziplinierenden Machtpraktiken der kapitalisierten bürgerlichen Gesellschaft und ihrer Industrien zu begeben. Sich dagegen zu wehren,

---

Aufklärung als Antiziganismuskritik. Thesen zu einer kritischen Theorie des Antiziganismus. In: Konstellationen des Antiziganismus. Theoretische Grundlagen, empirische Forschung und Vorschläge für die Praxis. Hg. v. Wolfram Stender. Wiesbaden 2016, S. 53–94.

9 Der Versuch einer Gesamtschau der komplexen Geschichte des Antiziganismus steht aus, zu einzelnen Bereichen sind aber wichtige Arbeiten erschienen. Zur Rolle der Polizei vgl. Karola Fings und Frank Sparing: Rassismus, Lager, Völkermord. Die nationalsozialistische Zigeunerverfolgung in Köln. Köln 2005; Michael Zimmermann: Rassenutopie und Genozid. Die nationalsozialistische »Lösung der Zigeunerfrage«. Hamburg 1996; Leo Lucassen: Zigeuner. Die Geschichte eines polizeilichen Ordnungsbegriffes in Deutschland 1700–1945. Köln 1996. Beachtenswerte Studien jüngeren Datums zu ›Zigeuner‹-Stereotypen in Literatur bzw. Fotografie sind: Iulia-Karin Patrut: Phantasma Nation: »Zigeuner« und Juden als Grenzfiguren des »Deutschen« (1770–1920). Würzburg 2014; Frank Reuter: Der Bann des Fremden. Die fotografische Konstruktion des »Zigeuners«. Göttingen 2014.

10 Astrid Messerschmidt: Antiziganismuskritische Bildung in der national-bürgerlichen Konstellation. In: Konstellationen des Antiziganismus (s. Anm. 8), S. 95–110; hier S. 101.

verlangt eine komplexe Analyse der Vergesellschaftungsform und ihrer Wertsetzung. Das alles kann ersetzt werden durch die Verlagerung der Aufmerksamkeit auf eine Gruppe, die als anders, fremd und unangepasst wahrgenommen und deren Zugehörigkeit zur Nation bestritten wird.[11]

Es ist anzumerken, dass es sich bei der erwähnten Gruppe nicht um eine Anzahl realer Personen mit gemeinsamen Eigenschaften, sondern bereits um das Ergebnis von Projektionen handelt. Überwiegend werden Menschen vom Antiziganismus getroffen, die sich selbst als Rom_nja oder Sinti_zze verstehen. Dies war und ist aber nicht immer der Fall. Der Ausschluss von Menschen als ›Zigeuner‹ orientiert sich eben nicht an den Selbstdefinitionen der Betroffenen, sondern schafft sich sein Feindbild selbst. Das bedeutet, dass es Menschen gab und gibt, die antiziganistisch angefeindet werden, die ihrem Selbstverständnis nach nicht zu den Sinti_zze oder Rom_nja gehören und andererseits, dass nicht alle Angehörigen der Minderheit immer und überall in der gleichen Art und Weise von Antiziganismus betroffen sind.[12] Vor diesem Hintergrund scheint es mir bedeutsam, über Bezeichnungen nachzudenken. Häufig wird der Doppelbegriff »Sinti und Roma« als eine Art Ersatz für das nicht mehr schickliche Wort ›Zigeuner‹ betrachtet. Die Sozialpädagogin Isidora Randjelović hat dies pointiert kritisiert:

> Die Mehrheitsapparate sind seit jeher flexibel. Neben der weiteren Verwendung der Begrifflichkeit ›Zigeuner/-in‹ ist seit den 1980er Jahren in Deutschland zugleich eine fortschreitende Umänderung der öffentlichen Benennung zu verzeichnen. Mittlerweile hat sich in vielen ethnologischen Texten, im Sprachgebrauch der Jugendämter, der Schulen, der Antragssteller für Projekte im Rahmen der Roma Dekade (2005–2015), in vielen Zeitungen und in der Rhetorik philoziganistischer Zeitgenoss/-innen die Bezeichnung ›Romaundsinti‹ oder ›Sintiundroma‹ etabliert. Immerhin ein Fortschritt, denn ›Roma-und-Sinti-Schnitzel‹ klingt auch für die Mehrheitsgesellschaft nicht mehr so leicht verdaulich. Die alten antiziganistischen Tendenzen, Wahrnehmungsmuster und die Behandlung der ›neu‹ Getauften sind jedoch erhalten geblieben – alte Melodien mit neuen Instrumenten.[13]

11 Messerschmidt: Antiziganismuskritische Bildung (s. Anm. 10), S. 101.

12 Eine differenzierte Darstellung der Geschichte von Rom_nja und Sinti_zze, die auch diesen Aspekt berücksichtigt, hat Karola Fings vorgelegt: Karola Fings: Sinti und Roma. Geschichte einer Minderheit. München 2016.

13 Isidora Randjelovič: »Auf vielen Hochzeiten spielen«: Strategien und Orte widerständiger Geschichte(n) und Gegenwart(en) in Roma Communities. In: re/visionen: Postkoloniale Perspektiven von People of Color auf Rassismus, Kulturpolitik und Widerstand in Deutschland. Hg. v. Kein Nghi Ha, Nicola Lauré al Samarai und Sheila Mysorekar. Münster 2007, S. 265–279; hier S. 272f. In einer Fußnote ergänzt Randjelović: »Ich schreibe es hier in einem Wort, weil erfahrungsgemäß eine große Anzahl derjenigen, die von Roma und Sinti sprechen, die Unterschiede zwischen den Gruppen nicht kennen und den Begriff ›RomaundSinti‹ praktisch als Synonym für ›Zigeuner‹ verwenden.« Randjelović, S. 272f.

Um der Komplexität der hier behandelten Projektionen und der Diskrepanz zwischen Selbst- und Fremdbezeichnung gerecht zu werden, sei betont, dass die beiden Bezeichnungen gleich in doppelter Hinsicht nicht das Gleiche meinen. Wie oben beschrieben waren nicht alle als ›Zigeuner‹ stigmatisierten Menschen ihrem Selbstverständnis nach Sinti_zze oder Rom_nja. Und dort, wo die Lebensrealitäten von Rom_nja und Sinti_zze auf den ersten Blick den überlieferten Klischeebildern entsprechen, liegt dies nicht in ihrer *Kultur* oder ihrem *Wesen*, sondern in gesellschaftlichen und historischen Umständen begründet, die in vielen Fällen durch härteste Ausgrenzung, Diskriminierung und Armut geprägt sind und an deren Herstellung die Kategorisierung von Menschen als ›Zigeuner‹ einen wesentlichen Anteil hat. Gleichzeitig leben bei weitem nicht alle Rom_nja und Sinti_zze in Armut am Rande der Gesellschaft. Sich dies klarzumachen, sollte ein wesentlicher Aspekt der Beschäftigung mit dem Antiziganismus sein, auch in pädagogischen Kontexten.

Die Dringlichkeit des Themas leitet sich natürlich nicht in erster Linie aus der langen Geschichte des Ressentiments oder aus theoretischen Analysen her. Bis heute führen antiziganistische Klischees zu Diskriminierung, Ausgrenzung und Gewalt oder legitimieren diese. Es ist daher auch im Bereich der historisch-politischen Bildungsarbeit zur Geschichte des Nationalsozialismus angebracht, sich diese Problematik auf einer allgemeineren Ebene und insbesondere hinsichtlich ihrer Aktualität bewusst zu machen.[14]

II. Bildungsarbeit gegen Antiziganismus

Pädagogische Angebote und Materialien zur NS-Verfolgung von Sinti_zze und Rom_nja sind zahlreicher und weiter verbreitet als solche, die sich der Geschichte der Minderheit in anderen Kontexten oder gezielt dem Phänomen Antiziganismus widmen. Darin liegt die Gefahr, dass durch die Fokussierung auf ein historisches Extrem der strukturelle Aspekt des Antiziganismus und seine Relevanz für die Gegenwart aus dem Blick geraten.[15] Hier deutet sich ein mög-

14 Die gesellschaftliche Realität der Ausgrenzung kann hier nicht angemessen behandelt werden. Einen Eindruck von der Situation in verschiedenen europäischen Ländern vermittelt der zweiteilige Jahresbericht 2016 des European Roma Right Centre, unter: http://www.errc.org/blog/look-back-in-anger-2016-through-a-roma-rights-lens-part-1/149 bzw. http://www.errc.org/blog/bitter-fruits-in-bad-times-2016-through-a-roma-rights-lens-part-2/151 [abgerufen: 31.01.2017]. Ereignisse in Deutschland werden dort nicht aufgeführt. Eine systematische Aufstellung für die Bundesrepublik gibt es leider nicht, Fälle von Antiziganismus in Berlin dokumentiert der Verein Amaro Foro seit 2014, unter: http://amaroforo.de/dokumentation-von-antiziganismus-berlin [abgerufen: 21.07.2017].

15 Messerschmidt: Antiziganismuskritische Bildung (s. Anm. 10), S. 103. Hinsichtlich der historisch-politischen Bildungsarbeit zum Antisemitismus hat Patrick Siegele darauf hin-

liches Spannungsverhältnis zwischen einer Gedenkstättenpädagogik zur NS-Verfolgung von Rom_nja und Sinti_zze und den Ansprüchen einer kritischen Bildungsarbeit zum Thema Antiziganismus in einem umfassenderen Sinne an. Diese Spannung bedeutet meines Erachtens nicht notwendig einen Widerspruch. Um die Umrisse einer in dieser Hinsicht fundierten Gedenkstättenpädagogik aufzuzeigen, möchte ich zunächst kurz die Debatten um die Standards der Bildungsarbeit gegen Antiziganismus darstellen.

Ein weitgehender Konsens[16] in den Diskussionen der letzten Jahre ist, dass die Ursachen des Antiziganismus nicht bei den Betroffenen zu suchen sind, sondern in den gesellschaftlichen Strukturen, die Stereotype und Ausgrenzung immer wieder hervorbringen. Bildungsarbeit gegen Antiziganismus müsse, so fordert Albert Scherr, vor allem eine »kritische Auseinandersetzung mit den Macht- und Herrschaftsverhältnissen sein, die zur Diskriminierung von Sinti und Roma geführt haben und führen«.[17] Das *Sprechen über* Sinti_zze und Rom_nja wird in diesem Zusammenhang problematisiert. Die Vorstellung, es müssten bloß *falsche Informationen* über Rom_nja und Sinti_zze durch *richtige* ersetzt werden, verkenne die Dynamik des Antiziganismus und laufe Gefahr, erneut zu unterstellen »Sinti und Roma seien eine von der Mehrheitsbevölkerung ethnisch und kulturell unterschiedene, in sich sozial homogene und nach außen abgeschlossene Gruppe«.[18] Ziel der Bildungsarbeit müsse es vielmehr sein, pauschale Urteile über Sinti_zze und Rom_nja ganz grundsätzlich infrage zu stellen und auf ihre gesellschaftlichen Hintergründe hin zu befragen. Stereotype sollen als solche erkennbar gemacht und thematisiert werden, freilich ohne sie selbst erneut zu reproduzieren. Für eine so verstandene Bildungsarbeit setzt sich begrifflich analog zu den Auseinandersetzungen um Antisemitismus und Rassismus die Bezeichnung antiziganismuskritische Bildungsarbeit zunehmend durch.

---

gewiesen, dass eine Verengung der »deutsch-jüdische[n] Geschichte auf ihre Verfolgungs- und Vernichtungsgeschichte« Anteil daran habe, »dass Jüdinnen und Juden vorwiegend als Objekte, Verfolgte und Opfer präsentiert werden.« Patrick Siegele: Chancen und Grenzen historisch-politischer Bildungsarbeit in der Auseinandersetzung mit Antisemitismus. In: Commitment without borders. Ein deutsch-türkisches Handbuch zu Antisemitismusprävention und Holocaust Education. Berlin 2016, S. 30–35; hier S. 32. Dies lässt sich meines Erachtens auf den Antiziganismus und die Frage der Thematisierung der Geschichte von Romn_nja und Sinti_zze übertragen, die ebenfalls nicht ausschließlich als eine von Verfolgung und Massenmord erzählt werden sollte.

16 Bei näherer Betrachtung sind die Positionen, mit denen sich dieser Abschnitt befasst, keineswegs einheitlich. In diesem Kontext erscheint es mir aber ausreichend, bestimmte Standards wiederzugeben, die von der Mehrheit der betreffenden Autor_innen geteilt werden. Neben den zitierten Texten verdankt die hier versuchte Zusammenfassung wichtige Anregungen einem bisher unveröffentlichten Text von Markus End.

17 Albert Scherr: Als Kollektiv definiert. Risiken und Nebenwirkungen einer Aufklärungspädagogik gegen Antiziganismus. In: Blätter des iz3w, 43/334 (2013), S. 28–31; hier: S. 31.

18 Scherr: Als Kollektiv definiert (s. Anm. 17), S. 29.

Von Bedeutung ist in diesem Zusammenhang auch, antiziganistische Vorstellungen nicht ausschließlich an den gesellschaftlichen *Rändern*, also etwa bei Neonazis, zu verorten, sondern in der Mitte der Gesellschaft und möglicherweise auch im eigenen Umfeld. In diesem Zusammenhang hat die Erziehungswissenschaftlerin Astrid Messerschmidt auf die Notwendigkeit hingewiesen, dass sich auch die Akteur_innen einer engagierten Bildungsarbeit ihre eigene Verstrickung in eine Gesellschaft, in der Antiziganismus an der Tagesordnung ist, immer wieder bewusst machen müssen.[19]

Die Fokussierung auf die Dominanzgesellschaft soll Angehörige eben dieser Gesellschaft dazu bewegen, ihre eigene Position zu reflektieren und im besten Falle von stereotypen Positionen Abstand zu nehmen. Es ließe sich aber einwenden, dass bei einer ausschließlichen Beschäftigung mit den Mechanismen des Ressentiments die von ihm Betroffenen einmal mehr unsichtbar gemacht werden. So ist die Forderung erhoben worden, Angehörige der Minderheit »als handelnde Subjekte [zu präsentieren], die agieren, reflektieren und selbstständig Entscheidungen treffen«.[20] Beides schließt sich dabei nicht aus. Beispielsweise hat Markus End ein Unterrichtsmodul entwickelt und publiziert, das sich überwiegend mit der (medialen) Konstruktion von antiziganistischen Bildern im »Fall Maria« beschäftigt, in diesem Zusammenhang aber auch die kritischen Interventionen des *Zentralrats Deutscher Sinti und Roma* thematisiert.[21] So werden Rom_nja und Sinti_zze jenseits klischeehafter Zuschreibungen als handelnde Akteur_innen sichtbar gemacht, und die am Bildungsprozess Beteiligten setzen sich mit der politischen Arbeit einer Selbstorganisation auseinander. Auf eine solche Art und Weise kann über Sinti_zze und Rom_nja gesprochen werden ohne in fragwürdige Schilderungen einer vermeintlichen Gruppenidentität zu verfallen. Die hinter solchen Bildungsmaterialien stehenden Überlegungen können auch für die Gedenkstättenpädagogik fruchtbar gemacht werden.

19 Messerschmidt: Antiziganismuskritische Bildung (s. Anm. 10), S. 108.

20 Die Formulierung stammt vom feministischen Romnja-Archiv RomaniPhen, das Kriterien für die Bildungsarbeit zum »Gadje-Rassismus« entwickelt hat. Eine Kurzversion mit den zehn wichtigsten Kriterien ist online frei zugänglich, die zitierte Stelle findet sich dort unter: http://www.romnja-power.de/wp-content/uploads/2017/01/Kriterienraster-Kurzversion.pdf [abgerufen: 31.01.2017]. Vgl. auch Alexandra Bartels u. a.: Kritische Positionen gegen gewaltvolle Verhältnisse – eine Einleitung. In: Antiziganistische Zustände 2. Hg. v. Alexandra Bartels u. a. Münster 2013, S. 7–18; insbes. S. 11f.

21 Markus End: Antiziganismus. Rassistischen Klischees von Sinti und Roma begegnen. Projekt des Georg-Eckert-Instituts: zwischentöne: Materialien für Vielfalt im Klassenzimmer des Georg Eckert-Instituts (2016), unter: http://www.zwischentoene.info/themen/unterrichts einheit/praesentation/ue/antiziganismus.html [abgerufen: 31.01.2017].

III. Subjektorientierte Gedenkstättenpädagogik zur NS-Verfolgung von Sinti_zze und Rom_nja

Pädagogische Arbeit an den Orten der ehemaligen Konzentrationslager, die heute Gedenkstätten sind, ist in ihrem Fokus durch die Geschichte dieser Orte in gewisser Hinsicht eingeschränkt und auf bestimmte Schwerpunkte festgelegt. So sollten die dort begangenen Verbrechen im Mittelpunkt stehen und denjenigen Menschen, die an diesen Orten ihrer Freiheit beraubt, die gedemütigt, gequält und ermordet wurden, besondere Aufmerksamkeit zuteilwerden. In seinem Plädoyer für eine mehrfach subjektorientierte Gedenkstättenpädagogik hat Matthias Heyl diese Verpflichtung so formuliert:

> […] [E]rstens die besondere und vorrangige Subjektorientierung auf die Ermordeten und ihre Lebensgeschichte und zweitens die besondere und vorrangige Subjektorientierung auf die Überlebenden und ihre Lebensgeschichte.[22]

Im Kontext der pädagogischen Arbeit in einer Gedenkstätte mit dem Schwerpunkt der Verfolgung von Sinti_zze und Rom_nja in der Zeit des Nationalsozialismus kann der Fokus also nicht auf den Strukturen und Mechanismen des Antiziganismus und der Dominanzgesellschaft liegen. Das *Sprechen über* Sinti_zze und Rom_nja ergibt sich in diesem Fall quasi zwingend aus der Geschichte des jeweiligen Ortes. Entscheidend ist in diesem Fall damit nicht *ob*, sondern *wie* über sie gesprochen wird. Ohne hierbei speziell die Bildungsarbeit in den Blick zu nehmen, haben Silvio Peritore und Frank Reuter bezüglich der Arbeit der Gedenkstätten festgestellt:

> Gerade weil Sinti und Roma stets Personalität abgesprochen wurde (und manchmal immer noch wird), ist es wichtig, den Opfern ein Gesicht zu geben, um so zugleich die jahrhundertelang tradierten Zigeunerbilder mit ihren starren Typologien aufzubrechen. Der Besucher soll begreifen, dass es sich um reale Menschen handelt, um Individuen mit einer einzigartigen Biografie und Verfolgungsgeschichte.[23]

Nicht jede Auseinandersetzung mit den Biografien von NS-Verfolgten ist dazu angetan, die verbreiteten stereotypen Wahrnehmungs- und Denkmuster aufzubrechen. Ein Verharren im Blick auf den Opferstatus dieser Menschen und eine ausschließliche Fokussierung auf das ihnen zugefügte Leid mag Mitleid hervorrufen und eine gewisse Schockwirkung entfalten, handelnde Subjekte,

22 Matthias Heyl: Erziehung nach Auschwitz – Bildung nach Ravensbrück. Historisch-politische Bildung zur Geschichte des Nationalsozialismus und seiner Verbrechen. In: Adorno revisited. Erziehung nach Auschwitz und Erziehung zur Mündigkeit heute. Hg. v. Klaus Ahlheim und Matthias Heyl. Hannover 2010, S. 89–125; hier S. 118.

23 Silvio Peritore und Frank Reuter: Der Völkermord an den Sinti und Roma in der Gedenkstättenarbeit: Kritische Bestandsaufnahme und künftige Perspektiven. In: Politisches Lernen 21/1,2 (2003), S. 24–34; hier S. 32.

also »reale Menschen« wie Peritore und Reuter es ausgedrückt haben, werden auf diese Art für uns heute allerdings kaum sichtbar. Im Rahmen einer multiperspektivisch angelegten Annäherung an die Verfolgungsgeschichte(n) von Sinti_zze und Rom_nja sollte meines Erachtens Selbstzeugnissen ehemals Verfolgter und ihrer Angehörigen ein besonderer Stellenwert zuerkannt werden. So werden die konkreten Auswirkungen von Ausgrenzung und Verfolgung auf die Lebenssituation der Betroffenen und außerdem ihre Reaktionen und Deutungen der Situation erkennbar. Dies kann helfen, die grundlegende Diskrepanz zwischen den stigmatisierenden Zuschreibungen der Täter_innen, die noch heute aus einem Großteil der überlieferten Dokumente zu uns sprechen, einerseits und der Perspektive und den Lebensrealitäten der Verfolgten andererseits, zu erkennen und so zum Hinterfragen tradierter Sichtweisen beitragen.

Eine ausführliche Beschäftigung mit den Biografien von verfolgten Sinti_zze und Rom_nja kann außerdem in vergleichender Perspektive die Heterogenität der sozialen Situation von Angehörigen der Minderheit anschaulich machen. Während einige schon vor 1933 in schwierigen sozialen Verhältnissen lebten und an den Rand der Gesellschaft gedrängt waren, konnten andere bis weit in die 1930er und teilweise sogar bis in die 1940er Jahre hinein mehr oder weniger bürgerliche Leben führen. Für Verwunderung sorgt beispielsweise immer wieder der Umstand, dass deutsche Sinti in einigen Fällen noch bis in die frühen 1940er Jahre Soldaten der Wehrmacht waren, dann aus der Armee ausgeschlossen und später deportiert wurden. Zumindest unterschwellig scheint hier bei den Teilnehmenden an den unterschiedlichen Bildungsformaten die Vorstellung vorhanden zu sein, dass die Gründe für Ausschluss und Verfolgung im Verhalten oder den Eigenarten der Verfolgten zu finden seien. Dass unter ihnen auch Menschen waren, die bereit waren, dem NS-Staat weiter als Soldaten zu dienen, dies aber nach der NS-Rassenideologie nicht durften, löst immer wieder produktive Irritation aus. Die eigenständige Erarbeitung voneinander abweichender Lebensrealitäten und Verhaltensweisen kann den Teilnehmenden an Bildungsangeboten zum Thema zumindest einen kleinen Eindruck von der Heterogenität der Lebensrealitäten von Sinti_zze und Rom_nja vermitteln. Auch kann die Bildungsarbeit damit dem Dilemma begegnen, dass die Biografien und Lebenswirklichkeiten von Angehörigen der Minderheit, dort wo sie thematisiert werden, häufig als *typisch* für eine vermeintlich homogene Gruppe oder eben als pädagogisch gewollte *Ausnahme* von der angeblichen Regel gesehen werden. In der Beschäftigung mit den Geschichten mehrerer Personen wird hoffentlich deutlich, dass es sich um Individuen und nicht um *Exemplare* handelt.

Die Individualität und Subjektivität von Verfolgten tritt besonders deutlich in Momenten der Selbstbehauptung und des Widerstandes zutage. Ein historisches Datum, dem im Zusammenhang mit dem Widerstand von Sinti_zze und Rom_nja gegen die nationalsozialistische Vernichtungspolitik zunehmend Bedeutung beigemessen wird, ist der 16. Mai 1944.[24] An diesem Tag wollte die SS die noch etwa 6.000 im »Zigeunerfamilienlager« von Auschwitz-Birkenau befindlichen Häftlinge in den Gaskammern ermorden. Diese waren jedoch über die geplante Mordaktion informiert worden und verschanzten sich, notdürftig bewaffnet, in den Baracken. Auf einen solchen Akt des Widerstandes waren die Angehörigen der SS offenbar nicht vorbereitet, die Mordaktion wurde abgebrochen.[25] Hugo Höllenreiner, der Auschwitz und drei weitere Konzentrationslager überlebt hat, erinnerte sich an diese Situation so:

> Die SS haben gedacht, wenn sie reinkommen, vielleicht schießen sie ein paar zusammen, aber dass unsere von denen auch ein paar umbringen. Die haben sich erhalten wollen. Und so muss es in anderen Blöcken auch gewesen sein. Und wenn es auf die anderen Lagerabschnitte übergreift. Vielleicht waren sie in dem Glauben, dass alle Männer der Baracke dastehen und zuschlagen werden. Da bin ich heute noch stolz drauf, das hat es selten gegeben.[26]

Das Zitat macht deutlich, welchen Stellenwert der Widerstand vom Mai 1944 für den Zeitzeugen Hugo Höllenreiner hatte. Die Erinnerung an die Verfolgten, Ermordete wie Überlebende, darf selbstverständlich nicht an Widerstandshandlungen als eine Art Bedingung geknüpft sein. Dies würde im Umkehrschluss bedeuten, dass all jene, die sich nicht gewehrt haben, sich nicht wehren konnten oder von denen wir es schlicht nicht wissen, weniger erinnerungswürdig wären. Das Aufgreifen von Widerstand als Thema kann aber meines Erachtens eine wichtige Facette einer subjektorientierten Bildungsarbeit darstellen. Verfolgte erscheinen so nicht lediglich als Opfer, sondern auch als Handelnde. Empathie mit ihnen wird dadurch unter Umständen erleichtert.[27]

24 Der 16. Mai hat sich als Gedenktag an den Völkermord und insbesondere an den Widerstand der Verfolgten etabliert und wird in verschiedenen europäischen Ländern überwiegend von Selbstorganisationen begangen. Ein Teil der Aktivitäten ist online dokumentiert, unter: http://rromani-resistance.com [abgerufen: 21.07.2017]. In Deutschland nehmen sich unter anderem die Vereine *Amaro Foro* und *Sozialfabrik* sowie das *Dokumentations- und Kulturzentrum Deutscher Sinti und Roma* und die *Gedenkstätte Deutscher Widerstand* des Widerstandes von Sinti_zze und Rom_nja gegen den Nationalsozialismus an.

25 Die Morde konnten so verhindert werden, zumindest für den Moment. In den folgenden Wochen und Monaten verschleppte die SS etwa die Hälfte der Häftlinge des »Zigeunerfamilienlagers« in andere Konzentrationslager. Die »Auflösung« des »Zigeunerfamilienlagers«, also die Ermordung der verbleibenden Insassen, erfolgte in der Nacht vom 2. auf den 3. August 1944. Während der 16. Mai sich als Gedenktag für den Widerstand von Sinti und Roma zu etablieren beginnt, ist der 2. August schon seit einiger Zeit ein europaweit begangener Gedenktag an den Völkermord.

26 Hugo Höllenreiner zit. n.: Anja Tuckermann: »Denk nicht, wir bleiben hier!« Die Lebensgeschichte des Sinto Hugo Höllenreiner. München, Wien 2005, S. 135.

27 Empathie meint hier nicht ein Sich-Einfühlen-In oder Identifizieren mit den Verfolgten der NS-Zeit. Das ist aus meiner Sicht weder möglich noch wünschenswert. Als Bildungsziel kann Empathie aber sinnvoll sein, wenn sie als eine Auseinandersetzung mit historischen Erfahrungen verstanden wird, die die eigenen Realitäten in ein Verhältnis zu den Biografien der

Zudem eröffnet die Beschäftigung mit Entscheidungssituationen historischer Akteur_innen Raum für das gemeinsame Nachdenken über Entscheidungen, die wir heute treffen, und damit für einen Gegenwartsbezug, der ohne allzu direkte Vergleiche zwischen damals und heute auskommt.

Nicht immer ist es dabei einfach, historische Beispiele zu finden. Bewaffneter Widerstand und die offene Konfrontation mit den Verfolger_innen wie in Auschwitz im Mai 1944 waren in der Tat selten. Häufiger finden sich Belege für weniger spektakuläre, aber deshalb nicht minder bedeutende Formen von Selbstbehauptung und Aufbegehren.[28]

Ähnlich wie das Jahr 1945 in der Geschichte des Antiziganismus keineswegs als »Stunde Null« gelten kann, sollte eine biografieorientierte Bildungsarbeit nicht mit dem Kriegsende abbrechen.[29] Anhand ausgewählter Dokumente aus der Nachkriegszeit lassen sich beispielsweise ideologische Kontinuitäten in Fragen der Entschädigung und die Folgen der KZ-Haft für die Überlebenden aufzeigen. Zudem haben sich Überlebende in der Bürgerrechtsbewegung deutscher Sinti_zze und Rom_nja engagiert und damit gezeigt, dass sie sich die Ignoranz gegenüber den an ihnen begangenen Verbrechen und die »Zweite Verfolgung«[30] der Nachkriegszeit nicht länger bieten lassen wollten.[31]

Die von Matthias Heyl eingeforderte Subjektorientierung in der Gedenk-

Verfolgten setzt und so zur Reflexion von beidem beiträgt. Vgl. Juliane Brauer: Empathie und historische Alteritätserfahrung. In: Emotionen, Geschichte und historisches Lernen. Geschichtsdidaktische und geschichtskulturelle Perspektiven. Hg. v. Juliane Brauer und Martin Lücke. Göttingen 2013, S. 75–92.

28 Eine Reihe von Beispielen findet sich hier: Stiftung Gedenkstätte Deutscher Widerstand (Hg.): Widerstand von Sinti und Roma. Themenkatalog 17.2 zur Dauerausstellung Widerstand gegen den Nationalsozialismus. Berlin 2014. Vgl. außerdem den Festvortrag, den Romani Rose als Vorsitzender des Zentralrats Deutscher Sinti und Roma am 19. Juli 2012 in Berlin gehalten hat, unter: https://www.20-juli-44.de/uploads/tx_redenj2044/pdf/2012_Rose.pdf [abgerufen: 21.07.2017]. Die bis heute maßgebliche wissenschaftliche Arbeit zum Thema ist: Ulrich König: Sinti und Roma unter dem Nationalsozialismus. Verfolgung und Widerstand. Bochum 1989.

29 Dies scheint sich weitgehend durchgesetzt zu haben. Keines der im Fragebogen von 2015 erhobenen Bildungsangebote endet im Jahr 1945.

30 Als »Zweite Verfolgung« bezeichneten Akteur_innen der Bürgerrechtsbewegung die gesellschaftliche Ignoranz gegenüber den an Sinti_zze und Rom_nja während des Nationalsozialismus begangenen Verbrechen in der BRD sowie die fortgesetzte und erneuerte Stigmatisierung und Ausgrenzung. Vgl. Fritz Greußling: Das offizielle Verbrechen der zweiten Verfolgung. In: In Auschwitz vergast, bis heute verfolgt. Zur Situation der Roma und Sinti in Deutschland und Europa. Hg. v. Tilman Zülch. Göttingen 1983, S. 192–198.

31 Der in der öffentlichen Wahrnehmung zentrale Protagonist der Bürgerrechtsbewegung und Vorsitzende des Zentralrats Deutscher Sinti und Roma, Romani Rose, ist nach 1945 geboren. Allein am Hungerstreik in Dachau waren allerdings drei Überlebende beteiligt. Zudem wurden beispielsweise die Landesverbände deutscher Sinti und Roma in Nordrhein-Westfalen und Berlin-Brandenburg von KZ-Überlebenden aufgebaut, namentlich von Hugo Franz und Otto Rosenberg.

stättenpädagogik bezieht sich dabei zwar vorrangig, aber nicht ausschließlich, auf die Verfolgten. Hinsichtlich des »historischen Personals« greift Heyl die durch den Historiker Raul Hilberg geprägte Formel von Tätern, Opfern und Zuschauern auf. Alle drei Gruppen inklusive der »Grauzonen dazwischen« sollen bezüglich ihres Subjektstatus ernst genommen und in Betracht gezogen werden.[32] Was die Täter_innen angeht, sollte es die Auseinandersetzung mit der NS-Verfolgung von Sinti_zze und Rom_nja nicht beim SS-Personal in den Konzentrationslagern bewenden lassen, auch wenn sich dies in KZ-Gedenkstätten anbietet. Besonders relevant sind meines Erachtens Beispiele, an denen deutlich wird, welche Handlungsspielräume die einzelnen Akteur_innen hatten und wie sie diese nutzten. Die Biografien der Mitarbeiter_innen der häufig thematisierten *Rassenhygienischen Forschungsstelle* können illustrieren, wie auch Wissenschaftler_innen sich dem Verfolgungsapparat und der Rassenideologie andienten und den Massenmord so mit ermöglichten. Für die Bildungsarbeit ebenfalls interessant ist der Fall des Kriminalbeamten Paul Kreber, der mit den Deportationen der Sinti_zze und Rom_nja aus Wuppertal befasst war. Kreber hat die Namen der Eheleute Weiss und ihrer fünf Kinder von der entsprechenden Verhaftungsliste gestrichen und sie so vor der Verschleppung nach Auschwitz bewahren können. Als Beamter der Kriminalpolizei hat er in anderen Fällen zu NS-Verbrechen beigetragen, es handelt sich also um eine zutiefst ambivalente historische Figur. Die Rettung der Familie Weiss allerdings, historisch gesehen ein Ausnahmefall, kann bis heute aufzeigen, dass ein humanes Verhalten auch unter schwierigsten Bedingungen grundsätzlich möglich ist.[33]

Bisher nicht systematisch erforscht und daher schwer in die Bildungsarbeit einzubringen, ist das weite Feld des Mit-Wissens, des Zusehens und der Kompliz_innenschaft bei der Ausgrenzung und Verfolgung von Sinti_zze und Rom_nja. Die Frage aber, wie sich einfache Menschen, die nicht unbedingt glühende Nationalsozialist_innen gewesen sein müssen, in Anbetracht solcher Vorgänge verhalten haben, scheint mir für die pädagogische Arbeit unbedingt von Bedeutung zu sein. Es ist also lohnenswert, entsprechenden Spuren nachzugehen. Sie finden sich beispielsweise in den Berichten der Überlebenden. Der aus Karlsruhe stammende Geigenbauer Hermann Weiß erinnert sich an den Fußweg vom Sammellager auf dem Hohenasperg zum Bahnhof, von dem aus er ins besetzte Polen deportiert wurde:

32 Vgl. Heyl: Erziehung nach Auschwitz (s. Anm. 22), S. 118.

33 Zu Kreber: Michael Okroy: »...acht Zigeunerfamilien aus der Siedlung abgeholt«. Bruchstücke einer Verfolgungsgeschichte der Sinti und Roma aus Wuppertal. In: Zigeunerverfolgung im Rheinland und Westfalen 1933–1945. Geschichte, Aufarbeitung und Erinnerung. Hg. v. Karola Fings und Ulrich F. Opfermann. Paderborn 2012, S. 279–298; insbes. S. 291–298.

> Als wir durch den Ort wieder nach unten zur Bahnstation marschierten, sah das aus wie ein langer Trauerzug. Vor manchen Häusern standen Bewohner auf den Gehsteigen, fotografierten, andere schauten aus den Fenstern zu uns herab, aber keiner sagte oder fragte etwas. Die Bürger von Asperg standen nur stumm da und sahen uns nach.[34]

Weitere Quellen, die in der Bildungsarbeit zur Grundlage der Auseinandersetzung gemacht werden können, sind die Zeitungsartikel über die Einrichtung lokaler und regionaler Zwangslager. Dass die Überlegungen zur Einrichtung solcher Lager zumindest teilweise im Vorfeld bekannt waren, zeigt beispielsweise auch der Protestbrief, den Geschäftsleute aus dem Berliner Wedding im Mai 1936 an den Berliner Staatskommissar Dr. Julius Lippert schrieben. Der Protest richtete sich dabei nicht grundsätzlich gegen die Einrichtung eines solchen Lagers und den damit verbundenen Ausschluss aus dem gesellschaftlichen Leben. Vielmehr wollte man die Menschen, die in das Lager verbracht werden sollten, nicht im eigenen privaten und wirtschaftlichen Umfeld haben.[35]

IV. Besucher_innen der Gedenkstätten

Neben den historischen Akteur_innen richten sich Überlegungen zur Subjektorientierung in der Bildungsarbeit auf die (häufig Jugendlichen) Besucher_innen der Gedenkstätten, mithin die am Bildungsprozess Teilnehmenden. Diese sollen nicht historisches Wissen wie leere Gefäße bloß aufnehmen, sondern mit ihrem Vorwissen und ihren jeweiligen Bedürfnissen in den Bildungsprozess einbezogen werden. Es geht darum, mit ihnen zusammen »Formen partizipativer und aktiver Auseinandersetzung mit Geschichte zu entwickeln«.[36] Der damit formulierte Anspruch stellt eine nicht zu unterschätzende Herausforderung dar. Zum einen kann eine solche Hinwendung zu den Besucher_innen durchaus in Konflikt mit der Verpflichtung gegenüber dem Ort und seiner Geschichte geraten, zum anderen ist der Kontakt zwischen Gedenkstättenpädagog_innen und ihrer Zielgruppe in der Regel von kurzer bis sehr kurzer Dauer. Unter solchen Umständen überhaupt ein Gespür für die Teilnehmenden in ihrer Heterogenität zu entwickeln, ist häufig schwierig. Welche Aspekte sind in der Beschäftigung mit der NS-Verfolgung von Sinti_zze und Rom_nja vor dem Hintergrund der Geschichte und Gegenwart des Antiziganismus von Bedeutung? Zunächst einmal wäre es erstaunlich, wenn der verbreitete Antiziganismus

34 Erinnerung von Hermann Weiß, wiedergegeben in einem Buch seiner Tochter Anita Awosusi: Anita Awosusi: Vater unser. Eine Sintifamilie erzählt. Ubstadt-Weiher u. a. 2016, S. 20.

35 Dokumentiert in: Astrid Ley und Günter Morsch: Medizin und Verbrechen. Das Krankenrevier des KZ Sachsenhausen. Berlin 2007, S. 224. Das Original befindet sich im Landesarchiv Berlin.

36 Heyl: Erziehung nach Auschwitz (s. Anm. 22), S. 118–119.

ausgerechnet bei Besucher_innen von Gedenkstätten nicht aufträte. Insbesondere bei Schulklassen ist vielmehr davon auszugehen, dass sich dort das ganze Spektrum gesellschaftlich gängiger Einstellungsmuster widerspiegelt. In Gedenkstätten, bei denen es sich um moralisch und politisch hochgradig aufgeladene Orte handelt, werden Vorurteile wahrscheinlich oft weniger leichtfertig geäußert als im Alltag. Auf kontroverse Diskussionen und die Konfrontation mit antiziganistischen Klischees sollten sich die dort tätigen Pädagog_innen dennoch einstellen.[37] Das häufig nur empfundene oder von Lehrkräften vor dem Besuch eingeforderte Sprechverbot bezüglich rassistischer und allgemein menschenverachtender Aussagen ist dabei ambivalent. Auf der einen Seite macht eine solche Form der Zurückhaltung die Tätigkeit in einer Gedenkstätte sicher leichter erträglich und stellt zudem einen gewissen Schutz für Teilnehmende dar, die selbst Ausgrenzung und Zurückweisung anhand unterschiedlicher Kriterien erleben. Andererseits kann das Gefühl, bestimmte Dinge nicht sagen zu dürfen, zu einem Widerstand gegen die angesprochenen Inhalte führen und die angestrebte offene Auseinandersetzung mit der Geschichte des Ortes blockieren.[38] Im Sinne einer Orientierung am Subjektstatus der Teilnehmenden scheint es mir erstrebenswert, einen Rahmen zu schaffen, in dem auch problematische Positionen zunächst einmal geäußert und damit zum Gegenstand von Diskussion und Auseinandersetzung gemacht werden können.[39] Dies sollte dabei nicht im Modus des Verbots oder verordneter Sprachregelungen geschehen, die wiederum die Teilnehmenden als Subjekte nicht ernst nehmen würden. Fühlen sich die Teilnehmenden in der Bildungssituation als Personen akzeptiert und respektiert, erhöht dies meines Erachtens ihre Bereitschaft, sich auf die Inhalte tatsächlich einzulassen und gewohnte Denkmuster möglicherweise zu hinterfragen. Ein gefestigt antiziganistisches Weltbild, in dem ›Zigeuner‹-Bilder in aller Regel nicht isoliert, sondern im Verbund mit anderen Feindbildern auftreten, dürfte auch durch die besten Bildungsangebote in den gegebenen kurzen Zeit-

---

37 Nicht alle, aber doch die Mehrheit der 2015 befragten Einrichtungen gaben an, in der Bildungsarbeit mit antiziganistischen Äußerungen in unterschiedlicher Intensität konfrontiert zu sein.

38 Für den schulischen Kontext hat Franz Hamburger festgestellt: »Aber je mehr eine Einflußnahme auf solche Einstellungen [gemeint sind Klischees über Rom_nja und Sinti_zze, d. Verf.] unmittelbar auf Änderung abzielt, umso mehr können sich Tendenzen des Widerstandes herausbilden«. Franz Hamburger: Pädagogische Überlegungen zur Thematisierung von Sinti und Roma im Unterricht. In: Praxis des Antirassismus. Erfahrungen aus der Arbeit mit Sinti und Analysen zum Antiziganismus. Hg. v. Franz Hamburger. Mainz 2001, S. 47–65; hier S. 48.

39 Ein Modul, das sich zum Einstieg in Bildungsangebote eignet und einen solchen Zugang zulässt, hat Kathrin Herold für die Gedenkstätte Neuengamme entwickelt. Knapp skizziert unter: http://www.ns-geschichte-institutionen-menschenrechte.de/modul_A.html [aufgerufen: 21.07.2017]. Eine ausführliche Version inklusive Bildmaterial und Erklärungen ist enthalten in: NS-Geschichte, Institutionen, Menschenrechte (s. Anm. 5), S. 99–112.

fenstern kaum zu erschüttern sein. Grundlegend muss aber nicht hinter jeder antiziganistischen Äußerung ein solches stehen.

Der offenen Auseinandersetzung, die auch tendenziell rassistische Positionen zunächst einmal aushält, um sie verhandelbar machen zu können, sind ohne Zweifel Grenzen gesetzt. Werden andere Teilnehmende oder Dritte in ihrer Würde verletzt, ist eine Intervention zur Beendigung der Situation notwendig. Nicht zuletzt kann es hier auch um den Selbstschutz der betreffenden Pädagog_innen gehen. Die Entscheidung, bis wann eine Situation pädagogisch zu bewältigen ist, und wann ein Abbruch angeraten scheint, stellt hohe Anforderungen nicht nur an die inhaltliche und soziale Kompetenz der Pädagog_innen, sondern auch an ihr Selbstbewusstsein.

V. *Wir* Gedenkstättenpädagog_innen

Bezüglich der Vermittlung der Verfolgung und massenhaften Ermordung von Rom_nja und Sinti_zze im Nationalsozialismus befindet sich die Mehrheit der Gedenkstättenpädagog_innen in einer nicht unkomplizierten Lage, handelt es sich doch überwiegend um Personen, die nicht selbst von Antiziganismus betroffen sind, sondern in diesem Punkt der Dominanzgesellschaft angehören. Insofern wiederholt sich hier das Sprechen von Angehörigen der Mehrheit über die Minderheit, das für die lange Geschichte antiziganistischer Fremdzuschreibungen kennzeichnend ist. Ein solches Sprechen muss sich nicht in die Traditionslinie des Antiziganismus einreihen, bedarf aber doch einer Selbstbefragung bezüglich der über die Minderheit gemachten Aussagen und der damit verfolgten Ziele sowie der Reflexion auf die oben geschilderten gesellschaftlichen und strukturellen Rahmenbedingungen.

Menschen, die sich der pädagogischen oder wissenschaftlichen Beschäftigung mit den nationalsozialistischen Massenverbrechen verschrieben haben, stellen an sich in der Regel den Anspruch, gegen Rassismus und andere Ressentiments einzutreten und diese nicht selbst fortzuschreiben. Dass auch die besten Absichten dabei nicht immer vor klischeehaften Aussagen schützen, möchte ich an einem Beispiel zeigen. In den Hintergrundmaterialien für Lehrkräfte zu einem Unterrichtsmaterial über den NS-Völkermord an Rom_nja und Sinti_zze findet sich eine Formulierung, nach der sich »Roma- und Sinti-Gruppen teilweise mit anderen nicht-sesshaften Gruppen«[40] überschneiden würden. Der grundsätzlich begrüßenswerte Versuch, umfassende Hinter-

40 Gerhard Baumgartner u. a.: Das Schicksal der europäischen Sinti und Roma während des Holocaust. Handbuch für Lehrende, unter: http://www.romasintigenocide.eu/de/lehrer/lehrerhandbuch.pdf S. 5 [abgerufen: 22.07.2017].

grundinformationen zu liefern und die angesprochenen Lehrkräfte so für die Beschäftigung mit einem schwierigen Thema zu stärken, kippt hier in eine pauschalisierende Betrachtungsweise mit ethnologischem Gestus. Die Unterstellung, einer »fahrenden Gruppe« anzugehören, dürfte die überwiegende Mehrheit, nicht nur der deutschen Sinti_zze und Rom_nja, empört zurückweisen. Darüber hinaus ist sie als allgemeine Feststellung empirisch nicht haltbar und alles andere als harmlos. Seit Jahrhunderten gehört das Klischeebild der angeblichen mobilen Lebensweise zu den Kernbeständen des Antiziganismus, mit ihm verbinden sich die Vorstellung der Nicht-Zugehörigkeit zum gesellschaftlich jeweils dominanten Identitätsentwurf und ein pauschaler Kriminalitätsverdacht. Die zitierte Stelle ist sicher von keiner bösen Absicht getragen, zeigt aber doch, wie problematisch allgemeine Aussagen über die Lebensweise *der* Sinti_zze und Rom_nja sind. Die Gefahr allzu pauschaler Schilderungen liegt dem Bedürfnis nach allgemeinen Aussagen über *die Kultur und Lebensweise der Sinti_zze und Rom_nja* notwendig inne. Die Lebensrealitäten der schätzungsweise 10 bis 12 Millionen Rom_nja und Sinti_zze in Europa sind viel zu komplex, vielschichtig und heterogen, um sie auf einen einfachen gemeinsamen Nenner zu bringen. Solcher Versuche sollten Gedenkstättenpädagog_innen sich enthalten, zum einen um problematische Verallgemeinerungen zu vermeiden, zum anderen aber auch, weil das nicht ihre Aufgabe sein kann. Die Komplexität eines Themas fachkundig aufzeigen zu können und dabei einfache Antworten schuldig zu bleiben, wo sie der Sache unangemessen sind, sollte nicht als Schwäche, sondern als erstrebenswerter Bestandteil einer professionellen Haltung gesehen werden. Häufig allerdings erwarten Lehrer_innen und andere Besucher_innen von Gedenkstätten gerade die Vermittlung eines solchen pauschalen Wissens über die Minderheit statt einer Auseinandersetzung mit der konkreten Geschichte des Ortes und der dort inhaftierten Rom_nja und Sinti_zze.[41] Ihre Grundlage kann diese Erwartungshaltung in ganz unterschiedlichen Bedürfnissen haben, vom aufrichtigen Interesse an der Situation und den Problemen vieler Angehöriger der Minderheit, bis hin zum Wunsch, die eigenen Klischeebilder einmal mehr bestätigt zu bekommen. Entsprechend unterschiedlich können auch die Reaktionen auf ein pädagogisches Auftreten sein, das Pauschalisierungen zurückweist und sich stattdessen der Auseinandersetzung mit konkreten historischen Begebenheiten und Biografien widmet.

41 Von dieser Erfahrung berichten Kathrin Herold, Steffen Jost und Karola Fings. Auch der Verfasser war zu verschiedenen Gelegenheiten damit konfrontiert.

VI. Perspektive Ent-Fremdung

Ein gefestigter Antiziganismus ist schwer oder vielleicht gar nicht zu erschüttern, *Gegenbeispiele* können leicht als *Ausnahmen* ins Klischeebild integriert oder einfach ignoriert werden. Es ist also nicht davon auszugehen, dass Bildungsangebote, wie sie hier skizziert wurden, alle Teilnehmenden gleichermaßen und in der gewünschten Art und Weise erreichen. Neben dem Sich-Einlassen auf die Lebensgeschichten von NS-Verfolgten setzt dies meines Erachtens die Bereitschaft und Fähigkeit voraus, sich auch mit der eigenen Subjektivität kritisch auseinanderzusetzen. Diese Eigenschaften kann Bildungsarbeit nicht erzeugen, sie kann ihnen aber möglichst günstige Bedingungen schaffen. Dabei ist eine mehrfache Subjektorientierung hilfreich. Antiziganistische Stereotype sind, wie bereits mehrfach betont, tief in den gesellschaftlichen Strukturen verankert und stellen insofern keineswegs bloß das Resultat eines individuellen kognitiven oder emotionalen Versagens dar. Die Hoffnung aber, bei einzelnen Individuen zum Entstehen einer kritischen Reflexion dieser Vorstellungen beizutragen, sollte sich die Pädagogik nicht nehmen lassen.

Ziel der historisch-politischen Bildungsarbeit ist zunächst die Vermittlung historischen Wissens. Das, wozu sie im Kontext der Beschäftigung mit dem Völkermord an Sinti_zze und Rom_nja noch einen Beitrag leisten kann, möchte ich Ent-Fremdung nennen. Bis heute ist die Vorstellung weit verbreitet, Sinti_zze und Rom_nja, das wären die *ganz Anderen.* Beispielsweise unterscheiden viele Menschen in Deutschland zwischen *Sinti_zze und Rom_nja* auf der einen, und *den Deutschen* auf der anderen Seite, als würde es sich um zwei klar voneinander getrennte Gruppen handeln. Gegenüber solchen trügerischen Gewissheiten kann die Beschäftigung mit konkreten Lebensgeschichten eine Distanz erzeugen. Von solchem überlieferten Wissen einen Schritt zurückzutreten, kann Raum für eine aufrichtige Neugierde jenseits pauschaler Fremdzuschreibungen schaffen.

Neben der beschriebenen Subjektorientierung gibt es einige praktische Wege, das Moment der Ent-Fremdung in der historisch-politischen Bildungsarbeit zu verankern. Beispielsweise im Bemühen darum, lokale Kontexte der Teilnehmenden bei der Auswahl der verwendeten Bildungsmaterialien zu berücksichtigen. Sei es, dass Biografien von Menschen behandelt werden, die aus der gleichen Stadt oder Region kamen, sei es, dass sich ein Teil des Verfolgungsgeschehens dort zugetragen hat.[42] Wünschenswert wäre außerdem ein Ausbau der

42 Als Beispiel für die Aufbereitung eines lokalen Verfolgungskontextes, die zu einer weitergehenden pädagogischen Auseinandersetzung einlädt, kann die von Martin Dietzsch, Bente Giesselmann und Iris Tonks für das Duisburger Institut für Sprach- und Sozialforschung erarbeitete Online-Publikation Spurensuche zur Verfolgungsgeschichte der Sinti und Roma

Kooperation zwischen Gedenkstätten und Verbänden von Rom_nja und Sinti_zze. Bei Ausstellungsprojekten zum Thema ist ein Austausch mit dem *Dokumentations- und Kulturzentrum Deutscher Sinti und Roma* seit längerer Zeit ebenso gang und gäbe wie die Teilnahme von Vertreter_innen verschiedener Verbände an Gedenkveranstaltungen. Eine solche kontinuierliche Zusammenarbeit wäre auch im Bereich der Bildungsarbeit wünschenswert, sowohl bei der Entwicklung[43] als auch und insbesondere bei der Durchführung von Bildungsangeboten. Als gelungenes Beispiel sei hier ein pädagogisches Angebot des NS-Dokumentationszentrums Köln genannt. Der Workshop *Die Geschichte der Sinti und Roma* wurde in Kooperation mit der *Initiative Romane Romnja* entwickelt und wird von Vertreterinnen der Initiative zusammen mit Referent_innen des *NS-Dokumentationszentrums* durchgeführt. Mit solchen Formaten bietet sich die Chance, das bis heute so häufige Sprechen *über* um ein Sprechen *mit* Sinti_zze und Rom_nja zu ergänzen.[44]

VII. Schluss und Ausblick

Nach meinem Dafürhalten kann ein Nachdenken über Geschichte und Mechanismen des Antiziganismus und die daraus abgeleiteten Standards antiziganismuskritischer Bildungsarbeit dabei helfen, sich mit der NS-Verfolgung von Sinti_zze und Rom_nja in der Bildungsarbeit angemessen auseinanderzusetzen. Hilfreich sind hierbei auch die dargestellten Überlegungen zur mehrfachen Subjektorientierung. So können Gedenkstättenpädagog_innen einen wichtigen Beitrag zur pädagogischen Kritik des Antiziganismus leisten und gleichzeitig ihrer spezifischen Verpflichtung gegenüber den Orten der ehemaligen Konzentrationslager gerecht werden. Klar sollte sein, dass die Beschäftigung mit diesem gesamtgesellschaftlichen Thema nicht nur in Gedenkstätten stattfinden kann, sondern eben gesamtgesellschaftlich verankert sein muss. Die Bildungsarbeit zur Geschichte der NS-Verfolgung kann und sollte dabei in ein produktives

in Duisburg. Eine Handreichung für die politische Bildung gelten, unter: http://www.diss-duisburg.de/Internetbibliothek/Buecher/DISS-Spurensuche-Online-Broschuere-2014.pdf [aufgerufen: 22.07.2017].

43 Hier gibt es bereits einige Projekte, als Beispiel sei ein von der *Stiftung Denkmal* in Zusammenarbeit mit dem *Dokumentations- und Kulturzentrum Deutscher Sinti und Roma* entwickelter Video-Workshop genannt, der von beiden Einrichtungen angeboten und durchgeführt wird.

44 Nicht an eine Gedenkstätte angegliedert, aber in diesem Zusammenhang trotzdem erwähnenswert ist das Projekt *Gestern mit den Augen von Heute sehen* des Berliner *Rroma Informations Centrums*, in dessen Rahmen jugendliche Rom_nja einen Stadtrundgang zur Geschichte der NS-Verfolgung von Rom_nja und Sinti_zze konzipiert haben und auf Anfrage durchführen, unter: http://rroma-info-centrum.de/stadtrundgang/ [abgerufen: 22.07.2017].

Wechselverhältnis zu anderen pädagogischen Angeboten zur Kritik des Antiziganismus und zu Geschichte, Gegenwart und Lebensrealitäten von Rom_nja und Sinti_zze treten. Bisher sind diese Themen vor allem im außerschulischen Bereich aufgegriffen worden, mittel- oder langfristig ist aber auch eine Implementierung in schulischen Curricula notwendig.

Die hier formulierten Überlegungen sind in erster Linie durch die pädagogische Praxis des Verfassers angeregt. Unmittelbar praxistauglich sind sie damit nicht unbedingt. Um die skizzierten Standards umzusetzen, sind eigentlich mindestens mehrere Stunden, eher Tage erforderlich. Solche ausführlichen und entsprechend ausgearbeiteten Angebote werden allerdings kaum gebucht, erreichen also die absolut überwiegende Mehrheit der Besucher_innen von Gedenkstätten nicht.[45] Dies mag sich durch eine stärkere Akzentuierung des Themas und eine intensivere Kommunikation der Angebote nach außen graduell ändern lassen, aber wohl nicht grundlegend. Der Schwerpunkt der Arbeit der meisten pädagogischen Mitarbeiter_innen dürfte weiterhin auf einfachen Geländerundgängen liegen. Auch für diese allerdings können die hier skizzierten Überlegungen zumindest als Hintergrund und Bestandteil einer professionellen Haltung dienen. Dies umso mehr, als die mit dem Antiziganismus verbundenen Fragen von Selbst- und Fremdzuschreibung, Feindbildkonstruktion und gesellschaftlichem Ausschluss für die Auseinandersetzung auch mit anderen Häftlingsgruppen der nationalsozialistischen Konzentrationslager von Bedeutung sind. Ideologische Verbindungslinien bestehen etwa zur Stigmatisierung und Verfolgung von Menschen als »Asoziale« und »Berufsverbrecher«. Hinsichtlich der Kontinuitäten über 1945 hinaus und der Kämpfe von Betroffenen um Anerkennung sind zudem Parallelen zur Verfolgung von Homosexuellen festzustellen. Für die pädagogische Praxis in den Gedenkstätten erscheint es mir sinnvoll, über diese Themen im Zusammenhang nachzudenken und sie – wo es sich anbietet – auch so zu thematisieren.

Das Zitat von Ceija Stojka, das diesem Text vorangestellt ist, drückt das Trauma einer Überlebenden aus. Gleichzeitig muss die von ihr ausgedrückte Angst, Auschwitz könne »nur schlafen« auch von den Nachgeborenen sehr ernst genommen werden. Verschiedene Formen von Rassismus und Antisemitismus sind nach wie vor verbreitet und entladen sich immer wieder in Gewalt. Die Beschäftigung mit dem, was Auschwitz war und wie es möglich wurde, ist also auch in aktueller Perspektive angebracht und wichtig. Dazu gehören der Antiziganismus und der Völkermord an Sinti_zze und Rom_nja.

45 Dies ist ein Befund der 2015 erstellten Fragebögen.

Literaturverzeichnis und Filmliste

Adams, Jenni: Reading (as) Violence in Jonathan Littell's The Kindly Ones. In: Representing Perpetrators in Holocaust Literature and Film. Hg. v. Jenni Adams und Sue Vice. London, Portland 2013, S. 25–43.

Adams, Neal und Harper, Steve: »Thou Shalt Not Kill!«. Weird War Tales (Nr. 8). New York 1972.

Adamzik, Sylvelie: Philosophie im Stand ihrer objektiven Unmöglichkeit. Zur Figur der ästhetischen Suspension bei Adorno. In: Impuls und Negativität. Ethik und Ästhetik bei Adorno. Hg. v. Gerhard Schweppenhäuser und Mirko Wischke. Hamburg, Berlin 1995, S. 66–81.

Adler, H[ans] G[ünther] et al.: Auschwitz. Zeugnisse und Berichte. Hg. v. H[ans] G[ünther] Adler, Hermann Langbein und Ella Lingens-Reiner. Hamburg 1995 (6. Aufl.).

Adorno, Theodor W.: Erziehung zur Mündigkeit. Vorträge und Gespräche mit Hellmut Becker 1959 bis 1969. Hg. v. Gerd Kadelbach. Frankfurt a. M. 1971.

Adorno, Theodor W.: Engagement. In: Ders.: Gesammelte Schriften. Hg. v. Rolf Tiedemann. Bd. 11: Noten zur Literatur. Darmstadt 1997, S. 409–430 (u. weitere Aufl.).

Adorno, Theodor W.: Erziehung nach Auschwitz. In: Ders. Gesammelte Schriften. Bd. 10.2: Kulturkritik und Gesellschaft II. Eingriffe, Stichworte, Anhang. Frankfurt a. M. 1977, S. 674–690 (sowie weitere Aufl.).

Adorno, Theodor W.: Gesammelte Schriften. Hg. v. Rolf Tiedemann et al. Bd. 4: Minima Moralia. Reflexionen aus dem beschädigten Leben. Frankfurt a. M. 2003.

Adorno, Theodor W.: Gesammelte Schriften. Hg. v. Rolf Tiedemann et al. Bd. 6: Negative Dialektik. Jargon der Eigentlichkeit. Frankfurt a. M. 2003.

Adorno, Theodor W.: Gesammelte Schriften. Hg. v. Rolf Tiedemann et al., Bd. 10.1: Kulturkritik und Gesellschaft I. Prismen. Ohne Leitbild. Frankfurt a. M. 2003.

Adorno, Theodor W.: Gesammelte Schriften. Hg. v. Rolf Tiedemann et al. Bd. 11: Noten zur Literatur. Frankfurt a. M. 2003.

Adorno, Theodor W.: Gesellschaft (II). In: Frankfurter Adorno Blätter VIII. Im Auftrag des Theodor W. Adorno Archivs. Hg. v. Rolf Tiedemann. München 2003, S. 143–150.

Adorno, Theodor W.: Negative Dialektik. Frankfurt a. M. 1973 (u. weitere Aufl.).

Adorno, Theodor W.: Offener Brief an Rolf Hochhuth. In: Ders.: Gesammelte Schriften. Bd. 11: Noten zur Literatur. Darmstadt 1997, S. 591–598.

Adorno, Theodor W.: Schuld und Abwehr. Eine qualitative Analyse zum Gruppenexperiment [1954]. In: Ders.: Gesammelte Schriften. Hg. v. Rolf Tiedemann et al. Bd. 9.2: Soziologische Schriften II. 2. Frankfurt a. M 2003, S. 121–324.

Adorno, Theodor W.: Was bedeutet: Aufarbeitung der Vergangenheit [1959]. In: Ders.: Erziehung zur Mündigkeit. Vorträge und Gespräche mit Hellmut Becker 1959–1969. Hg. v. Gerd Kadelbach. Frankfurt a. M. 1971, S. 10–28.

Adriani, Götz: Kunst im Reichstagsgebäude. Köln 2002.

Agamben, Giorgio: Was von Auschwitz bleibt. Das Archiv und sein Zeuge. Frankfurt a. M. 2003.

Aguirre-Sacasa, Robert, DeLandro, Valentine und Banning, Matt: The Yancy Street Golem. In: Marvel Knights 4 (Nr. 22). New York 2005.

Ahlheim, Klaus und Heyl, Matthias (Hg.): Adorno Revisited. Erziehung nach Auschwitz und Erziehung zur Mündigkeit heute. Hannover 2010.

Aichinger, Ilse: Kleist, Moos, Fasane. Frankfurt a. M. 1987.

Aichinger, Ilse: Werke. Taschenbuchausgabe in acht Bänden. Hg. v. Richard Reichensperger. Bd. I: Die größere Hoffnung. Roman. Frankfurt a. M. 2003 (9. Aufl.).

Air Fighters Comics (Nr. 5). New York 1945.

Air Fighters Comics (Nr. 6). New York 1943.

Airboy Comics (Nr. 10). New York 1946.

Améry, Jean: Jenseits von Schuld und Sühne. Bewältigungsversuche eines Überwältigten. München 1966.

Améry, Jean: Ressentiments. In: Ders.: Jenseits von Schuld und Sühne. Bewältigungsversuche eines Überwältigten. München 1966, S. 101–130.

Amis, Martin: The Zone of Interest. London 2015.

Amishai-Maisels, Ziva: Depiction and Interpretation. The Influence of the Holocaust on the Visual Arts. Oxford, New York 1993.

Anders, Günther: Besuch im Hades. Auschwitz und Breslau 1966. Nach »Holocaust« 1979. München 1985 (2. Aufl.).

Anders, Günther: Philosophische Stenogramme. München 1993 (2. Aufl.).

Angelis, Richard De: Of Mice and Vermin. Animals as Absent Referent in Art Spiegelman's MAUS. In: International Journal of Comic Art 7/1 (2005), S. 230–249.

Angress, Ruth K.: Lanzmann's Shoah and Its Audience. In: Simon Wiesenthal Annual Bd. 3, 1986, unter: http://motlc.wiesenthal.com/site/pp.asp?c=gvKVLcMVIuG&b=395045 [abgerufen: 20.10.2017].

Antelme, Robert: Das Menschengeschlecht. [1947]. Aus d. Franz. übers. v. Eugen Helmlé. München 1990 (u. weitere Aufl.).

Antelme, Robert: L'Espèce humaine. Paris 1957.

Arani, Miriam Y.: »Und an den Fotos entzündete sich die Kritik«. Die »Wehrmachtsausstellung«, deren Kritiker und die Neukonzeption. Ein Beitrag aus fotohistorisch-quellenkritischer Sicht. In: Fotogeschichte 85/86 (2002), S. 97–124.

Arani, Miriam Y.: Die fotohistorische Forschung zur NS-Diktatur als interdisziplinäre Bildwissenschaft. In: Zeithistorische Forschungen 5/3 (2008), S. 387–412.

Arani, Miriam Y.: Fotografien als Objekte – die objektimmanenten Spuren ihrer Produktions- und Gebrauchszusammenhänge. In: Fotos – »schön und nützlich zugleich«. Das Objekt Fotografie. Hg. v. Irene Ziehe und Ulrich Hägele. Münster 2006, S. 29–44.

Arendt, Hannah: Eichmann and the Holocaust. London 2005.

Arendt, Hannah: Eichmann in Jerusalem. Ein Bericht von der Banalität des Bösen. München 1964.

Asscher-Pinkhof, Clara: Sternkinder. Aus dem Niederländ. übers. v. Mirjam Pressler. Hamburg 2012.

Asscher-Pinkhof, Clara: Sternkinder. Aus dem Niederländ. übers. v. Wilhelm Niemeyer. Berlin 1961.

Assmann, Aleida: Erinnerungsräume. Formen und Wandlungen des kulturellen Gedächtnisses. München 1999.

Assmann, Jan: Kollektives Gedächtnis und kulturelle Identität. In: Kultur und Gedächtnis. Hg. v. Jan Assmann und Tonio Hölscher. Frankfurt a. M. 1988, S. 9–19.

Atze, Marcel: Peter Weiss und sein Theaterstück Die Ermittlung – »Die Angeklagten lachen«. In: Auschwitz-Prozeß 4 Ks 2/63 Frankfurt a. M. Hg. v. Irmtrud Wojak im Auftrag des Fritz-Bauer-Instituts. Köln 2004, S. 782–807.

Ausländer, Rose: Gesammelte Werke in sieben Bänden und einem Nachtragsband mit dem Gesamtregister. Hg. v. Helmut Braun. Bd. 7: Und preise die kühlende Liebe der Luft. Gedichte 1983–1987. Frankfurt a. M. 1988.

Ausländer, Rose: Gesammelte Werke in sieben Bänden und einem Nachtragsband mit dem Gesamtregister. Hg. v. Helmut Braun. Bd. 3: Hügel aus Äther unwiderruflich. Gedichte und Prosa 1966–1975. Frankfurt a. M. 1984.

Ausländer, Rose: Notizen zur Situation des alternden Schriftstellers. In: Rose Ausländer. Materialien zu Leben und Werk. Hg. v. Helmut Braun. Frankfurt a. M. 1997, S. 64–68.

Austen, Jane: Mansfield Park. Roman. Aus dem Englischen v. Helga Schulz. München 2012.

Avisar, Ilan: Screening the Holocaust. Cinema's Images from the Unimaginable. Bloomington 1988.

Awosusi, Anita: Vater unser. Eine Sintifamilie erzählt. Ubstadt-Weiher u. a. 2016.

Baer, Elizabeth R.: The Golem Redux. From Prague to Holocaust Fiction. Detroit 2012.

Ballis, Anja: Holocaust – Literatur – Didaktik. Koordinaten für interdisziplinäres Lernen in der Sekundarstufe. In: Dies. (Hg.): Holocaust – Literatur – Didaktik. Koordinaten für interdisziplinäres Lernen. Würzburg 2012, S. 9–35.

Bannasch, Bettina und Hammer, Almuth (Hg.): Verbot der Bilder – Gebot der Erinnerung. Mediale Repräsentationen der Schoah. Frankfurt a. M., New York 2004.

Bannasch, Bettina: F für Fälschung, K für Kitsch oder L für Literatur? Zu Binjamin Wilkomirskis »autobiographischem« Roman Bruchstücke. In: Überleben schreiben. Zur Autobiographik der Shoah. Hg. v. Manuela Günter. Würzburg 2002, S. 179–200.

Bannasch, Bettina: Zwischen Jakobsleiter und Eselsbrücke. Das »bildende Bild« im Emblem- und Kinderbilderbuch des 17. und 18. Jahrhunderts. Göttingen 2007.

Barnouw, David: Anne Frank and Film. In: Anne Frank. Reflections on Her Life and Legacy. Hg. v. Hyman A. Enzer und Sandra Solotaroff-Enzer. Urbana, Chicago 2000, S. 165–172.

Barnouw, David: Anne Frank. Vom Mädchen zum Mythos. München 1999.

Barry, Dan und Cronin, Edward: Boy King and the Giant. In: Clue Comics (Nr. 2). New York 1943.

Barry, Dan und Cronin, Edward: It's the Battle of Ages. In: Clue Comics (Nr. 3). New York 1943.

Bartels, Alexandra u. a.: Kritische Positionen gegen gewaltvolle Verhältnisse – eine Einleitung. In: Antiziganistische Zustände 2. Hg. v. Alexandra Bartels u. a. Münster 2013, S. 7–18.

Bartov, Omer: Kitsch and Sadism in Ka-Tzetnik's Other Planet. Israeli Youth Imagine the Holocaust. In: Jewish Social Studies 3/2 (1997), S. 42–76.

Bartov, Omer: The »Jew« in Cinema. From the Golem to Don't Touch my Holocaust. Bloomington 2005.

Barzilai, Maya: Golem. Modern Wars and Their Monsters. New York 2016.

Baßler, Moritz: Der Familienroman im Nicht-Familienroman. Beobachtungen an Jonathan Littells Die Wohlgesinnten und Dietmar Daths Waffenwetter. In: Deutsche Familienromane. Literarische Genealogien und internationaler Kontext. Hg. v. Simone Costagli und Matteo Galli. München 2010, S. 219–230.

Baßler, Moritz: Ich bin wie ihr. In: Literaturen 9/4 (2008), S. 54–59.

Bastian, Till: Die Politik der Beschämung. In: Schuld und Scham. Hg. v. Alexandra Pontzen und Heinz-Peter Preusser. Heidelberg 2008, S. 205–214.

Bathrick, David: Holocaust Film before the Holocaust: DEFA, Antifascism and the Camps. In: Cinémas: Journal of Film Studies 18/1 (2007), S. 109–134, unter: www.erudit.org/revue/cine/2007/v18/n1 /017849ar.html [abgerufen: 28.01.2017].

Bauer, Yehuda: Die dunkle Seite der Geschichte. Die Shoah in historischer Sicht. Interpretationen und Re-Interpretationen. Aus dem Englischen v. Christian Wiese. Frankfurt a. M. 2001.

Baumgartner, Gerhard u. a.: Das Schicksal der europäischen Sinti und Roma während des Holocaust. Handbuch für Lehrende, unter: http://www.romasintigenocide.eu/de/lehrer/lehrerhandbuch.pdf S. 5 [abgerufen: 08.11.13].

Bayerdörfer, Hans-Peter: Avant Propos: Theatergeschichte im Schatten der Shoah. In: Ders. (Hg.): Theatralia Judaica 2. Nach der Shoah. Israelisch-deutsche Theaterbeziehungen seit 1949. Tübingen 1996, S. 1–26.

Beaucamp, Eduard: Mysterien des Schmerzes. Apokalysen, Passionen und Auferstehungen im Werk Tübkes. In: Werner Tübke. Die Retrospektive zum 80. Geburtstag. Hg. v. Hans Werner Schmidt. Leipzig 2009, S. 42.

Beckmann, Karin: Die Geschichte der deutschen Arbeiterbewegung von Werner Tübke. Leipzig 2011.

Benjamin, Walter: Gesammelte Schriften. Hg. v. Rolf Tiedemann et al. Bd. II: Aufsätze. Essays. Vorträge. Frankfurt a. M. 1999 (2. Aufl.).

Benjamin, Walter: Gesammelte Schriften. Hg. v. Rolf Tiedemann et al. Bd. V: Das Passagen-Werk. Frankfurt a. M. 1998 (2. Aufl.).

Benyoëtz, Elazar: [Aphorismen]. In: Aphorismen der Weltliteratur. Hg. v. Friedemann Spicker. Stuttgart 2009 (2. Aufl.), S. 220–228.

Benyoëtz, Elazar: Die Eselin Bileams und Kohelets Hund. München 2007.

Benz, Wolfgang: Wenn die Zeugen schweigen. Anmerkungen zu einem seit langem aktuellen Problem. In: Dachauer Hefte 25 (2009), S. 3–16.

Berg, Nicholas, Jochimsen, Jess und Stiegler, Bernd (Hg.): Shoah – Formen der Erinnerung. Geschichte, Philosophie, Literatur, Kunst. München 1996.

Berg, Nicholas, Jochimsen, Jess und Stiegler, Bernd: Vorwort. In: Dies. (Hg.): Shoah – Formen der Erinnerung. Geschichte, Philosophie, Literatur, Kunst. München 1997, S. 7–11.

Berger, Sara: Experten der Vernichtung. Das T4-Rheinhardt-Netzwerk in den Lagern Belzec, Sobibor und Treblinka (Studien zur Gewaltgeschichte des 20. Jahrhunderts). Hamburg 2013.

Berliner Ballade (Berliner Ballade, Robert A. Stemmle, 1948, Deutschland).

Bernard, Catherine A.: Anne Frank: The Cultivation of the Inspirational Victim. In: Experience and Expression. Women, the Nazis, and the Holocaust. Hg. v. Elisabeth R. Baer und Myrna Goldenberg. Detroit 2003, S. 201–225.

Berry, Dan: Kill or Be Killed. The Survival of the Fittest. In: Airboy Comics (Nr. 9). New York 1947.

Berry, Dan: The Wager of Ceres and Mars. In: Airboy Comics (Nr. 10). New York 1947.

Bialas, Wolfgang: Die moralische Ordnung des Nationalsozialismus. Zum Zusammenhang von Philosophie, Ideologie und Moral. In: Jb. Fritz Bauer Institut 14: Moralität des Bösen. Ethik und nationalsozialistische Verbrechen. Hg. v. Werner Konitzer und Raphael Gross. Frankfurt a. M. u. a. 2009, S. 30–60.

Bildungsteam Berlin-Brandenburg e. V. und Tacheles reden! e. V. (Hg.): Woher kommt der Judenhass? Was kann man dagegen tun? Ein Bildungsprogramm. Mühlheim a. d. Ruhr 2007.

Bilski, Emily D. und Lüdicke, Martina (Hg.): Golem. Bielefeld 2016.

Bilski, Emily D.: The Art of the Golem. In: Dies. (Hg.): Golem! Danger, Deliverance and Art. New York 1988, S. 44–111.

Birkemeyer, Jens: Elfriede Jelinek. Tobsüchtige Totenwache. In: Shoah in der deutschsprachigen Literatur. Hg. v. Norbert Otto Eke und Hartmut Stienecke. Berlin 2006, S. 302–310.

Birkmeyer, Jens und Kliewer, Annette (Hg.): Holocaust im Deutschunterricht. Modelle für die Sekundarstufe I. Baltmannsweiler 2010.

Birkmeyer, Jens und Kliewer, Annette (Hg.): Holocaust im Deutschunterricht. Modelle für die Sekundarstufe II. Baltmannsweiler 2010.

Birkmeyer, Jens: Einleitung. In: Ders. (Hg.): Holocaust-Literatur und Deutschunterricht. Perspektiven schulischer Erinnerungsarbeit. Baltmannsweiler 2008, S. 1–14.

Bischoff, Ulrich: Kat. Galerie Neue Meister (Illustrierter Katalog in zwei Bd.). Köln 2010.

Blom, Johan C. H.: De vervolging van de joden in Nederland in internationaal vergelijkend perspectief. In: De Gids 6/7 (1987), S. 494–507.

Blum, Frank: Artur Brauner, Filmproduzent. Leben und Werk. Köln 2012.

Bobrowski, Johannes: Selbstzeugnisse und neue Beiträge über sein Werk. Hg. v. Gerhard Rostin. Stuttgart 1976.

Boelcke, Willi A. (Hg.): Deutschlands Rüstung im Zweiten Weltkrieg. Hitlers Konferenzen mit Albert Speer 1942–1945. Frankfurt a. M. 1969.

Bogdanove, Jon, Simonson, Louise, Jake, Dennis, Lopez, Ken, Schubert, Willie, Whitmore, Glenn, Mctigue, Maureen und Cavalieri, Joey: Superman. The Man of Steel (Nr. 81). New York 1998.

Böhmann, Marc und Stang, Verena: Klassenlektüre Mirjam Pressler: »Malka Mai«. Analysen und Unterrichtsentwürfe für die Klassenstufen 6–10. Weinheim 2007.

Boynes, John: The Boy in the Striped Pyjamas. Oxford 2010.

Braillon-Philippe, Juliette und Birnbaum, Pierre (Hg.): Kat. Le Juif errant. Un Témoin du Temps. Paris 2001.

Brand, Tilman von: Ein Koffer mit Geschichte. Spurensuche in und mit dem Roman Hanas Koffer. In: Praxis Deutsch 40/236 (2012), S. 14–19.

Brauer, Juliane: Empathie und historische Alteritätserfahrung. In: Emotionen, Geschichte und historisches Lernen. Geschichtsdidaktische und geschichtskulturelle Perspektiven. Hg. v. Juliane Brauer und Martin Lücke. Göttingen 2013, S. 75–92.

Braun, Michael und Fässler, Simone: Mein Ziel ist das Verschwinden. In: Volltext, 11.11. 2016, unter: http://volltext.net/texte/ilse-aichinger-simone-faessler-michael-braun-mein-ziel-ist-das-verschwinden/ [abgerufen: 13.11.2016].

Brauner, Atze: Mich gibt's nur einmal. Rückblende meines Lebens. München 1978.

Brazaitis, Kristina: What Would You Have Done. In: Journal of Genocide Research 6/4 (2004), S. 583–599.

Brecht, Bertolt: Der Rundfunk als Kommunikationsapparat. Rede über die Funktion des Rundfunks (1932/33). In: Ders.: Werke. Hg. v. Werner Hecht, Jan Knopf und Werner Mittenwein. Bd. 21. Schriften I. Berlin u. a. 1992, S. 552–557.

Bringmann, Fritz: Ansprache bei der feierlichen Übergabe des ehemaligen Schutzhaftlagerbereichs. 6. September 2003. In: Ders.: Erinnerungen eines Antifaschisten, 1924–2004. Hamburg 2004, S. 240–244.

Brink, Cornelia: »Ein Buch der Toten.« Gerhard Schoenberners Fotodokumentation der Judenverfolgung. In: 50 Klassiker der Zeitgeschichte. Hg. v. Jürgen Danyel. Göttingen 2007.

Brink, Cornelia: Ikonen der Vernichtung. Öffentlicher Gebrauch von Fotografien aus nationalistischen Konzentrationslagern nach 1945. Berlin 1998.

Brod, Harry: Is Superman Jewish? How Comic Book Superheroes Came to Serve Truth, Justice, and the Jewish-American Way. New York, London 2012.

Broder, Henryk M.: Das richtige Stück für das falsche Publikum. In: Joshua Sobol: Ghetto. Schauspiel in drei Akten. Mit Dokumenten und Beiträgen zur zeitgeschichtlichen Auseinandersetzung sowie Zeichnungen von Johannes Grützke. Hg. v. Harro Schweizer. Berlin 1984, S. 215–226.

Broder, Henryk M.: Der ewige Antisemit. Über Sinn und Funktion eines beständigen Gefühls. Berlin 2006 (2. Aufl.).

Broderick, Pat, Giffen, Keith, Fleming, Robert Loren, Tollin, Anthony, Guzman, Albert de, Dooley, Kevin und Helfer, Andrew: Ragman (Nr. 1). New York 1991.

Broderick, Pat, Giffen, Keith, Fleming, Robert Loren, Tollin, Anthony, Roy, Adrienne, Guzman, Albert de, Dooley, Kevin und Helfer, Andrew: Ragman (Nr. 2). New York 1991.

Broderick, Pat, Giffen, Keith, Fleming, Robert Loren, Tollin, Anthony, Guzman, Albert de, Helfer, Andrew und Dooley, Kevin: Ragman (Nr. 6). New York 1992.

Broderick, Pat, Giffen, Keith, Fleming, Robert Loren, Tollin, Anthony, Roy, Adrienne, Guzman, Albert de, Dooley, Kevin und Helfer, Andrew: Ragman. (Nr. 3). New York 1991.

Broderick, Pat, Thangal, Romeo, Giffen, Keith, Fleming, Robert Loren, Tollin, Anthony, Roy, Adrienne, Guzman, Albert de, Helfer, Andrew und Dooley, Kevin: Ragman (Nr. 7). New York 1992.

Brodsky, Sol, Waldman, Herschel, Kanigher, Robert, Sutton, Tom und Abel, Jack: The Heap. (Nr. 1). New York 1971.

Broszat, Martin (Hg.): Kommandant in Auschwitz. Autobiographische Aufzeichnungen von Rudolf Höß. Stuttgart 1958.

Browning, Christopher: Ganz normale Männer. Das Reserve-Polizeibataillon 101 und die »Endlösung« in Polen. Reinbek bei Hamburg 1993 (u. weitere Aufl.).

Buchloh, Benjamin: Gerhard Richters Birkenau-Bilder. Köln 2016.

Buck, Theo: Paul Celans Todesfuge. In: Gedichte von Paul Celan. Hg. v. Hans-Michael Speier. Stuttgart 2002, S. 11–27.

Bundesministerium für Inneres (Hg.): Das sichtbare Unfassbare. Fotografien vom Konzentrationslager Mauthausen. Wien 2005.

Bürger, Gottfried August: Gedichte in zwei Teilen. Erster Teil: Gedichte 1789. Hg. v. Ernst Cosentius. Berlin, Leipzig, Wien, Stuttgart 1914 (2. Aufl.).

Burger, Horst: Warum warst du in der Hitler-Jugend. Vier Fragen an meinen Vater. Reinbek 1988.

Burkhardt, Hannes: Anne Frank auf Facebook. Erinnerungskulturen im Social Web zwischen Trivialisierung und innovativer Erinnerungsarbeit. In: Anne Frank. Mediengeschichte. Hg. v. Peter Seibert u. a. Berlin 2014, S. 136–163.

Butzer, Günter: Höllenfahrt ohne Auferstehung. Die Unterweltsreise als Narrativ katastrophischen Erinnerns. In: Katastrophe und Gedächtnis. Hg. v. Thomas Klinkert und Günter Oesterle. Berlin 2014, S. 167–190.

Calvo, Edmond Francois und Dancette, Victor: Die Bestie ist tot. Der Zweite Weltkrieg bei den Tieren. Dreieich 1977.

Celan, Paul und Celan-Lestrange, Gisèle: Briefwechsel. Mit einer Auswahl von Briefen Paul Celans an seinen Sohn Eric. Hg. v. Bertrand Badiou. Bd. II. Frankfurt a. M. 2001.

Celan, Paul: Gesammelte Werke in fünf Bänden. Hg. v. Beda Allemann, Stefan Reichert und Rolf Bücher. Frankfurt a. M. 1986.

Chabon, Michael: The Amazing Adventures of Kavalier & Clay. New York 2000, S. 574–595.

Chaumont, Jean-Michel: Die Konkurrenz der Opfer. Genozid, Identität und Anerkennung. Lüneburg 2001.

Chéroux, Clément (Hg.): Kat. Mémoire des camps. Photographies des camps de concentration et d'extermination nazis. 1933–1999. Paris 2001.

Cohen, Richard I.: Jewish Icons. Art and Society in Modern Europe. Berkeley 1998, unter: commons.wikimedia.org/wiki/File:Kishinev_Martyrs.jpg [abgerufen: 18. 12. 2017].

Cole, Tim: Images of the Holocaust. The Myth of the »Shoah Business«. London 1999.

Colijn, G. Jan: Toward a Proper Legacy. In: Anne Frank in the world. Essays and Reflections. Hg. v. Carol Ritter. London 1998, S. 95–104.

Coquio, Catherine: »Oh my Human Brothers, Let Me Tell You How it Happened.« (Who is the Perpetrator Talking To?). In: Writing the Holocaust Today: Critical Perspectives on Jonathan Littell's The Kindly Ones. Hg. v. Liran Razinsky und Aurelie Barjonet. Amsterdam 2012, S. 75–96.

Corell, Catrin: Der Holocaust als Herausforderung für den Film. Formen des filmischen Umgangs mit der Shoah seit 1945. Eine Wirkungstypologie. Bielefeld 2009.

Cornelis, Kristoffer, Czollek, Max und Hainz, Martin A.: Alles ist sichtbar, für den der sehen will, unter: http://www.fixpoetry.com/feuilleton/express/max-czollek/edition-binaer-ahasver, 23. 03. 2016 [abgerufen: 22. 04. 2016].

Cornelißen, Christoph: Erforschung und Erinnerung – Historiker und die zweite Geschichte. In: Der Nationalsozialismus – Die zweite Geschichte. Überwindung – Deutung – Erinnerung. Hg. v. Peter Reichel, Harald Schmid und Peter Steinbach. Bonn 2009, S. 217–242.

Craig, Jim und Levy, Gabriel: The Scorpion (Nr. 3). Night of the Golden Fuhrer. New York 1975.

Crownshaw, Rick: Rereading Der Vorleser. Remembering the Perpetrator. In: Germans as Victims in the Literary Fiction of the Berlin Republic. Hg. v. Stuart Taberner und Karina Berger. Rochester, New York 2009, S. 147–161.

Czollek, Max: A.H.A.S.V.E.R. Gedichte. Berlin 2016.

Dahlke, Birgit: Nuda Veritas? Zum Effekt des Pornografischen in Jonathan Littells Roman Die Wohlgesinnten. In: Scham und Schuld. Geschlechter(sub)texte der Shoah. Hg. v. Maja Figge, Konstanze Haniksch und Nadine Teuber. Bielefeld 2010, S. 301–317.

Death Mills (Death Mills, Billy Wilder, 1945, Deutschland).

Deitch, Simon und Deitch, Seth: The Golem. In: Deitch's Pictorama. Hg. v. Kim Deitch, Seth Kellen Deitch, Simon Deitch und Gene Deitch. Seattle 2008.

Delbo, Charlotte: Aucun de Nous ne Reviendra. Auschwitz et Après I. Paris 1970.

Delbo, Charlotte: Trilogie. Auschwitz und danach. [3 Bände in einem Bd.]. Aus dem Franz. übersetzt v. Eva Groepler und Elisabeth Thielicke. Frankfurt a. M. 1990 (u. weitere Aufl.).

Delbo, Charlotte: Keine von uns wird zurückkehren. [Bd. 1 der Trilogie] In: Dies.: Auschwitz und danach. Frankfurt a. M. 1990, S. 5–165.

Delbo, Charlotte.: Eine nutzlose Bekanntschaft. [Bd. 2 der Trilogie] In: Dies.: Auschwitz und danach. Frankfurt a. M. 1990, S. 169–323.

Delbo, Charlotte: Maß unserer Tage. [Bd. 3 der Trilogie] In: Dies.: Auschwitz und danach. Frankfurt a. M. 1990, S. 327–495.

Derrida, Jacques: Signatur, Ereignis, Kontext. In: Randgänge der Philosophie. Hg. v. Peter Engelmann. Wien 1988, S. 291–314.

Deutscher Bundestag, Presse- und Informationszentrum (Hg.): 40. Jahrestag der Beendigung des Krieges in Europa und der nationalsozialistischen Gewaltherrschaft. Gedenkstunde des Deutschen Bundestages und des Bundesrates 8. Mai 1985. Bonn 1985.

Didi-Huberman, Georges: Bilder trotz allem. Aus dem Franz. v. Peter Geimer. Paderborn 2007.

Diekmann, Irene und Schoeps, Julius H.: Vorwort. In: Dies. (Hg.): Das Wilkomirski-Syndrom. Zürich 2002, S. 7–12.

Dietzsch, Martin, Giesselmann, Bente und Tonks, Iris: Spurensuche zur Verfolgungsgeschichte der Sinti und Roma in Duisburg. Eine Handreichung für die politische Bildung. Online-Publikation für das Duisburger Institut für Sprach- und Sozialforschung, unter: http://www.diss-duisburg.de/Internetbibliothek/Buecher/DISS-Spurensuche-Online-Broschuere-2014.pdf [aufgerufen: 22.07.2017].

Diner, Dan: Über die Poetik der Fassungslosigkeit. In: Den Holocaust erzählen. Historiographie zwischen wissenschaftlicher Empirie und narrativer Kreativität. Hg. v. Norbert Frei und Wulf Kansteiner. Göttingen 2013, S. 101–110.

Diner, Dan: Zivilisationsbruch. Denken nach Auschwitz. Frankfurt a. M. 1988.

Ditschke, Stephan: Comics als Literatur. Zur Etablierung des Comics im deutschsprachigen Feuilleton seit 2003. In: Comics. Zur Geschichte und Theorie eines populärkulturellen Mediums. Hg. v. Stephan Ditschke, Katerina Krouscheva und Daniel Stein. Bielefeld 2009, S. 265–280.

Dopheide, Dietrich: Das Groteske und der schwarze Humor in den Romanen Edgar Hilsenraths. Berlin 2000.

Dresden, Sem: Holocaust und Literatur. Essay. Frankfurt a. M. 1997.

Drögemöller, Marc: Eine Reise in die Vergangenheit? Der Staatsbesuch von Bundespräsident Gustav Heinemann in den Niederlanden 1969. In: Jahrbuch des Zentrums für Niederlande-Studien 14 (2003), S. 121–138.

Dubiel, Helmut: Niemand ist frei von Geschichte. Die nationalsozialistische Herrschaft in den Debatten des Deutschen Bundestages. München 1999.

Dunker, Axel: Die anwesende Abwesenheit. Literatur im Schatten von Auschwitz. München 2003.

Dürrenmatt, Friedrich: Theaterprobleme. In: Ders.: Gesammelte Werke. Hg. v. Franz Josef Görtz. Bd. 7: Essays und Gedichte. Zürich 1988, S. 28–69.

Ebbrecht, Tobias: Geschichtsbilder im medialen Gedächtnis. Filmische Narrationen des Holocaust. Bielefeld 2011.

Eberle, Annette: Pädagogik und Gedenkkultur. Bildungsarbeit an NS-Gedenkorten zwischen Wissensvermittlung, Opfergedenken und Menschenrechtserziehung. Würzburg 2008.

Eder, Jacob S: Holocaust Angst. The Federal Republic of Germany and American Holocaust Memory since the 1970s. New York, N.Y. 2016.

Eiber, Ludwig: Hitlers Bunker – Hitlers Gefangene. Die KZ-Lager bei Landsberg. In: Landsberg in der Zeitgeschichte – Zeitgeschichte in Landsberg. Hg. v. Volker Dotterweich und Karl Filser. München 2010, S. 311–349.

Eitz, Thorsten und Stötzel, Georg (Hg.): Wörterbuch der »Vergangenheitsbewältigung«. Die NS-Vergangenheit im öffentlichen Sprachgebrauch. Hildesheim, Zürich, New York 2007.

Eke, Norbert Otto: »Gott schütz uns vor den guten Menschen«. Reinigungsrituale und Beschämungsstrategien im deutsch-jüdischen Verhältnis. In: Schuld und Scham. Hg. v. Alexandra Pontzen und Heinz-Peter Preusser. Heidelberg 2008, S. 165–180.

Emcke, Carolin: Weil es sagbar ist. Über Zeugenschaft und Gerechtigkeit. Frankfurt a. M. 2016 (3. Aufl.).

End, Markus: Antiziganismus. Rassistischen Klischees von Sinti und Roma begegnen. Projekt des Georg-Eckert-Instituts: Zwischentöne: Materialien für Vielfalt im Klassenzimmer des Georg Eckert-Instituts (2016), unter: http://www.zwischentoene.info/themen/unterrichtseinheit/praesentation/ue/antiziganismus.html [abgerufen: 31.01.2017].

End, Markus: Bilder und Sinnstruktur des Antiziganismus. In: Aus Politik und Zeitgeschichte 64/22–23 (2011). Hg. v. d. Bundeszentrale für politische Bildung, S. 15–21.

End, Markus: Die Dialektik der Aufklärung als Antiziganismuskritik. Thesen zu einer kritischen Theorie des Antiziganismus. In: Konstellationen des Antiziganismus. Theoretische Grundlagen, empirische Forschung und Vorschläge für die Praxis. Hg. v. Wolfram Stender. Wiesbaden 2016, S. 53–94.

Endlich, Stefan: Bilder und Geschichtsbilder. Kunst und Denkmal als Mittel der Erinnerung. In: Dachauer Hefte. Terror und Kunst. Zeugnis, Überlebenshilfe, Rekonstruktion und Denkmal. Heft 18. Hg. v. Wolfgang Benz und Barbara Distel. Dachau 2002, S. 3–22.

Endlich, Stefanie: Orte des Erinnerns – Mahnmale und Gedenkstätten. In: Der Nationalsozialismus – Die zweite Geschichte. Überwindung – Deutung – Erinnerung. Hg. v. Peter Reichel, Harald Schmid und Peter Steinbach. Bonn 2009, S. 350–377.

Engelmann, Jonas: Verborgene Traditionen. Der Golem im Comic. In: Rechtsextremismus, Rassismus und Antisemitismus in Comics. Hg. v. Ralf Palandt. Berlin 2011, S. 316–324.

Engelmann, Jonas: Wurzellose Kosmopoliten. Von Luftmenschen, Golems und jüdischer Popkultur. Mainz 2016.

Erb, Rainer und Heil, Johannes (Hg.): Geschichtswissenschaft und Öffentlichkeit. Der Streit um Daniel J. Goldhagen. Frankfurt a. M. 1998.

Erben, Eva: Mich hat man vergessen. Aus dem Hebräischen übers. v. Nathan Jessen. Weinheim 1996.

Eschebach, Insa: Sex-Zwangsarbeit in NS-Konzentrationslagern. Geschichte, Deutungen und Repräsentationen. In: L'Homme 21/1 (2010), S. 65–73.

Eshed, Eli und Fink, Uri: Hagolem: Sipure shel comics Israeli. Ben Shemen 2003.

Ewers, Hans-Heino und Gremmel, Caroline: Zeitgeschichte, Familiengeschichte und Generationenwechsel. Deutsche zeitgeschichtliche Jugendliteratur der 1990er und 2000er Jahre im erinnerungskulturellen Kontext. In: Kriegs- und Nachkriegskindheiten. Studien zur literarischen Erinnerungskultur für junge Leser. Hg. v. Gabriele von Glasenapp und Hans-Heino Ewers. Frankfurt a. M. 2008, S. 27–50.

Ewers, Hans-Heino: Literatur für Kinder und Jugendliche. Eine Einführung. München 2000.

Exner, Richard: Nach Auschwitz. In: Dein aschenes Haar Sulamith. Dichtung über den Holocaust. Hg. v. Dieter Lamping. München, Zürich 1993 (2. Aufl.), S. 264–270.

Fackenheim, Emil L.: To Mend the World. Foundations of Future Jewish Thought. New York 1982.

Fava, Rosa: Die Neuausrichtung der Erziehung nach Auschwitz in der Einwanderungsgesellschaft. Eine rassismuskritische Diskursanalyse. Berlin 2015.

Feist, Günter (Hg.): Kunstdokumentation SBZ/DDR: 1945–1990. Berlin 1996.

Feuchert, Sascha: Erläuterungen und Dokumente. Ruth Klüger. weiter leben. Eine Jugend. Stuttgart 2004.

Feuchert, Sascha: Literatur über den Holocaust. In: Ders. (Hg.): Holocaust-Literatur. Auschwitz. Stuttgart 2004, S. 15–26.

Fings, Karola und Sparing, Frank: Rassismus, Lager, Völkermord. Die nationalsozialistische Zigeunerverfolgung in Köln. Köln 2005.

Fings, Karola: Sinti und Roma. Geschichte einer Minderheit. München 2016.

Finkelstein, Norman G.: Die Holocaust-Industrie. Wie das Leid der Juden ausgebeutet wird. München 2001.

Fischer, Joschka: Rede vor Delegierten am 13.05.1999; in Auszügen veröffentlicht unter: http://www.spiegel.de/politik/deutschland/wortlaut-auszuege-aus-der-fischer-rede-a-22143.html [abgerufen: 01.02.2017].

Flügel, Alexandra: »Kinder können das auch schon mal wissen…« Nationalsozialismus und Holocaust im Spiegel kindlicher Reflexions- und Kommunikationsprozesse. Opladen 2009.

FRA – Agentur der Europäischen Union für Grundrechte: Die Vergangenheit für die Zukunft entdecken. Die Rolle historischer Stätten und Museen in der Holocaust- und Menschenrechtsbildung in der EU, unter: http://fra.europa.eu/sites/default/files/fra_

uploads/1791-187087_FRA_HOLOCAUST_EDUCATION_MAIN_REPORT_DE.pdf [abgerufen: 03.02.2014].

Frahm, Ole: Art Spiegelman. Der inhaftierte Künstler. Ein Versuch über die Grenzen souveräner Performanz. In: Festschrift für Kathrin Hoffmann-Curtius. Hg. v. Maike Christadler und Hilla Frübis. Marburg 1997, S. 28–36.

Frahm, Ole: Das weiße M. Zur Genealogie von MAUS(CHWITZ). In: Überlebt und unterwegs. Jüdische Displaced Persons im Nachkriegsdeutschland. Hg. v. Fritz Bauer Institut. Frankfurt a. M., New York 1997, S. 303–340.

Frahm, Ole: Die Sprache des Comics. Hamburg 2010.

Frahm, Ole: Genealogie des Holocaust. Art Spiegelmans MAUS – A Survivor's Tale. München 2006.

Frahm, Ole: Gespaltene Spuren. Der Holocaust-Comic nach MAUS – A Survivor's Tale. In: ›Holocaust‹ Fiktion. Kunst jenseits der Authentizität. Hg. v. Iris Roebling-Grau und Dirk Rupnow. Paderborn 2015, S. 199–218.

Frahm, Ole: Mickey Mouse. In Historisch-kritisches Wörterbuch des Marxismus. Band 9/1, (im Erscheinen).

Frank, Anne: Das Tagebuch der Anne Frank. Aus dem Niederländ. übers. v. Mirjam Pressler. Berlin 2013 (19. Aufl.).

Frank, Anne: Die Tagebücher der Anne Frank. In: Die Tagebücher der Anne Frank. Hg. v. RIOD. Frankfurt a. M. 1988, S. 215–792.

Franke, Michael u. a.: Geschlechterreflektierende Gedenkstättenarbeit. Männlichkeit als Konstrukt sichtbar machen. In: Ort, Subjekt, Verbrechen. Koordinaten historisch-politischer Bildungsarbeit zum Nationalsozialismus. Hg. v. Till Hilmar. Wien 2010, S. 139–159.

Frei, Norbert und Kansteiner, Wulf (Hg.): Den Holocaust erzählen. Historiographie zwischen wissenschaftlicher Empirie und narrativer Kreativität. Göttingen 2013.

Frei, Norbert: Vergangenheitspolitik. Die Anfänge der Bundesrepublik und die NS-Vergangenheit. München 1999.

Freriks, Jörn: Wahrheitsfindung à la Jelinek. Rezension von Elfriede Jelineks Rechnitz (Der Würgeengel). In: Mauerschau 2/2 (2009), S. 179–182.

Freud, Sigmund: Der Mann Moses und die monotheistische Religion. Drei Abhandlungen. Hg. v. Jan Assmann. Stuttgart 2010.

Freud, Sigmund: Jenseits des Lustprinzips. Hg. v. Lothar Bayer und Hans-Martin Lohmann. Stuttgart 2013.

Friedel, Helmut (Hg.): Kat. Richter. Birkenau. Baden-Baden, Köln 2016.

Frieden, Kristin: »Meine Freundin, Anne Frank«. Die Medialisierung Anne Franks zur Facebook-Ikone. In: Anne Frank. Mediengeschichten. Hg. v. Peter Seibert u. a. Berlin 2014, S. 117–135.

Frieden, Kristin: Neuverhandlungen des Holocaust. Mediale Transformationen des Gedächtnisparadigmas. Bielefeld 2014.

Fritz Bauer Institut (Hg.): »Gerichtstag halten über uns selbst…«. Geschichte und Wirkung des ersten Frankfurter Auschwitzprozesses. Frankfurt a. M. u. a. 2001.

Fröbe, Rainer: KZ-Gedenkstätte Kaufering VII – Vor unbefugtem Gedenken wird gewarnt! In: Gedenkstätten-Rundbrief Nr. 92 (1999), S. 23–27.

Frölich, Margrit, Loewy, Hanno und Steinert, Heinz: Lachen darf man nicht, lachen muss man. Zur Einleitung. In: Dies. (Hg.): Lachen über Hitler – Auschwitz-Gelächter? Filmkomödie, Satire und Holocaust. München 2003, S. 9–18.

Gansel, Carsten: »Einem Kind wäre schon ein einziges Opfer als Anblick zuviel gewesen.« Der Nationalsozialismus als Gegenstand in der Literatur für Kinder und Jugendliche. In: Zwischen Schweigen und Schreiben. Interdisziplinäre Perspektiven auf zeitgeschichtliche Jugendromane von Kirsten Boie und Gina Mayer. Hg. v. Norman Aechtler und Monika Rox-Helmer. Frankfurt a. M. 2012, S. 15–39.

Garbe, Detlef und Wrochem, Oliver von: Darf ein Angehöriger der Bundeswehr in einer KZ-Gedenkstätte als pädagogischer Mitarbeiter beschäftigt sein? Dokumentation. In: Beiträge zur Geschichte der nationalsozialistischen Verfolgung in Norddeutschland 16 (2015): Gedenkstätten und Geschichtspolitik, S. 110–130.

Gasch, André: »Er handelt ja auch von nichts, der Bericht.« Boten zwischen Indifferenz und Objektivität in Elfriede Jelineks Rechnitz (Der Würgeengel). In: Mauerschau 2/2 (2009), S. 183–191.

Gaus, Günter: Zur Person. Porträts in Frage und Antwort. München 1964.

Gebhardt, Richard, Klein, Anne und Meier, Marcus (Hg.): Antisemitismus in der Einwanderungsgesellschaft. Beiträge zur kritischen Bildungsarbeit. Weinheim, Basel 2012.

Geis, Deborah R. (Hg.): Considering MAUS. Approaches to Art Spiegelman's »Survivor's Tale« of the Holocaust. Tuscaloosa 2003.

Gelbin, Cathy S.: Towards the Global Shtetl. Golem Texts in the New Millennium. In: Jewish Culture in the Age of Globalisation. Hg. v. Cathy S. Gelbin und Sander L. Gilman. London, New York 2015, S. 9–19.

Gerhard Richter: Birkenau. Köln 2015.

Gerstenberger, Katharina und Pohland, Vera: Der Wichser. Edgar Hilsenrath – Schreiben über den Holocaust, Identität und Sexualität. In: Der Deutschunterricht 8/3 (1992), S. 74–91.

Gerstl, Elfriede: Alle Tage Gedichte. Schauspiele. Hörstücke. Wien, München 1999 (2. Aufl.).

Gillen, Eckhart: Feindliche Brüder? Der Kalte Krieg und die deutsche Kunst. 1945–1990. Berlin 2009.

Gillen, Eckhart und Schmidt, Diether: Zone 5. Kunst in der Viersektorenstadt 1945–1951. Berlinische Galerie 1989.

Gilman, Sander L.: Das Phänomen der eingebildeten Erinnerung. Zum Fall Wilkomirski. In: Das Wilkomirski-Syndrom. Eingebildete Erinnerung oder Von der Sehnsucht, Opfer zu sein. Hg. v. Irene Diekmann und Julius H. Schoeps. Zürich 2002, S. 13–25.

Ginzburg, Carlo: »Beweis, Gedächtnis, Vergessen«. In: Werkstatt Geschichte 30 (2001). Themenheft: Memory, S. 50–60.

Glasenapp, Gabriele von: Mein ganzes Leben war davon geprägt. Deutsch-jüdische Kindheitsautobiographien über den Holocaust im Unterricht. In: Holocaust-Literatur und Deutschunterricht. Perspektiven schulischer Erinnerungsarbeit. Hg. v. Jens Birkmeyer. Baltmannsweiler 2008, S. 144–160.

Gmünden, Gerd: In the Ruins of Berlin: A Foreign Affair. In: German Postwar Films. Live and Love in the Ruins. Hg. v. Wilfried Wilms und William Rasch. New York 2008, S. 109–124.

Goldfarb, Alvin: Select Bibliography of Holocaust Plays, 1933–1997. In: Claude Schumacher: Staging the Holocaust. The Shoah in Drama and Performance. Cambridge 1998, S. 298–334.

Goldhagen, Daniel Jonah: Hitlers willige Vollstrecker. Ganz gewöhnliche Deutsche und der Holocaust. Aus dem Amerikanischen von Klaus Kochmann. Berlin 1996 (u. weitere Aufl.).

Goldsmith, Arnold L.: The Golem Remembered 1909–1980. Variations of a Jewish Legend. Detroit 1981.

Goldstein, Hilary, Timpano, Giovanni P., Schumacher, Laura und Brown, Garry: Golem. Selbstverlag 2014.

Goßens, Peter: Das Frühwerk bis zu Der Sand in den Urnen (1938–1950). In: Celan-Handbuch. Leben – Werk – Wirkung. Hg. v. Markus May, Peter Goßens und Jürgen Lehmann. Stuttgart, Weimar 2008, S. 39–54.

Greffrath, Bettina: Gesellschaftsbilder der Nachkriegszeit. Deutsche Spielfilme 1945–1949. Pfaffenweiler 1995.

Greif, Gideon: Das Auschwitz Album. Die Geschichte von Lili Jacob. In: Das Auschwitz Album. Geschichte eines Transportes. Hg. v. Israel Gutman und Bella Gutterman. Göttingen 2005, S. 71–86.

Greußling, Fritz: Das offizielle Verbrechen der zweiten Verfolgung. In: In Auschwitz vergast, bis heute verfolgt. Zur Situation der Roma und Sinti in Deutschland und Europa. Hg. v. Tilman Zülch. Göttingen 1983, S. 192–198.

Grimmelshausen, Hans Jakob Christoffel von: Der abenteuerliche Simplicissimus. Köln 2017.

Groß, Bernhard: Die Filme sind unter uns. Zur Geschichtlichkeit des frühen Nachkriegskinos: Trümmer-, Genre-, Dokumentarfilm. Berlin 2015.

Gross, Karl Adolf: Fünf Minuten vor zwölf. Des ersten Jahrtausends Tage unter Herrenmenschen und Herdenmenschen. Dachauer Tagbücher des Häftlings Nr. 16921. München 1946.

Gross, Karl Adolf: Zweitausend Tage Dachau. Erlebnisse eines Christenmenschen unter Herrenmenschen und Herdenmenschen. Berichte und Tagebücher des Häftlings Nr. 16921. München 1945.

Grote, Hans: Rhythmen des Luftkampfs. Zur Darstellung des Richthofen-Mythos in historischen Comics. In: Der Erste Weltkrieg in der populären Erinnerungskultur. Hg. v. Barbara Korte, Sylvia Paletschek und Wolfgang Hochbruck. Essen 2008, S. 99–117.

Gruber, Alexander und Kühl, Stefan: Soziologische Analysen des Holocaust. Jenseits der Debatte über ganz normale Männer und ganz normale Deutsche. Wiesbaden 2015.

Gruberová, Eva und Zeller, Helmut: Geboren im KZ. Sieben Mütter, sieben Kinder und das Wunder von Kaufering I. München 2012.

Gryglewski, Elke: Gedenkstättenarbeit in der heterogenen Gesellschaft. In: Gedenkstättenpädagogik. Kontexte, Theorie und Praxis der Bildungsarbeit zu NS-Verbrechen. Hg. v. Elke Gryglewski u. a. Berlin 2015, S. 166–178.

Gundermann, Christine: Die versöhnten Bürger. Der Zweite Weltkrieg in deutsch-niederländischen Begegnungen 1945–2000. Münster 2014.

Günter, Manuela: Repräsentation im Schreiben Überlebender. In: Verbot der Bilder – Gebot der Erinnerung. Hg. v. Bettina Bannasch und Almuth Hammer. Frankfurt a. M. 2004, S. 305–318.

Günter, Manuela: Writing Ghosts. Von den (Un-)Möglichkeiten autobiographischen Schreibens nach dem Überleben. In: Dies. (Hg.): Überleben schreiben. Zur Autobiographik der Shoah. Würzburg 2002, S. 21–50.

Gutman, Israel und Gutterman, Bella (Hg): Das Auschwitz Album. Geschichte eines Transportes. Göttingen 2005.

Haas, Gerhard: Das Elend der didaktisch ausgebeuteten Kinder- und Jugendliteratur. In: Praxis Deutsch 16/89 (1988), S. 3–5.

Haas, Gerhard: Handlungs- und produktionsorientierter Literaturunterricht: Theorie und Praxis eines »anderen Literaturunterrichtes« für die Primar- und Sekundarstufe. Seelze 1997.

Hahn, Brigitte: Dokumentarfilm im Dienste der Umerziehung. Amerikanische Filmpolitik 1945–1953. In: Lernen Sie diskutieren. Re-Education durch Film. Strategien der westlichen Alliierten nach 1945. Hg. v. Heiner Roß. Berlin 2005, S. 19–32.

Hahn, Brigitte: Umerziehung durch Dokumentarfilm? Ein Instrument amerikanischer Kulturpolitik im Nachkriegsdeutschland (1945–1953). Münster 1997.

Hahn, Hans-Joachim: Narrative des Neuen Menschen. Vom Versprechen einer besseren Welt. Berlin 2018.

Hahn, Hans-Joachim: NS-Mediziner in Peter Weiss' ›Die Ermittlung‹ und Alexander Kluges ›Ein Liebesversuch‹. In: NS-Medizin und Öffentlichkeit. Formen der Aufarbeitung nach 1945. Hg. v. Stephan Braese und Dominik Groß. Frankfurt a. M. 2015, S. 215–232.

Hahn, Hans-Joachim: Repräsentationen des Holocaust. Zur westdeutschen Erinnerungskultur seit 1979. Heidelberg 2005.

Hahn, Hans-Jürgen (Hg.): Gesichter der Juden in Auschwitz. Lili Meiers Album. Mit einer Einleitung von Peter Moses-Krause. Berlin 1995.

Hainz, Martin A.: Das Exil als Verpuppungsstadium – zu Rose Ausländer. In: Diaspora – Exil als Krisenerfahrung. Jüdische Bilanzen und Perspektiven. Hg. v. Armin Eidherr, Gerhard Langer und Karl Müller. Klagenfurt, Wien 2006, S. 358–377.

Hainz, Martin A.: Die Shoah in der Literatur der Überlebenden. In: Handbuch der deutsch-jüdischen Literatur. Hg. v. Hans Otto Horch. Berlin, Boston 2016, S. 221–243.

Hainz, Martin A.: Die totale Schule? In: fixpoetry, 14.01.2014, unter: http://www.fixpoetry.com/feuilleton/essays/martin-a-hainz/die-totale-schule [abgerufen: 06.01.2016].

Hainz, Martin A.: kein ersatz. In: fixpoetry, 07.07.2015, unter: http://www.fixpoetry.com/feuilleton/kritiken/elfriede-gerstl/tandlerfundstuecke [abgerufen: 10.11.2016].

Hainz, Martin A.: Paul Celan. Fadensonnen, -schein und -kreuz. Hamburg 2009.

Hainz, Martin A.: Übertragen – Überführen. Celan als Übersetzer Ciorans. In: Celan-Jahrbuch 9 (2003–2005). Hg. v. Hans-Michael Speier. Heidelberg 2007, S. 301–316.

Hájková, Anna: Israeli Historian Otto Dov Kulka Tells Auschwitz Story of a Czech Family that Never Existed. Why Holocaust Accounts – and Their Fictions or Omissions – Can Be a Threat to the History of a Complicated, Tragic Human Reality. In: Tablet, October 30 (2014), unter: http://www.tabletmag.com/jewish-arts-and-culture/books/186462/otto-dov-kulka [abgerufen: 26.10.2017].

Hamann, Christoph: Fluchtpunkt Birkenau. Stanislaw Muchas Foto vom Torhaus Auschwitz-Birkenau (1945). In: Visual History. Ein Studienbuch. Hg. v. Gerhard Paul. Göttingen 2006, S. 283–302.

Hamburger, Franz: Pädagogische Überlegungen zur Thematisierung von Sinti und Roma im Unterricht. In: Ders. (Hg.): Praxis des Antirassismus. Erfahrungen aus der Arbeit mit Sinti und Analysen zum Antiziganismus. Mainz 2001, S. 47–65.

Hanas Suitcase (Hanas Suitcase, Larry Weinstein, 2009, Kanada).

Hansen, Imke: Als Auschwitz noch nicht Holocaust bedeutete. In: Before the Holocaust Had its Name. Hg. v. Regina Fritz und Béla Rásky. Wien 2016, S. 201–222.

Hardy, H. J. J.: Zusammenfassung der Ergebnisse der vergleichenden Untersuchung der Handschriften und der urkundentechnischen Untersuchung der Textdokumente, die als Tagebuch der Anne Frank bekannt sind. In: Die Tagebücher der Anne Frank. Hg. v. RIOD. Amsterdam 1988, S. 119–202.

Harrison, Keith: Telling the Untellable. Spiegelman's MAUS. In: Rendezvous 34/1 (1999), S. 59–73.

Hartman, Geoffrey H.: Die Wunde lesen. Holocaust-Zeugenschaft, Kunst und Trauma. In: Zeugnis und Zeugenschaft. Jahrbuch des Einstein-Forums 1999. Berlin 2000, S. 83–108.

Hartman, Geoffrey: Der längste Schatten. Erinnern und Vergessen nach dem Holocaust. Berlin 1999.

Hartman, Geoffrey: Intellektuelle Zeugenschaft und die Shoah. Übers. v. Andrea Dortmann. In: »Niemand zeugt für den Zeugen«. Erinnerungskultur nach der Shoah. Hg. v. Ulrich Baer. Frankfurt a. M. 2000, S. 35–52.

Haug, Verena und Thimm, Barbara: Projektdokumentation. Aus Geschichte lernen? Entwicklung zeitgemäßer Seminarkonzepte zur Vermittlung der NS-Geschichte insbesondere an Gedenkstätten im Kontext einer historisch-politischen Bildungsarbeit in Demokratie fördernder Perspektive, unter: http://www.cap.lmu.de/download/2007/gedenkstaetten.pdf S. 13 [abgerufen: 15.07.2017].

Haug, Verena: Gedenkstättenpädagogik als Interaktion. Aushandlung von Erwartungen und Ansprüchen vor Ort. In: Gedenkstättenpädagogik. Kontexte, Theorie und Praxis der Bildungsarbeit zu NS-Verbrechen. Hg. v. Elke Gryglewski u. a. Berlin 2015, S. 113–126.

Heer, Hannes (Hg.): Kat. Vernichtungskrieg. Verbrechen der Wehrmacht 1941–1944. Hamburg 1995.

Heidelberger-Leonard, Irene: Text als Gedächtnis: Jean Améry (1912–1978). In: Schriftgedächtnis – Schriftkulturen. Hg. v. Vittoria Borsò, Gertrude Cepl-Kaufman, Tanja Reinlein, Sibylle Schönborn und Vera Viehöver. Stuttgart u. a. 2002, S. 59–72.

Heidelberger-Leonard, Irene: »Der Jude als Frau.« Überlegungen zu Ruth Klügers Schriften. In: Gender im Gedächtnis. Geschlechtsspezifische Erinnerungsdiskurse in der deutschsprachigen Gegenwartsliteratur. Beiträge zum Ehrenkolloquium für Mireille Tabah. Hg. v. Christian Poetini. Bielefeld 2015, S. 35–44.

Heidsieck, Arnold: Das Groteske und das Absurde im modernen Drama. Stuttgart 1969.

Heindl, Nina und Sina, Véronique (Hg.): Notwendige Unzulänglichkeit. Künstlerische und mediale Repräsentationen des Holocaust. Münster 2017.

Herf, Jeffrey: Zweierlei Erinnerung. Die NS-Vergangenheit im geteilten Deutschland. Übers. v. Klaus-Dieter Schmidt. Berlin 1998.

Herold, Kathrin: »Assoziative Einstiege«. Reflexive Auseinandersetzungen mit historischen und gegenwartsbezogenen Bildern in der Bildungsarbeit zu Antiziganismus. In: NS-Geschichte, Institutionen, Menschenrechte. Bildungsmaterialien für die Arbeit zu Verwaltung, Polizei und Justiz. Hg. v. Ulrike Pastoor und Oliver von Wrochem. Berlin 2013, S. 99–112.

Herold, Kathrin: Der Völkermord an Roma und Sinti im Nationalsozialismus – historische und gegenwärtige Formen von Antiziganismus. In: NS-Geschichte, Institutionen, Menschenrechte. Bildungsmaterialien für die Arbeit zu Verwaltung, Polizei und Justiz. Hg. v. Ulrike Pastoor und Oliver von Wrochem. Berlin 2013, S. 165–182.

Herold, Kathrin: »Das Leid der Roma und Sinti in der NS-Zeit berechtigt nicht zu rechtswidrigen Handlungen heute.« Bleiberechtskämpfe Hamburger Roma an der KZ-Gedenkstätte Neuengamme. In: Antiziganistische Zustände. Zur Kritik eines allgegenwärtigen Ressentiments. Hg. v. Markus End, Kathrin Herold und Yvonne Robel. Münster 2009, S. 131–156.

Herzog, Roman: Ansprache von Bundespräsident Roman Herzog zum Gedenktag für die Opfer des Nationalsozialismus im Deutschen Bundestag. 19.01.1996, unter: http://www.bundespraesident.de/SharedDocs/Reden/DE/Roman-Herzog/Reden/1996/01/19960119_Rede.html [abgerufen: 29.04.2017].

Heselhaus, Clemens: Deutsche Lyrik der Moderne von Nietzsche bis Yan Goll. Die Rückkehr zur Bildlichkeit der Sprache. Düsseldorf 1961.

Heuvel, Eric, Rool, Ruud van der und Schippers, Lies: Die Suche. Aus dem Niederländ. übers. v. Waltraud Hüsmert. Braunschweig 2010.

Heyl, Matthias: Erziehung nach Auschwitz – Bildung nach Ravensbrück. Historisch-politische Bildung zur Geschichte des Nationalsozialismus und seiner Verbrechen. In: Adorno revisited. Erziehung nach Auschwitz und Erziehung zur Mündigkeit heute. Hg. v. Klaus Ahlheim und Matthias Heyl. Hannover 2010, S. 89–125.

Hilberg, Raul: Täter, Opfer, Zuschauer: die Vernichtung der Juden 1933–1945. Frankfurt a. M. 1992.

Hilberg, Raul: The Destruction of the European Jews (Die Vernichtung der europäischen Juden). New York 1978.

Hilsenrath, Edgar: Der Nazi und der Friseur. In: Gesammelte Werke. Hg. v. Helmut Braun, Bd. II: Der Nazi und der Friseur. Berlin 2004 (u. weitere Ausgaben).

Hilsenrath, Edgar: Fuck America. Bronskys Geständnis. München 2005.

Hilsenrath, Edgar: Fuck America. Gesammelte Werke. Bd. 4. Hg. v. Helmut Braun. Berlin 2003.

Hirsch, Marianne und Kacandes, Irene (Hg.): Teaching the Representation of the Holocaust. New York 2004.

Hirsch, Marianne: Täter-Fotografien in der Kunst nach dem Holocaust. Geschlecht als Idiom der Erinnerung. In: Gedächtnis und Geschlecht. Deutungsmuster in Darstellungen des nationalsozialistischen Genozids. Hg. v. Insa Eschebach. Frankfurt a. M. 2002, S. 203–226.

Hirsch, Marianne: The Generation of Postmemory. Writing and Visual Culture After the Holocaust. New York 2012.

Hitler, Adolf: Mein Kampf. Zwei Bände in einem Band. Ungekürzte Ausgabe. München: Zentralverlag der NSDAP, Franz Eher Nachf. 1943 (851. Aufl.).

Hoberman, J.: The First »Jewish« Superstar. Charlie Chaplin. In: Ders. und Jeffrey Shandler: Entertaining America. Jews, Movies and Broadcasting. Princeton, Oxford 2003, S. 34–39.

Hochhuth, Rolf: Das Absurde in der Geschichte. In: Theater Heute 13 (1963), S. 73f.

Hochhuth, Rolf: Der Stellvertreter. Berlin 1967.

Hoffmann, Detlef: »Auch in der Nazizeit war zwölfmal Spargelzeit«. Die Vielfalt der Bilder und der Primat der Rassenpolitik. In: Fotogeschichte 17/63 (1997), S. 57–68.

Hoffmann, Detlef: Fotografierte Lager. Überlegungen zu einer Fotogeschichte deutscher Konzentrationslager. In: Fotogeschichte 14/54 (1994), S. 3–30.

Hoffmann-Curtius, Kathrin: Bilder zum Judenmord. Eine kommentierte Sichtung der Malerei und Zeichenkunst in Deutschland von 1945 bis zum Auschwitz-Prozess. Marburg 2014.

Hofland, Peter und Morriën, Joop: Een halve eeuw Februaristaking. Amsterdam 1991.

Hofmann, Detlef: Auschwitz im visuellen Gedächtnis. Das Chaos des Verbrechens und die Ordnung der Bilder. In: Auschwitz. Geschichte, Rezeption und Wirkung. Frankfurt a. M. 1996, S. 223–257.

Hofmann, Michael: Literaturgeschichte der Shoah. Münster 2003.

Holian, Anna Marta: Between National Socialism and Soviet Communism. Displaced Persons in Postwar Germany. Ann Arbour 2011.

Holocaust (Holocaust – Die Geschichte der Familie Weiss, Marvin J. Chomsky, 1978, USA).

Höpp, Gerhard: Mufti-Papiere. Briefe, Memoranden, Reden und Aufrufe Amīn al-Ḥusainīs aus dem Exil. 1940–1945. Berlin 2001.

Horch, Hans Otto: Edgar Hilsenrath. In: Metzler Lexikon der deutsch-jüdischen Literatur. Stuttgart, Weimar 2012, S. 224–226.

Hördler, Stefan, Kreutzmüller, Christoph und Bruttmann, Tal: Auschwitz im Bild. Zur kritischen Analyse der Auschwitz-Alben. In: Zeitschrift für Geschichtswissenschaft, 63/7;8 (2015), S. 609–632.

Horkheimer, Max und Adorno, Theodor W.: Kulturindustrie. Aufklärung als Massenbetrug. In: Dies.: Dialektik der Aufklärung. Philosophische Fragmente [1944/47]. Frankfurt a. M. 1988, S. 128–176.

Hoven, Heribert: Die Ästhetik des Geschlechtsverkehrs oder Anmerkungen zum Thema Sexualität im Werk Edgar Hilsenraths. In: Edgar Hilsenrath. Das Unerzählbare erzählen. Hg. v. Thomas Kraft. München 1996, S. 191–291.

Hungerford, Amy: Surviving Rego Park. Holocaust Theory from Art Spiegelman to Berel Lang. In: The Americanization of the Holocaust. Hg. v. Helene Flanzbaum. Baltimore, London 1999, S. 102–124.

Huyssen, Andreas: Of Mice and Mimesis. Reading Spiegelman with Adorno. In: New German Critique 81 (2000), S. 65–82.

Huyssen, Andreas: Unbewältigte Vergangenheit – Unbewältigte Gegenwart. In: Geschichte im Gegenwartsdrama. Hg. v. Reinhold Grimm und Jost Hermand. Stuttgart u. a. 1976, S. 39–53.

Inglourious Basterds (Inglourious Basterds, Quentin Tarantino, 2009, D/USA).

Insdorf, Annette: Indelible Shadows: Film and the Holocaust. 3. A. New York, Cambridge 2003.

Isser, Edward R.: Stages of Annihilation. Theatrical Representations of the Holocaust. Cranbury, London 1997.

Jablkowska, Joanna: ›Gewissen ist nicht delegierbar‹. Die Friedenspreisrede. In: Zwischen Heimat und Nation. Das deutsche Paradigma? Zu Martin Walser. Tübingen 2001, S. 163–204.

Jäger, Herbert: Verbrechen unter totalitärer Herrschaft. Studien zur nationalsozialistischen Gewaltkriminalität. Olten 1967.

Jäger, Ludwig: Audioliteralität. Eine Skizze zur Transkriptivität des Hörbuchs. In: Das Hörbuch. Praktiken audioliteralen Schreibens und Verstehens. Hg. v. Natalie Binczek und Cornelia Epping-Jäger. München 2014, S. 231–253.

Jäger, Ludwig: Störung und Transparenz. Skizze zur performativen Logik des Medialen. In: Performativität und Medialität. Hg. v. Sybille Krämer. München 2004, S. 37–73.

Janke, Pia: »Herrschsucht, ja, haben wir«. Die Täter in Elfriede Jelineks Rechnitz (Der Würgeengel). In: Dies. (Hg.): »Die endlose Unschuldigkeit«. Elfriede Jelineks Rechnitz (Der Würgeengel). Bd. VI: Diskurse, Kontexte, Impulse. Wien 2010, S. 239–254.

Jelinek, Elfriede: Die Kontrakte des Kaufmanns. Rechnitz. Der Würgeengel. Über Tiere. Drei Theaterstücke. Hamburg 2009.

Jelinek, Elfriede: Elfriede Gerstl, unter: http://www.a-e-m-gmbh.com/wessely/fgerstl.htm [abgerufen: 13.08. 2013].

Jessewitsch, Rolf und Schneider, Gerhard (Hg.): Kat. Entdeckte Moderne. Werke aus der Sammlung Gerhard Schneider. Bönen 2008.

Jockusch, Laura: Collect and record! Jewish Holocaust documentation in early postwar Europe. Oxford u. a. 2012.

Jost, Steffen: Verfolgung, Vernichtung und der Kampf um Anerkennung und Wiedergutmachung. Historische Bildungsarbeit zu Sinti und Roma aus der Perspektive der Mehrheitsgesellschaft, unter: http://lernen-aus-der-geschichte.de/Lernen-und-Lehren/content/11789 [abgerufen: 21.07.2017].

Jureit, Ulrike: »Zeigen heißt verschweigen«. Die Ausstellungen über die Verbrechen der Wehrmacht. In: Mittelweg 36/13,1 (2004), S. 3–27.

Kafka, Franz: Prometheus. In: Ders.: Beim Bau der chinesischen Mauer. Hg. v. Max Brod und Hans-Joachim Schoeps. Berlin 1931, S. 42.

Kaienburg, Hermann: Das Konzentrationslager Neuengamme 1938–1945. Bonn 1997.

Kaiser, Matthias und Weiler, Jutta: Ein Comic über den Holocaust? Sinn und Möglichkeiten der Arbeit mit »Die Suche« im Deutschunterricht der 7. und 8. Klassen. In: Holocaust im Deutschunterricht – Modelle für die Sekundarstufe I. Hg. v. Jens Birkmeyer und Annette Kliewer. Baltmannsweiler 2010, S. 31–46.

Kalisky, Aurélia: D'une Catastrophe épistémologique. La catastrophe comme négation de la mémoire. In: Katastrophe und Gedächtnis. Hg. v. Thomas Klinkert und Günter Oesterle. Berlin 2014, S. 18–74.

Kalisky, Aurélia: Das literarische Zeugnis. Das literarische Zeugnis zwischen Gestus des Bezeugens und literarischer Gattung. In: Vom Zeugnis zur Fiktion. Repräsentation von Lagerwirklichkeit und Shoah in der französischen Literatur nach 1945. Hg. v. Silke Segler-Meßner, Monika Neuhofer und Peter Kuon: KZ – memoria scripta, Bd. 2. Frankfurt a. M. 2006, S. 37–55.

Kalisky, Aurélia: Jenseits der Typologien. Die Vielschichtigkeit der Zeugenschaft. In: Zeugenschaft. Perspektiven auf ein kulturelles Phänomen. Hg. v. Claudia Nickel und Alexandra Ortiz Wallner. Heidelberg 2014, S. 193–211.

Kaplan, Arie: From Krakow to Krypton. Jews and Comicbooks. Philadelphia 2008.

Karasek, Hellmuth: Billy Wilder. Eine Nahaufnahme. Hamburg 1992.

Kasten, Ulrich und Schütt, Hans-Dieter: Paul Celan – Dichter ist, wer menschlich spricht / Écrire pour rester humain. Stuttgart: SWR 2015, unter: https://www.youtube.com/watch?v=oV-PR9xKmNw [abgerufen: 03.10.2016], 44:12–44:33.

Kayser, Wolfgang: Das Groteske. Seine Gestaltung in Malerei und Dichtung. Oldenburg, Hamburg 1957.

Kékesi, Zoltan: Agents of Liberation. Holocaust Memory in Contemporary Art and Documentary Film. Budapest 2015.

Keller, Kathrin (Hg.): Jakob Steinhardt. Der Prophet. Berlin 1995.

Keller, Ulrich (Hg.): Fotografien aus dem Warschauer Ghetto. Berlin 1987.

Kenner, Hugh: Chuck Jones. A Flurry of Drawings. Berkeley, Los Angeles, London 1994.

Kerbs, Diethart: Historische Pressefotos im Dienst der nationalsozialistischen Propaganda. In: Fotogeschichte 3/10 (1983), S. 25–39.

Kermani, Navid: Auschwitz morgen. Wer sich in Deutschland einbürgern lässt, wird auch die Last tragen müssen, Deutscher zu sein. Spätestens in Auschwitz wird er spüren, was das bedeutet. In: Frankfurter Allgemeine Zeitung, 07.07.2017, unter: http://www.faz.net/aktuell/feuilleton/debatten/auschwitz-morgen-navid-kermani-ueber-die-zukunft-der-erinnerung-15094667.html [abgerufen: 21.12.2017].

Kershaw, Ian: Hitler 1889–1936. Stuttgart 1998 (2. Aufl.).

Kertész, Imre: Fiasko. Frankfurt a. M. 1999.

Kertész, Imre: Letzte Einkehr. Tagebücher 2001–2009. Reinbeck 2013.

Kertész, Imre: Roman eines Schicksallosen. Reinbek 1999.

Kiedaisch, Petra (Hg.): Lyrik nach Auschwitz? Adorno und die Dichter. Stuttgart 1995.

Kilcher, Andreas B.: Einleitung. In: Ders. (Hg.): Metzler Lexikon der deutsch-jüdischen Literatur. Jüdische Autorinnen und Autoren deutscher Sprache von der Aufklärung bis zur Gegenwart. Stuttgart, Weimar 2012 (2. Aufl.), S. VI–XII.

Kistenmacher, Olaf und Mühlhäuser, Regina: »Vergangenheitsbewältigung«. Mastering the »Holokaust« in, through and with Film. In: Atlantic Communications. The Media in American and German History from the Seventeenth to the Twentieth Century. Hg. v. Norbert Finzsch und Ursula Lehmkuhl. Oxford, New York 2004, S. 387–403.

Kistenmacher, Olaf: Schuldabwehr-Antisemitismus als Herausforderung für die Pädagogik gegen Judenfeindschaft. In: Antisemitismuskritische Bildung in der Migrationsgesellschaft. Hg. v. Astrid Messerschmidt und Meron Mendel. New York, Frankfurt a. M. (im Erscheinen).

Kistenmacher, Olaf: Was tun gegen Antisemitismus?! Anregungen zu einer Pädagogik gegen Judenfeindschaft im 21. Jahrhundert. Hamburg 2016.

Klarsfeld, Serge (Hg.): The Auschwitz Album. Lili Jacob's Album. New York 1980.

Klein, David G.: The Golem's Voice. Ohne Ort (Now What Media) 2015.

Klein, Judith: Literatur und Genozid. Darstellungen der nationalsozialistischen Massenvernichtung in der französischen Literatur. Wien 1992.

Kliewer, Annette: Holocaust minimalistisch. John Boyne: Der Junge im gestreiften Pyjama. In: Holocaust im Deutschunterricht – Modelle für die Sekundarstufe I. Hg. v. Jens Birkmeyer und Annette Kliewer. Baltmannsweiler 2010, S. 69–82.

Klingner, Martin und Krüger, Jan: Der Fall Distomo. Die verweigerte Entschädigung für ein NS-Verbrechen. In: Griechenland im Würgegriff. Ein Land der EU-Peripherie wird zugerichtet. Hg. v. Paul B. Kleiser. Köln, Karlsruhe 2015, S. 139–159 (3. Aufl.).

Klinkert, Thomas und Oesterle, Günter: Einleitung. In: Dies. (Hg.): Katastrophe und Gedächtnis. Berlin 2014, S. 1–17.

Klotz, Brian: Secret Identities. Graphic Literature and the Jewish-American Experience, unter: http://digitalcommons.uri.edu/cgi/viewcontent.cgi?article=1129&context=srhonorsprog [abgerufen: 22.05.2017].

Kluge, Norbert: Botschaften an die Nachwelt. Was Anne Frank und andere Jüdinnen in der Nazidiktatur ihrem Tage- oder Erinnerungsbuch anvertrauten. Frankfurt a. M. 2012.

Kluger, Ruth: Still Alive. A Holocaust Girlhood Remembered. Foreword by Lore Segal. New York 2003.

Klüger, Ruth: Lanzmanns Shoah in New York. In: Dies.: Gelesene Wirklichkeit. Fakten und Fiktionen in der Literatur. Göttingen 2006, S. 9–28.

Klüger, Ruth: Unterwegs verloren. Erinnerungen. Wien 2008.

Klüger, Ruth: weiter leben. Eine Jugend. Göttingen 1993 (u. weitere Ausgaben).

Knauf, Charles, Kivelä, Sami, Guerra, Renato, Lee, Bernie und Gentile, Joe: The Heap (Nr. 1). Chicago 2011.

Knöbl, Wolfgang: Gewalt erklären. In: APuZ 67/4 (2017), S. 4–8.

Knoch, Habbo: Die Tat als Bild. Fotografien des Holocaust in der deutschen Erinnerungskultur. Hamburg 2001.

Kofman, Sarah: Erstickte Worte. Übersetzt von Birgit Wagner. Hg. v. Peter Engelmann. Wien 1988.

Kogon, Eugen: Der SS-Staat. Das System der deutschen Konzentrationslager. Frankfurt a. M. 1946 (u. weitere Ausgaben).

Köhlmeier, Michael und Liessmann, Konrad Paul: Wer hat dir gesagt, dass du nackt bist, Adam? Mythologisch-philosophische Verführungen. München 2016.

König, Jan C. L.: Über die Wirkungsmacht der Rede. Strategien politischer Eloquenz in Literatur und Alltag. Göttingen 2011.

König, Ulrich: Sinti und Roma unter dem Nationalsozialismus. Verfolgung und Widerstand. Bochum 1989.

Köppchen, Ulrike: Der Bewältigungsweltmeister. Erinnerungskultur und Erinnerungspolitik 75 Jahre nach Ausbruch des Zweiten Weltkriegs. In: Deutschlandradio Kultur, 01.09.2014.

Köppen, Manuel und Scherpe, Klaus R. (Hg.): Bilder des Holocaust. Literatur – Film – Bildende Kunst. Köln, Weimar, Wien 1997.

Köppen, Manuel: The Rhetoric of Victim Narratives in West German Films of the 1950s. In: Screening War. Perspectives on German Suffering. Hg. v. Paul Cooke und Marc Silberman. Rochester, New York 2010, S. 56–77.

Koppenfels, Martin von: Schwarzer Peter. Der Fall Littell, die Leser und die Täter. Göttingen 2012.

Körte, Mona: Flaschenpost. Vom »Eigenleben« jüdischer Erinnerungsarchive. In: Jüdische Intellektuelle im 20. Jahrhundert. Literatur- und kulturgeschichtliche Studien. Hg. v. Ariane Huml und Monika Rappenecker. Würzburg 2003, S. 275–296.

Körte, Mona: Stummer Zeuge. Der »Muselmann« in Erinnerung und Erzählung. In: Vom Zeugnis zur Fiktion. Repräsentation von Lagerwirklichkeit und Shoah in der französischen Literatur nach 1945. Hg. v. Silke Segler-Meßner, Monika Neuhofer und Peter Kuon: KZ – memoria scripta, Bd. 2. Frankfurt a. M. 2006, S. 97–110.

Kößler, Gottfried: Aura und Ordnung. Zum Verhältnis von Gedenkstätte und Museum. In: Gedenkstättenpädagogik. Kontexte, Theorie und Praxis der Bildungsarbeit zu NS-Verbrechen. Hg. v. Elke Gryglewski u. a. Berlin 2015, S. 67–81.

Kramer, Sven: Nacktheit in Holocaust-Fotos und -Filmen. In: Ders. (Hg.): Die Shoa im Bild. München 2003, S. 225–248.

Krankenhagen, Stefan: Auschwitz darstellen. Ästhetische Positionen zwischen Adorno, Spielberg und Walser. Köln, Weimar, Wien 2001.

Krankenhagen, Stefan: Von der Kunst, Auschwitz darzustellen. In: Merkur. Deutsche Zeitschrift für europäisches Denken. 01. Dezember 2016, unter: https://www.merkur-zeitschrift.de/2016/12/01/von-der-kunst-auschwitz-darzustellen/ [abgerufen: 20.10. 2017].

Kubert, Joe und Bernstein, Bob: The Golem. In: The Challenger (Nr. 3). New York 1946, S. 33–50.

Kubert, Joe und Kanigher, Robert: Ragman (Nr. 2). New York 1976.

Kubert, Joe: Holocaust. In: Sgt. Rock (Nr. 351). New York 1981.

Kubert, Joe: Yossel April 19, 1943. Köln 2005.

Kubert, Joe: Sgt. Rock. The Prophecy. New York 2007.

Kubert, Joe und Schelly, Bill (Hg.): Joe Kubert Archives, Bd. 1, Seattle 2012, S. 113–130.

Kugelmann, Cilly (Hg.): Keine Kompromisse! Die Kunst des Boris Lurie. Berlin 2016.

Kugelmann, Cilly: »Lang ist der Weg«. Eine jüdisch-deutsche Film-Kooperation. In: Ausschwitz. Geschichte, Rezeption und Wirkung. Jahrbuch 1996 zur Geschichte und Wirkung des Holocaust. Hg. v. Fritz Bauer Institut. Frankfurt a. M., New York, S. 353–369.

Kühner, Angela: NS-Erinnerung und Migrationsgesellschaft: Befürchtungen, Erfahrungen und Zuschreibungen. In: Einsichten und Perspektiven. Bayerische Zeitschrift für Politik und Geschichte 1 (2008). Hg. v. Bayerische Landeszentrale für politische Bildung, S. 52–65.

Kulka, Otto Dov: Landschaften der Metropole des Todes. Auschwitz und die Grenzen der Erinnerung und der Vorstellungskraft. München 2013.

Kulka, Otto Dov: Ghetto im Vernichtungslager. Jüdische Sozialgeschichte zur Zeit des Holocaust und ihre Grenzen. In: Ders.: Landschaften der Metropole des Todes. Auschwitz und die Grenzen der Erinnerung und der Vorstellungskraft. München 2013, S. 153–169.

Kulka, Otto Dov: Some Reflections on ›History and Fiction‹ in my Landscapes of the Metropolis of Death. Comments on Hayden White's ›The History Fiction Divide.‹ In: Holocaust Studies 20/1–2 (2014), S. 35–44.

La vita è bella (Das Leben ist schön, Roberto Benigni, 1997, Italien).

Lacoue-Labarthe, Philippe und Nancy, Jean-Luc: Der Nazi-Mythos. In: Das Vergessen(e): Anamnesen des Undarstellbaren. Hg. v. Christoph Tholen und Elisabeth Webe. Wien 1997, S. 158–190.

Lademacher, Horst: Geschichte der Niederlande. Politik – Verfassung – Wirtschaft. Darmstadt 1983.

Langer, Lawrence L.: Holocaust Testimonies. The Ruins of Memory. New Haven u. a. 1991.

Laqua, Carsten: Wie Micky unter die Nazis fiel. Walt Disney und Deutschland. Reinbek b. Hamburg 1992.

Laub, Dori: An Event Without a Witness. Truth, Testimony, and Survival. In: Testimony: Crisis of Witnessing in Literature, Psychoanalysis, and History. Hg. v. Shoshana Felman und Dori Laub. New York 1992, S. 75–92.

Lee, Stan, Friedrich, Mike, Zuniga, Tony de, Austin, Steve, Thomas, Roy und Mantlo, Bill: Strange Tales 177. The Golem. New York 1974.

Lee, Stan, Friedrich, Mike, Zuniga, Tony de, Thomas, Roy und Lessman, Linda: Strange Tales 176. The Golem. New York 1974.

Lee, Stan, Thomas, Roy, Trimpe, Herb, Buscema, Sal und Simek, Artie: The Incredible Hulk. In the Shadow of … the Golem (Nr. 134). New York 1970.

Lee, Stan, Wein, Len, Buscema, John, Thomas, Roy und Wein, Glynis: Strange Tales 174. The Golem. New York 1974.

Lehmann, Annette Jael: Im Zeichen der Shoah. Aspekte der Dichtungs- und Sprachkrise bei Rose Ausländer und Nelly Sachs. Tübingen 1999.

Lehmann, Jürgen: Autobiographie. In: Reallexikon der deutschen Literaturwissenschaft, Bd. 1. Hg. v. Harald Fricke u. a. Berlin, New York 2007, S. 169–173.

Leingan, Oxane: »Eine Jüdin als Heldin ist nicht tragbar«. Das Tagebuch der Anne Frank in den Werken sowjetischer Komponisten. In: Anne Frank. Mediengeschichten. Hg. v. Peter Seibert u. a. Berlin 2014, S. 72–88.

Lejeune, Philippe: Der autobiographische Pakt. In: Die Autobiographie. Zu Form und Geschichte einer literarischen Gattung. Hg. v. Gunter Niggl. Darmstadt 1989, S. 214–257.

Lemke, Anja: Bildersprache – Sprachbilder. Darstellungsformen der Erinnerung in Art Spiegelmans MAUS. In: Anblick / Augenblick. Ein interdisziplinäres Symposion. Hg. v. Michael Neumann. Würzburg 2005, S. 227–246.

Lenz, Claudia, Schmidt, Jens und Wrochem, Oliver von (Hg.): Erinnerungskulturen im Dialog. Europäische Perspektiven auf die NS-Vergangenheit. Hamburg, Münster 2002.

Levi, Primo: Die Untergegangenen und die Geretteten. München 1990 (u. weitere Aufl.).

Levi, Primo: Gespräche und Interviews. Hg. v. Marco Belpoliti. Übers. v. Joachim Meinert. München, Wien 1999.

Levi, Primo: Ist das ein Mensch? [1961]. München u. a. 1992.

Levi, Primo: The Drowned and the Saved. Translated by Raymond Rosenthal. Introduction by Paul Bailey. London 2013.

Levin, Ira: The Boys from Brasil. New York 1976.

Levine, Karen: Hanas Koffer. Aus dem Engl. übers. v. Mirjam Pressler. Ravensburg 2003.

Levy, Daniel und Sznaider, Natan: Erinnerung im globalen Zeitalter. Der Holocaust. Frankfurt a. M. 2001.

Ley, Astrid und Morsch, Günter: Medizin und Verbrechen. Das Krankenrevier des KZ Sachsenhausen. Berlin 2007.

Leydersdorff, Selma: Clara Asscher Pinkhof. In: Jewish Women: A Comprehensive Historical Encyclopedia, unter: http://jwa.org/encyclopedia/article/pinkhof-clara-asscher [abgerufen: 15.5.2017].

Lezzi, Eva: Zerstörte Kindheit. Literarische Autobiografien zur Shoah. Köln 2001.

Lindwer, Willy: The last seven months of Anne Frank. New York 1992.

Littell, Jonathan: Das Trockene und das Feuchte. Ein kurzer Einfall in faschistisches Gelände. Berlin 2009.

Littell, Jonathan: Die Wohlgesinnten. Berlin 2008 (u. weitere Aufl.).

Littell, Jonathan: Les Bienveillantes. Paris 2006.
Lochte, Julia: Redeschwall und Schweigemauer. In: Münchner Kammerspiele. Rechnitz. Der Würgeengel. Programmheft. München 2008.
Loewy, Hanno: Der Überlebende als böser Held. X-Men, Comic-Culture und Auschwitz-Fantasy. In: Narrative der Shoah. Repräsentationen der Vergangenheit in Historiographie, Kunst und Politik. Hg. v. Susanne Düwell und Matthias Schmidt. Paderborn, München 2002, S. 171–188.
Loewy, Hanno: Fiktion und Mimisis. Holocaust und Genre im Film. In: Lachen über Hitler – Auschwitz-Gelächter? Filmkomödie, Satire und Holocaust. Hg. v. Margrit Frölich, Hanno Loewy und Heinz Steinert. München 2003.
Löffler, Fritz, Bertonati, Emilio und Heusinger von Waldegg, Joachim (Hg.): Kat. Dresdner Sezession 1919–1923. München 1977.
Lübbe, Hermann: Der Nationalsozialismus im deutschen Nachkriegsbewußtsein. In: Historische Zeitschrift Bd. 236 (1983), S. 579–599.
Lucassen, Leo: Zigeuner. Die Geschichte eines polizeilichen Ordnungsbegriffes in Deutschland 1700–1945. Köln 1996.
Lücke, Bärbel: Elfriede Jelinek. Eine Einführung in das Werk. Paderborn 2008.
Lund, Martin: American Golem. Reading America through Super-New Dealers and the »Melting Pot«. In: Comic Books and American Cultural History. Hg. v. Matthew Pustz. London, New York 2012, S. 79–93.
Lund, Martin: Re-Constructing the Man of Steel. Superman 1938–1941. Jewish American History, and the Invention of the Jewish-Comics Connection. Basingstoke 2016.
Lutz, Thomas: Gedenkstättenpädagogik heute. Eine Einleitung in fünf Stimmen. In: Gedenkstättenpädagogik. Kontexte, Theorie und Praxis der Bildungsarbeit zu NS-Verbrechen. Hg. v. Elke Gryglewski u. a. Berlin 2015, S. 9–18.
Lutz, Thomas: Lernort Gedenkstätte und zeithistorisches Museum. In: Handbuch Nationalsozialismus und Holocaust. Historisch-politisches Lernen in Schule, außerschulischer Bildung und Lehrerbildung. Hg. v. Hanns-Fred Rathenow u. a. Schwalbach, Taunus 2013, S. 367–382.
Mächler, Stefan: Aufregung um Wilkomirski. Genese eines Skandals und seine Bedeutung. In: Das Wilkomirski-Syndrom. Hg. v. Irene Diekmann und Julius H. Schoeps. Zürich 2002, S. 86–131.
Mächler, Stefan: Das Opfer Wilkomirski. Individuelles Erinnern als soziale Praxis und öffentliches Ereignis. In: Das Wilkomirski-Syndrom. Hg. v. Irene Diekmann und Julius H. Schoeps. Zürich 2002, S. 28–85.
Machtans, Karolin: Zwischen Wissenschaft und autobiographischem Projekt. Saul Friedländer und Ruth Klüger. Tübingen 2009.
Mack, Josefa Maria Imma: Warum ich Azaleen liebe. Erinnerungen an meine Fahrten zur Plantage des KZ Dachau vom Mai 1944 – April 1945. Sankt Ottilien 1998 (12. Aufl.).
Malaparte, Curzio: Kaputt. Karlsruhe 1961.
Mann, Heinrich: Ein Zeitalter wird besichtigt. Düsseldorf 1972.
Mann, Thomas: Warum ich nicht nach Deutschland zurückgehe. Offener Brief an Walter von Molo, geschrieben im September 1945. In: Ders.: Gesammelte Werke in dreizehn Bänden. Bd. XII: Reden und Aufsätze 4. Frankfurt a. M. 1990, S. 953–967.
Margalit, Avishai: Ethik der Erinnerung. Frankfurt a. M. 2000.

Marinato, Manuela, Cabella, Sergio und Gatti, Gianni: Das Lehmmonster (Il Mitico Golem). In: U.F.F. Unternehmen Fähnlein Fieselschweif (Nr. 12). Berlin 1997, S. 10–37.

März, Roland: Kat. Werner Tübke. Variationen zum Thema »Lebenserinnerungen des Dr. jur. Schulze«. Das Studio. Berlin 1972, (unpag.).

Mason, Henry L.: Accommodations and Other Flawed Reactions: Issues for Verwerking in the Netherlands. In: Lessons and Legacies III. Memory, Memorialization, and Denial. Hg. v. Peter Hayes. Evanston 1999, S. 93–108.

Mazur, Tadeusz et al. (Hg.): 1939–1945. We have not forgotten/Wir haben es nicht vergessen/Nous n'avons pas oublié [1959]. Warschau 1960.

McGlothlin, Erin: Empathetic Identification and the Mind of the Holocaust Perpetrator in Fiction. A Proposed Taxonomy of Response. In: Narrative 24/3 (2016), S. 251–276.

Meißner, Günter: Bildfolge Lebenserinnerungen des Dr. jur. Schulze im Schaffen Werner Tübkes. In: Werner Tübke. Die Retrospektive zum 80. Geburtstag. Hg. v. Hans Werner Schmidt. Leipzig 2009, S. 10–17.

Meißner, Günter: Werner Tübke. Leben und Werk. Leipzig 1989.

Meister, Monika: Bezüge zur Theatertradition. In: Jelinek Handbuch. Hg. v. Pia Janke. Stuttgart 2013, S. 68–73.

Mercier-Leca, Florence: Die Wohlgesinnten und die griechische Tragödie. Eine makabre Wiederaufnahme der Orestie des Aischylos. In: Die Wohlgesinnten. Marginalienband. Hg. v. Jonathan Littell. Berlin 2008, S. 72–93.

Mertins, Silke: Lasst die Rituale bleiben. Die deutsche Erinnerungskultur hat versagt. Antisemitismus wird immer verbreiteter. Solange der Staat jüdische Schulkinder nicht schützt, sollte er Privatschulen für sie bezahlen. In: Die T.A.Z., 27.–28.1.2018, S. 10.

Messerschmidt, Astrid: Antiziganismuskritische Bildung in der national-bürgerlichen Konstellation. In: Konstellationen des Antiziganismus. Theoretische Grundlagen, empirische Forschung und Vorschläge für die Praxis. Hg. v. Wolfram Stender. Wiesbaden 2016, S. 95–110.

Meyer, Marita: Kommentar. In: Peter Weiss: Die Ermittlung. Oratorium in 11 Gesängen. Frankfurt a. M. 2005, S. 243–301.

Milligan, Peter, Aparo, Jim und DeCarlo, Mike: The Golem of Gotham. Detective Comics (Nr. 631). New York 1991.

Milligan, Peter, Aparo, Jim und DeCarlo, Mike: The Golem of Gotham. Detective Comics (Nr. 632). New York 1991.

Mintz, Alan: Popular Culture and the Shaping of the Holocaust Memory in America. Seattle, London 2001.

Mitscherlich, Alexander und Mitscherlich, Margarete: Die Unfähigkeit zu trauern. Grundlagen kollektiven Verhaltens [1967]. München 1991.

Mitscherlich, Alexander und Mitscherlich, Margarete: Die Unfähigkeit zu trauern. Grundlagen kollektiven Verhaltens. Mit einem Nachwort der Autoren zur veränderten Neuausgabe. München, Zürich 1990.

Mkayton, Noa: Holocausterziehung im 21. Jahrhundert – die Nähe zum Entfernten, unter: http://lernen-aus-der-geschichte.de/Lernen-und-Lehren/content/8880/2010-10-04-Holocausterziehung-im-21-Jahrhundert-die-Naehe-zum [abgerufen: 27.09.2017].

Moore, John Francis, Williams, Anthony, Morales, Mark, Eliopoulos, Chris, Javins, Marie, Liebig, Jason, Harras, Bob und Cheung, Jim: X-Force, Bd. 1 (Nr. 96). New York 1999.

Moreh-Rosenberg, Eliad und Smerling, Walter (Hg.): Art from the Holocaust. 100 Works from the Yad Vashem Collection. Berlin, Deutsches Historisches Museum. Ausstellungskatalog. Köln 2016.

Morituri (Morituri, Eugen York, 1948, Deutschland).

Morris, Nicola: The Golem in Jewish American Literature. Risks and Responsibilities in the Fiction of Thane Rosenbaum, Nome Eve and Steve Sterne. New York u. a. 2007.

Mounajed, Réne: Der Nationalsozialismus in aktuellen Comics und Graphic Novels. In: kjl&m 5/3 (2011), S. 21–30.

Mounajed, Réne: Geschichte in Sequenzen. Über den Einsatz von Geschichtscomics im Geschichtsunterricht. Frankfurt a. M. 2009.

Muschg, Adolf: Wenn Auschwitz in der Schweiz liegt. Fünf Reden eines Schweizers an seine und keine Nation. Frankfurt a. M. 1997.

Neitzel, Sönke und Welzer, Harald: Soldaten. Protokolle vom Kämpfen, Töten und Sterben. Frankfurt a. M. 2011 (2. Aufl.).

Nicholas Summond: »Gentleman, please be seated«. Racial Masquarade and Sadomasochism in 1930s Animation. In: Burnt Cork. Traditions and Legacies of Blackface Minstrelsy. Hg. v. Stephen Johnson. Amherst, Boston 2012, S. 164–190.

Niederland, William G.: Folgen der Verfolgung: das Überlebenden-Syndrom. Seelenmord. Frankfurt a. M. 1980.

Nietzsche, Friedrich: Werke in drei Bänden. Hg. v. Karl Schlechta. München 1954, Bd. II.

Night Will Fall (Night will fall – Hitchcocks Lehrfilm für die Deutschen, André Singer, 2014, GB, Israel, USA).

Niles, Steve, Wachter, Dave und Santoro, Matt: Breath of Bones. A Tale of the Golem. Milwaukie 2014, n.p.

Nolte, Hans-Heinrich: Nazi-Mörder. Ganz normale Männer? In: Normalität der NS-Täter? Eine kritische Auseinandersetzung. Hg. v. Rolf Pohl und Joachim Perles. Hannover 2011, S. 63–81.

Nora, Pierre: Zwischen Geschichte und Gedächtnis. Berlin 1990.

Novick, Peter: Nach dem Holocaust. Vom Umgang mit dem Massenmord. Stuttgart, München 2001.

Nuit et brouillard (Nacht und Nebel, Alain Resnais, 1956, Frankreich).

Nuy, Sandra: Comic relief – laughing about Hitler, Goebbels & Co. Impulses for Discussion, unter http://www.bpb.de/veranstaltungen/dokumentation/127465/perpetrator-research-in-a-global-context-taeterforschung-im-globalen-kontext [abgerufen: 30. 10. 2014].

Odag, Özen: Wenn Männer von der Liebe lesen und Frauen von Abenteuern. Eine empirische Rezeptionsstudie zur emotionalen Beteiligung von Frauen und Männern beim Lesen narrativer Texte. Lengerich 2007.

Okroy, Michael: »…acht Zigeunerfamilien aus der Siedlung abgeholt«. Bruchstücke einer Verfolgungsgeschichte der Sinti und Roma aus Wuppertal. In: Zigeunerverfolgung im Rheinland und Westfalen 1933–1945. Geschichte, Aufarbeitung und Erinnerung. Hg. v. Karola Fings und Ulrich F. Opfermann. Paderborn 2012, S. 279–298.

Otto, Bernd: Die Aufarbeitung der Epoche des Nationalsozialismus im fiktionalen Jugendbuch der Bundesrepublik Deutschland von 1945–1980. Frankfurt a. M., Bern 1981.

Ottomeyer, Hans und Czech, Hans Jörg (Hg.): Deutsche Geschichte in Bildern und Zeugnissen. Berlin 2009.

Pagenstecher, Cord: Private Fotoalben als historische Quelle. In: Zeithistorische Forschungen/Studies in Contemporary History 3 (2009), S. 449–463, unter: http://www.zeithistorische-forschungen.de/3-2009/id=4629, [abgerufen 31.10.2017].

Pak, Greg, Giandomenico, Carmine de, Hollingsworth, Matt, Lanphear, Nathalie und Simons, Warren: Magneto. Testament (Nr. 3). New York 2009.

Pampel, Bert: Gedenkstätten als »außerschulische Lernorte«. Theoretische Aspekte – empirische Befunde – praktische Herausforderungen. In: Ders. (Hg.): Erschrecken – Mitgefühl – Distanz. Empirische Befunde über Schülerinnen und Schüler in Gedenkstätten und zeitgeschichtlichen Ausstellungen. Leipzig 2011, S. 11–58.

Pape, Markus: Das KZ Lety u Písku und die deutsche Mitverantwortung für eine würdige Gedenkstätte. In: Viele Kämpfe und vielleicht einige Siege. Texte über Antiromaismus und historische Lokalrecherchen zu und von Roma, Romnja, Sinti und Sintezze in Sachsen, Sachsen-Anhalt und Tschechien. Hg. v. Kathrin Krahl und Antje Meichsner. Dresden 2016, S. 52–61.

Parker Royal, Derek: Introduction. In: Ders. (Hg.):Visualizing Jewish Narrative. London, New York 2016, S. 1–11.

Pathe, Winfried: Das Groteske in den Dramen Ernst Barlachs. Frankfurt a. M. 1990.

Patrut, Iulia-Karin: Phantasma Nation: »Zigeuner« und Juden als Grenzfiguren des »Deutschen« (1770–1920). Würzburg 2014.

Paul, Gerhard: Bilder des Krieges – Krieg der Bilder. Die Visualisierung des modernen Krieges. Paderborn 2004.

Paul, Gerhard: Holocaust – Vom Beschweigen zur Medialisierung. Über Veränderungen im Umgang mit Holocaust und Nationalsozialismus in der Mediengesellschaft. In: Öffentliche Erinnerung und Medialisierung des Nationalsozialismus. Eine Bilanz der letzten dreißig Jahre. Hg. v. Gerhard Paul und Bernhard Schoßig. Göttingen 2010, S. 15–38.

Paul, Gerhard: Von Psychopathen, Technokraten des Terrors und »ganz gewöhnlichen« Deutschen. Die Täter der Shoah im Spiegel der Forschung. In: Ders. (Hg.): Die Täter der Shoah. Fanatische Nationalsozialisten oder ganz normale Deutsche? Göttingen 2008, S. 13–90 (3. Aufl.).

Paulus, Martin, Raim, Edith und Zelger, Gerhard (Hg.): Ein Ort wie jeder andere. Bilder aus einer deutschen Kleinstadt. Landsberg 1923–1958. Reinbek bei Hamburg 1995.

Pausewang, Gudrun: Reise im August. Ravensburg 1992.

Peritore, Silvio und Reuter, Frank: Der Völkermord an den Sinti und Roma in der Gedenkstättenarbeit: Kritische Bestandsaufnahme und künftige Perspektiven. In: Politisches Lernen 21/1,2 (2003), S. 24–34.

Peritore, Silvio: Geteilte Verantwortung? – Der nationalsozialistische Völkermord an den Sinti und Roma in der deutschen Erinnerungspolitik und in Ausstellungen zum Holocaust. Hannover 2012.

Pietzcker, Carl: Das Groteske. In: DVjs 45 (1971), S. 197–211.

Plath, Monika und Richter, Karin: ›Holocaust‹ in Bildgeschichten. Modelle und Materialien für den Literaturunterricht (Klasse 4 bis Klasse 7). Baltmannsweiler 2014 (2. Aufl.).

Pleij, Sander und Schutte, Xandra: Anne van Amsterdam (1998). In: De vele gezichten van Anne Frank. Visies op een fenomeen. Hg. v. Gerrold van der Stroom. Amsterdam 2003, S. 234–243.

Pohl, Rolf: Normal oder pathologisch? Eine Kritik an der Ausrichtung der neueren Täterforschung. In: Normalität der NS-Täter? Eine kritische Auseinandersetzung. Hg. v. Rolf Pohl und Joachim Perles. Hannover 2011, S. 9–45.

Pollack, Alexander: Die Verknüpfung von historischem Wissen und Reflexion über Menschenrechte. Herausforderungen für Gedenkstätten und Schulen. Eine empirische Studie der Grundrechteagentur (FRA). Hg. v. Bert Pampel: Erschrecken – Mitgefühl – Distanz. Empirische Befunde über Schülerinnen und Schüler in Gedenkstätten und zeitgeschichtlichen Ausstellungen. Leipzig 2011.

Praag, Henri van: Het dagboek als drama. In: Weerklank van Anne Frank. Hg. v. Otto Frank u. a. Amsterdam 1970, S. 36–45.

Prager, Brad: The Holocaust without Ink. Absent Memory and Atrocity in Joe Kubert's Graphic Novel Yossel, April 19, 1943. In: The Jewish Graphic Novel. Critical Approaches. Hg. v. Samantha Baskind und Ranen Omer-Sherman. New Brunswik, New Jersey, London 2008, S. 111–128.

Presseerklärung zur Verhinderung einer Veranstaltung aus dem Begleitprogramm der Ausstellung »Verbrechen der Wehrmacht – Dimensionen des Vernichtungskrieges 1941–1944«. In: Konkret (2004) H. 3, S. 33.

Pressler, Mirjam: Malka Mai. Weinheim 2001.

Pressler, Mirjam: Nachwort. In: Eva Erben: Mich hat man vergessen. Aus dem Hebräischen übers. v. Nathan Jessen. Weinheim u. a. 1996.

Pulver, Elisabeth: »(…) der wisse nicht, wovon er rede«. Gedenkenmäander an den Rändern eines literarischen Skandals. In: …alias Wilkomirski. Die Holocaust-Travestie. Hg. v. Daniel Ganzfried. Berlin 2002, S. 155–165.

Quincey, Thomas de: Der Mord als eine schöne Kunst betrachtet. Hg. v. Gerhild Tieger. Berlin 2004.

Quindeau, Ilka: Trauma und Geschichte. Interpretationen autobiographischer Erzählungen von Überlebenden des Holocaust. Frankfurt a. M. 1995.

Raab, Alon: Ben Gurion's Golem and Jewish Lesbians Subverting Hegemonic History in Two Israeli Graphic Novels. In: The Jewish Graphic Novel. Critical Approaches. Hg. v. Samantha Baskind und Ranen Omar-Sherman. New Brunswick 2008, S. 214–236.

Raaijmakers, Ilse: Der »Beste« und der »Größte«. Ein kultureller Vergleich zwischen den Wahlen des besten Deutschen und größten Niederländers aller Zeiten. Coursework, Universiteit van Amsterdam 2008.

Rahe, Thomas: Bergen-Belsen – Stammlager. In: Der Ort des Terrors. Geschichte der nationalsozialistischen Konzentrationslager. Hg. v. Wolfgang Benz und Barbara Distel. München 2008, S. 187–217.

Raim, Edith: Die Dachauer KZ-Außenkommandos Kaufering und Mühldorf. Rüstungsbauten und Zwangsarbeit im letzten Kriegsjahr 1944/45. Landsberg am Lech 1992.

Raim, Edith: Die KZ-Außenlagerkomplexe Kaufering und Mühldorf. In: Das Konzentrationslager Dachau. Geschichte und Wirkung nationalsozialistischer Repression. Hg. v. Wolfgang Benz und Angelika Königseder. Berlin 2008, S. 71–88.

Raim, Edith: KZ-Friedhöfe und -Gedenkstätten. Hg. v. Bayerische Verwaltung der staatlichen Schlösser, Gärten und Seen, unter: http://www.sehepunkte.de/2012/03/20875.html [abgerufen: 19.09.2017]

Randjelovič, Isidora: »Auf vielen Hochzeiten spielen«: Strategien und Orte widerständiger Geschichte(n) und Gegenwart(en) in Roma Communities. In: re/visionen: Postkoloniale Perspektiven von People of Color auf Rassismus, Kulturpolitik und Widerstand in Deutschland. Hg. v. Kein Nghi Ha, Nicola Lauré al Samarai und Sheila Mysorekar. Münster 2007, S. 265–279.

Rasch, William: Looking Again at the Rubble. In: German Postwar Films. Live and Love in the Ruins. Hg v. Wilfried Wilms und William Rasch. New York 2008, S. 1–5.

Rasson, Luc: How Nazis Undermine their Point of View. Irony and Reliability in The Kindly Ones. In: Writing the Holocaust Today. Critical Perspectives on Jonathan Littell's The Kindly Ones. Hg. v. Liran Razinsky und Aurelie Barjonet. Amsterdam 2012, S. 97–110.

Razinsky, Liran und Barjonet, Aurélia: Introduction. In: Dies. (Hg.): Writing the Holocaust Today. Critical Perspectives on Jonathan Littell's The Kindly Ones. Amsterdam 2012, S. 7–16.

Reemtsma, Jan Philipp: Die Memoiren Überlebender. Eine Literaturgattung des 20. Jahrhunderts. In: Mittelweg 36/4 (1997), S. 20–39.

Regazzoni, Lisa: Überleben in der Rezeption – Untergehen in der Geschichte. Problematisierung des Überlebensparadigmas anhand einer Zusammenführung der Reflexionen von Hans Blumenberg und Primo Levi. In: Überleben. Historische und aktuelle Konstellationen. Hg. v. Falko Schmieder. München 2011, S. 281–293.

Rehfeld, Nina: Kinderbuch-Verfilmung »Die Bücherdiebin«: Bomben für die ganze Familie, unter: http://www.spiegel.de/kultur/kino/die-buecherdiebin-von-markus-zusak-kommt-ins-kino-a-957816.html [abgerufen: 15.5.2017].

Reichel, Peter: Politik mit der Erinnerung. Gedächtnisorte im Streit um die nationalsozialistische Vergangenheit. Frankfurt a. M. 1999.

Reichmann, Eva: Nachwort. In: Max Zweig: Gesammelte Werke, Bd. 2: Die Dritte-Reich-Dramen. Der Moloch, Die deutsche Bartholomäusnacht, Ghetto Warschau, Die Verdammten, Aufruhr des Herzens. Hg. v. Eva Reichmann. Oldenburg 1999, S. 352–354.

Rensmann, Lars: Kritische Theorie über den Antisemitismus. Studien zu Struktur, Erklärungspotential und Aktualität. Hamburg 1998.

Reuleaux, Nele: Zur Frage der psychischen Motive von NS-Tätern und -Täterinnen mit Blick auf das Konzept des »malignen Narzissmus« und seine Anwendbarkeit. In: Normalität der NS-Täter? Eine kritische Auseinandersetzung. Hg. v. Rolf Pohl und Joachim Perles. Hannover 2011, S. 93–104.

Reuter, Frank: Der Bann des Fremden. Die fotografische Konstruktion des »Zigeuners.« Göttingen 2014.

Rheinisches JournalistInnenbüro: »Unsere Opfer zählen nicht«. Die Dritte Welt im Zweiten Weltkrieg. Hg. v. Recherche International. Berlin, Hamburg 2005.

Richards, Earl Jeffrey: Fiktionen des Bösen und das Gewissen der Nazis. Les Bienveillantes von Jonathan Littell. In: Observatoire de l'extrême contemporain. Studien zur französischsprachigen Gegenwartsliteratur. Hg. v. Roswitha Böhm, Stephanie Bung und Andrea Grewe. Bd. XII. Tübingen 2009, S. 129–146.

Richter, Hans Peter: Damals war es Friedrich. München 1982.

Rider, Anne N.: The Perils of Empathy. Holocaust Narratives, Cognitive Studies and the Politics of Sentiment. In: Holocaust Studies 19/3 (2013), S. 43–72.

Rödner, Helmut: Rechtsextreme Strategien am Beispiel der Kampagne gegen das Tagebuch der Anne Frank. In: zeichen 8/2 (1980), S. 15–17.

Rohr, Susanne: »Genocide Pop«. The Holocaust as Media Event. In: The Holocaust, Art, and Taboo. Hg. v. Sophia Komor und Susanne Rohr. Heidelberg 2010, S. 155–178.

Rope (Cocktail für eine Leiche, Alfred Hitchcock, 1948, USA).

Rosenbaum, Thane: The Golem of Gotham. In: Golem. Hg. v. Bilski, Emily D. und Lüdicke, Martina. Bielefeld 2016.

Rosenberg, Pnina: Mickey Mouse in Gurs – Humor, Irony and Criticism in Works of Art Produced in the Gurs Internment Camp. In: Rethinking History 6/3 (2002), S. 273–292.

Rosenfeld, Alvin H.: Popularisering en Herinnering – Het Geval Anne Frank (1991). In: De vele gezichten van Anne Frank. Visies op een fenomeen. Hg. v. Gerrold van der Stroom. Amsterdam 2003, S. 83–105.

Rosenthal, Gabriele: Über die Zuverlässigkeit autobiographischer Texte. In: Den Holocaust erzählen. Historiographie zwischen wissenschaftlicher Empirie und narrativer Kreativität. Hg. v. Norbert Frei und Wulf Kansteiner. Göttingen 2013, S. 165–172.

Rosenthal, Horst: Kleiner Führer durch das Lager Gurs. In: Gurs. Ein Internierungslager. Südfrankreich 1939–1943. Sammlung Elisabeth Kasser. Hg. v. d. Elisabeth Kasser Stiftung. Basel 2009, S. 70–73.

Rosenthal, Horst: Mickey au Camp du Gurs. In: The Last Expression: Art and Auschwitz. Hg. v. Corinne Granoff, Peter Hayes und David Mickenberg. Evanston 2003.

Roth, Harald (Hg.): Was hat der Holocaust mit mir zu tun? 37 Antworten! München 2014.

Roth, Markus: Theater nach Auschwitz. George Taboris Die Kannibalen im Kontext der Holocaust-Debatten. Frankfurt a. M. 2003.

Rothberg, Michael: »We were talking Jewish«. Art Spiegelman's MAUS as »Holocaust« Production. In: Contemporary Literature 35/4 (1994), S. 661–687.

Rothberg, Michael: Multidirectional Memory. Remembering the Holocaust in the Age of Decolonisation. Stanford, C.A. 2009.

Rothberg, Michael: Multidirectional Memory. Remembering the Holocaust in the Age of Decolonization. Stanford 2009.

Rothberg, Michael: Traumatic Realism: The Demands of Holocaust Representation. Minneapolis 2000.

Rüsen, Jörn: Die Logik der Historisierung. Metahistorische Überlegungen zur Debatte zwischen Friedländer und Brozat. In: Bruchlinien. Tendenzen der Holocaustforschung. Hg. v. Gertrud Koch. Köln, Weimar, Wien 1999, S. 19–60.

Ryn, Zdziław und Kłodziński, Stanisław: An der Grenze zwischen Leben und Tod. Eine Studie über die Erscheinung des »Muselmanns« im Konzentrationslager [1983]. Aus dem Polnischen übers. v. Olaf Kuhl. In: Die Auschwitz-Hefte. Bd 1: Texte der polnischen Zeitschrift »Przegląd Lekarski« über historische, psychische und medizinische Aspekte des Lebens und Sterbens in Auschwitz. Hg. v. Hamburger Institut für Sozialforschung. Weinheim, Basel 1987, S. 89–154.

Sachsse, Rolf: Probleme der Annäherung. Thesen zu einem diffusen Thema: NS-Fotografie. In: Fotogeschichte 2/5 (1982), S. 59–65.

Sagan, Alex: Examining Optimism. Anne Frank's Place in Postwar Culture. In: Anne Frank in Historical Perspective. A Teaching Guide for Secondary Schools. Hg. v. Martyrs

Memorial und Museum of the Holocaust of the Jewish Federation Council of Greater Los Angeles. Los Angeles 1995, S. 55–67.
Salzborn, Samuel: Antisemitismus als negative Leitidee der Moderne. Sozialwissenschaftliche Theorien im Vergleich. Frankfurt a. M. 2010.
Santin, Tullia: Der Holocaust in den Zeugnissen griechischer Jüdinnen und Juden. Berlin 2003.
Santos, Jesse und Glut, Don: »The Sorcerer's Golem«. Dager the Invincible (Nr. 3). Los Angeles u. a. 1975.
Schacht, Axel: Holocaust-Vermittlung im Kontext der post-nationalsozialistischen Migrationsgesellschaft. In: Gedenkstättenrundbrief 168/12 (2012), unter: http://www.gedenkstaettenforum.de/nc/gedenkstaetten-rundbrief/rundbrief/news/holocaust_vermittlung_im_kontext_der_post_nationalsozialistischen_migrationsgesellschaft/ [abgerufen: 28.04.2017].
Scheiber, Elisabeth: Figurative Language in Delbo's Auschwitz et après. In: Comparative Literature and Culture 11/1 (2009), S. 1–8, unter: http://docs.lib.purdue.edu/clcweb/vol11/iss1/3 [abgerufen: 23.01.2017].
Scheit, Gerhard: Rechnitz (Der Würgeengel). In: Jelinek Handbuch. Hg. v. Pia Janke. Stuttgart 2013, S. 158–162.
Scheller, Ingo: Szenische Interpretation. In: Praxis Deutsch 136 (1996), S. 22–32.
Scheller, Ingo: Szenische Interpretation. Theorie und Praxis eines handlungs- und erfahrungsbezogenen Literaturunterrichts in Sekundarstufe I und II. Seelze-Velber 2004.
Scherr, Albert: Als Kollektiv definiert. Risiken und Nebenwirkungen einer Aufklärungspädagogik gegen Antiziganismus. In: Blätter des iz3w, 43/334 (2013), S. 28–31.
Schindel, Robert: Immernie. Gedichte vom Moos der Neunzigerhöhlen. Frankfurt a. M. 2000.
Schindel, Robert: Schweigend ins Gespräch vertieft. Anmerkungen zu Geschichte und Gegenwart des jüdisch-nichtjüdischen Verhältnisses in den Täterländern. In: TEXT + KRITIK 37/144 (1999), S. 3–8.
Schindler's List (Schindlers Liste, Steven Spielberg, 1993, USA).
Schirlbauer, Alfred: Ultimatives Wörterbuch der Pädagogik. Diabolische Betrachtungen. Wien 2015 (2. Aufl.).
Schirrmacher, Frank (Hg.): Die Walser-Bubis-Debatte. Eine Dokumentation. Frankfurt a. M. 1999.
Schlink, Bernhard: Der Vorleser. Zürich 1995.
Schmid, Harald: »Die Vergangenheit mahnt«. Genese und Rezeption einer Wanderausstellung zur nationalsozialistischen Judenverfolgung (1960–1962). In: Zeitschrift für Geschichtswissenschaft 60/4 (2012), S. 331–348.
Schmid, Harald: Erinnern an den »Tag der Schuld«. Das Novemberpogrom von 1938 in der deutschen Geschichtspolitik. Hamburg 2001.
Schmidt, Patrick: Zwischen Medien und Topoi. Die Lieux de mémoire und die Medialität des kulturellen Gedächtnisses. In: Medien des kollektiven Gedächtnisses. Konstruktivität – Historizität – Kulturspezifität. Hg. v. Astrid Erll und Ansgar Nünning. Berlin 2004, S. 25–43.
Schmidt, Sibylle: Was bezeugt Literatur? Zum Verhältnis von Zeugnis und Fiktion. In: Zeugenschaft. Perspektiven auf ein kulturelles Phänomen. Hg. v. Claudia Nickel und Alexandra Ortiz Wallner. Heidelberg 2014, S. 181–192.

Schmidtkunz, Renata: Im Gespräch. Ruth Klüger. Wien 2008.
Schneider, Christoph: Täter ohne Eigenschaften? Über die Tragweite sozialpsychologischer Modelle in der Holocaust-Forschung. In: Mittelweg 36. Zeitschrift des Hamburger Instituts für Sozialforschung 20/5 (2011), S. 3–23.
Schneider, Timothy: Bloodlands: Europa zwischen Hitler und Stalin. München 2015.
Schoenberner, Gerhard: Der gelbe Stern. Die Judenverfolgung in Europa 1933 bis 1945. Hamburg 1961 u. a.
Schoeps, Julius: Begegnungen. Menschen, die meinen Lebensweg kreuzten. Berlin 2016.
Scholem, Gershom: Die Vorstellung vom Golem in ihren tellurischen und magischen Beziehungen. In: Zur Kabbala und ihrer Symbolik. Hg. v. Dems. Zürich 1960, S. 209–259.
Schrader, Bärbel: »Jederzeit widerruflich«. Die Reichskulturkammer und die Sondergenehmigungen in Theater und Film des NS-Staates. Berlin 2008.
Schrader, Ulrike: Immer wieder Friedrich. In: Praxis Deutsch 195/33 (2006), S. 57f.
Schüler-Springorum, Stefanie: Welche Quellen für welches Wissen? Zum Umgang mit jüdischen Selbstzeugnissen und Täterdokumenten. In: Wer zeugt für den Zeugen? Positionen jüdischen Erinnerns im 20. Jahrhundert. Hg. v. Dorothee Gelhard und Irmela von der Lühe. Frankfurt a. M. u. a. 2012, S. 175–192.
Schulz, Nina und Urbitsch, Elisabeth Mena: Spiel auf Zeit. NS-Verfolgte und ihre Kämpfe um Anerkennung und Entschädigung. Reportagen in Text und Bild. Berlin, Hamburg 2016.
Schulz, Sonja: Der Nationalsozialismus im Film. Von »Triumph des Willens« bis zu »Inglourious Basterds«. Berlin 2012.
Schütz, Erhard: Kontrafaktische Geschichtsschreibung zum NS. In: Der historische Roman zwischen Kunst, Ideologie und Wissenschaft. Hg. v. Ina Ulrike Paul und Richard Faber. Würzburg 2013, S. 467–485.
Schwan, Gesine: Wussten sie nicht, was sie tun? Die Deutschen in der Zeit des Nationalsozialismus. In: Moralität des Bösen. Ethik und nationalsozialistische Verbrechen. Jahrbuch 2009 zur Geschichte und Wirkung des Holocaust. Hg. v. Fritz Bauer Institut. Frankfurt a. M. 2009, S. 140–167.
Schwanitz, Dietrich: Das Shylock-Syndrom oder Die Dramaturgie der Barbarei. Frankfurt a. M. 1997.
Schwarz-Bart, André: Der letzte der Gerechten. Berlin 1982.
Schwarz-Friesel, Monika und Reinharz, Jehuda: Die Sprache der Judenfeindschaft im 21. Jahrhundert. Berlin, Boston 2012.
Schwarz-Friesel, Monika: Sprache und Emotionen. Tübingen, Basel 2013 (2. Aufl.).
Seagle, Steven T., Hooper, Ken, Kaalberg, Barbara, Schubert, Willie, Allen, Phil und Spivey, Jim: Primal Force (Nr. 1). New York 1994.
Searle, Adrian: The Guardian. Richter / Pärt review – history is everywhere and the present is fleeting, unter: www.theguardian.com/culture/2015/jul/09/richter-part-review-manchester-international-festival-history-everywhere [abgerufen: 21.3.2016].
Sebald, W. G.: Austerlitz. Roman. München 2001.
Segler-Meßner, Silke: Grauzonen. In: Von Tätern und Opfern. Zur medialen Darstellung politisch und ethnisch motivierter Gewalt im 20./21. Jahrhundert. Hg. v. Claudia Nickel und Silke Segler-Meßner. Frankfurt a. M. 2013, S. 19–40.

Segler-Meßner, Silke: Une connaissance inutile: Zum Paradox literarischer Zeugenschaft. In: Vom Zeugnis zur Fiktion. Repräsentation von Lagerwirklichkeit und Shoah in der französischen Literatur nach 1945. Hg. v. Silke Segler-Meßner, Monika Neuhofer und Peter Kuon. Frankfurt a. M. 2006, S. 21–36.

Segre, Cesare: Nachwort in: Primo Levi: Se questo è un uomo. Turin 2005, S. 179–199.

Seibert, Peter: Anne Frank – Mediengeschichten. In: Anne Frank. Mediengeschichten. Hg. v. Peter Seibert u. a. Berlin 2014 S. 7–11.

Seidmann, Naomi: Elie Wiesel and the Scandal of Jewish Rage. In: Jewish Social Studies 3/1 (1996), S. 1–19.

Seilmann, Uffe und Larsen, Steen F.: Personal Resonance to Literature. A Study of Remindings While Reading, unter: http://www.ualberta.ca/~dmiall/LiteraryReading/Readings/Seilman%20Larsen.pdf [abgerufen: 15.04.2017].

Selling democracy: Die Filme des Marshallplans (2006). Hg. v. Bundeszentrale für politische Bildung in einer DVD-Edition 2006 mit 23 Kurzfilmen aus den Jahren 1948 bis 1953.

Semprun, Jorge: Der Tote mit meinem Namen. Frankfurt a. M. 2002.

Semprun, Jorge: Schreiben oder Leben. Frankfurt a. M. 1995.

Serres, Michel: Hermes. Hg. v. Günther Rösch. Bd. 4: Verteilung. Aus dem Franz. übers. v. Michael Bischoff. Berlin 1993.

Shandley, Robert R.: Trümmerfilme. Das deutsche Kino der Nachkriegszeit. Berlin 2010.

Sharples, Caroline: Postwar Germany and the Holocaust. London, New York 2016.

Shavit, Zohar: Die Darstellung des Nationalsozialismus und des Holocaust in der deutschen und israelischen Kinder- und Jugendliteratur. In: Die Darstellung des Dritten Reichs im Kinder- und Jugendbuch. Hg. v. Zohar Shavit und Malte Dahrendorf. Frankfurt a. M. 1988, S. 11–42.

Shavit, Zohar: Es war einmal ein Krieg. Jüdische und nichtjüdische Nachkriegskindheit und -jugend in der Kinder- und Jugendliteratur. In: Kriegs- und Nachkriegskindheiten. Studien zur literarischen Erinnerungskultur für junge Leser. Hg. v. Gabriele von Glasenapp und Hans-Heino Ewers. Frankfurt a. M. 2008, S. 51–68.

Shoah (Shoah, Claude Lanzmann, 1985, Frankreich).

Siegele, Patrick: Chancen und Grenzen historisch-politischer Bildungsarbeit in der Auseinandersetzung mit Antisemitismus. In: Commitment without Borders. Ein deutsch-türkisches Handbuch zu Antisemitismusprävention und Holocaust Education. Berlin 2016, S. 30–35.

Sigel, Robert: Schulische Bildung und ihre Bedeutung für die Gedenkstättenpädagogik. In: Gedenkstättenpädagogik. Kontexte, Theorie und Praxis der Bildungsarbeit zu NS-Verbrechen. Hg. v. Elke Gryglewski u. a. Berlin 2015, S. 44–55.

Silbermann, Alphons und Stoffers, Manfred: Auschwitz: Nie davon gehört? Erinnern und Vergessen in Deutschland. Berlin 2000.

Sloterdijk, Peter: Vis-à-vis. Gespräch mit Frank A. Meyer, 3sat, unter: www.youtube.com/watch?v=bYx0akIA7_E, 13.3.2016 [abgerufen: 02.10.2016], 40:30–40:35.

Sollors, Werner: The Temptation of Despair. Tales of the 1940s. Cambridge Mass., London 2014.

Sontag, Susan: In Plato's Cave. In: Dies.: On Photography. New York 1977, S. 3–24.

Sontag, Susan: In Platos Höhle. In: Dies.: Über Fotografie. Aus dem Amerikanischen von Mark W. Rien und Gertrud Baruch. Frankfurt a. M. 1989, S. 9–30.

Spiegelman, Art: Comix, Essays, Graphics & Scraps. From Maus to Now to MAUS to Now. New York 1999.
Spiegelman, Art: MAUS. A Survivor's Tale. And Here My Troubles Began… New York 1991.
Spiegelman, Art: MAUS. A Survivor's Tale. My Father Bleeds History. And Here My Troubles Began. New York 1997.
Spiegelman, Art: Portrait eines Künstlers als junger %@&*! Frankfurt a. M. 2008.
Spiegelman, Art: The Complete MAUS. A Survivor's Tale. London 2003.
Stechow, Wolfgang: Pieter Brueghel der Ältere. Köln 1977.
Steffens, Wilhelm: Moderne Formen des Erzählens in der Kinder- und Jugendliteratur der Gegenwart. In: Taschenbuch der Kinder- und Jugendliteratur. Bd. 2. Hg. v. Günther Lange. Baltmannsweiler 2000, S. 844–861.
Stein, Harry und Leav, Mort: Wanted by the Nazis. In: Air Fighters Comics (Nr. 3). New York 1942.
Steinhauer, Lydia: Involviertes Lesen: eine empirische Studie zum Begriff und seine Wechselwirkung mit literarästhetischer Urteilskompetenz. Freiburg i. Br. 2010.
Steinlein, Rüdiger: Das Furchtbarste lächerlich? Komik und Lachen in den Texten der deutschen Holocaust-Literatur. In: Kunst und Literatur nach Auschwitz. Hg. v. Manuel Köppen. Berlin 1993, S. 97–106.
Steinlein, Rüdiger: Geschichtserzählende KJL seit den 1990er Jahren – neue Wege zeitgeschichtlichen Erzählens vom NS, Judenverfolgung und Holocaust: Phantastik, Komisierung und Adoleszenz. In: Zwischen didaktischem Auftrag und grenzüberschreitender Aufstörung? Zu aktuellen Entwicklungen in der deutschsprachigen Kinder- und Jugendliteratur. Hg. v. Carsten Gansel und Pawel Zimniak. Heidelberg 2011, S. 169–194.
Steinlein, Rüdiger: Judenverfolgung und Holocaust in neuerer und neuester KJL. In: Der Deutschunterricht 28/4 (2012), S. 24–34.
Stender, Wolfram: Ideologische Syndrome. Zur Aktualität des sekundären Antisemitismus in Deutschland. In: Volksgemeinschaft, Täterschaft und Antisemitismus. Beiträge zur psychoanalytischen Sozialpsychologie des Nationalsozialismus und seiner Nachwirkungen. Hg. v. Markus Brunner u. a. Gießen 2011, S. 227–249.
Stephan, Inge und Tacke, Alexandra (Hg.): NachBilder des Holocaust. Köln, Weimar, Wien 2007.
Steranko, Jim: The Steranko History of Comics 1. Reading 1970.
Steranko, Jim: The Steranko History of Comics 2. Reading 1972.
Steranko, Jim: Introduction. In: The Monolith. Hg. v. Jimmy Palmiotti, Justin Gray, Phil Winslade und Chris Chuckry. Berkeley 2012.
Sterne, Steve: Mickey & the Golem (A Child's Hanukkah). Memphis 1986.
Stiftung Gedenkstätte Deutscher Widerstand (Hg.): Widerstand von Sinti und Roma. Themenkatalog 17.2 zur Dauerausstellung Widerstand gegen den Nationalsozialismus. Berlin 2014.
Stiglegger, Marcus: Sadiconnazista. Faschismus und Sexualität im Film. St. Augustin 1999.
Stránský, Matěj: Alfred (Fredy) Hirsch (11.2.1916 Aachen – 8.3.1944 Auschwitz). In: holocaust.cz, unter: http://www.holocaust.cz/en/history/people/alfred-fredy-hirsch-2/ [abgerufen: 26.10.2017].
Streb, Markus: Early Representations of Concentration Camps in Golden Age. Comic Books, Graphic Narratives, American Society and the Holocaust. In: Scandinavian

Journal of Comic Art (SJOCA) 3/1 (2016), unter: http://sjoca.com/wp-content/uploads/2017/02/SJoCA-3-1-03-Streb.pdf [abgerufen: 29.03.2018].

Strnad, Maximilian: Grabe, wo Du stehst. Die Bedeutung des Holocaust für die Neue Geschichtsbewegung. In: Der Holocaust in der deutschsprachigen Geschichtswissenschaft. Bilanz und Perspektiven. Hg. v. Michael Brenner und Maximilian Strnad. Göttingen 2012, S. 162–198.

Strömberg, Fredrik: Jewish Images in the Comics. Seattle 2012.

Stroom, Gerrold van der: Anne Frank in het geding. In: Roest. Tijdschrift voor geschiedenis, cultuur en media 17 (2003), S. 9–13.

Stroom; Gerrold van der: Die Tagebücher, »Het Achterhuis« und die Übersetzungen. In: Die Tagebücher der Anne Frank. Hg. v. RIOD, Frankfurt a. M. 1988, S. 67–89.

Struk, Janina: Photographing the Holocaust. Interpretations of the Evidence. London 2004.

Stuiber, Irene: Dachau – KZ-Gedenkstätte. Politik und Pädagogik in einer westdeutschen Stadt. In: Bildungsarbeit an den Orten nationalsozialistischen Terrors. »Erziehung nach, in und über Auschwitz hinaus«. Hg. v. Wolf Ritscher. Hemsbach 2013, S. 196–209.

Sturm, James: The Golem's mighty Swing. Montreal 2001.

Süselbeck, Jan: Die Kraft der Tränen – Über die Melodramatisierung des Täterinnenschicksals in Bernhard Schlinks Roman Der Vorleser und in Stephen Daldrys Verfilmung The Reader. In: Zwischen Erinnerung und Fremdheit. Entwicklungen in der deutschen und polnischen Literatur nach 1989. Hg. v. Carsten Gansel, Markus Joch und Monika Wolting. Göttingen 2015, S. 195–207.

Süselbeck, Jan: Im Angesicht der Grausamkeit. Emotionale Effekte literarischer und audiovisueller Kriegsdarstellungen vom 19. bis zum 21. Jahrhundert. Göttingen 2013.

Süselbeck, Jan: Lüsterne Gräfinnen, mörderische Liebhaber. Über Pornografie, Kannibalismus und orgiastische Gewaltexzesse in Elfriede Jelineks Bambiland/Babel und Rechnitz (Der Würgeengel). In: Theater des Anderen – Anderes Theater. Geschlecht und Alterität im postdramatischen Theater. Hg. v. Nina Birkner, Andrea Geier und Urte Helduser. Bielefeld 2014, S. 59–77.

Süselbeck, Jan: Zwiespältige Formen des Mitgefühls. Was deutschsprachige Germanisten, die sich mit dem Holocaust auseinandersetzen, von der nordamerikanischen Empathieforschung lernen können. In: literaturkritik.de, August 2017, unter: http://literaturkritik.de/zwiespaeltige-formen-des-mitgefuehls,23541.html [abgerufen: 26.9.2017].

Sylvanus, Erwin: Stücke. Korczak und die Kinder. Jan Pallach. Sanssouci. Victor Jara. Frankfurt a. M. 1980.

Szondi, Peter: Schriften. Hg. v. Jean Bollack et al. Bd. II: Essays: Satz und Gegensatz. Lektüren und Lektionen. Celan-Studien. Anhang: Frühe Aufsätze. Frankfurt a. M. 1978.

Tabachnick, Stephen E.: The Quest for Jewish Belief and Identity in the Graphic Novel. Tuscaloosa 2014.

Tabachnick, Stephen E.: The Religious Meaning of Art Spiegelman's MAUS. In: Shofar. An Interdisciplinary Journal of Jewish Studies 22/4 (2004), S. 1–13.

Tabori, George: Die Kannibalen [The Cannibals]. Dt. v. Peter Sandberg. In: Ders.: Unterammergau oder Die guten Deutschen. Frankfurt a. M. 1981, S. 41–138.

Tabori, George: Unterammergau oder Die guten Deutschen [1978]. In: Ders.: Unterammergau oder Die guten Deutschen. Frankfurt a. M. 1981, S. 7–24.

Taterka, Thomas: Dante Deutsch. Studien zur Lagerliteratur. Berlin 1999.
Tenfelde, Klaus (Hg.): Bilder von Krupp. Fotografie und Geschichte im Industriezeitalter. München 1994.
The Boy in the Striped Pyjamas (Der Junge im gestreiften Pyjama, Marc Herman, 2008 GB/USA).
Theweleit, Klaus: Männerphantasien. Bd. 1: Frauen, Fluten, Körper, Geschichte. Band 2: Männerkörper, zur Analyse des weißen Terrors. Reinbek bei Hamburg 1987 u. 1988 (u. weitere Aufl.).
Theweleit, Klaus: Nachwort. In: Littell, Jonathan: Das Trockene und das Feuchte. Ein kurzer Einfall in faschistisches Gelände. Berlin 2009, S. 117–131.
Theweleit, Klaus: Das Lachen der Täter: Breivik u. a.: Psychogramm der Tötungslust. St. Pölten, Salzburg, Wien 2015.
Thiess, Frank: Die innere Emigration. Münchner Zeitung, 18. August 1945. In: Thomas Mann, Frank Thiess und Walther von Molo: Ein Streitgespräch über die äußere und innere Emigration. Dortmund o. J. [1946].
Thomas, Roy, Mantlo, Bill, Brown, Bob, Abel, Jack, Orzechowski, Tom, Cohen, Janice, Wein, Len und Lee, Stan: Marvel Two-In-One. The Thing and The Golem (Nr. 11). New York 1975.
Thomas, Roy, Robbins, Frank, Springer, Frank, Roussos, George und Costanza, John: »The Golem Walks Again!« The Invaders (Nr. 13). New York 1977.
Thomas, Roy, Severin, Marie, Giacola, Frank und Steranko, Jim: Supernatural Thrillers (Nr. 1). New York 1972.
Thomas, Roy: Heaping it on. A Personal and Historical Introduction. In: The Heap. Volume One. Hg. v. Dems. Hornsea 2012, S. 2–15.
Thomsen, Christian W.: Das Groteske und die englische Literatur. Darmstadt 1977.
Thur, Nicole: Die »Lebenserinnerungen des Dr. jur. Schulze« I–III. Leipzig 2009.
Thurn, Nike: Falsche Juden. Performative Identitäten in der deutschsprachigen Literatur von Lessing bis Walser. Göttingen 2015.
Tiefenbacher, Carina: Von der Freiheit zur Sprache. Dekonstruktive Textverfahren in Elfriede Jelineks Rechnitz oder Der Würgeengel. In: Spannungsfelder Literatur und Freiheit. Hg. v. Ursula Ebel und Sophie Lembeke. Marburg 2010, S. 33–37.
Truman, Timothy, Woch, Stan, Dixon, Chuck, Hampton, Bo und Randall, Ron: Airboy Archives Volume One. San Diego 2014.
Tuckermann, Anja: »Denk nicht, wir bleiben hier!« Die Lebensgeschichte des Sinto Hugo Höllenreiner. München, Wien 2005.
Ueberschär, Gerd R.: Die Wehrmacht. In: Enzyklopädie des Nationalsozialismus. Hg. v. Wolfgang Benz, Hermann Graml und Hermann Weiß. München 2007, S. 102–112.
Vahsen, Patricia: Lesarten – Die Rezeption des Werks von Edgar Hilsenrath. Tübingen 2008.
Vesalius, A.: The Fabric of the Human Body: An Annotated Translation of the 1543 and 1555 Editions of De Humani Corporis Fabrica Libri Septem by D. H. Garrison and M. H. Hast. Basel 2014.
Vestli, Elin Nesje: Die Figur zwischen Faktizität und Poetizität. Zur Figurenkonzeption im dokumentarischen Drama Heinar Kipphardts, Peter Weiss' und Tankred Dorsts. Frankfurt a. M 1998.

Vitiello, Guido: Deutschland, bleiche Mutter. Allegories of Germany in Post-Nazi-Cinema. In: The Gender of Memory. Cultures of Remembrance in Nineteenth- and Twentieth-Century Europe. Hg. v. Sylvia Paletschek und Sylvia Schraut. Frankfurt a. M., New York 2008, S. 147–157.

Vogt, Jochen: Peter Weiss. Mit Selbstzeugnissen und Bilddokumenten. Reinbek bei Hamburg 1987.

Volozova, Olga: The Golem of Gabriol. Portland 2012.

Waaldijk, Berteke: Reading Anne Frank as a Woman. In: Women's Studies International Forum 16/4 (1993), S. 327–335.

Waller, James: Becoming Evil. How Ordinary People Commit Genocide and Mass Killing. New York 2007 (2. Aufl.).

Walser, Martin: Erfahrungen beim Verfassen einer Sonntagsrede. Friedenspreis des Deutschen Buchhandels 1998. Frankfurt a. M. 1998.

Walser, Martin: Erfahrungen beim Verfassen einer Sonntagsrede. In: Die Walser-Bubis-Debatte. Eine Dokumentation. Hg. v. Frank Schirrmacher. Frankfurt a. M. 1999. S. 7–17.

Weckel, Ulrike: Beschämende Bilder. Deutsche Reaktionen auf alliierte Dokumentarfilme über befreite Konzentrationslager. Stuttgart 2012.

Weibel, Peter (Hg.): Kat. Beuys Brock Vostell. Aktion. Demonstration. Partizipation. 1949–1983. Ostfildern 2016.

Weigel, Sigrid: Zeugnis und Zeugenschaft, Klage und Anklage. Die Geste des Bezeugens in der Differenz von »identity politics«, juristischem und historiographischem Diskurs. In: Zeugnis und Zeugenschaft. Jahrbuch des Einstein-Forums 1999. Berlin 2000, S. 111–135.

Weik, Lea: Jüdische Künstler und das Bild des Ewigen Juden. Vom Antijüdischen Stereotyp zur jüdischen Indentifikationsfigur. Heidelberg 2015.

Wein, Len, Swan, Curt, Anderson, Murphy und Schwartz, Julie: Fury of the Energy-Eater. In: Superman (Nr. 258). New York 1972.

Wein, Len, Swan, Curt, Anderson, Murphy und Schwartz, Julie: The Man, who Murdered the Earth. In: Superman (Nr. 248). New York 1972.

Weiner, Robert G.: Marvel Comics and the Golem Legend. In: Shofar. An Interdisciplinary Journal of Jewish Studies. 29/2 (2011), S. 50–72.

Weiß, Christoph: Nachwort. In: Ders. (Hg.): Inferno. Stück und Materialien. Mit einem Nachwort hg. v. Christoph Weiß. Frankfurt a. M. 2003, S. 121–143.

Weiss, Peter: Fluchtpunkt. Frankfurt a. M. 1962.

Weiss, Peter: Der Schatten des Körpers des Kutschers. Frankfurt a. M. 1964.

Weiss, Peter: Die Ermittlung. Oratorium in 11 Gesängen. In: Stücke I. Frankfurt a. M. 1976, S. 257–449.

Weiss, Peter: Vorübung zum dreiteiligen Drama divina commedia [1965]. In: Ders.: Aufsätze, Journale, Arbeitspunkte. Schriften zu Kunst und Literatur. Hg. v. Manfred Haiduk. Berlin 1979, S. 97–108.

Weiss, Peter: Notizbücher 1960–1971, Bd. 1. Frankfurt a. M. 1982.

Weiss, Peter: Die Ermittlung. Berlin 1991.

Weiss, Peter: Inferno. Stück und Materialien. Mit einem Nachwort hg. v. Christoph Weiß. Frankfurt a. M. 2003.

Weizsäcker, Richard von: Gedenkveranstaltung im Plenarsaal des Deutschen Bundestages zum 40. Jahrestag des Endes des Zweiten Weltkrieges in Europa [1985], unter: http://www.bundespraesident.de/SharedDocs/Reden/DE/Richard-von-Weizsaecker/Reden/1985/05/19850508_Rede.html [abgerufen: 28.04.2017].

Welzer, Harald, Moller, Sabine und Tschuggnall, Karoline: »Opa war kein Nazi«. Nationalsozialismus und Holocaust im Familiengedächtnis. Frankfurt a. M. 2002.

Welzer, Harald: Täter. Wie aus ganz normalen Menschen Massenmörder werden. Die Zeit des Nationalsozialismus. Frankfurt a. M. 2011 (5. Aufl.).

Wenck, Alexandra-Eileen: Zwischen Menschenhandel und »Endlösung.« Das Konzentrationslager Bergen-Belsen. Paderborn 2000.

Wendland, Jörn: Das Lager von Bild zu Bild. Narrative Bildserien von Häftlingen aus NS-Zwangslagern. Wien, Köln, Weimar 2017.

Wenk, Silke: Expositionen des Obszönen. Zum Umgang mit dem Nationalsozialismus in der Kultur. In: Krieg und Geschlecht. Sexuelle Gewalt im Krieg und Sex-Zwangsarbeit in NS-Konzentrationslagern. Hg. v. Insa Eschebach und Regina Mühlhäuser. Berlin 2008, S. 279–295.

Wenzel, Mirjam: Gericht und Gedächtnis. Der deutschsprachige Holocaust-Diskurs der sechziger Jahre. Göttingen 2009.

Wesseling, Daphne: Anne Frank. Een onderzoek naar het beeld van Anne Frank in Japan tussen 1952 en heden. Masterscriptie History of Society, Erasmus Universiteit Rotterdam 2010.

White, Hayden: The History Fiction Divide. In: Holocaust Studies 20/1,2 (2014), S. 17–34.

White, Kristopher, Zapata, George und Zurcher, Micki: The Thirtysix. North Hollywood 2012, n.p.

Widmann, Andreas Martin: »In der Kammer«. Erzählform und Motivstruktur in Komödie in Moll. In: »Die vergangene Zeit bleibt die erlittene Zeit.« Untersuchungen zum Werk von Hans Keilson. Hg. v. Simone Schröder, Ulrike Weymann und Andreas Martin Widmann. Würzburg 2013, S. 53–70.

Wiesel, Elie: Art and Culture after the Holocaust. In: Auschwitz. Beginning of a new Era? Reflections on the Holocaust. Hg. v. Eva Fleischer. New York 1977, S. 403–415.

Wiesel, Elie: Plaidoyer pour les survivants. In: Ders.: Un Juif, Aujourd'hui. Récits, Essais, Dialogues. Paris 1977, S. 173–203.

Wiesel, Elie: The Holocaust as Literary Inspiration. In: Dimensions of the Holocaust. Hg. v. Elie Wiesel, Lucy Dawidowicz, Dorothy Rabinowitz und Robert McAfee Brown. Evanston 1990, S. 5–19.

Wildt, Michael: Generation des Unbedingten. Das Führungskorps des Reichssicherheitshauptamtes. Hamburg 2002.

Winkler, Manfred: Das Gedicht vom Nichts. In: Blaueule Leid. Bukowina 1940–1944. Eine Anthologie. Hg. v. Bernhard Albers. Aachen 2003, S. 157–158.

Wittler, Kathrin: ›Muselmann‹. Anmerkungen zur Geschichte einer Bezeichnung. In: Zeitschrift für Geschichtswissenschaft 61/12 (2013), S. 1045–1056.

Wolf, Benedikt: »Ohne Gott, ohne Vater, kein Teil der Gesellschaft«. Zur Virulenz des vormodernen Diskurses über die »Athinganoi« im griechischen Antiziganismus. In: Antiziganistische Zustände 2. Kritische Interventionen gegen gewaltvolle Verhältnisse. Hg. v. Alexandra Bartels u. a. Münster 2013, S. 74–99.

Wood, Wally und Feldstein, Al: The Exile! In: Weird Fantasy (Nr. 14). New York 1952.

Wrobel, Dieter und Brand, Tilman von: Nationalsozialismus. In: Praxis Deutsch 236/39 (2012), S. 4–13.

Yerushalmi, Yosef Hayim: Zachor. Erinnere Dich! Berlin 1988.

Young, James E.: Beschreiben des Holocaust. Darstellung von Folgen der Interpretation. Aus dem Amerikanischen von Christa Schuenke. Frankfurt a. M. 1992 (u. weitere Aufl.).

Young, James E.: Die Zeitgeschichte der Gedenkstätten und Denkmäler des Holocausts. In: Ders. (Hg.): Mahnmale des Holocaust. Motive, Rituale und Stätten des Gedenkens. München 1994, S. 19–40.

Young, James E.: Het Anne Frank Huis. Nederlands grafmonument voor het boek (1994). In: De vele gezichten van Anne Frank. Visies op een fenomeen. Hg. v. Gerrold van der Stroom. Amsterdam, Antwerpen 2003, S. 148–157.

Zarusky, Jürgen: Betäubung einer Vergangenheit. Bernhard Schlinks Roman Der Vorleser. In: Epos Zeitgeschichte. Romane des 20. Jahrhunderts in zeithistorischer Sicht. Hg. v. Johannes Hürter und Jürgen Zarusky Bd. C: Schriftenreihe der Vierteljahreshefte für Zeitgeschichte. München 2010, S. 133–152.

Zimmermann, Holger: Geschichte(n) erzählen. Geschichtliche Kinder- und Jugendliteratur und ihre Didaktik. Frankfurt a. M. 2004.

Zimmermann, Holger: »Blumen für den Führer« – Kinder und Jugendbücher über den Nationalsozialismus aus der Täterperspektive. In: kjl&m 5/3 (2011), S. 31–38.

Zimmermann, Michael: Rassenutopie und Genozid. Die nationalsozialistische »Lösung der Zigeunerfrage.« Hamburg 1996.

Zusak, Markus: The Bookthief. London 2005.

Zusak, Markus: Die Bücherdiebin. Aus dem Engl. übers. v. Alexandra Ernst. München 2009.

Zweig, Max: Ghetto Warschau [1947]. In: Ders.: Die Dritte-Reich-Dramen. Der Moloch, Die deutsche Bartholomäusnacht, Ghetto Warschau, Die Verdammten, Aufruhr des Herzens. Mit einem Nachwort hg. v. Eva Reichmann. Oldenburg 1999, S. 139–215.

Zweig, Max: Lebenserinnerungen. Gerlingen 1987.

Abbildungsnachweise

S. 190, Abb. 1: Eric Heuvel: Die Suche. 2010, S. 40 © Schroedel-Verlag – Westermann Gruppe.
S. 191, Abb. 2: Eric Heuvel: Die Suche. 2010, S. 43 © Schroedel-Verlag – Westermann Gruppe.
S. 198, Abb. 1: The Complete MAUS. London 2003, S. 21 © Art Spiegelman.
S. 200, Abb. 2: The Complete MAUS. London 2003, S. 210 © Art Spiegelman.
S. 203, Abb. 3: The Complete MAUS. London 2003, S. 113 © Art Spiegelman.
S. 209, Abb. 4: The Complete MAUS. London 2003, S. 110 © Art Spiegelman.
S. 212, Abb. 5: The Complete MAUS. London 2003, S. 206 © Art Spiegelman.
S. 216, Abb. 1: Horst Rosenthal: *Mickey au Camp du Gurs* © Mémorial de la Shoah, Paris.
S. 220, Abb. 2: Edmond Francois Calvo und Victor Dancette: Die Bestie ist tot!, S. 93 © Abi Melzer Verlag.
S. 225, Abb. 3: Joe Kubert, Bob Bernstein: The Golem, S. 130.
S. 231, Abb. 4: The Scorpion. Nr. 3 (1975), S. 15, Panel 6.
S. 235, Abb. 5: The Invaders. Nr. 13 (1976), S. 27, Panel 4–6.
S. 240, Abb. 6: Ragman. Nr. 3 (1991), S. 9.
S. 241, Abb. 7: Ragman. Nr. 3 (1991), S. 8, Panel 9 / Art Spiegelman: MAUS II. A Survivor's Tale. And Here My Troubles Began. New York: Pantheon Books 1991, S. 69.
S. 245, Abb. 8: Superman. Man of Steel. Nr. 91, S. 23, Panel 3–6.
S. 247, Abb. 9: David G. Klein: The Golem's Voice, o.S.
S. 250, Abb. 10: Steve Niles, Dave Wachter und Mick Santoro: Breath of Bones, o.S.
S. 255, Abb. 11: Jim Steranko: Cover. In: Roy Thomas, Marie Severin, Frank Giacola und Jim Steranko: Supernatural Thrillers. Nr. 1 (Dezember 1972).
S. 269, Abb. 1: Foto 26 des Lili Jacob-Albums, aus: Das Auschwitz-Album. Geschichte eines Transportes. Hg. v. Israel Gutman und Bella Gutterman. Göttingen 2005, S. 25.
S. 270, Abb. 2: Foto 49 des Lili Jacob-Albums, aus: Das Auschwitz-Album 2005, S. 136.
S. 276, Abb. 3: Ankunft eines Transportzuges, S. 1 des Lili Jacob-Albums mit den Fotografien 2,4 und 5 aus: Das Auschwitz-Album 2005, S. 17.
S. 276, Abb. 4: S. 3 des Lili Jacob-Albums mit den Fotografien 10, 11, 12 und 13 aus: Das Auschwitz-Album 2005, S. 19.
S. 277, Abb. 5: Aussortierung, S. 6 des Lili Jacob-Albums mit den Fotografien 21 und 22 aus: Das Auschwitz-Album 2005, S. 24.
S. 277, Abb. 6: S. 8 des Lili Jacob-Albums mit den Fotografien 27, 28 und 29 aus: Das Auschwitz-Album 2005, S. 27.

S. 279, Abb. 7: Umsiedlung der Juden aus Ungarn, Titelblatt des Lili Jacob-Albums, aus: Das Auschwitz-Album 2005, S. 16.

S. 279, Abb. 8: Nicht mehr einsatzfähige Frauen und Kinder, Seite 33 des Lili Jacob-Albums mit den Fotografien 115, 116 und 117 aus: Das Auschwitz-Album 2005, S. 62.

S. 286, Abb. 1: *Zwischen gestern und morgen* (Screenshot).

S. 291, Abb. 2: *Ehe im Schatten* (Screenshot).

S. 297, Abb. 3: *Morituri* (Screenshot).

S. 301, Abb. 4: *Lang ist der Weg* (Screenshot).

S. 307, Abb. 5: *Der Ruf* (Screenshot).

S. 335, Abb. 1: Leo Haas: *Auschwitz*; 1947, Blatt 5 der Mappe *Deutsche KZ* © Akademie der Künste, Berlin, Kunstsammlung.

S. 337, Abb. 2: Heinrich Ehmsen, *Auschwitz*, 1948, Nationalgalerie, Staatliche Museen zu Berlin © Nachlass Heinrich Ehmsen.

S. 338, Abb. 3: Otto Schubert, *Auschwitz*, um 1960 © Bürgerstiftung für verfolgte Künste – Else-Lasker-Schüler-Zentrum – Kunstsammlung Gerhard Schneider im Zentrum für verfolgte Künste im Solinger Kunstmuseum.

S. 341, Abb. 4: Peter Edel: *Hunger*, Blatt 8 der Folge *Wenn es ans Leben geht, 20 Zeichnungen zu seiner Autobiographie* © Staatliche Museen zu Berlin, Kupferstichkabinett.

S. 343, Abb. 5: Lea Grundig: *Hunger im Ghetto I*, Illustration aus Reuben Ben-Shem: Zwischen den Ghettomauern © Universitätsbibliothek Tübingen, Signature: 1 A 1619.

S. 344, Abb. 6: Lea Grundig: *Hunger im Ghetto II*, Illustration aus Reuben Ben-Shem: Zwischen den Ghettomauern © Universitätsbibliothek Tübingen, Signature: 1 A 1619.

S. 344, Abb. 7: Ausschnitt aus Art Spiegelman: MAUS II. A Survivor's Tale. And Here My Troubles Began. New York: Pantheon Books 1991, S. 91.

S. 345, Abb. 8: Leo Haas: *Hunger* (Auschwitz), 1947, Blatt 4 der Mappe *Deutsche KZ* © Akademie der Künste, Berlin, Kunstsammlung.

S. 345, Abb. 9: Jerzy Zielezinski: *Ich bin hungrig*, Blatt 4 der Mappe *24 Drawings from the Concentration Camps in Germany*, München 1946.

S. 346, Abb. 10: Jerzy Zielezinski: *Prominent*, Blatt 9 der Mappe *K.Z.Album*, München 1946.

S. 348, Abb. 11: Ludwig Meidner: *Leichen*, aus der Serie *Massaker der Juden in Polen* 1942/53 © Ludwig Meidner-Archiv, Jüdisches Museum der Stadt Frankfurt a. M.

S. 349, Abb. 12: Sergeant Oakes: »*A wood of Death … Belsen*«, aus: Lest we forget, Daily Mail London 1945, S. 74.

S. 350, Abb. 13: Bazon Brock: *1. lebensrad*, 1960, Privatbesitz des Künstlers © Bazon Brock.

S. 351, Abb. 14: Werner Tübke *Requiem* von 1965 © Staatliche Kunstsammlungen Dresden, Albertinum | Galerie Neue Meister, Gal.-No. 3636, Foto: Elke Estel/Hans-Peter Klut, SKD.

S. 352, Abb. 15: *Bergen-Belsen*, aus: Gerhard Schoenberner: Der gelbe Stern. Hamburg 1960, S. 211.

S. 353, Abb. 16: Stanislaw Mucha: *Kadaver der Häftlinge in Block II in Auschwitz*, 1945, aus: Gerhard Schoenberner: Der gelbe Stern. Hamburg 1960, S. 155.

S. 354, Abb. 17: Lea Grundig: *In den Straßen Polens, 1944*, aus dem Zyklus *Niemals wieder* © Akademie der Künste, Berlin, Kunstsammlung.

S. 354, Abb. 18: *Black Book of Polish Jewry*, American Federation of Polish Jews 1943, Appendix.

S. 356, Abb. 19: Gerhard Richter: *Schwarz Rot Gold*, 1998, Deutscher Bundestag im Reichstag, Berlin © Gerhard Richter 2016.

S. 357, Abb. 20: Gerhard Richter, *Birkenau* (*Abstrakte Bilder* 937, 1–4), 2014 © Gerhard Richter.

S. 358, Abb. 21: Einband von Georges Didi-Huberman: *Borken*, Konstanz 2012 © Georges Didi-Huberman.

S. 359, Abb. 22: Anonymus [Alex]: vier Fotos aus Auschwitz-Birkenau, August 1944, publ. in Georges Didi-Huberman: Bilder trotz allem. München 2007, S. 28–31 © Państwowe Muzeum Auschwitz-Birkenau Oświęcim.

S. 363, Abb. 23: P. Shuldenreyn: *Remember what Amalek did to you*, Plakat des Wettbewerbs *Collect and Record!*, München 1947 © Yad Vashem Archive, Jerusalem.

S. 365, Abb. 24: Werner Tübke: Skizze zu einem Triptychon, Skizzenbuch, 1964 © Universitätsbibliothek Leipzig.

Autorinnen und Autoren

Bettina Bannasch

Studium der Germanistik, Erziehungswissenschaft, Soziologie und Kunstgeschichte in Heidelberg und Berlin. Wissenschaftliche Mitarbeiterin am Sonderforschungsbereich »Erinnerungskulturen« der Justus-Liebig-Universität Gießen. Wissenschaftliche Koordinatorin der Forschergruppe »Anfänge« am Institut für Neuere Deutsche Literaturwissenschaft der LMU München. Oberassistenz am Institut für Germanistik der Friedrich-Alexander-Universität Erlangen-Nürnberg. Seit Oktober 2010 Professorin für Neuere deutsche Literaturwissenschaft an der Universität Augsburg. *Forschungsschwerpunkte:* deutsch-jüdische Literatur; Transnationalität und Transkulturalität (in) der Literatur; Exil- und Migrationsliteratur; literatur- und kulturwissenschaftliche Gedächtnisforschung; Bildungstheorie und Text-Bild-Bezüge in der Literatur der Frühen Neuzeit bis zur Gegenwart; deutschsprachige Literatur Südosteuropas. *Publikationen:* (mit Helga Schreckenberger, Alan E. Steinweis; Hg.) *Exil und Shoah.* München 2016 (Exilforschung. Ein internationales Jahrbuch, 34); Das aufgesperrte Maul der Null. Der Lagerdiskurs in Herta Müllers *Atemschaukel* im Spannungsfeld von Literaturtheorie und politischer Philosophie. In: *Herta Müller und das Glitzern im Satz. Eine Annäherung an Gegenwartsliteratur.* Hg. v. Jens Christian Deeg und Martina Wernli. Würzburg 2016, S. 297–318; (mit Gerhild Rochus; Hg.) *Handbuch der deutschsprachigen Exilliteratur. Von Heinrich Heine bis Herta Müller.* Berlin, Boston 2013.

Tobias von Borcke

Studium der Soziologie, Philosophie und Pädagogik in Münster. Zweitstudium der Geschichtswissenschaften und verschiedene Tätigkeiten im Bereich der historisch-politischen Bildungsarbeit (u. a. Gedenkstätte und Museum Sachsenhausen, Topographie des Terrors und Gedenkort SA-Gefängnis Papestraße). Seit

August 2016 Projektmitarbeiter im Berliner Büro des Dokumentations- und Kulturzentrums Deutscher Sinti und Roma. Mitglied in der Gesellschaft für Antiziganismusforschung. *Forschungs- und Interessenschwerpunkte:* Historisch-politische Bildungsarbeit zur NS-Verfolgung von Sinti und Roma und zum Antiziganismus; Antiziganismus und Film; politische Bildung und Polizei; historische Ausstellungen. *Publikationen:* (mit Ingrid Bettwieser) ›Richtige‹ Lehren aus der Geschichte gezogen? Antiziganismus und der Umgang der DDR mit Sinti und Roma. In: *Nach Auschwitz. Schwieriges Erbe DDR.* Hg. v. Enrico Heitzer u. a. Schwalbach am Taunus, erscheint 2018. Texte zu den Ausstellungen »Fragen an die deutsche Geschichte« und »Die Zeit der Staufer«. In: *Museumskrise und Ausstellungserfolg. Die Entwicklung der Geschichtsausstellung in den Siebzigern.* Hg. v. Mario Schulze, Vincent Dold und Anke te Heesen. Berlin 2015. ›Zigeuner‹-Wissenschaft mit schlechtem Gewissen? Das *Forum Tsiganologische Forschung* an der Universität Leipzig. In: *Antiziganismus. Soziale und historische Dimensionen von ›Zigeuner‹-Stereotypen.* Hg. v. Dokumentations- und Kulturzentrum Deutscher Sinti und Roma. Heidelberg 2015, S. 224–242. (mit Alexandra Bartels u. a.) *Antiziganistische Zustände 2. Kritische Positionen gegen gewaltvolle Verhältnisse.* Münster 2013.

Ole Frahm

Studium der Germanistik, Geschichte und Psychologie an der Universität Hamburg und der Freien Universität Berlin. Mitbegründer der Arbeitsstelle für Graphische Literatur (ArGL) an der Universität Hamburg. Lehraufträge zum Comic an der Universität Lüneburg 1998–2007. Promotion 2006, Habilitation 2011 in Hamburg. Von 2007–2011 Vertretungsprofessur für Sprache und Kommunikation an der Muthesius Kunsthochschule, Kiel. 2012–2013 Gastprofessor für time-based-media an der Hochschule für bildende Künste, Hamburg. *Forschungsschwerpunkte:* Geschichte, Ästhetik und Theorie von Comics, Graphic Novels, Karikatur und Radio; Geschichte und Theorie von Theater, Performance und Tanz. *Publikationen: Genealogie des Holocaust.* Paderborn 2006. *Die Sprache des Comics.* Hamburg 2010. Gespaltene Spuren. Der Holocaust-Comic nach MAUS – A Survivor's Tale. In: *›Holocaust‹ Fiktion. Kunst jenseits der Authentizität.* Hg. v. Iris Roebling-Grau und Dirk Rupenow. Paderborn 2015, S. 199–218. Was ist ein Kollektiv? Radioballett und Bewegungschor. In: *volksfiguren. Maske und Kothurn.* Hg. v. Evelyn Anuß. 60. Jg., 2014, H. 2. Köln 2016, S. 26–30.

Hildegard Frübis

Studium der Kunstgeschichte und Ethnologie in Tübingen und Bologna. Promotion mit einer Studie zur Entdeckung Amerikas in den Bildprägungen des 16. Jahrhunderts. Postdoktorandin am Graduiertenkolleg »Psychische Energien Bildender Kunst«, Johann Wolfgang von Goethe-Universität Frankfurt a. M. Wissenschaftliche Mitarbeiterin am Institut für Bild- und Kunstgeschichte der Humboldt-Universität Berlin. 2005 Habilitation an der Humboldt-Universität Berlin. Seit 2006 Gast- und Vertretungsprofessuren im In- und Ausland. Forschungsstipendium der Gerda Henkel Stiftung. 2015–2017 Lise-Meitner Stelle (FWF Austria) am Centrum für Jüdische Studien, Karl-Franzens-Universität Graz. *Forschungsschwerpunkte:* Kunst der Frühen Neuzeit und der Moderne; Gender- und Postcolonial-Studies in den Bildkünsten; »Orientalismus« in Fotografie und Malerei; Fotografie im NS und Holocaust; Kunst und Kunstdiskurs der Jüdischen Moderne. *Publikationen:* Retuschierte Bilder. Anne Frank und ihre Rezeption nach 1945. In: *Fotogeschichte* Heft 102 (2007), S. 35–53. Der ›Fall‹ Liebermann. Antisemitismus und Antimoderne im Streit um das Gemälde ›Der zwölfjährige Jesus im Tempel‹. In: *Antisemitismus im 19. Jahrhundert in internationaler Perspektive.* Hg. v. Mareike König / DHI Paris. Göttingen, erscheint 2018. (mit Clara Oberle und Agnieszka Pufelska; Hg.) *Photographien aus den Lagern des NS-Regimes. Beweissicherung und ästhetische Praxis.* Wien, Köln, Weimar, erscheint 2018.

Christine Gundermann

Studium der Geschichte, Ethik und Philosophie an der Martin-Luther-Universität Halle-Wittenberg und der Erasmus Universiteit Rotterdam. Wissenschaftliche Mitarbeiterin an der Freien Universität Berlin und der Humboldt-Universität Berlin. Koordinatorin des ersten Masterstudiengangs Public History an der Freien Universität Berlin. Promotion 2013 mit einer Studie zu Erinnerungen an den Zweiten Weltkrieg in deutsch-niederländischen Kontakten von 1945 bis 2000. Seit 2014 Juniorprofessorin für Public History an der Universität Köln. 2017 Research Fellow an der Erasmus Universiteit Rotterdam. Seit 2017 Leiterin des DFG-Netzwerkes Public History: Theorie und Methodik einer neuen geschichtswissenschaftlichen Subdisziplin. *Forschungsschwerpunkte:* Geschichte des 20. Jahrhunderts; deutsch-niederländische Beziehungsgeschichte im 20. Jahrhundert; Erinnerungstheorien und -kulturen; Public History und ihre Theoretisierung; Comicgeschichte; populäre Medien und Geschichtskulturen. *Publikationen: Die versöhnten Bürger. Der Zweite Weltkrieg in deutsch-niederländischen Begegnungen 1945–2000.* Münster 2014. Real Imagination? Holocaust Comics in Europe. In: *Revisiting Holocaust Representation in the Post-Witness Era.* Hg. v. Diana I. Popescu und Tanja Schult. New York 2015, S. 231–250. *Jenseits von Asterix. Comics im Geschichtsunterricht (Methoden historischen Lernens?).* Schwalbach/Ts., 2. Aufl. 2017 (2007).

Hans-Joachim Hahn

Studium der Germanistik, Philosophie, Allgemeinen und Vergleichenden Literaturwissenschaft, Niederlandistik sowie von Deutsch als Fremdsprache an der Freien Universität Berlin, der Manchester Metropolitan University und der Universiteit van Amsterdam. Promotion 2003 mit einer Studie zu Darstellungen des Holocaust in der deutschsprachigen Literatur und Erinnerungskultur an der Freien Universität Berlin. Bis 2005 Leitung des Zentrums für Begegnung, Austausch und Forschung im Gerhart-Hauptmann-Haus im Riesengebirge (Polen). Von 2006 bis 2011 wissenschaftlicher Mitarbeiter am Simon-Dubnow-Institut für jüdische Geschichte und Kultur e.V. in Leipzig. Seit 2011 Lehraufträge an der ETH Zürich und der Karl-Franzens-Universität Graz. 2013–2015 Vertretungsprofessur für Allgemeine Literaturwissenschaft und Neuere Deutsche Literaturgeschichte an der Universität Aachen. 2017 Habilitation mit einer Studie über den jüdischen Europadiskurs in deutscher Sprache. Im Sommersemester 2018 Kurt-David-Brühl-Gastprofessor für Jüdische Studien an der Universität Graz. *Forschungsschwerpunkte:* Deutschsprachig-jüdische Literatur- und Kulturgeschichte; Literaturtheorie und Allgemeine Literaturwissenschaft; Europadiskurse; historische Antisemitismusforschung; Text-Bild-Verhältnisse und Transmedialität; kulturelle Übersetzung; Wissensgeschichte; Modernekritik und antiemanzipatorisches Denken. *Publikationen:* (mit Olaf Kistenmacher; Hg.) *Beschreibungsversuche der Judenfeindschaft II. Antisemitismus in Text und Bild – zwischen Kritik, Reflexion und Ambivalenz.* Berlin, Boston (Europäisch-jüdische Studien – Beiträge, 37). Erscheint im Frühjahr 2019. *Narrative des Neuen Menschen – Vom Versprechen einer besseren Welt* (Relationen, 9). Berlin 2018.

Martin A. Hainz

Studium der Germanistik, Philosophie, Psychologie und Pädagogik an der Universität in Wien. Wissenschaftlicher Mitarbeiter, Assistent und Lehrbeauftragter am Germanistik-Institut der Universität Wien. Gastdozenturen u. a. an der West-Universität in Timisoara, der Univ. Al. I. Cuza in Iasi, der NTNU Trondheim, am Trinity College Dublin sowie als Humboldtianer an der Freien

Universität Berlin. *Forschungsschwerpunkte:* deutsch-jüdische Literatur; Transnationalität und Transkulturalität (in) der Literatur, Übersetzung und Übersetzungstheorie; Literaturtheorie, insbes. Dekonstruktion; Literatur der Aufklärung (insbes. Klopstock) und der Gegenwart. *Publikationen: »Silbenzwang«. Text und Transgreß bei Friedrich G. Klopstock, unter besonderer Berücksichtung des Messias.* Tübingen 2017 (Studien und Texte zur Kulturgeschichte der Literatur · KULI, 7). Autor-dys-funktion. Unter anderem zu Klopstock. In: Weimarer Beiträge. Nr. 63/2, 2017, S. 271–275. Reden und Danksagungen. In: *Herta Müller-Handbuch.* Hg. v. Norbert Otto Eke. Stuttgart 2017, S. 101–106. Czernowitz und die Bukowina sowie Die Shoah in der Literatur der Überlebenden. In: *Handbuch der deutsch-jüdischen Literatur.* Hg. v. Hans Otto Horch. Berlin, Boston 2016, S. 362–374 u. S. 221–243. *Lapsus. Annotationen zu einer Fehler-[kultur]wissenschaft.* Würzburg 2014.

Dominique Hipp

Studium der Fächer Neuere und Neueste Geschichte, Geschichte der Frühen Neuzeit und Neuere Deutsche Literaturwissenschaft sowie des Master-Studiengangs Ethik der Textkulturen an der Universität Augsburg. Wissenschaftliche Hilfskraft am Zentrum für Holocaust-Studien am Münchner Institut für Zeitgeschichte und freiberufliche Mitarbeit am NS-Dokumentationszentrum München wie auch am Jüdischen Kulturmuseum Augsburg-Schwaben. Seit Oktober 2015 wissenschaftliche Mitarbeiterin am DFG-Graduiertenkolleg 1767 »Faktuales und fiktionales Erzählen« an der Albert-Ludwigs-Universität Freiburg. *Forschungsschwerpunkte:* Faktuales Erzählen; Law and Literature; (NS-)Täterforschung; Verhältnis von Geschichte und Literatur; Geschichte des Nationalsozialismus.

Kathrin Hoffmann-Curtius

Studium der Kunstgeschichte, (christlichen) Archäologie und Geschichte an den Universitäten Marburg, Freiburg, München und Bonn. 1965 Promotion über *Das Programm der fontana maggiore* von 1278. Schon damals folgte ihre Forschung einem Ansatz, der sich dem kulturhistorischen Konzept Aby Warburgs verpflichtet weiß: Kunst im Kontext zu betrachten. Arbeiten zur Bilderpolitik der politischen Kunst des Widerstands im Dritten Reich und des NS und zur deutschen Wiedervereinigung, zu George Grosz' *John der Frauenmörder* und zum Frauenmord, zur Rezeption von Krieg und Gewalt sowie des Judenmords in Gedenkstätten, Denkmälern, Grafik und Malerei. Lebt und arbeitet als freie

Kunsthistorikerin in Berlin. *Publikationen:* Feminisierte Trauer und aufgerichtete Helden. Figürliche Denkmäler der frühen Nachkriegszeit in Deutschland und Österreich. In: *Gedächtnis und Geschlecht. Deutungsmuster in Darstellungen des nationalsozialistischen Genozids.* Hg. v. Insa Eschebach u. a. Frankfurt a. M. 2002, S. 363–394. Re-Rezipierte Erinnerung an den NS in Comicsequenzen von Art Spiegelman und Volker Reiche. In: *Bilder – Wissen – Sehen. ReSaVoir. Das Visuelle im Spanungsfeld von Kultur, Politik und Erinnerung.* Hg. v. Angelika Bartl u. a. Bielefeld 2011, S. 75–97. *Bilder zum Judenmord. Eine kommentierte Sichtung der Malerei und Zeichenkunst in Deutschland von 1945 bis zum Auschwitz-Prozess.* Marburg 2014. Um drei Kapitel erweiterte Ausgabe in englischer Sprache: *Judenmord. Art and the Holocaust in Post-War Germany.* London 2018.

Olaf Kistenmacher

Studium der Philosophie, Geschichtswissenschaft und Psychologie an der Universität Hamburg. Promotion in Kulturwissenschaften an der Universität Bremen mit der Untersuchung *Arbeit und »jüdisches Kapital«. Antisemitische Aussagen in der KPD-Tageszeitung* Die Rote Fahne *während der Weimarer Republik* (Bremen 2016). Seit 1999 freischaffender Bildungsreferent und Guide in der KZ-Gedenkstätte Neuengamme, Publizist und Lektor. *Forschungsschwerpunkte:* Antisemitismus vor und nach 1945; Geschichte der kommunistischen Bewegungen und Parteien in Deutschland; Genealogie der Antisemitismusforschung; Bedingungen und Möglichkeiten einer pädagogischen Arbeit gegen judenfeindliche Vorstellungen. *Publikationen: Was tun gegen Antisemitismus?! Anregungen zu einer Pädagogik gegen Judenfeindschaft im 21. Jahrhundert.* Hamburg 2018 (2. Aufl.). Schuldabwehr-Antisemitismus als Herausforderung für die Pädagogik gegen Judenfeindschaft. In: *Fragiler Konsens. Antisemitismuskritische Bildung in der Migrationsgesellschaft.* Hg. v. Meron Mendel und Astrid Messerschmidt. Frankfurt a. M. 2017, S. 203–221. (mit Sina Arnold) *Der Fall Ethel und Julius Rosenberg. Antikommunismus, Antisemitismus und Sexismus in den USA zu Beginn des Kalten Krieges.* Münster 2016. (mit Hans-Joachim Hahn; Hg.) *Beschreibungsversuche der Judenfeindschaft. Zur Geschichte der Antisemitismusforschung vor 1944.* Berlin, München, Boston 2015. (mit Hans-Joachim Hahn; Hg.) *Beschreibungsversuche der Judenfeindschaft II. Antisemitismus in Text und Bild – zwischen Kritik, Reflexion und Ambivalenz.* Berlin, München, Boston (im Erscheinen).

Manuel Köppen

Studium der Germanistik und Kunstgeschichte an der Ruhr-Universität Bochum und der Freien Universität Berlin. Promotion 1981. Danach Videoarbeiten, Fernsehdokumentationen und Radio-Features. Seit 1993 Medienreferent und Wissenschaftlicher Mitarbeiter am Institut für deutsche Literatur der Humboldt-Universität zu Berlin. Habilitation 2004 zur Geschichte von Krieg und Medien im 19. und 20. Jahrhundert (*Das Entsetzen des Beobachters.* Heidelberg 2005). Derzeit Gastprofessur an der Humboldt-Universität. *Forschungsschwerpunkte* im Bereich vergleichender Literatur- und Filmgeschichte. *Publikationen:* Neben zahlreichen Aufsätzen zum Thema des Holocaust in Literatur und Film sind zwei Sammelbände erschienen: (Hg.) *Kunst und Literatur nach Auschwitz.* Berlin 1993. (mit Klaus R. Scherpe; Hg.) *Bilder des Holocaust.* Köln, Weimar, Wien 1997.

Mona Körte

Studium der Germanistik, Komparatistik, Soziologie und Psychologie in Frankfurt und Berlin. Von 1999 bis 2007 wissenschaftliche Assistentin am Zentrum für Antisemitismusforschung der TU Berlin. 2011 Kurt-David-Brühl-Gastprofessorin für Jüdische Studien an der Universität Graz. 2015 Max-Kade-Visiting Professor an der University of Virginia/USA. 2016 Vertretungsprofessur an der Universität Konstanz. Seit 2016 Leitung des Forschungsschwerpunkts *Weltliteratur* am Zentrum für Literatur- und Kulturforschung Berlin (ZfL) sowie des Forschungsprojekts *Dantes Höllengesichter. Forschungsschwerpunkte:* deutsch-/europäisch-jüdische Literatur der Moderne; Mehrsprachigkeit und Übersetzung; Wechselbeziehungen zwischen Literatur, Wissenschaft und Kunst; Materialität der Schrift; Epistemologie der Dinge und des Sammelns sowie Literatur- und Theoriegeschichte des Gesichts. *Publikationen:* Pass pro toto: European-Jewish Responses to State Narratives of Personhood. In: *Back to the Future: Tradition and Innovation in German Studies.* Hg. v. Marc Silberman und Venkat Mani. Oxford u. a. 2018, S. 63–86. Re-Interpretationen Shylocks. Alexander Granachs Briefe aus dem Exil. In: *Exil und Shoah.* Hg. v. Bettina Bannasch, Helga Schreckenberger und Alan E. Steinweis (Exilforschung. Ein internationales Jahrbuch, 34). München 2016, S. 277–291. Dichtungslogiken des Ich. Theoriebildung im Exil bei Käte Hamburger und Margarete Susman. In: *»Meine Sprache ist Deutsch«. Deutsche Sprachkultur von Juden und die Geisteswissenschaften 1870–1970.* Hg. v. Stephan Braese und Daniel Weidner. Berlin 2015, S. 174–198.

Hans Kruschwitz

Studium der Germanistik, Geschichte und Politischen Wissenschaft an der RWTH Aachen. Ebenda Promotion mit einer Arbeit zu Franz Kafka. 2005 bis 2007 wissenschaftlicher Mitarbeiter der Bonner Arbeitsstelle für die historisch-kritische Paul-Celan-Ausgabe, seit 2009 wissenschaftlicher Mitarbeiter am Institut für Germanistische und Allgemeine Literaturwissenschaft der RWTH Aachen. 2011 Lehrstuhlvertretung an den Facultés Universitaires Notre-Dame de la Paix (Namur, Belgien). *Forschungsschwerpunkte:* Europäisch-jüdische Literatur- und Kulturgeschichte; Sprach- und Bildreflexionen; das Politische (in) der Literatur; psychoanalytische Literaturwissenschaft; utopische Literatur. *Publikationen:* (Hg.) *Ich bin meiner Zeit voraus. Utopie und Sinnlichkeit bei Heiner Müller.* Berlin 2017. Wenn die Sterne in »dem Straßenkot sich spiegeln«. Cancan und Liebeswahnsinn in Heines »Atta Troll«. In: *Heine-Jahrbuch* 56 (2017), S. 1–20. Leopold Zunz' historisch-philologische (Re)konstruktion des politisch-religiösen Judentums. In: *Trumah* 23 (2016), S. 119–142.

Edith Raim

Studium der Geschichte und Germanistik in München und Princeton/USA als Stipendiatin der Studienstiftung des deutschen Volkes. DAAD-Lektorin in Durham, Großbritannien, am Haus der Geschichte in Bonn, am Mémorial in Caen und am Institut für Zeitgeschichte in München. Promotion über die jüdischen Außenlagerkomplexe Kaufering und Mühldorf des KZ Dachau. Habilitation mit einer Arbeit über den Wiederaufbau der westdeutschen Justiz und die Ahndung von NS-Verbrechen in der Besatzungszeit 1945–1949. 2016/17 Senior Fellow am Vienna Wiesenthal Institute. 2018 Stipendium der Gerda-Henkel-Stiftung. Lehrbeauftragte für Neuere und Neueste Geschichte in Augsburg. *Publikationen* zur NS-Geschichte und zur Nachkriegszeit, u. a. *Don't take your guns to town. Johnny Cash und die Amerikaner in Landsberg 1951–1954.* München 2015. *Nazi Crimes Against Jews and German Post-War Justice. The West German Judicial System During Allied Occupation (1945–1949).* Berlin u. a. 2017.

Jan Süselbeck

Studium der Neueren Deutschen Literatur, Neueren Geschichte sowie Theater-, Film- und Fernsehwissenschaft an der Freien Universität Berlin. Im Jahr 2004 Promotion an der FU mit einer vergleichenden Studie über die Werke Arno Schmidts und Thomas Bernhards (Frankfurt a. M., Basel 2006). Seit 2005 Redaktionsleiter der Zeitschrift *literaturkritik.de*. 2012 Habilitation und Privatdozentur an der Philipps-Universität Marburg. Zusätzlich wissenschaftlicher Mitarbeiter in Jörg Dörings Siegener DFG-Projekt »Die Adlon Tapes: Zur Textgenese von *Tristesse Royale*« (2012–2015) sowie Gastwissenschaftler im Graduiertenkolleg »Generationengeschichte« an der Georg-August-Universität Göttingen (Sommersemester 2012). Vertretungsprofessuren in Marburg (2009/2010) und an der Universität Siegen (2013/2014). Seit September 2015 DAAD Associate Professor of German Studies an der University of Calgary, Alberta, Kanada. 2017 Junior Fellow am Alfried Krupp Wissenschaftskolleg Greifswald mit dem Monografie-Projekt »Moderner literarischer Antisemitismus. Emotionalisierungsstrategien judenfeindlicher Texte im 19. Jahrhundert«. *Forschungsschwerpunkte:* Emotionswissenschaft; Generationenforschung; Literarischer Antisemitismus seit der Frühen Neuzeit; Repräsentationen des Krieges seit dem 19. Jahrhundert; Literatur nach Auschwitz; Postcolonial Studies; Literaturvermittlung in den Medien, Film- und Theaterwissenschaft. *Publikationen: Im Angesicht der Grausamkeit. Emotionale Effekte literarischer und audiovisueller Kriegsdarstellungen vom 19. bis zum 21. Jahrhundert.* Göttingen 2013. (Hg.) *Familiengefühle. Generationengeschichte und NS-Erinnerung in den Medien.* Berlin 2014.

Christina Ulbricht

Studium der Fächer Deutsch, Geschichte, Politikwissenschaft und evangelische Theologie für das Lehramt an Grund- und Hauptschulen. Masterstudiengang Educational Science an der Pädagogischen Hochschule Weingarten. Von 2014 bis 2018 wissenschaftliche Mitarbeiterin am Lehrstuhl für Didaktik der deutschen Sprache und Literatur sowie des Deutschen als Zweitsprache an der LMU München. Mitarbeit u. a. im Forschungsprojekt »Nähe und Distanz: Holocaust Education Revisited«. Dissertationsprojekt zum Thema Jugendliche heute und »Nationalsozialismus/Holocaust«. Seit Februar 2018 im Vorbereitungsdienst am Staatlichen Seminar für Didaktik und Lehrerbildung (GS) in Laupheim. *Forschungsschwerpunkte u. a.:* Holocaustliteratur und ihre Didaktik; Bildungsmedien im Deutschunterricht und Qualitative Unterrichtsforschung.

Anna Zachmann

Studium der Germanistik, Geschichte und Europäischen Ethnologie an der Universität Augsburg. Promotion zur Verschränkung der Motive Sexualität und Shoah im Werk Edgar Hilsenraths, gefördert durch ein Graduiertenstipendium der Friedrich-Ebert-Stiftung. Seit 2018 Arbeit in einem Berliner Verlag. *Forschungsschwerpunkte:* deutsch-jüdische Literatur; Exil- und Migrationsliteratur; Frauen- und Geschlechterforschung. *Publikationen:* Exilimmanente Distanz- und Fremdheitserfahrung als Voraussetzung zur Bewältigung von Traumatisierung? Moderne Denkfiguren von Exil und Shoah im Werk Edgar Hilsenraths. In: *Exil und Shoah.* Hg. v. Bettina Bannasch, Helga Schreckenberger und Alan E. Steinweis. München 2016 (Exilforschung. Ein internationales Jahrbuch, 34), S. 269–284. Transgenerationale Weitergabe von Traumatisierung nach der Shoah. Die jüdische Literatur der ›zweiten Generation‹. In: *inspiration: Zeitschrift für christliche Spiritualität und Lebensgestaltung*, H. 3 (2017): Trauma, S. 27–30. Arnold Zweigs ›Traum ist teuer‹ (1962). In: *Handbuch der deutschsprachigen Exilliteratur. Von Heinrich Heine bis Herta Müller.* Hg v. Bettina Bannasch und Gerhild Rochus. Berlin, Boston 2013, S. 620–626.

Holger Zimmermann

Studium der Germanistik, Geschichte und Italienischen Philologie in München und Pisa. Wissenschaftlicher Mitarbeiter an den Lehrstühlen für Didaktik der deutschen Sprache und Literatur der LMU München (bis 2003) und der Universität Augsburg (bis 2015), derzeit Lehrer an einem Münchner Gymnasium. Promotion 2003 mit einer Studie zu Formen der Darstellung von Geschichte in der aktuellen Kinder- und Jugendliteratur. *Forschungsschwerpunkte:* Geschichtserzählende Kinder- und Jugendliteratur und ihre Didaktik; Professionalität von Deutschlehrkräften; Sprachgeschichte und ihre schulischen Vermittlungsmöglichkeiten. *Publikationen: Geschichte(n) erzählen. Geschichtliche Kinder- und Jugendliteratur und ihre Didaktik.* Frankfurt a. M. u. a. 2004 (Beiträge Kinder- und Jugendkultur, -literatur, -medien 32). »Ist das nicht ein zu gutes Ende?« Beobachtungen von Schülern der Oberstufe zu Texten der Kinder- und Jugendliteratur über den Holocaust. In: *Holocaust im Deutschunterricht.* Hg. v. Jens Birkmeyer und Annette Kliewer. Baltmannsweiler 2010, S. 125–137. »Blumen für den Führer« – Kinder und Jugendbücher über den Nationalsozialsmus aus der Täterperspektive. In: *kjl&m* 11.3 (2011), S. 31–38.

Personenregister

Poetik, Exegese und Narrative. Studien zur jüdischen Literatur und Kunst
Poetics, Exegesis and Narrative. Studies in Jewish Literature and Art

Herausgegeben von Gerhard Langer, Carol Bakhos, Klaus Davidowicz und Constanza Cordoni

Poetik – Exegese – Narrative versteht sich als eine wissenschaftliche Reihe mit kulturwissenschaftlicher Ausrichtung. In ihr wird jüdische Literatur von der Antike bis zur Gegenwart herausgegeben, analysiert, ausgelegt. Ein besonderer Schwerpunkt liegt auf Erzählungen im weiten Sinn, wozu auch Film und Medien gehören. Das Ziel ist es, Texte in ihrer literarischen und strukturellen Tiefendimension sowie ihrem über die Zeiten hinweg aktuellen Aussagegehalt zu verstehen und zu vermitteln, wobei die (sozial-)geschichtlichen, politischen und kulturellen Hintergründe mitbedacht werden.
Die Reihe richtet sich an Wissenschaftlerinnen und Wissenschaftler, an Studierende und ein an Kultur- und Literaturwissenschaft sowie an Jüdischen Studien interessiertes breites Publikum.

Weitere Bände dieser Reihe:

Band 9: Edith Petschnigg / Irmtraud Fischer / Gerhard Langer (Hg.)
Hat der jüdisch-christliche Dialog Zukunft?
Gegenwärtige Aspekte und zukünftige Perspektiven in Mitteleuropa
2017, 243 Seiten, gebunden, ISBN 978-3-8471-0717 0
€ 40,– D / € 41,20 A

Band 8: Anika Reichwald
Das Phantasma der Assimilation
Interpretationen des »Jüdischen« in der deutschen Phantastik 1890–1930
2017, 374 Seiten mit 3 Abbildungen, gebunden, ISBN 978-3-8471-0703-3
€ 50,– D / € 51,50 A

Band 7: Friedemann Spicker
Wer hat zu entscheiden, wohin ich gehöre?
Die deutsch-jüdische Aphoristik
2017, 202 Seiten, gebunden, ISBN 978-3-8471-0711-8
€ 40,– D / € 41,20 A

Band 6: Klaus S. Davidowicz
Film als Midrasch
Der Golem, Dybbuks und andere kabbalistische Elemente im populären Kino
2017, 155 Seiten, gebunden, ISBN 978-3-8471-0673-9
€ 35,– D / € 36,– A

Band 5: Asher D. Biemann
Michelangelo und die jüdische Moderne
2016, 185 Seiten mit 3 Abbildungen, gebunden, ISBN 978-3-8471-0599-2
€ 35,– D / € 36,– A

V&R Academic
Verlagsgruppe Vandenhoeck & Ruprecht | V&R unipress

Leseproben und weitere Informationen unter www.v-r.de
E-Mail: info-unipress@v-r.de | Tel.: +49 (0)551 / 50 84-301 | Fax: +49 (0)551 / 50 84-333